婚姻家庭继承法学

（第五版）

Marital-family and
Inheritance Law

马忆南　著

图书在版编目(CIP)数据

婚姻家庭继承法学/马忆南著. —5版. —北京:北京大学出版社,2023.4
21世纪法学规划教材
ISBN 978-7-301-33777-6

Ⅰ.①婚… Ⅱ.①马… Ⅲ.①婚姻法—法的理论—中国—高等学校—教材 ②继承法—法的理论—中国—高等学校—教材 Ⅳ.①D923.51 ②D923.901

中国国家版本馆 CIP 数据核字(2023)第 055472 号

书　　　名	婚姻家庭继承法学(第五版)
	HUNYIN JIATING JICHENG FAXUE(DI-WU BAN)
著作责任者	马忆南　著
责 任 编 辑	周　菲
标 准 书 号	ISBN 978-7-301-33777-6
出 版 发 行	北京大学出版社
地　　　址	北京市海淀区成府路 205 号　100871
网　　　址	http://www.pup.cn
电 子 信 箱	编辑部 law@pup.cn　总编室 zpup@pup.cn
新 浪 微 博	@北京大学出版社　@北大出版社法律图书
电　　　话	邮购部 010-62752015　发行部 010-62750672　编辑部 010-62752027
印 刷 者	河北文福旺印刷有限公司
经 销 者	新华书店
	787 毫米×1092 毫米　16 开本　23.75 印张　593 千字
	2007 年 11 月第 1 版　2011 年 12 月第 2 版
	2014 年 7 月第 3 版　2019 年 1 月第 4 版
	2023 年 4 月第 5 版　2024 年 6 月第 3 次印刷
定　　　价	59.00 元

未经许可，不得以任何方式复制或抄袭本书之部分或全部内容。
版权所有，侵权必究
举报电话：010-62752024　电子信箱：fd@pup.cn
图书如有印装质量问题，请与出版部联系，电话：010-62756370

丛书出版前言

秉承"学术的尊严,精神的魅力"的理念,北京大学出版社多年来在文史、社科、法律、经管等领域出版了不同层次、不同品种的大学教材,获得了广大读者的好评。

但一些院校和读者面对多种教材时出现选择上的困惑,因此北京大学出版社对全社教材进行了整合优化。集全社之力,推出一套统一的精品教材。

"21世纪法学规划教材"即是本套精品教材的法律部分。本系列教材在全社法律教材中选取了精品之作,均由我国法学领域颇具影响力和潜力的专家学者编写而成,力求结合教学实践,推动我国法律教育的发展。

"21世纪法学规划教材"面向各高等院校法学专业学生,内容不仅包括16门核心课教材,还包括多门传统专业课教材,以及新兴课程教材;在注重系统性和全面性的同时,强调与司法实践、研究生教育接轨,培养学生的法律思维和法学素质,帮助学生打下扎实的专业基础和掌握最新的学科前沿知识。

本系列教材在保持相对一致的风格和体例的基础上,以精品课程建设的标准严格要求各教材的编写;汲取同类教材特别是国外优秀教材的经验和精华,同时具有中国当下的问题意识;增加支持先进教学手段和多元化教学方法的内容,努力配备丰富、多元的教辅材料,如电子课件、配套案例等。

为了使本系列教材具有持续的生命力,我们将积极与作者沟通,结合立法和司法实践,对教材不断进行修订。

无论您是教师还是学生,在使用本系列教材的过程中,如果发现任何问题或有任何意见、建议,欢迎及时与我们联系(发送邮件至 bjdxcbs1979@163.com)。我们会将您的意见或建议及时反馈给作者,供作者在修订再版时进行参考,从而进一步完善教材内容。

最后,感谢所有参与编写和为我们出谋划策提供帮助的专家学者,以及广大使用本系列教材的师生,希望本系列教材能够为我国高等院校法学专业教育和我国的法治建设贡献绵薄之力。

北京大学出版社
2017年10月

《婚姻家庭继承法学》(第五版)改版说明

　　为了深入贯彻落实党的二十大精神,进一步推动习近平新时代中国特色社会主义思想与法学学科专业知识的有机融合,充分体现中国特色社会主义婚姻家庭继承法学知识体系建构以及广大师生在教学中的意见建议,在《民法典》及其若干司法解释颁行后,马忆南教授对本书第四版进行了全面修订,形成了第五版。书中对学科体系结构和内容都作了新的设计,吸取了《民法典》及其若干司法解释、《民事诉讼法》《反家庭暴力法》《妇女权益保障法》《未成年人保护法》《家庭教育促进法》等最新的立法、司法及学术研究成果;探讨了家事法理论和实务中的新问题,例如夫妻共同债务的认定规则与交易安全、防止轻率离婚的机制、家务劳动的价值及其法律评价、儿童利益最大化原则的具体化、意定监护的落实、家庭财富传承的体系化等。本书附有相关法律、法规和司法解释以及参考文献目录,各章均附有复习思考题,便于自学,可供各类高等教育法学专业本科生、研究生、专科生使用,也可供立法、司法和法律实务工作者参考。

所涉法律、法规、司法解释

《中华人民共和国民法典》(2020年5月28日颁布,2021年1月1日起施行)

《中华人民共和国婚姻法》(1980年9月10日颁布,2001年4月28日修正,2021年1月1日废止)

《中华人民共和国收养法》(1991年12月29日颁布,1998年11月4日修正,2021年1月1日废止)

《中华人民共和国妇女权益保障法》(1992年4月3日颁布,2005年8月28日修正,2018年10月26日修正,2022年10月30日修正)

《中华人民共和国老年人权益保障法》(1996年8月29日颁布,2009年8月27日修正,2012年12月28日修订,2015年4月24日修正,2018年12月29日修正)

《中华人民共和国未成年人保护法》(1991年9月4日颁布,2006年12月29日修正,2012年10月26日修正,2020年10月17日修正)

《中华人民共和国家庭教育促进法》(2021年10月23日颁布,2022年1月1日起施行)

《中华人民共和国涉外民事关系法律适用法》(2010年10月28日颁布,2011年4月1日起施行)

《中华人民共和国人口与计划生育法》(2001年12月29日颁布,2015年12月27日修正,2021年8月20日修正)

《中华人民共和国民法总则》(2017年3月15日颁布,2017年10月1日起施行,2021年1月1日废止)

《中华人民共和国民事诉讼法》(1991年4月9日颁布,2007年10月28日修正,2012年8月31日修正,2017年6月27日修正,2021年12月24日修正)

《中华人民共和国继承法》(1985年4月10日颁布,1985年10月1日起施行,2021年1月1日废止)

《中华人民共和国母婴保健法》(1994年10月27日颁布,2009年8月27日修正,2017年11月4日修正)

《中华人民共和国物权法》(2007年3月16日颁布,2007年10月1日起施行,2021年1月1日废止)

《中华人民共和国侵权责任法》(2009年12月26日颁布,2010年7月1日起施行,2021年1月1日废止)

《中华人民共和国合同法》(1999年3月15日颁布,1999年10月1日起施行,2021年1月1日废止)

《中华人民共和国反家庭暴力法》(2015年12月27日颁布,2016年3月1日起施行)

《婚姻登记条例》(2003年8月8日颁布,2003年10月1日起施行)

《关于适用〈中华人民共和国民法典〉总则编若干问题的解释》【简称《民法典总则编解释》】(2022年2月24日颁布)

《关于适用〈中华人民共和国民法典〉婚姻家庭编的解释(一)》【简称《民法典婚姻家庭编解释(一)》】(2020年12月29日颁布)

《关于办理人身安全保护令案件适用法律若干问题的规定》(2022年7月14日颁布)

《关于确定民事侵权精神损害赔偿责任若干问题的解释》(2001年3月8日颁布,2020年12月29日修正)

《关于人民法院审理离婚案件如何认定夫妻感情确已破裂的若干具体意见》(1989年12月13日颁布,2021年1月1日废止)

《关于人民法院审理未办结婚登记而以夫妻名义同居生活案件的若干意见》(1989年12月13日颁布,2021年1月1日废止)

《关于人民法院审理离婚案件处理子女抚养问题的若干具体意见》【简称《子女抚养意见》】(1993年11月3日颁布,2021年1月1日废止)

《关于人民法院审理离婚案件处理财产分割问题的若干具体意见》【简称《财产分割意见》】(1993年11月3日颁布,2021年1月1日废止)

《关于审理离婚案件中公房使用、承租若干问题的解答》(1996年2月5日颁布,2021年1月1日废止)

《关于夫妻离婚后人工授精所生子女的法律地位如何确定的复函》(1991年7月8日颁布,2021年1月1日废止)

《关于审理涉及夫妻债务纠纷案件适用法律有关问题的解释》(2018年1月16日颁布,2021年1月1日废止)

《关于适用〈中华人民共和国婚姻法〉若干问题的解释(一)》【简称《婚姻法解释(一)》】(2001年12月24日颁布,2021年1月1日废止)

《关于适用〈中华人民共和国婚姻法〉若干问题的解释(二)》【简称《婚姻法解释(二)》】(2003年12月25日颁布,2017年2月28日修正,2021年1月1日废止)

《关于适用〈中华人民共和国婚姻法〉若干问题的解释(二)的补充规定》(2017年2月28日颁布,2021年1月1日废止)

《关于适用〈中华人民共和国婚姻法〉若干问题的解释(三)》【简称《婚姻法解释(三)》】(2011年8月9日颁布,2021年1月1日废止)

《关于适用〈中华人民共和国民法典〉继承编的解释(一)》【简称《民法典继承编解释(一)》】(2020年12月29日颁布)

《关于贯彻执行〈中华人民共和国继承法〉若干问题的意见》(简称《继承法解释》)(1985年9月11日颁布,2021年1月1日废止)

《德国民法典》,郑冲、贾红梅译,法律出版社1999年版

《法国民法典》,罗结珍译,中国法制出版社1999年版

《瑞士民法典》,殷生根、王燕译,中国政法大学出版社1999年版

《日本民法典》,王书江译,中国人民公安大学出版社1999年版

《意大利民法典》,费安玲、丁玫译,中国政法大学出版社1997年版

目 录

- 1 第一章 婚姻家庭法概述
  - 1 第一节 婚姻家庭与社会
  - 9 第二节 婚姻家庭法的历史发展
  - 24 第三节 婚姻家庭法的概念和调整对象
  - 28 第四节 婚姻家庭法在我国法律体系中的地位
  - 31 第五节 我国婚姻家庭法的基本原则

- 47 第二章 亲属关系原理
  - 47 第一节 亲属的意义、分类和范围
  - 51 第二节 亲系和亲等
  - 55 第三节 亲属关系的变动和效力

- 59 第三章 婚姻的成立
  - 59 第一节 婚姻的成立和结婚制度的历史
  - 63 第二节 结婚条件
  - 69 第三节 结婚程序
  - 76 第四节 婚姻的无效和撤销

- 85 第四章 夫妻关系
  - 85 第一节 夫妻的法律地位
  - 87 第二节 夫妻人身关系
  - 93 第三节 夫妻财产制

- 110 第五章 婚姻的终止
  - 110 第一节 离婚和离婚制度的历史
  - 118 第二节 登记离婚
  - 124 第三节 诉讼离婚

| 128 | 第四节 判决离婚的法定理由
| 134 | 第五节 离婚后的子女、财产问题

155　第六章　亲子关系

| 155 | 第一节 亲子关系和亲权
| 164 | 第二节 父母与子女的权利义务
| 171 | 第三节 几种特殊类型的亲子关系

179　第七章　收养

| 179 | 第一节 收养和收养法
| 182 | 第二节 收养关系的成立
| 190 | 第三节 收养的效力
| 192 | 第四节 收养关系的解除

196　第八章　扶养

| 196 | 第一节 扶养概述
| 199 | 第二节 我国现行扶养制度

205　第九章　监护

| 205 | 第一节 监护和监护制度的历史
| 208 | 第二节 监护的设立
| 218 | 第三节 监护的内容
| 223 | 第四节 监护的变更和终止

227　第十章　继承法概述

| 227 | 第一节 继承的概念和特征
| 229 | 第二节 继承的种类
| 231 | 第三节 继承法的性质和特点
| 235 | 第四节 继承法的历史发展
| 240 | 第五节 我国继承法的基本原则

248　第十一章　继承法律关系

| 248 | 第一节 继承法律关系概述
| 250 | 第二节 继承人

256	第三节　继承权
270	第四节　遗产
276	第五节　继承的开始

282　第十二章　法定继承

282	第一节　法定继承的概念和特征
284	第二节　法定继承人的范围和顺序
296	第三节　代位继承
300	第四节　应继份与遗产的酌给

306　第十三章　遗嘱继承和遗赠

306	第一节　遗嘱继承概述
308	第二节　遗嘱
329	第三节　遗赠
334	第四节　遗赠扶养协议

337　第十四章　遗产的处理

337	第一节　遗产的法律地位和转继承
341	第二节　遗产的管理
348	第三节　遗产债务的清偿
351	第四节　遗产的分割
357	第五节　无人承受遗产的处理

359　第十五章　涉外婚姻家庭继承的法律适用

366　参考文献

第一章

婚姻家庭法概述

第一节 婚姻家庭与社会

婚姻家庭法是调整婚姻家庭关系的法律,是一定社会中婚姻家庭制度的法律形式。作为该法调整对象的婚姻家庭是社会肌体中的细胞组织,它并不是脱离社会而孤立存在的。有什么样的社会、社会制度,便有什么样的婚姻家庭、婚姻家庭制度,什么样的规范婚姻家庭关系的法律。按照历史唯物主义的观点和方法,考察和揭示婚姻家庭与社会的内在联系,对学习和研究婚姻家庭法学具有十分重要的意义。

一、婚姻家庭的概念、属性和功能

(一) 婚姻家庭的概念

婚姻家庭是社会关系的特定形式,是人与人之间的一种特定的社会联系和交往方式。婚姻家庭自其产生之时起便是人类社会最广泛、最普遍的社会关系,人人都既是社会成员又是婚姻家庭的主体。然而,在一个漫长的历史时代中,人们对自身生活其中的婚姻家庭却缺乏科学的认识。古往今来,学者们对什么是婚姻家庭作过这样或那样大量的解释。那些基于宗教神学、宗法伦理观念或仅仅依据人的自然属性所作的解释,已被历史证明是错误的、非科学的。肯定婚姻家庭的历史性和社会性,是正确认识婚姻家庭本质的出发点。

历史唯物主义认为,在人类社会发展的长河中,婚姻家庭不是自始存在、永恒不变的。婚姻家庭是社会发展到一定阶段的产物,是基于社会发展的客观需要应运而生的。它是同一定社会中的生产方式和生活方式相适应的人类两性结合和血缘关系的社会形式。

1. 婚姻家庭的一般概念

婚姻家庭的一般概念可以大致表述如下:

婚姻,是为当时社会制度所确认的、男女两性互为配偶的结合。首先,婚姻须为异性结合,同性结合不成其为婚姻。其次,婚姻须为具有配偶身份的结合,不具有此等身份的结合不成其为婚姻。最后,作为婚姻的结合须为当时的社会制度所确认。否则,男女双方即使在事实上共同生活也不成其为婚姻。

家庭,是以婚姻、血缘和共同经济为纽带而形成的亲属团体和生活单位。首先,家庭是一个亲属团体;家庭有不同的结构形式,规模和成员不尽一致,但家庭成员总是基于婚姻关系和血缘关系联结在一起的。此外,收养也是家庭关系的产生途径。其次,家庭须有共同经济,如以家庭为单位组织生产、组织消费等,具体情况因不同的时代而异。迄今为止,家庭历来都是社会中最基本的生活单位。家庭既是亲属团体又是生活单位。同一家庭成员一般均为亲属,而且多为近亲属,但亲属并不都是同一家庭的成员,他们是分属于不同家庭的。

上述一般概念是对婚姻家庭的高度的抽象和概括,适用于不同时代和以婚姻家庭为研究对象的相关学科,如人类学、社会学、伦理学、人口学等。

需要指出的是,在学术研究的领域内,学者们对婚姻家庭概念的表述有广义和狭义之别。如果作广义的解释,婚姻泛指群婚制出现后的各种两性结合和血缘关系的社会形式,包括群婚制、对偶婚制、一夫一妻制的婚姻和与之相适应的血缘组织和家庭形式。如果作狭义的解释,婚姻家庭仅指原始社会崩溃以后形成的个体婚和个体家庭。原始社会中两性结合和血缘关系的社会形式,是不称为婚姻家庭的。有的学者对婚姻作广义上的解释,对家庭作狭义上的解释,将群婚、对偶婚亦称为婚姻,因为当时已有若干婚姻禁例,两性结合已经有别于并无此等禁例的前婚姻时代。但是,在原始社会中,基本的社会组织是原始公社和氏族,作为经济共同体和生活单位的家庭并无存在的社会条件。所谓群婚家庭、对偶家庭等,只是学者们对家庭一词的借用而已。

2. 婚姻家庭的法律概念

婚姻家庭的法律概念,实际上就是婚姻家庭法律关系的概念。就法律关系的角度而言,婚姻是男女双方以永久共同生活为目的,以夫妻的权利义务为内容的合法结合。家庭,是同居一家共同生活,其成员依法互享权利、互负义务的亲属团体。

婚姻家庭法律关系是基于法律对婚姻家庭关系的调整而形成的。法律和个体婚、个体家庭是同时代的产物。作为法律调整对象的,当然是狭义上的、而不是广义上的婚姻家庭。在婚姻家庭法律概念的表述中,特别强调主体之间的权利义务,这正是法律调整婚姻家庭关系的必然后果。法律是通过有关权利义务的规定维护婚姻家庭制度的。婚姻家庭的一般概念和法律概念既有联系又有区别,前者所指的是婚姻家庭这种社会关系,后者则是专门针对婚姻家庭法律关系而言的。

(二) 婚姻家庭的属性

婚姻家庭是以两性结合与血缘联系为其自然条件而形成的社会关系,其属性可以从以下两个方面加以说明:

1. 婚姻家庭的自然属性

这里所说的自然属性,是指婚姻家庭赖以形成的不可缺少的自然前提或自然因素。它是婚姻家庭有别于其他社会关系的显著特征。男女两性的生理差别、人类固有的性的本能,是婚姻的生理学上的基础。通过生育而实现的种的繁衍和由此而形成的血缘联系,是家庭这一亲属团体的生物学上的功能。通过两性结合、生育行为而实现的人口再生产,是社会可持续发展的必要条件。如果没有上述自然前提或自然因素,婚姻家庭是不可能出现于人类社会的。

我们应当正视婚姻家庭的自然属性。在生理学和生物学领域里,某些自然规律同样也作用于人类的婚姻家庭生活。自然选择规律的作用便是一个明显的例证。婚姻家庭立法应当考虑婚姻家庭的自然属性,绝不能对此置之不顾。例如,以到达法定婚龄为婚姻成立的必备要件,以当事人有一定范围的血亲关系和患特定的疾病为婚姻成立的障碍,以有生理缺陷、无性行为能力作为婚姻成立的障碍或离婚的理由等,凡此种种,都是同婚姻家庭的自然属性相关的。立法者不能违背自然规律的要求恣意妄为,否则便会受到它的惩罚。

2. 婚姻家庭的社会属性

马克思曾说:"人的本质并不是单个人所固有的抽象物,实际上,它是一切社会关系的总和。"①这一论断对揭示婚姻家庭的本质同样具有很重要的指导意义。婚姻家庭是社会的产物,而不是自然的产物。男女两性的生理差别,人类固有的性的本能和血缘联系等,只是婚姻家庭赖以形成的不可缺少的自然条件,而不是婚姻家庭本身。婚姻家庭本身是一种人与人之间的社会关系,它是社会关系总和的组成部分,与其他社会关系具有密切的联系,反映了一定社会的生产方式和生活方式的客观要求。任何婚姻家庭都不是抽象的、脱离社会而存在的。它总是依存于一定的社会,具有一定社会内容的。婚姻家庭的起源、性质及其发展变化等,均非其自然属性所能说明。这一切,都只有从社会、社会制度中才能找到正确的答案。

社会性是人的本质属性,也是婚姻家庭的本质属性。作为社会关系特定形式的婚姻家庭,是一定的物质社会关系和一定的思想社会关系的结合。婚姻家庭中的物质社会关系,是同作为一定社会经济基础的生产关系相适应的,不同社会的生产资料所有制和生产组织形式等,决定了婚姻家庭领域的经济关系的性质和特点。婚姻家庭中的思想社会关系,是同一定社会的上层建筑和意识形态相适应的,具体表现在思想感情、伦理道德、法律和习惯等诸多方面。正因为如此,婚姻家庭和社会是密不可分的,婚姻家庭被称为社会的细胞或缩影。

婚姻家庭的本质属性是其社会属性而非自然属性,这已为科学和历史一再证明。两性的生理差别、性的本能和血缘联系等,存在于一切高等的或较高等的动物界。这方面的变异,需要经历漫长的进化过程,一般要以几万年、几十万年来计算。这无论如何也不能说明,为何在原始社会崩溃后的数千年间,人类从生理学、生物学的角度来看并无重大变化,却出现了许多性质不同、形态各异的婚姻家庭,不断地从低级形态向高级形态演进。这显然是出于社会因素的作用,而不是出于自然因素的作用。人类的婚姻家庭因其社会性而根本不同于动物的生活群体。我们不能忽视婚姻家庭的自然属性,但是,夸大婚姻家庭的自然属性,贬低其社会属性则是完全错误的,将两者并列起来等量齐观也是完全错误的。

(三) 婚姻家庭的社会功能

婚姻家庭的产生和演变,是出于社会发展的客观需要。但是,婚姻家庭和社会又是互动的,婚姻家庭不仅反映了社会生产、社会生活的要求,而且能动地作用于社会生产和社会生活。婚姻家庭特有的社会功能,是其他社会组织无法替代的。原始社会中两性和血缘关系的社会形式的功能,此处置而不论。关于一夫一妻制形成以来的婚姻家庭的功能,学者们有不同的见解和表述。此处仅就比较公认的见解略作介绍。从总体上来看,婚姻家庭起着调节两性关系、维护两性关系的社会秩序,组合亲属生活,满足婚姻家庭成员物质和文化需要等重要作用。以婚姻为基础的家庭是社会中人口再生产的单位,也是社会中重要的经济单位和教育单位。现择要列举如下:

1. 实现人口再生产的功能

人口是社会物质生活条件之一。一定数量的人口和人口的再生产,是社会存在和可持续发展的必然要求。恩格斯指出,根据历史唯物主义的观点,历史中的决定性因素,归根结

---

① 《马克思恩格斯全集》(第3卷),人民出版社1960年版,第7页。

底是直接生活的生产和再生产。这里所说的生产,包括生活资料的生产和人类自身的生产。① 以两性结合和血缘联系为其自然条件的婚姻家庭,是人的再生产的社会形式。宏观上的社会人口再生产,在微观上是通过婚姻家庭中的生育行为实现的。婚姻家庭实现人口再生产的功能,亦可称为生育功能。自婚姻家庭产生之时起,婚内生育便是生育的正常形式,婚外生育则是生育的反常形式。

人口再生产并不是与社会制度无关的。历史上的各种生产方式,都有其特定的人口规律,婚姻家庭在实现人口再生产的功能时也呈现出相应的特点。实行计划生育是我国的基本国策之一,其目的在于实现人口与经济、社会、环境、资源的协调发展。2015年10月,中共十八届五中全会公报提出,促进人口均衡发展,坚持计划生育的基本国策,完善人口发展战略,全面实施一对夫妇可生育两个孩子政策,积极开展应对人口老龄化行动。2015年底《人口与计划生育法》相应作出修改:国家提倡一对夫妻生育两个子女。2021年6月,中共中央、国务院颁布了关于优化生育政策促进人口长期均衡发展的决定,明确提出要实施三孩生育政策及配套支持措施。2021年8月20日,全国人大常委会通过了修改《人口与计划生育法》的决定,修改后的法律规定,国家提倡适龄婚育、优生优育,一对夫妻可以生育三个子女。

2. 组织经济生活的功能

家庭的经济功能,是同一定社会中生产力和生产关系的性质和特点相适应的。从历史上来看,以婚姻为基础的个体家庭出现后,便取代了氏族组织成为社会经济的基本单位,具有组织生产和组织消费的重要功能。在古代的农业和手工业相结合的小农生产经济中,家庭组织生产的功能十分强大。随着大工业的发展和生产组织形式的变化,近现代社会中家庭在组织生产方面的功能已经大为减弱,但部分家庭仍然是组织生产的经济单位。更为重要的是,家庭仍是组织消费的经济单位。家庭是社会分配和个人消费之间的中介。

我国现正处于社会主义初级阶段。中华人民共和国成立以后一段相当长的时期中,城乡人民的家庭的组织生产功能有所萎缩。改革开放以来,这方面的功能又有所增强。实行承包经营的广大农民家庭和城乡个体工商户的家庭,是组织生产经营的单位。它们是社会主义市场经济中活跃的细胞。随着社会生活的变化和广大人民物质和文化水平的提高,家庭组织消费的功能较之前更加强大。对于生活资料来说,家庭消费是社会中的终端消费。实现家庭的经济功能,对发展经济、赡老育幼、保障家庭成员的生活等多方面,都具有重要作用。

3. 文化教育功能

家庭的文化教育功能是在历史上长期形成的。作为人们基本生活单位的家庭,在文化教育方面有其特殊的功能。家庭是人最初的生活环境和活动场所,家庭成员之间在血缘、感情、经济、生活等方面的密切联系,使家庭教育有着不同于学校教育和其他社会教育的种种特点。在教育事业不发达的古代,家庭教育即使不是唯一的也是最重要的教育方式。随着近现代学校教育和其他社会教育的发展,家庭教育在全社会的教育事业中仍然起着不可替代的作用。良好的家庭教育,对养成健全人格、培养思想品德、实现文化传承等具有很重要的意义,这一切都是在潜移默化中进行的。

教育不仅是学校和其他教育机构的职责,也是家庭的职责。应当将家庭教育和学校教

---

① 参见《马克思恩格斯全集》(第21卷),人民出版社1965年版,第29—30页。

育、其他社会教育结合起来,进一步发挥家庭作为教育单位的作用,促进人的全面发展和社会的文明进步。

婚姻家庭的功能,是婚姻家庭和社会的联系环节,也是婚姻家庭立法重要的客观依据。对婚姻家庭关系的法律调整具有双重的价值目标,一是保障婚姻家庭主体的权益,二是保障婚姻家庭功能的顺利实现。

二、婚姻家庭制度及其历史类型

(一) 婚姻家庭制度与经济基础、上层建筑

与现实形态的婚姻家庭不同,婚姻家庭制度属于上层建筑的范畴。婚姻家庭制度是社会制度的组成部分,是一定社会中的经济基础对婚姻家庭的要求在上层建筑领域的集中表现。婚姻家庭制度是由各种相关的社会规范构成的,如习惯、道德和法律等,它起着确认和调整婚姻家庭关系的作用。自法律产生以后,婚姻家庭制度便具有一定的法律形式。婚姻家庭法律制度是婚姻家庭制度的核心内容。

1. 婚姻家庭制度与经济基础

一方面,在经济基础与上层建筑的关系中,经济基础一般地表现为主要的、起决定作用的方面。有什么样的经济基础,便有什么样的上层建筑、什么样的婚姻家庭制度。不同时代、不同社会的婚姻家庭制度都是与当时的社会经济基础相适应的。原始社会中两性和血缘关系的社会形式是原始公有制的经济基础的产物。剥削阶级社会中的一夫一妻制的婚姻家庭制度是生产资料私有制的经济基础的产物。经济基础的变革,必然导致包括婚姻家庭制度在内的全部上层建筑的变革,这是不以人们意志为转移的客观规律。只有在社会主义公有制的经济基础上,才形成了新的、更高类型的婚姻家庭制度。

另一方面,婚姻家庭制度也同其他上层建筑一样,能够通过自身的特有途径,能动地反作用于经济基础,并且通过经济基础影响生产力的发展。腐朽、没落的婚姻家庭制度是维护旧的经济基础、束缚生产力发展的消极因素,文明、先进的婚姻家庭制度是巩固新的经济基础、促进生产力发展的积极因素。评价一定社会的婚姻家庭制度时,不能孤立地仅就这一制度本身进行考察,更不能以某种"永恒不变的道德标准"作为衡量的尺度。重要的问题在于,当时的婚姻家庭制度对社会发展起着什么样的作用。这是我们评价婚姻家庭制度应当遵循的客观标准,也是我国实行婚姻家庭制度改革的理论依据。

2. 婚姻家庭制度与上层建筑

我们既要肯定经济基础对婚姻家庭制度的决定作用,又要重视上层建筑对婚姻家庭制度的制约和影响。构成婚姻家庭制度的各种社会规范,寓于上层建筑的相关部门之中。经济基础对婚姻家庭的要求,往往不是直接的,而是通过上层建筑的相关部门反映出来的,它们对婚姻家庭关系的调整各有其不同的作用方式。广义上的上层建筑,包括意识形态、婚姻家庭观、婚姻家庭文化等,对婚姻家庭制度的影响也是不可低估的。考察一定社会的婚姻家庭制度绝不能置上层建筑、意识形态于不顾,一切问题都直接地、机械地从经济基础中去寻找答案。一些具有同一类型经济基础的国家,往往在婚姻家庭制度上各具特色,这在历史上和当代社会都是很常见的。

在上层建筑领域,政治、法律、道德、宗教等都通过各自不同的途径作用于婚姻家庭制度。政治是经济的集中表现,政治制度对婚姻家庭制度的制约和影响是显而易见的。我们

只要对中国古代的宗法统治和婚姻家庭制度的关系、标榜"自由、平等、民主"的资产阶级政治和婚姻家庭制度的关系稍作考察和剖析,便不难发现政治制度和婚姻家庭制度的内在联系和一致性。阶级社会中的婚姻家庭制度均具有一定的法律形式,调整婚姻家庭关系的法律在古今中外各国的法律体系中都占有很重要的地位。由于法律是国家制定或认可的、以国家的强制力保障其实施的行为规则,它在维护婚姻家庭制度方面的作用是其他上层建筑无法替代的。婚姻家庭是社会中重要的伦理实体,道德观念和道德规范体系中有大量的涉及婚姻家庭的内容。与法律不同,道德不是凭借国家的强制力,而是依靠信念、传统、教育和社会舆论等力量去评断是非、善恶,从而引导和约束人们的行为,调整婚姻家庭关系的。宗教对婚姻家庭制度的作用,则是通过人们的信仰而实现的。在古代的许多国家中,宗教对婚姻家庭制度有强大的支配力,有些宗教经典同时起着法典的作用。在当代的一些国家中,宗教对婚姻家庭制度的影响仍然历久不衰。

上层建筑,包括意识形态,对婚姻家庭制度的制约和影响是多方面的,作用的途径和表现方式也各不相同,此处不能一一列举。

(二) 婚姻家庭制度的历史类型

婚姻家庭制度自其产生之时起,便以一定的历史形态存在于社会发展的一定阶段。任何婚姻家庭制度都不是抽象的,而是具体的。婚姻家庭制度一词,只是对迄今为止的各种婚姻家庭制度的概括。划分婚姻家庭制度的历史类型,应以社会制度的类型为客观依据。

如果对婚姻家庭的概念持广义说,可将婚姻家庭制度分为群婚制、对偶婚制和一夫一妻制三种历史类型。恩格斯说:"群婚制是与蒙昧时代相适应的,对偶婚制是与野蛮时代相适应的,以通奸和卖淫为补充的一夫一妻制是与文明时代相适应的。"①这里所说的蒙昧时代和野蛮时代,指的是原始社会的初级阶段和高级阶段,文明时代指的是私有制社会。此外,恩格斯还对未来的婚姻家庭制度提出了科学的预见,断言在资本主义生产方式消灭后,必将出现与新时代相适应的婚姻自由、男女平等的真正的一夫一妻制的婚姻家庭制度,即社会主义、共产主义社会的婚姻家庭制度。如果对婚姻家庭的概念持狭义说,群婚制、对偶婚制仅可称为原始社会两性和血缘关系的社会形式。在一夫一妻制和个体家庭形成后,可将婚姻家庭制度划分为四种历史类型:奴隶制的婚姻家庭制度、封建制的婚姻家庭制度、资本主义的婚姻家庭制度和社会主义的婚姻家庭制度。现将两种划分方法结合起来作一简介。

1. 原始社会中的群婚制与对偶婚制

在原始社会早期,人类经历了一个漫长的前婚姻时代。当时,人们结成不大的群体共同劳动、共同生活,同一群体的成员在两性关系方面是没有任何限制的。群体之间的关系无法用后世的亲属称谓加以区别。如果硬要将婚姻家庭的概念套用于当时的原始群体,那么,我们只能说,一个群体便是一个"婚姻"集团,一个"家庭"公社实际上也是一个具体而微的社会。随着原始社会不断地缓慢发展,才从最初的没有任何限制的两性关系中逐渐演变出各种群婚制的两性结合和相应的血缘组织。

按照摩尔根在《古代社会》一书中提出的,后来为恩格斯在《家庭、私有制和国家的起源》一书中加以肯定的婚姻家庭进化模式,群婚制的低级形式是血缘群婚,群婚制的高级形式是普那路亚群婚(亦称亚血缘群婚)。血缘群婚已经排除了不同辈分的直系血亲之间的两

---

① 《马克思恩格斯全集》(第21卷),人民出版社1965年版,第88页。

性关系,不同辈分的异性间有着严格的婚姻禁例,两性关系是按世代来划分的。普那路亚群婚仍是一种同行辈的集团婚,但是已从两性关系中排除了兄弟和姐妹——最初排除了同胞的兄弟姐妹,后来又排除了血缘关系较远的兄弟姐妹(堂兄弟姐妹或从兄弟姐妹)。上述两书问世以后直至今日,关于原始社会的大量研究成果证明了群婚形式的复杂性和多样性,其具体形式是不以血缘群婚、普那路亚群婚为限的。

原始社会中的氏族组织形成于群婚制的一定发展阶段。恩格斯曾说:"看来,氏族制度,在绝大多数场合下,都是从普那路亚家庭中直接发生的。"[①]他还说,澳大利亚的婚级制度也可以成为氏族的出发点。许多研究成果证明,氏族产生的途径并不是单一的。氏族实行族外婚制,婚姻双方属于不同的氏族。族外婚既是通婚的原则,也是氏族的组织原则。原始社会最初形成和长期存在的是母系氏族,到了原始社会行将崩溃的时期,母系氏族才为父系氏族所替代。

在人类社会两性和血缘关系社会形式的演进过程中,可将对偶婚制视为从群婚制到一夫一妻制的过渡。一对男女在或短或长的时间内相对稳定地同居生活,这种现象在群婚制下或更早的时代便已出现,但在当时的社会条件下不可能成为一种普遍通行的制度。随着社会的发展、两性和血缘关系社会形式的变化,有关群婚的禁例越来越多,越来越严格,到了后来,"任何群婚形式终于在实际上成为不可能的了,结果,只剩下一对结合得还不牢固的配偶,即一旦解体便无所谓婚姻的分子"[②]。

对偶婚虽然具有相对稳定的性质,但男女双方的结合还是比较松散的,这种结合很容易被双方或一方破坏。某些研究成果表明,对偶婚有的是复合的和交叉的,即一个女子和几个男子,或一个男子与几个女子,分别地对偶同居。从严格的意义上来说,对偶婚和与其相适应的血缘组织,仍然不是一夫一妻制的个体婚和个体家庭。在氏族的公有经济中,它不可能成为脱离氏族而独立的经济单位。但是,对偶婚制的形成为两性和血缘关系的社会形式注入了新的、重要的因素。过去在群婚制下只能判明谁是子女的生母,现在谁是子女的生父一般说来也是可以判明的了,这就在血缘构成上为父系氏族的出现,为以男子为中心的个体家庭的形成,准备了前提条件。

2. 私有制社会中的一夫一妻制

一夫一妻制的婚姻家庭制度是在原始社会和阶级社会交替之际出现的,从最初萌芽到最后形成经历了一个长期的过程。私有财产的产生和积累、母系氏族为父系氏族所替代、男女两性地位的根本变化等,便是这种婚姻家庭制度问世的历史前奏。

如果仅就经济根源而言,一夫一妻制婚姻家庭的形成,是私有制确立的必然结果。随着原始社会末期生产力的发展、剩余生产物的出现,私有经济的因素在氏族内部不断增长。按照当时的性别分工,男子成了畜群等新的财富的掌管者。在阶级分化的过程中,一些男子又成了奴隶的管理人。恩格斯指出:"随着财富的增加,它便一方面使丈夫在家庭中占据比妻子更重要的地位;另一方面,又产生了利用这个增强了的地位来改变传统的继承制度使之有利于子女的意图。但是,当世系还是按母权制来确定的时候,这是不可能的。因此,必须废

[①] 《马克思恩格斯全集》(第21卷),人民出版社1965年版,第52页。
[②] 同上书,第59页。

除母权制,而它也就被废除了。"①父系氏族制确立后,子女由母方氏族的成员变为父方氏族的成员,实行按父方确定世系的规则,以及由子女承袭其父财产的新的继承制度。在这一过程中,男女两性的地位发生了重大的变化,由过去的以女性为天然尊长的朴素的平等关系,变成了男尊女卑、男主女从的关系。于是,在父系氏族内部逐渐形成了以男子为中心的、拥有一定私有财产的一夫一妻制的个体家庭。这种婚姻家庭是原始社会末期生产力和生产关系矛盾的产物。它的形成意味着私有制对原始公有制的胜利,是人类进入私有制社会的重要标志之一。

恩格斯指出:"一夫一妻制是不以自然条件为基础,而以经济条件为基础,即以私有制对原始的自然长成的公有制的胜利为基础的第一个家庭形式。"②私有制社会中的一夫一妻制自其产生之时起便是片面的、名实不符的,在一定意义上是专对女性而言的。妻只能有一夫,剥削阶级中的男性却可以凭借财富和权势实行公开的或变相的多妻制。以奴隶社会为例,恩格斯曾说:"正是奴隶制与一夫一妻制的并存,正是完全受男子支配的年轻美貌的女奴隶的存在,使一夫一妻制从一开始就具有了它的特殊的性质,使它成了只是对妇女而不是对男子的一夫一妻制。"③

私有制社会中的一夫一妻制的婚姻家庭制度经历了不同的发展阶段,奴隶制、封建制和资本主义的婚姻家庭制度都是它的具体的历史形态。这些婚姻家庭制度因植根于私有制而有其共性,又因各个社会中私有制形式的不同而各具特点。一般说来,古代的即奴隶制、封建制时代的婚姻家庭制度是以家族为本位的,男女、夫妻、亲子、家长和家属间具有强烈的人身依附关系,其主要特征为婚姻不自由、男女不平等、夫权统治、家长专制等。近现代的资本主义婚姻家庭制度是以个人为本位的。婚姻双方和家庭成员间的人身依附关系较之前大为削弱,婚姻家庭主体的法律地位已渐趋平等。总的说来,婚姻家庭制度的演进是沿着文明进步的方向发展的。但是,资本主义婚姻家庭制度并没有从根本上改变以私有制为基础的固有的性质。在资本主义制度下,许多有产者的婚姻仍是权衡利害的;在婚姻家庭领域,财产关系的影响代替了往昔的人身特权。关于私有制社会中的婚姻家庭制度的一些问题,本章第二节还将结合婚姻家庭法的历史发展另作说明。

3. 社会主义婚姻家庭制度及其发展方向

与私有制社会中的婚姻家庭相比较,社会主义社会的婚姻家庭制度是新的、更高类型的婚姻家庭制度。它的建立和发展是人类婚姻家庭史上的伟大变革,恩格斯早在19世纪就作了如下的预言:"我们现在正在走向一种社会变革,那时,一夫一妻制的迄今存在的经济基础……不可避免地都要消失。""随着生产资料转归为社会所有……一夫一妻制不仅不会终止其存在,而且最后对于男子也将成为现实。"④

社会主义制度的建立从根本上消除了私有制社会中婚姻家庭制度的社会经济根源和阶级根源。新的婚姻家庭制度反映了社会主义经济基础和上层建筑对婚姻家庭的要求,它具有婚姻自由、一夫一妻、男女平等以及保护妇女、儿童和老人的合法权益等基本特征。

---

① 《马克思恩格斯全集》(第21卷),人民出版社1965年版,第67页。
② 同上书,第77页。
③ 同上书,第75页。
④ 同上书,第88—89页。

社会主义社会有不同的发展阶段,婚姻家庭制度也是从不够完善走向更加完善的。我国现正处于社会主义初级阶段,婚姻家庭制度的现状是同当前的社会条件相适应的。一方面,社会主义婚姻家庭制度已经全面确立。另一方面,这种制度还有待进一步完善。我们应当看到,婚姻家庭领域里的旧制度、旧思想的残余影响,不可能在短时期内完全消除。婚姻自由的实现程度,还受到来自社会条件的制约。在婚姻家庭领域,男女两性法律地位上的平等已经基本实现,但同实际生活中的完全平等尚有距离,现实生活中某些婚姻家庭关系,尚不符合社会主义婚姻家庭制度的要求。婚姻家庭制度不可能超越一定的社会发展阶段,只有通过社会主义物质文明、政治文明和精神文明建设,才能为巩固和发展社会主义婚姻家庭制度创造更加有利的条件。社会主义婚姻家庭制度具有强大的生命力,从发展方向来看,它是从阶级社会的婚姻家庭制度向共产主义社会的婚姻家庭制度的过渡。

第二节 婚姻家庭法的历史发展

婚姻家庭法具有悠久的历史传统,是古代社会最重要的法律之一。随着原始社会的崩溃和国家的产生,过去长期形成的有关婚姻家庭的禁例等习惯,便在阶级社会的条件下增添了新的内容,转化为调整婚姻家庭关系的法律(不论其采用何种名称)。在特别重视身份关系的宗法社会,从一定意义上来说,婚姻家庭法比财产法更为发达。从世界范围来看,婚姻家庭法的历史发展大致经历了三个阶段:诸法合体的古代婚姻家庭法;近现代资产阶级国家的婚姻家庭法;社会主义国家的婚姻家庭法。本节按照时代的划分略作介绍。

一、古代婚姻家庭法概况

(一)中国古代有关婚姻家庭的礼与律

中国古代的婚姻家庭法有其自身的特点。调整婚姻家庭关系的规范,始见于礼,后入于律。在奴隶制时代,婚姻家庭关系是由礼制和为统治阶级认可的习惯调整的。到了封建制时代,婚姻家庭法规范被载入诸法合体、内容庞杂的统一法典;对婚姻家庭关系的调整是礼、律并用的。总的说来,以礼为主,以律为辅,婚姻家庭法规范详于礼而略于律,是中国古代婚姻家庭法的一大特色。有关婚姻家庭的礼制,特别是其中的实体性规范,实际上起着法的作用。

1. 奴隶制时代的婚礼、家礼

中国先秦时代的婚姻家庭法规范,主要是以礼为其表现形式的。婚礼和家礼,在维护宗法制度的礼制中占有很重要的地位。有关婚姻家庭的礼,在《礼记》《仪礼》等古籍中留下了比较系统的记载。所谓宗法制度,实际上是父系氏族制在阶级社会中的转化形态。掌握了国家机器的奴隶主阶级,通过这种制度将宗族组织和政治组织强固地结合在一起,借助血缘纽带实现其阶级统治。他们按照大宗、小宗的关系,建立了一个严密的宗法系统。以婚姻为基础的家庭并不是独立的,而是宗法系统中的基层单位。奴隶主阶级不仅借助血缘纽带将同姓贵族联结起来,还通过异姓贵族的联姻形成了更为广泛的亲属网络和政治网络。婚姻家庭制度从属于宗法制度。婚礼、家礼的内容及其种种特征,都可以从宗法制度中得到合理的解释。当时,婚礼、家礼主要用来调整统治阶级即奴隶主阶级的婚姻家庭关系。奴隶们的婚姻家庭关系则是按照当时通行的习惯处理的,甚至可由其主人随心所欲地支配。

《礼记·昏义》中指出:"夫礼,始于冠,本于昏,重于丧祭,尊于朝聘,和于射乡。"[①]其中,冠、婚、丧、祭诸礼都是奴隶主阶级的成员在婚姻家庭方面必须遵守的行为规则。为方便起见,此处统称为婚礼和家礼。在宗法制度下,以"合两姓之好""上以事宗庙,下以继后世"为婚礼的根本宗旨,以"孝""悌"为家礼的最高原则。其目的都是出于维护宗法制度的需要,都是为了维护家庭、宗族乃至国家、社会中的宗法统治秩序。

中国古代的宗法伦理观念视婚礼为诸礼之本。《礼记·昏义》载:"男女有别而后夫妇有义,夫妇有义而后父子有亲,父子有亲而后君臣有正";"昏礼者,礼之本也"。《中庸》中也有"君子之道,造端乎夫妇"之说,婚姻被认为是人伦之始。有关婚姻的礼制以聘娶婚为结婚方式,以"六礼"为嫁娶程序。"六礼"皆备谓之聘,"六礼"不备谓之奔。按照当时的婚礼,父母、尊长对子女、卑幼握有主婚权,实行包办、买卖婚姻,往往以聘娶之名,行买卖之实。奴隶主阶级在名义上奉行一夫一妻制,即正室仅得为一人;上层人物实际上则是实行多妻制的。《礼记·昏义》等古籍详载了天子、诸侯、卿、大夫和士占有妇女的数额[②],西周、春秋时上层贵族中盛行一时的媵滕制等,更是这方面的明显例证。

名目众多、内容繁杂的家礼,是以"亲亲""尊尊""长长""男女有别"(应该解读为男尊女卑)等为其主要内容的。当时的家庭是父系、父权、父治的家庭,夫、父、家长往往一身而三任。男女、夫妇、尊卑、长幼、家长与家属各有其位,不得僭越。家长是一家之主,"家事统于一尊"。子女、卑幼须恪遵孝道,对尊长绝对服从,在人身和财产关系方面受家礼的重重束缚。宗法家庭是宗法社会的细胞,"孝"和"忠"其义相通,奉行同一原则。父子之亲成了君臣之义的缩影。

当时的婚礼、家礼对后世有很大的影响,例如,聘娶婚及其嫁娶程序"六礼",婚姻离异方面的"七出"和"三不去",以及纳妾、立嫡、宗祧继承、亲属的服制等,都是发端于奴隶制时代,后又为封建时代的礼与律所继受的。

2. 封建时代的户婚律

奴隶制为封建制所替代后,一方面,古已有之的婚礼、家礼在经过改造、补充后仍然起着重要的作用,是调整婚姻家庭关系的主要手段。另一方面,有关婚姻家庭的成文法也得到了一定的发展,以户婚律或类似名称出现的婚姻家庭法规范体系是历代封建王朝制定的诸法合体的统一法典的组成部分。

与婚姻家庭有关的成文法始于战国时代,《法经》和秦简中的某些记载可资佐证。《汉律九章》以《户律》规定婚姻家庭和与此相关的其他事项。囿于现存的资料,无法窥其全貌,仅能从有关古籍中间接地掌握部分内容。汉时已以"七弃"为休妻之理由,妻擅自改嫁或夫死未葬而改嫁须处以重刑;此外还有不少维护封建伦常的规定。三国、两晋、南北朝的户婚立法,上承汉制而有所损益。《魏律》《晋律》中均有《户律》一篇。《北齐律》中改称《婚户律》。《北周律》中分列《婚姻》《户禁》两篇。南朝各代基本上沿用《晋律》。当时的门阀制度对婚姻家庭制度有强烈的影响。隋《开皇律》中将婚、户合为一篇。《大业律》中再次分为《户律》和《婚律》。《唐律》以《户婚》为其第四篇,分为上、中、下三卷,计四十六条。

《唐律·户婚》集中国封建时代前期户婚立法之大成。在婚姻方面,法律以聘娶婚的方

---

① "昏"或作"昬",即古文中的"婚"字。
② 参见《礼记·昏义》。

式公然维护包办婚姻,对主婚权、禁婚条件、嫁娶程序、违律嫁娶、七出、和离、义绝等都作了具体规定。在家庭方面,法律不遗余力地维护封建的伦理纲常;祖父母、父母在而子孙别籍异财,卑幼私辄用财,以及立嫡违法等,均须依律科刑。《户婚》以外的其他篇中,也有不少维护封建主义婚姻家庭制度的规定。《名例》篇中将不孝、恶逆列入"十恶"。《斗讼》篇中在亲属相犯的刑事责任上根据不同的身份关系作了加刑和减刑的规定。

宋代有关户婚的律条载于《刑统》。辽、金、元各代的法典中均有关于户婚事项的规定。明律的《户律》中有《婚姻》等七门。清律基本上因袭明律,户婚方面的律条也不例外。封建时代的婚姻家庭法规范,除以律名者外,还有其他一些法律形式,如户令和后世与律并用的例等。有关户婚事项的例,是官府处理婚姻家庭案件的直接依据。

应当指出,中国封建时代的法律对婚姻家庭关系的调整并不是系统全面的。在律令等规范性文件中所规定的,主要是那些与刑相关,一旦违反即处之以刑的问题,其他则一概委诸于礼,这同近现代的婚姻家庭法大异其趣。有关婚姻家庭的法律规范,只是用来补礼之不足,律与礼是相辅相成的。"礼与律非二物也,礼者防之于未然,律者禁之于已然,皆缘人情而为制。礼之所不许,即律之所不容,出于礼而入于律也。"[①]考察中国封建时代的婚姻家庭制度,绝不能是只见律而不见礼。只有将礼制和法制结合起来,才能了解婚姻家庭制度的全貌。

(二) 外国古代婚姻家庭法简介

在世界各国的古代法中,婚姻家庭法规范体系均占有重要的地位。婚姻家庭关系最初主要是由习惯法加以调整的,后来才逐渐采取成文法的形式。但习惯法仍然起着很大的作用。在宗教势力特别强大、实行政教合一的国家中,宗教经典同时又是法典,其中有许多有关婚姻家庭的信条、戒律和各种具体的行为规范。为本书的目的所限,此处仅以罗马亲属法和欧洲中世纪的婚姻家庭法为例略作介绍。

1. 古罗马的亲属法

古罗马是高度发达的奴隶制国家,也是同时代婚姻家庭法制最为完备的国家。罗马亲属法中有关婚姻家庭的概括而系统的规定,同《汉谟拉比法典》中那种一事一制、直接由习惯转化而来的规定是迥然有别的。

罗马家庭是宗法家长制的家庭。马克思曾说:"罗马的家长对于他的家庭经济范围内的一切享有绝对的权力。"[②]关于家父权即家长权的规定,最初载于公元前5世纪制定的《十二铜表法》。[③] 从共和时代到帝国时代,公民大会通过的法律、元老院的决议、皇帝的敕令、最高裁判官法以及习惯等,都是婚姻家庭法的渊源。东罗马帝国查士丁尼皇帝在位时系统编纂的《查士丁尼法典》《法学阶梯》和《学说汇纂》,为我们研究罗马亲属法提供了大量的史料。

关于婚姻的成立,罗马亲属法中设有婚约制度。订婚须出于父命,婚约具有一定的法律效力。婚约男与婚约女在订婚后两年内不结婚的,婚约即行废止。婚姻的种类有二:一是市民法婚姻,亦称正式婚或有夫权婚姻,是依市民法的规定而成立的。二是万民法婚姻,亦称

---

① 王祎:《七出议》,载《皇明文衡》卷九。
② 《马克思恩格斯全集》(第16卷),人民出版社1964年版,第650页。
③ 《十二铜表法》第五表。

略式婚或无夫权婚姻,是依万民法的规定而成立的。市民法婚姻的结婚方式分为三种,即共食婚、买卖婚和时效婚。共食婚须举行隆重的宗教仪式。买卖婚须由男子在计量者之前以要式契约的方式买受女子为妻。时效婚则是以一定事实的存在(男女双方以夫妻关系同居生活)和一定期间的经过(一年)相结合为成立要件的。至于万民法婚姻,法律规定在符合法定要件时,依当事人的合意而成婚。罗马亲属法还对法定婚龄、禁婚亲和其他婚姻障碍等作了各种具体的规定。

关于家庭关系,家父权和夫权在罗马亲属法中占有很重要的地位。一家之中,家父为自权人;处于家父权之下的其他家庭成员为他权人,他(她)们在人身和财产方面须受家父权的诸多限制。按照早期法律中的规定,家父权十分强大,家父有司祭祀的权力、支配家庭财产的权力以及在家中司审判的权力等。到了后期,家父权有所削弱。夫权是基于市民法婚姻而取得的。在有夫权婚姻中,处于夫权之下的妻仅具有类似女儿的法律地位,在人身、财产关系方面均受夫的支配。按照市民法的规定,夫有惩戒其妻的权力;在妻致人以损害时,甚至可将其引渡于他人,以免除自身的责任。由于实行吸收财产制,妻在婚前所有和婚后所得的财产是归夫所有的。与市民法婚姻不同,按照万民法的规定,妻在人身权和财产权上有一定的独立性,但夫妻双方的地位也是不平等的。

关于婚姻的终止,罗马亲属法以配偶死亡、自由权或市民权的丧失和离婚为终止原因。离婚的方式有三:一是出于家父的意思而离婚,这种离婚方式至帝国时代后期已被废除;二是出于夫妻双方的意思而离婚,即协议离婚;三是出于夫妻一方的意思而离婚,即片意离婚。从片意离婚的法定理由来看,夫妻双方的权利是很不平等的,妇女的离婚权在法律上和事实上都是得不到保障的。

自罗马立国以来,前后经若干世纪,亲属法的内容不断发展变化。一般说来,在前期的立法中,夫妻、父母子女、家长和家属间的人身依附关系十分强烈。到了后期,由于商品经济的发展等原因,上述人身依附关系有所削弱。罗马亲属法在古代的婚姻家庭立法史上具有很重要的地位,对后世有很大的影响,其中有不少规定经过改造后为近代的资产阶级国家的婚姻家庭法所继受。

2. 欧洲中世纪的婚姻家庭法

欧洲各国封建时代的婚姻家庭制度,大多是在西罗马帝国灭亡之后,在日耳曼人氏族制解体和在不同程度上接受罗马文明影响的条件下建立起来的。各国的情况不尽相同,总的说来具有发展缓慢、宗教影响强烈等特点。婚姻家庭法的法源,主要来自习惯法、寺院法和罗马法三个方面。

欧洲早期封建制国家的婚姻家庭法多为习惯法的汇集。法兰克王国的《萨利克法典》《里普里安法典》等便是明显的例证。从一些规定中可以看出:主婚权操于家长之手的包办、买卖婚姻,已经取代了过去更为原始的结婚方式。父权和夫权十分强大。由原始氏族组织蜕变而来的血亲团体,在婚姻家庭生活中起着重要的作用。男子只有成婚后自立门户,方可脱离父权的支配。离婚须出于习惯法上的理由,具有浓厚的男子专权主义的色彩。此外,早期的习惯法中,还保有某些原始的婚姻家庭习俗。

在欧洲各国封建化的进程中,罗马法和日耳曼法的交融,使许多国家的固有法增添了新的内容。寺院法和王室制定的成文法逐渐取代了习惯法的作用。但是,即使到了中世纪后期,习惯法在许多国家的婚姻家庭法规范体系中仍然占有重要的地位。

寺院法亦称宗规法或教会法,其中包括许多婚姻家庭法规范。随着基督教在欧洲的广泛传播、教权的日益强化,婚姻家庭领域被认为是教会的世袭领地。寺院法中的婚姻家庭法规范具有凌驾于世俗立法之上的权威。寺院法中的婚姻家庭法规范,渊源于《新约全书》《使徒教律》《使徒约章》和宗教大会的决议及教皇颁行的教令集等。《旧约全书》中的一些伦理原则也是为寺院法所遵循的。1234年教皇格列高利九世颁行的教令集以婚姻法为第四编。

关于婚姻的成立,寺院法在实质要件方面列举了众多的婚姻障碍,如欠缺结婚合意、不能人道、重婚、有禁止结婚的亲属关系、未受基督教的洗礼等;在形式条件方面,要求当事人举行一定的宗教仪式。关于婚姻的解除,寺院法本诸教义持禁止离婚主义。《马太福音》中说:"神作之合者,人不得而离之。"有关无效婚姻和别居制的规定,在一定意义上是作为禁止离婚的救济手段而采用的。除婚姻事项外,寺院法中的有关规定还涉及亲子、收养、监护、继承等诸多方面。婚姻家庭法的宗教化,是欧洲中世纪法律的显著特色之一。这种情况,在宗教改革运动之后才有所改变。

整个中世纪,罗马亲属法对欧洲各国的婚姻家庭制度仍有重要的影响,这种影响从未间断。它在东罗马帝国的适用自不待言。西欧国家在适用日耳曼习惯法和寺院法的同时,按照属人主义的原则,对原罗马帝国疆域的居民历来是有选择地适用罗马亲属法的。罗马法复兴运动兴起后,罗马亲属法的原理、原则和许多具体规定得到了广泛的研究和应用,推动了欧洲各国婚姻家庭法的发展。早期的资产阶级法学家往往是在新的社会条件下,借助于罗马法的现成模式表达本阶级的法律要求的。罗马亲属法的研究和应用,在一定程度上促进了婚姻家庭法的近代化和西方国家婚姻家庭法制的确立。

二、近现代婚姻家庭法概况

(一)西方国家婚姻家庭法简介

随着资本主义法制的确立,法律体系中逐渐形成了若干各有其调整对象的法律部门。婚姻家庭法是私法即民法的重要组成部分。在立法体制上,大陆法系国家采取法典主义,将以婚姻家庭法为基本内容的亲属法编入民法典,在编制方法上又有法国式的编制法和德国式的编制法的区别;英美法系国家则采取单行法主义,没有统一编制的民法典,婚姻家庭法是由若干相关的单行法构成的。它们都是资本主义婚姻家庭制度的法律形式。

1. 大陆法系国家民法典中的婚姻家庭法

1804年《法国民法典》中的婚姻家庭法规范体系在世界婚姻家庭立法史上具有重要的地位,它以法律的形式宣告了资本主义婚姻家庭制度对封建主义婚姻家庭制度的胜利。婚姻家庭法(亲属法)在《法国民法典》中未设专编。该法典依照罗马法的体例,在第一编中将私权的享有、人的法律能力等同亲属、婚姻、家庭等事项规定在一起。有关婚姻家庭的具体规定集中于第一编的第五章至第十章,内容包括结婚、离婚、父母子女、收养、亲权和监护等。第三编第五章(夫妻财产契约和夫妻的权利)和其他编章中也有若干涉及婚姻家庭事项的规定。

该法典从总体上否定了以家族为本位的封建主义婚姻家庭制度,代之以个人为本位的资本主义婚姻家庭制度。在结婚问题上,有未经当事人合意不得成立婚姻的规定,从而在法律上确立了共诺婚制,同时还规定了婚姻成立的其他法定要件。在夫妻关系问题上,与往昔的规定相比较,妻对夫的人身依附关系已大为削弱。该法典规定夫妻互负忠实、扶助、救援等义务,双方可依法订立夫妻财产契约。在离婚问题上,该法典规定了离婚的法定理由。除裁判离婚外,还规定了须受法律严格限制的协议离婚制。在亲子关系上,对父母子女的权利义务作了各种具体规定。但是,有关亲权的规定仍然是以父母为本位,实际上主要是由父行使的。

1804年《法国民法典》,总的来说是以公民权利平等、契约自由等资产阶级的法律原则为其立法依据的。在贯彻这些原则时,婚姻家庭法方面的规定远不如财产法方面的规定。许多条款中,旧时代的痕迹随处可见。例如,该法典规定子女未达一定年龄(男25岁,女21岁)时,未经父母同意不得结婚;父母意见不一致时,有父的同意即可;即使当事人已达上述年龄,也应通过法定方式求得父母等尊亲属的同意(具体规定参见该法典第152条、第153条)。又如,关于夫妻法律地位的规定、关于离婚的法定理由的规定,男女双方也是不平等的(参见该法典第215条至第233条)。在认领、继承等问题上歧视非婚生子女的规定,更是这方面鲜明的例证。

1896年通过、1900年施行的《德国民法典》亲属编,也是大陆法系国家中具有代表性的婚姻家庭立法。它是从自由资本主义时代向帝国主义时代过渡的产物。以亲属法为名的婚姻家庭法在法典中独立成编,即该法典的第四编。这个亲属编汲取了《法国民法典》的成果,同时反映了新的时代特点。该编各章对民事婚姻、亲属、监护等制度都作了系统、明细的规定。同《法国民法典》中的亲属法等早期立法相比较,在结婚、离婚、已婚妇女和子女的法律地位等方面,这个亲属编的规定是有所完善、有所进步的。但其中也有一些规定仍受封建传统的影响。这个亲属编可谓集资本主义婚姻家庭法律制度之大成。一方面,其体系结构十分严谨、周密,立法技术也更为成熟;另一方面,它的种种繁琐、复杂之处,又常为人们所诟病,甚至令人望而生畏。

1804年《法国民法典》颁行至今已有二百多年,1896年《德国民法典》颁行至今也有一百多年。在此期间,两部民法典中的亲属法(婚姻家庭法)规范均作过多次修改。其中许多条款已被废止、修正或增补,内容已非复旧观。此处仅以20世纪中的若干修改为例略作说明。在法国,民法典经过1938年的修改,妻应顺从其夫的规定已被废止;经过1942年的修改,妻未经其夫同意不得为某些特定法律行为的规定也被废止;经1965年的修改后,实行了新的法定夫妻财产制;经1966年和1972年的修改后,养子女、非婚生子女已取得与婚生子女平等的法律地位。在德国,民法典亲属编中有关婚姻事项的原规定,于纳粹统治时期均被废止,代之以1938年《第三帝国婚姻法》;第二次世界大战后,德意志联邦共和国又废止该法,代之以1946年《婚姻法》。1957年《男女平权法》的颁行、1969年《非婚生子女地位法》的颁行、1977年《离婚法》的改革以及20世纪末对民法典的修订,都是德国婚姻家庭立法发展过程中的重要事件。法国、德国民法典出台以后,不断地根据时势的要求进行调整和修改,在婚姻成立、夫妻关系以及离婚制度、亲子制度等方面都越来越趋向于真正的平等和自由。法国、德国民法典有关内容的修订清晰地折射出近现代以来西方国家婚姻家庭制度的发展历程。

2. 英美法系国家的婚姻家庭单行法

英国的婚姻家庭法有其自身的历史传统,它虽然也受罗马法的影响,但不如欧洲大陆国家那样明显。自中世纪以来一个很长的时期内,普通法和衡平法在调整婚姻家庭关系方面起着重要的作用,后来才更多地采用了成文法的形式,颁行了若干处理婚姻家庭事项的单行法。总的来说,在婚姻家庭法近现代化的过程中,英国早期的立法改革是比较缓慢的。例如,1836年的《婚姻条例》才开始承认民事婚,1898年的《婚姻条例》才规定不以举行宗教仪式为结婚的必经程序,19世纪中叶以前仍采取禁止离婚主义,1857年的《处理夫妻案件法》始开离婚之禁,当时规定的离婚理由是极为有限的,具有浓厚的限制离婚主义的色彩。在早期的立法中,妻仍处于依附于夫的地位,父方和母方对未成年子女的监护权也是不平等的。1870年《已婚妇女财产法》颁行后,妻的财产权利有所扩大,1882年在法律上允许采用夫妻分别财产制,规定妻有独立的缔结契约的权利。

自20世纪初以来特别是第二次世界大战后,英国在婚姻家庭制度上采取了许多新的立法措施。例如,1907年的法律规定,妻无须取得夫的同意即可转让其个人财产;1923年的法律规定,夫妻双方互负贞操义务;1926年的《养子法》颁行后,对收养制度已由不承认转为承认。1949年的《婚姻条例》、1964年的《堕胎法》和《夫妻住所法》、1969年的《家庭改革法》和《离婚法》、1976年的《收养条例》等,都是英国在第二次世界大战后陆续颁行的。1969年的《离婚法》突破了过去的过错离婚原则,以婚姻无可挽回地破裂作为离婚的法定理由,并列举了若干法定情形作为婚姻破裂的依据。由于人权运动、女权运动和儿童保护运动的推动,英国家庭法领域发生了深刻的、革命性的变化,结婚自由、离婚自由、夫妻平等、儿童利益保护等现代意义的家庭法基本原则都得以确立,这些变革大都是通过颁布或修改制定法的形式进行的。第二次世界大战以后,英国先后颁布了百余种婚姻家庭法令,这些法令绝大部分直到现在仍然有效。

英国婚姻家庭法对英联邦各国和美国等都有很大的影响。在美国独立以前,英国的殖民地即适用普通法;独立后因袭了过去的传统。由于社会历史条件不同,英国法中某些明显的封建残余未被美国法所继受。殖民地时代适用法国法和西班牙法的地区,罗马亲属法的影响还是较大的。

在美国,合法婚姻的成立有三种方式:一是依各州法律而成立的民事婚;二是依习惯法而成立的习惯婚;三是依宗教仪式而成立的宗教婚。即使在不承认习惯婚的一些州,某些形式要件方面的瑕疵并不影响婚姻本身的效力。美国的婚姻家庭立法是以州为本位的,法定婚龄高低不一,婚姻障碍也不尽相同。但是,在一州被认为是合法的婚姻,他州也认其为合法。至于婚姻的效力,各州一般均规定夫妻有同居、扶养等义务。夫妻财产制有不同的形式,许多州采取分别财产制,有些州则对特定财产采用共同财产制。关于婚姻的解除,各州法律均采用诉讼离婚的方式,不承认诉讼外的协议离婚。早期的离婚法在离婚的法定理由上有比较浓厚的有责主义色彩。20世纪60年代末,加利福尼亚州率先实现了从有责主义到破裂主义的转变。现在所有的州都准许以婚姻破裂为依据的无过错离婚,在具体规定上则是宽严有别。有些州在以婚姻破裂为离婚的一般理由的同时,还在立法中保留了若干传统的、出于一方过错的离婚理由。鉴于婚姻家庭法方面存在州际法律冲突,美国的统一州法全国委员会于1970年制定了《统一结婚和离婚法》,其内容已为若干州立法所采用。从19世纪末开始,联邦层面和州层面都开始大量运用制定法解决社会发展中出现的各种新问题、新矛盾。各州在统一州法全国委员会的推动下纷纷以制定法的形式吸纳联邦家庭法示范文本的内容和精神,这使得美国家庭法领域增加了大量的制定法。联邦发布的调整税收的经济法和调整福利的社会法也影响到婚姻家庭领域。

作为资本主义婚姻家庭制度的法律形式,西方国家的婚姻家庭法在数百年间发生了很大变化,许多国家都不断地采取立法措施,使婚姻家庭法更加符合社会现实和统治阶级的根本利益。亲属制度中的封建残余被进一步废除,夫妻在人身关系、财产关系方面的法律地位渐趋平等,在婚姻解除的问题上从限制离婚主义逐渐走向自由离婚主义,禁止滥用亲权以及改善非婚生子女的境遇等,便是晚近以来西方国家婚姻家庭法发展变化的一些主要表现。

西方国家婚姻家庭制度的发展呈现出一定的同质性和同步性,不仅在理念上都崇尚平等、自由、正义,在步骤和进程上往往也互为关联。随着国际交流与国际合作的增强,当前西方国家婚姻家庭法的发展愈加趋向一致,即在关注个人权益的同时,也警醒地认识到家庭价值的珍贵、儿童权益的脆弱,因此其法律理念在平等、自由、独立的个人主义基础上表现出注重维护家庭稳定、注重保护儿童权益的新趋势。[①]

(二) 苏联、东欧国家婚姻家庭法简介

社会主义国家的婚姻家庭法产生于20世纪初,它是随着俄国十月革命的胜利而问世的。自此以后出现了资本主义国家婚姻家庭法和社会主义国家婚姻家庭法同时并存的局面。在第二次世界大战以前,苏维埃婚姻家庭法是唯一的社会主义国家婚姻家庭法。第二次世界大战后,新成立的社会主义国家都颁行了婚姻家庭法,名称和体系结构不尽相同,社会主义国家的婚姻家庭法在内容上和形式上都有了进一步的发展。20世纪90年代,苏联和东欧一些国家的情况发生了很大的变化,对它们的婚姻家庭立法,此处是从历史的角度予以简介的。

1. 苏维埃婚姻家庭法

早在十月革命胜利之初,苏维埃政权便开始通过立法措施改革婚姻家庭制度。1917年12月颁行的《关于民事婚姻、子女和实施户籍登记的法令》以及不久以后颁行的《关于离婚的法令》,在婚姻家庭制度废旧立新的过程中起了重要的作用。1918年颁行了《俄罗斯联邦户籍登记、婚姻、家庭和监护法典》。1926年颁行的《俄罗斯联邦婚姻、家庭和监护法典》,为新的婚姻家庭制度奠定了初步的法律基础,它在苏联各加盟共和国早期的婚姻家庭立法中是很有代表性的。

在苏联的法律体系中,婚姻家庭法是独立于民法之外的一个法律部门。婚姻家庭立法是以加盟共和国为本位的。各加盟共和国的婚姻家庭和监护法典是婚姻家庭法的基本渊源。适用于全联盟的有关法律,则是各加盟共和国婚姻家庭法的立法依据。20世纪40年代,俄罗斯和其他加盟共和国的婚姻家庭和监护法典,按照苏联最高苏维埃主席团的命令作了重要的修改和补充。此外,苏联最高法院和司法部颁行的规范性文件,也对适用婚姻家庭法的问题作了许多具体规定。

第二次世界大战后,苏维埃婚姻家庭法继续发展。1968年,苏联最高苏维埃颁行了《苏联和各加盟共和国婚姻家庭立法纲要》。1969年,俄罗斯联邦依据上述纲要颁行了新的婚姻家庭法典,乌克兰等其他加盟共和国的婚姻家庭法典也作了相应的修改。1979年,苏联最高苏维埃主席团又发布了修改上述纲要的命令,各加盟共和国都采取了相应的立法措施。需要说明的是,苏联解体后,俄罗斯联邦于1995年制定了新的家庭法典。自该法典施行之

[①] 参见夏吟兰、何俊萍:《现代大陆法系亲属法之发展变革》,载《法学论坛》2011年第2期;马忆南、邓丽:《当代英美家庭法的新发展与新思潮》,载《法学论坛》2011年第2期。

日(1996年3月1日)起,原《苏联和各加盟共和国婚姻家庭立法纲要》以及苏联最高苏维埃主席团颁行的有关婚姻家庭的法令不再适用于俄罗斯联邦。

2. 东欧国家的婚姻家庭法

第二次世界大战以后,东欧各社会主义国家相继颁行了调整婚姻家庭关系的法律,名称和编制方法各具特色。1949年的《保加利亚人民共和国人与家庭法》,是将作为民事权利主体的人的法律能力和有关婚姻家庭的事项置于同一法典中加以规定的。南斯拉夫联邦于1947年通过了四部以婚姻家庭为调整对象的法律,即《婚姻基本法》《亲子关系基本法》《收养基本法》和《监护基本法》,它们是适用于全联邦的;后又按照联邦宪法的规定,将婚姻家庭方面的立法权交由各共和国(自治省)行使。

20世纪50年代以来,罗马尼亚于1954年,捷克斯洛伐克于1963年,德意志民主共和国于1965年,保加利亚于1973年,古巴于1975年,阿尔巴尼亚于1982年,都颁行了新的婚姻家庭法(名称不尽相同,也有仅称为家庭法的)。

三、婚姻家庭法的最新发展

当代法律对家庭概念的认识已超越了传统的婚姻家庭范畴。在许多国家,对非婚同居和同性结合相关权利的认可已经突破了婚姻制度在婚姻和性别上的预设前提;对家庭暴力的防范和制裁使得家庭成员、家庭关系等概念有了因地制宜的灵活性。对"婚姻"和"家庭"的定义持更加开放、更加包容的态度。

从传统的法域划分来说,婚姻家庭法是典型的私法领域,为了保持个人及家庭生活的私密和安宁,公权力不应过多介入家庭事务和家庭纠纷。但随着时代发展和社会变迁,婚姻家庭领域的一些问题已经超出私法范畴,进入公法领域,家庭法的发展也融入了更多的社会法因子,公权力的干预不断深入和扩展,婚姻家庭法本身的边界也越来越模糊。比如涉及儿童权益保护、妇女权益保护和老人权益保护方面,许多社会福利法对婚姻家庭关系产生了重大影响,如社会福利法中规定的对含未成年子女的家庭提供帮助、相关医疗与社会保险项目等。税法等也对婚姻家庭领域产生了强有力的影响。

当代婚姻家庭法在关注个人权益的同时,也警醒地认识到家庭价值的珍贵、儿童权益的脆弱,因此其法律理念表现出注重维护家庭稳定、注重保护儿童权益的新趋势,在解决婚姻家庭纠纷的途径上则倡导善用替代性纠纷解决方式,力争低成本解决争议。许多国家对过高的离婚率表现出极大的担忧,比如美国有些州倡导由当事人自己选择"契约婚姻",限制离婚自由,确保家庭稳定。从务实的角度来说,维护家庭稳定是为了更好地抚养和保护儿童,家庭法加强了对儿童权益的保护力度,除了强调父母的责任,政府也加大了投入,不仅竭力保障对儿童的经济资助,还设立专门机构负责对儿童的救助、照管等。在长期的法律实践中,各国法律界都认识到,用诉讼的方式解决婚姻家庭纠纷不仅花费不菲,还会增加家庭成员的负面情绪,因此都开始倡导以调解的方式处理婚姻家庭争议,社会工作者和律师在家庭事务调解业务中发挥了越来越大的作用,调解机制也受到公共政策的青睐并为法院所倡导。

婚姻家庭法的最新发展表现在很多方面,比如:结婚法日益模糊无效婚姻与有效婚姻法律后果的界限,无效婚、可撤销婚的法律后果相对缓和,在财产分割、双方扶养以及子女抚养、监护等方面的处理与离婚的后果基本相同;非婚同居、同性结合的"合法化"趋势;离婚法坚持自由离婚主义,同时予以适当限制,注意平衡离婚的法律后果,公平分割婚姻财产,承认家务劳动与职业劳动有同等价值;亲子法以保护"儿童最大利益"为原则,依子女最大利益原则处理抚养、监护、探视、交往等问题;收养法以保护未成年被收养人利益为中心,收养要件以保护未成年被收养人健康成长为基准,收养程序实行国家监督主义。

四、新中国的婚姻家庭法制建设

（一）半殖民地半封建社会的婚姻家庭制度和立法概况

新中国的婚姻家庭立法具有长期的革命传统,发端于20世纪30年代,在中华人民共和国成立后得到了新的发展。温故而知新,在论及新中国的婚姻家庭法制建设以前,有必要对中国半殖民地半封建社会的婚姻家庭制度和立法概况作大致的说明。

1. 封建主义婚姻家庭制度及其在半殖民地半封建社会中的延续

封建主义婚姻家庭制度在中国历史上存在了两三千年之久,它植根于封建经济、封建政治和封建文化,其经济根源是地主阶级的生产资料私有制和小农生产经济。其政治根源是封建制国家的宗法统治,其思想根源是以儒家思想为主要代表的宗法伦理观。中国的封建主义婚姻家庭制度,具有包办、强迫婚姻,剥削阶级的多妻制,男尊女卑、夫权统治,家长专制、漠视子女利益以及男子专权离婚等诸多特征。到了近现代社会,这种制度已经成为广大人民婚姻家庭生活的枷锁、束缚生产力发展的桎梏。

中国进入半殖民地半封建社会后,封建主义婚姻家庭制度日趋没落。自然经济的破坏和宗法家族制度的衰颓,使族权和家长权有所削弱。随着资本主义经济的初步发展,城市地区出现了不同于往昔的资产阶级和工人阶级的家庭。在当时的反封建斗争中,婚姻自由、男女平等、小家庭制等观念得到了一定程度的传播,并为一些先进分子自觉地实行。这一切是中国社会内部变化的必然结果,同"欧风东渐"的影响也有一定的关系。凡此种种,都是对封建主义婚姻家庭制度强有力的冲击。但是,在帝国主义、封建主义和官僚资本主义的联合统治下,封建的经济基础和上层建筑仍然存在,封建礼教在婚姻家庭领域仍有很大的影响,已经没落的封建主义婚姻家庭制度在婚姻家庭领域中仍居于统治和支配的地位。中国近现代的婚姻家庭立法,便是背负着这样沉重的历史遗产起步的。

2. 半殖民地半封建社会的婚姻家庭立法

在半殖民地半封建社会的旧中国,晚清王朝、北洋军阀政权和国民党政权都进行了有关婚姻家庭的立法活动。当时的统治者有的企图用稍加改良的法律使旧的婚姻家庭制度得以延续,有的则在形式上一味仿效资产阶级国家的婚姻家庭立法,但实际上并没有对旧的婚姻家庭制度实行根本的改革。

1910年颁行的《大清现行刑律》,是在修订《大清律例》的基础上制定的,其中也包括婚姻家庭方面的内容,它仍然是一部诸法合体的法律,许多规定具有浓厚的封建性。1911年制定的《大清民律草案》,是中国民法（包括婚姻家庭法）近代化的最初尝试,该草案中包括亲属一编。这部草案大体上是以德国、日本等国民法典为蓝本的,但仍保有某些封建性的内容,在亲属和继承两编中表现得尤为明显。当时的修订法律馆为《大清民律草案》告成而上的奏折中说:"凡亲属、婚姻、继承等事,除与立宪相背酌量变通外,或本诸经义,或参诸道德,或取诸现行法制,务期整饬风纪,以维持数千年民彝于不蔽。"其立法宗旨可见一斑。由于清朝迅即覆灭,包括亲属编在内的民律并未实施。

北洋军阀政府统治时期,对婚姻家庭关系的调整仍然适用《大清现行刑律》中的有关规定,这些规定和其他民事法规范被称为现行律的民事有效部分。这对号称民国的北洋军阀政权来说真是莫大的讽刺。北洋军阀统治时期的大理院,还通过了一些具有封建性的解释和判例,以补法律之不足。此外,北洋政府又于1915年制定了《民律亲属编草案》。1926年制定的《民律草案》中,亦有亲属一编;该编以专章规定宗祧继承,封建色彩十分浓厚。这部《民律草案》也未实施,但曾由北洋军阀政府司法部通令各级法院作为内部条例援用。

国民党政府成立之初,当时的法制局于1928年起草了《亲属法草案》,为后来的民法亲属编作了立法上的准备。作为民法组成部分的亲属编,是于1930年12月26日公布,自1931年5月5日起施行的。全编分为7章,即通则、婚姻、父母子女、监护、扶养、家、亲属会议,计171条。这个亲属编的颁行,在形式上实现了中国的婚姻家庭法从古代型向近代型的转变,在婚姻家庭立法史上自有其一定的历史地位。但是,它的许多规定是对资产阶级国家婚姻家庭法的模仿和袭用,是脱离中国当时的实际情况的,并不是婚姻家庭制度改革的法律成果。同时还要看到,其中的某些规定,仍然保留有一定的旧的、封建的色彩。例如,这个亲属编在男性家长掌握财权的现实面前,奢谈各种夫妻财产制;在关于婚姻的普通效力和夫妻财产制的规定中,仍有若干维护夫权、限制已婚妇女权利的条款。在立法理由中说"妾之制度,亟应废止",有关条款却为妾的家属地位提供了合法的依据。亲属编中虽无立嗣的规定,继承编中却有关于指定继承人的规定。这个亲属编还以专章规定家制,包括家长与家属的关系。凡此种种,在颁行当时便是为一些学者所诟病的。应当说明的是,在20世纪80年代以后,我国台湾地区的立法机构对亲属编已作若干重要的修正,许多规定已非复旧观。此处是按照颁行当时的规定加以评析的。

(二) 中华人民共和国成立前革命根据地的婚姻家庭立法

在近现代的中国,婚姻家庭制度的改革是社会制度改革的重要内容。1919年的五四运动是中国新民主主义革命的开端,在这前后,一些革命先驱在传播马克思主义的同时,为改革婚姻家庭制度作了思想上和理论上的准备。中国共产党成立后,提出了解放妇女、实行男女平等、改革婚姻家庭制度等革命主张。第一次国内革命战争时期,革命势力所及之处,妇女运动蓬勃兴起,腐朽没落的封建主义婚姻家庭制度受到了强烈的冲击。中国共产党领导下的革命政权通过立法对婚姻家庭制度实行根本的改革,则是从第二次国内革命战争时期开始的。

1. 中华苏维埃共和国婚姻条例和婚姻法

1927年以后,中国共产党创建的农村革命根据地中实行了一系列的社会民主改革,其中也包括婚姻家庭制度的改革。1930年3月颁行的《闽西婚姻法》、1931年7月作出的《鄂豫皖工农兵第二次代表大会婚姻问题决议案》等,是革命根据地为改革婚姻家庭制度而采取的最初的立法措施。随着全国性的工农民主政权的建立,中华苏维埃共和国中央执行委员会于1931年12月1日颁行了《中华苏维埃共和国婚姻条例》。时隔不久,又根据实践经验对这个条例作了修改,于1934年4月8日颁行了《中华苏维埃共和国婚姻法》。这两部法律从原则规定到具体规定都贯穿着鲜明的反封建的精神,明确地宣布:实行婚姻自由,废除封建的包办强迫婚姻;禁止童养媳;实行一夫一妻,禁止一夫多妻(《中华苏维埃共和国婚姻法》中还作了禁止一妻多夫的补充)。其内容包括结婚的条件和程序、离婚及其程序、离婚后子女的抚养和财产处理等。坚持男女平等,保护妇女和子女的合法权益以及对革命军人婚姻的保护,是这两部法律的重要特色。婚姻登记制度也是源自苏区时代,后又推及全国的。

诞生于革命法制初创时期的《中华苏维埃共和国婚姻条例》和《中华苏维埃共和国婚姻法》，在内容上是有其局限性的。某些规定还不够全面、成熟，实施的时间也不长。但是，它们为我国的新婚姻家庭制度奠定了初步的法律基础，在我国的婚姻家庭立法史上具有重要的地位。

2. 抗日战争、解放战争时期地区性的婚姻条例

从抗日战争时期到解放战争时期，中国共产党领导的革命根据地中颁行了许多地区性的婚姻条例。这些条例是为了适应改革婚姻家庭制度的需要而制定的，它们的贯彻实施，保障了上述改革的顺利进行。这些条例均以各自地区冠名，如1939年的《陕甘宁边区婚姻条例》、1941年的《晋西北婚姻暂行条例》、1942年的《晋冀鲁豫边区婚姻暂行条例》、1943年的《晋察冀边区婚姻条例》、1945年的《山东省婚姻暂行条例》、1946年的新的《陕甘宁边区婚姻条例》、1949年的《修正山东省婚姻暂行条例》等。这些条例均以废除封建主义婚姻家庭制度、实行新民主主义婚姻家庭制度为其立法宗旨，在内容上均以调整婚姻关系为主，家庭关系较少涉及。

抗日战争、解放战争时期各地区的婚姻条例，在基本原则上是与苏区时代的婚姻立法完全一致的，有些规定则更为具体详明。例如，有的条例中设有关于婚约的条款；许多地区的条例均对男女双方自愿离婚和男女一方要求离婚在处理程序上加以区别；有些条例中还列举了离婚的法定理由；保护军婚也是这些条例的立法重点之一，有的地区还为此制定了专门的规范性文件，如1943年1月的《陕甘宁边区抗属离婚处理办法》，同年6月的《山东省保护抗日军人婚姻暂行条例》等。

抗日战争、解放战争时期革命根据地的婚姻家庭立法，有力地推动了当时的婚姻家庭制度改革。随着土地改革和各项社会民主改革的进行，旧的封建主义婚姻家庭制度开始崩溃瓦解，新的民主主义的婚姻家庭制度正在初步形成。这对解放妇女、发挥广大群众革命和生产的积极性起了很大的作用，同时也为中华人民共和国成立后的婚姻家庭制度改革和立法积累了宝贵的历史经验。

(三) 中华人民共和国的婚姻家庭立法

1. 中华人民共和国成立之初的1950年《中华人民共和国婚姻法》

1950年的《中华人民共和国婚姻法》(以下简称1950年《婚姻法》)，是中华人民共和国成立后颁行的第一部具有基本法性质的法律。这个"第一"并非出于偶然，而是以其必要性和可行性为客观依据的。就必要性而言，广大人民特别是广大妇女在政治上、经济上获得了解放后，迫切地期盼在婚姻家庭生活中摆脱封建的桎梏。全国范围的婚姻家庭制度改革，需要从法律上加以支持和保障。就可行性而言，我们早在中华人民共和国成立前的革命根据地就取得了婚姻家庭制度改革和法制建设的经验，它的率先问世比其他法律具有更为成熟的条件。

中华人民共和国成立后的第一部《婚姻法》以《中国人民政治协商会议共同纲领》的有关规定为其立法依据。它是我国民主革命时期婚姻家庭制度改革的历史经验在法律上的总结，又是适应中华人民共和国成立后调整婚姻家庭关系的实际需要而制定的。这部《婚姻法》分为八章，分别以原则、结婚、夫妻间的权利和义务、父母子女间的关系、离婚、离婚后子女的抚养和教育、离婚后的财产和生活、附则命名；内容以婚姻关系的法律调整为主，对家庭关系的规定比较简略。名曰婚姻法，实际上是一部不够完整的婚姻家庭法。

"废除包办强迫、男尊女卑、漠视子女利益的封建主义婚姻制度。实行男女婚姻自由、一夫一妻、男女权利平等、保护妇女和子女合法权益的新民主主义婚姻制度。"1950年《婚姻法》在第1条中所作的上述规定,既指出了该法的立法宗旨,又确定了该法的基本原则。重婚、纳妾、童养媳、干涉寡妇婚姻自由和借婚姻关系问题索取财物等,都是旧婚姻家庭制度的产物,也是实行新婚姻家庭制度的障碍。所以1950年《婚姻法》在原则部分一并予以禁止。

从我国婚姻家庭制度改革的全部过程来看,其中既包括民主主义性质的改革,又包括社会主义性质的改革,前者是后者的必要准备,后者是前者的必然趋势,两者之间没有不可逾越的鸿沟。这是由我国社会和革命的性质特点决定的。1950年《婚姻法》采用了实行新民主主义婚姻制度的提法,将法律的锋芒指向婚姻家庭领域的封建制度和封建习俗,这是完全正确和符合中华人民共和国成立初期的实际情况的。中华人民共和国成立初期废除封建主义婚姻家庭制度,按其性质而言是继续完成民主革命中尚未完成的任务。但是,绝不能认为1950年《婚姻法》的历史使命仅以反封建为限。废除封建主义婚姻家庭制度,只是为建立社会主义婚姻家庭制度扫清基地。经过民主主义性质的改革,建立和发展社会主义婚姻家庭制度才是我们所要达到的目的。事实上,1950年《婚姻法》在我国的社会主义婚姻家庭制度初步建立后又继续施行多年,直至1980年才为第二部《中华人民共和国婚姻法》所取代。

1950年《婚姻法》颁行后,广大人民、广大妇女的婚姻家庭权利得到了法律的有效保障,婚姻家庭领域的反封建斗争空前高涨。但是也应当看到,婚姻家庭领域中封建制度和封建习俗的影响既深且广,改革婚姻家庭制度的阻力是不可低估的。经过1953年的贯彻婚姻法运动,才取得了婚姻家庭制度上反封建斗争的决定性胜利。中共中央和政务院分别于1952年11月26日和1953年2月1日发出了关于贯彻执行婚姻法的重要指示,并规定1953年3月为全国贯彻婚姻法运动月。1953年2月18日,中共中央又发出了《关于贯彻婚姻法运动月工作的补充指示》。这些文件对贯彻婚姻法运动的任务、方针、方法和各种政策界限等都作了明确的规定,从而保证了贯彻婚姻法运动的健康发展。这次运动巩固和发展了中华人民共和国成立初期婚姻家庭制度改革的成果。经过这次运动,自主婚姻蔚然成风,民主、和睦的家庭大量涌现,旧社会遗留下的不合理的婚姻家庭关系得到了不同程度的改造,社会风气也有了很大的改变。至20世纪50年代中期,随着生产资料所有制方面的社会主义改造,婚姻家庭制度顺利地实现了从民主主义性质的改革到社会主义性质的改革的转变,社会主义婚姻家庭制度已经初步建立起来。

2. 改革开放之初的1980年《中华人民共和国婚姻法》

在"文化大革命"的十年浩劫中,婚姻家庭方面的法制建设停步不前,公民的婚姻家庭权益得不到应有的保障,婚姻家庭领域中一些过去基本上已被破除的陈规陋习又重新抬头,趁机蔓延。这是我国婚姻家庭制度改革过程中出现的一次重大的曲折。1980年《中华人民共和国婚姻法》(以下简称1980年《婚姻法》)的颁行,是巩固和发展社会主义婚姻家庭制度的需要,是保障公民婚姻家庭权益、促进社会文明进步的需要。它加强了对婚姻家庭关系的法律调整,对婚姻家庭领域的拨乱反正起了重要作用,使我国婚姻家庭制度的改革重新走上了健康发展的轨道。

1980年《婚姻法》是在1950年《婚姻法》的基础上,根据实践经验和当时婚姻家庭领域的新的情况和问题制定的。它对我国婚姻家庭立法的发展,表现在以下几个主要方面:一是对基本原则的补充,在重申原《婚姻法》各项原则的同时,增加了保护老年人合法权益和实行计划生育的原则规定。二是对结婚条件的修改,新法中适当提高了法定婚龄,界定了旁系血亲禁止结婚的范围。三是扩大了家庭关系的法律调整,规定了祖孙间、兄弟姐妹间的权利义务;在夫妻财产制、扶养、抚养、赡养、收养和继父母继子女关系等问题上,新法的规定比原法更为具体明确。四是对离婚条款的增补,其内容涉及离婚的法律程序和法定理由,以及离婚后子女的抚育、财产和生活等诸多方面。此外,1980年《婚姻法》在附则中还增加了有关制裁和执行的条款,增加了有关婚姻家庭案件执行的规定,在我国《民事诉讼法》尚未颁行的情况下,这是很有必要的。

3. 2001年对《婚姻法》的修正

在改革开放以后的20多年中,我国的社会生活和婚姻家庭生活经历了巨大的变化,文明进步是当代中国婚姻家庭生活的主流。同时,婚姻家庭领域也出现了一些前所未有的新情况和新问题,需要在立法上制定有效的对策。1980年《婚姻法》有其重要的历史功绩。但内容上也有不足之处:一是立法上的空白较多,欠缺某些应有的制度;二是面对新的变化,有些规定已经滞后于现实。因此,应当根据调整婚姻家庭关系的实际需要予以修改和补充。

从1995年10月30日将修改《婚姻法》列入第八届全国人大的立法规划,到2001年4月28日第九届全国人大常委会第二十一次会议通过《关于修改〈中华人民共和国婚姻法〉的决定》,历时5年有余。其间,还曾将《婚姻法》的修正案草案全文公布,提交全民讨论。这次修法的重点,主要有以下几个方面:

第一,总则中增加了保障婚姻法诸原则实施的禁止性条款,通过有关禁止有配偶者与他人同居、禁止家庭暴力的规定,强化了对婚姻家庭主体人身权利的保护。在新增的第4条中规定了婚姻双方和家庭成员的共同责任,从而集中体现了我国婚姻家庭法的立法宗旨。

第二,在结婚制度中增设了关于无效婚姻和可撤销婚姻的规定,其内容包括婚姻无效和可撤销的原因、撤销请求权人和请求权行使的时间以及婚姻无效和撤销的法律后果等,从而为防治违法婚姻制定了必要的法律对策。

第三,在家庭关系中改进了原有的法定夫妻财产制,界定了夫妻双方共有财产和一方所有财产的范围;同时还规范了夫妻财产约定,包括约定的内容、形式和效力;对有关亲子、祖孙、兄弟姐妹的权利义务等规定也作了适当的修改。

第四,在离婚制度中,对准予离婚的法定理由增设了若干列举性、例示性的规定,从而增强了法律在适用中的可操作性,有利于保障离婚自由,防止轻率离婚。在离婚后子女的抚养、教育和财产处理等问题上,增设了探望权和经济补偿、损害赔偿等规定。

第五,以专章规定救助措施和法律责任。对违反婚姻家庭法行为的受害人,规定了各种必要的救助措施,对婚姻家庭领域的行政违法行为、民事违法行为和刑事犯罪行为规定了相应的法律责任。有些是直接规定的,有些规定是同其他法律相衔接的。

4.《民法典》婚姻家庭编的编纂

2020年5月28日,第十三届全国人民代表大会第三次会议表决通过了《民法典》,自2021年1月1日起施行。随着《民法典》的颁行,多部民法单行法被废止,其中包括《婚姻法》《收养法》等法律,其内容统一纳入《民法典》婚姻家庭编。婚姻家庭编作为《民法典》的第五编,传承了婚姻法的立法传统,体现了社会主义核心价值观,实现了婚姻法的法典化回归,完善了我国的婚姻家庭制度。

《民法典》婚姻家庭编共五章79条,主要内容有:

(1) 关于一般规定。第五编第一章在婚姻法规定的基础上,重申了婚姻自由、一夫一妻、男女平等等婚姻家庭领域的基本原则和规则,并在婚姻法的基础上,作了进一步完善:一是为贯彻落实习近平总书记有关加强家庭文明建设的重要讲话精神,更好地弘扬家庭美德,规定家庭应当树立优良家风,弘扬家庭美德,重视家庭文明建设。二是为了更好地维护被收养的未成年人的合法权益,将联合国《儿童权利公约》关于儿童利益最大化的原则落实到收养工作中,增加规定了最有利于被收养人的原则。三是界定了亲属、近亲属、家庭成员的范围。

(2) 关于结婚。第五编第二章规定了结婚制度,并在婚姻法的基础上,对有关规定作了完善:一是将受胁迫一方请求撤销婚姻的期间起算点由"自结婚登记之日起"修改为"自胁迫行为终止之日起"。二是不再将"患有医学上认为不应当结婚的疾病"作为禁止结婚的情形,并相应增加一方隐瞒重大疾病的,另一方可以向人民法院请求撤销婚姻的规定。三是增加婚姻无效或者被撤销的,无过错方有权请求损害赔偿的规定。

(3) 关于家庭关系。第五编第三章规定了夫妻关系、父母子女关系和其他近亲属关系,并根据社会发展需要,在婚姻法的基础上,完善了有关内容:一是明确了夫妻共同债务的范围。《婚姻法》没有对夫妻共同债务的范围作出规定。2003年最高人民法院出台司法解释,对夫妻共同债务的认定作出规定,近年来成为社会关注的热点问题。2018年1月,最高人民法院出台了新的司法解释,修改了此前关于夫妻共同债务认定的规定。从新司法解释施行效果看,总体上能够有效平衡各方利益,各方面总体上赞同。因此,《民法典》吸收新司法解释的规定,明确了夫妻共同债务的范围。二是规范亲子关系确认和否认之诉。亲子关系问题涉及家庭稳定和未成年人的保护,作为民事基本法律,《民法典》对此类诉讼进行了规范。

(4) 关于离婚。第五编第四章对离婚制度作出了规定,并在婚姻法的基础上,作了进一步完善:一是增加离婚冷静期制度。实践中,轻率离婚的现象增多,不利于婚姻家庭的稳定。为此,《民法典》规定了提交离婚登记申请后30日的离婚冷静期,在此期间,任何一方可以向登记机关撤回离婚申请。二是针对离婚诉讼中出现的"久调不判"问题,增加规定,经人民法院判决不准离婚后,双方又分居满1年,一方再次提起离婚诉讼的,应当准予离婚。三是关于离婚后子女的抚养,将《婚姻法》规定的"哺乳期内的子女,以随哺乳的母亲抚养为原则"修改为"不满两周岁的子女,以由母亲直接抚养为原则",以增强可操作性。四是将夫妻采用法定共同财产制的,纳入适用离婚经济补偿的范围,以加强对家庭负担较多义务一方权益的保护。五是将"有其他重大过错"增加规定为离婚损害赔偿的适用情形。

(5) 关于收养。第五编第五章对收养关系的成立、收养的效力、收养关系的解除作了规定,并在收养法的基础上,进一步完善了有关制度:一是扩大被收养人的范围,删除被收养的未成年人仅限于不满14周岁的未成年人的限制,修改为符合条件的未成年人均可被收养。二是与国家计划生育政策的调整相协调,将收养人须无子女的要求修改为收养人无子女或者只有1名子女。① 三是为进一步强化对被收养人利益的保护,在收养人的条件中增加规定"无不利于被收养人健康成长的违法犯罪记录",并增加规定民政部门应当依法进行收养评估。

---

① 《中华人民共和国人口与计划生育法》于2021年8月20日进行了修正,该法第18条中规定"一对夫妻可以生育三个子女",最近几年,国家的计划生育政策处在快速调整变化时期,《民法典》的相关内容也会随之发展变化。

第三节 婚姻家庭法的概念和调整对象

一、婚姻家庭法的概念

(一) 婚姻家庭法的名称和含义

不同的法律各有其特定的调整对象,婚姻家庭法是调整婚姻家庭关系的法律。在不同的时代和国家里,调整婚姻家庭关系的法律的名称不尽相同。在古代罗马私法中称其为亲属法;当代各国有称为亲属法的,如德国、日本等大陆法系国家民法典的亲属编,有称为婚姻家庭法的,如苏联各联盟共和国的婚姻家庭法典,有仅称为家庭法的,如德意志民主共和国和俄罗斯联邦的家庭法典。英美法系的一些国家调整婚姻家庭关系的法律由不同名称的单行法组成,而其总和也相当于婚姻家庭法。有些法律名异而实同,有些法律名同而实异。我们不仅要观其名,更要究其实,即法律中究竟包括哪些内容。

一般说来,亲属法调整的范围是稍广于婚姻家庭法的,除以婚姻家庭法规范为主要内容外,还有一些不属于婚姻家庭事项的规定。婚姻关系既是家庭关系的发生基础,又是家庭关系的组成部分,就名称而言,家庭法可以包容婚姻法。以婚姻法去包容家庭法则是不够严谨的。基于历史传统和立法工作等方面的原因,我国在2020年《民法典》颁布前并无以《婚姻家庭法》命名的法律,而是以《婚姻法》作为婚姻家庭基本法。在法典化的民法中,调整婚姻家庭关系的规范体系以婚姻家庭编为名。

在法制史和比较法的领域中,婚姻家庭法一词往往有各种不同的含义,如非纯粹的婚姻家庭法和纯粹的婚姻家庭法,作为民法组成部分的婚姻家庭法和作为独立法律部门的婚姻家庭法,形式意义上的婚姻家庭法和实质意义上的婚姻家庭法等。

非纯粹的婚姻家庭法多见于诸法合体的古代法,其中有许多刑事法律规范。近现代的婚姻家庭法是纯粹的婚姻家庭法,是由民事法律规范构成的。

从罗马法到近现代资产阶级国家的法律,婚姻家庭法(亲属法)均被认为是民法即私法的组成部分,大陆法系国家将婚姻家庭法规范体系作为民法典的一编,英美法系国家各种调整婚姻家庭的单行法也是被归类于民法的。"十月革命"后苏联首创以婚姻家庭法为独立法律部门的立法例,后为一些社会主义国家所采用。在我国的法律体系中,婚姻家庭法究竟是民法的组成部分,还是一个独立的法律部门,这个问题在过去是有歧见的。早期以独立部门法说为通说,这同我们的立法传统有关,苏联的法学和立法模式对此也有一定的影响。1986年《中华人民共和国民法通则》(以下简称《民法通则》)问世后,在立法体制上实现了婚姻家庭法向民法的回归。按照《民法通则》第2条有关调整对象的规定,作为平等主体的公民之间在婚姻家庭领域的人身关系和财产关系,当然属于民法的调整范围。我们认为,婚姻家庭法不是一个独立的法律部门,而是民法部门中具有相对独立性的组成部分;基于婚姻家庭法的特点和发展婚姻家庭法学的需要,似可以学科婚姻家庭法说替代过去的部门婚姻家庭法说。

所谓形式意义上的婚姻家庭法,是指以婚姻家庭法(或其他类似的名称)为名的规范性文件,它是调整婚姻家庭关系的基本法,是一定国家的婚姻家庭制度在法律上的全面反映。所谓实质意义上的婚姻家庭法,是一定国家中调整婚姻家庭关系的全部法律规范的总和。

一方面,婚姻家庭法规范在形式意义上的婚姻家庭法中有集中而又系统的规定,但是,不以婚姻家庭法为名的相关的规范性文件中也有许多婚姻家庭法规范,这些规范同样也是实质意义上的婚姻家庭法的组成部分。另一方面,形式意义上的婚姻家庭法中往往还有一些按其性质不属于婚姻家庭法规范的规定,为了立法上的方便和适用法律的需要,在形式意义上的婚姻家庭法中附加某些行政法规范、诉讼法规范,这在一些国家的立法例中是很常见的。学习和研究婚姻家庭法,应当面向全部的实质意义上的婚姻家庭法规范体系,不能仅以形式意义上的婚姻家庭法中的规定为限。

(二) 婚姻家庭法概念的表述

概念是对所指事物的高度抽象的概括,表述婚姻家庭法的概念,应当将我国的婚姻家庭法和《婚姻法》《民法典》婚姻家庭编在概念上加以区别。《婚姻法》第1条规定,"本法是婚姻家庭关系的基本准则",并不是全部准则。《民法典》婚姻家庭编①也不是全部准则。

我国婚姻家庭法的概念可以大致表述如下:婚姻家庭法是规定婚姻家庭关系借以发生和终止的法律事实,以及婚姻家庭主体之间、其他近亲属之间的权利和义务的法律规范的总和。这一概念指向婚姻家庭法的全体,是就实质意义上的婚姻家庭法而言的,而不是仅就形式意义上的婚姻家庭法而言。

为了正确地把握上述概念,可从以下几个方面略作分析:

婚姻家庭法中既包括婚姻法规范,又包括家庭法规范,通过这两种规范构建了婚姻家庭领域的各种具体的法律制度,如结婚制度、离婚制度、夫妻关系和亲子关系方面的一些制度以及收养制度、监护制度等。婚姻是家庭的起点,夫妻是家庭的核心成员。婚姻法规范和家庭法规范的提法只是一种大致的划分,两者是有交叉、竞合之处的。法律中有关夫妻人身关系和财产关系的各种规定,既可称其为婚姻法规范,亦可称其为家庭法规范。这在法律的编制方法上也有明显的表现。有些法律将夫妻人身关系、财产关系方面的权利义务置于婚姻效力部分,我国《婚姻法》和《民法典》则是将其置于家庭关系部分。

我国婚姻家庭法为不同主体设定的权利义务,其中有些是从亲属关系的角度加以规定,而不是仅从家庭成员关系的角度加以规定的。因此,我们在概念的表述中于"婚姻家庭主体"之后,又以"其他近亲属"作为补充。目前,我国的家庭具有不同的结构形式,近亲属并非都是同一家庭的成员。我国婚姻家庭法中有关祖孙、兄弟姐妹权利义务的规定,有关收养效力的规定等,在适用中是不以同居一家者为限的。

婚姻家庭法是通过规定婚姻家庭关系借以发生和终止的法律事实,通过规定有关主体的权利义务,实现其调整作用的。这是婚姻家庭法特有的调整方法。其他法律中也有若干涉及婚姻家庭的规定,但其调整方法和婚姻家庭法有明显的区别。

二、婚姻家庭法的调整对象

(一) 调整对象的范围

婚姻家庭法调整对象的范围是相当广泛的,就纵的方面而言,包括婚姻家庭关系、其他近亲属关系发生和终止的全过程,就横的方面而言,包括婚姻家庭主体间、其他近亲属间的各种权利义务关系。具体说来,其范围可从以下两个方面加以界定:一是列入调整范围的主

---

① 《民法典》婚姻家庭编第1040条规定:"本编调整因婚姻家庭产生的民事关系。"

体,二是列入调整范围的事项。

在我国,列入婚姻家庭法调整范围的主体,有夫、妻、父、母、子、女、祖、孙(双系兼指,包括祖父母、外祖父母、孙子女、外孙子女)和兄弟姐妹等;在特定的情形下,还包括女婿和岳父母、儿媳和公婆,以及兄弟姐妹以外的其他三代以内旁系血亲。

列入婚姻家庭法调整范围的事项,是那些需要由法律加以规定,具有法律意义、法律后果的问题。例如,结婚、离婚、收养的成立和解除,夫妻、亲子、祖孙和兄弟姐妹间的权利义务等,都是由婚姻家庭法加以规定的。法律是调整婚姻家庭关系的重要手段,但不是唯一的手段。那些不具有法律意义、法律后果的问题,无须由法律加以规定,可由道德、习惯等加以调整。

(二) 调整对象的性质

婚姻家庭法的调整对象,按其性质可以分为人身关系和财产关系两类。其中,人身关系是主要的、起决定作用的方面。婚姻家庭领域的财产关系虽然也很重要,但它是从属于人身关系、不能脱离人身关系而独立存在的。这种财产关系对人身关系的从属性,表现在发生、终止和内容等诸多方面。婚姻家庭法就其基本性质而言是身份法,而不是财产法,它调整的是婚姻家庭主体间、其他近亲属间的人身关系以及与此相联系的财产关系。

1. 婚姻家庭领域的人身关系

这种人身关系存在于彼此具有特定亲属身份的自然人之间,其本身并不具有经济内容,也不是出于经济上的目的而创设的。但是,它是婚姻家庭领域的财产关系的发生根据。与其他法律中调整的人身关系不同,婚姻家庭法调整的人身关系是亲属身份关系。例如,著作权、发明权中的人身权是基于主体的创造性的劳动而取得的,生命健康权、名誉权等是基于人格而享有的,这些均与亲属身份无关。婚姻家庭领域的人身权则是以主体间的特定亲属身份为其发生前提的,如配偶权、亲权等。

2. 婚姻家庭领域的财产关系

这种财产关系具有一定的经济内容,涉及有关主体之间的物质利益。但它是随着婚姻家庭领域的人身关系的发生而发生,随着上述人身关系的终止而终止的。财产关系的内容反映了相应的人身关系的要求。例如,夫妻的财产关系方面的权利义务,因当事人结婚取得配偶身份而发生,又因当事人死亡或离婚丧失配偶身份而终止。扶养、抚养和赡养等关系,均以权利人和义务人的亲属身份为依据。就法律关系而言,婚姻家庭领域的财产关系无非是人身关系的法律后果,前者是以后者为基础法律关系的。

试将婚姻家庭法领域的财产关系同其他民事法律调整的财产关系作一比较,便可看出两者的明显区别。前者反映的主要是亲属共同生活和家庭经济功能的要求,其参与者须为具有特定身份的亲属,这种财产关系不是等价、有偿的。后者反映的则是商品经济(在我国发展的现阶段表现为社会主义市场经济)的要求,其参与者不以具有亲属身份为前提,包括一切可作为民事权利主体的自然人和法人,这种财产关系一般都是等价、有偿的,只有极少数的例外情形。

三、婚姻家庭法的主要特征

不同的法律既有共性又具有自身的特色。婚姻家庭法的特色,是由其调整范围、调整手段和价值取向等决定的。

(一) 婚姻家庭法在适用上具有极大的广泛性

婚姻家庭自其产生之时起便是人类社会中普遍存在的社会关系,它以社会细胞的形态存在于现实生活中。任何人,不论其性别、年龄和其他情形如何,都是婚姻家庭法律关系的主体,都不可能置身于婚姻家庭法调整之外。婚姻家庭法的适用,涉及男男女女、老老少少、家家户户的切身利益和社会公共利益。毛泽东同志曾经说过,婚姻法是有关一切男女利害的普遍性仅次于宪法的国家根本大法之一。① 一国之内,婚姻家庭法是适用于全体公民的普通法,而不是仅适用于部分公民的特别法(对普通法一词应就其字面意义了解,以免与英国普通法的特定含义相混淆),我国婚姻家庭法中也有某些只适用于特定主体的规定,但这并不影响其在适用上的广泛性。

(二) 婚姻家庭法在内容上具有鲜明的伦理性

婚姻家庭关系既是一种重要的法律关系,又是一种重要的伦理关系。在一定意义上来说,婚姻家庭法堪称道德化的法律或法律化的道德。从历史上看,中国古代的婚姻家庭礼制、法制均以宗法伦理为基础。欧洲古代的许多国家是以基督教的教义为其道德支柱的。在我国,法律和社会主义道德本来就是完全一致的,这种一致性在婚姻家庭法领域表现得尤为明显。

我国婚姻家庭法中的许多规定,都是社会主义婚姻家庭道德的必然要求。道德的支持,有利于法律的贯彻执行。法律的保障,有利于道德的发扬光大。《婚姻法》第 4 条、《民法典》婚姻家庭编第 1043 条是婚姻家庭法的伦理性在法律上的集中表现。婚姻家庭生活具有广泛的内容,法律中的规定是不可能巨细无遗的;基于婚姻家庭法的伦理性,一定要发挥道德对法律的补充作用,对那些法律上没有规定的问题,应按社会主义婚姻家庭道德的要求正确处理。

(三) 婚姻家庭法中的规定多为强行性规范

强行性规范是相对于任意性规范而言的。为了保护公民的婚姻家庭权益和社会公共利益,婚姻家庭法规范大部分都具有强行性规范的性质。婚姻家庭法律关系借以发生和终止的法律事实、婚姻家庭法律关系中的权利义务,都是定型化的而不是选择性的。民法中的意思自治原则,在婚姻家庭领域受到严格的、多方面的限制。当一定的法律事实(如结婚、离婚、出生、死亡、收养等)出现后,必然导致相应的法律后果。这些后果是法律预先指明、依法发生的,当事人不得自行改变或通过约定加以改变。例如,结婚与否虽属当事人的自由,一旦结婚后,夫妻间的权利义务便基于婚姻的法律效力而发生,在婚姻终止以前,这些权利义务是不能抛弃也不能加以限制的。当然,婚姻家庭法中也有一些任意性规范,如法律允许夫妻就财产问题作不同于法定夫妻财产制的约定,以协议处理离婚时的财产清算、离婚后子女的抚育问题等。这些规定为数不多,适用时也要符合婚姻家庭法的有关原则,当事人选择的余地并不是很大。

婚姻家庭法的上述特征只是与其他一些法律特别是其他民事法律相比较而言的,对此不可作机械的、绝对化的理解。它们只是对婚姻家庭法主要特征的一般概括,还可以从其他方面加以补充,如婚姻家庭法是具有强烈的民族传统特色的法律,主要是本国的固有法而不是继受法。一般说来,不同国家的身份法的差别是大于财产法的。

---

① 参见中央人民政府法制委员会:《关于中华人民共和国婚姻法起草经过和起草理由的报告》,1950 年 4 月。

第四节　婚姻家庭法在我国法律体系中的地位

婚姻家庭法是我国社会主义法律体系的重要组成部分,处于同一法律体系中的各种法律,有其共同的经济基础、政治基础和指导思想,同时又各有其调整对象和调整方法。就维护婚姻家庭制度而言,婚姻家庭法和其他法律是相互分工、相互合作的。在我国,婚姻家庭法规范不仅来自作为婚姻家庭基本法的《民法典》婚姻家庭编,还来自在法律体系中处于不同位阶的其他规范性文件。了解婚姻家庭法和其他法律的关系,以及我国婚姻家庭法的渊源,有助于从总体上认识婚姻家庭法在法律体系中所处的地位。

一、婚姻家庭法与其他法律的关系

(一) 婚姻家庭法与宪法

宪法是国家的根本大法,在法律体系中居于最高位阶,具有最高的法律效力。我国的社会制度、国家制度、公民的基本权利和义务、国家机构的组织和活动原则等,都是由宪法规定的。宪法中有关婚姻家庭的规定,是婚姻家庭法的立法基础。

现行《中华人民共和国宪法》规定:妇女在政治的、经济的、文化的、社会的和家庭的生活等各方面享有同男子平等的权利;国家保护妇女的权利和利益(第 48 条)。婚姻、家庭、母亲和儿童受国家的保护;夫妻双方有实行计划生育的义务;父母有抚养教育未成年子女的义务,成年子女有赡养扶助父母的义务;禁止破坏婚姻自由,禁止虐待老人、妇女和儿童(第 49 条)。一方面,这些规定都是我国的婚姻家庭立法必须遵循的原则。另一方面,这些原则性的规定又是通过婚姻家庭法等法律中的具体规定加以贯彻实施的。

(二) 婚姻家庭法与其他民事法律

婚姻家庭法是民法中具有相对独立性质的组成部分,它与其他民事法律的关系,是同一法律部门中的内部关系。作为我国的民事基本法,《民法通则》《民法总则》《民法典》总则编中若干一般性的规定,同样是适用于婚姻家庭关系的,如自然人的民事权利能力和民事行为能力、监护、宣告失踪和宣告死亡、法定代理、民事权利、民事责任等。《民法通则》中还有若干直接针对婚姻家庭关系的规定,如"公民享有婚姻自主权,禁止买卖、包办婚姻和其他干涉婚姻自由的行为""婚姻、家庭、老人、母亲和儿童受法律保护""妇女享有同男子平等的民事权利"等(第 103 条至第 105 条)。2017 年颁布的《民法总则》、2020 年颁布的《民法典》总则编更是以较大篇幅规定了婚姻家庭领域的人身权利和财产权利,特别是完善了监护制度。除《民法通则》《民法总则》《民法典》总则编外,婚姻家庭法和相关的民事单行法以及《民法典》其他编也有密切的联系。例如,原《婚姻法》对亲属继承只是作了极为概括的原则规定,指出特定亲属之间具有相互继承遗产的权利,这方面的许多具体问题,如法定继承人的范围和继承顺序、代位继承、遗产的分配、胎儿继承份额的保留等,均按原《继承法》的有关规定办理。现在按《民法典》继承编办理。

但同时,我们也要注意婚姻家庭法与其他民事法律的区别。例如,婚姻家庭法领域中的人身权是基于特定的亲属身份而享有的,在性质上不同于民法中的其他人身权;婚姻家庭法领域中的财产权是依附于人身权的,在性质上不同于民法中的其他财产权;特定亲属之间的扶养、抚养和赡养关系,不同于一般的债权债务关系;等等。关于《民法典》总则编的规定如何适用于婚姻家庭法领域的问题,学者们有不同主张。本书认为,婚姻家庭编中有特别规定的,自可在适用上排除总则编中的一般规定。例如,按照《民法典》婚姻家庭编的规定,婚姻行为能力和收养行为能力的取得,在年龄上是高于一般的民事行为能力的。有些规则虽然婚姻家庭编没有规定,但根据婚姻家庭关系的性质也不得适用总则编的规定。[①]

（三）婚姻家庭法与行政法

行政法调整的是国家行政机关在实现管理职能的过程中发生的社会关系。婚姻家庭领域中也有不少涉及行政管理,须由行政法加以调整的关系。例如,婚姻登记、收养登记以及与婚姻家庭密切相关的户籍登记、生育调节等,都是经由行政程序依法办理的。对某些违反婚姻家庭法的行为,在尚不足以追究刑事责任时,可以给予一定的行政处罚。按照行政法的规定,对婚姻家庭方面的若干具体事项进行必要的管理和监督,是贯彻执行婚姻家庭法,保护公民婚姻家庭权益和社会公共利益的重要保证。

（四）婚姻家庭法与刑法

刑法是适用刑罚制裁犯罪的法律。犯罪是最为严重的违法行为,刑事制裁是最为严厉的制裁手段。按照我国婚姻家庭法的规定,对重婚的、实施家庭暴力或虐待、遗弃家庭成员构成犯罪的,对借收养名义拐卖儿童或遗弃婴儿、出卖亲生子女构成犯罪的,均须依法追究刑事责任。此外,我国《刑法》中还有暴力干涉婚姻自由罪、破坏军婚罪等规定。刑法通过惩罚妨害婚姻家庭的犯罪的方法维护我国的婚姻家庭制度,保障公民的婚姻家庭权益,它在这方面起的作用是其他法律不能替代的。

（五）婚姻家庭法与诉讼法

民事诉讼法是规定办理民事案件的程序、制度的法律,它担负着保证包括婚姻家庭法在内的各种民事法律正确实施的重要任务。婚姻家庭法与民事诉讼法的关系,是实体法和程序法的关系。在我国司法实践中,婚姻家庭案件占有很大的比重。人民法院处理各类婚姻家庭纠纷,如有关婚姻效力的纠纷,扶养、抚养、赡养纠纷,收养纠纷,离婚以及离婚时有关财产清算和子女抚育的纠纷等,在程序制度上均适用我国民事诉讼法的规定。正确、合法、及时地处理婚姻家庭纠纷,对维护婚姻家庭制度、保护公民的婚姻家庭权益都有很重要的意义。婚姻家庭法与刑事诉讼法、行政诉讼法的关系,虽不如与民事诉讼法的关系密切,但也是相互配合的。处理妨害婚姻家庭的案件,适用刑事诉讼法的规定。不服行政机关有关婚姻家庭事项的决定(如不予办理结婚登记、收养登记等),除依法可申请行政复议外,还可依法提起行政诉讼。

除上述已列举者外,婚姻家庭法与劳动法、国际私法以及保护妇女、未成年人、老年人合法权益的法律等,也有一定的联系,此处从略。

二、婚姻家庭法的渊源

"渊源"一词在我国文字中具有不同的含义,如历史渊源、文化渊源、思想渊源等。法学中所说的法律渊源,专指法律规范借以表现的形式。婚姻家庭法的渊源,主要来自各种具有法律效力的规范性文件(此处在广义上使用"法律"一词)。我国婚姻家庭法的渊源有以下

---

① 参见《最高人民法院关于适用〈中华人民共和国民法典〉总则编若干问题的解释》第1条(2021年12月30日最高人民法院审判委员会第1861次会议通过,自2022年3月1日起施行)。

几种：

(一) 宪法和其他法律

关于宪法的地位、效力以及有关婚姻家庭的原则规定，前文中已略作说明，此处不再重复。宪法中的婚姻家庭法规范虽然为数不多，但它们是婚姻家庭法的立法依据，在婚姻家庭法的渊源中具有极为重要的意义。

宪法以外的有关法律（包括基本法和基本法以外的法律），是婚姻家庭法的重要渊源。《民法通则》及《民法总则》是我国的民事基本法，该法中既有适用于婚姻家庭法的总则性规定，又对公民在婚姻家庭领域的民事权利作了重要的原则规定。《民法典》婚姻家庭编目前起着婚姻家庭基本法的作用。《民法典》继承编中有关法定继承的规定，在法理上可视其为亲属财产法。《中华人民共和国妇女权益保障法》《中华人民共和国未成年人保护法》《中华人民共和国老年人权益保障法》《中华人民共和国人口与计划生育法》《中华人民共和国母婴保健法》等法律中也有若干涉及婚姻家庭的规定。

(二) 行政法规和国务院所属部门制定的规章

行政法规是国家最高行政机关即国务院制定的规范性文件，国务院所属各部门可在各自的权限内制定行政规章。行政法规和行政规章中的有关规范比法律更为具体，具有更强的可操作性，在调整婚姻家庭关系、保护公民婚姻权益等方面对法律作了重要的补充。《中华人民共和国婚姻登记条例》《中国公民收养子女登记办法》中的规定，便是这方面的明显例证。

(三) 地方性法规、自治条例和单行条例

地方性法规、自治条例和单行条例中也有若干婚姻家庭法规范。其内容涉及婚姻，收养，计划生育，保护妇女、儿童和老人合法权益，防治家庭暴力等诸多方面。这些结合当地的实际情况所作的适用于本地区的规定，是保证全国性的婚姻家庭立法贯彻执行的必要措施。民族自治地方制定的有关执行国家婚姻家庭法的变通规定等，也是本地方婚姻家庭法的渊源。这是以《宪法》第116条的授权为依据的。

在"一国两制"下，香港和澳门特别行政区各有其独立的婚姻家庭法律制度，特别行政区中调整婚姻家庭关系的法律等规范性文件，既是本特别行政区婚姻家庭法的渊源，又是我国婚姻家庭法规范体系的组成部分。

(四) 最高人民法院的司法解释

最高人民法院发布的有关适用婚姻家庭法的司法解释，是人民法院审理婚姻家庭案件的经验总结，这些司法解释具有一般规范性和很强的可操作性，是我国婚姻家庭法的渊源之一。在婚姻家庭法制尚未全面完善之时，其作用尤为重要。这方面的司法解释数量很多，发布于不同时期。《婚姻法》经2001年修正后，最高人民法院已发布了《关于适用〈中华人民共和国婚姻法〉若干问题的解释》(一)(二)(三)。2018年1月16日，最高人民法院发布了《关于审理涉及夫妻债务纠纷案件适用法律有关问题的解释》，就当前司法实践中争议较大的夫妻共同债务认定问题作出明确规定。

(五) 我国缔结或者参加的国际条约

处理涉外婚姻家庭关系时可以适用我国缔结或者参加的国际条约，但我国声明保留的条款除外。在法定情形下，还可适用国际惯例。适用外国法律和国际惯例时，不得违背我国的社会公共利益。

除上述诸渊源外,国家的婚姻家庭政策,以及为法律认可的、符合社会主义婚姻家庭道德的习惯,也是我国婚姻家庭法的渊源。在中华人民共和国成立初期全国范围的婚姻家庭制度改革中,党和国家的婚姻家庭政策起了巨大的作用。健康有益的习惯可以弥补法律之不足。例如,我国法律对直系姻亲是否禁止结婚的问题并无规定,在现实生活中是依习惯处理的。

2020年颁布的《民法典》第8条规定,民事主体从事民事活动,不得违反法律,不得违背公序良俗。

根据我国《宪法》第67条的规定,全国人民代表大会常务委员会的职权之一是解释法律。立法解释的效力高于司法解释,当然是重要的法律渊源。

总之,我国婚姻家庭法的渊源不是单一的,而是复合的,各种渊源在法律体系中处于不同的位价,具有不同的效力,在适用范围上也是有区别的。① 我国的婚姻家庭法,是一个以《宪法》为依据,以《民法典》婚姻家庭编为核心,由各种有关法律、法规、规章等组成的规范体系。

第五节　我国婚姻家庭法的基本原则

婚姻家庭法的基本原则是一定国家的婚姻家庭立法的指导思想,是婚姻家庭制度的本质和特征在法律上的集中反映。在某些国家的婚姻家庭立法中,对其所遵循的原则未予明示,仅能通过其内容作法理上的概括。我国的婚姻家庭立法,从中华人民共和国成立前革命根据地的婚姻条例、婚姻法,到中华人民共和国成立之后的两部婚姻法,都是明确地宣示其原则,并将有关原则的规定置于首要地位。《民法典》婚姻家庭编第1041条规定:"婚姻家庭受国家保护。实行婚姻自由、一夫一妻、男女平等的婚姻制度。保护妇女、未成年人、老年人、残疾人的合法权益。"第1042条规定:"禁止包办、买卖婚姻和其他干涉婚姻自由的行为。禁止借婚姻索取财物。禁止重婚。禁止有配偶者与他人同居。禁止家庭暴力。禁止家庭成员间的虐待和遗弃。"这两条分别从正反两方面对婚姻家庭法的基本原则进行了概括,是我国婚姻家庭制度长期变革发展的经验总结。《民法典》婚姻家庭编第1043条规定:"家庭应当树立优良家风,弘扬家庭美德,重视家庭文明建设。夫妻应当互相忠实,互相尊重,互相关爱;家庭成员应当敬老爱幼,互相帮助,维护平等、和睦、文明的婚姻家庭关系。"该条第1款贯彻落实习近平总书记有关加强家庭文明建设的重要讲话精神,坚持依法治国和以德治国相结合,将社会主义核心价值观融入民事法律规范,大力弘扬社会公德、家庭美德,贯彻和体现新发展理念;第2款明确地指明了婚姻双方和家庭成员的共同责任,充分体现了我国婚姻家庭法的立法宗旨。该条就其性质而言,亦属原则性规定,但它并不是与上述四项原则并列的另一原则,而是从总体上反映了上述四项原则追求的价值目标。《民法典》婚姻家庭编第1044条规定:"收养应当遵循最有利于被收养人的原则,保障被收养人和收养人的合法权益。禁止借收养名义买卖未成年人。"为了更好地维护被收养的未成年人的合法权益,《民法典》将联合国《儿童权利公约》关于儿童利益最大化的原则落实到收养工作中,增加规定了最有利于被收养人的原则。

---

① 参见《中华人民共和国立法法》的有关规定。

一、婚姻家庭法中的原则规定

(一) 婚姻自由原则

婚姻自由在有些法律中亦称婚姻自主,系指男女公民均有权依照法律的规定,自主自愿地决定本人的婚姻问题,不受任何来自外力的强迫或干涉。这一原则为当事人行使婚姻权利提供了有效的法律保障。婚姻权利是基本人权之一,我国《宪法》和《民法通则》中对此均有规定,如"禁止破坏婚姻自由""公民享有婚姻自主权"等。

人们在婚姻关系上有无自由,是形式上的自由还是实质上的自由,这并不仅仅取决于当事人的主观愿望,而是由一定的社会制度决定的。一般说来,古代社会不知婚姻自由为何物。恩格斯指出:"在整个古代,婚姻的缔结都是由父母包办,当事人则安心顺从。古代所仅有的那一点夫妇之爱,并不是主观的爱好,而是客观的义务;不是婚姻的基础,而是婚姻的附加物。"[①]在中国古代的封建主义婚姻家庭制度下,主婚权属于当事人的祖父母、父母等尊长。基于"父母之命""媒妁之言"的结合,是封建婚姻的合法形式;门当户对和婚姻论财,是封建婚姻的实际内容。关于婚姻的解除,则实行以家族为本位的男子专权离婚。

婚姻是否自由是近现代婚姻制度和古代婚姻制度的根本分野。在欧洲,追求婚姻自由的思潮萌发于文艺复兴运动,随着资产阶级革命的兴起,争取婚姻自由的斗争从思想、文化领域扩及政治、法律领域。法国大革命胜利后,在1791年《宪法》中率先宣示,法律视婚姻仅为民事契约。不久以后,1804年《法国民法典》又确立了未经合意不得成立婚姻的原则。自此以后婚姻自由原则及其必然产物——共诺婚制,相继为许多资产阶级国家的法律所确认。共诺婚是以契约说为其理论依据的,在当时的社会条件下,这种婚姻自由在一定意义上只是形式上的自由,而非实质上的自由。恩格斯指出:"在婚姻关系上,即使是最进步的法律,只要当事人在形式上证明是自愿,也就十分满足了。至于法律幕后的现实生活是怎样的,这种自愿是怎样造成的,关于这些,法律和法学家都可以置之不问。"[②]在资本主义制度下,人们在婚姻关系上确有某种选择的自由,这同古代法相比较是一个重大的历史进步。但是,有产者的婚姻往往仍是权衡利害的。工人阶级和劳动人民在婚姻问题上享有的自由实际上是大于有产者的,这被恩格斯称为是一种"历史的讽刺"。

社会主义制度的建立为婚姻自由的普遍实现开辟了广阔的道路。"结婚的充分自由,只有在消灭了资本主义生产和它所造成的财产关系,从而把今日对选择配偶还有巨大影响的一切派生的经济考虑消除以后,才能普遍实现。"[③]实现恩格斯的这一预言,需要经历一个长期的过程。我国现正处于社会主义初级阶段。婚姻自由的实现程度,是同目前的社会条件相适应的。

按照我国婚姻家庭法的规定,婚姻自由包括结婚自由和离婚自由两个方面,实行结婚自由,是为了使未婚男女和丧偶、离婚者能够按照本人的意愿,成立以爱情为基础的婚姻关系。实行离婚自由,是为了使那些感情确已破裂、和好无望的夫妻能够通过法定途径解除婚姻关系,使其有可能重建幸福美满的婚姻家庭。对于婚姻自由来说,仅有结婚自由是不够的,还

---

① 《马克思恩格斯全集》(第21卷),人民出版社1965年版,第90页。
② 同上书,第86页。
③ 同上书,第95页。

必须有离婚自由作为补充。列宁说:"实际上离婚自由并不会使家庭关系'瓦解',而相反地会使这种关系在文明社会中唯一可能的坚固的民主基础上巩固起来。"①在微观上就个案而言,离婚确实导致婚姻解体、家庭离散。在宏观上就全社会而言,离婚自由却在总体上起着改善和巩固婚姻家庭关系的作用。当然,上述评析是以正确地保障离婚自由,防止轻率的、不必要的离婚为前提的。

婚姻自由不是绝对的,而是相对的。有权利就有义务,有自由就有约束。实行婚姻自由并不是允许人们违反法律、道德为所欲为。我国婚姻家庭法规定了结婚的条件和程序,也规定了离婚的程序和理由,这些规定具体指明了婚姻自由的范围,划清了婚姻问题上合法与违法的界限。婚姻自由的权利应当正当地行使,而不能滥用,不能借"自由"之名侵害他人的权益和社会公共利益。法律中的规定为婚姻自由权利的行使提供了有效的保障。但是,行使这种权利的思想基础,包括动机和目的等,只能依据一定的道德标准加以评断。树立正确的婚姻自由观,发扬社会主义婚姻道德,对婚姻自由原则的贯彻执行具有很重要的意义。

(二) 一夫一妻原则

一夫一妻制亦称单偶制或双单式婚姻,是一男一女互为配偶的婚姻形式。私有制社会中片面的、男女不平等的一夫一妻制为社会主义社会中全面的、男女平等的一夫一妻制所替代,是人类婚姻史上巨大的变革。以爱情为基础的婚姻,必然是一夫一妻的结合。一夫多妻、一妻多夫或多夫多妻的结合,是同爱情的专一性和排他性不相容的。

一夫一妻制的普遍实现,是我国婚姻家庭制度改革的重要成果之一。按照一夫一妻原则的要求,任何人都不得同时有两个或两个以上的配偶;有配偶者在婚姻终止即配偶死亡或离婚后,始得再行结婚。违反一夫一妻制的婚姻不予登记,重婚于法无效,并需追究犯罪者的刑事责任。取缔卖淫、嫖娼活动等,也是维护一夫一妻制婚姻的必然要求。一夫一妻原则同等地适用于男女双方,但就其实际针对性而言,主要的锋芒是指向公开或变相的多妻制的。

(三) 男女平等原则

男女平等是我国宪法的原则和有关法律的共同原则。作为一般的法律原则,其是指男女两性在政治、经济、文化、社会和家庭生活等各方面,都处于平等的地位,其内容是十分广泛的。作为婚姻家庭法的基本原则,其是指婚姻家庭主体的法律地位和权利义务不因性别而异。男女平等是社会主义婚姻家庭制度的重要特征,是区别于私有制社会中以男性为中心的婚姻家庭制度的重要标志。我国婚姻家庭法在各项具体制度、具体规定中都鲜明地体现着男女平等的立法精神。在结婚和离婚问题上,男女双方的权利和义务是完全平等的。夫妻、亲子、祖孙、兄弟姐妹等关系中,不同性别主体的权利和义务也是完全平等的。在婚姻、家庭和亲属关系方面的一切涉法事项,均应按照男女平等的原则处理。由于这方面的问题在有关章节中还有具体说明,此处不再赘述,以免重复。

新中国成立以来,我国妇女的社会地位和婚姻家庭地位发生了巨大的变化。两性法律地位的平等已经基本实现,但是,同实际生活中的完全平等仍有相当的距离。在社会主义物质文明、政治文明和精神文明建设的进程中,男女两性从法律上的平等逐渐过渡到实际生活中的完全平等,这是我国妇女运动的伟大目标,也是我国人民婚姻家庭生活发展的必然趋

---

① 《列宁选集》(第2卷),人民出版社1972年版,第534页。

势。根据第四次中国妇女社会地位调查,女性不仅积极投身经济社会发展,也为家庭建设做出了重要贡献。调查显示,在业女性工作日平均总劳动时间为649分钟,其中有酬劳动时间为495分钟;照料家庭成员和做饭、清洁、日常采购等家务劳动时间为154分钟,约为男性的2倍。在人们崇尚的好家风中,排在前三位的是尊老爱幼、夫妻和睦、男女平等;位于前三位的理想夫妻关系是互相尊重、互相理解/包容、彼此信任。七成以上被访者认为他们夫妻家庭地位差不多。家庭重大事务决策由夫妻共同商量的占八成以上,其中"生育决策"由夫妻共同商量的占91.1%。在"投资/贷款"和"买房/盖房"方面,妻子参与决策的分别占89.5%和90.0%,分别比2010年提高14.8和15.6个百分点。已婚女性自己名下有房产的占18.8%,与配偶联名拥有房产的占39.9%,分别比2010年提高5.6和11.9个百分点。未婚女性自己名下拥有房产的占10.3%,比2010年提高3.4个百分点。0—17岁孩子的日常生活照料、辅导作业和接送主要由母亲承担的分别占76.1%、67.5%和63.6%;女性平均每天用于照料、辅导、接送孩子和照料老人、病人等家人的时间为136分钟。已婚女性平均每天家务劳动时间为120分钟。尽管近十年来夫妻家庭地位更加平等,但是依然存在女性家庭照料负担重、公共服务支持不足的问题。家有3岁以下孩子者中有"托幼服务"需求的比例为35.1%,但3岁以下孩子白天主要由托幼机构照料的仅占2.7%,由母亲照料的占63.7%。需要进一步完善支持家庭发展的法律政策和服务体系。①

(四)保护妇女、未成年人、老年人、残疾人的合法权益原则

保护妇女权益和实行男女平等是完全一致的,两者并不矛盾。前者是后者的必然要求和必要补充。在我国社会发展的现阶段,几千年来男尊女卑的制度和思想造成的种种后果不可能在短时期内完全消除,男女两性在婚姻家庭生活中的地位尚有实际上的差别。应当在坚持男女平等的同时,根据具体情况在法律上加强保护妇女权益的力度。同时还要看到,妇女还有其不同于男子的特殊权益,这是由性别差异决定的,对此也要依法予以保护。如果只讲男女平等,不强调对妇女权益的保护,实际上是不利于实现男女平等的。保护妇女权益是我国婚姻家庭立法的长期传统。自第二次国内革命战争时期起,革命根据地的婚姻条例、婚姻法对此就作了专门的规定。中华人民共和国成立以来,1950年《婚姻法》和1980年《婚姻法》都作了若干有针对性的规定以保护妇女的婚姻家庭权益,在离婚、离婚时的财产清算、离婚后子女的抚养和教育等问题上表现得尤为明显。我国的《妇女权益保障法》以专章规定妇女的婚姻家庭权益,对婚姻家庭法作了重要的补充。2022年修订的《妇女权益保障法》更是对妇女权益保障作了重大突破。②

我国婚姻家庭法有关保护未成年人、老年人、残疾人合法权益的规定,是以《宪法》中的相关规定为立法依据的(参见《宪法》第45条、第46条、第49条)。以婚姻为基础的家庭是社会的细胞,赡老育幼助残是家庭重要的社会功能,婚姻家庭制度在保护未成年人、老年人、残疾人合法权益方面的作用是其他制度无法替代的。我国婚姻家庭法中有关抚养教育、赡养扶助、对未成年子女的保护等规定,为未成年人、老年人、残疾人的合法权益提供了有效的法律保障。此外,我国的《未成年人保护法》《老年人权益保障法》《残疾人保障法》等相关法律中,也有若干从家庭方面保护未成年人、老年人、残疾人合法权益的规定。

---

① 参见《第四期中国妇女社会地位调查主要数据情况》,载《中国妇女报》2021年12月27日。
② 参见马忆南:《民法典时代妇女权益保障的进展与挑战》,载《中华女子学院学报》2021年第1期。

第十三届全国人民代表大会常务委员会第二十二次会议2020年10月17日表决通过了修订后的《未成年人保护法》。修订后的《未成年人保护法》分为总则、家庭保护、学校保护、社会保护、网络保护、政府保护、司法保护、法律责任和附则,共九章132条。该法自2021年6月1日起施行。此次新修订的《未成年人保护法》在现行法律的基础上增加了多项内容,条文从72条增至132条。此次修订在强化家庭监护责任、加强未成年人网络保护等方面亮点颇多,其中针对未成年人的安全教育和保护、勤俭节约意识的培养、网络保护等作出了更加具体明确的规定,进一步加强了监护人、学校、网络服务提供者的主体责任。

《未成年人保护法》是未成年人保护领域的综合性法律。新修订的《未成年人保护法》增加完善多项规定,着力解决社会关注的涉未成年人侵害问题,包括监护人监护不力、学生欺凌、性侵害未成年人、未成年人沉迷网络等问题。新修订的《未成年人保护法》增设了发现未成年人权益受侵害时的强制报告制度以及密切接触未成年人行业从业人员的准入资格制度;首次对学生欺凌进行了定义,并明确规定了学校的学生欺凌及校园性侵的防控与处置机制。此外,针对农村留守儿童等群体的监护缺失问题,完善了委托照护制度。

残疾人既是社会中的一个特殊群体,也是一个被边缘化的群体。保护残疾人的权益,既是公法和公共政策的任务,也应当成为私法的一个重要理念。家庭是社会生活的核心,是社会结构的基石,中国几千年形成的文化更是主张家庭对其成员的包容性支持的义务。对于残疾人而言,无论是伦理还是法理层面,家庭支持都是一股难以取代的重要力量。家庭是残疾人生活的主要场所,是残疾人的精神家园,《民法典》婚姻家庭编作为民事法律的一部分,是规范婚姻家庭的基本法律。保护弱者权益是《民法典》婚姻家庭编的立法原则之一。残疾人作为弱势群体,应当得到更多的保护。首先,在婚姻制度中需要着重保护残疾人的结婚自由权利;其次,在家庭关系中要强化对残疾人一方的抚养义务,同时也要切实保护残疾儿童的权益;最后,在离婚制度中也要切实考虑残疾人的处境和困难,对其给予全面的制度保护。

(五)树立优良家风,弘扬家庭美德,重视家庭文明建设原则

《民法典》婚姻家庭编第1043条第1款规定:"家庭应当树立优良家风,弘扬家庭美德,重视家庭文明建设。"家庭是社会的细胞,家庭文明是社会文明的缩影。家庭文明建设是社会主义物质文明与精神文明建设的重要组成部分。重视家庭文明建设,才能践履注重"家庭、家教、家风"的理念,习近平总书记指出,独特的文化传统、独特的历史命运、独特的基本国情,注定了我们必然要走适合自己特点的发展道路。千百年来,优良家风一直是中华民族优秀传统文化的重要组成部分,一部《民法典》不仅仅是法律条文的汇编,更是一个国家和民族精神的立法表达,对整个国家和民族起到指引和教育的作用。编纂一部属于中国人自己的民法典,就要坚持立足国情和实际,深深扎根中国的社会土壤,汲取中华传统文化精华,弘扬中华民族优秀传统美德。《民法典》婚姻家庭编增加了关于树立优良家风、弘扬家庭美德、重视家庭文明建设和夫妻之间应当相互关爱的规定,从法律制度层面进一步弘扬夫妻互敬、孝老爱亲、家庭和睦的中华民族传统家庭美德,维护平等、和睦、文明的婚姻家庭关系。

《民法典》婚姻家庭编的"一般规定"中第1043条第1款强调树立优良家风,弘扬家庭美德,重视家庭文明建设;第1045条规定了家庭成员的概念。遗憾的是在婚姻家庭编中,没有规定"家庭"的概念,缺少有关家庭的法律规则,如家庭财产、家庭议事、分家析产等规则。在《民法典》的实施中,我们应当特别重视家庭的作用,维护家庭的团体利益和家庭和谐稳定。

(六) 婚姻家庭主体的共同责任

我国《民法典》婚姻家庭编第 1043 条第 2 款规定："夫妻应当互相忠实,互相尊重,互相关爱;家庭成员应当敬老爱幼,互相帮助,维护平等、和睦、文明的婚姻家庭关系。"这些基本要求,集中地反映了我国婚姻家庭法的立法宗旨和价值取向。本条规定不是与婚姻自由,一夫一妻,男女平等,保护妇女、儿童和老人合法权益,实行计划生育并列的另一项原则,而是从总体上表明了上述诸原则追求的共同目的。

1. 夫妻应当互相忠实,互相尊重

夫妻是依法结合的以永久共同生活为目的的伴侣。双方互相忠实是夫妻关系的题中应有之义。一夫一妻制婚姻具有专一和排他的性质,双方在婚姻生活的各个方面都要互相忠实,包括性方面的忠实。这是婚姻关系赖以维系和健康发展的基本要素,是婚姻的生命力之所在。婚姻并不仅仅是利己的,也是利他的。一方对另一方有不忠实的行为,有悖于社会主义婚姻道德,同时也是对基于婚姻的法律效力而发生的另一方身份利益的侵害。① 在修改 1980 年《婚姻法》的过程中,关于是否应当增设夫妻互相忠实的规定的问题是有歧见的。其实,要求夫妻互相忠实,绝不意味着用法律手段强行维持那些感情确已破裂的婚姻关系,感情确已破裂的可以依法离婚。要求夫妻应当互相忠实,并不是为婚姻套上枷锁,也不影响当事人的婚姻权利。相反,双方以此自律,是有利于提高婚姻质量,防止和减少婚姻纠纷的。

夫妻是婚姻关系中的平等主体,具有平等的法律地位,双方互相尊重,是平等地行使权利、平等地承担义务的思想基础。社会主义制度下新型的夫妻关系,双方不再有旧时代那种尊卑、主从、依附与被依附之别。任何一方都应当尊重对方的人格、权利和利益。尊重对方也就是尊重自己。夫妻是家庭中的核心成员,应当在互相尊重的基础上民主持家。我国 1950 年《婚姻法》第 8 条曾规定:"夫妻有互爱互敬、互相帮助、互相扶养、和睦团结、劳动生产、抚育子女,为家庭幸福和新社会建设而共同奋斗的义务。"如果互不尊重,那是不可能当此重任的。夫妻互相尊重,应当在婚姻存续期间贯彻始终,应当落实到婚姻家庭生活的各个方面。在感情上要互相关怀,互相体贴;在生活上要互相照顾,互相扶助;在赡老育幼方面要各尽其能,通力合作;在家庭理财、家务管理等方面要平等协商,不要独断专行。这一切,都需要夫妻双方的共同努力。

2. 家庭成员间应当敬老爱幼,互相帮助,维护平等、和睦、文明的婚姻家庭关系

家庭是社会中的基本生活单位。由近亲属组成的家庭成员同居一家、共同生活,相互间的关系十分密切。敬老与爱幼,是处理家庭中代际关系的基本准则。晚辈对长辈应当尊敬、奉养,为其晚年生活提供良好的环境和条件。长辈对晚辈应当爱护、抚育,使其得以健康地成长。我国《民法典》中有关敬老爱幼的规定和有关保护儿童、老人合法权益的规定,具有同一立法旨趣,但两者是各有其侧重点的。保护儿童、老人合法权益主要着眼于对其人身权利和财产权益的保护,使之不受侵害,敬老爱幼则在更高的层次上提出了有关处理代际关系的总的要求。对老人不能养而不敬,对儿童不能养而不教。家庭成员间的互相帮助,具有多方面的广泛内容,如思想上的互相关心、生活上的互相扶助、经济上的互通有无、事业上的互相支持等。对从事各行各业的社会成员来说,家庭是最可靠的后方基地。家庭成员间的互相帮助,是其他方面的帮助所不能替代的。

---

① 参见隋彭生:《夫妻忠诚协议分析——以法律关系为重心》,载《法学杂志》2011 年第 2 期。

维护和发展平等、和睦、文明的婚姻家庭关系，是广大人民的共同愿望，也是对婚姻家庭关系进行法律调整的出发点和归宿。作为平等主体的家庭成员，在法律地位上并无上下之别、高低之分。彼此应当平等相待，不得恃强凌弱。家庭成员应当团结互助、融洽相处，避免无谓的纠纷。这里所说的文明，不仅包括家庭领域的物质文明，还包括家庭领域的精神文明，从一定意义上来说，后者是更为重要的。文明的婚姻家庭是文明社会的缩影。维护和发展平等、和睦、文明的婚姻家庭关系，必将促进全社会的文明进步。

原《婚姻法》第4条、现行《民法典》第1043条的规定既有规范性，又有导向性，但它并不是人民法院处理婚姻家庭案件的具体依据，最高人民法院在有关司法解释中指出：当事人仅以原《婚姻法》第4条（《民法典》第1043条）为依据提起诉讼的，人民法院不予受理；已经受理的，裁定驳回起诉。① 这是因为，违反该条要求的行为，其情节、后果各不相同，只有达到一定程度，方可经由诉讼程序处理。当事人提起诉讼，应以被告的违法行为侵害其婚姻家庭权益为依据，这方面的问题不是由原《婚姻法》第4条（《民法典》第1043条）规定的，而是由有关各条具体规定的。当事人提起婚姻家庭诉讼不能仅以原《婚姻法》第4条（《民法典》第1043条）为依据，还应当以相关法条为依据。

（七）最有利于被收养人原则

我国《民法典》婚姻家庭编第1044条规定："收养应当遵循最有利于被收养人的原则，保障被收养人和收养人的合法权益。禁止借收养名义买卖未成年人。"《婚姻法》《收养法》现统一编纂为婚姻家庭编，因而《民法典》婚姻家庭编在"一般规定"中增加了收养子女的基本原则。任何被收养人都是独立的个体，都是具有人格尊严的民事主体，应当受到尊重。由于被收养人是未成年人，是祖国的未来和民族的希望，因而送养、收养都必须以最有利于他们的健康成长为原则。该原则的贯彻主要体现在以下三方面：

第一，收养人须无不利于被收养人健康成长的违法犯罪记录。《民法典》婚姻家庭编第1098条规定，在收养人无子女或者只有一名子女，有抚养、教育和保护被收养人的能力，未患有在医学上认为不应当收养子女的疾病，年满30周岁的条件之上，增加了一个新条件即无不利于被收养人健康成长的违法犯罪记录，这是保障被收养人合法权益的重要措施。

第二，收养异性子女的年龄差距应为40周岁以上。《民法典》婚姻家庭编第1102条规定，无配偶者收养异性子女，收养人与被收养人的年龄应当相差40周岁以上。《收养法》第9条只限制男性无配偶者收养女性子女的年龄差应当在40岁以上，忽略了女性无配偶者收养男性子女存在的同样问题，有男女不平等之嫌。《民法典》第1102条规定体现了男女平等的原则，也有利于防止女性收养人对异性被收养人的不法行为，保护被收养人的合法权益。

第三，县级以上人民政府民政部门应当对收养依法进行评估。《民法典》婚姻家庭编第1105条规定："收养应当向县级以上人民政府民政部门登记。收养关系自登记之日起成立。收养查找不到生父母的未成年人的，办理登记的民政部门应当在登记前予以公告。收养关系当事人愿意签订收养协议的，可以签订收养协议。收养关系当事人各方或者一方要求办理收养公证的，应当办理收养公证。县级以上人民政府民政部门应当依法进行收养评估。"与《收养法》第15条的规定相比，增加了县级以上人民政府民政部门应当对收养依法进行评估的新规定。民政部门进行收养登记，应当对申请登记的收养关系进行收养评估，这是为

---

① 参见《婚姻法解释（一）》以及《民法典婚姻家庭编解释（一）》。

了最大限度地保护被收养人的合法权益。收养评估包括收养关系当事人的收养能力评估、融合期调查和收养后回访。收养评估的对象是收养申请人及其共同生活的家庭成员。收养申请人应当配合收养评估工作。收养评估工作可以由收养登记机关委托的第三方机构或者收养登记机关开展。民政部门优先采取委托第三方方式开展收养能力评估。

二、保障原则实施的禁止性条款

我国原《婚姻法》第3条、现行《民法典》第1042条规定:"禁止包办、买卖婚姻和其他干涉婚姻自由的行为。禁止借婚姻索取财物。禁止重婚。禁止有配偶者与他人同居。禁止家庭暴力。禁止家庭成员间的虐待和遗弃。"上述为法律所禁止的行为,是贯彻执行我国婚姻家庭法的障碍。这些禁止性条款载于我国婚姻家庭法的一般规定,起着保障婚姻家庭法诸原则贯彻执行的重要作用。

(一) 禁止干涉婚姻自由

干涉婚姻自由是对公民婚姻权利的侵害。这种违法行为有不同的表现形式;其中,包办婚姻和买卖婚姻是比较典型的,所以我国婚姻法在禁止性条款中特予明示。包办、买卖婚姻原是中国封建主义婚姻制度的产物,现实生活中残余的包办、买卖婚姻仍具有一定的封建性。按照我国最高人民法院的司法解释,包办婚姻,是指第三者违反婚姻自主的原则,包办强迫他人婚姻;买卖婚姻,是指第三者以索取大量财物为目的,包办强迫他人婚姻。这里所说的第三者,包括当事人的父母,实际上以父母居多。这里所说的他人,包括上述第三者的子女,实际上以子女居多。包办婚姻和买卖婚姻既有联系,又有区别。包办婚姻的构成要件,是第三者违背当事人的意愿,以强迫的手段包办其婚事。买卖婚姻的构成要件,除上述外还有借此索取大量财物的事实。包办婚姻不一定都是买卖婚姻,买卖婚姻则必定是包办强迫的。

至于《婚姻法》第3条(《民法典》第1042条)中所说的其他干涉婚姻自由行为,是包办、买卖婚姻以外的各种干涉结婚自由、干涉离婚自由行为的总称,如违反婚姻自由原则,阻挠并非禁婚亲的同姓男女结婚,阻挠丧偶妇女再婚,强制或阻挠他人离婚,子女阻挠丧偶、离婚的父母与他人再婚等。抱童养媳、订小亲以及转亲、换亲等行为,也是干涉婚姻自由的具体表现。

包办、买卖婚姻和其他干涉婚姻自由的行为,侵害当事人的婚姻权利,同时也很容易引起各种纠纷,其危害性是不可低估的。对此,首先要加强宣传教育,继续在婚姻问题上破旧俗,立新风;其次要依法办事,通过多层次的对策防治这方面的违法行为。如进行批评教育,责令违法者改正错误,根据违法行为的情节和后果予以相应的制裁等。2001年修正的《婚姻法》增设了可撤销婚姻,以及子女应当尊重父母的婚姻权利,不得干涉父母再婚的规定,这些都是防止干涉婚姻自由行为的有效对策。

以暴力干涉婚姻自由的,应按我国《刑法》的规定,追究犯罪者的刑事责任。暴力干涉婚姻自由罪,在客观方面表现为以暴力手段干涉他人婚姻自由的行为。采取非暴力手段的不构成本罪。暴力干涉婚姻自由罪,在主观方面表现为故意,过失不构成本罪。出于何种犯罪动机,不影响本罪的构成。

根据我国《刑法》第257条第1款的规定,以暴力干涉他人婚姻自由的,处2年以下有期徒刑或者拘役。第2款规定,犯前款罪致使被害人死亡的,处2年以上7年以下有期徒刑。

对于第1款罪,告诉的才处理。在这里,"致使被害人死亡",主要是指导致被害人自杀死亡等,不包括故意杀害或者伤害致死,否则,应适用《刑法》中的其他规定。

(二) 禁止借婚姻索取财物

1950年《婚姻法》中仅有禁止借婚姻关系问题索取财物的规定,而无禁止买卖婚姻的规定,当时在解释上是将后者包括在前者之内的。1980年《婚姻法》和现行《民法典》对两者分别作了规定,借婚姻索取财物,应界定为除买卖婚姻以外的其他借婚姻索取财物的行为。借婚姻索取财物有各种不同的具体情形,索要的财物在数量上也有很大的差别。常见的情形是,男女双方结婚基本是出于自愿的,但一方却向另一方索要许多财物,以此作为成婚的前提条件。在现实生活中,主要是女方向男方索要,相反的情形则是罕见的例外。有时女方的父母也从中索要部分财物作为同意婚事的条件。

借本人的婚姻问题索取财物是对婚姻权利的滥用,违背婚姻自由原则的要求。选择配偶时当然可以适当考虑对方的经济条件,以索取财物作为成婚的代价,则是为法律所禁止、为道德所不取的。借婚姻索取财物的违法性虽然不如包办、买卖婚姻严重,但此类行为比包办、买卖婚姻更多,涉及面更广。对借婚姻索取财物的一方,应当予以批评教育,责令其改正错误,同时还要根据具体情况,妥善处理由此而引起的财物纠纷。这方面的纠纷有的是在悔婚时发生的,有的则是在离婚时发生的。最高人民法院在有关司法解释中指出:"当事人请求返还按照习俗给付的彩礼的,如果查明属于以下情形,人民法院应当予以支持:(一)双方未办理结婚登记手续的;(二)双方办理结婚登记手续但确未共同生活的;(三)婚前给付并导致给付人生活困难的。适用前款第(二)、(三)项的规定,应以双方离婚为条件。"①未办结婚登记但办了婚礼而同居生活后产生的彩礼纠纷,可参照上述规定酌情返还。婚姻宣告无效后,当事人请求返还彩礼的,亦可参照上述规定酌情返还。在司法实践中,彩礼返还的额度一般根据当事人的请求,综合考虑双方共同生活时间长短、给付方经济状况以及过错责任等因素,根据公平原则全部或部分返还。诉讼主体不仅仅局限于男女本人,可根据实际情况以实际给付人和接受人为诉讼主体。凡涉及买卖婚姻性质的彩礼,当事人要求返还的,人民法院不予支持。②

在认定和处理具体问题时,应当将以下情形加以区别:一是借婚姻索取财物与买卖婚姻的区别;二是借婚姻索取财物与赠与的区别;三是借婚姻索取财物与借婚姻骗取财物的区别。买卖婚姻并非出于当事人双方或一方的意愿,而在借婚姻索取财物的情形下,结婚是出于当事人双方自愿的。买卖婚姻中的财物是第三人索要的,借婚姻索取财物则主要是当事人一方本人索要的。当事人一方对另一方或其父母等的赠与是完全合法的,这种赠与并非成婚的前提条件,即使价值较大也无可非议。当事人请求返还的,人民法院不予支持。借婚姻索取财物以结婚为目的,借婚姻骗取财物并无结婚的真意,成婚的许诺只是诈骗的手段。

近年来社会生活中婚恋财产纠纷案件频发,虽然不属于借婚姻关系索取财物纠纷案件,也应引起人们注意。根据人民法院的裁判规则③,恋爱期间一方自愿赠送给对方的未超出日

---

① 《民法典婚姻家庭编解释(一)》。
② 参见马忆南、庄双㴖:《彩礼返还的司法实践研究》,载《中华女子学院学报》2019年第4期。
③ 参见代秋影主编:《婚恋财产纠纷案件裁判规则(一)》,法律出版社2021年版。

常交往范畴的财物,视为一般性赠与,恋爱关系终止后,赠与方要求返还的,一般不予支持。恋爱期间,一方或其近亲属以恋爱双方结婚为目的,自愿赠与另一方财物的,视为附解除条件的赠与。当缔结婚姻目的无法实现时,赠与行为失效,赠与人要求对方返还的,一般予以支持。但赠与财物已用于双方共同生活支出的,可酌情扣减后返还。

(三) 禁止重婚

重婚,是有配偶者与他人结婚或以夫妻名义同居生活的行为。在重婚关系中,一方或双方的合法婚姻并未终止,故对发生于后的违法结合以重婚相称。重婚行为是对一夫一妻制的严重破坏,须受法律的制裁。

禁止重婚是当代各国立法的通例。在我国,重婚具有以下各种法律后果:在民事上,重婚是结婚的禁止条件,违反一夫一妻制的婚姻不予结婚登记。重婚是婚姻无效的原因,这种违法结合不具有婚姻的法律效力。配偶一方重婚是另一方诉请离婚的法定理由,调解无效时应准予离婚。重婚是离婚损害赔偿请求权的发生根据,因一方重婚而导致离婚的,无过错的另一方有权请求赔偿。在刑事上,犯重婚罪的,依法追究刑事责任。重婚罪的犯罪主体,是实施重婚行为的有配偶者和明知故犯与有配偶者结婚的无配偶者。[①] 不知他人有配偶而与之结婚的无配偶者(这种情形往往是因受对方的诈欺而造成的),不发生犯重婚罪的刑事后果,只发生婚姻无效的民事后果。对重婚的认定和处理,应注意以下几个问题:一是要对重婚作实质意义的理解,有配偶者又与他人登记结婚的,当然是重婚(法律上的重婚),虽未与他人登记结婚,但确与他人以夫妻名义同居生活的,也构成重婚(事实上的重婚)。二是应将重婚和有配偶者与他人同居加以区别(参见后文)。三是应对1950年《婚姻法》颁行前后的重婚加以区别。该法颁行前的重婚、纳妾,是旧社会遗留下来的问题。按照当时的政策,当事人相安无事的,一般不予追究。当事人要求离异的应依法处理,并应注意保护女方和子女的权益。该法颁行后的重婚、纳妾,不具有婚姻的效力,并应依法追究刑事责任。需要补充说明的是,在重婚问题上,我们不承认所谓的妻、妾之别。1950年《婚姻法》规定禁止重婚、纳妾,1980年《婚姻法》和《民法典》仅规定禁止重婚,不涉及纳妾,这是因为纳妾制度早已被废除多年,纳妾的也应按重婚论处。

根据我国《刑法》第258条的规定,犯重婚罪的,处2年以下有期徒刑或者拘役。

(四) 禁止有配偶者与他人同居

对于维护一夫一妻制来说,禁止有配偶者与他人同居的规定,是对禁止重婚的重要补充。在我国《婚姻法》第3条和《民法典》第1042条中,禁止重婚和禁止有配偶者与他人同居是同时并提的。因此,有配偶者与他人同居显然是指不属于重婚的婚外同居关系。按照最高人民法院的有关司法解释,有配偶者与他人同居,是指有配偶者与婚外异性,不以夫妻名义,持续、稳定地共同居住。[②]

修正前的1980年《婚姻法》仅有禁止重婚的规定,而无禁止有配偶者与他人同居的规定。某些有配偶者规避法律,与他人不以夫妻名义而同居生活。2001年修正后的《婚姻法》增设了本规定,《民法典》婚姻家庭编保留了本规定,加强了维护一夫一妻制、保护公民婚姻权益的力度,同时也为采取多种措施防治此类违法行为提供了基本法上的依据。在认定和

---

① 参见《刑法》第258条。
② 《民法典婚姻家庭编解释(一)》第2条。

处理具体问题时,一方面应当将有配偶者与他人同居和重婚,特别是事实上的重婚加以区别。有配偶者与他人同居不以夫妻名义出现,事实重婚中的双方则是以夫妻关系相对待的。另一方面还应当将有配偶者与他人同居和通奸等婚外性关系加以区别。有配偶者与他人的同居是持续、稳定的,持续的时间和稳定的程度虽然各不相同,但一般均有共同的居所,这可以作为认定时的客观标志之一。通奸等则不具有上述情形,有的是偶发性的,有的即使是比较长期的,但比同居更为隐蔽,一般也不可能有共同的居所。

我国婚姻家庭法在有关规定中指明了有配偶者与他人同居在民事上的法律后果。夫妻一方与他人同居,另一方诉请离婚,调解无效的,应准予离婚。因配偶与他人同居导致离婚的,无过错方有权请求损害赔偿(详见本书有关章节)。按照最高人民法院的司法解释,当事人提起诉讼仅请求解除同居关系的,人民法院不予受理;已经受理的,裁定驳回起诉。当事人因同居期间财产分割或者子女抚养纠纷提起诉讼的,人民法院应当受理。[1]

有配偶者在婚姻存续期间与他人恋爱并赠与财物,如该财物属于夫妻共同财产,未经配偶同意的赠与行为系无权处分,非经追认赠与行为不发生效力,当事人请求返还的,人民法院应予以支持。如该财物属于赠与方个人财产,当事人请求返还的,人民法院应不予支持。与有配偶者恋爱并赠与个人财物,若有配偶者未告知赠与方其已结婚,赠与方以有配偶者欺诈为由请求撤销赠与行为并返还财物的,人民法院应予以支持。[2]

(五)禁止家庭暴力

2015年《反家庭暴力法》出台之前,家庭暴力是指发生于家庭内部的,即家庭成员之间的暴力行为。早在2001年修正后的《婚姻法》就增设了有关禁止家庭暴力的规定。改革开放以来,我国的民主法制建设有了长足的进展,随着人们主体意识、权利意识的增长,家庭暴力问题越来越受到社会各界的广泛关注。家庭暴力是当代各国普遍存在的一个社会问题,最近数十年来,国际社会对家庭暴力,特别是对针对妇女的家庭暴力问题尤为关注。联合国通过了许多与此相关的公约和宣言。我国是《消除对妇女一切形式歧视公约》的最早的缔约国之一。第四次世界妇女代表大会通过的《北京宣言》和《行动纲领》中均有禁止家庭暴力的内容。通过立法措施消除家庭暴力,是我国应当履行的国际义务。

在2015年《反家庭暴力法》出台之前,《婚姻法》《妇女权益保障法》等法律中多条规定了对家庭暴力受害者的救济途径及对施暴者的法律责任,形成了对家庭暴力包括自力、行政、司法、社区全方位的救助措施及法律责任体系。

我国《婚姻法》规定,夫妻一方实施家庭暴力,另一方诉请离婚,调解无效的,应准予离婚。因实施家庭暴力导致离婚的,无过错方有权请求赔偿。[3]

法律根据家庭暴力不同的情节和后果,规定应当分别情况采用相应的对策。对实施家庭暴力构成犯罪的,依法追究刑事责任;对此,可告诉或自诉,由司法机关依职责范围和分工按法定诉讼程序进行。受害人可以诉求的条款有《中华人民共和国刑法》第232条(故意杀人罪)、第234条(故意伤害罪)、第236条(强奸罪)以及第260条(虐待罪)等。

《中华人民共和国反家庭暴力法》已由第十二届全国人民代表大会常务委员会第十八次

---

[1] 《民法典婚姻家庭编解释(一)》第3条。
[2] 参见最高人民法院民事审判第一庭编著:《最高人民法院民法典婚姻家庭编司法解释(一)理解与适用》,人民法院出版社2021年版,第61页;代秋影主编:《婚恋财产纠纷案件裁判规则(一)》,法律出版社2021年版,第30页。
[3] 《民法典》保留了这些规定。

会议于 2015 年 12 月 27 日通过,自 2016 年 3 月 1 日起施行。该法的颁布,标志着中国防治家庭暴力法律体系的形成。

《反家庭暴力法》以其"国家禁止任何形式的家庭暴力"的鲜明态度,宣告了国家对家庭暴力的否定和谴责,明确了家庭暴力不是个人私事而是社会公害,不是一般的家庭纠纷而是违法犯罪,是对家庭成员人权的侵犯。该法顺应并推动了国际社会反家庭暴力的潮流,有助于树立中国良好的国际形象。家庭暴力问题,既是中国存在的问题,也是一个世界性问题。中国通过专门立法解决这个世界性难题,一方面借鉴和学习了国际有关反家庭暴力的工作经验和成功立法,展现了中国开放包容的国际视野和胸怀;另一方面在立法中总结了预防和制止家庭暴力工作的中国经验,构建了防治家庭暴力的中国模式,体现了反家庭暴力立法的中国特色,从而丰富和引领了国际社会反家庭暴力的理念和方法,使该法成为一部能够给中国带来重要国际影响、大幅提升中国国际形象的法律。

《反家庭暴力法》第 2 条规定:"本法所称家庭暴力,是指家庭成员之间以殴打、捆绑、残害、限制人身自由以及经常性谩骂、恐吓等方式实施的身体、精神等侵害行为。"第 37 条又规定:"家庭成员以外共同生活的人之间实施的暴力行为,参照本法规定执行。"

家庭暴力实施的主体包括"家庭成员"和"共同生活的人"两大类。家庭成员是指依法享有一定权利和负担一定义务的特定近亲属,包括父母与子女、夫与妻、兄弟姐妹、祖父母与孙子女、外祖父母与外孙子女。凡是家庭成员之间发生暴力的,即家庭暴力,不考虑他们彼此是否共同生活。"共同生活的人"宜适当广义理解,划分为两大类别:其一,在一起共同生活的非家庭成员的亲属;其二,在一起共同生活的非亲属。即使是婚外同居等非法同居的当事人之间发生暴力,依法也应适用《反家庭暴力法》加以干预。当然,这不等于承认非法同居当事人之间的关系是家庭关系。

最常见的分类是将家庭暴力区分为三类:身体暴力、性暴力、精神暴力。身体暴力主要有推、搡、掌掴、打、咬、捆绑、强力拉扯、拳打脚踢,或者持物袭击,以火烧、针刺、烫伤等方式伤害受害人肢体或器官。最严重的身体暴力是致受害人健康永久性损害、残疾、死亡。性暴力是指违背受害人性意愿而强迫实施的性行为,诸如强奸、攻击性器官、猥亵、未经同意的其他性接触、强迫观看与性有关的画面或行为等,这是侵害受害人性自主权的违法行为。《反家庭暴力法》未列明"性暴力",理由是性暴力既是身体暴力又是精神暴力,可以被第 2 条已列明的两种暴力类型涵盖。精神暴力是指实施言语恐吓或以非言语的威胁迫使对方心生恐惧以达到控制受害人目的的行为。它主要包括但不限于以贬损、丑化等方式伤害对方的自尊心和人格尊严,限制人身自由、强迫观看暴力画面或行为,恐吓要伤害或杀害受害人或其亲友,以自残或自杀相威胁、以苛刻的经济控制、毁损财物等方式致使受害人情绪深陷痛苦之中等。不同类型的家庭暴力是相互交叉的,有一定程度的重叠。身体暴力会同时带给受害人精神痛苦,性暴力既是身体暴力又会损害人的精神。

《反家庭暴力法》建立了强制报告(报案)制度,特定机构及其工作人员在发现无民事行为能力人或限制民事行为能力人遭受家庭暴力时,有义务向特定机构报告,未能依法报告的责任主体将承担相应的法律责任。《反家庭暴力法》第 14 条规定:"学校、幼儿园、医疗机构、居民委员会、村民委员会、社会工作服务机构、救助管理机构、福利机构及其工作人员在工作中发现无民事行为能力人、限制民事行为能力人遭受或者疑似遭受家庭暴力的,应当及时向公安机关报案……"第 35 条规定上述机构及其工作人员未依法向公安机关报案,"造成严重后果的,由上级主管部门或者本单位对直接负责的主管人员和其他直接责任人员依法给予处分"。

《反家庭暴力法》建立了告诫制度,该法第16条规定对于情节较轻、依法不给予治安管理处罚的家庭暴力行为,公安机关可以给加害人出具告诫书。这一行政干预措施具有教育警示加害人、防止家庭暴力升级的功能,是各地公安机关及时介入家庭暴力的中国经验的总结。通过劝告、警诫、教育等方式,督促加害人停止侵害。告诫书具有证明家庭暴力存在的证明力,"人民法院审理涉及家庭暴力的案件,可以根据公安机关出警记录、告诫书、伤情鉴定意见等证据,认定家庭暴力事实"[①]。无论是因家暴导致的离婚、损害赔偿、撤销监护人资格的民事案件,还是因家暴导致的虐待、遗弃、伤害、杀人的刑事案件,公安机关先前出具的告诫书都是法官认定家庭暴力事实存在的法定证据。这在一定程度上破解了长期以来司法实践中存在的因举证难而使家庭暴力认定难的困境。

《反家庭暴力法》建立了人身安全保护令制度,这是人民法院为保护家庭暴力受害人的人身和财产安全、免受施暴人实施的身体和精神等暴力行为而作出的一项司法救济措施。人身安全保护令改变了传统的单纯事后处罚的补救手段,通过事前和事中干预方式,增加了对家庭暴力的司法干预方式和干预力度,是国际上公认的保护家庭暴力受害人最有效的措施。我国的人身保护令制度有六大亮点:第一,构建起比较全面完整的人身安全保护令的制度。《反家庭暴力法》第四章"人身安全保护令"共十个条文,包括人身保护令的申请、形式、管辖、条件、种类、措施、期限、送达、执行等内容,并在法律责任一章中设专条规定违反保护令的法律责任,全面完整地规定了有关人身安全保护令的各项制度。第二,将人身安全保护令作为独立案由是重大突破。明确"当事人因遭受家庭暴力或者面临家庭暴力的现实危险,向人民法院申请人身安全保护令的,人民法院应当受理"[②],使人身安全保护令不再依附于其他民事诉讼,也不需要依附于其他任何法律程序,有利于及时保护家暴受害人,防止家庭暴力升级。第三,建立了人身安全保护令的代为申请制度,近亲属、公安机关、妇女联合会、居民委员会、村民委员会、救助管理机构的及时介入、代为申请可以充分保护受害人的利益和安全,使他们有机会及早脱离家暴环境,避免继续受暴。第四,申请保护令的方式灵活,管辖就近便利,体现了司法为民的理念。既认可书面申请,也承认口头申请的效力,对于书面申请有困难的,可以口头申请,由人民法院记入笔录。而人身保护令案件由申请人或者被申请人居住地及家庭暴力发生地的基层人民法院管辖,便于管辖法院及时调查、了解情况,审查和调查证据,便于执行保护令及监督保护令的实施,保护受害人的合法权利不受侵害。第五,人身安全保护令分为通常保护令和紧急保护令,以迅速、及时地保护家暴受害人。《反家庭暴力法》第28条规定:"人民法院受理申请后,应当在七十二小时内作出人身安全保护令或者驳回申请;情况紧急的,应当在二十四小时内作出。"所谓情况紧急,是指正在发生的家庭暴力已使受害人处于紧急危险状况中,签发紧急保护令旨在迅速制止正在发生的家庭暴力。第六,明确规定了违反保护令的法律责任,为保护令的执行提供了法律保障。被申请人违反人身安全保护令,构成犯罪的,依法追究刑事责任。依据《刑法》第313条的规定,对人民法院的判决、裁定有能力执行而拒不执行,情节严重的,处3

---

① 《反家庭暴力法》第20条。
② 《反家庭暴力法》第23条第1款。

年以下有期徒刑、拘役或者罚金。对于违反保护令尚不构成犯罪的,人民法院应当给予训诫,可以根据情节轻重处 1000 元以下罚款、15 日以下拘留。

《反家庭暴力法》颁布实施以来,经过各方面共同努力,在预防和制止家庭暴力方面取得成效。据第四次中国妇女社会地位调查,女性遭受家庭暴力比例明显降低。根据反家庭暴力法对家庭暴力概念的界定,在婚姻生活中女性遭受过配偶身体暴力和精神暴力的比例为 8.6%,比 2010 年下降了 5.2 个百分点。①

为了进一步落实人身安全保护令制度,2022 年 3 月 3 日最高人民法院、全国妇联、教育部、公安部等七部门联合发布了《关于加强人身安全保护令制度贯彻实施的意见》(以下简称《意见》),重点解决人身安全保护令签发门槛高、法官对"面临家庭暴力现实危险"把握不准、人身安全保护令制度具体执行中相关部门职责不清晰等问题。

《意见》更加注重未成年人权益保护,就未成年人接受询问、提供证言等情况,针对性地规定为其提供适宜场所环境、可不出庭作证等,充分考虑未成年人身心特点,尊重其人格尊严。细化明确相关部门强制报告义务内容,司法行政机关加大对家庭暴力受害人的法律援助力度,畅通法律援助申请渠道。细化人身安全保护令执行程序,人身安全保护令作出后如何进入强制执行、协助执行部门具体如何协助等进一步细化落实。被申请人不履行或者违反人身安全保护令的,申请人可以向人民法院申请强制执行。对公安机关、居民委员会、村民委员会、妇女联合会等相关单位的协助执行义务,《意见》也作出了具体规定。其中,公安部门除了协助督促遵守人身安全保护令,在被申请人违反人身安全保护令时及时出警外,还需要将情况通报给人民法院,真正地实现部门联动。居民委员会、村民委员会、妇女联合会则可以发挥矛盾纠纷化解一线优势,跟踪记录人身安全保护令执行情况,提供法治教育、心理辅导,并帮助受害人及时与人民法院、公安机关联系,切实调动各部门协同的反家暴联动机制活力。②

2022 年 10 月 30 日修改的《妇女权益保障法》加强了婚恋交友关系中的妇女权益保障,扩大了人身安全保护令的适用范围。该法第 29 条规定:"禁止以恋爱、交友为由或者在终止恋爱关系、离婚之后,纠缠、骚扰妇女,泄露、传播妇女隐私和个人信息。妇女遭受上述侵害或者面临上述侵害现实危险的,可以向人民法院申请人身安全保护令。"

(六)禁止家庭成员间的虐待和遗弃

虐待和遗弃行为侵害家庭成员的人身权利和财产权益,是家庭生活中消极的、具有破坏性的因素。实施虐待、遗弃的行为人与受害人之间具有特定的亲属身份,受害人多为在家庭中处于弱势地位、欠缺自卫能力或独立生活能力的成员。禁止家庭成员间的虐待和遗弃,是保护妇女、儿童和老人合法权益的必然要求。

婚姻家庭法中所说的虐待,是指对家庭成员歧视、折磨、摧残,使其在身体上、精神上蒙受损害的行为。虐待家庭成员可能表现为某种作为,如打骂、恐吓、强行限制人身自由等;也

---

① 参见《第四期中国妇女社会地位调查主要数据情况》,载《中国妇女报》2021 年 12 月 27 日。
② 2022 年 7 月 14 日,最高人民法院发布了《关于办理人身安全保护令案件适用法律若干问题的规定》,降低了签发人身安全保护令的证明标准,拓宽了证据形式,规定了法院依职权调查义务;代为申请保护令增加了"年老、残疾、重病"等情况,代为申请主体增加了"民政部门、残疾人联合会、依法设立的老年人组织";对家庭暴力行为种类作了列举式扩充,明确"冻饿以及经常性侮辱、诽谤、威胁、跟踪、骚扰"等均属于家庭暴力;解释了《反家庭暴力法》第 37 条规定的"家庭成员以外共同生活的人"一般包括共同生活的儿媳、女婿、公婆、岳父母以及其他有监护、扶养、寄养等关系的人。

可能表现为某种不作为,如不给予必要的衣食,患病时不为其提供治疗的条件等。对于虐待行为和家庭暴力的关系,在修改 1980 年《婚姻法》的过程中有不同的意见:有的意见认为,家庭暴力包含了虐待行为;有的意见认为,虐待行为包含了家庭暴力。《婚姻法》的修正案草案曾一度使用"禁止家庭暴力和其他虐待家庭成员的行为"的提法,最后还是将二者分别加以规定。虐待和家庭暴力既有联系也有区别,两者在概念上不能相互包容。某些偶发性的、轻微的家庭暴力尚不足以构成虐待,某些情节恶劣、后果严重的家庭暴力又超出了虐待的范围。

婚姻家庭法中所说的遗弃,是指法定亲属中依法负有扶养、抚养、赡养义务的一方,对需要受扶养、抚养、赡养的另一方拒不履行其义务的行为,遗弃总是以不作为的形式而出现的。依法应为而不为,致使被遗弃方的权利受到侵害,如父母不履行抚养子女的义务,成年子女不履行赡养父母的义务,夫或妻不履行扶养对方的义务等。

我国《民法典》规定,夫妻一方虐待、遗弃家庭成员导致夫妻感情破裂,另一方诉请离婚,调解无效的,应准予离婚。因虐待、遗弃家庭成员导致离婚的,无过错方有权请求损害赔偿。对于虐待、遗弃行为,可视具体情形采用不同的对策,如依受害人的请求予以行政处罚,依法追索扶养费、抚养费、赡养费等。虐待、遗弃家庭成员构成犯罪的,依法追究刑事责任。

虐待罪,在主观方面表现为故意,即明知自己的行为会给受害人造成肉体和精神痛苦,并且希望这一结果发生。虐待罪的客观方面,表现为对家庭成员进行虐待,情节恶劣的行为。这里的虐待行为的特点,一是残酷性,给受害人造成身体上、精神上的痛苦;二是长期性,行为人经常以打骂、冻饿等手段对受害人进行摧残。父母偶尔对犯错误的子女进行打骂、体罚,不应当认定为虐待罪。长期性也是虐待罪和故意伤害罪的重要区别。

根据我国《刑法》第 260 条的规定,虐待家庭成员,情节恶劣的,处 2 年以下有期徒刑、拘役或者管制;致使被害人重伤、死亡的,处 2 年以上 7 年以下有期徒刑。该条同时规定,没有造成被害人重伤、死亡的虐待罪,属于刑事自诉案件。

遗弃罪,在主观方面表现为故意,即行为人明知自己应当承担扶养义务而拒不履行;在客观方面表现为扶养义务人拒绝扶养没有独立生活能力的扶养权利人并且情节恶劣的行为。遗弃是一种不作为,即行为人有扶养义务,并且有能力履行这一义务而拒不履行。如果行为人因确实没有负担能力而拒绝扶养的,不构成遗弃罪。仅有遗弃行为尚不足以定罪,情节恶劣的才能构成遗弃罪。一般说来,情节恶劣主要是指:给受害人造成严重后果的;经多次教育仍不悔改的;造成不良社会影响的;等等。

根据我国《刑法》第 261 条的规定,犯遗弃罪的,处 5 年以下有期徒刑、拘役或者管制。

讨论思考题
1. 婚姻家庭制度有哪些历史类型?
2. 近现代婚姻家庭法与古代婚姻家庭法有何差别?这种差别是什么因素导致的?
3. 试论婚姻家庭法的发展趋势。
4. 2020 年《民法典》婚姻家庭编主要有哪些新内容?
5. 婚姻家庭法的调整对象有什么特点?
6. 婚姻家庭法的法律渊源有哪些?

7. 婚姻家庭法与民法的关系如何？我国《民法典》总则编的规定是否可以适用于婚姻家庭法领域？
8. 分别阐述婚姻家庭法的若干基本原则。
9. 论《民法典》婚姻家庭编中的禁止性规定。
10. 论彩礼的性质和彩礼返还纠纷的处理。
11. 重婚与有配偶者与他人同居有何异同？
12. 为什么要禁止家庭暴力？《反家庭暴力法》是如何禁止家庭暴力的？

第二章

亲属关系原理

第一节 亲属的意义、分类和范围

一、亲属的概念和亲属制度的沿革

(一) 亲属的概念

1. 亲属释义

亲属一词由来已久,汉儒刘熙在《释名·释亲属》中说:"亲,衬也,言相隐衬也"。"属,续也,恩相连续也"。这些解释意在说明亲属之间具有不同于常人的相衬相续的密切关系。亲属的网络,是以婚姻和血缘联系为纽带编织而成的。中国古代典籍中"亲"与"属"二字具有不同的含义,常将其分别使用。《说文》中释亲为"至也",释属为"连也",从中不难看出两者有亲疏远近之别。中国古代言及亲属时,是以亲为主,以属为从的。亲为本,属为末,亲是基干,属是枝叶,属从亲主。一般说来,较近之亲称为亲,较远之亲称为属。后世始将亲属两字连用,使其意义合一。揆诸法制,中国封建时代早期诸律中往往仅以亲相称。《唐律疏义》中已有"亲属,谓本服缌麻以上亲及大功以上婚姻之家"之说。及至明清,亲属二字连用更是滥觞于律例。

除"亲属"外,中国古籍中还有"亲族""亲戚"等称谓。《尚书·尧典》中有"以亲九族"之说,古人对"九族"有不同的解释。一说指父族四、母族三、妻族二;另一说指上自高祖下至玄孙之亲。如依前说,"亲族"之义几与"亲属"相通;如依后说,"亲族"之义显较"亲属"为窄。到了中国封建时代后期,律例中的亲族一词往往是作为宗族的同义语使用的。"亲戚"一词在中国古籍中有时用以泛指族内外的亲属。《礼记·曲礼》孔颖达疏曰:"亲指族内,戚言族外。"有时则专指族外,如外戚、姻戚等。中国古代的亲属以宗亲为本,亲戚一词在律例中极为罕见。在外国,古代的亲属也是以同族的血亲为基干的。例如,罗马亲属法中的主体,包括直系宗亲、旁系宗亲和同宗统人等。

亲属在自然意义上无非是被两性结合和血缘关系联结起来的个人。然而,社会因素却使亲属关系获得了超自然的社会价值。恩格斯指出:"父母、子女、兄弟、姐妹等称谓,并不是简单的荣誉称号,而是一种负有完全确定的、异常郑重的相互义务的称呼。这种义务的总和便构成这些民族的社会制度的实质部分。"[①]一般说来,古代社会亲属关系在社会生活中的

---

① 《马克思恩格斯全集》(第21卷),人民出版社1965年版,第40页。

作用十分强大,至近现代已有所弱化。但是,一定范围的亲属关系仍具有相当的法律效力。特别需要指出的是,以婚姻为基础的家庭,是当代唯一的实体性的亲属组织。了解亲属关系原理,对学习婚姻家庭法学是大有裨益的。

2. 当代法学中亲属的概念

亲属的概念可以大致表述如下:亲属,系指人们基于婚姻、血缘和法律拟制而形成的社会关系。亲属关系一经法律调整便在相关的主体之间产生法定的权利和义务。婚姻是亲属之源,血亲是亲属之流。血亲也可依法拟制,通过收养而形成。姻亲则是以婚姻为中介而发生的。也有一些国家的法律仅以血亲、姻亲为亲属,配偶自为配偶,不以亲属相称。但是,配偶关系也是由亲属法(婚姻家庭法)加以调整的。

为了正确把握亲属的概念,依法调整亲属关系,应当注意以下几个问题:

第一,亲属关系与亲属法律关系的区别。

亲属网络极为广泛。作为现实存在的亲属关系,纵向的关系须受人们寿命的限制,不可能超过若干代,横向的关系却是由此及彼、漫无边际的。只有为法律所调整的亲属关系,才是亲属法律关系(通常是较近的亲属关系),具有相应的法律效力。其他未为法律所调整的亲属关系,主体之间没有法定的权利义务,仅具有伦理上、传统习俗上的意义,亲属之间的关系是松散的或比较松散的。

第二,亲属与家庭成员的区别。

作为社会的基本生活单位,家庭是由同居一家、共同生活的亲属组成的,家庭成员一般均为近亲属,例外的情形极为罕见。有亲属关系的人,甚至是有近亲属关系的人,不可能都是同一家庭的成员,而是分属于不同家庭的。两者的区别在于,家庭成员间不仅有亲属关系,还有以家庭为单位的共同经济和共同生活的关系。《民法典》婚姻家庭编规定:配偶、父母、子女和其他共同生活的近亲属为家庭成员。

第三,亲属与家属的区别。

家属是家长的对称,从历史上来看是家长制家庭的产物。我国历代封建法律中所称的家属,除家长的配偶和其他同居一家的亲属外,还包括妾和奴婢等,家属不以亲属为限。1930年的国民党政府《民法》亲属编中仍保留家制,按其规定,家置家长,同家之人,除家长外均为家属。虽非亲属而以永久共同生活为目的同居一家者,视为家属。现行婚姻家庭法中未设家制。现实生活中虽有家长、家属的称谓,但并不具有法律上的意义。家庭成员之间的权利义务是按照亲属关系确定的,而不是按照家长家属关系确定的。

(二) 我国亲属制度的沿革

亲属制度历史悠久、源远流长,它萌芽于原始群婚制下的两性和血缘关系。个体婚制和父系家族制的形成,导致古代型亲属制度的确立。从古代型的亲属制度到近现代型亲属制度的转变,是宗法社会崩溃的必然结果,是沿着从重男系亲、轻女系亲,重父系亲、轻母系亲到男女平等、双系并重,从家族本位到个人本位的方向发展的。

中国古代的亲属制度发达很早,当时最重要的上层建筑——宗法等级制度,便是借助于亲属制度而形成的。当时的亲属制度以宗法为本,最初将亲属分为宗族和外姻两大类别。《尔雅·释亲》载:"父之党为宗族。"母党和妻党皆为外姻。这就是所谓的三党或三族。

宗族亦称宗亲、本亲或内亲,在古代亲属制度中居于最重要的地位。宗族以本宗男子为主体;还包括在室女和来归之妇,前者指本宗尚未外嫁的女性,后者指嫁入本宗的女性。

外姻亦称外亲,包括己身之母、祖母等的本生亲属,以及己身之女、孙女、姐妹、姑等因婚嫁和生育而形成的亲属关系。妻族(或称妻党)原来也列为外亲,这种传统一直延续到唐、宋时代。明、清律中另列妻族一类,在礼与律中确立了宗亲、外亲、妻亲三分法的体制。

关于配偶在我国古代亲属制度中的地位问题,由于来归之妇已列入宗亲,故无须将其另列一类。出嫁从夫,妻是夫方宗族的成员,夫之族即妻之族,只有在婚姻离异后,妻才脱离夫之族回归父之族。

近现代以来,从清末到北洋军阀政府统治时期,民律草案中均将夫妻单独列为亲属类别之一。其理由主要是夫妻之间既无血缘联系,又无姻亲关系(夫妻只是姻亲的中介而非姻亲之本体)。其实,有的夫妻也可能是未列入禁婚范围的较远的血亲,亲属关系重复的现象在实际生活中并不罕见。民律草案中的亲属分类法,可能同借鉴日本的亲属法制有关。日本民法亲族编是将亲属分为血亲、配偶和姻亲三类的。但是,民律草案中仍以宗亲为亲属类别之一,我国在传统上以夫妻为宗亲,将夫妻和宗亲并列,在法理上显然是不妥的。后来随着国民党政府《民法》亲属编的问世,才按照近现代多数国家的立法通例,将宗亲改为不包括配偶的血亲。

关于我国亲属制度的沿革,此处仅以亲属的分类为例略作介绍,其他内容散见本书的有关章节。

二、亲属在法律上的分类

亲属关系错综复杂,不同的亲属关系的主体之间各有其特定的身份。就法理而言,可从不同的角度、依据不同的标准加以分类,亲系、行辈、亲属关系的亲疏远近等均可作为分类的依据。《民法典》以亲属关系的发生原因为依据将其分为配偶、血亲和姻亲三类,这是当代许多国家在法律上对亲属的基本分类,在立法上和法律的适用上都具有重要的意义和应用价值。

(一) 配偶

在婚姻关系存续期间,夫妻双方互为配偶。配偶在亲属关系中具有重要的地位和独特的作用,它是其他亲属关系的源泉和桥梁,如果没有配偶的结合和生育行为,便不可能形成血亲关系,如果不以婚姻为中介,便不可能形成姻亲关系。但是关于是否将配偶列为亲属类别之一,各国有不同的立法例,学者们所持的主张也不尽相同。

有些国家在法律中并无以配偶为亲属类别之一的概括性规定。在德国法中,狭义上的亲属仅指血亲,广义上的亲属还兼指姻亲。瑞士民法中亦无以配偶为亲属的规定,另一些国家在法律中则是明定配偶为亲属类别之一的,如日本法、韩国法等。在这些法律中,配偶在亲属类别中是与血亲、姻亲并列的。

对以配偶为亲属持否定说的学者认为:配偶仅为亲属之源泉,而非亲属之本体。配偶之间既无亲系可循,又无亲等可定,所以配偶自为配偶,将其作为亲属类别之一是并无必要的。我国法律对以配偶为亲属持肯定说。从亲属的起源、本质、亲属制度的历史和现状等方面加以考察,配偶作为亲属类别之一是毫无疑义的。配偶既是亲属的源泉,又是亲属本体的重要组成部分,两者并不矛盾。

中国古代的礼与律均认为配偶是亲属,服制图中有妻为夫服、夫为妻服的规定,在有关律条中,亲属一词的含义也是包括夫妻的。从我国婚姻家庭法的具体规定来看,配偶不仅是亲属,而且是在亲属中居于核心地位的近亲属。

(二) 血亲

血亲系指相互之间具有血缘联系的亲属,这种血缘联系可以是直接的,也可以是间接的(详见后文)。原来意义上的血亲本为自然血亲,即生物学意义的血亲,扩大意义上的血亲还包括拟制血亲。

1. 自然血亲

自然血亲在血缘上具有同源关系,他(们)是共同的祖先的后裔,相互之间是被血缘纽带联结在一起的。例如,父母与子女,祖父母与孙子女,外祖父母与外孙子女,兄弟姐妹,伯、叔、姑与侄、侄女,舅、姨与甥、甥女,堂兄弟姐妹,表兄弟姐妹等,均为自然血亲。

这里所说的同源关系或共同祖先,包括父系和母系两个方面。对于自然血亲,应当破除父系本位的旧传统,确立父母双系并重的亲属观。同源于父母双方的为全血缘的自然血亲,同源于父母一方的为半血缘的自然血亲(如同父异母或同母异父的兄弟姐妹)。自然血亲关系不受婚生或非婚生的影响。例如,父母与婚生子女是自然血亲,父母与非婚生子女也是自然血亲。自然血亲的形成是以血缘联系为其客观依据的。

2. 拟制血亲

拟制血亲是指相互之间本无该种血亲应具有的血缘联系,经依法拟制后,始具有与该种血亲相同的权利义务的亲属,这种血亲不是自然形成的,而是人为地依法创设的,故亦称法亲或准血亲。应当指出的是,拟制血亲并不仅以原无血缘联系者为限。即使原来便具有某种血亲关系,经依法拟制后则创设了另一种血亲关系,从而出现了亲属关系重复的现象。在这种情形下,权利义务不是按照原来的,而是按照所拟制的血亲关系确定的。例如,收养同辈旁系血亲的子女为己之子女,是现实生活中很常见的现象。

按照我国婚姻家庭法的规定,养父母与养子女,继父、继母与受其扶养教育的继子女,均为拟制血亲的父母子女。以此为中介,还会形成拟制血亲的祖孙关系、兄弟姐妹关系等。

(三) 姻亲

姻亲是以婚姻为中介而形成的亲属关系,但配偶本身是除外的。姻亲因婚姻而生,就法理而言,姻亲本应以血亲的配偶和配偶的血亲为限,有些法律将配偶的血亲的配偶列为姻亲,这无非是配偶的血亲的延长和扩张。韩国民法中姻亲的范围更为广泛,将血亲的配偶的血亲也作为姻亲的类别之一。按照我国婚姻家庭法学中比较公认的见解,现将不同种类的姻亲列示于下。

1. 血亲的配偶

在亲属关系中,己身的长辈旁系血亲、同辈血亲和晚辈血亲的配偶,均为己身的姻亲。如伯、叔、舅之妻(伯母、婶母、舅母),姑、姨之夫(姑父、姨父),兄弟之妻(兄嫂、弟妇),姐妹之夫(姐夫、妹夫),子之妻(儿媳),女之夫(女婿)等。长辈直系血亲的配偶,同样是己身的血亲而非姻亲。但也有例外,如无扶养关系的继父母、继子女,继父或继母是继子女的长辈直系姻亲。

2. 配偶的血亲

在亲属关系中,己身的配偶的长辈血亲、同辈血亲和晚辈旁系血亲,均为己身的姻亲。如妻之父母(岳父、岳母),夫之父母(公、婆),妻之兄弟姐妹及其子女,夫之兄弟姐妹及其子女等。但是,配偶的晚辈直系血亲,同样是己身的血亲而非姻亲。但也有例外,如无扶养关系的继父母、继子女,继子女是继父或继母的晚辈直系姻亲。

3. 配偶的血亲的配偶

这种姻亲也是以婚姻为中介的,但不是以一次婚姻为中介,而是以两次婚姻为中介。我国亲属关系中的连襟(指夫与妻之姐妹之夫)和妯娌(指妻与夫之兄弟之妻),便是这方面的例证。这种姻亲关系比较疏远,仅具有传统习俗上的意义。

三、亲属关系法律调整的范围

亲属关系十分广泛,法律既没有必要,也没有可能将一切亲属关系均列入其调整范围。法律所调整的,只是一定范围的亲属关系,所规定的,只是其中必须依法处理的事项。其他亲属关系和亲属关系中不具有法律意义的问题,是可以通过道德、习惯等加以调整的。关于亲属关系法律调整的范围,世界各国有两种不同的立法例。

一种是非概括主义的规定。法律并不明文规定亲属关系法律调整的范围,只是分别地在具体事项上规定亲属关系的法律效力。这些事项包括禁婚亲、亲属身份权、监护、扶养和亲属继承等。另一种是概括主义的规定。法律明文规定亲属的范围,在此之外的亲属关系不为法律所调整。例如,《日本民法典》规定:"下列人为亲属:六亲等以内的血亲;配偶;三亲等以内的姻亲。"韩国民法中所列的亲属范围,包括八亲等以内的父系血亲、四亲等以内的母系血亲、夫的八亲等以内的父系血亲、夫的四亲等以内的母系血亲及妻的父母、配偶。

在中国历史上,亲属关系的调整范围是以礼与律为依据的。一般说来,具有法律效力的亲属关系包括四世以内的宗亲,三世以内的外亲,二世以内的妻亲。在某些特定的事项上,则是超过上述范围的。

关于亲属关系法律调整的范围,2020年《民法典》婚姻家庭编作了概括性规定。按照《民法典》第1045条的规定,配偶、父母、子女、兄弟姐妹、祖父母、外祖父母、孙子女、外孙子女为近亲属。法律调整的亲属关系的范围以近亲属为限。对一些具体事项,该法还有超出这一范围的特别规定,如禁婚亲等。

第二节 亲系和亲等

一、亲系

亲系是亲属间的联络系统。亲属的网络是由不同的亲系相互交织而成的。这种联络系统的载体,是这样或那样的血缘联系。狭义上的亲系仅指血亲的联络系统,自然血亲之间的血缘联系是客观存在的,拟制血亲可以比照自然血亲认定其也有这种联系。广义上的亲系还包括姻亲的联络系统,姻亲虽以婚姻为中介,但它是配偶一方与另一方血亲之间的关系,配偶双方与各自的血亲间,都是有血缘联系,有亲系可循的。亲系的划分适用于血亲和姻亲,但不适用于配偶关系。父系亲和母系亲、男系亲和女系亲、直系亲和旁系亲,是亲系的基本分类。为了方便起见,行辈问题也置于本题一并说明。

(一)父系亲和母系亲

父系亲是通过父方的血缘关系而联络的亲属。例如,己身与祖父母、伯、叔、姑及其子女等,其联络都是以父为中介的。母系亲是通过母方的血缘关系而联络的亲属。例如,己身与外祖父母、舅、姨及其子女等,其联络都是以母为中介的。

人类社会自进入父系氏族时代后,父系亲便是亲属关系的基干。中国古代的亲属制度是父系本位,重父系亲而轻母系亲的。按照我国现行法的规定,父系亲和母系亲并无轻重之分、亲疏远近之别。

（二）男系亲和女系亲

男系亲是通过男子的血缘关系而联络的亲属。女系亲是通过女子的血缘关系而联络的亲属。中国古代的亲属制度是男尊女卑,重男系亲而轻女系亲的。所谓宗亲兼具父系亲和男系亲的性质。外亲、妻亲等相对于宗亲而言,在亲属关系中处于次要的、从属的地位。我国现行婚姻法以男女平等为原则,男系亲和女系亲的地位并无区别。

需要指出的是,父系亲、母系亲之分和男系亲、女系亲之分具有不同的意义。两者既有联系又有区别,有时互相重合,有时各有所指,例如,己身与伯叔之子女（堂兄弟姐妹）,既是父系亲又是男系亲；己身与姑之子女,虽是父系亲,但不得称其为男系亲,因其间已有女子介入。

（三）直系亲和旁系亲

1. 直系血亲和旁系血亲

直系、旁系之分,本于血缘联系有直接、间接之别。直系血亲指相互间具有直接的血缘联系的血亲。己身所从出和从己身所出的血亲（包括生育自己的和自己生育的上下各代）,均为直系血亲,如父母与子女,祖父母与孙子女,外祖父母与外孙子女等。上至曾祖、高祖,下及曾孙、玄孙（长辈兼指父母双系,晚辈兼指男女两性）……概莫能外。

旁系血亲指相互间具有间接的血缘联系的血亲。在血缘上具有同源关系的,除直系血亲外均为旁系血亲。例如,兄弟姐妹因同源于父母而具有间接的血缘联系；己身与伯、叔、姑因同源于祖父母而具有间接的血缘联系；己身与舅、姨因同源于外祖父母而具有间接的血缘联系；等等。这些血亲均为旁系血亲。

2. 直系姻亲和旁系姻亲

姻亲的直系、旁系之分,准用其配偶与配偶的血亲的亲系。例如,儿媳与公、婆为直系姻亲,因为其夫与父、母为直系血亲；女婿与岳父、岳母为直系姻亲,因为其妻与父、母为直系血亲；己身与兄弟之妻、姐妹之夫为旁系姻亲,因为己身与兄弟姐妹为旁系血亲；夫妻一方与另一方的兄弟姐妹为旁系姻亲,因为夫或妻与其兄弟姐妹为旁系血亲。

（四）行辈

行辈亦称辈行或辈分,它不同于亲系,是按照亲属的世代来划分的。以行辈为依据,可将亲属分为长辈亲属（旧称尊亲属）、同辈亲属和晚辈亲属（旧称卑亲属）。父母辈和高于此辈的是长辈亲属,与己身处于一辈的是同辈亲属,子女辈和低于此辈的是晚辈亲属。

需要指出的是：直系亲不可能行辈相同,配偶间无行辈之分。既是配偶,必为同辈。将行辈与亲属的类别和亲系相结合,可以得出一系列概括性、集合性的亲属称谓。如长辈直系血亲、晚辈直系血亲、长辈旁系血亲、同辈旁系血亲、晚辈旁系血亲等。姻亲的称谓亦可按此排列组合。

二、亲等

(一) 亲等的概念

亲等指亲属的等级,是计算亲属关系亲疏远近的基本单位。在亲属关系中,它起着类似度量衡的作用。不同的血缘联系是确定亲等的客观依据,所以亲等是以血亲为基准,通过换算而准用于姻亲的。但亲等不适用于配偶。

从历史上来看,亲等制有世数亲等制和身份亲等制之别。就法理而言,确定亲等应以世数为依据,世数少者其亲近,世数多者其亲远。这对确定直系血亲的亲等十分方便。旁系血亲可以通过同源关系计算,其远近也是取决于世数多少的。按此原理构建的亲等制称为世数亲等制。但是,在重视身份关系的古代,亲属关系的亲疏远近并不单纯地取决于世数,各种不同的身份,男女、尊卑、长幼和内外之别等因素也起着重要的作用。例如,在中国古代的服制中,服制的等级同血缘关系的远近并不完全一致,常因身份的不同而加服或减服。日本明治初年颁行的新律中,不同的身份对亲等的确定仍有相当影响。有的学者将以中国古代的服制为代表的"亲等"制称为阶级亲等制。这种提法不够确切,易生误解,称其为身份亲等制可能是更为恰当的。其实,中国古代的服制等级虽有与亲等类似之处,但并不是严格意义上的亲等制。按照中国古代的服制图,夫与妻为有服亲,而且其服甚重,这同配偶无亲等的近现代亲属法理是迥然有别的。

(二) 亲等的计算方法

当代多数国家采用罗马法的亲等计算法,另一些国家采用寺院法的亲等计算法。我国婚姻家庭法中,血亲关系的亲疏远近,则是用世代来表示的。现分别简介于下,并附录中国古代的丧服制度以供参考。

1. 罗马法的亲等计算法

计算直系血亲亲等的规则是,以己身为基点,向上或向下数,以间隔一世为一亲等。例如,父母与子女为一亲等直系血亲;祖父母与孙子女、外祖父母与外孙子女为二亲等直系血亲;曾祖父母与曾孙子女、外曾祖父母与外曾孙子女为三亲等直系血亲,依此类推。

计算旁系血亲的规则是:先从己身上数至己身与对方(即与其计算亲等者)最近的共同的长辈直系血亲,再从该长辈直系血亲下数至对方,两边各得一世数,将其相加即为旁系血亲的亲等数。例如,兄弟姐妹为二亲等旁系血亲;伯、叔、姑与侄、侄女,舅、姨与甥、甥女,为三亲等旁系血亲;堂兄弟姐妹、表兄弟姐妹为四亲等旁系血亲,依此类推。

2. 寺院法的亲等计算法

计算直系血亲亲等的规则与罗马法相同,以间隔一世为一亲等,此处无须重复。

计算旁系血亲亲等的规则与罗马法不同。其计算规则如下:先从己身上数至己身与对方(即与其计算亲等者)最近的共同的长辈直系血亲,得一世数,再从对方上数至该长辈直系血亲,又得一世数,如果两边的世数相同,即以此数定其亲等,如果两边世数不同,则按世数多的一边定其亲等。例如,兄弟姐妹为一亲等旁系血亲;伯、叔、姑与侄、侄女,舅、姨与甥、甥女,为二亲等旁系血亲;堂兄弟姐妹、表兄弟姐妹亦为二亲等旁系血亲,依此类推。由于旁系血亲的行辈可能相同,也可能不同,这种计算法往往不能准确地反映旁系血亲间的亲疏远近关系。

将罗马法的旁系血亲亲等计算规则与寺院法的相比较,前者显然优于后者。随着罗马法的传播和各国法律文化的交流,罗马法亲等计算法已为当代多数国家所采用。寺院法的亲等计算法源自天主教的宗教法规,基于宗教的影响和立法传统,至今仍为一些国家所采用。

上述两种亲等计算法亦可用于计算姻亲的亲等,计算时应以配偶为中介进行换算。血亲的配偶从其配偶的亲等,配偶的血亲和配偶的血亲的配偶从其与配偶的亲等。例如,儿媳是公、婆的血亲的配偶,因儿媳之夫与其父母为一亲等直系血亲,故儿媳与公、婆为一亲等直系姻亲;岳父、岳母是女婿的配偶的血亲,因女婿之妻与其父母为一等亲等直系血亲,故女婿与岳父、岳母为一亲等的直系姻亲;夫与妻之兄弟之妻、姐妹之夫,妻与夫之兄弟之妻、姐妹之夫,均为配偶的血亲的配偶,属于二亲等的旁系姻亲(上述诸例中所说的亲等按罗马法计算)。

3. 我国婚姻家庭法中的计算法

在我国先后颁行的两部《婚姻法》和《民法典》中,都用代数的不同来表示旁系血亲的亲疏远近,如五代以内旁系血亲、三代以内旁系血亲等。这种表示方法也可用于直系血亲。

计算直系血亲的代数时,以一辈为一代,相隔一世即为两代。例如,父母子女为两代内直系血亲,祖父母与孙子女、外祖父母与外孙子女为三代内直系血亲,曾祖父母与曾孙子女、外曾祖父母与外曾孙子女为四代内直系血亲,高祖父母与玄孙子女、外高祖父母或外玄孙子女为五代内直系血亲。需要说明的是,在母系亲上加一"外"字,是我国古代亲属制度的遗迹,目前虽然仍在约定俗成地使用,但本书作者是主张在亲属称谓中将其删除的。

计算旁系血亲的代数时,须以同源关系为依据。例如,同源于父母的兄弟姐妹,是两代内的旁系血亲;同源于祖父母、外祖父母的,是三代内旁系血亲;同源于曾祖父母、外曾祖父母的,是四代内旁系血亲;同源于高祖父母、外高祖父母的,是五代内旁系血亲。这种表示法可用罗马法的亲等计算法进行换算。例如,两代内的旁系血亲是二亲等的旁系血亲,三代内的旁系血亲是四亲等的旁系血亲,四代内的旁系血亲是六亲等的旁系血亲,五代内的旁系血亲是八亲等的旁系血亲。

三、中国古代丧服制度

丧服制度简称服制。它是以服制的不同来表示亲属的亲疏远近的。丧服制度始创于礼,后入于律,服制的效力不仅及于亲属关系,而且及于其他诸多领域。中国古代并无亲等之说,我们不妨将服制等级视为具有中国古代特色的一种亲等制。

服制五等,重轻有差。亲者,近者其服重。疏者,远者其服轻。五服以内的为有服亲,五服以外的为袒免亲即无服亲。现将服制等级简介于下:

第一等:斩衰。为三年之服。丧服以粗麻布制作,且不缝下边。例如,子与在室女为父母丧,嫡孙为祖父母丧,妻为夫丧,有斩衰三年之服。

第二等:齐衰。服期长短有别。丧服以稍粗的麻布制作。齐衰有杖期(一年之服,须持丧杖)、不杖期(一年之服,不持丧杖)、五月、三月之别。例如,子为出母、嫁母丧,夫为妻丧(父母不在时),有齐衰杖期之服。孙为祖父母丧,出嫁女为父母丧,夫为妻丧(父母在时),有齐衰不杖期之服。曾孙、曾孙女(在室)为曾祖父母丧,有齐衰五月之服。玄孙、玄孙女(在室)为高祖父母丧,有齐衰三月之服。

第三等:大功。为九月之服。丧服以粗熟布制作。例如,妻为夫之祖父母丧,父母为众子妇丧,有大功之服。

第四等:小功。为五月之服。丧服以稍粗的熟布制作。例如,己身为伯叔祖父母、堂伯叔父母丧,妻为夫之伯叔父母丧,有小功之服。

第五等:缌麻。为三月之服。丧服以稍细的熟布制作。例如,己身为族伯叔父母丧,为妻之父母丧,有缌麻之服。

上述种种仅为示例性的说明,并未全部列举,详见明、清律所附之服制图,服制等级并不仅仅以世数为依据,还受着尊卑、性别、名分等因素的影响,不能准确地表示亲属关系亲疏远近的程度。随着时代的更替和我国婚姻家庭法的近现代化,丧服制度已成为历史的陈迹。

第三节 亲属关系的变动和效力

一、亲属关系的变动

亲属关系不是静止的,时时处于变动之中。生生、死死,结合、离异,拟制关系的成立和解除等,都是亲属关系变动的原因(对亲属法律关系来说,这些原因起着法律事实的作用)。对亲属关系不仅要作静态的研究,也要作动态的研究。本题按照亲属的类别,将配偶、血亲、姻亲关系的发生和终止的原因分述于下。

(一)配偶关系的发生和终止

1. 配偶关系的发生

配偶关系以婚姻的成立为发生原因,结婚行为是夫妻关系依法成立的法律事实。古代法中婚约的效力相当强大,男女双方订婚后被认为是准配偶关系。近现代法律中订婚已非结婚的必经程序。按照我国婚姻家庭法的规定,婚姻登记机关准予结婚登记、发给结婚证的时间,便是配偶关系发生的时间。

2. 配偶关系的终止

配偶关系以婚姻的终止为终止原因。婚姻借以终止的法律事实有二:一是配偶死亡,包括自然死亡和宣告死亡。二是双方依法离婚。按照我国婚姻家庭法的规定,配偶一方自然死亡的时间,人民法院宣告死亡的判决书生效的时间,婚姻登记机关准予离婚登记、发给离婚证的时间,人民法院准予离婚的调解书或判决书生效的时间,便是配偶关系终止的时间。

(二)血亲关系的发生和终止

1. 自然血亲关系的发生和终止

自然血亲关系以出生为发生原因,亲子关系和其他自然血亲关系均基于出生的事实而发生,出生的时间便是自然血亲关系发生的时间。所谓血缘联系,是以一次或多次出生的事实为其客观标志的,有的学者主张,非婚生子女与生父的自然血亲关系经生父认领后始为发生,这在法理上是欠妥的,生父与非婚生子女的血缘联系是客观存在的事实,认领只是一种事后的追认。认领的效力是溯及既往的。

自然血亲关系以死亡为终止原因。这里所说的死亡,包括自然死亡和宣告死亡。自然死亡的时间,人民法院宣告死亡的判决书生效的时间,便是自然血亲关系终止的时间。但是,以死者为中介的自然血亲关系并不因此而终止。例如,父虽死亡,其子女与死者的尚生存的父母,即孙子女与祖父母仍为自然血亲。自然血亲关系除因死亡而终止外,不能人为地解除。父母离婚后,子女不论由何方直接抚养,仍为父母双方的子女。子女为他人收养后,与父母和父母方的自然血亲关系仍然存在,法律中有关自然血亲的规定(如禁婚亲等)仍然适用,不受收养成立的影响。

2. 拟制血亲关系的发生和终止

拟制血亲关系以所拟制的亲属身份关系依法成立为发生原因。以收养为例,按照我国收养法的规定,准予收养登记,取得收养证的时间,便是养父母与养子女这种拟制血亲关系发生的时间,收养的拟制效力还及于被收养人与收养人的近亲属,从而形成了以收养为中介的其他拟制血亲关系,如养祖孙、养兄弟姐妹等。

拟制血亲关系以死亡或所拟制的亲属身份关系依法解除为终止原因。以收养为例,养父母养子女关系可因一方死亡而终止,亦可因依法定程序解除而终止。养父母或养子女一方死亡的,以收养为中介的其他拟制血亲关系一方死亡的,自然死亡的时间、人民法院宣告死亡的判决书生效的时间,便是拟制血亲关系终止的时间。死亡只是终止了以死者为一方的拟制血亲关系,并没有终止以收养为中介的其他拟制血亲关系。依法解除收养关系的,发给解除收养关系证明的时间、人民法院准予解除收养的调解书或判决书生效的时间,便是拟制血亲关系终止的时间。与死亡不同,收养关系依法解除后,以收养为中介的其他拟制血亲关系随之终止。

(三) 姻亲关系的发生和终止

1. 姻亲关系的发生

姻亲关系亦因婚姻的成立而发生。婚姻成立的时间,便是姻亲关系发生的时间。但是,对婚姻成立时尚未发生,以后新发生的姻亲关系来说,除该婚姻的成立外,还需要有其他的发生原因。例如,婚姻成立以后,一方与另一方的新出生的弟、妹之间的姻亲关系,是以该婚姻的成立和该弟、妹的出生作为发生原因的。

2. 姻亲关系的终止

姻亲关系的终止问题比较复杂,各国和地区有不同的立法例,学者们也有不同的见解。

姻亲关系因一方死亡,主体缺位而终止,这是不言而自明的,需要重点说明的是,作为姻亲中介的婚姻双方离婚或一方死亡时,是否终止姻亲关系的问题。

姻亲关系是否因作为其中介的婚姻当事人离婚而终止?对此有消灭主义和不消灭主义两种不同的立法例。前者如日本民法的规定,姻亲关系可因离婚而终止。① 韩国民法和我国台湾地区的民法规定与此相同。后者如德国民法的规定:"由婚姻而生的姻亲关系,不因该婚姻解除而消灭。"② 瑞士民法的规定与此相同。

姻亲关系是否因作为其中介的婚姻当事人一方死亡而终止?各国和地区法律有不同的规定,有规定不终止的,有规定生存一方再婚前不终止,再婚后终止的,也有采任意主义、听凭姻亲双方自行决定的。日本民法规定,夫妻一方死亡,姻亲关系可因出于生存配偶的意思表示而终止。③

我国婚姻家庭法对姻亲关系的终止原因并无规定,按照民间习惯,离婚似应作为姻亲

---

① 参见《日本民法典》第 728 条。
② 参见《德国民法典》第 1590 条。
③ 参见《日本民法典》第 728 条。

系终止的原因。配偶一方死亡后是否继续保持姻亲关系,可由当事人自行决定。

(四) 亲属关系的重复

亲属关系的重复,系指二人之间具有不止一种的亲属身份。这是社会生活中相当常见的现象。亲属关系为什么会重复?这主要是由婚姻和血亲的法律拟制而引起的。例如,在不禁止中表婚的国家,表兄与表妹结婚后,既是配偶,又是四亲等的旁系血亲。又如,收养兄弟姐妹的子女,收养人与被收养人既是养父母养子女,是一亲等的直系血亲,又是三亲等的旁系血亲(上述亲等均按罗马法计算)。在中国古代,立嗣、兼祧等也是亲属关系重复的重要原因。

在亲属关系重复的情形下,不同的亲属关系是独立存在的,并不相互吸收或相互排斥,此关系的终止,对他关系并无影响。例如,表兄妹离婚后仍为表兄妹,叔侄间解除收养关系后仍为叔侄。一些学者认为,在配偶关系、养父母养子女关系与其他亲属关系重复时,主体间的权利和义务应适用法律有关夫妻、亲子的规定,他种亲属关系的法律效力处于停止状态。配偶、亲子关系的法律效力,显然是比他种亲属关系的法律效力更为强大的。

二、亲属关系的法律效力

为法律所调整的亲属关系,均具有一定的法律效力。这种效力是亲属关系在婚姻家庭生活、社会生活中的地位和作用在法律上的具体表现。

古代社会中亲属关系的法律效力特别强大,法律中的许多规定都是同亲属身份有关的。以中国历代的封建法律为例,亲属关系的法律效力及于民事、刑事、行政、诉讼等诸多领域。当代社会的亲属关系较古代有所淡化,亲属关系的法律效力不宜过大。但是,赋予亲属关系一定的法律效力仍然是很有必要的,这对处理与亲属相关的各种法律问题,保护公民的婚姻家庭权益和社会公共利益,都具有很重要的意义。不同国家有关亲属关系法律效力的规定,既有相同、相似之处,又有基于历史传统而形成的各自的特色。下面仅就我国现行法的规定,对亲属关系的法律效力略作例示性的说明。

(一) 亲属关系在婚姻家庭法上的效力

亲属关系的法律效力,在婚姻家庭法领域的表现是集中而又系统的。夫妻间、父母子女间、祖孙间、兄弟姐妹间的权利和义务,都是基于亲属关系的法律效力而发生的。

例如,一定范围的亲属为禁婚亲;配偶间的财产关系适用法定夫妻财产制(另有约定的除外);法定亲属间的扶养、抚养和赡养义务;收养三代以内同辈旁系血亲的子女可以适当放宽收养条件;等等。这方面的许多问题,本书在有关章节中还要详加论述。

(二) 亲属关系在其他民事法律上的效力

在民事法律领域,不少法律关系都是同亲属身份有关的。例如,一定的亲属关系是法定监护的基础法律关系,从而也是法定代理的基础法律关系。一定范围的亲属可依法提出宣告失踪和宣告死亡的申请,以及撤销上述宣告的申请;失踪人的财产由其一定的亲属代为管理;法定继承人的范围和顺序以亲属关系为依据;继承人的晚辈直系血亲有代位继承权;列入法定继承人范围的亲属得为遗嘱继承人;等等。

(三) 亲属关系在刑法上的效力

刑法中规定的某些犯罪,也是同亲属身份有关的。某些犯罪主体和被害人之间具有特定的亲属身份,如虐待罪和遗弃罪;暴力干涉婚姻自由罪的犯罪主体,一般也多为被干涉者的亲属;某些犯罪的主体须为已有特定亲属关系或明知他人有特定亲属关系的人,如重婚罪;某些告诉才处理的犯罪,可由被害人的近亲属告诉;等等。

(四) 亲属关系在诉讼法上的效力

在民事诉讼法和刑事诉讼法中,对涉及亲属的事项在程序上都有若干特别规定。例如,一定的亲属关系为回避的原因;在民事诉讼中,没有诉讼行为能力的当事人由其作为法定代理人的亲属代为诉讼;强制执行时,应保留被执行人所供养的家属(多为近亲属)的生活必需费用和必需品;在刑事诉讼中,一定的亲属得为被告的辩护人;被告人的近亲属经被告的同意可依法提出上诉,还可依法提出申诉;等等。

此外,亲属关系在劳动法、行政法等领域,也有相应的法律效力。亲属关系的法律效力,并不仅仅局限于婚姻家庭法领域,研究亲属关系的法律效力,是法学中相关学科的共同任务。

讨论思考题

1. 简述亲属的法律特征。
2. 亲属有哪些种类?
3. 什么是亲系?如何区别直系血亲与旁系血亲?
4. 简述罗马法亲等计算法与寺院法亲等计算法。
5. 配偶关系的发生与终止原因有哪些?
6. 血亲关系的发生与终止原因有哪些?
7. 亲属在婚姻家庭法上主要有哪些法律效力?
8. 论《民法典》关于亲属的通则性规定及其完善。

第三章

婚姻的成立

第一节 婚姻的成立和结婚制度的历史

一、婚姻的成立及其要件

(一) 婚姻成立的意义

婚姻的成立亦称结婚,是婚姻法律关系借以发生的法律事实。婚姻的全部法律效力,都是以婚姻的成立为前提的。

综观古今中外各国的婚姻制度,婚姻的成立在概念上有广义和狭义之别。从广义上来说,婚姻的成立包括订婚和结婚。古代法多采广义说,以订婚为结婚的必经程序,婚姻的成立是合订婚和结婚为一体的。从狭义上来说,婚姻的成立仅指结婚。近现代法多采狭义说,不以订婚为结婚的必经程序。我国现行的婚姻家庭法中,亦无有关订婚的规定。前文中提及的婚姻成立的概念,便是按照狭义说表述的。

以婚姻为基础的家庭是社会的细胞,婚姻的成立具有重要的社会意义。马克思说:"如果婚姻不是家庭的基础,那末它就会像友谊一样,也不是立法的对象了。"[①]法律对婚姻家庭关系的调整,是以婚姻的成立为起点的。就婚姻成立的法律意义而言,婚姻一旦成立便在相关领域导致一系列重要的法律后果,这些后果的总和被称为婚姻的法律效力。这种法律效力可以分为及于夫妻双方的直接效力和及于第三人的间接效力。夫妻在人身关系和财产关系方面的权利义务因婚姻的成立而发生;婚姻家庭领域的许多法律关系都是以婚姻为基础或中介的。关于婚姻的效力,在本书的有关章节中还要详加论述。相关的部门法中,也有若干有关婚姻效力的规定。

婚姻家庭法中的结婚制度,是以婚姻的成立为调整对象的规范体系。不论是有关婚姻成立要件的规定,还是有关婚姻无效或撤销等规定,都是以保障婚姻的合法成立为其立法宗旨的。

(二) 婚姻成立的要件

结婚是一种创设身份关系的法律行为,应当符合《民法典》总则编中有关民事法律行为要件的一般规定,以及婚姻家庭法编有关婚姻成立要件的专门规定。有效的婚姻关系需要满足实体要件和程序要件,实体要件又包括主观要件和客观要件。用公式来表达就是:主观

---

① 《马克思恩格斯全集》(第1卷),人民出版社1956年版,第183页。

要件(结婚合意)+客观要件(性别、年龄、身份资格等条件)+程序要件(登记手续)= 合法有效的婚姻。这些要件若存在瑕疵,就可以影响婚姻关系的认定,瑕疵越严重,负面影响越大。

第一种瑕疵较轻的情形是当事人表达结婚的意愿不真实、不自由,导致的婚姻是可撤销的婚姻。《民法典》规定了两种可撤销婚姻的情形,一是胁迫,二是一方对另一方隐瞒患有重大疾病的事实(欺诈)。第二种瑕疵较重的情形是不满足结婚的客观实体要件。原《婚姻法》规定了四种婚姻无效的情形:重婚、未达到法定婚龄、近亲结婚以及患有特殊疾病(传染病、精神病等)。《民法典》删除了最后一种。还有一种情形是由于在主观要件或程序要件上存在最严重的瑕疵,从而导致婚姻关系根本不成立。比如说根本没有结婚合意,其中一方根本没有表达过结婚意愿。例如张三捡了李四的身份证,然后用李四的身份证与王五到民政局办理了结婚手续。这个"婚姻"对于丢失身份证的李四来说,就是根本不成立的(而非无效)。再比如说,作为程序要件的婚姻登记行为无效或者不成立,也会导致婚姻关系不成立。例如,男女双方并没有亲自去民政局办理结婚登记,而是找人代办;或者,结婚证上根本没有加盖公章。这些情况下,作为行政行为的婚姻登记行为本身无效或者不成立,作为民事关系的婚姻也是不成立的。

按照法理和各国的立法例,可对婚姻成立的条件作以下分类。

1. 实质要件和形式要件

实质要件表明了法律对结婚当事人的自身情况和双方的关系的要求。如当事人须达到法定婚龄,双方须有结婚的合意,须非重婚,须无禁止结婚的疾病,须无禁止结婚的亲属关系等。

形式要件表明了法律对结婚方式的要求。当代各国的结婚法多采用要式婚制。如有的要求当事人办理结婚登记或户籍申报,有的要求当事人举行公开仪式并有证人在场证明等。在我国法学和法律实务的习惯用语中,历来是将婚姻成立的实质要件称为结婚条件,将婚姻成立的形式要件称为结婚程序的。本章的第二、三两节即按此命名。

2. 必备条件和禁止条件

必备条件亦称积极要件,当事人必须具备这些条件始得结婚,如结婚须出于双方合意,当事人须达到法定婚龄等。禁止条件亦称消极要件或婚姻障碍,当事人只有不具备这些情形始得结婚,如重婚、有禁止结婚的亲属关系、有禁止结婚的疾病等。

必备条件和禁止条件之分适用于实质要件。从广义上来说,也可将形式要件称为必备条件。必备条件和禁止条件之分有时仅具有相对的含义。例如,可将符合一夫一妻制作为必备条件,亦可将重婚作为禁止条件(婚姻障碍),提法不一,内容相同。

3. 公益要件和私益要件

传统的亲属法学将此作为婚姻的成立条件的分类之一。前者是与公共利益即社会的公序良俗相关的,如禁止重婚、禁止近亲结婚等;后者是仅与当事人或利害关系人的利益相关的,如结婚须有当事人双方合意、未成年人结婚须得其法定代理人同意(适用于法定婚龄低于成年年龄的国家)等。在一些国家的立法例中,以违反公益要件为婚姻无效的原因,以违反私益要件为婚姻得撤销的原因。这种分类法是为我国婚姻家庭法学所不取的。我国婚姻家庭法中有关婚姻成立要件的规定,既是保护个人利益的,又是保护社会公共利益的。

二、结婚制度的沿革

结婚制度是个体婚制的产物,它在历史上经历了长期的发展变化。本题所作的介绍在内容上多偏于形式要件方面。关于实质要件方面的沿革,参见本章第二节。

(一)早期型结婚方式举例

这里所说的早期,是指个体婚制形成时期。有关史料的记载和人类学、民族学、民俗学等领域的研究成果表明,当时的结婚方式主要有掠夺婚、互易婚、劳役婚、买卖婚、赠与婚等。具体情况因不同的民族而异,对后世的影响也不尽相同。

掠夺婚亦称抢婚,指男子以暴力掠夺女子为妻,这种结婚方式大致出现于对偶婚制向一夫一妻制过渡的时期。中国古籍《周易》中有"乘马班如,泣血涟如""匪寇,婚媾"等句,郭沫若等学者均以其为对掠夺婚的形象化的描述。

互易婚亦称换婚,指双方父母互换其女为子妇,或男子互换其姐妹为己妻。我国古籍《尔雅》中的某些亲属称谓,如"妻之父为外舅,妻之母为外姑""妇称夫之父曰舅,称夫之母曰姑"等,似可从亲属换婚的情形下得到合理的解释。

劳役婚指男方须为女方家庭服一定时期的劳务,以此作为与女方成婚的代价。《新唐书·北狄传》载:室韦人嫁娶,男方须先至女方家服役三载,然后才"分以财产,与妻共载,鼓舞而还"。

买卖婚指男方向女方家庭给付金钱或其他等价物(中国古代通称为财货),以此作为与女方成婚的代价。相传"伏羲制嫁娶,以俪皮为礼",开买卖婚之先河。以财货易妻室的买卖婚,在古代世界的各国都是相当盛行的。

赠与婚指有主婚权的父母、尊长将女赠与他人为妻,并不索取代价。它不同于买卖婚,但女子仍处于赠与标的物的低下地位。

上述各种结婚方式中,掠夺婚、赠与婚可称为无偿婚,互易婚、劳役婚、买卖婚可称为有偿婚。以上只是一些例示性的说明,对于形形色色的结婚方式,此处是无法一一列举的。

(二)中国古代的聘娶婚

聘娶婚是中国古代最主要的结婚方式,盛行于奴隶制社会和封建制社会,在两三千年中历久不衰。男家娶妇(男子娶妻)须向女家依礼聘娶。所谓"六礼",便是聘娶婚中的嫁娶程序。

"六礼"系指"纳采""问名""纳吉""纳征""请期"和"亲迎"。"六礼备,谓之聘;六礼不备,谓之奔"。"纳采"指男家遣媒人携带礼品赴女家提亲。"问名"指男家遣媒人查明女子的生辰八字以及女子生母的姓名,以备占卜。"纳吉"是指男家在此项婚事卜得吉兆后告知女家,以示庆贺。"纳吉"亦称文定,一般均在此时写立婚书。"纳征"指男家向女家交付聘财。"征"者,"成"也,女家收纳聘财后,婚约即告成立。"请期"指男家向女家请以完婚之期;在男家处于强势地位的情形下,往往沦为"告期"。"亲迎"指完婚之日男家往女家迎娶,迎归后行"合"之礼以示成妻。此外,女子嫁入夫家后还须行成妇之礼。经"庙见"后,始得成为夫方宗族的成员。"三月而庙见,称来妇也;择日而登于祢,成妇之义也"[①]。如果女子

[①] 《礼记·曾子问》。

未经庙见而死,只能"归葬于女氏之党"①。

"六礼"之制,历代数有变迁,一般说来,后世不及早期严格,渐有简化之势。宋代改"六礼"为四,即"纳采""纳吉""纳征""亲迎"。《朱子家礼》中将"纳吉"并入"纳征"。元代增"议婚"一项。明、清时期基本上沿用《朱子家礼》。历代的户婚律均以写立婚书、收受聘财为定婚条件,同礼制对聘娶婚的要求是一致的。在实际生活中,王公、高官等上层人物多行古礼,庶民百姓的嫁娶程序则较为简略。

（三）古代各国的宗教婚

宗教婚盛行于古代各国,许多宗教经典都有关于结婚方式的要求。市民法上的共食婚便是古代罗马的一种宗教婚,婚礼由神官主持,结婚当事人共食祭神的麦饼后,婚姻始得成立。印度教的《摩奴法典》规定了八种结婚方式,分别适用于不同种姓的人。其中类似买卖婚姻的,被称为阿修罗的结婚方式。按照伊斯兰的教义,结婚是穆斯林应尽的宗教义务,但不得与异教徒结婚。结婚以前,男方须向女方之父交送"麦尔"或"沙对"(伊斯兰式的聘礼)。成婚之日,举行由阿訇主持的宗教仪式。

欧洲中世纪是基督教的全盛时期。许多国家以基督教为国教。按照寺院法对形式要件的要求而成立的宗教婚,是当时最主要的结婚方式。结婚被视为七项圣典(亦称宣誓圣礼)之一。结婚须向当地教会申请,事先经教会公告。婚礼由神职人员主持,当事人须宣誓并接受神职人员的祝福。直至16世纪,宗教大会的决议中仍指出,教徒结婚必须与教会合作,在神职人员前宣誓。中世纪以后,基督教的宗教婚逐渐为民事婚所取代,但至今仍有相当的影响,仍是为一些国家和地区所认可的结婚方式。

（四）近现代的共诺婚

共诺婚亦称合意婚,依男女双方的结婚合意而成立,一般采取民事婚的方式。共诺婚制是在封建主义婚姻家庭制度到资本主义婚姻家庭制度过渡的时期中逐步形成和确立的。在欧洲各国,宗教婚和民事婚的此消彼长,是结婚制度近代化的重要标志。

在结婚方式上,首先采用选择民事婚制度的是16世纪的尼德兰(即今之荷兰)。所谓选择民事婚,是指依宗教的方式结婚还是依民事的方式结婚,可由当事人自行选择。经上述两种方式而成立的婚姻均为有效。1787年,法国国王路易十六也在敕令中肯定了选择民事婚制度。法国大革命后,1791年的《宪法》指出:"法律视婚姻仅为民事契约",不久以后,1804年的《法国民法典》规定:"未经合意不得成立婚姻。"此后,欧洲各国在立法上相继进行了结婚方式的改革。但是,这种改革是渐进的,在有些国家里,改革过程是相当缓慢的。在德国,率先采用民事婚制的是1850年的《法兰克福地方法》;1874年的《普鲁士法》和1875年的《帝国法》颁行后,民事婚制始普及全国。在英国,1836年的《婚姻法》才承认在政府官署登记的婚姻为有效。1898年的《婚姻法》始规定结婚无须举行宗教仪式。从世界范围来看,随着共诺婚制的确立,民事婚成为普遍通行的结婚方式。

资本主义社会中的共诺婚,在价值观上是同资产阶级的"自由""平等""民主"的原则相一致的,是以契约说为其理论基础的。婚姻既为契约,当然须以双方意思表示一致为成立条件。这同无视或漠视当事人结婚自由的古代婚姻相比较,无疑是重大的历史进步。但是,这种形式上的自愿并不能消除社会条件对结婚自由的限制。对此,恩格斯在《家庭、私有制和

---

① 《白虎通·嫁娶》。

国家的起源》一书中作过深刻的评析(参见本书第一章第五节有关婚姻自由原则的阐述)。

20世纪以来,许多资本主义国家对结婚法作了修改,法定的结婚方式趋于简化。苏联和其他社会主义国家均以依法办理登记为婚姻成立的形式要件。

(五) 中国百年来结婚方式的演变

中国结婚法的近代化始于20世纪之初。从清朝末年和北洋军阀政府统治期制定的民律草案来看,结婚法部分既有对资本主义国家婚姻制度包括结婚方式的模仿和借鉴,又有对本国旧制的沿袭和恋栈。由于这两部草案均未施行,北洋军阀时期对结婚的法律调整,仍然是以《大清现行刑律》中的有关规定为依据的。当时的大理院还作过一些解释和判例,如订婚须写立婚书,依礼聘娶,结婚须有合法的主婚人主婚等,使传统的结婚方式得以延续。1930年公布、1931年施行的国民党政府《民法》亲属编,以仪式婚为法定的结婚方式。按其规定,结婚须举行公开仪式,并有二人以上之证人证明。在实际生活中,传统的聘娶婚仍然流行,只是在方式、程序上有所简化。

中国的新民主主义婚姻制度发端于中华人民共和国成立前的革命根据地。当时婚姻制度的改革也包括结婚方式的改革。各革命根据地的婚姻法、婚姻条例均规定,男女结婚须办理结婚登记,领取结婚证。以结婚登记为婚姻成立的形式要件,有利于保障当事人的结婚自由,破除传统的封建婚俗。这种在革命根据地中首创的结婚登记制度,在中华人民共和国成立后又得到了进一步的发展和完善。

我国的1950年《婚姻法》和1980年《婚姻法》以及现行《民法典》均规定,结婚当事人须向婚姻登记机关办理结婚登记,以此作为结婚的法定方式。从20世纪50年代至今,原内务部和民政部在不同时期都颁行了婚姻登记办法或条例,现行《婚姻登记条例》是自2003年10月1日起施行的。

第二节 结 婚 条 件

一、结婚的必备条件

(一) 须有结婚合意

结婚合意,系指结婚当事人对婚姻成立的意思表示完全一致。当事人须有结婚合意,是婚姻自由原则的必然要求。

我国《民法典》婚姻家庭编第1046条规定:"结婚应当男女双方完全自愿,禁止任何一方对另一方加以强迫,禁止任何组织或者个人加以干涉。"依该条规定,是否结婚、与谁结婚的决定权,只能属于当事者本人,这是建立以爱情为基础的婚姻的有效保障。上述规定在文字上是很周密的,对"男女双方完全自愿"应作全面的理解。

首先,是双方自愿而不是一厢情愿,这就排除了一方对另一方的强迫;其次,是本人自愿而不是父母、家长等代为允诺,这就排除了第三人对婚事的包办;最后,是完全自愿而不是出于无奈而违心地表示同意,这就排除了各种外来的干涉。这样的解释是符合法律本意的。当然,上述规定并不妨碍当事人就婚事向父母、亲属等征询意见,也不妨碍后者对此提出自己的建议。但是,是否采纳只能由当事人决定。在这个问题上,一定要划清善意的帮助和非法干涉的界限。

结婚合意是婚姻成立的前提,有效的结婚合意须符合下列条件:

首先,同意结婚的意思表示必须出于有婚姻行为能力的当事人。婚姻行为能力是一种特殊的主体资格。婚姻行为能力的取得,以到达法定婚龄并具有婚姻的意思能力为必要条件。未达法定婚龄或虽达法定婚龄但丧失民事行为能力的人,所作的同意结婚的意思表示是于法无效的。当代不少国家和地区的法定婚龄低于成年年龄,因此以未成年人结婚须得法定代理人同意的规定作为救济,如《法国民法典》第148条、《日本民法典》第737条的规定等。我国台湾地区的"民法"亲属编中也有类似的规定。在法定婚龄同于或高于成年年龄的国家或地区,当然并无作此规定的必要。

不能表达自己真实意愿的精神病人客观上是没有能力结婚的。法律也不可能承认这种婚姻,没有合意的婚姻也是不成立的。间歇性精神病人在精神正常期间当然可以结婚。但是,那种智力低于常人的精神病人至少要达到能准确理解结婚含义并能清楚表达结婚意愿的程度,方可结婚。在目前我国有些省份,在域外某些国家或地区,限制行为能力人办理结婚登记还需要法定代理人签字,就是为了稳妥起见。毕竟结婚给双方带来的不仅仅是权利,还有很多的义务。

其次,同意结婚的意思表示必须真实。意思表示真实是民事法律行为有效条件之一。结婚是设定夫妻关系的身份行为,对意思表示的真实性有严格的要求。在确定有无真实的结婚合意时,不能仅凭当事人外在的表示,还应注意这种外在的表示与当事人的内心意思是否一致。在通常情形下,结婚当事人的内心意思和外在表示是相符合的。在特定情形下,出于某种原因,也可能导致两者不相符合的结果,形式上虽有同意结婚的意思表示,但这种意思表示是不真实的。结婚合意中的意思表示不真实,大致可以分为下列各种:一是意思表示虚假(如双方通谋成立虚构的婚姻);二是意思表示不自由(如当事人因受威吓、胁迫而同意结婚);三是意思表示错误(如当事人因受欺诈或出于重大误解而同意结婚)。以上均为法理上的分析,也有一些国家的立法例可资佐证。一般说来,许多国家均将意思表示的重大瑕疵作为婚姻可撤销的法定原因。我国原《婚姻法》仅以受胁迫而结婚,作为婚姻可撤销的法定原因,《民法典》增加了患有重大疾病而未告知对方为婚姻撤销的原因。

最后,同意结婚的意思表示必须符合法定方式。结婚行为是要式行为。双方同意结婚的意思以法定的方式表示,始具有结婚合意的法律效力。在我国,申请结婚的当事人须到婚姻登记机关办理登记,同意结婚的意思表示须经法定程序认可。在其他场合,以其他方式所为的同意结婚的表示,只能认为是成立婚约即订婚的合意。

关于结婚的合意不得附以条件和期限,这是由婚姻的宗旨而决定的。民事法律行为中的条件和期限,是用来限定该法律行为效力的,它们可以使行为人的动机和目的获得法律的认可。但是,这对结婚行为是完全不适用的。结婚的效力是法定的,不能由当事人以条件和期限加以限定,否则便有悖于婚姻的宗旨。在法理上,有的学者认为,结婚合意附有解除条件或终期的,其婚姻无效;另一些学者认为,这些附款并不影响婚姻本体,法律上应当否定所附的条件和期限的效力,视其为无条件、无期限的结婚合意。我们认为应以后说为是。至于附有延缓条件或始期的,在法理上认为仅是订婚的合意,而非结婚的合意。

(二) 须达法定婚龄

法定婚龄是法律规定的最低结婚年龄,是结婚年龄的下限。到达法定婚龄始得结婚,未达法定婚龄者结婚是违法的。结婚年龄的上限无须法律规定,到达法定年龄后何时结婚,悉听当事人自便,这是古今中外各国结婚法的通例。罕见的例外是俄国沙皇时代的民法,曾规定男、女已逾80岁者不得结婚。现已成为历史的陈迹。

我国《民法典》婚姻家庭编第1047条规定:"结婚年龄,男不得早于二十二周岁,女不得早于二十周岁。"鉴于婚姻的性质和功能,不论任何时代、任何国家,结婚年龄均受以下两种因素的制约。一是自然因素,即人的身心发育程度。只有到达一定年龄,才具备适婚的生理条件和心理条件。在不同地区的自然环境下,人们的发育和性成熟期并不完全一致。二是社会因素,即一定的生产方式和与之相适应的社会条件。一定国家的人口状况、人口政策以及历史传统、风俗习惯等,对婚龄的确定也有程度不同的影响。基于上述因素,不同时代、不同国家的法定婚龄是高低有别的,但差别也不会过于悬殊。

关于中国历史上的婚龄,古籍中的记载不尽相同。《周礼·地官·媒氏》中有"男子三十而娶,女子二十而嫁"之说,对此,后人在解释上是有歧见的。《孔子家语》曰:"夫礼,言其极也,不是过也。男子二十而冠,有为人父之端,女子十五许嫁,有适人之道,于此而往,则自婚矣。"许多古籍的记载均可说明:男30岁、女20岁并不是婚龄的下限,实际上是说,到了30岁、20岁还不结婚便于礼不合了。中国封建时代的法定婚龄是很低的。依唐开元令:"男十五、女十三以上听婚嫁。"明洪武令和清通典均以男16岁、女14岁以上为嫁娶之期。早婚习俗在中国历史上长期盛行,是有其深刻的社会根源的。从根本上来说,早婚习俗植根于广泛的小生产经济。在封建的生产方式和经济结构中,作为基本生产单位的家庭对劳动力的需求是很强烈的,早婚是为了早育和多育。对追求广土众民的封建王朝来说,早婚又是增加人口、扩大赋税、劳役、弥补战争消耗的重要手段。因此,不仅肯定和提倡早婚,有时还强制人们早婚。例如,汉惠帝时曾规定:"女子年十五以上至三十不嫁,五算。"[1]"传宗接代""多子多福"等源自宗法伦理的生育观,对早婚的驱动力也是不可低估的。

古代各国的法定婚龄一般都很低。东罗马帝国《查士丁尼法典》和欧洲中世寺院法中的规定是男14岁、女12岁。随着时代的变化和结婚制度的近现代化,一些国家的法定婚龄逐步有所提高。按照当代各国有关法定婚龄的立法例,男子的法定婚龄最高的国家为叙利亚(23岁)。绝大多数国家的法定婚龄,男不高于21岁,女不高于18岁。例如,以男21岁、女18岁为法定婚龄的,有瑞典、丹麦等;以男20岁、女18岁为法定婚龄的,有挪威、瑞士、越南等;以男19岁、女16岁为法定婚龄的,有印度尼西亚等;以男、女各18岁为法定婚龄的,有俄罗斯、德国、蒙古等;以男18岁、女17岁为法定婚龄的,有朝鲜、土耳其等;以男18岁、女16岁为法定婚龄的,有日本、巴基斯坦等;以男18岁、女15岁为法定婚龄的,有法国、比利时等;以男16岁、女14岁为法定婚龄的,有菲律宾、意大利等。此外,还有极少数国家仍沿袭古风,以男14岁、女12岁为法定婚龄。当代许多国家的法定婚龄看起来偏低,但在实际生活中,人们的结婚年龄并不低,晚近以来更有提高的趋势。一些国家在法律上的规定,往往囿于历史的或宗教的传统,致使法定婚龄和实际婚龄有相当的差距。

中国的法定婚龄在上一世纪有了显著的提高。清朝末期为男16岁、女14岁,国民党政府民法亲属编中的规定为男18岁、女16岁,我国1950年《婚姻法》中的规定为男20岁、女18岁,1980年《婚姻法》中的规定为男22岁、女20岁,在不到一百年的时期内,男、女的法定婚龄各提高了6岁,这在世界婚姻立法史上是罕见的。

---

[1] 《汉书·惠帝纪》。

我国现行法以男 22 岁、女 20 岁为法定婚龄。法定婚龄只是结婚年龄的下限、起点,对于情况各不相同的人来说,不一定是结婚的最佳年龄,更不意味着一到法定婚龄便非结婚不可。

二、结婚的禁止条件

(一) 禁止重婚

重婚,是有配偶者又与他人结婚的行为。我国的婚姻制度以一夫一妻为基本原则,已在婚姻关系中的男女,婚姻终止(配偶死亡或离婚)后始得再婚,否则便构成重婚,这是结婚的法定障碍。关于禁止重婚的问题,在本书第一章第五节中已作说明,此处从略。

(二) 禁止结婚的亲属关系

禁止一定范围的亲属结婚,是世界各国结婚立法的通例。任何国家均有禁止一定范围的血亲结婚的规定,有些国家还禁止一定范围的姻亲结婚。我国原《婚姻法》第 7 条和《民法典》第 1048 条,规定了禁止直系血亲和三代以内旁系血亲结婚。

禁止一定范围的血亲结婚,反映了自然选择规律的要求,具有优生学、遗传学上的科学根据。人类生活的长期实践表明,血缘关系过近的亲属通婚,往往更有可能会将生理上、精神上的疾病、缺陷遗传给子女后代(这是相同的病态基因起作用的结果),以致影响人口的素质和民族的健康。中国古籍中早就有"男女同姓,其生不蕃"[①]之说。在人口稀少、流动性小的古代,同一地区的同姓者,往往都是有或近或远的血缘联系的。另外,禁止一定范围的血亲结婚,也反映了人类在历史上长期形成的伦理道德的要求。《礼记·郊特牲》曰:"取于异姓,所以附远厚别也。"《白虎通·嫁娶》也说:"不娶同姓者,重人伦,防淫佚,耻于禽兽同也。"这些要求在后世看来,未免过于绝对化,在人口大量增长、频繁流动的社会条件下,并无一般地禁止同姓婚的必要。至于禁止一定范围的姻亲结婚,更是伦理道德因素起作用的明显例证。

以直系血亲为禁婚亲,各国无一例外,其理由是不言而自明的。关于旁系血亲的禁婚范围,不同时代、不同国家的立法例颇不一致。古代的罗马法起初禁止四亲等内旁系血亲结婚,禁婚范围曾一度扩大到六亲等内旁系血亲,后又改为四亲等内旁系血亲。[②] 欧洲中世纪的寺院法起初禁止七亲等内旁系血亲结婚,1215 年改为四亲等内旁系血亲结婚。[③] 当代各国法律所定的禁婚范围,大致有以下几种情形:有只禁止二亲等内旁系血亲结婚的,如德国、古巴、苏联各加盟共和国等;有禁止三亲等内旁系血亲结婚的,如日本、英国、瑞士、巴西等;有禁止四亲等内旁系血亲结婚的,如我国、美国的若干州等。此外,一些国家和地区还有禁婚范围更大的立法例。需要指出的是,有些国家不是通过亲等,而是通过列举亲属称谓的方法规定旁系血亲的禁婚范围的,如《法国民法典》中的规定。总的说来,古代的禁婚范围在立法上是大于近现代的。但是,随着科学文化的发展,人们越来越清楚地认识到近亲结婚的危害性,近现代的近亲婚在实际生活中是少于古代的。

中国古代亲属间的婚姻禁例十分严格,相传西周时已有"同姓不婚"之制。《唐律·户

---

① 《左传·僖公二十三年》。
② 亲等按罗马法计算,他处不另注明的亦同。
③ 亲等按寺院法计算。

婚》规定："诸同姓为婚者,各徒二年;缌麻以上,以奸论。"但是,在适用中则对此作限制性的解释,即"同宗共姓,皆不得为婚"。到了近现代,《大清刑律》规定,同姓同宗者禁止结婚。1930年的国民党政府《民法》亲属编规定："下列亲属禁止结婚:(1)直系血亲及直系姻亲;(2)旁系血亲及旁系姻亲之辈分不同者,但旁系血亲在八亲等以外,旁系姻亲在五亲等以外者,不在此限;(3)旁系血亲之辈分相同而在八亲等以内者,但表兄弟姐妹不在此限。"这是颁行当时的规定,该亲属编经台湾地区1985年修正后,改为"六亲等及八亲等的表兄弟姊妹不在此限"。四亲等的表兄弟姊妹已被列入禁婚范围。

中华人民共和国成立后,1950年《婚姻法》第5条规定,"为直系血亲,或为同胞的兄弟姊妹和同父异母或同母异父的兄弟姊妹者",禁止结婚,"其他五代内的旁系血亲间禁止结婚的问题,从习惯"。1980年《婚姻法》对此有所修改,以直系血亲和三代以内旁系血亲为禁婚亲,这一规定,也适用于上述范围内的拟制血亲。《民法典》维持了这个规定。三代以内旁系血亲,是出于同一祖父母或外祖父母的旁系血亲。现将其亲属称谓列举于下:(1)兄弟姐妹,包括同父同母的全血缘的兄弟姐妹,以及同父异母或同母异父的半血缘的兄弟姐妹;(2)伯、叔、姑与侄、侄女,舅、姨与甥、甥女;(3)堂兄弟姐妹、表兄弟姐妹。

应当指出,我国婚姻家庭法禁止三代以内旁系血亲结婚,就其实际意义而言主要是禁止中表婚,即表兄弟姐妹间的婚姻。中表婚是一种异姓近亲的结合,这种结合在我国历史上长期流行绝非偶然,其原因可从当时的生产和生活环境——广泛存在农业小生产经济和与此相适应的聚族而居、安土重迁等情形中得到合理的解释。同宗不婚、亲上加亲等宗法伦理观念对此也有重要的影响。基于上述种种原因,在人口流动水平很低、通婚圈很狭小的条件下,以异姓近亲为对象的择偶取向是很容易出现的。在中表婚赖以存在的社会根源消灭以前,破除这种落后的婚俗是大不易的。例如,明、清两代都曾一度禁止中表婚,甚至有"若娶己之姑舅两姨姊妹者,杖八十"的规定,后来却因"习俗已久,莫能更易"而解禁。1930年的国民党政府《民法》亲属编未将中表婚列入禁婚范围。我国1950年《婚姻法》鉴于条件尚不成熟,也没有一般地禁止中表婚,而是作了从习惯的规定。1980年《婚姻法》对中表婚的禁止,是我国人民婚姻习俗的一大改革,对提高人口素质、保护民族健康具有十分重要的意义。

(三)关于是否禁止特定疾病患者结婚和婚前健康/医学检查

1. 是否禁止特定疾病患者结婚

我国《婚姻法》第7条第2项曾规定,患有医学上认为不应当结婚的疾病的,禁止结婚。

一般说来,患精神病以致丧失婚姻行为能力的,患足以严重危害对方和子女后代的传染性疾病或遗传性疾病的,在治愈以前均为医学上认为不应当结婚的疾病。对于是否禁止特定疾病患者结婚许多国家在法律上有规定。在立法的方法上,有的是从婚姻要件方面为直接规定的,有的则是从法律后果的角度,作为婚姻无效的原因规定的。例如,《意大利民法典》第85条规定,精神病人不得结婚;《奥地利民法典》第48条规定,发狂人、疯癫人、白痴,不能有效缔结婚姻;《瑞士民法典》第120条规定,结婚时配偶一方为精神病人或因继续的原因无判断能力者,其婚姻为无效。

禁止特定的疾病患者结婚,是新中国婚姻立法的长期传统。早在中华人民共和国成立前的革命根据地时,立法上对此已作规定。例如,1931年的《中华苏维埃共和国婚姻条例》规定,禁止花柳病、麻风病、神经病等疾病患者结婚;1943年的《晋察冀边区婚姻条例》规定,有神经病、花柳病或其他恶疾者不能结婚。中华人民共和国成立后,1950年《婚姻法》第5

条中规定,"患花柳病或精神失常未经治愈,患麻风或其他在医学上认为不应当结婚之疾病者"禁止结婚。1980年《婚姻法》对上述规定有所修改,该法第6条中例示的,仅为患麻风病未经治愈,并保留了原来的概括性规定。

经2001年修正的《婚姻法》第7条,在禁止结婚的疾病问题上,将原来的例示性和概括性相结合的规定,改为纯粹的概括性规定,将禁止结婚的疾病统称为医学上认为不应当结婚的疾病。对于此类疾病,在认定时必须有充分的根据,必要时应当进行专门的鉴定。既要防止患有医学上认为不应当结婚的疾病者结婚,又不能损害当事人在婚姻问题上的合法权益。

从科学的角度讲,试图列举影响婚姻的疾病是困难的。医学越发展,发现的病态基因就越多,而治疗疾病的技术也在日新月异地更新和进步。由于法律和行政法规的稳定性和滞后性的特点,立法列举"医学上认为不应当结婚的疾病"是不可能的。① 此外,法律禁止结婚或暂缓结婚的疾病,尤其是传染病,大多都是可以预防和治疗的。外国立法例一般并不将患有传染性疾病或者遗传基因疾病列入禁止结婚的范围,只是将严重精神类疾病规定为禁止结婚或可以主张婚姻无效或撤销的原因。基于对当事人婚姻自由权利的保护,《民法典》婚姻家庭编废除了原《婚姻法》第7条第2款"患有医学上认为不应当结婚的疾病"禁止结婚的规定,废除了原《婚姻法》第10条第3项有关"婚前患有医学上认为不应当结婚的疾病,婚后尚未治愈的"为无效婚姻的规定。增加规定:一方患有重大疾病的,应当在结婚登记前如实告知另一方;不如实告知的,另一方可以向人民法院请求撤销该婚姻。请求撤销婚姻的,应当自知道或者应当知道撤销事由之日起1年内提出。

这一规定强调了婚前告知义务,有利于保障另一方的知情权,防止因为婚后病发给另一方带来过重的扶养义务,以及骗婚等道德风险的存在。关于条款中"重大疾病"的范围,随着医学的进步,一些疾病将可能治愈,为保持法律的延续性,不宜在法律中规定何种疾病为重大疾病。重大疾病的界定可与患有医学上认为不应当结婚的疾病类比,具体应当交由下位法或者行政、卫生部门解决。

那么,强调对婚前病史的知情权是否可能侵犯个人隐私?夫妻在共同空间内生活,其关系具有高度亲密性,而患病情况和优生优育具有一定相关性。考虑到婚姻当事人的权利和利益,应当要求患病的一方将真实情况告知对方,在这里隐私权要让位于知情权。

2. 婚前健康/医学检查

婚前健康/医学检查制度在我国部分地区已实行多年。实践证明,这是防止患有禁止结婚的疾病者结婚,保护人民健康的有效措施。1994年的《婚姻登记管理条例》第9条第3款规定:"在实行婚前健康检查的地方,申请结婚登记的当事人,必须到指定的医疗保健机构进行婚前健康检查,向婚姻登记管理机关提交婚前健康检查证明。"1994年的《母婴保健法》第12条规定:"男女双方在结婚登记时,应当持有婚前医学检查证明或者医学鉴定证明。"《中华人民共和国母婴保健法实施办法》(以下简称《母婴保健法实施办法》)第16条指出,在实行婚前医学检查的地区,婚姻登记机关在办理结婚登记时,应当查验婚前医学检查证明或者医学鉴定证明。婚前医学检查和婚前健康检查,两者是名异而实同的。现行的《婚姻登记条例》是自2003年10月1日起施行的。该条例删去了有关婚前检查的原规定。就法理而言,

---

① 参见孙若军:《疾病不应是缔结婚姻的法定障碍——废除〈婚姻法〉第7条第2款的建议》,载《法律适用》2009年第2期。

这并不是对婚前健康检查制度的否定。2022年修订的《妇女权益保障法》第62条规定:"国家鼓励男女双方在结婚登记前,共同进行医学检查或者相关健康体检。"

根据我国《母婴保健法》第8条的规定,婚前医学检查包括对下列疾病的检查:(1)严重遗传性疾病;(2)指定传染病;(3)有关精神病。经婚前医学检查,医疗保健机构应当出具婚前医学检查证明。《母婴保健法》第38条还对严重遗传性疾病、指定传染病、有关精神病进行了解释:指定传染病,是指《中华人民共和国传染病防治法》中规定的艾滋病、淋病、梅毒、麻风病以及医学上认为影响结婚和生育的其他传染病。严重遗传性疾病,是指由于遗传因素先天形成,患者全部或者部分丧失自主生活能力,后代再现风险高,医学上认为不宜生育的遗传性疾病。有关精神病,是指精神分裂症、躁狂抑郁型精神病以及其他重型精神病。

有性生理缺陷者是否禁止结婚?因生理缺陷而不具有性行为能力,在传统的亲属法学中称为不能人道。一些国家的立法将其作为婚姻障碍,禁止有上述情形者结婚,并以此种情形作为婚姻无效的原因。也有仅将一方缺乏性行为能力在结婚时为另一方所不知,作为婚姻无效原因的。我国1950年《婚姻法》曾规定,"有生理缺陷不能发生性行为者"禁止结婚。《民法典》婚姻家庭编中则无此规定。这方面的一些具体问题,应当分别情况妥善处理。

基于婚姻的性质和功能,有生理缺陷不能为性行为的,似以不准结婚为宜。在通常情况下,对方也不会同意与无性行为能力者结婚。但是,实际生活中也有例外的情形。例如,双方均有上述缺陷,仍愿结为夫妻;一方虽然无此缺陷,由于本人年老、疾病需要照顾等原因,在明知另一方有此缺陷的情形下,仍然同意与其结婚;等等。这些当事人结婚的目的,主要是为了在婚后能够互相扶助。我们认为,这些结合对当事人和社会并无危害性,只要两厢情愿,可准予结婚。

对于双方或一方为无性行为能力者的结婚问题,当事人应当在慎重考虑后再作决定,以免日后发生纠纷。如果婚后才发现一方有原为另一方所不知的性生理缺陷,导致感情破裂,另一方要求解除婚姻关系的,可按离婚程序处理。

关于结婚条件,外国法中还有若干为我国现行法所无的规定。例如,未成年人结婚须得其法定代理人同意;禁止因奸受刑之宣告或判决离婚者与相奸者结婚(此类规定多见于早期的资产阶级国家的亲属法);禁止丧偶或离婚妇女在法定的待婚期内结婚(个别国家和地区的法律对丧偶或离婚的男子也设定了待婚期);禁止监护人与被监护人结婚;等等。

第三节 结 婚 程 序

一、婚约问题

我国现行的婚姻家庭法中未设婚约制度,但当事人在婚前订立婚约的情形是现实生活中很常见的,故置于本节一并说明。

(一)婚约的类型和效力

婚约,是男女双方以将来结婚为目的而作的事先约定。双方当事人成立婚约称为订婚或定婚。

婚约在结婚程序中的作用,因不同的时代和国家而异。

1. 早期型的婚约

我们可将古代社会中的婚约称为早期型的婚约。这种婚约是婚姻行为不可缺少的组成部分,订婚是结婚的必要前提。一般说来,它具有如下几个主要特征:第一,订婚是结婚的先行阶段,未订婚者,其婚姻无效。第二,订婚之权往往不属于当事人而属于第三人,婚约由当事人的父母、尊长等代为订立。第三,婚约有较强大的法律效力,订婚后男女双方发生准配偶的身份关系。

古巴比伦王国的《汉谟拉比法典》规定:"倘自由民娶妻而未订契约,则此妇非其妻。"按照罗马市民法的规定:无婚约的结合视为姘居。一人同时或先后与两人订婚,须受"破廉耻"的宣告。原订的婚约,是与他人(婚约关系外的第三人)结婚的法定障碍。在欧洲中世纪的寺院法中,对于违反婚约的情形,甚至还有结婚诉权的规定。责令结婚的判决虽不能强制执行,但可给予违约者以宗教上的处罚,以期挽回"不忠实者"的意志,如仍无效果,违约者须向对方赔偿损失。

定婚在中国古代的礼与律上具有很重要的意义。"六礼"中的前四礼,即"纳采""问名""纳吉""纳征",都是对定婚的要求。按照历代户婚律的规定,在写立婚书、收受聘财后,婚事已定,男女双方及其主婚人(祖父母、父母或其他依律主婚的尊长)不得反悔。否则须依律科刑(参见唐律、明律等有关嫁娶违律的规定)。直至中华民国初年,北洋军阀政府的大理院仍对定婚作如下解释:"定婚为成婚之前提。据现在继续有效之前清现行律载,男女定婚,写立婚书,依礼聘娶,又载虽无婚书,但曾受聘财者亦是等语,是婚约必备此要件之一,始能为有效成立。苟无一具备,虽已成婚,于法律上仍不生婚姻之效。"

2. 晚期型的婚约

近现代社会中的婚约可称为晚期型的婚约。这种婚约不是结婚的必经程序,其法律效力大为弱化。一些国家在法律上不设婚约制度。在设有婚约制度的各国,法律一般均以下列各项作为婚约成立的实质要件:第一,婚约基于当事人的合意自愿订立。第二,当事人须到达法定的订婚年龄,未成年人订婚须得其法定代理人同意。第三,作为婚约标的之婚姻须不违背法律。至于婚约成立的形式要件,法律一般不作规定,视其为不要式行为。口头允诺、书面协议、交换戒指等订婚信物、举行订婚仪式、刊登订婚启事等,均可认为是订婚的方式。但是,有的国家对婚约成立的形式要件,是以法律加以规定的。例如《墨西哥民法典》第139条规定,订婚须以书面形式制作为社会所公认的婚约。

按照近现代各国的立法例,婚约成立后,一方不履行时,另一方不得依诉讼程序请求法院强制其履行。《德国民法典》第1297条规定,不得基于婚约诉请离婚;婚约中附有的违约金条款不具有法律效力。

婚约的解除有两种方式,一种是依婚约双方当事人的协议而解除,另一种是依当事人一方的要求而解除。一般说来,一方无法定理由而违反婚约的,对另一方所受的损害应负赔偿之责;依法定理由而解除婚约的,无过错方得向过错方请求赔偿。

(二) 我国政策法律中对婚约的态度

中华人民共和国成立后颁行的两部《婚姻法》中,均无关于婚约的规定。1950年6月26日,原中央人民政府法制委员会在《有关婚姻法施行的若干问题与解答》中指出:订婚不是结婚的必要手续,任何包办强迫的订婚,一律无效。男女自愿订婚者,听其订婚,订婚的最低年龄,男为19岁,女为17岁。一方自愿取消订婚者,得通知对方取消之。1953年3月19日,法制委员会在《有关婚姻问题的若干解答》中再次指出：订婚不是结婚的必要手续。男女自愿订婚者，听其订婚，但别人不得强迫包办。我国政策法律对婚约的基本态度是：当事人可以自行订立婚约，但婚约并无法律效力。这种婚约，是当事人以将来结婚为目的而达成的具有道德约束力的协议。

关于一般群众的婚约，即订婚双方均非现役军人的婚约，应当注意以下几个问题：

（1）订婚不是结婚的必经程序。男女双方是否结婚，完全以双方在办理结婚登记时表示的意愿为依据。

（2）订婚双方必须到达一定年龄，似以到达成年年龄为宜，也可规定以男21岁、女19岁为订婚年龄，同法定婚龄保持一定的差距。订婚必须出于男女双方完全自愿，必须没有法定的婚姻障碍（如重婚、禁止结婚的亲属关系等）。

（3）父母、尊长等第三人代为订立的婚约概属无效，当事人无须受其约束。如果父母、尊长等代为订婚后，当事人经过交往和了解，双方同意结婚，这只能解释为已符合结婚必须男女双方完全自愿的规定，绝不意味着对第三人代为订立的婚约的承认。

（4）当事人自行订立的婚约，以双方自愿为履行的条件。双方均要求解除婚约时，可以协议解除；一方要求解除婚约的，可以单方解除，无须经由法律程序处理。当然，这并不是说可以视婚约为儿戏，轻率地、不负责任地订约或毁约。社会主义的恋爱、婚姻道德，要求当事人严肃慎重地处理婚约问题。

（5）对于因解除婚约而引起的财物纠纷，应分别情况，妥善处理。婚约当事人一方向另一方所为之赠与，在原则上以不返还为宜。最高人民法院在有关司法解释中指出，当事人请求返还按照习俗给付的彩礼的，如果查明双方未办理结婚登记手续，人民法院应当予以支持。（参见本书第一章第五节"二、保障原则实施的禁止性条款"）

近年来，我国民众非典型婚约和不以结婚为目的的同居关系非常普遍，引发大量纠纷案件。根据人民法院裁判规则，同居关系当事人提交充分证据证明在同居生活期间所得的收入或购置的财产，是基于双方共同法律行为所得，当事人要求分割的，一般予以支持。因恋爱关系终止或同居关系解除，一方当事人单纯以曾经同居为由请求对方当事人给予精神上的损害赔偿的，一般不予支持。恋爱关系终止或同居关系解除后，其间一方有终止妊娠、分娩或遭受暴力伤害等情形，要求另一方负担实际支出或确定将要支出的费用的，可予以支持。恋爱关系终止或同居关系解除后，其间一方有终止妊娠、分娩或遭受暴力伤害等情形，男方已自愿给付超过实际支出的相关财产，事后男方反悔要求返还的，一般不予支持。[1]

二、结婚登记制度

关于婚姻成立的形式要件，当代各国有不同的立法例，大致可以分为登记制、仪式制（包括世俗仪式、宗教仪式、法定仪式）、登记与仪式结合制等类型。我国以办理结婚登记为结婚的法定程序。《婚姻法》第8条规定："要求结婚的男女双方必须亲自到婚姻登记机关进行结婚登记。符合本法规定的，予以登记，发给结婚证。取得结婚证，即确立夫妻关系。未办理结婚登记的，应当补办登记。"《民法典》第1049条延续了该规定。

---

[1] 参见代秋影主编：《婚恋财产纠纷案件裁判规则（一）》，法律出版社2021年版。

（一）结婚登记的意义

结婚登记制度是我国婚姻登记制度的重要组成部分。婚姻登记包括结婚登记、离婚登记和复婚登记。双方当事人均符合结婚条件，只说明当事人具有结婚的可能性，只有通过办理结婚登记，才能使这种可能性转化为现实性，使双方的婚姻为国家所承认，得到法律的保护。结婚必须依法办理登记，这是国家对公民的婚姻权益关心和负责的表现，是保障婚姻合法成立的必要措施。

办理结婚登记，是坚持结婚的法定条件的需要。这一制度有利于保障婚姻自由，防止包办、强迫和其他干涉婚姻自由的行为；有利于维护一夫一妻制，防止重婚；有利于保护男女双方和子女后代的健康，防止早婚、近亲婚。通过结婚登记对当事人是否符合结婚条件作必要的审查，既符合当事人的利益，又符合社会公共利益。实行结婚登记对维护我国的婚姻制度，提高婚姻质量，防止违法婚姻的发生，预防和减少婚姻纠纷，都具有很重要的意义。实践证明，做好结婚登记工作，也是在婚姻问题上进行法制宣传和道德教育的重要环节。2022年修订的《妇女权益保障法》第63条规定："婚姻登记机关应当提供婚姻家庭辅导服务，引导当事人建立平等、和睦、文明的婚姻家庭关系。"

为了严肃婚姻登记，《民法典》第1083条规定，离婚后，男女双方自愿恢复婚姻关系的，应当到婚姻登记机关重新进行结婚登记。

（二）结婚登记的机关和具体程序

有关结婚登记的具体事项，适用我国《婚姻登记条例》的有关规定。

我国《婚姻登记条例》规定，内地居民办理结婚登记的机关，是县级人民政府的民政部门或者乡镇人民政府；省、自治区、直辖市人民政府可以按照便民原则确定农村居民办理婚姻登记的具体机关。

结婚登记的具体程序，分为申请、审查和登记三个环节。

1. 申请

内地居民结婚，男女双方应当共同到一方当事人常住户口所在地的婚姻登记机关办理结婚登记。申请时应当出具下列证件和证明材料：(1) 本人的户口簿、身份证；(2) 本人无配偶以及与对方当事人没有直系血亲和三代以内旁系血亲关系的签字声明。

2. 审查

这是结婚登记程序的中心环节。婚姻登记机关应对申请结婚登记的当事人出具的证件、证明材料进行审查并询问相关情况，以便查明当事人是否符合结婚条件。审查必须认真细致，依法办事，不得草率或拖延。

为加大对婚姻登记领域严重失信行为的惩戒力度，2018年4月初，国家发展改革委、人民银行、民政部等31个部门签署《关于对婚姻登记严重失信当事人开展联合惩戒的合作备忘录》（以下简称《备忘录》）。《备忘录》规定的联合惩戒对象为婚姻登记严重失信当事人，主要包括以下情况：一是使用伪造、变造或者冒用他人身份证件、户口簿、无配偶证明及其他证件、证明材料的；二是作无配偶、无直系亲属关系、无三代以内旁系血亲等虚假声明的；三是故意隐瞒对方无民事行为能力或限制民事行为能力状况，严重损害对方合法权益的；四是其他严重违反《中华人民共和国婚姻法》和《婚姻登记条例》行为的。《备忘录》指出，民政部门通过全国信用信息共享平台向签署本备忘录的相关部门提供婚姻登记严重失信名单及相关信息，签署备忘录的相关部门从全国信用信息共享平台获取婚姻登记严重失信名单后,执行或者协助执行本备忘录规定的惩戒措施。联合惩戒措施共有14条,涉及个人招聘录用、从业资格、职务晋升、评先评优、企业审批认证、融资授信、补贴性资金支持等多个领域。

3. 登记

经审查,对当事人符合结婚条件的,应当当场予以登记,发给结婚证。对当事人不符合结婚条件不予登记的,应当向当事人说明理由。《婚姻登记条例》第6条规定:办理结婚登记的当事人有下列情形之一的,婚姻登记机关不予登记:(1)未到法定结婚年龄的;(2)非双方自愿的;(3)一方或双方已有配偶的;(4)属于直系血亲或者三代以内旁系血亲的。

当事人不服婚姻登记机关不予登记的决定的,可以依法申请行政复议,提起行政诉讼。

当事人以结婚登记程序存在瑕疵为由主张撤销结婚登记的,应提起行政复议或行政诉讼。[①] 在我国现行的法律框架下,结婚登记在性质上属于具体行政行为,即行政确认行为。当事人对已经领取的结婚证效力提出异议的,不属于法院民事案件的审查范围,当事人可以向民政部门申请解决或提起行政诉讼。[②]

本书认为,不能以婚姻登记程序的瑕疵来撤销婚姻登记进而否定婚姻的效力,虽然婚姻登记程序不合法,但是只要符合实质要件并经正式登记就应当认可并保护其婚姻关系。

从《民法典》的立法精神看,对程序瑕疵的结婚登记予以补正或重新确认是具合法性的。

(三)关于登记结婚后一方成为另一方家庭成员的规定

我国《民法典》第1050条规定:"登记结婚后,根据男女双方约定,女方可以成为男方家庭的成员,男方可以成为女方家庭的成员。"本条规定是男女双方并提的,但就其立法精神的针对性而言,主要是提倡男方成为女方家庭的成员,即俗称男到女家落户的婚姻,为这种婚姻形式和作为女方家庭成员的男方的权益,提供法律上的保障。

从我国历史上来看,在一切以男子为中心的宗法家族制度下,男娶女嫁,妻从夫居是婚姻的正常形式,女子出嫁后归附于夫家,成为男方家族的成员,故称为"来归之妇"。当时也有少量入赘婚,但是,这被认为是婚姻的反常形式,赘夫在家族中和社会上备受歧视。赘夫的低下地位,实际上是男尊女卑、夫主妻从的宗法伦理观念的另一种表现,只是将男女双方在婚姻中的地位和角色相互置换而已。

提倡结婚后男方成为女方家庭的成员,符合男女平等的精神,有利于破除以男性为中心的宗法观念,有利于消除有女无儿户的思想顾虑和实际困难,有利于发扬婚育新风,促进计划生育工作的开展。无论女方成为男方家庭的成员,还是男方成为女方家庭的成员,应由双方自行约定,任何人都不得加以干涉。一定要将男到女家落户的婚姻和旧式的入赘婚加以区别,依法保障男方在女方家庭中应当享有的权益,在农村地区要特别注意保障男方在当地集体经济中的土地权益和其他权益。

法律中规定的是男方或女方均可成为对方家庭的成员,并非必须成为对方家庭的成员。双方登记结婚后,也可以不加入任何一方原有的家庭,另行成立新的家庭。

[①] 参见《婚姻法解释(三)》,《民法典婚姻家庭编解释(一)》保留了这一规定。

[②] 最高人民法院新闻发言人孙军工:《关于〈最高人民法院关于适用《中华人民共和国婚姻法》若干问题的解释(三)〉的新闻发布稿》,2011年8月。

三、事实婚姻和补办结婚登记

(一) 事实婚姻及其对策

事实婚姻是法律婚姻的对称。它是不符合婚姻成立的形式要件的,以夫妻关系相对待的两性结合。许多国家都有事实婚姻和法律婚姻并存的现象,综观各国的立法例,对事实婚姻有采取不承认主义的,有采取承认主义的,也有采取相对承认主义的,即符合某些法定条件的事实婚姻始具有婚姻的效力。我国最高人民法院曾在《关于贯彻执行民事政策法律的意见》(1979年2月2日,已失效)中指出:"事实婚姻是指男女未进行结婚登记,以夫妻关系同居生活,群众也认为是夫妻关系的。"按此解释,事实婚姻的主体仅限于原无配偶的男女,双方以夫妻关系同居生活并有一定的公示性,与不以夫妻名义的非婚同居有着严格的区别。

中华人民共和国成立以后,在一个相当长的时期内,司法实践中并没有一般地否认事实婚姻的效力,而是分别情况、区别对待,有条件地承认事实婚姻,最后才从有条件地承认转为不承认。最高人民法院对此所作的历次司法解释,表明了事实婚姻的法律对策在不同时期中是有所发展变化的。这种发展变化,可以通过以下三个阶段略作说明(这些司法解释,主要是从处理婚姻纠纷特别是离婚纠纷的角度制定的)。

第一个阶段:自中华人民共和国成立初期至1989年11月21日。在此期间,司法实践中是承认符合结婚法定条件的事实婚姻的。详见最高人民法院在《关于贯彻执行民事政策法律的意见》(1979年2月2日)、《关于贯彻执行民事政策法律若干问题的意见》(1984年8月30日)中所作的有关司法解释。

第二个阶段:1989年11月21日至1994年2月1日。在此期间,司法实践中仍然有条件地承认事实婚姻,但是条件比过去严格,通过有关发生时间的规定,体现了过去从宽、后来从严的精神。最高人民法院在《关于人民法院审理未办结婚登记而以夫妻名义同居生活案件的若干意见》(以下简称《若干意见》)(1989年12月13日)中指出:1986年3月15日《婚姻登记办法》施行以前,未办结婚登记手续即以夫妻名义同居生活,群众也认为是夫妻关系的,一方向人民法院起诉"离婚",如起诉时双方均符合结婚的法定条件,可认定为事实婚姻关系;如起诉时一方或双方不符合结婚的法定条件,应认定为非法同居关系。1986年3月15日《婚姻登记办法》施行以后,未办理结婚登记手续即以夫妻名义同居生活,群众也认为是夫妻关系的,一方向人民法院起诉"离婚",如同居时双方均符合结婚的法定条件,可认定为事实婚姻关系;如同居时一方或双方不符合结婚的法定条件,应认定为非法同居关系。上述《若干意见》还指出:自民政部新的《婚姻登记管理条例》施行之日起,未办结婚登记即以夫妻名义同居生活的,按非法同居关系对待(当时该条例尚未颁行,此解释仅为预告)。需要说明的是,上述《若干意见》中所说的事实婚姻关系,是具有婚姻的法律效力的,在概念上同过去的解释不尽一致。

第三个阶段:1994年2月1日以后。《婚姻登记管理条例》是于1994年2月1日施行的,自该日起,未办理结婚登记即以夫妻名义同居生活的,仅为非婚同居关系,不具有婚姻的法律效力。

(二) 补办结婚登记及其效力

许多国家的结婚法,均将欠缺婚姻成立的形式要件(不符合法定的结婚方式),作为婚姻无效的原因。我国《婚姻法》经2001年修正后,增设了有关无效婚姻的规定,但并没有将未办结婚登记列为婚姻无效的原因,而是作了应当补办结婚登记的规定。对此,不应当理解为未办结婚登记即以夫妻关系同居生活也是合法有效的婚姻。《婚姻法》第8条和《民法典》婚姻家庭编第1049条规定,完成结婚登记的,即确立婚姻关系。如果不办理结婚登记,当然不能确立婚姻关系。在我国,经由法定程序宣告婚姻无效或撤销婚姻,仅限于已办理结婚登记的情形,未办理结婚登记即以夫妻名义同居生活的,在法理上应视为婚姻不成立。这种结合不具有婚姻的效力,是无须经法定程序宣告的,只有通过补办结婚登记,才能发生婚姻的效力。

关于事实婚姻和补办结婚登记的问题,最高人民法院在《婚姻法解释(一)》中指出,未按《婚姻法》第8条规定办理结婚登记而以夫妻名义同居生活的男女,起诉到人民法院要求离婚的,应当区别对待:(1)1994年2月1日民政部《婚姻登记管理条例》公布实施以前,男女双方已经符合结婚实质要件的,按事实婚姻处理。(2)1994年2月1日民政部《婚姻登记管理条例》公布实施以后,男女双方符合结婚实质要件的,人民法院应当告知其在案件受理前补办结婚登记。最高人民法院《民法典婚姻家庭编解释(一)》保留了这些规定。

关于补办登记是否具有溯及力的问题,上述司法解释还指出:男女双方根据《婚姻法》第8条规定补办结婚登记的,婚姻关系的效力从双方均符合《婚姻法》所规定的结婚的实质要件时起算。在编撰《民法典》时,对于补办结婚登记的情况下婚姻关系的效力能否具有溯及力没有明确。本书认为,既然法律规定可以补办登记,那么认定补办登记具有溯及既往的效力更能保护当事人的权益。即不仅认可事实婚姻关系在补办登记后的合法婚姻效力,也认可补办登记前的事实婚姻关系。但对补办登记前婚姻效力的追及认可,是以没有办理结婚登记即以夫妻名义同居生活的男女双方必须具备结婚的法定实质要件为条件的,即补办登记的溯及力自男女双方均符合结婚的实质要件时起算,而不是溯及到男女双方以夫妻名义同居生活时。[①]

关于是否可以诉请解除同居关系的问题,最高人民法院1989年《关于人民法院审理未办结婚登记而以夫妻名义同居生活案件的若干意见》和2001年《婚姻法解释(一)》第5条均有解除同居关系的规定,2003年最高人民法院《婚姻法解释(二)》第1条也在但书部分规定有配偶者与他人同居的,可以解除同居关系。最高人民法院2020年在制定《民法典婚姻家庭编解释(一)》时认为,目前法律并未明确规定同居关系,同居关系本身不具有法律上的权利义务内容,故没有必要由人民法院通过判决的方式予以解除。而且,有配偶者与他人同居亦无例外规定的必要。因此,《民法典婚姻家庭编解释(一)》第3条统一规定,当事人提起诉讼仅请求解除同居关系的,人民法院不予受理。同时,在《民法典婚姻家庭编解释(一)》第7条中,关于《婚姻登记管理条例》公布实施之后未补办结婚登记的情况,删除了原来"按解除同居关系处理"的规定,转引至第3条统一处理。[②]

[①] 参见郑学林、刘敏、王丹:《〈关于适用民法典婚姻家庭编的解释(一)〉若干重点问题的理解与适用》,载《人民司法》2021年第13期。

[②] 同上注。《民法典婚姻家庭编解释(一)》第3条第2款规定,当事人因同居期间财产分割或者子女抚养纠纷提起诉讼的,人民法院应当受理。

第四节 婚姻的无效和撤销

一、无效婚姻和可撤销婚姻概说

（一）有关无效婚姻和可撤销婚姻的立法例

无效婚姻、可撤销婚姻都是欠缺婚姻成立要件的违法婚姻，前者依法不具有婚姻的法律效力，后者经撤销请求人请求，依法撤销后不具有婚姻的法律效力。有关无效婚姻和可撤销婚姻的规定，是以保障婚姻合法成立、防治违法婚姻为其立法宗旨的，这些规定是结婚法的重要组成部分。

在比较婚姻法的领域里，无效婚姻和可撤销婚姻是相当复杂的问题，这方面的规定有不同的立法例，因不同的时代和国家而异。

从历史上来看，中国历代封建法律中均有"违律嫁娶"的规定，对"违律嫁娶"的结合不仅否定其婚姻的效力，而且还要对有责者处以刑罚。《唐律·户婚》中的有关各条，如为婚女家妄冒、有妻更娶、居父母丧嫁娶、同姓为婚、夫丧守志、奴娶良人为妻等，都是明显的例证。古巴比伦王国的《汉谟拉比法典》，将事先未订婚约的结合视为无效婚姻。在欧洲中世纪寺院法的兴盛时代，无效婚姻制度是作为禁止离婚的救济手段而得到重视和应用的。

近现代各国有关无效婚姻和可撤销婚姻的立法例，往往具有基于历史传统而形成的自身特点。1804年的《法国民法典》继承了罗马亲属法的有关规定，设有婚姻无效制度。法国法将无效婚姻分为两种，即绝对无效婚姻和相对无效婚姻。前者多为违反公益要件，当事人、利害关系人和检察官均得请求确认婚姻无效。后者多为违反私益要件，只有当事人和其他有撤销请求权的人始得请求确认婚姻无效。1900年的《德国民法典》，在亲属编中兼采无效婚和撤销婚两种制度，无效和撤销，各以不同的法定原因为依据。此后，瑞士、日本、英国和美国的部分州等，都相继规定了婚姻无效和撤销制度。在我国，1930年的国民党政府《民法》亲属编中也有类似的规定。其实，德国法中的无效婚大致相当于法国法中的绝对无效婚；德国法中的撤销婚大致相当于法国法中的相对无效婚。此外，还有一些国家在立法上是仅采无效婚制不采撤销婚制的，将欠缺婚姻成立要件的违法结合统称为无效婚姻，也没有绝对无效和相对无效之别。采用此制的有苏联各加盟共和国、古巴、秘鲁、罗马尼亚、保加利亚等。

在兼采无效婚制和撤销婚制的法律中，何者为无效婚姻，何者为可撤销婚姻？这只能依各国法律的具体规定而定。就原因而言，各国的规定虽大致类似，但不尽相同，在客观上并没有统一的标准。某一要件的欠缺，在此国法律中为婚姻无效的原因，在彼国法律中则为婚姻可撤销的原因，这种情形是很常见的。例如，对重婚和近亲间违法结婚，瑞士民法以其为无效原因，日本民法则以其为撤销原因。

就程序而言，有些国家的法律对无效婚姻采取当然无效制，为数更多的国家则采取宣告无效制。至于可撤销婚姻，则是须依有撤销权人的请求，经司法程序始得撤销的。就效力而言，在一般情形下，婚姻无效的宣告是溯及既往的，无效婚姻自始无效。婚姻的撤销则不溯及既往，只是从撤销之时起废止该婚姻的效力（我国现行法的规定与此不同，参见后文）。但是，在一些国家晚近以来的立法例中，婚姻无效的宣告只有部分的追溯力或者并无追溯力。综观当代国家有关无效婚和撤销婚的立法例，我们可以看到这样一种发展趋势，两者相互联系,相互渗透,越来越接近。

(二) 我国婚姻家庭法规定无效婚、可撤销婚制度的必要性

1950 年《婚姻法》和 1980 年《婚姻法》中未设婚姻无效和可撤销的制度,这是结婚制度上应予填补的立法空白。2001 年修正后的《婚姻法》增设了这方面的规定,2020 年《民法典》又进一步完善了该制度。

该制度有利于坚持结婚的法定条件,保障婚姻的合法成立,对依法成立的婚姻予以承认和保护,对欠缺婚姻成立要件的结合按无效婚或可撤销婚处理,这是维护法律的严肃性和权威性的必然要求,是防治违法婚姻的根本对策。

该制度有利于预防和减少婚姻纠纷,保障公民的婚姻权益。在司法实践中,因违法婚姻而导致的纠纷占有一定的比重。适用有关无效婚和可撤销婚的规定,可以使违法结合得到纠正,恢复原状,从总体上保证婚姻的质量,预防和减少婚姻纠纷,使当事人免受违法婚姻之害,是对其婚姻权益的重要保障。

该制度有利于增强执法力度,制裁结婚问题上的违法行为。就法理而言,婚姻的无效和撤销只是从法律上否定违法结合的婚姻效力,还事物以本来面目。无效和撤销本身并不是一种制裁手段。但是,这种法律上的判断,却为对导致违法婚姻发生的责任主体适用相应的制裁手段提供了依据。当然,这方面的情形比较复杂,有些婚姻在客观上是违法的,但并不是违法行为造成的,如当事人不知本人与结婚对象具有近亲属关系等。制裁,是以违法行为的存在为前提的。

同相应的外国立法例相比较,我国婚姻家庭法中有关无效婚姻和可撤销婚姻的规定具有自身的特点。[①] 例如,我国《民法典》婚姻家庭编兼采无效婚制和撤销婚制,两者均以欠缺婚姻成立的实质要件为法定原因;欠缺婚姻成立的形式要件,并未列入无效的原因,而是以补办结婚登记为救济手段。又如:无效的和被撤销的婚姻均为自始无效,在效力上不作区别,等等。

二、无效婚姻

(一) 婚姻无效的原因

我国《民法典》婚姻家庭编第 1051 条规定:"有下列情形之一的,婚姻无效:(一) 重婚;(二) 有禁止结婚的亲属关系;(三) 未到法定婚龄。"废除了《婚姻法》第 10 条第 3 项有关"婚前患有医学上认为不应当结婚的疾病,婚后尚未治愈的"为无效婚姻的规定。

对无效婚姻的认定,应以法定的无效原因的存在为依据,如果当事人在结合当时具有婚姻无效的原因,在无效原因消失后,不得再宣告该婚姻无效。最高人民法院在有关司法解释中指出:"当事人依据《民法典》第一千零五十一条规定向人民法院请求确认婚姻无效,法定的无效婚姻情形在提起诉讼时已经消失的,人民法院不予支持。"[②] 例如,结婚时双方或一方未达法定婚龄,随着时间的推移,双方均已达法定婚龄;结婚时一方患有禁止结婚的疾病,婚后已经治愈;等等。在无效原因消失后再去确认婚姻无效,是有悖于无效婚制度的立法宗旨的。

---

① 参见马忆南:《民法典视野下婚姻的无效和撤销——兼论结婚要件》,载《妇女研究论丛》2018 年第 3 期。
② 《民法典婚姻家庭编解释(一)》第 10 条。

(二) 确认婚姻无效的请求权人

有权依法请求确认婚姻无效的,应为婚姻当事人和利害关系人,以利害关系人为请求权人,其范围应当适度,失之过窄不利于防治违法婚姻,失之过宽不利于婚姻关系的稳定。确定利害关系人的范围不宜一刀切,应当考虑不同的无效原因。最高人民法院在有关司法解释中指出:"有权依据《民法典》第一千零五十一条规定向人民法院就已办理结婚登记的婚姻请求确认婚姻无效的主体,包括婚姻当事人及利害关系人。其中,利害关系人包括:(一) 以重婚为由的,为当事人的近亲属及基层组织;(二) 以未到法定婚龄为由的,为未到法定婚龄者的近亲属;(三) 以有禁止结婚的亲属关系为由的,为当事人的近亲属。"①

(三) 确认婚姻无效的程序

确认婚姻无效应经司法机关依诉讼程序办理,这是采用宣告无效制的国家的立法通例。原婚姻法相关司法解释中涉及婚姻无效案件诉讼程序的条文共有5条②,最高人民法院在制定《婚姻法解释(一)》和《婚姻法解释(二)》时,认为婚姻无效案件为非诉案件,采用了非诉案件比照特别程序审理的思路。最高人民法院在制定《民法典婚姻家庭编解释(一)》时基于体系化解释和对审判实践理解的深入,认为现有确认合同无效的案件均适用普通程序审理,确认婚姻无效的案件也应当与其他确认民事法律行为效力的案件在程序选择上作一体化处理。而且,审判实践中,婚姻效力问题如果是当事人双方的争议焦点,应当以充分辩论为前提,适用特别程序一审终审可能损害当事人的程序和实体利益。同时,根据《民事诉讼法》第184条的规定,适用特别程序审理的案件只包括选民资格案件、宣告失踪或者宣告死亡案件、认定公民无民事行为能力或者限制民事行为能力案件、认定财产无主案件、确认调解协议案件和实现担保物权案件,没有适用其他案件的解释空间,确认婚姻无效案件适用一审终审的特别程序已不符合《民事诉讼法》的规定。故将宣告婚姻无效案件从一审终审的特别程序改为普通程序。相应地,由于程序设计的变化,将原有的5个条文整合成3个条文,即《民法典婚姻家庭编解释(一)》的第11条、第12条和第13条。③

1. 将婚姻无效与财产分割、子女抚养问题一并处理

由于确认婚姻无效案件不再适用特别程序,故删除了《婚姻法解释(一)》第9条中"有关婚姻效力的判决一经作出,即发生法律效力"和"对财产分割和子女抚养问题的判决不服的,当事人可以上诉"的规定,确认婚姻无效和财产分割、子女抚养的诉讼请求可以一并处

---

① 《民法典婚姻家庭编解释(一)》第9条。
② 《婚姻法解释一》第9条:"人民法院审理宣告婚姻无效案件,对婚姻效力的审理不适用调解,应当依法作出判决;有关婚姻效力的判决一经作出,即发生法律效力。涉及财产分割和子女抚养的,可以调解。调解达成协议的,另行制作调解书。对财产分割和子女抚养问题的判决不服的,当事人可以上诉。"
《婚姻法解释二》第2条:"人民法院受理申请宣告婚姻无效案件后,经审查确属无效婚姻的,应当依法作出宣告婚姻无效的判决。原告申请撤诉的,不予准许。"
《婚姻法解释二》第3条:"人民法院受理离婚案件后,经审查确属无效婚姻的,应当将婚姻无效的情形告知当事人,并依法作出宣告婚姻无效的判决。"
《婚姻法解释二》第4条:"人民法院审理无效婚姻案件,涉及财产分割和子女抚养的,应当对婚姻效力的认定和其他纠纷的处理分别制作裁判文书。"
《婚姻法解释二》第7条:"人民法院就同一婚姻关系分别受理了离婚和申请宣告婚姻无效案件的,对于离婚案件的审理,应当待申请宣告婚姻无效案件作出判决后进行。前款所指的婚姻关系被宣告无效后,涉及财产分割和子女抚养的,应当继续审理。"
③ 郑学林、刘敏、王丹:《〈关于适用民法典婚姻家庭编的解释(一)〉若干重点问题的理解与适用》,载《人民司法》2021年第13期。

理,当事人不服的,均可以上诉,不再对财产分割和子女抚养问题判决可以上诉另行作出特别规定。但是,婚姻效力问题涉及国家对婚姻的评价,不允许当事人撤诉,也不适用调解,故在《民法典婚姻家庭编解释(一)》第 11 条整合了《婚姻法解释(二)》第 2 条的规定,明确了请求确认婚姻无效案件的基本原则。考虑到虽然财产分割和子女抚养问题可以与婚姻效力问题一并审理,而不需要适用不同程序,因此删去了《婚姻法解释(二)》第 4 条关于婚姻效力和其他纠纷处理分别制作裁判文书的规定。但因为婚姻效力的问题不适用调解,只能依法作出判决,而财产分割和子女抚养完全可以由当事人调解解决,故仍保留了原来的对财产分割和子女抚养达成调解协议后,需要另行制作调解书的内容。考虑到如果对财产分割和子女抚养不能达成调解协议的情况下,两项诉讼请求均适用普通程序审理,则可以一并作出判决,而且该判决均可以上诉,因此,增加规定:"未达成调解协议的,应当一并作出判决。"同时,由于改变了原来特别程序的制度设计,在文字表述上也将"申请宣告"改为"请求确认"。①

2. 离婚诉讼中涉及婚姻效力问题的,人民法院应当审理

《民法典婚姻家庭编解释(一)》保留了《婚姻法解释(二)》第 3 条的内容,即如果当事人提起离婚的诉讼请求,但经人民法院审理属于无效婚姻的,人民法院应当作出婚姻无效的判决。但人民法院在审理相关案件中要注意依法保障当事人的程序利益。如果一方起诉离婚,另一方主张婚姻无效的,应当根据《关于民事诉讼证据的若干规定》第 53 条的规定,将婚姻的效力问题作为焦点问题进行审理,经过当事人充分辩论后依法认定。如果当事人因此变更诉讼请求的,人民法院应当准许,并可以根据案件的具体情况重新指定举证期限。

3. 对同一婚姻关系分别受理离婚和请求确认婚姻无效的,着重考虑当事人的程序利益

《民法典婚姻家庭编解释(一)》对《婚姻法解释(二)》第 7 条进行了修改。考虑到离婚案件的当事人只能是夫妻双方,而申请确认婚姻无效的当事人可能是婚姻关系当事人,也可能是利害关系人,合并审理存在一定的障碍,也不利于保护相关当事人合法权益,为稳妥起见,仍保持了原来的制度设计,即在审理离婚诉讼中,如果就同一婚姻关系,另行受理了请求确认婚姻无效的案件的,应当分别审理。由于离婚须以合法有效的婚姻关系为前提,故在此情况下,离婚案件审理属于《民事诉讼法》第 153 条规定的必须以另一案的审理结果为依据,而另一案尚未审结的情形,离婚案件应当中止诉讼,待请求确认婚姻无效的案件判决生效后恢复诉讼。要特别注意的是,由于请求确认婚姻无效的案件不再实行一审终审,故须待该案件二审判决生效后,离婚案件才可以恢复诉讼。《婚姻法解释(二)》第 7 条第 2 款还规定,婚姻关系被宣告无效后,涉及财产分割和子女抚养的,应当继续审理。此规定是考虑到如果当事人在申请宣告婚姻无效的同时,请求处理无效婚姻引起的子女抚养和财产分割争议的,因宣告婚姻无效是一审终审,而在宣告婚姻无效后,财产分割和子女抚养仍可以按照普通程序继续审理。但根据《民法典婚姻家庭编解释(一)》第 11 条的规定,婚姻无效和财产分割、子女抚养问题可以一并适用普通程序审理,因此,对于财产分割和子女抚养,不是继续审理的问题,而是一并审理。如果当事人在宣告婚姻无效的案件中没有提出财产分割和子女抚

---

① 郑学林、刘敏、王丹:《〈关于适用民法典婚姻家庭编的解释(一)〉若干重点问题的理解与适用》,载《人民司法》2021 年第 13 期。

养诉请而在离婚纠纷中提出相关诉请的,在对婚姻效力的案件作出判决后,在离婚纠纷一案中,对解除婚姻关系的诉讼请求应当予以驳回,对财产分割和子女抚养诉请也需要一并审理。

4. 相关程序

基于婚姻无效案件适用特别程序的制度设计,《婚姻法解释(一)》第11条专门规定,人民法院审理婚姻当事人因受胁迫而请求撤销婚姻的案件,应当适用简易程序或者普通程序。上述规定即是为了区别婚姻无效案件适用特别程序而对撤销婚姻案件适用程序作出的规定。在婚姻无效案件已经统一改为普通程序审理的情况下,该条规定被删除。

此外,《民法典婚姻家庭编解释(一)》还规定,夫妻一方或者双方死亡后,生存一方或者利害关系人依据《民法典》第1051条的规定请求确认婚姻无效的,人民法院应当受理。利害关系人请求人民法院确认婚姻无效的,利害关系人为原告,婚姻关系当事人双方为被告。夫妻一方死亡的,生存一方为被告。

当事人以《民法典》第1051条规定的三种无效婚姻以外的情形请求确认婚姻无效的,人民法院应当判决驳回当事人的诉讼请求。当事人以结婚登记程序存在瑕疵为由提起民事诉讼,主张撤销结婚登记的,告知其可以依法申请行政复议或者提起行政诉讼。① 现实生活中,常常有当事人以结婚登记程序存在瑕疵为由申请确认婚姻无效,如一方当事人未亲自到场办理婚姻登记、借用或冒用他人身份证明进行登记、婚姻登记机关越权管辖、当事人提交的婚姻登记材料有瑕疵等。在结婚登记程序存在瑕疵时,如果同时欠缺了结婚的实质要件,在法律规定的情形内,可以被人民法院确认无效,但对仅有程序瑕疵的结婚登记的法律效力缺乏明确的法律规定。当事人以婚姻登记中的瑕疵问题请求确认婚姻无效的,只要不符合《民法典》第1051条关于婚姻无效的三种规定情形之一,法院就只能判决驳回当事人的请求。如果将符合结婚实质要件但结婚登记程序上有瑕疵的婚姻确认为无效,不仅扩大了无效婚姻的范围,也不符合设立无效婚姻制度的立法本意。②

三、可撤销婚姻

(一) 婚姻撤销的原因

我国《民法典》第1052条规定:"因胁迫结婚的,受胁迫的一方可以向人民法院请求撤销该婚姻。请求撤销婚姻的,应当自胁迫行为终止之日起一年内提出。被非法限制人身自由的当事人请求撤销婚姻的,应当自恢复人身自由之日起一年内提出。"该条基本维持了《婚姻法》第11条的规定。

按照有关司法解释,本条所称的胁迫是指"行为人以给另一方当事人或者其近亲属的生命、身体、健康、名誉、财产等方面造成损害为要挟,迫使另一方当事人违背真实意愿结婚的"③。胁迫婚的当事人之间缺乏有效的结婚合意,违背我国《民法典》第1046条有关结婚必须男女双方完全自愿的规定,故以受胁迫而结婚为婚姻可撤销的法定原因。在现实生活中,胁迫成婚并不限于结婚当事人一方对另一方的胁迫,也有双方均受第三人胁迫而结婚的

---

① 《民法典婚姻家庭编解释(一)》第17条。
② 最高人民法院新闻发言人孙军工:《关于〈最高人民法院关于适用《中华人民共和国婚姻法》若干问题的解释(三)〉的新闻发布稿》,2011年8月。
③ 《民法典婚姻家庭编解释(一)》第18条。

情形。在这种情形下,本书主张双方均可请求撤销该婚姻。

《婚姻法》仅以受胁迫而结婚为婚姻可撤销的原因,未免失之过窄;因受欺诈而结婚等意思表示的重大瑕疵,似亦应作为婚姻可撤销的原因。《民法典》增加第1053条:"一方患有重大疾病的,应当在结婚登记前如实告知另一方;不如实告知的,另一方可以向人民法院请求撤销婚姻。请求撤销婚姻的,应当自知道或者应当知道撤销事由之日起一年内提出。"该条把"一方患有重大疾病而未告知对方"作为可撤销婚姻的另一项原因。

何为"重大疾病"?《民法典》婚姻家庭编及其司法解释并未说明。本书认为,《母婴保健法》第8条规定的婚前医学检查的三类疾病,包括严重遗传性疾病、指定传染病和有关精神病可解释为《民法典》第1053条所指重大疾病。① 也有学者提出,《民法典》第1053条所指重大疾病可参考原中国保监会、中国保险行业协会于2006年对重大疾病行业标准的定义,包含30种重大疾病。②

(二)婚姻撤销的请求权人和程序

按照我国《民法典》的规定,撤销请求权属于受胁迫方本人和未获重大疾病告知的一方,其他任何人或单位均无此权利。受胁迫方或未获告知方是否行使撤销请求权,只能由本人自行决定。可撤销婚姻只是可以撤销而不是必须撤销。有撤销权者的意愿,也是可能发生变化的,在某些情形,结婚时虽然因受胁迫或受欺诈而缺乏有效的合意,但婚后双方均有保持婚姻关系的意思,此时应认为意思表示的瑕疵已经消失,他人是无权主张撤销该婚姻的。

有撤销权者行使撤销请求权的法定期限为1年,受胁迫方自胁迫行为终止之日起算。被非法限制人身自由的情形,上述期限自恢复人身自由之日起算。未获重大疾病告知的,自对方知道或者应当知道撤销事由之日起算。逾期不行使请求权的,在法理上应认为对该项请求权的默示的放弃,人民法院不再受理。撤销婚姻请求权的行使期间在性质上不同于民事诉讼时效期间,它是以1年为不变期间,尽管起算点有所不同,民事诉讼时效期间在法定情形下则是可变的。最高人民法院在有关司法解释中指出:"民法典第一千零五十二条规定的'一年',不适用诉讼时效中止、中断或者延长的规定。"③

该条规定的婚姻撤销权,其性质属于形成权,功能在于权利主体得依其单方之意思表示,干预他人之法律关系,使权利人自己与他人已成立的法律关系发生变更。因撤销权的行使将干预他人的利益,为保护相对人的利益,法律规定形成权的行使应受相应的限制,以避免置相对人和法律关系于不确定之状态。该条规定中"1年"的性质属于对形成权行使的限制,即除斥期间。除斥期间是法定权利的存续期间,它是一种不变期间,法定权利因该期间的经过将发生实体权利消灭的法律效果。它与诉讼时效不同,不发生中止、中断、延长的问

---

① 《母婴保健法》第38条还对严重遗传性疾病、指定传染病、有关精神病进行了解释:指定传染病,是指《中华人民共和国传染病防治法》中规定的艾滋病、淋病、梅毒、麻风病以及医学上认为影响结婚和生育的其他传染病。严重遗传性疾病,是指由于遗传因素先天形成,患者全部或者部分丧失自主生活能力,后代再现风险高,医学上认为不宜生育的遗传性疾病。有关精神病,是指精神分裂症、躁狂抑郁型精神病以及其他重型精神病。

② 30种重大疾病包括:恶性肿瘤、急性心肌梗塞、脑中风后遗症、重大器官移植术或造血干细胞移植术、冠状动脉搭桥术、终末期肾病、多个肢体缺失、急性或亚急性重症肝炎、良性脑肿瘤、慢性肝功能衰竭失代偿期、脑炎后遗症或脑膜炎后遗症、深度昏迷、双耳失聪、双目失明、瘫痪、瓣膜手术、严重阿尔茨海默病、严重脑损伤、严重帕金森病、严重3度烧伤、严重原发性肺动脉高压、严重运动神经元病、语言能力丧失、重型再生障碍性贫血、主动脉手术、严重的多发性硬化、严重的1型糖尿病、严重的原发性心肌病、侵蚀性葡萄胎、系统性红斑狼疮等。

③ 《民法典婚姻家庭编解释(一)》第19条第1款。

题。但由于此次《民法典》编纂过程中在总则编第 152 条第 2 款增加了当事人自民事法律行为发生之日起 5 年内没有行使撤销权的,撤销权消灭的规定,因此,从体系解释的角度,需要回答该款是否适用于婚姻家庭编中婚姻撤销权这一问题。最高人民法院经研究认为,在婚姻法回归民法体系的大前提下,原则上婚姻家庭编作为分编,应当受总则编的规制。但是,根据特别法优于一般法的法律适用基本原则,亦应当作精细化解释。虽然总则编规定了撤销民事法律行为的各种情形,但是,对撤销婚姻的具体情形,在婚姻家庭编中有单独的规定,应当适用该特别规定。针对被胁迫或者非法限制人身自由的情况,《民法典》第 1052 条作出了明确规定,而在该规定中,并未如总则编第 152 条第 2 款一样对撤销权消灭的客观标准进行规定;而且,由于胁迫或非法限制人身自由可能一直处于持续状态,如果自被胁迫或者非法限制人身自由之日起 5 年内没有行使撤销权的,撤销权即消灭,将对当事人的基本人身权益产生重大影响。从最大限度保护当事人婚姻自主权和妇女权益的角度,作此理解更为妥当。《民法典婚姻家庭编解释(一)》在《婚姻法解释(一)》第 12 条的基础上专门增加了 1 款,明确受胁迫或者被非法限制人身自由的当事人请求撤销婚姻的,不适用《民法典》第 152 条第 2 款的规定,以体现婚姻家庭编保护当事人婚姻自主权的基本价值取向。①

四、婚姻无效和被撤销的法律后果

我国《民法典》第 1054 条第 1 款规定:"无效的或者被撤销的婚姻自始没有法律约束力。当事人不具有夫妻的权利和义务。同居期间所得的财产,由当事人协议处理;协议不成的,由人民法院根据照顾无过错方的原则判决。对重婚导致的无效婚姻的财产处理,不得侵害合法婚姻当事人的财产权益。当事人所生的子女,适用本法关于父母子女的规定。"

按照上述规定,婚姻无效和被撤销的法律后果可从以下两个方面加以说明。

(一) 对当事人的后果

在我国,经确认无效或被撤销的婚姻,自始没有法律约束力,自违法结合之时起便不具有婚姻的法律效力。这是法律对违法结合的根本否定。无效或被撤销婚姻的当事人间,不具有基于婚姻效力而发生的夫妻的权利和义务,不适用婚姻家庭法有关夫妻人身关系和财产关系的各项规定。由于当事人并无配偶,一方与另一方的血亲及其配偶间不发生姻亲关系。在监护、代理等问题上,不适用以配偶关系为基础法律关系的规定。

关于婚姻被确认无效或被撤销后的财产问题,《民法典》第 1054 条规定,无效的或者被撤销的婚姻自始没有法律约束力,当事人不具有夫妻的权利和义务。同居期间所得的财产,由当事人协议处理;协议不成的,由人民法院根据照顾无过错方的原则判决。可见,婚姻被确认无效或者被撤销后,对前期同居期间所得的财产,法律并未明确规定为共同共有,而是指引当事人通过协议的方式处理。因此,在婚姻被确认无效或者被撤销后,如果当事人对同居期间所得的财产有协议,应当首先按照协议约定处理,不适用婚姻法有关夫妻法定婚后所得共同制的规定,也不存在依法分割夫妻共同财产的问题。因为无效婚姻或被撤销婚姻的双方在法律上并不是配偶关系而只是同居者,夫妻财产制所调整的财产关系,是以合法的配偶身份关系为前提的,无效婚姻或被撤销婚姻当事人同居期间并非婚姻关系存续期间,在此

---

① 郑学林、刘敏、王丹:《〈关于适用民法典婚姻家庭编的解释(一)〉若干重点问题的理解与适用》,载《人民司法》2021 年第 13 期。

同居期间所得的财产,不能当然地视为双方当事人共同所有。夫妻共有财产与其他一般共有财产的最大区别在于,夫妻共有财产关系是基于配偶身份,基于彼此是夫妻的特别关系而产生的,虽然财产的形成也含有共同投资、共同劳动的内容,但法律更强调的是身份关系,并不要求双方付出同等的劳动、智力才能共同所有。而其他财产共有关系主要是基于共同投资、共同经营而形成的,如合伙共有财产、出资合购的共有房屋等都不是基于身份而产生的共有关系。无效婚姻或被撤销的婚姻中,虽没有配偶身份关系,但共同生活期间因紧密联系而共同投资、经营或者共同购置的,也可能形成共有财产。《民法典婚姻家庭编解释(一)》第22条中强调这一理念,即同居期间,如果有证据证明为一方所有的,即首先认定为个人财产,以更明确地区别于合法的婚姻关系。① 要特别说明的是,该条只适用于婚姻被确认无效或者被撤销后同居期间的财产分割问题,而不适用于一般同居关系中的财产纠纷。

因重婚而导致婚姻无效的,在财产处理问题上应当依法保护合法婚姻当事人的财产权益,使其免受侵害。最高人民法院在有关司法解释中指出:"人民法院审理重婚导致的无效婚姻案件时,涉及财产处理的,应当准许合法婚姻当事人作为有独立请求权的第三人参加诉讼。"②这就从程序上对合法婚姻当事人的财产权益提供了有效的司法保障。

目前司法实践中,婚姻无效或被撤销产生的经济纠纷主要为对同居期间取得财产的分割问题。但由于现行法律欠缺对同居期间取得财产的权属及分割的明确规定,仍存在同案异判现象。

《民法典》婚姻家庭编规定了婚姻无效或者被撤销的法律后果,即婚姻无效或者被撤销的,无过错方有权请求损害赔偿。对婚姻无效或被撤销而受到损害的无过错方的法律保护和权利救济作出规定,反映出不仅要从法律原则上否定违法婚姻,还要通过法律责任的方式使用经济手段制裁过错行为人的立法取向。

新增加无过错方的损害赔偿请求权之后,无过错方可以主动提出赔偿请求,法官也可以根据当事人的诉求来作出判断,指引更为清晰,也更能反映当事人的真实意愿,有利于尊重当事人意愿、惩罚过错方。

一方当事人如果向对方主张损害赔偿,首先需要其属于无过错方,即其对婚姻无效或被撤销不存在过错。此外,还要求婚姻无效或被撤销导致了无过错方的损失。③

(二)对子女的后果

父母的婚姻无效或被撤销,以欠缺婚姻成立的法定要件为依据,父母与子女的关系,则是以相互间的血缘联系为依据的。无效或被撤销婚姻的当事人与其所生子女的关系,是不受父母的婚姻无效或被撤销的影响的。

我国婚姻家庭法中有关父母子女间权利和义务的规定,同样适用于无效或被撤销婚姻中出生的子女。在抚养、教育、保护、赡养、监护、代理、继承、送养等问题上,这些子女与父母的法律关系,同合法婚姻中出生的子女毫无区别。我国《民法典》第1084条至第1086条有关离婚后子女抚养教育的规定,亦可适用于婚姻被宣告无效或撤销后的父母子女关系。这同婚姻被宣告无效或被撤销不适用离婚程序是不矛盾的。父母离婚后,父母因婚姻被确

---

① 《民法典婚姻家庭编解释(一)》第22条规定:"被确认无效或者被撤销的婚姻,当事人同居期间所得的财产,除有证据证明为当事人一方所有的以外,按共同共有处理。"
② 《民法典婚姻家庭编解释(一)》第16条。
③ 参见刘征峰:《结婚中的缔约过失责任》,载《政法论坛》2021年第3期。

认无效或被撤销而终止同居关系后,都要妥善处理子女不能与父母双方共同生活时的抚养教育和探望等问题。上述规定是为父母子女关系而设的,无效或被撤销婚姻的当事人与其子女的关系当然也不例外。

讨论思考题

1. 试述我国《民法典》规定的结婚的法定条件。
2. 如何认定婚姻合意？非自愿结婚有哪些情形？其效力如何？
3. 为什么禁止一定范围内的亲属间结婚？我国《民法典》规定的禁婚亲有哪些？
4. 《民法典》为何废除了特定疾病患者禁止结婚的规定？
5. 简述我国《民法典》规定的结婚程序。
6. 论同居关系纠纷的处理。
7. 婚约期间的赠与物可否请求返还？理由何在？
8. 论补办结婚登记的适用范围及其意义。
9. 试述婚姻无效的原因、请求权人及程序。
10. 试述婚姻被撤销的原因、请求权人及程序。
11. 论婚姻无效和被撤销的法律后果。
12. 如何进一步完善我国《民法典》的婚姻无效和婚姻撤销制度？

第四章

夫 妻 关 系

第一节 夫妻的法律地位

一、夫妻关系的性质和内容

(一) 夫妻关系的性质

夫妻是男女双方以永久共同生活为目的依法结合的伴侣。男女因结婚而成为夫妻,双方具有特定的身份,与其他两性关系有着本质的区别。

夫妻关系不仅是重要的伦理关系,而且是重要的法律关系。夫妻关系的本质特征是:

(1) 夫妻必须是男女两性合法的结合。男女双方符合法律所规定的结婚条件,并履行了法定的结婚手续,才能结为夫妻。男女两性间任何形式的非法结合(如重婚、非法同居)都不是夫妻关系。

(2) 夫妻必须具有永久共同生活的目的。男女双方不以永久共同生活为目的之结合,也不是夫妻关系。

(3) 夫妻是共同生活的伴侣,必须共同承担生育和抚养子女、赡养和扶助老人等责任。

(二) 夫妻关系的内容

夫妻关系的内容十分广泛,如果仅就法律关系而言,主要是指夫妻双方在人身方面和财产方面享有的权利与承担的义务。夫妻关系是家庭关系的核心,在家庭中起着承上启下、养老育幼的特殊作用,因此,法律对夫妻之间的权利和义务必然要加以具体规定。夫妻在家庭中的地位因不同的时代和社会制度而异,这在夫妻间的权利和义务问题上有着十分明显的表现。

二、夫妻法律地位的历史沿革

夫妻双方在家庭中的地位,是与男女两性的社会地位相一致的。夫妻关系的性质和特点,归根结底决定于一定的社会经济基础。随着社会经济基础及与之相适应的婚姻家庭制度的发展,夫妻在家庭中的地位也随之变化。

(一) 对夫妻关系立法主义的评析

在资产阶级国家的法学著作中,常常用立法主义的不同来说明夫妻在家庭中法律地位的变迁。他们把夫妻关系立法分为两大类型:一种是夫妻一体主义,又称夫妻同体主义。即夫妻因婚姻成立而合为一体,双方的人格互相吸收。从表面看,夫妻的地位是平等的。实际上,只是妻的人格被夫所吸收,妻处于夫权的支配之下。故夫妻一体主义不过是夫权主义的别名。此立法主义主要为古代和中世纪的亲属法所采用。我国古代也采取此说。如古籍载有"夫妇,一体也",礼教还认为"夫者妻之天也""夫为妻纲"。这表明妻的人格为夫所吸收。另一种是夫妻别体主义,或称夫妻分离主义。即指夫妻婚后仍各是独立的主体,各有独立的人格。夫妻双方虽受婚姻效力的约束,仍各有法律行为能力和财产权利。资产阶级国家的亲属法多采取夫妻别体主义。但资产阶级国家早期的立法中,仍保留有一定的封建残余。随着社会的发展,许多资本主义国家对有关夫妻地位的法律作了修改,使夫妻双方的法律地位在形式上逐渐趋于平等。

由于上述分类只是以某些法律形式上的特征为依据,故它无法说明不同社会制度下夫妻关系的本质。

(二) 不同时代的夫妻法律地位

按历史唯物主义的观点,夫妻关系的性质及其发展变化,由社会经济基础所决定,并受上层建筑诸部门的影响和制约。因此,夫妻在家庭中的地位,与不同的社会制度相适应。可分为以下三个时期:

(1) 男尊女卑、夫权统治时期。这是指奴隶社会、封建社会夫妻在家庭中的地位,以男尊女卑、夫权统治为特征。我国古籍载:"男帅女,女从男,夫妇之义由此始也,妇人从人者也,幼从父兄,嫁从夫,夫死从子。"①"夫者,妻之天也。"②"夫为妻纲。"③这些都表明夫妻的地位是不平等的,妻无独立的人格,处于服从丈夫的地位。夫妻关系完全是一种尊卑、主从的关系。这种不平等的关系,公开被法律所确认。如封建法律规定,在人身关系上,妻的地位低于夫。《唐律疏议》认为,"其妻虽非卑幼,义与期亲卑幼同。"在财产关系上,妻对家庭财产只有使用权而无处分权和继承权。在婚姻关系上,丈夫有纳妾和休妻的特权,而妻子除和离外,没有提出离婚的权利。同时,妻还受封建礼教的束缚,"一与之齐,终身不改"④。妻对丈夫要"从一而终",不能提出离婚。在刑事责任上,夫妻相犯也是同罪不同罚。即在适用刑罚上,相同的罪,对夫犯妻采取从轻、减轻处罚原则;对妻犯夫,采取从重处罚原则。

(2) 在法律形式上渐趋平等的时期。这是指资本主义社会的夫妻关系,在法律上渐趋平等。资产阶级在反封建的斗争中提出了男女平等的口号。在资产阶级革命胜利后制定的亲属法中,规定了不少反映男女平等的条文。但是,资本主义国家早期的亲属法带有明显的封建残余,对已婚妇女的人身权利和财产权利,以至她们的行为能力都作了各种限制。如1804年《法国民法典》第213条规定:"夫应保护其妻,妻应顺从其夫。"随着社会的发展,当代资本主义国家的亲属法进行了修改,一般均规定夫妻权利义务平等。但这种平等往往只是法律形式上的平等,实际生活与法律规定之间存在明显的差距。

(3) 从法律上的平等向实际上的平等的过渡时期。这是指社会主义社会的夫妻关系,从法律上的平等向实际生活中的完全平等过渡。在社会主义制度下,男女两性在政治、经济、文化、社会和家庭生活等方面具有完全平等的法律地位。这些历史性的转变必然给夫妻关系带来深刻的变化。夫妻关系不再是过去那种尊卑、主从的关系,而是新型的地位平等、

---

① 《礼记·郊特牲》。
② 《仪礼·丧服》。
③ 《白虎通·三纲六纪》。
④ 《礼记·郊特牲》。

人格独立的关系。但是,由于我国还处于社会主义初级阶段,各地经济、文化的发展不平衡,在一些地方尤其是较偏僻的地区,封建的男尊女卑、夫权思想仍残留在一些人的头脑中。在一些家庭中仍然有夫妻不平等的现象存在,影响着夫妻关系。妇女在家庭中的地位与法律规定的要求还存在一定差距。这就要求我们既要从法律上保障夫妻的地位平等,又要加快社会主义物质文明和精神文明建设,为夫妻地位从法律上的平等向实际生活中的完全平等过渡,创造有利的条件。

三、我国婚姻家庭法对夫妻法律地位的原则规定

我国《民法典》第1055条规定:"夫妻在婚姻家庭中地位平等。"这是男女平等原则的具体体现,是对夫妻法律地位的原则性规定。我国婚姻家庭法对夫妻关系的其他具体规定,都体现了这一原则的精神。夫妻是家庭的基本成员,只有在家庭地位平等的基础之上,才能平等地行使权利,平等地履行义务。实现夫妻在婚姻家庭中的地位平等,有利于消除夫权统治和家长专制等封建残余影响,建立社会主义新型的夫妻关系。

根据我国婚姻法的规定,夫妻在人身关系和财产关系两个方面的权利和义务都是完全平等的。法律不允许夫妻任何一方只享受权利而不尽义务,或者只尽义务而不享受权利。

夫妻在家庭中地位平等,既是确定夫妻间权利和义务的总原则,也是处理夫妻间权利和义务纠纷的基本依据。对于夫妻间的权利和义务纠纷,婚姻法有具体规定的,应按具体规定处理;无具体规定的,则应按夫妻在家庭中地位平等原则的精神予以处理。①

第二节 夫妻人身关系

一、我国法律对夫妻人身关系的规定

我国《民法典》婚姻家庭编规定的夫妻人身关系,包括姓名权、人身自由权、生育权、日常家事代理权等四个方面的内容,删除了《婚姻法》的计划生育义务。此外中华人民共和国成立后,一贯坚持夫妻在家庭中具有平等的法律地位,夫妻在加入对方家庭方面也是平等的。1980年《婚姻法》第8条规定:"登记结婚后,根据男女双方约定,女方可以成为男方家庭的成员,男方也可以成为女方家庭的成员。"这一规定的立法精神是提倡男方成为女方家庭成员,是对我国传统的"妇从夫居"婚姻居住方式的一项重要改革。2001年修正后的《婚姻法》第9条对原法第8条作了一处重要的文字修改,将"男方也可以成为女方家庭的成员"中的"也"字删去,更彻底地体现了男女平等的精神。《民法典》第1050条延续了这一规定。②

(一)夫妻姓名权

姓名权是人格权的重要组成部分,是一项重要的人身权利。所谓姓名,是姓与名的合称。姓(又称姓氏)是表示家族的字,名(又称名字)是代表一个人的语言符号。姓名虽然只是用来表示个人的特定符号,但有无姓名权却是有无独立人格的重要标志。

---

① 参见冉克平:《"身份关系协议"准用〈民法典〉合同编的体系化释论》,载《法制与社会发展》2021年第4期。
② 参见马忆南:《论夫妻人身权利义务的发展和我国〈婚姻法〉的完善》,载《法学杂志》2014年第11期。

在我国封建社会,婚姻多实行男娶女嫁,女子婚后即加入夫宗,冠以夫姓而丧失姓名权(赘夫则冠以妻姓)。1930年国民党政府《民法》亲属编第1000条也规定:"妻以其本姓冠以夫姓。赘夫以其本姓冠以妻姓。但当事人另有订定者,不在此限。"这里虽有但书的规定,但仍带有明显的封建残余。直到1998年6月17日我国台湾地区"民法"亲属编第1000条被修正,改为规定:"夫妻各保有其本姓,但得以书面约定以其本姓冠以配偶之姓,并向户政机关登记。冠姓之一方得随时回复其本姓。但于同一婚姻关系存续中以一次为限。"

中华人民共和国成立后,1950年和1980年两部《婚姻法》均规定夫妻双方都有各用自己姓名的权利。2020年《民法典》婚姻家庭编延续了这一规定。这里虽然是夫妻并提,但其针对性主要是保护已婚妇女的姓名权和男到女家落户的婚姻中的男方的姓名权。这体现了男女平等原则,有利于破除旧的习俗和法律。当然,此规定并不妨碍夫妻就姓名问题另作约定。只要夫妻双方自愿达成一致的协议,无论是夫妻别姓(各用自己的姓氏)、夫妻同姓(妻随夫姓或夫随妻姓),或相互冠姓,法律都是允许的。

(二) 夫妻人身自由权

夫妻有人身自由权是夫妻家庭地位平等的重要标志。在旧中国,妇女受"男女有别""男外女内""三从四德"等封建礼教的束缚,只能从事家务,伺候丈夫和公婆,没有参加工作和社会活动的权利,完全丧失了人身自由,成为家庭奴隶。这不仅摧残了妇女本身,也阻碍了社会经济的发展。

中华人民共和国成立后,1950年《婚姻法》第9条规定:"夫妻双方均有选择职业、参加工作和参加社会活动的自由。"1980年《婚姻法》第11条进一步规定:"夫妻双方都有参加生产、工作、学习和社会活动的自由,一方不得对他方加以限制或干涉。"《民法典》婚姻家庭编延续了这一规定。这些规定,既是夫妻地位平等的标志,又为夫妻平等地行使权利和承担义务提供了法律保障。夫妻双方都有参加生产、工作、学习和社会活动的自由。它适用于夫妻双方,任何一方都有权参加生产、工作、学习和社会活动,另一方不得对他方行使该项人身自由权利进行限制或干涉。但就其针对性而言,主要是为了保障已婚妇女享有参加生产、工作、学习和社会活动的自由权利,禁止丈夫限制或干涉妻子的人身自由。新中国成立以来,我国妇女在政治、经济、文化和婚姻家庭等方面获得了与男子平等的地位,在社会生产劳动中发挥了重要作用。但在现实生活中,由于男女在经济、文化等方面仍存在着事实上的差距,在一些家庭的夫妻关系中,封建夫权思想的残余影响还仍然存在,有的丈夫对妻子的人身自由常常加以限制。因此,进一步破除封建思想的影响,保障已婚妇女的人身自由具有积极意义。

在这里还需指出,夫妻双方都必须正当行使上述人身自由权,不得滥用权利损害他方和家庭的利益。任何一方在行使该项权利时,都必须同时履行法律规定的自己对婚姻家庭承担的义务。2022年修订的《妇女权益保障法》第68条第1款规定:"夫妻双方应当共同负担家庭义务,共同照顾家庭生活。"

(三) 夫妻生育权

生育权是一种人格权而非身份权。首先,生育权是民事主体固有的权利。生育行为既是人作为高等动物生物机能的表现,又是个人生命延续和家族存续的前提,是一种同时具有自然属性和社会属性的天赋人权。其次,作为生育权客体的生育利益是人格利益而非身份利益。生育利益从本质上讲是人的生育意志自由,属于人格利益中的自由的范畴,而非基于夫妻身份所产生的身份利益。再次,生育权是维护主体独立人格所必备的权利。生育权涉及人对自己私生活最隐秘的、但又与个人人身自由与精神自由、生活方式和未来发展最密不可分的重大事项的自主权,其对维护主体的独立性及培养主体独立的人格意识有着非常重大的意义。

生育权作为人格权是绝对权。生育权的义务主体是权利主体以外的任何人(包括配偶),这些义务主体都负有不得侵犯权利主体生育权的不作为义务。一般来说,夫妻任何一方生育权的实现都需要对方的配合,这样容易让人产生生育权是相对权的误解,事实上,夫妻双方任何一方的生育权的实现都需要对方的配合,这是由人的生理特点决定的,并不能否认生育权的绝对权属性。夫妻双方无论配合与否都是基于自己的独立意志行使生育自由权的行为,而不是履行其配合他方行使生育权的积极义务。

妻子擅自终止妊娠,是否侵犯了丈夫的生育权?近年来,审判实践中出现了不少生育权纠纷。有些女性为了工作、学习深造、保持身材等原因不愿生育,未经丈夫同意擅自终止妊娠,双方因此发生纠纷,男方往往在提出离婚的同时以生育权受到侵害为由请求损害赔偿。

丈夫和妻子都平等地享有法律赋予的生育权。但在夫妻之间的生育利益发生冲突时,谁享有生育决定权的问题上,倾向性观点认为:生育权是法律赋予公民的一项基本权利,夫妻双方各自都享有生育权,只有夫妻双方协商一致,共同行使这一权利,生育权才能得以实现。《妇女权益保障法》赋予已婚妇女不生育的自由,是为了强调妇女在生育问题上享有的独立权利,不受丈夫意志的左右。由于自然生育过程是由妇女承担和完成,妇女应当享有生育的最后支配权。如果妻子不愿意生,丈夫不得以其享有生育权为由强迫妻子生育。妻子未经丈夫同意终止妊娠,虽可能对夫妻感情造成伤害,甚至危及婚姻的稳定,但丈夫并不能以本人享有的生育权对抗妻子享有的生育决定权,当夫妻生育权冲突时法律必须保障妇女不受他人干涉自由地行使生育权。在这个问题上,法律对妇女行使生育权的任何负担的设置,如赋予丈夫对妻子人工流产的同意权,或者课以妻子通知丈夫的义务,都是对妻子生育权行使的有效否决,都有可能造成丈夫强迫妻子生育的为现代文明所不容的社会悲剧。故妻子单方终止妊娠不构成对丈夫生育权的侵犯。①

夫妻因是否生育问题产生纠纷起诉离婚的,人民法院应作为离婚案件处理,如夫妻感情确已破裂调解无效,应当准予离婚。

(四)夫妻日常家事代理权

《民法典》第1060条增加了夫妻日常家事代理权的规定。② 所谓夫妻日常家事代理权,又称夫妻相互代理权,指夫妻因日常家庭事务与第三人为一定法律行为时互为代理的权利。即夫妻于日常家庭事务范围内互为代理人,互享代理权。被代理方须对代理方从事日常家事行为所产生的债务,承担连带责任。如英国1970年的《婚姻程序及财产法》规定,夫妻互有家事代理权。《日本民法典》第761条规定:"夫妻一方就日常家事同第三人实施了法律行为时,他方对由此而产生的债务负连带责任。但是,对第三人预告不负责任意旨者,不在

---

① 参见马忆南:《夫妻生育权冲突解决模式》,载《法学》2010年第12期。
② 参见贺剑:《〈民法典〉第1060条(日常家事代理)评注》,载《南京大学学报(哲学·人文科学·社会科学)》2021年第4期;王战涛:《日常家事代理之批判》,载《法学家》2019年第3期。

此限。"

夫妻间的相互代理权是基于夫妻身份关系产生的,不以明示为必要。家庭作为社会生活的最小单位,其所包含的社会关系内容十分复杂。在家庭生活中,夫妻双方每天所要面对和处理的问题林林总总,数不胜数。夫妻一方一手包揽所有的家庭事务,或者凡事都由夫妻双方到场共同处理,在实践中是不现实、不可行的。日常家事代理权制度确立了夫妻双方在处理日常家庭事务中互享代理权的准则,使夫妻双方在日常家事的范围内,仅凭个人的意愿即可作出决定,从而便利了夫妻生活,提高了夫妻双方处理家庭事务的效率。

同时,日常家事代理权制度也保护了第三人利益,维护了交易安全,满足了我国市场经济发展的需要。夫妻关系是人与人之间最紧密的联系,婚姻家庭中的财产关系,具有很大的隐秘性和模糊性。在夫妻双方与第三方进行交易时,对于该第三人利益的保护成为保护交易安全的关键。日常家事代理权制度确定了在日常家事范围内夫妻的法定代理权和连带责任,就为交易中第三方的利益的保护提供了切实的法律依据。

日常家事代理权的行使一般认为以日常家事为限。日常家事指夫妻双方及他们共同的未成年子女(或未成熟子女,即未结婚之未成年子女)日常共同生活所必要的事项。通常包括购买家用食物、能源、服装以及正当的保健、娱乐、医疗、子女的教育、保姆的雇佣、亲友之馈赠、报纸杂志的订购等。日常家事的范围因夫妻的社会地位、职业、资产、收入等有所不同。该共同生活所在地的风俗习惯对日常家事的范围也有很大影响。在特殊情况下,例如出现紧急情况而配偶不在家,或者婚丧嫁娶时也可以得到相应扩张。

各国民法一般认为,夫妻在行使日常家事代理权时不得超越日常家事的范围,一旦超越,无论是质的超越(例如与第三人约定不属于日常家事的事项),还是量的超越(如购入物品的数量、价格与夫妻共同生活程度不适应),对于超越范围的事项,由越权代理人自负其责,即个人以其特有财产或者分别财产负责。

但是,日常家事的范围具有很大的灵活性,因人因事都有变化,从外部很难作出正确的判断。如果仅依夫妻内部的情况限定日常家事代理权的权限范围,一旦超越这一范围就作为无权代理处理,不仅不利于保护相对人的利益,也不利于夫妻共同生活的进行。因而大陆法系各国民法逐渐承认,对于信任该代理权的行使在日常家事范围内、且无过失的第三人类推适用表见代理的规定。这样,在夫妻一方行使代理权实际超过日常家事范围的情况下,善意第三人只要有正当理由确信该代理权的行使在日常家事范围内,就有权要求夫妻另一方承担责任,从而大大加强了对第三人的保护力度,减少了第三人的顾虑。这种类推适用表见代理的学说已经为各国学者所接受,成为通说。一些国家的民法典也纷纷将这一学说上升为法律,例如《瑞士民法典》第163条第2项。

关于日常家事代理权行使时,权利人的注意义务,《德国民法典》第1359条规定:"配偶于婚姻关系所生义务之履行,惟就处理自己事务通常注意所用之注意互负其责。"日本民法学者、我国台湾民法学者都作此种解释,认为夫妻在行使日常家事代理权时负有与为自己事务时通常的注意义务同样的注意义务,而且不得请求报酬。对于配偶一方在行使日常家事代理权时违反注意义务的情形,各国规定了不同的处理方法。例如,日本民法认为应按照《日本民法典》第760条对婚姻费用负担问题的规定处理,令违反注意义务的配偶负担由此产生的损害。

对于日常家事代理权权利行使的限制,大陆法系各国亲属法一般规定:夫妻之一方,滥用日常家事代理权或者显示不堪行使时,他方得限制之,但不得对抗善意第三人。对于日常家事代理权的限制,各国民法一般要求必须使特定相对人得知,对日常家事代理权的限制不得对抗善意第三人。善意第三人是指不知有限制存在的相对人,且一般认为不要求第三人无过失。也有国家民法规定,经主管官署公告或登于财产登记簿,也可对抗善意第三人。

从法理上说,夫妻一方在婚姻关系存续期间所负债务原则上应当推定为个人债务,但是鉴于夫妻之间的身份关系,夫妻债务有其自身特点。为保护债权人利益,夫妻因日常事务与第三人交往所为法律行为,视为夫妻共同的意思表示,并由配偶他方承担连带责任。在夫妻内部,日常家事代理制度的产生是为了夫妻日常生活方便。婚姻家庭生活烦琐复杂,如果事无巨细均由双方共同行为,夫妻将不胜其烦,因而对于日常生活需要之行为,一方的意思可视为双方共同意思。

但是就对外关系而言,将日常家事代理权范围内债务认定为共同债务,由于非举债方配偶并未参与该项法律行为,是否与债的相对性原理相冲突?抑或是对债的相对性的突破?不是的。夫妻之间特殊的身份关系决定其对外产生"外表授权",形成表见代理权,与债的相对性原理并不冲突。

谁对日常家事代理范围的债务负有举证责任?由于夫妻个人债务是法律的推定,因而反证的主张者自然应承担举证责任,即由债权人承担举证责任。

二、有关夫妻人身关系的外国立法例

从世界上其他国家的法律规定看,夫妻人身关系,除与我国相似的"姓名权""择业自由权"外,主要有"夫妻同居义务""夫妻忠实义务"等。具体内容如下:

(一) 夫妻同居义务

夫妻同居义务,指男女双方婚后以配偶身份共同生活的义务。夫妻共同生活的内容,主要包括物质生活、精神生活以及性生活等方面,也就是说,夫妻同居,除了有共同的婚姻住所外,还包括夫妻间的性生活、夫妻共同的精神生活(相互理解、慰藉)、夫妻互相扶助(救助)和共负家庭生活责任等内容。亲属法理论认为,同居是夫妻间的本质性义务,是夫妻关系固有的基本要求,是婚姻成立的当然后果及婚姻维系的基本条件。但夫妻同居义务得在一定条件下暂时或部分中止履行。外国立法关于停止同居义务的原因,可分为两种情形:

(1) 因正常理由暂时中止同居。如一方因处理公私事务的需要在较长的时间内合理离家,一方因生理方面的原因对同居义务部分或全部地不履行等。一般来说,这种中止原因对夫妻关系不产生实质性影响,当中止的原因消失后,夫妻同居义务便自然恢复。故法律通常对此不作专门的规定。

(2) 因法定事由而停止同居。这些事由包括,一方擅自将住所迁至国外或在不适当的地点定居,一方的健康、名誉或经济状况因夫妻共同生活受到严重威胁,一方提起离婚或分居的诉讼以及婚姻关系已破裂等。如《墨西哥民法典》第163条规定:如果一方并非出于公务需要或社团业务需要将自己的住所迁移至国外,或是在不卫生或不恰当的地点定居,法院可以因此免除配偶他方的这种(同居)义务。①《瑞士民法典》第175条规定：配偶一方，在其健康、名誉或者经济状况因夫妻共同生活而受到严重威胁时……有权停止共同生活；提起离婚或分居的诉讼后，配偶双方在诉讼期间均有停止共同生活的权利。

此外，一些国家还规定了无故违反夫妻同居义务的法律后果，大体可分为两种：一种是申请法院裁决，由不履行义务的一方承担损害(包括财产损害和精神损害)的赔偿责任，如法国之立法；另一种是把不履行同居义务视为遗弃行为，成为司法别居的一个法定理由，如英国之立法。当然，同居义务不得强制履行，这是各国立法通例。

(二) 夫妻忠实义务

外国立法中的夫妻忠实义务，主要是指贞操义务，即专一的夫妻性生活义务。广义的解释还包括不得恶意遗弃配偶，以及不得为第三人的利益而损害或牺牲配偶他方的利益。在古代社会，仅片面地要求妻子承担贞操义务。到近代社会，早期资本主义国家立法对贞操义务的要求，是对妻严，对夫宽。如1804年《法国民法典》第229条、第230条规定，夫得以妻与他人通奸为由诉请离婚，而妻只能以夫与他人通奸，并在婚姻住所姘居为由诉请离婚。随着社会发展，男女平等原则的实行，现代一些资本主义国家立法规定，夫妻互负忠实义务。②关于违反夫妻忠实义务的法律责任，由于这种行为涉及第三人，故法律责任可分为两个方面：夫妻一方违反夫妻忠实义务的，无过错方得以此为由提起离婚之诉，并可在离婚时请求对方给予精神损害赔偿。但对他方过错表示"宥恕"或超过一定期限者除外。与有配偶者通奸或姘居的第三人也应负损害赔偿责任。

从第二次世界大战以来，世界上有不少国家的夫妻关系法发生了很大变化，很多国家不再规定夫妻忠实义务和违反夫妻忠实义务要承担法律责任。如英国1970年修正法，删除了因通奸所生的损害赔偿请求权，仅把一方与他人通奸规定为证明婚姻关系破裂的法定情形之一。③ 美国在1976年之后，实务上认为要已婚者因与他人有自然的、自发的性关系而负责任，已非国家所关心之事，甚至认为此种损害赔偿之请求，是侵害个人基于自然合意性关系的隐私权。④

(三) 夫妻婚姻住所决定权

所谓婚姻住所，是指夫妻婚后共同居住和生活的场所。婚姻住所决定权，是指选择、决定夫妻婚后共同生活住所的权利。对于夫妻婚后共同生活的住所由谁决定，古今中外立法有所不同。在奴隶社会和封建社会，夫妻关系是男尊女卑，夫为妻纲，妻子从属于丈夫。婚姻住所的决定权亦专属于丈夫，实行"妻从夫居"的婚居方式。到资本主义社会，资本主义国家早期立法仍将婚姻住所决定权片面授予丈夫。如1804年《法国民法典》第214条规定，妻以夫之住所为住所，妻对于夫仍处于从属地位。随着社会发展，许多资本主义国家先后修改立法，规定婚姻住所由夫妻共同决定。如《法国民法典》1975年修改后的第215条第2款规定："家庭的住所应设在夫妻一致选定的处所。"在社会主义国家，基于男女平等原则，法律规定夫妻双方平等地享有婚姻住所决定权。

---

① 参见李志敏主编：《比较家庭法》，北京大学出版社1988年版，第103页。
② 参见《法国民法典》第212条，《瑞士民法典》第159条，《意大利民法典》第143条。
③ 参见《英国婚姻诉讼法》，丁玠庆译，第41条，载任国钧等选编：《外国婚姻家庭法资料选编》，中国政法大学民法教研室1984年版，第49页。
④ 参见林秀雄：《家族法论集(二)》，台湾汉兴书局有限公司1995年版，第184页。

第三节　夫妻财产制

一、夫妻财产制的概念和种类

夫妻财产制又称婚姻财产制，是指规定夫妻财产关系的法律制度。其内容包括各种夫妻财产制的设立、变更与废止，夫妻婚前财产和婚后所得财产的归属、管理、使用、收益、处分，以及家庭生活费用的负担，夫妻债务的清偿，婚姻终止时夫妻财产的清算和分割等问题。

男女因结婚产生夫妻人身关系，并随之产生夫妻财产关系。法律为确保夫妻地位平等和婚姻生活的圆满，并保障夫妻与第三人的交易安全，维护社会秩序，设立夫妻财产制，调整夫妻财产关系。

夫妻财产制的种类具有一定的地域性和时代性。在古代，各国立法对夫妻财产基于夫妻一体主义的人身关系的要求，多采取"吸收财产制"，妻的财产因结婚而为夫家或夫所有，否认妻有独立的财产权。到近代、现代，夫妻财产制随社会的发展而变化，出现了多种形式。对其可从不同的角度，作如下分类：

1. 依夫妻财产制的发生根据，可分为法定财产制与约定财产制

（1）法定财产制。它指在夫妻婚前或婚后均未就夫妻财产关系作出约定，或所作约定无效时，依法律规定而直接适用的夫妻财产制。由于各国政治、经济、文化及民族传统习惯不同，不同时代不同国家规定的直接适用的法定财产制形式也不尽相同。目前，各国采用的法定财产制主要有分别财产制、共同财产制、剩余共同财产制等形式。

（2）约定财产制。它是相对于法定财产制而言的，指由婚姻当事人以约定的方式，选择决定夫妻财产制形式的法律制度。许多国家的立法都规定了约定财产制，它具有优先于法定财产制适用的效力。但苏联等一些国家的立法，则不允许夫妻就财产关系作出约定，法定财产制是唯一适用的夫妻财产制。在允许约定财产制的国家，立法内容不尽相同，有详略之分和宽严之别。从立法限制的程度看，大体可分为两种情况：一种是立法限制较少的，即对婚姻当事人约定财产关系的范围和内容不予严格限制，立法既未设立几种财产制形式供当事人选择，也未在程序上作特别要求，如英国、日本等国立法即属此类。另一种是立法限制较多的，即在约定财产制的范围上，明定约定时可供选择的财产制，如规定当事人只能在管理共同制、一般共同制、分别财产制等类型中选择；在约定的内容上明列不得相抵触的事由；在程序上，还要求夫妻订立要式契约，如要求书面形式并经登记或公证，如法国、德国、瑞士等国立法即属此类。

在通常情况下，依婚姻当事人双方的约定或依法律的直接规定而适用某种财产制处理财产问题，所以这些在通常情况下被采用的财产制又称为普通财产制，包括约定的财产制和法定的财产制。在有些国家和地区，为了克服共同财产制的某些缺陷，法律规定在特殊情况下，当出现法定事由时，依据法律之规定或经夫妻一方（或夫妻之债权人）的申请，由法院宣告撤销原依法定或约定设立的共同财产制，改设为分别财产制。由于在特殊情况下才能改设为分别财产制，所以此时的分别财产制又称为非常财产制（包括瑞士立法中的特别财产制，法国、德国立法中的共同财产制之撤销制度）。它是相对于普通财产制而言的。

2. 依夫妻财产制的内容,可分为共同财产制、分别财产制、剩余共同财产制、统一财产制和联合财产制

在各国有关夫妻财产制的立法中,它们有的被作为法定财产制直接适用,有的被作为约定财产制供当事人选择适用。

（1）共同财产制

它指婚后除特有财产外,夫妻的全部财产或部分财产归双方共同所有。依共有的范围不同,又分为一般共同制、动产及所得共同制、所得共同制、劳动所得共同制等形式。

第一,一般共同制,是指夫妻婚前、婚后的一切财产(包括动产和不动产)均为夫妻共有的财产制。

第二,动产及所得共同制,是指夫妻婚前的动产及婚后所得的财产为夫妻共有的财产制。

第三,所得共同制,是指夫妻在婚姻关系存续期间所得的财产为夫妻共有的财产制。

第四,劳动所得共同制,是指夫妻婚后的劳动所得为夫妻共有,非劳动所得的财产,如继承、受赠所得等,则归各自所有的财产制。

上述不同共有范围的共同财产制,为世界上不少国家分别采用。有的被采为法定财产制,如巴西、荷兰、法国等国;有的被采为约定财产制形式之一,如德国、瑞士等国。共同财产制符合婚姻共同生活体的本质要求,且有利于保障夫妻中经济能力较弱一方(往往是妻方,尤其是专事家务劳动的妻方)的权益,有利于实现事实上的夫妻地位平等。但在尊重夫妻个人意愿上则嫌不足,夫妻一方不能未经对方同意单独行使共同财产权。

还须指出的是,在实行共同财产制的国家,大多对婚后所得财产共有的范围设有限制性规定,如"法律有特别规定者除外",或"夫妻另有约定者除外"等。这些规定即属夫妻特有财产的规定。其目的是保护夫妻个人财产所有权,并满足夫妻个人对财产关系的特殊要求。所谓夫妻特有财产,又称夫妻保留财产,是指夫妻婚后在实行共同财产制的同时,依法律规定或夫妻约定,夫妻各自保留一定范围的个人所有财产。特有财产制,就是在夫妻婚后实行共同财产制时,基于法律规定或夫妻约定,由有关夫妻各自保留一定的个人所有财产的范围,夫妻对该财产的管理、使用、收益和处分,以及相应的财产责任、特有财产的效力等内容组成的法律制度。①

特有财产制不同于分别财产制。分别财产制是全部夫妻财产(包括婚前财产和婚后全部财产)分别归属夫妻各自所有;特有财产是在依法或依约定实行夫妻共同财产制的前提下,夫妻各自保留一定范围的个人财产。因此,特有财产制是与共同财产制同时并存的,是共同财产制的限制和补充。根据特有财产发生的原因,可分为法定的特有财产和约定的特有财产:

第一,法定的特有财产。它是依照法律规定所确认的婚后夫妻双方各自保留的个人财产。在外国立法中,其范围大体如下:夫妻个人日常生活用品和职业必需用品;具有人身性质的财产和财产权,包括人身损害和精神损害的赔偿金、补助金,不可让与的物及债权等;夫妻一方因指定继承或受赠而无偿取得的财产;由特有财产所生的孳息及代位物等。

此外,在实行一般共同制时,夫妻特有财产的范围包括夫妻婚前个人财产;在实行婚后

---

① 参见史尚宽:《亲属法论》,中国政法大学出版社2000年版,第358—359页。

所得共同制时,夫妻特有财产的范围不包括夫妻婚前个人财产。

第二,约定的特有财产。它是夫妻双方以契约形式约定一定的财产为夫妻一方个人所有的财产。

总之,特有财产为夫妻婚后分别保留的个人财产,独立于夫妻共同财产之外,实质属于部分的分别财产,故其效力适用分别财产制的规定。即夫妻各方对其特有财产,享有独立的占有、使用、收益及处分等权利,他人不得干涉。但对家庭生活费用之负担,在夫妻共同财产不足以负担家庭生活费用时,夫妻得以各自的特有财产分担。

当代世界许多国家的立法在规定夫妻共同财产制的同时,明文列举了夫妻特有财产或婚后个人所有财产的范围,如法国、德国、瑞士、日本、苏联、罗马尼亚等国的立法。有些国家的立法,还进一步对夫妻特有财产的管理、使用、收益、处分权利及其财产责任,特有财产的效力,特有财产的举证责任,特有财产与共同财产之间的结算等作了具体规定,从而形成了特有的财产制度,如德国、法国、瑞士等国立法。特有财产制作为共同财产制的限制,其立法意旨在于保护夫妻个人财产所有权,并满足夫妻在婚姻生活中的个人特殊经济需要。它弥补了夫妻共同财产制下,夫妻一方无权独立支配共同财产的缺憾,是共同财产制不可缺少的补充。两者相辅相成,维护和保障夫妻关系和睦及婚姻生活圆满。

(2) 分别财产制

它指夫妻婚前、婚后所得的财产均归各自所有,各自独立行使管理、使用、收益和处分权;但不排斥妻以契约形式将其个人财产的管理权交付丈夫行使,也不排斥双方拥有一部分共同财产。

英美法系的多数国家及大陆法系的个别国家如日本,以此制为法定财产制;还有部分国家以此制为供选择的约定财产制形式之一。分别财产制使夫妻婚前和婚后各自所得的财产均为各自所有,不因结婚而发生财产上的共有,各自保持经济独立。它尊重夫妻的个人意愿,便于夫妻一方独立行使财产权,在一定意义上是有利于社会经济发展的。但也要看到,在当代社会中,男女两性的经济地位事实上仍存在差距,妇女的就业机会和经济收入大多不如男子。同时,女方承担的家庭义务往往多于男子,这也往往影响其经济收入。在此情况下实行分别财产制,通常会形成事实上的夫妻不平等。

(3) 剩余共同财产制(增益共同制)

它指夫妻对于自己的婚前财产及婚后所得财产,各自保留其所有权、管理权、使用收益权及有限制的处分权,夫妻财产制终止时,以夫妻双方增值财产(夫妻各自最终财产多于原有财产的增值部分)的差额为剩余财产,归夫妻双方分享。

大陆法系的德国以剩余共同财产制作为法定财产制,法国则为约定财产制之一。① 此制在一定程度上兼具共同财产制和分别财产制的优点,在保障夫妻地位平等、维护婚姻共同生活和谐的同时,亦有利于维护第三人利益和交易安全。

(4) 统一财产制

它指婚后除特有财产外,将妻的婚前财产估定价额,转归丈夫所有,妻则保留在婚姻关系终止时,对此项财产原物或价金的返还请求权。此制为早期资本主义国家法律所采用。因其将对婚前财产的所有权转变为婚姻终止时对夫的债权,使妻处于不利地位,有悖男女平

---

① 参见《德国民法典》第 1363—1390 条,《法国民法典》第 1569—1581 条。

等原则。故现代国家已少有采用。

(5) 联合财产制

它又称管理共同制,指婚后夫妻的婚前财产和婚后所得财产仍归各自所有,但除特有财产外,将夫妻财产联合在一起,由夫管理。夫对妻的原有财产有占有、使用、管理、收益权,必要时有处分权,而以负担婚姻生活费用为代偿;婚姻关系终止时,妻的财产由其本人收回或其继承人继承。此制源于中世纪日耳曼法,被近现代一些资本主义国家所沿用并发展。其虽较统一财产制有明显进步,但夫妻在财产关系上仍处于不平等地位,有悖男女平等原则。故现代社会里原采此制的一些国家如德国、日本、瑞士等已废止此制改行新制。

综上可见,夫妻财产制种类繁多,内容多样,但法定财产制与约定财产制是两种基本分类;共同财产制与分别财产制,则是夫妻财产制的两种最基本形态。在当今世界,促进夫妻平等,维护婚姻共同生活之圆满,保护第三人的利益及交易安全,已成为夫妻财产法的立法原则和目的。当代夫妻财产制立法的发展趋势是:分别财产制走向增加夫妻共享权,共同财产制引进分别财产制的因素。可以相信,兼采分别财产制与共同财产制的合理因素,将成为越来越多国家夫妻财产制的改革方向。

二、我国现行的法定夫妻财产制

我国现行《民法典》的法定财产制是夫妻共同财产制与夫妻个人特有财产制相结合的形式,《民法典》第1063条规定了夫妻个人特有财产的范围,以此对该法第1062条规定的夫妻共有财产的范围加以限制。此外,夫妻还可以通过约定设定夫妻个人特有财产。如果没有约定,则当然采用法定财产制,即除了法定的个人特有财产外,其余属于夫妻共同财产。

(一) 夫妻共同财产制

我国的法定夫妻共同财产制是婚后所得共同制,我国习惯上称为夫妻共同财产制。它是指在婚姻关系存续期间,夫妻双方或一方所得的财产,除另有约定或法定夫妻个人特有财产外,均为夫妻共同所有,夫妻对共同所有的财产,平等地享有占有、使用、收益和处分的权利的财产制度。

夫妻共同财产,是指夫妻双方或一方在婚姻关系存续期间所得的,除另有约定或法定夫妻个人特有财产以外的共有财产。它具有以下特征:

第一,夫妻共同财产所有权的主体,只能是具有婚姻关系的夫妻双方。由此决定了夫妻任何一方不能单独成为夫妻共同财产的所有权人,没有合法婚姻关系的男女双方也不能作为夫妻共同财产的所有权人。

第二,夫妻共同财产所有权的取得时间,是婚姻关系存续期间。即合法婚姻从领取结婚证之日起(男女未办结婚登记即以夫妻名义同居,被认定为事实婚姻的,从双方符合结婚实质要件时起),到配偶一方死亡或离婚生效时止。恋爱或订婚期间,不属于婚姻关系存续期间。夫妻分居或离婚判决未生效的期间,仍为婚姻关系存续期间。

第三,夫妻共同财产的来源,包括夫妻双方或一方所得的财产,但另有约定或法律另有规定属于个人特有财产的除外。这里的"所得",是指对财产所有权的取得,而非对财产必须实际占有。如果婚前已取得某财产所有权(如继承已开始),即使该财产在婚后才实际占有(如婚后遗产才分割),该财产仍不属夫妻共同财产。相反,如婚后取得某财产权利,即使婚姻关系终止前未实际占有,该财产也属夫妻共同财产。

以上三个特征同时具备,才是夫妻共同财产。

1. 夫妻共同财产的范围

依据我国《民法典》第1062条第1款的规定,夫妻在婚姻关系存续期间所得的下列财产,为夫妻共同财产,归夫妻共同所有:

(1) 工资、奖金、劳务报酬。工资是指作为劳动报酬按期付给劳动者的货币或实物,奖金是为了鼓励或表扬而给予的金钱或财物。

(2) 生产、经营、投资的收益。是指配偶一方或双方以农村承包经营户的名义从事农副业生产活动、以个体工商户的名义从事工商业生产活动、以个人合伙的名义从事合伙经营、依据企业法或公司法的规定从事生产经营活动所获得的财产。《民法典》第1062条增加"投资的收益",是对《婚姻法解释(二)》第11条第1项的继受。[1] 何为"投资"?投资,是指企业或个人以获得未来收益为目的,投放一定量的货币或实物,以经营某项事业的行为。投资可以划分为直接投资和间接投资两种方式。将货币或实物直接投于企业生产经营活动的,称为直接投资;将货币用于购买股票、债券等金融资产的,称为间接投资。投资收益应当具备以下特点:一是通过让渡一种财产而换取另一种财产,进而从新获得的资产中取得收益;二是收益的取得具有风险;三是需要投入时间、精力、智力、体力才能取得。[2]

(3) 知识产权的收益。是指婚姻关系存续期间实际取得或者已经明确可以取得的财产性收益。包括作品在出版、上演、播映后而取得的报酬,或允许他人使用而获得的报酬,专利权人转让专利权或许可他人使用其专利所取得的报酬,个体工商户或个人合伙的商标所有人转让商标权或许可他人使用其注册商标所取得的报酬。以知识产权的财产性收益明确时间是否在婚姻关系存续期间作为判断该部分收益归属的标准。知识产权的财产性收益明确时间在婚前的,即使收益实际取得在婚后,该收益也为个人婚前财产;知识产权的财产性收益明确时间在婚姻存续期间的,无论收益的实际取得是在婚姻期间还是在离婚后,该收益都为夫妻共同所有;知识产权的财产性收益明确时间在离婚后的,该收益都为个人财产。

(4) 因继承或赠与所得的财产。因继承所得的财产是指依据继承法的规定所继承的积极财产,即以遗产清偿被继承人所欠的税款和债务后所剩余的财产。遗产包括自然人的财产所有权、与所有权有关的财产权、债权、知识产权中的财产权等,因此因继承所取得的财产也不以所有权为限。因赠与所得的财产是指基于赠与合同而取得的财产。但并非所有继承或赠与所得的财产都是共同财产,遗嘱或赠与合同中确定只归一方所有的财产属于该方所有。

父母为子女购房出资的性质以及归属如何?近年来,由于房价高企,子女购房财力有限,往往需要父母的资助,为了子女能够安居乐业,很多父母也是倾其大半生积蓄。父母为子女购房出资的性质以及归属关涉各方切身利益,往往成为社会热点。最高人民法院《婚姻法解释(二)》和《婚姻法解释(三)》对此问题曾均有规定。根据《婚姻法解释(二)》,当事人结婚后,父母为双方购置房屋出资的,该出资应当认定为对夫妻双方的赠与,但父母明确表

---

[1] 《婚姻法解释(二)》第11条规定:"婚姻关系存续期间,下列财产属于婚姻法第十七条规定的'其他应当归共同所有的财产':(一) 一方以个人财产投资取得的收益……"

[2] 参见吴晓芳:《婚姻家庭纠纷审理热点、难点问答(一)》,载《民事法律文件解读》2011年第11辑(总第83辑),人民法院出版社2011年。

示赠与一方的除外。① 而《婚姻法解释(三)》曾规定,婚后一方父母出资为子女购买不动产且产权登记在自己子女名下的,可视为只对自己子女一方的赠与,应认定为夫妻一方的个人财产。②

根据《民法典》第1062条第1款第4项和第1063条第3项的规定,夫妻在婚姻关系存续期间继承或受赠的财产原则上为夫妻共同所有,除非遗嘱或者赠与合同中确定财产只归一方。也即,在我国法定夫妻财产制为婚后所得共同制的前提下,夫妻一方婚后所得的财产原则上均为夫妻共同所有,除非赠与合同中确定只归夫或妻一方。总体上,《婚姻法解释(二)》第22条第2款是符合立法精神的。但考虑到实践中的情形非常复杂,有借款的情形,也有赠与的情形;有只赠与一方的,也有愿意赠与双方的,如果当事人愿意通过事先协议的方式明确出资性质以及房屋产权归属,则能够最大限度减少纠纷的发生。为此,最高人民法院新的司法解释对《婚姻法解释(二)》第22条第2款进行了重新表述。首先规定当事人结婚后,父母为双方购置房屋出资的,依照约定处理;对于没有约定或者约定不明的,严格按照法律规定的精神,直接转引至《民法典》第1062条第1款第4项的规定,即如果没有明确表示是赠与一方的,则按照夫妻共同财产处理。③

实践中,对父母为子女购房出资的性质是借贷还是赠与,各方可能存在争议,人民法院应当根据查明的案件事实,准确认定双方的法律关系是借款还是赠与,不能仅依据《民法典婚姻家庭编解释(一)》第29条想当然地认为是赠与法律关系。要特别强调的是,在相关证据的认定和采信上,注意适用《最高人民法院关于适用〈中华人民共和国民事诉讼法〉的解释》第105条的规定,运用逻辑推理和日常生活经验法则,对证据有无证明力和证明力大小进行判断,从而准确认定法律关系的性质。从中国现实国情看,子女刚参加工作缺乏经济能力,无力独自负担买房费用,而父母基于对子女的亲情,往往自愿出资为子女购置房屋。大多数父母出资的目的是要解决或改善子女的居住条件,希望让子女生活更加幸福,而不是日后要回这笔出资,因此,在父母一方主张为借款的情况下,应当由父母来承担证明责任,这也与一般人的日常生活经验感知一致。

认定父母为子女出资购房为赠与的情况下,人民法院应当准确认定是赠与一方还是赠与双方。根据《民法典》第1062条的规定,婚姻关系存续期间受赠的财产原则上为夫妻共同财产,除非是赠与合同中确定只归一方的财产。基于父母子女间密切的人身关系和特有的中国传统家庭文化的影响,实践中父母与子女之间一般并没有正式赠与合同的存在,或者说没有一个书面赠与合同的存在,对于是否存在口头的赠与合同以及赠与合同的内容,在夫妻离婚时往往是双方争议的焦点。本书认为,虽然《民法典婚姻家庭编解释(一)》删除了《婚姻法解释(三)》第7条,但是,在一方父母出全资并且在购买不动产后将不动产登记在自己一方子女名下的,考虑到《物权法》(已失效)已经实施多年,普通民众对不动产登记的意义已经有较

---

① 《婚姻法解释(二)》第22条第2款。
② 《婚姻法解释(三)》第7条。最高人民法院新闻发言人指出,在实际生活中,父母出资为子女结婚购房往往倾注全部积蓄,一般也不会与子女签署书面协议,如果离婚时一概将房屋认定为夫妻共同财产,势必违背了父母为子女购房的初衷和意愿,实际上也侵害了出资购房父母的利益。所以,房屋产权登记在出资购房父母子女名下的,视为父母明确只对自己子女一方赠与比较合情合理,这样处理兼顾了中国国情与社会常理,有助于纠纷的解决。最高人民法院新闻发言人孙军工:《关于〈最高人民法院关于适用〈中华人民共和国婚姻法〉若干问题的解释(三)〉的新闻发布稿》,2011年8月。
③ 《民法典婚姻家庭编解释(一)》第29条第2款。

为充分的认识,在出资后将不动产登记在自己一方子女名下,认定为是父母将出资确定赠与给自己子女一方的意思表示,符合当事人本意,也符合法律规定的精神。

最高人民法院《婚姻法解释(三)》还规定,由双方父母出资购买不动产,产权登记在一方子女名下的,该不动产可认定为双方按照各自父母的出资份额按份共有。《民法典婚姻家庭编解释(一)》删除了双方父母出资情况下房产按份共有的规定。实践中,由于房价高企,一方父母可能无力单独承担购房负担,由双方父母共同出资为子女购房的情形并不鲜见,父母为子女出资购房不仅是家族财产的传递形式之一,也寄托了父母对子女婚姻幸福美满的期望,在双方没有明确约定的情况下,认定为是按份共有与家庭的伦理性特征不相符,也与法律规定有一定冲突。根据《民法典》第1062条的规定,在没有明确表示赠与一方的情况下,应当归夫妻共同所有。同时,《民法典》第308条也规定,共有人对共有的不动产或者动产没有约定为按份共有或者共同共有,或者约定不明确的,除共有人具有家庭关系等外,视为按份共有。可见,在双方没有明确约定的情况下,基于家庭关系的特殊身份属性,不宜认定为按份共有。①

(5)其他应当归共同所有的财产。其他应当归共同所有的财产是指夫妻单独取得或共同取得的除了上述共同财产之外的财产。最高人民法院的婚姻法司法解释对此作出了比较具体的规定,《民法典婚姻家庭编解释(一)》基本延续了这些规定。根据《民法典婚姻家庭编解释(一)》第25条,婚姻存续期间的下列财产属于"其他应当归共同所有的财产":第一,一方以个人财产投资取得的收益;第二,男女双方实际取得或者应当取得的住房补贴、住房公积金;第三,男女双方实际取得或者应当取得的养老保险金、破产安置补偿费。

由一方婚前承租、婚后用共同财产购买的房屋,登记在一方名下的,应当认定为夫妻共同财产。②

此外,本书认为婚姻存续期间的下列财产也应当归夫妻共同所有:第一,对个人财产加以改良后所增加的价值部分,如夫妻双方在婚姻关系存续期间对一方婚前个人房屋进行修缮、装修、重建,该房屋的所有权仍属夫或妻一方,但因修缮、装修、重建而使该房屋增值的,该增值部分可作为夫妻共同财产。第二,夫妻共同所有的动产的添附等。第三,男女双方实际取得或者应当取得的退休金、失业保险金以及解除劳动合同的经济补偿金。此外还要注意:如果双方依法办理了结婚登记等手续,不管当事人是否同居生活,其后所取得的财产一般均认定为夫妻共同财产。

2. 夫妻共同债务的认定标准

夫妻共同债务也是夫妻共同财产的一部分,属于消极财产。《民法典》第1064条规定了夫妻共同债务的认定规则③,既涉及民事权利规范,又涉及民事证据规则。这包括三个方面的内容:一是基于共同意思表示的认定,基于签字等共同意思表示所形成的债务为夫妻共同

---

① 参见郑学林、刘敏、王丹:《〈关于适用民法典婚姻家庭编的解释(一)〉若干重点问题的理解与适用》,载《人民司法》2021年第13期。
② 《民法典婚姻家庭编解释(一)》第27条。
③ 《民法典》第1064条规定:"夫妻双方共同签名或者夫妻一方事后追认等共同意思表示所负的债务,以及夫妻一方在婚姻关系存续期间以个人名义为家庭日常生活需要所负的债务,属于夫妻共同债务。夫妻一方在婚姻关系存续期间以个人名义超出家庭日常生活需要所负的债务,不属于夫妻共同债务;但是,债权人能够证明该债务用于夫妻共同生活、共同生产经营或者基于夫妻双方共同意思表示的除外。"

债务,这包括夫妻事前共同签字和事后追认。二是基于对日常家事代理权和日常生活需要目的的认定,一方在婚内以个人名义所负债务,能够证明用于家庭日常生活需要的,可以认定为夫妻共同债务。三是基于对日常生活需要对应的"共同用途论"的认定,一方在婚内以个人名义所负债务,超出家庭日常生活需要的,不能认定为夫妻共同债务。但债权人有证据证明此债务被用于夫妻共同生活、共同生产经营或者基于夫妻共同意思表示的,可以认定为夫妻共同债务。债权人若要将夫妻一方以个人名义所负且超出日常生活需要的债务认定为夫妻共同债务,需要证明该债务的"共同用途"。夫妻共同债务的认定和清偿关涉夫妻一方、夫妻另一方和债权人之间的利益平衡,对这三方的利益需要平等保护。第1064条证明责任的分配比较好地把握了婚姻家庭的保护和债权人的保护两者之间的价值平衡。债务规则的道德风险存在于两方面,一方面存在配偶双方串通损害债权人利益的风险。另一方面,存在配偶一方与债权人串通损害配偶另一方利益的风险。

证明责任分配制度设计一定要考虑价值平衡:

第一,配偶另一方是否参与到债务形成的行为中?如果参与了,则配偶另一方可以较好地控制风险,且有更高的获利可能性,故其应对自己意思表示的结果承担责任。

第二,是否基于家庭日常生活需要而负债?如果是日常生活需要,债权人更有可能推定配偶一方是同意的,进而可能无法采取有效的防范措施;并且,配偶很可能因此获利。如果超出了日常生活需要,债权人无条件相信配偶的同意便不值得保护,应课以债权人更高的调查义务;并且,配偶的获利可能性较小。

在具体债务的认定中,需要结合案件事实分析,并对"日常家事代理权""共同意思表示""夫妻共同生活""共同生产经营""家庭日常生活需要"作适当的解释。所谓"共同生活、共同生产经营"应当包括:

第一,举债期间夫妻一方购买房产用于共同生活,或者形成共同财产;购买车辆、装修、休闲旅行;参加教育培训、接受重大医疗服务;夫妻一方资助未成年子女出国、接受私立教育,支付子女的医疗费,资助子女结婚,履行赡养义务等。

第二,举债期间共同从事生产经营活动,夫妻共同生产经营指债务款项的专用性(债务专用于生产经营)、夫妻经营的共同性(夫妻共同决策、共同投资、分工合作、共同经营管理)。

第三,举债期间一方以个人名义进行生产经营投资,收益用于家庭共同生活。

(1)夫妻双方合意所生之债为夫妻共同债务

无论是夫妻双方共同签字还是夫妻一方事后追认,都是夫妻双方合意的表达形式。民法以意思自治为基石,意识自治在合同领域即为契约自由,民事主体有选择是否缔结、跟谁缔结、缔结何种内容之契约的自由。夫妻双方一致同意对外举债,这也是契约自由在家庭法中的体现。基于契约必守的合同法基本原则,夫妻双方对于经过自己同意的合同约定应当遵守和履行,应对双方合意发生的合同之债承担共同清偿的义务。

"夫妻双方共同签字"指的是夫妻双方在债务发生的相关文书(合同或承诺书)上共同签名,表示对文书内容的认可。它是一种事先的书面同意,夫妻双方共同签字所生债务仅指意定之债,不包括法定之债,因为诸如侵权之债之类的法定之债是无法事先通过签字来决定其发生并予以承担的。

"夫妻一方事后追认"指的是非债务人一方配偶对于债务人一方配偶单方负担的债务表

示"事后同意"。追认既可以是书面追认,也可以是口头追认或通过其他形式表示。夫妻一方事后追认,从文义上看,不仅适用于意定之债,也适用于法定之债。如丈夫开车将第三人撞伤,妻子事后对伤者承诺,该债务她也会认可并共同清偿。

（2）日常家事代理之单方举债为夫妻共同债务①

日常家事代理是指夫妻一方因日常事务而与第三人交往时,所为法律行为应当视为夫妻共同的意思表示,并由另一方承担连带责任的制度。日常家事代理是家庭法上一种特殊的法定代理,基于法律规定而产生。夫妻一方所为交易,法律为何要推定另一方同意？盖因其系为夫妻日常共同生活所必需,推定另一方同意并不会损及其利益,更有便捷交易、节省交易成本之功能。日常家事代理制度的关键点在于,夫妻一方所从事的交易是否属于满足夫妻日常生活需要的合理范围。

何为家庭日常生活需要？首先,"家庭日常生活"与"家庭生活"不同。前者范围较小,且具有发生频率高、金额小的特点,而后者范围则要广泛得多,只要事关家庭成员共同利益,都可以称得上家庭生活。其次,"家庭日常生活"主要涉及家庭成员日常的吃穿住行,以及基本的文体卫活动。如购买食品、衣服,支付房屋租金,购买车票,支付未成年子女的学费,支付家庭成员的医疗费;等等。需注意的是,"住"仅限于租房和按揭还款,不应包括购房、换房等大额交易。上述列举的其他项目也一律不应包括奢侈性消费或过度消费,例如子女教育就不宜包括送子女去海外留学的费用支出。最后,家庭财产状况不同,决定了"满足家庭日常生活需要"的标准不同。但就一般原则而言,对"满足家庭日常生活需要"应作严格解释,以保障非举债方的财产安全。家事代理权的适用范围必须进行严格限定,超出其外的,有夫妻合意举债表象的,可适用表见代理制度。

既然是基于代理所发生的债务,那么该债务必然是基于法律行为所生之债,即意定之债,不包括法定之债。日常家事代理之债不应包括借贷和担保。从比较法角度看,无论是法国还是德国,满足家庭日常生活所需的家事代理权之适用范围,均将借贷排除在外。究其原因,主要是借贷与其他交易类型不同。后者是通过向第三者支付换取生活资料,直接满足家庭日常生活,这些标的物是否适合用于家庭日常生活,以及实际上是否用于了家庭日常生活,较易辨别;而借贷是举债人从第三者处取得货币,并非直接用于满足家庭日常生活。同时,货币作为一般等价物和流通物,其流转的便捷性无与伦比,举债人是否将借来的货币用于家庭日常生活,较难辨别,举债人的配偶也很难去证明。至于担保则纯属负担,并无利益可言,因此也应排除在日常家事代理之外。

在2018年《最高人民法院关于审理涉及夫妻债务纠纷案件适用法律有关问题的解释》出台后,有个别省出台指导意见,规定20万元以下的债务可以考虑作为"满足家庭日常生活"所负的债务。本书认为,数额标准具有直观、可操作性强的特点,故将20万元作为家事代理所生债务的上限的确有指导意义,不过,切不可机械地根据债务数额来判定债务性质。

（3）用于夫妻共同生活、共同生产经营的大额单方负债亦为夫妻共同债务

何为夫妻共同生活？凡事关夫妻共同利益者,皆为夫妻共同生活,当然以不违背另一方可推知意愿为限。无论是客观上增加了夫妻共同财产,还是主观上为了增加夫妻共同财产,举债相关交易都可以视为"用于夫妻共同生活",因为并非所有的夫妻一方所为交易在结果

---

① 参见李洪祥：《论日常家事代理权视角下的夫妻共同债务构成》,载《当代法学》2020年第5期。

上都是盈利的,相反可能是亏损的。因此,不能根据客观结果上的盈利与否、夫妻共同财产增加与否来判断交易是否为了夫妻共同生活。当然,对于主观动机要作严格解释,不能完全取决于举债人的个人说辞,而是要遵循一般理性人标准。只有客观理性的第三人处于交易方配偶的位置,认为发生相关交易的确是为了夫妻双方共同利益,才能将该交易解释为用于夫妻共同生活。另外,即使客观上的确有利于夫妻共同财产的增加,也未必都属于"用于夫妻共同生活",如丈夫参加赌博活动或者从事盗窃犯罪活动,虽然财产可能一时增加,但相关活动不能认定为了夫妻共同生活,相关债务也不应认定为夫妻共同债务。对于夫妻一方从事不法行为给夫妻共同财产带来的增益部分,受害人(债权人)可要求返还。

何为夫妻共同生产经营?"生产经营"指向一切工商业活动,与家庭偶发的民事交易区别开来;"夫妻共同生产经营"指向"双方亲自参与",与"一方从事工商业活动而另一方分享盈利"区别开来。当我们说某人从事生产经营时,通常指的是他或她投入资本(货币出资或其他财产出资),有时候还会投入智力和劳力(技术或劳动出资),也就是说,以货币或其他财产出资为主要标准,以技术或劳动出资为次要标准。据此,夫妻共同生产经营可以采取类型化的思维方式:① 夫妻为同一公司或合伙企业的大股东或合伙人;② 夫妻一方为公司大股东或合伙企业合伙人,另一方为同一公司或合伙企业的董事、监事或高级管理人员;③ 夫妻一方为个人独资企业的股东,而另一方长期实际参与企业的生产经营管理;④ 夫妻一方负责特定项目的生产经营(如承包某建设工程的特定项目段),另一方参与该特定项目的实际管理;等等。

需要强调的是,当夫妻一方从事生产经营(如与第三人合伙做生意),所获部分利润用于家庭购买房屋、车辆等,客观上增加了夫妻共同财产时,该方在生产经营活动中的相关债务(尤其是借贷之债),不宜径自认定为"用于夫妻共同生产经营",而应当根据个案具体情况,认定相关债务是否属于"用于夫妻共同生活"。因为这种情形下,并不存在"夫妻共同生产经营"的法律事实。也就是说,不能将"夫妻共同生产经营"与"夫妻一方生产经营+共同受益"简单地画等号。

3. 夫妻共同财产权的行使

夫妻共同财产的性质是共同共有,因而夫妻对全部共同财产,应不分份额平等地享受权利和承担义务。不能根据夫妻双方收入的有无或高低,来确定其享有共有财产所有权的有无或多少。夫妻双方对于共同财产享有平等的占有、使用、收益、处分的权利。处分权是所有权最重要的权能,是所有权的最高表现。我国《民法典》特别规定:夫妻对共同所有的财产有平等的处理权。这一条应当理解为:第一,夫或妻在处理夫妻共同财产上的权利是平等的,因日常生活需要而处理夫妻共同财产的,任何一方均有权决定。第二,夫或妻非因日常生活需要对夫妻共同财产作重要处理决定的,夫妻双方应当平等协商,取得一致意见。他人有理由相信其为夫妻双方共同意思表示的,另一方不得以不同意或不知道为由对抗善意第三人。由此给配偶造成的损失,应由擅自处分财产的配偶一方予以赔偿。《民法典婚姻家庭编解释(一)》第 28 条规定:一方未经另一方同意出售夫妻共同所有的房屋,第三人善意购买、支付合理对价并已办理不动产登记,另一方主张追回该房屋的,人民法院不予支持。夫妻一方擅自处分共同所有的房屋造成另一方损失,离婚时另一方请求赔偿损失的,人民法院应予支持。①

实践中经常发生这样的纠纷,如丈夫瞒着妻子将夫妻共同所有的房产卖给第三人,如果已经办理房产过户手续,那么应保护无辜配偶的利益还是保护第三人的利益?这个问题确实比较棘手,既关系到夫妻财产制度的落实和婚姻法对夫妻双方利益的保护,也关系到交易秩序的稳定和安全,关键在于如何平衡无辜配偶一方与第三人之间的利益。最近十几年来房产交易日趋频繁,纠纷也日益增多。当夫或妻一方与第三人发生不动产物权交易时,该不动产登记在夫妻一方名下但实际属于夫妻共同财产的,如果第三人尽到了必要的审查与注意义务,支付合理的房屋价款且已经办理变更登记手续,为了保护交易安全,根据善意取得制度,第三人可以取得不动产物权。《物权法》第 106 条第 1 款规定:"无处分权人将不动产或者动产转让给受让人的,所有权人有权追回;除法律另有规定外,符合下列情形的,受让人取得该不动产或者动产的所有权:(一) 受让人受让该不动产或者动产时是善意的;(二) 以合理的价格转让;(三) 转让的不动产或者动产依照法律规定应当登记的已经登记,不需要登记的已经交付给受让人。"《民法典》第 311 条第 1 款延续了该规定。以上规定的三个构成要件是满足善意取得的前提。就第三人而言,要求其在房产交易中审查出卖人是否有配偶、处分的财产是否属于夫妻共同财产是不现实的,也不利于财产流转。基于不动产登记的公示公信力,从社会诚信以及保护善意第三人的角度考虑,对配偶一方以不知情、不同意为由主张返还房屋的诉讼请求不予支持。②《民法典》第 311 条第 2 款规定:"受让人依据前款规定取得不动产或者动产的所有权的,原所有权人有权向无处分权人请求损害赔偿。"

也曾有专家建议规定除外情形,即房屋属于家庭共同生活唯一居住用房的除外。因生存是第一要素,夫妻一方擅自将家庭仅有的一套房屋出售,如果支持善意第三人的主张,会出现另一方无家可归的情况。从《婚姻法解释(三)》公开征求意见反馈的情况来看,多数意见认为,除外条款实际上否定了《物权法》第 106 条的规定,原则上这种例外条款不应被允许。如果善意第三人付出家庭全部积蓄购入的房屋也是其家庭唯一生活住房,如何平衡二者之间的利益?另外,民事执行程序中已经规定,对于唯一住房不予执行,这就已经考虑到了生存权、居住问题,没必要在婚姻法解释中再专门规定;在房价高涨的现实情况下,担心这个条款可能会被卖房反悔的人利用,这样不利于保护交易安全和善意第三人的合法权益。③

在婚姻关系存续期间,夫妻双方对共同财产具有平等的权利,因日常生活需要而处理共同财产的,任何一方均有权决定;非因日常生活需要对夫妻共同财产作重要处理决定的,夫妻双方应当平等协商,取得一致意见。夫妻一方非因日常生活需要而将共同财产无偿赠与他人的,严重损害了另一方的财产权益,有违民法上的公平原则,这种赠与行为应属无效。

夫妻一方将大额夫妻共同财产擅自赠与他人的,该赠与行为应认定部分无效还是全部无效?

夫妻共同财产是基于法律规定,因夫妻关系的存在而产生的。在夫妻双方未选择其他财产制的情形下,夫妻对共同财产形成共同共有,而非按份共有。根据共同共有的一般原理,在婚姻关系存续期间,夫妻共同财产应作为一个不可分割的整体,夫妻对全部共同财产

---

① 该条继受自最高人民法院《婚姻法解释(三)》第 11 条。
② 参见最高人民法院民一庭负责人答记者问:《总结审判实践经验凝聚社会各界智慧,正确合法及时审理婚姻家庭纠纷案件》,载《人民法院报》2011 年 8 月 13 日。
③ 参见同上。

不分份额地共同享有所有权,夫妻双方无法对共同财产划分个人份额,也无权在共有期间请求分割共同财产。夫妻对共同财产享有平等的处理权,并不意味着夫妻各自对共同财产享有半数的份额。只有在共同共有关系终止时,才可对共同财产进行分割,确定各自份额。离婚时分割夫妻共同财产原则上是平分的,但未经司法程序或者行政程序合法有效地分割之前,无法确定一方的份额一定是一半。离婚时财产分割的原则是照顾子女和女方权益,根据实际情况,男方也许只能分到40%的夫妻共同财产,故一方究竟得到多少份额是未定的。因此,夫妻一方擅自将共同财产赠与他人的行为应为全部无效,而非部分无效。

夫妻之间订立借款协议,以夫妻共同财产出借给一方从事个人经营活动或用于其他个人事务的,应视为双方约定处分夫妻共同财产的行为,离婚时可按照借款协议的约定处理。①

夫妻对共同财产平等地享有权利,同时平等地承担义务。夫妻共同生活费用,应以夫妻共同财产负担,若共同财产不足负担时,由夫妻双方以个人财产分担。夫妻为共同生活或为履行扶养、赡养义务等所负债务,为夫妻共同债务,应当以夫妻共同财产清偿,夫妻双方应承担连带责任。参见"婚姻的终止"一章中有关部分。

4. 夫妻共同财产制的终止

夫妻共同财产制因夫妻一方死亡而终止,也可因离婚或其他原因,如改采其他夫妻财产制而终止,在国外亦可依共同财产制撤销之诉等而终止。夫妻共同财产制终止,意味着夫妻共同财产关系消灭,从而发生夫妻共同财产的分割。因一方死亡而终止夫妻共同财产制时,夫妻共同财产的分割,按我国《民法典》第1153条第1款的规定,即:"夫妻共同所有的财产,除有约定的外,遗产分割时,应当先将共同所有的财产的一半分出为配偶所有,其余的为被继承人的遗产。"因离婚而终止夫妻财产制时,夫妻共同财产的分割,参见"婚姻的终止"一章中有关部分。

不离婚的前提下能否对夫妻共有财产请求分割?《民法典》规定了特定情形下的婚内析产。婚姻关系存续期间,有下列情形之一的,夫妻一方可以向人民法院请求分割共同财产:(1)一方有隐藏、转移、变卖、毁损、挥霍夫妻共同财产或者伪造夫妻共同债务等严重损害夫妻共同财产利益的行为;(2)一方负有法定扶养义务的人患重大疾病需要医治,另一方不同意支付相关医疗费用。②

一方能否在不解除婚姻关系的情况下主张对夫妻共同财产进行分割,审判实践中存在较大争议。一种观点认为,夫妻共同财产这种共有关系是最典型的共同共有关系,共同共有人在共有关系存续期间,一般不得请求分割共同财产,只要共有关系存在,共有人对共有财产就无法划分各自的份额,无法确定哪个部分属于哪个共有人所有。只有在共有关系终止,共有财产分割以后,才能确定各共有人的份额。因此,在婚姻关系存续期间,一方请求分割夫妻共同财产的,人民法院不应受理。还有一种观点认为,在某些情形下,法律应当提供夫妻一方在婚姻关系存续期间保护自己财产权利的救济途径。如持有或控制夫妻共同财产的一方,私自对夫妻共同财产进行转移、变卖,为了赌博、吸毒而单独处分共同财产等,而另一方因种种复杂的因素不想离婚,或者在起诉离婚后被法院判决不准离婚,如果绝对不允许婚姻关系存续期间分割夫妻共同财产,只能眼睁睁看着对方随意处分夫妻共同财产而无可奈

---

① 《民法典婚姻家庭编解释(一)》第82条。
② 《民法典》第1066条。

何,其结果有悖公平原则。原《物权法》第 99 条、现行《民法典》第 303 条的规定也突破了传统民法的共有理论,即允许共同共有人在特殊情况下请求分割共有物,同时还要保持共有关系。① 但是,在不解除婚姻关系的前提下对夫妻共同财产予以分割只能是一种例外,必须具有"重大理由",否则其负面效应不可低估。另外,在夫妻一方需要履行法定扶养义务(比如一方父母患重病住院急需医疗费),而另一方不同意给付时,在不解除婚姻关系的情况下,为保障一方有能力履行其法定义务,应准许分割夫妻共同财产。②

(二) 夫妻个人特有财产制

夫妻一方财产也叫夫妻特有财产,是指夫妻在婚后实行共同财产制时,依据法律的规定或夫妻双方的约定,夫妻保有个人财产所有权的财产。原《婚姻法》第 18 条、现行《民法典》第 1063 条的"夫妻一方的个人财产"是指法定的夫妻特有财产。确立夫妻特有财产制的立法宗旨是保护公民在婚姻家庭中的合法权益。根据我国《宪法》和《民法典》的规定,公民个人的财产权利不应因该公民与他人缔结婚姻关系而丧失其存在的必要,法律仍应给予承认和保护。

法定的夫妻特有财产是指夫妻一方婚前个人享有所有权的财产和在婚姻关系存续期间取得的并依法应当归夫妻一方所有的财产。法定的夫妻特有财产的性质属于公民个人财产的范畴,依法受法律保护。我国《民法通则》第 75 条曾规定:"公民的个人财产,包括公民的合法收入、房屋、储蓄、生活用品、文物、图书资料、林木、牲畜和法律允许公民所有的生产资料以及其他合法财产。公民的合法财产受法律保护,禁止任何组织或者个人侵占、哄抢、破坏或者非法查封、扣押、冻结、没收。"《民法典》总则编第五章详细规定了民事主体的财产权利受法律平等保护。民事主体依法享有物权、债权、继承权、股权和其他投资性权利,以及知识产权。为了适应互联网和大数据时代发展的需要,《民法典》总则编规定,法律对数据、网络虚拟财产的保护有规定的,依照其规定。根据这些法律规定,我国婚姻家庭法确立夫妻个人特有财产权制度,是对公民个人在婚姻家庭中合法财产权益的承认和维护。

1. 法定夫妻特有财产的范围

依据现行《民法典》第 1063 条的规定,夫妻特有财产由以下财产组成:

(1) 一方的婚前财产。是指结婚以前夫妻一方就已经享有所有权的财产。既包括夫妻单独享有所有权的财产,也包括夫妻一方与他人共同享有所有权的财产;既包括婚前个人劳动所得的财产,也包括通过继承、受赠和其他合法渠道而获得的财产;既包括现金、有价证券,也包括购置的物品等。

《民法典婚姻家庭编解释(一)》明确夫妻一方个人财产在婚后产生的孳息和自然增值是个人财产。③

---

① 《物权法》第 99 条规定:"共有人约定不得分割共有的不动产或者动产,以维持共有关系的,应当按照约定,但共有人有重大理由需要分割的,可以请求分割;没有约定或者约定不明确的,按份共有人可以随时请求分割,共同共有人在共有的基础丧失或者有重大理由需要分割时可以请求分割。因分割对其他共有人造成损害的,应当给予赔偿。"

② 参见最高人民法院民一庭负责人答记者问:《总结审判实践经验凝聚社会各界智慧,正确合法及时审理婚姻家庭纠纷案件》,载《人民法院报》2011 年 8 月 13 日。

③ 参见《民法典婚姻家庭编解释(一)》第 26 条。一般而言,夫妻一方财产在婚后的收益主要包括孳息、投资经营收益和自然增值。《婚姻法》规定了婚姻关系存续期间所得的生产、经营收益及知识产权收益归夫妻共同所有,《民法典》明确规定以个人财产投资所得的收益为夫妻共同财产,但对孳息和自然增值这两种情形如何认定未予明确。《婚姻法解释(三)》第 5 条曾规定:夫妻一方个人财产在婚后产生的收益,除孳息和自然增值外,应认定为夫妻共同财产。《民法典婚姻家庭编解释(一)》第 26 条保留了这个规定。

（2）一方因受到人身损害获得的赔偿或者补偿。根据我国《民法典》第1179条的规定，侵害他人造成人身损害的，应当赔偿医疗费、护理费、交通费、营养费、住院伙食补助费等为治疗和康复支出的合理费用，以及因误工减少的收入。造成残疾的，还应当赔偿辅助器具费和残疾赔偿金。法律之所以作出这种规定，是出于保护公民个人身体健康权的需要，目的是保障受害人的就医，使其能尽可能恢复健康并保障其生活。公民的身体健康权属于人格权的一种，与公民个人的人身存在具有密不可分性，因此，一旦公民的身体健康权受到侵害，受害者本人有权要求侵权行为人承担民事赔偿责任，依法获得相应的医疗费、残疾人补助费等费用。由于这类费用是公民因个人身体健康受到伤害所依法获得的补偿，理应归受到伤害的公民个人所享有。在婚姻关系存续期间，夫妻一方的身体健康受到伤害，依法所获得的医疗费、残疾人生活补助费等费用，同样也只能归受到伤害者本人所有。最高人民法院司法解释明确规定，军人的伤亡保险金、伤残补助金、医药生活补助费属于个人财产。①

（3）遗嘱或赠与合同中确定只归一方的财产。世界上大多数使用共同财产制的国家都规定夫妻一方继承或受赠的财产属于个人所有。我国《民法典》第1133条第2款和第3款规定："自然人可以立遗嘱将个人财产指定由法定继承人中的一人或者数人继承。自然人可以立遗嘱将个人财产赠与国家、集体或者法定继承人以外的组织、个人。"依照这条法律规定，作为被继承人的自然人在生前可以按照其个人意愿依法以遗嘱方式处分其个人财产，指定遗嘱继承人或受遗赠人。如果被继承人在遗嘱中指明了其遗产只归已婚的夫或妻一方继承或者受遗赠，这种指定是完全合法有效的。基于此遗嘱内容的法律效力，夫或妻一方便享有所继承或受遗赠的财产的所有权。

《民法典》合同编第657条规定："赠与合同是赠与人将自己的财产无偿给予受赠人，受赠人表示接受赠与的合同。"由于赠与合同是赠与人与特定的受赠人之间达成的协议，所赠与财产的所有权只能转移给特定的受赠人，因此，如果赠与人在赠与合同中指明其将某项财产赠与给已婚的夫或妻一方，则所赠与的财产就应当属于夫或妻一方。

根据最高人民法院《民法典婚姻家庭编解释（一）》，当事人结婚前，父母为双方购置房屋出资的，该出资应当认定为对自己子女的个人赠与，但父母明确表示赠与双方的除外。

（4）一方专用的生活用品。一方专用的生活用品是指婚后以夫妻共同财产购置的供夫或妻个人使用的生活消费品，如衣物、饰物等。由于这类财产在使用价值方面具有特殊性，不是夫妻双方通用或者共用的生活用品，所以应属于夫或妻一方个人所有。

（5）其他应当归一方的财产。"其他应当归一方的财产"，是指依照其他有关法律规定而归属于特定行为人本人享有所有权的财产。夫妻在社会生活中参与的社会关系是多样的，因而可能会以其不同行为取得不同的财产所有权。例如，夫妻一方因参与体育竞赛活动取得优胜而荣获奖杯、奖牌，这类物品记载着优胜者的荣誉权，其财产所有权应当归享有该项荣誉权的夫妻一方。

根据我国现行《民法典》的精神和有关司法解释，认定夫妻个人特有财产时还要注意：

我国《民法典》第1063条规定为夫妻一方的个人财产，不因婚姻关系的延续而转化为夫妻共同财产。但当事人另有约定的除外。② 夫妻一方所有的财产在婚后不论其形态发生什

---

① 《民法典婚姻家庭编解释（一）》第30条。
② 同上。

么变化,仍然是一方所有的财产,但是夫妻一方以个人财产投资在婚后取得的收益应当归夫妻共有。

2. 夫妻对特有财产的权利义务

夫妻特有财产是夫妻婚后依法或依约定保留的个人所有财产。故夫妻一方的特有财产,其效力等同于婚前个人财产,夫妻一方可依自己的意愿独立行使占有、使用、收益和处分的权利,不需征得对方同意;同时,对婚姻关系存续期间夫妻一方所负的个人债务及其特有财产所生债务等,均应由其特有财产负担清偿责任。

三、我国现行的约定夫妻财产制

约定夫妻财产制是关于法律允许夫妻用协议的方式,对夫妻在婚姻关系存续期间所得财产以及婚前财产所有权的归属、管理、使用、收益、处分及债务的清偿、婚姻解除时财产的清算等事项作出约定,排除法定夫妻共同财产制适用的制度。

我国约定夫妻财产制立法于1930年国民党政府《民法》亲属编始有规定。按其规定,夫妻得于婚前或婚后以契约形式约定夫妻财产制(须在法律规定的共同财产制、统一财产制和分别财产制中选择其一);该项契约的订立、变更或废止,非经登记不发生对抗第三人的效力。1985年我国台湾地区"民法"亲属编被修订后,简化约定财产制为共同财产制与分别财产制两种类型。

中华人民共和国成立后,1950年《婚姻法》虽未对夫妻财产约定问题作出明文规定,但在立法解释上认为,婚姻法关于夫妻财产关系的概括性的规定,不妨碍夫妻间真正根据男女权利平等和地位平等原则来作出任何种类家庭财产的所有权处理权与管理权相互自由的约定,对一切种类的家庭财产问题,都可以用夫妻双方平等的自由自愿的约定方法来解决。[①] 但由于传统习惯的影响和当时经济欠发达、家庭财产不多等因素的制约,实际生活中夫妻实行约定财产关系的很少见。

随着我国社会的发展,人民物质文化生活水平不断提高,公民的家庭财产日益增多,夫妻财产关系日益复杂,人们的婚姻家庭观念也发生了变化。1980年《婚姻法》适应新时期调整夫妻财产关系的需要,在规定法定财产制为夫妻共同财产制的同时,又规定允许夫妻就财产关系自愿约定,以排除共同财产制的适用。我国婚姻法允许夫妻按照双方的意愿,约定处理双方的财产关系,可以满足新形势下夫妻因各种原因(如个人承包经营、再婚夫妻的财产、涉外婚姻及涉及港、澳、台同胞的婚姻等)以多种形式处理双方财产问题的需要,体现了夫妻享有平等的财产权利,有利于减少家庭纠纷,保护当事人的合法权益,促进家庭经济和社会经济的发展。

2001年修正后的我国《婚姻法》第19条较详细地规定了约定的财产范围、约定的方式、约定的内容和约定的对内、对外效力,使约定财产制更便于为广大人民接受和运用。《民法典》婚姻家庭编延续了这些规定。

我国实行法定财产制与约定财产制相结合的夫妻财产制,法定财产制与约定财产制两者的适用原则是"有约定从约定,无约定从法定"。也就是说,对于夫妻财产关系,如夫妻双方有约定的,应按约定处理;如无约定或约定无效,则适用法定财产制。即约定财产制可排

---

① 中央人民政府法制委员会:《关于中华人民共和国婚姻法起草经过和起草理由的报告》,1950年4月14日。

斥法定财产制优先适用,前者具有优先于后者适用的效力。

1. 约定夫妻财产制的对象

按照我国《民法典》第1065条的规定,约定夫妻财产制的对象,既包括夫或妻一方的婚前个人财产,也包括夫妻双方在婚姻关系存续期间所得的财产。法律之所以作出这种规定,是因为夫妻双方作为共同生活的当事人,有权根据自己的意愿依法对其婚前个人财产和婚姻关系存续期间所得财产进行处分,从而实现其财产利益。

2. 约定夫妻财产制的方式

约定夫妻财产制的约定方式,只能采用书面形式。这一法律规定的原因在于,夫妻财产制的约定不仅涉及夫妻双方的重大财产利益和婚姻家庭生活的物质保障,还影响到第三人的财产利益,所以,法律要求约定夫妻财产制的约定方式采用书面形式,以利于准确地表达夫妻双方关于约定财产制的真实意思表示,防止发生财产纠纷,有效地保护第三人的合法债权。

3. 约定夫妻财产制的内容

依据我国《民法典》第1065条的规定,约定的内容包括两个方面:(1)男女可以约定一方或双方的婚前个人财产归夫妻共同所有,或部分共同所有、部分各自所有。(2)男女可以约定婚姻关系存续期间所得的财产归双方共同所有,或者归各自所有,或者部分共同所有、部分各自所有。本书认为,我国的约定财产制并不局限于共同所有、各自所有、部分共同所有、部分各自所有四种形式,《民法典》第1065条列举的四种财产制只是例示,当事人可以自由进行夫妻财产约定。①

4. 约定夫妻财产制的对内效力

夫妻之间依法达成的有关夫妻财产制的约定,对双方当事人均具有约束力。这种约束力体现在:

(1)依法达成的夫妻约定财产制的协议,非经双方同意,任何一方不得擅自修改。

(2)夫妻约定财产制的协议,双方均应认真遵守,如约履行。

(3)夫妻离婚时,对夫妻共同财产的认定和分割发生争议的,如果有夫妻约定财产制的协议,应当按照协议的约定内容加以处理。

5. 约定夫妻财产制的对外效力

夫妻在共同生活过程中,难免会与第三人发生债权债务关系。为了维护交易的安全,防止婚姻当事人利用约定夫妻财产制规避法律和损害第三人的合法利益,我国《民法典》第1065条第3款特别规定:"夫妻对婚姻关系存续期间所得的财产约定归各自所有,夫或者妻一方对外所负的债务,相对人知道该约定的,以夫或者妻一方的个人财产清偿。"所谓"相对人知道该约定的",夫妻一方对此负有举证责任。② 可见,夫妻财产约定是否具有对外效力,应视具体情况而定。第三人事先知道相对人订立有夫妻分产制约定,相对人是以自己的财产而不是配偶的财产作为对外从事交易活动的担保时,该约定具有对抗第三人的效力。作为相对人的夫或妻一方仅以其个人财产承担民事责任。相反,第三人不知道相对人订立有夫妻分产制约定的,则相对人不得以有夫妻分产制约定为由对抗第三人。第三人是否知道

---

① 参见黄薇主编:《中华人民共和国民法典婚姻家庭编解读》,中国法制出版社2020版,第126页。
② 《民法典婚姻家庭编解释(一)》第37条。

相对人订立有夫妻分产制约定,由作为相对人的夫或妻一方负举证责任。不能证明第三人知道该约定的,应以夫妻双方的财产对第三人清偿债务,清偿后,夫妻中不负债的一方可以向另一方行使追偿权。

在适用约定财产制时应该注意以下问题:

第一,约定夫妻财产制的约定时间并无法律限制。我国《民法典》对于约定夫妻财产制的时间并无明确限制。因此,夫妻可以在结婚以前、登记结婚时或者在婚姻关系存续期间,对婚前个人财产和婚姻关系存续期间所得财产的所有权归属问题进行约定。

第二,在订立约定夫妻财产制的协议时,夫妻双方均须具备完全的民事行为能力。否则,此项关于约定夫妻财产制的协议无效。

第三,夫妻关于约定财产制的协议必须反映当事人双方的真实意思。如果一方采取欺诈、胁迫手段或者乘人之危,使对方违背其真实意思而订立约定夫妻财产制协议的,应当认定该协议无效。

第四,夫妻双方以规避法律义务或逃避对第三人偿还债务为目的订立的夫妻约定财产制协议,因其内容违法或损害第三人合法权益,应认定其无效。

第五,夫妻订立了约定财产制的协议后,如果要变更或撤销该协议,必须经双方同意方可为之。

第六,夫妻之间赠与房产的处理。夫妻在婚前或婚姻关系存续期间约定将一方个人所有的房产赠与另一方,但没有办理房产过户手续,后双方感情破裂起诉离婚,赠与房产的一方翻悔主张撤销赠与,另一方主张继续履行赠与合同,请求法院判令赠与房产一方办理过户手续的,对此问题应当如何处理?《民法典婚姻家庭编解释(一)》第32条规定,婚前或者婚姻关系存续期间,当事人约定将一方所有的房产赠与另一方或者共有,赠与方在赠与房产变更登记之前撤销赠与,另一方请求判令继续履行的,人民法院可以按照《民法典》第658条[①]的规定处理。

讨论思考题

1. 我国《民法典》规定婚姻在身份上的效力有哪些?
2. 论男女生育权行使的冲突及其解决对策。
3. 论我国《民法典》规定的法定夫妻财产制的内容。
4. 论我国《民法典》规定的约定夫妻财产制的内容。
5. 论日常家事代理权的性质及其财产责任。
6. 婚内析产制有何制度价值?
7. 如何正确划分夫妻共同财产与个人财产的范围?
8. 夫妻财产约定与财产法上的合同有何不同?
9. 论约定财产制的效力。

---

① 《民法典》合同编第658条规定:"赠与人在赠与财产的权利转移之前可以撤销赠与。经过公证的赠与合同或者依法不得撤销的具有救灾、扶贫、助残等公益、道德义务性质的赠与合同,不适用前款规定。"

第五章

婚姻的终止

第一节 离婚和离婚制度的历史

一、婚姻终止的概念及原因

(一)婚姻终止的概念

婚姻终止,是指合法有效的婚姻关系因发生一定的法律事实而归于消灭。

婚姻终止后,意味着在婚姻当事人之间、婚姻当事人与子女及其他第三人之间将会产生一系列相应的法律后果,即婚姻终止的法律效力。婚姻终止的效力由于涉及的法律部门和主体的范围不同,可分为广义、狭义、最狭义三种。

广义的效力,是指婚姻终止在婚姻家庭法和相关部门法上所发生的权利和义务变更、消灭的后果。

狭义的效力,是指婚姻终止在婚姻家庭法上,在当事人之间及当事人与第三人之间所发生的财产关系及人身关系方面的变更或消灭等后果。

最狭义的效力,是指婚姻终止在夫妻双方当事人之间发生的人身关系及财产关系方面的法律后果,如夫妻身份关系终止、再婚自由权的取得、扶养义务的解除及夫妻共同财产的分割等。

婚姻家庭法学主要以婚姻终止的狭义效力,作为研究对象。

(二)婚姻终止的原因

婚姻终止的原因有二:一是婚姻当事人一方的死亡(包括自然死亡和宣告死亡),二是离婚。引起婚姻终止的原因不同,其法律后果也不尽相同。

1. 婚姻因配偶死亡而终止

配偶死亡有两种情况:一是配偶一方自然死亡,二是配偶一方被宣告死亡。配偶关系作为一种身份关系,以配偶双方的生命存在为前提条件,配偶一方死亡,双方已不能共同生活,必然引起婚姻关系终止的法律后果。配偶死亡方式不同,婚姻终止的法律后果,也有所不同。

(1)婚姻因配偶一方自然死亡而终止。配偶一方自然死亡,夫妻双方已不能共同生活,夫妻之间的权利义务终止,婚姻关系也自然终止。因配偶一方死亡而终止婚姻的效力,只限于对夫妻双方的内部效力,即夫妻之间人身关系和财产关系上的权利义务不复存在,但夫妻以外的婚姻效力,并不当然消灭。在实际生活中,配偶一方死亡之后,生存配偶一方往往仍继续保持与死亡配偶一方亲属的关系,有的还仍然留在原家庭内生活,姻亲关系继续存在,不因配偶一方死亡而终止。这是婚姻因配偶自然死亡而终止与因离婚而终止,两者后果的一个显著不同之处。

(2) 婚姻因配偶一方被宣告死亡而终止。宣告死亡,是指经利害关系人的申请,由人民法院依审判程序宣告下落不明达一定期间的公民死亡的法律制度。宣告死亡是在法律上推定失踪人已经死亡,与自然死亡产生相同的法律效力。关于配偶一方被宣告死亡后,婚姻关系终止的时间,外国有两种不同的立法例:一种规定为从宣告死亡之日起婚姻关系即行终止;另一种规定为配偶一方被宣告死亡后,直到他方再婚时,婚姻关系才被视为终止。我国《民法典》采取的是前一种立法例的做法。① 《民法典》第48条还规定了宣告死亡日期的确定,规定人民法院宣告死亡的判决作出之日视为其死亡的日期;因意外事件下落不明宣告死亡的,意外事件发生之日视为其死亡的日期。

由于死亡宣告是一种法律推定,被宣告死亡的人有可能并未死亡而又重新出现,或者后来有人知道其并没有死亡。在此情况下,我国《民法典》第50条和《民事诉讼法》第193条明确规定:被宣告死亡的人重新出现,经本人或者利害关系人申请,人民法院应当撤销死亡宣告。关于死亡宣告被撤销后,被宣告死亡者的原婚姻关系能否恢复的问题,绝大多数国家的法律规定,如果生存配偶已经再婚,则后婚有效,前婚仍然解除。如果生存配偶尚未再婚,在宣告死亡者生还后,有的国家规定,其婚姻关系自行恢复,而有的国家则规定,须履行一定的手续后婚姻关系方可恢复。我国《民法典》第51条规定,死亡宣告被撤销的,婚姻关系自撤销死亡宣告之日起自行恢复,但是其配偶再婚或者向婚姻登记机关书面声明不愿意恢复的除外。

2. 婚姻因离婚而终止

(1) 离婚的概念。离婚是在夫妻双方生存期间,依照法定的条件和程序解除婚姻关系的法律行为。离婚作为一种民事法律行为具有以下特征:

第一,离婚的主体,只能是具有合法夫妻身份关系的男女。即离婚只能由具有合法夫妻身份的男女双方本人提出。其他任何人都无权代替夫妻一方提出离婚,也不能对他人的婚姻提出离婚请求。

第二,离婚的时间,只能在夫妻双方生存期间。如夫妻一方死亡或被宣告死亡的,则婚姻关系已经终止,不必进行离婚。

第三,离婚的前提,是男女双方存在合法的婚姻关系。离婚是对合法有效婚姻关系的解除。凡属违法婚姻(但我国法律在一定时期内承认效力的事实婚姻除外),即使骗取了结婚证的,也只能宣告该婚姻关系无效或撤销,收回结婚证,不得按离婚办理。

第四,离婚的要件,只能依照法定条件和程序办理离婚。离婚作为一种民事法律行为,必须具备法定的条件,并履行法定的程序,才能发生法律效力。完成离婚登记,或者离婚判决书、调解书生效的,即解除婚姻关系。双方当事人私下协议或由群众、村(居)委会干部参加所达成的离婚协议,都不能发生法律效力。

第五,离婚的后果,是婚姻关系的解除,从而会引起一系列的法律后果。如当事人的夫妻人身关系和夫妻财产关系终止,子女抚养方式的变更,以及债务的清偿等。所以离婚不仅

---

① 《民法典》第51条。

关系到双方当事人的利益,同时,也会影响到子女的利益和社会的利益。

(2)离婚的种类。根据不同的角度,可对离婚作如下分类:

第一,根据当事人对离婚的态度,可分为双方自愿的离婚和一方要求的离婚;

第二,根据离婚的程序,可分为行政程序的离婚和诉讼程序的离婚;

第三,根据解除婚姻关系的方式,可分为协议离婚和判决离婚。

(3)离婚与无效婚及可撤销婚的区别。离婚与婚姻的无效或撤销,从表面上看都是婚姻关系的解除,但实质上前者与后者是两种不同的民事法律制度,两者有着根本的区别:

第一,两者的性质和原因不同。婚姻无效与撤销是对违法婚姻关系的处理和制裁,婚姻无效或撤销的原因在结婚之前或之时就存在;离婚是对合法婚姻关系的解除,离婚原因一般发生在结婚之后。

第二,两者的请求权主体不同。离婚的请求权只能由当事人本人行使,其他任何第三人无权代理。而无效婚姻与可撤销婚姻的请求权除由当事人双方或一方本人行使外,还可以由利害关系人和有关机关行使。

第三,请求权行使的时间不同。离婚请求权只能在双方当事人生存期间行使,如当事人一方死亡,另一方不能提出离婚。而婚姻无效或撤销的请求权既可在当事人双方生存期间行使,也可在当事人双方或一方死亡后行使(只要没有超过法定的请求期限)。

第四,两者的程序不同。许多国家法律规定,婚姻的无效和撤销必须依诉讼程序进行,由法院裁判。而对离婚,一些国家规定既可依诉讼程序进行,也可依行政程序进行。在我国,离婚与婚姻的无效和撤销,两者均可依诉讼程序进行,离婚和某些受胁迫、受欺诈情况属实且不涉及子女和财产问题的婚姻的撤销也可依行政程序进行。

第五,两者的法律后果不同。在我国,婚姻的无效与撤销是对违法婚姻的解除,不产生离婚的法律后果,如不按照夫妻共同财产制分割财产而是作共同共有财产处理,违法婚姻所生子女应为非婚生子女,在"婚姻关系"被宣布无效或撤销后与婚生子女享有同等的权利和义务。

(4)离婚与别居的区别。别居,又称分居,是指通过司法裁判或当事人协议的方式解除夫妻双方的同居义务,因婚姻所生的其他夫妻权利义务亦有所变更,但婚姻关系仍然存续的法律制度。此法律制度是在欧洲中世纪基督教实行禁止离婚的情况下产生的。根据基督教"婚姻乃神作之合,人不可离之"的教义,夫妻关系即使恶化到不堪共同生活,也不允许离婚,只能基于正当理由,采取别居的方式来免除夫妻间的同居义务。设立别居制度的目的,是把它作为禁止离婚的补救手段,用来解决一些夫妻不堪共处的实际问题。意大利、西班牙等国早期都不准离婚只许别居,后来逐步发展为别居与离婚两种制度并存。在现代社会,别居制度(或称分居制度)虽仍被一些国家采用,但现代社会的别居制度与中世纪的别居制度的目的有所不同,前者已不再是禁止离婚的补救手段,而是作为缓和夫妻矛盾的一种方式,或作为离婚前的一个过渡期,用来衡量婚姻关系是否彻底破裂。一些国家如法国、德国、英国、意大利等都以一定时间的分居作为离婚的法定事由。例如《法国民法典》第305条规定,被判决宣告分居的,"夫妻双方自愿恢复共同生活,即结束分居"。第306条规定:"如夫妻分居时间已持续达三年,应一方配偶请求,分居判决当然转为离婚判决。"该法第307条还规定:"各种分居情形,应夫妻双方共同请求,均得转为离婚。但在依夫妻双方共同申请宣告分居的情形下,只有依双方共同提出新的申请,分居始能转为离婚。"

离婚与别居的主要区别如下:

第一,婚姻关系是否存续不同。别居者婚姻关系仍然存续,故双方均不得再婚;离婚者已经解除了婚姻关系,双方都可以再婚。并且,夫妻在别居之后如果愿意恢复夫妻生活,只要双方开始同居共同生活即可,不必办理复婚手续;而离婚之后双方如要恢复夫妻关系,必须依法办理复婚手续。

第二,夫妻权利义务是否继续存在不同。别居期间夫妻间的权利义务除同居义务被免除及有的权利义务被变更外[①],其他权利义务如扶养、继承等方面的权利和义务仍然存在。离婚后夫妻在人身和财产方面的权利义务均全部消除。

二、离婚制度的历史沿革

离婚制度是一定社会有关解除婚姻关系的原则、条件和程序的法律规范的总和。它是人类婚姻家庭制度发展到一定阶段的产物。它由社会经济基础所决定,受上层建筑各部门的制约和影响,与不同时代社会形态的变迁相适应,不同类型的社会有着不同类型的离婚制度。

(一)离婚立法主义的变化

古今中外多数国家的离婚立法,对于离婚的态度无不是由限制逐渐走向自由的。古代社会的离婚立法主义(或称立法原则),大体可分为两大类型:禁止离婚主义与许可离婚主义。禁止离婚主义并不是古代社会大多数国家经历过的阶段,只是在有些地区如中世纪欧洲的一些国家实行过。而古代社会的许多国家则是实行许可离婚主义,如在古巴比伦,《汉谟拉比法典》第138条规定,倘自由民离弃其未生子的原配偶,则应给她以相当于聘金数额的费用,并应将其从父家带来的嫁妆还给她,然后才能离弃。在古代信奉伊斯兰教的一些国家,《古兰经》规定:"如果你们休一个妻室,而另娶一个妻室,即使你们已给过前妻一千两黄金,你们也不要取回一丝一毫。"[②]这些国家也是允许离婚的。在中国古代,"出妻""和离""义绝"等是法定的离婚方式。在古罗马,婚姻可以由于配偶一方死亡、能力丧失或婚意丧失而解除。优士丁尼法规定的离婚有四种方式:合意离婚、片意离婚(包括休妻和因一方配偶的过错而片意离婚)、无原因的片意离婚及"善因离婚"(指因不可归责于配偶任何一方的原因而离婚)。在罗马共和末期,服从夫权的妇女也可以提出离婚,并要求丈夫通过"要式退卖"或"解除祭祀婚"等行为放弃"夫权"。优士丁尼《新律》重申:"相互合意创造……婚姻……但婚姻缔结后,可以在不受处罚或受处罚的情况下解除它。因为人们之间达成的一切均可解除。"[③]

古代离婚立法主义的演变大体沿着两条轨迹:古代采禁止离婚主义的向采许可离婚主义演变,古代采许可离婚主义的经历了由男子专权离婚主义向男女平权离婚主义的发展过程。近现代许多国家的离婚立法在采取许可离婚主义时,先后由有责主义(或称过错原则)发展到兼采无责主义(或称干扰原则),最后走向自由离婚主义(或称破裂原则)。

---

① 有些国家规定,夫妻分居引起分别财产,原夫妻共同财产制终止。见《法国民法典》第302条、第1441条,《比利时民法典》第311条,《瑞士民法典》第194条、第204条。
② 参见法学教材编辑部《婚姻法教程》编写组:《婚姻立法资料选编》,法律出版社1983年版,第131、143页。
③ 参见〔意〕彼德罗·彭梵得:《罗马法教科书》,黄风译,中国政法大学出版社1992年版,第147—151页。

1. 禁止离婚主义

禁止离婚主义,是指夫妻在生存期间无论出于何种原因,均不得离婚的立法主张。在中世纪,西欧各国受教会法控制,婚姻家庭案件管辖权操于教会法庭之手。根据基督教教义,"婚姻乃神作之合,人不可离之",夫妻关系即使恶化到不能继续共同生活,也只能别居。到15、16世纪,欧洲掀起了宗教改革、文艺复兴运动,宗教改革的直接后果之一就是婚姻还俗运动的开展,婚姻家庭案件的管辖权逐渐归还世俗法庭,一些欧洲国家先后采取民事婚,实行许可离婚主义。但教会法的影响至今仍制约着极少数国家人们的婚姻家庭生活。虽不少国家如意大利、葡萄牙、西班牙等已摒弃禁止离婚主义,改采许可离婚主义,但仍有少数国家的法律禁止离婚。

2. 许可离婚主义

许可离婚主义是指允许夫妻基于法定事由,解除婚姻关系的立法主张。许可离婚主义承认婚姻的可变性及可离异性,允许夫妻在生存期间基于法定事由而解除婚姻关系。从古代社会至近现代社会,许多国家采取许可离婚的立法,但许可离婚的法定事由(或法定条件)则有一个从严到宽的发展演变过程。即从古代的男子专权离婚主义,发展到近现代的男女平权离婚主义。近现代离婚法的限制离婚主义先后不同程度地从有责离婚主义发展到兼采无责离婚主义,并逐渐走向自由离婚主义,这已成为当代许多国家离婚立法的发展趋势。

(1) 专权离婚主义。专权离婚主义是指夫家或夫本人单方面享有较多的离婚权,而妻本人或者没有离婚权,或者离婚权受到极为严格的限制,故又称男子专权离婚主义。这种离婚制度是男子在政治上、经济上处于统治地位的必然结果。中国封建法律中的"七出"之条,是专权离婚主义立法的典型代表。

(2) 限制离婚主义。限制离婚主义是指夫妻双方均享有离婚请求权,但法律对离婚条件严加限制的立法主张。即法律明确规定离婚的理由,只有符合法律规定的离婚理由,始许离婚,故又称"有因离婚"。最初资本主义国家立法规定的离婚理由为一方有过错,如通奸、虐待、遗弃、重婚、被判刑等,享有离婚诉权的则是无过错的一方。以后立法者又将一些虽非当事人的过错,但婚姻关系却不能维持的情况,也作为离婚的法定理由加以规定,如一方患有精神病、一方失踪或有生理缺陷不能发生性行为等。

(3) 自由离婚主义。自由离婚主义是指根据夫妻双方或一方当事人请求离婚的意愿,无论当事人有无过错,只要婚姻关系破裂的,均准予离婚的立法主张。也就是说,法律以尊重当事人的离婚自由权为宗旨,不以无过错作为享有离婚请求权的限制条件,即使双方缺乏离婚合意,甚至一方有过错,只要婚姻关系确已破裂致夫妻不堪共同生活的,依当事人一方或双方的要求也可准予离婚。自由离婚主义对离婚既无男女性别限制,也无过错限制,享有离婚权的主体在法律上地位是平等的,夫妻任何一方,无论有无过错,都可依照法定的条件和程序提出离婚请求,因此,自由离婚主义更加符合婚姻的本质。

(二) 我国离婚制度的历史发展

1. 我国古代的离婚制度

我国从奴隶社会至封建社会长达几千年,婚姻家庭制度一脉相承。在以男性为中心的宗法制度下,实行限制与剥夺妇女离婚权的专权离婚主义。中国古代离婚有四种形式:七出、和离、义绝以及基于特定事由的呈诉离婚。

(1) 七出。"七出"又称"七弃",是指礼法规定的丈夫"出妻"、夫家"出妇"的七条理由。

它起源于我国奴隶社会末期,起初为礼制的内容,以后由封建统治阶级以法律的形式加以固定。集中起来,"七出"的具体内容是:

第一,"不顺父母,为其逆德也",指儿媳不孝敬公婆,公婆可命儿子休妻。

第二,"无子,为其绝世也",指妻子不生儿子则为大不孝,要承担断绝夫家香火之罪责,理当休弃。

第三,"淫,为其乱族也",妻子与人通奸,乱夫家的血统,为封建伦理所绝对不能容忍,应当休弃。

第四,"妒,为其乱家也",为了维护家庭伦理关系,为人妻妾者必须相安和谐,如存忌妒之心,则应为夫休弃。

第五,"有恶疾,为其不可与共粢盛也",妻子如果患有严重疾病,既对家族兴旺不利,又影响夫妻正常生活,故应休弃。

第六,"口多言,为其离亲也",如果妻子不安分生活,多嘴多舌,搬弄是非,离间了夫家的亲属关系,则违背了女子"三从四德"中"妇言"的要求,于礼应休。

第七,"窃盗,为其反义也""子妇无私货,无私器,不敢私假,不敢私与"①,妻子对家庭财产没有处分权,凡妻子擅自动用家庭财产,包括未经家长许可将夫家财物赋予娘家亲属或外人等则视为盗窃,丈夫家人可将其休弃。

唐律和以后的封建法律都明确地规定,"七出"是男子休妻的合法理由,妇女若触犯"七出"中任何一条,不需经官府,由丈夫写成休书,邀请男女双方近亲、近邻和见证人一同署名,就可弃去,这是我国古代法定的弃妻方式。

古代礼法还设有例外情况,以"三不去"对"七出"进行限制,即:"尝更三年丧不去"(曾为公婆守孝三年的不得离去);"有所受而无所归不去"(妇女无娘家可回的不去);"贱娶贵不去"(娶妻时夫家贫贱,后来富贵的不去)。唐律规定:"虽犯七出,有三不去而出之者,杖一百,追还合。"但是若犯恶疾及奸者,不用此律。元、明、清律仅规定,妻犯奸者不受"三不去"的限制。

(2)和离。"和离"即协议弃妻,在现代称两愿离婚,类似当今的协议离婚,是我国古代一种允许夫妻通过协议离异的离婚方式。唐、宋律规定:"若夫妇不相安谐而和离者不坐。"元、明、清朝法律均有关于"和离"的规定:"夫妇两愿离者,不坐。"但是,在封建社会,妇女的社会地位、家庭地位十分低下,妇女受着传统的"三从四德"和"从一而终"贞操观念等封建礼教的严重束缚,很难表达和实现其在离婚上的愿望。在当时的历史背景下,离与不离主要取决于丈夫,"和离"往往成为"出妻""弃妻"的别名,成为"七出"的一块遮羞布。

(3)义绝。"义绝"是我国封建社会特有的一种强制离婚方式。它是指如果夫妻之间或夫妻一方与他方的亲属间或双方的亲属间出现了一定的事件,经官司处断后,便认为夫妇之义当绝,强迫离异,若不离异,要受到法律制裁。这反映了封建统治阶级对婚姻家庭的直接干预。早在汉代,班昭在《女诫》上就说过:"夫为夫妇者义以和亲,恩以好合……恩义俱废,夫妇离矣。"

根据《唐律疏议》的解释,构成"义绝"的有以下五种情况:

第一,殴妻之祖父母、父母,杀妻之外祖父母、伯叔父母、兄弟、姑、姊妹。

---

① 《大戴礼记·本命》。

第二，夫妻祖父母、父母、外祖父母、伯叔父母、兄弟、姑、姊妹自相杀。

第三，殴詈夫之祖父母、父母，杀伤夫之外祖父母、伯叔父母、兄弟、姑、姊妹。

第四，与夫之缌麻以上亲奸；夫与妻母奸。

第五，欲害夫者。

义绝与出妻不同，"七出"是于礼应出，于法可出，而非必出，合当义绝而不绝者，须依律科刑。唐律规定："诸犯义绝者离之，违者徒一年。"元、明、清律均规定，若犯义绝应离而不离者，杖八十。这种强制离婚制度，直到民国初年仍为北洋军阀政府大理院的判例所沿用。

（4）呈诉离婚。呈诉离婚又称为官府判离。即夫妻一方基于法定的理由，向官府提出离婚之诉，由官府判离的离婚方式。这种呈诉离婚的法定理由和其他三种离婚方式一样，对于夫妻双方而言是极不平等的。例如，妻子只要有背夫在逃的行为，夫即可呈请离婚，可是对于妻子而言，只有丈夫逃亡3年以上时，方可提出离婚。

2. 1930年国民党政府《民法》亲属编的离婚制度

至近现代，国民党政府于1930年12月26日公布《民法》亲属编，该编规定的离婚制度，反映了旧中国半殖民地、半封建社会的要求，一方面在立法体例上模仿日本、德国等大陆法系的亲属法体例，另一方面在内容上仍保留了不少封建婚姻家庭制度的残余。该法对离婚规定了两种方式：一是两愿离婚，二是判决离婚。

（1）两愿离婚。该法第1049条、第1050条分别规定："夫妻两愿离婚者，得自行离婚。但未成年人应得法定代理人之同意。""两愿离婚应以书面为之，有二人以上证人之签名。"1985年我国台湾地区对"民法"亲属编进行修改后，增加了两愿离婚须在户籍机关进行登记，以登记作为两愿离婚成立的形式要件的规定。

（2）判决离婚。判决离婚的法定理由采取列举主义，即无法定原因之一方得向有法定原因之他方提出离婚。后经1985年6月的修正，此条款改为例示主义的立法模式，除具体列举的离婚的十个法定原因外，另行增加了概括性条款，以弥补列举之不足。

3. 中华人民共和国成立前革命根据地的离婚立法

中国共产党一向重视解放妇女，将建立婚姻自由、男女平等的婚姻家庭制度作为自己的重要任务。在中华人民共和国成立前中国共产党领导的苏区、抗日根据地、解放区先后进行了大量的婚姻立法，对离婚问题作了明确的规定，包括赋予夫妻平等的离婚权；确定离婚自由；对离婚原因进行或概括、或列举、或例示的规定；确立了离婚登记制；在离婚问题上，对革命军人给以特殊保护、对妇女权益给予特殊照顾、注意保护未成年子女的合法利益等，反映了革命战争时期对新型夫妻关系的要求，为新中国离婚制度的建立奠定了基础。

4. 中华人民共和国离婚制度的发展

中华人民共和国成立后，1950年《婚姻法》继承民主革命根据地的立法经验，针对中华人民共和国成立初期的实际情况，对离婚问题作了明确具体的规定，主要内容包括：坚持婚姻自由、男女平等的基本原则，保障夫妻享有平等的离婚自由权；兼采登记离婚和诉讼离婚双轨制；采取自由离婚主义，且对离婚理由不作具体规定；注意保护怀孕、分娩期间妇女的合法权益，强化离婚时男方在财产方面的责任；保护未成年子女的合法权益等。1950年《婚姻法》彻底废除了沿袭几千年的封建主义婚姻家庭制度所确认和保护的男子专权离婚主张，同时也否定了近代资本主义国家立法的过错离婚主义，确立了我国社会主义男女平权的新型离婚制度。

我国 1980 年《婚姻法》在继承 1950 年《婚姻法》离婚立法经验的基础上,充分总结了 30 年来的实践经验,针对当时的社会新情况、新问题,对 1950 年《婚姻法》有关离婚的部分内容作了修改、补充和发展,规定以夫妻感情确已破裂作为判决准予离婚的法定条件,以适应新时期离婚法的需要。2001 年修改后的《婚姻法》增加了判决离婚理由的例示性规定,使其更具有可操作性。2020 年《民法典》婚姻家庭编对离婚制度作了一些修改,增加了登记离婚中的冷静期规定,扩大了离婚救济制度的适用范围等。

三、我国离婚立法的指导思想

在我国离婚制度发展史上,无论是新民主主义革命时期革命根据地的离婚立法,还是中华人民共和国的离婚立法都贯穿着一个中心思想,即保障离婚自由,反对轻率离婚。它是我国离婚立法的基本原则,也是婚姻登记和司法审判实践中处理离婚问题的总的指导思想。

(一) 保障离婚自由

保障离婚自由,是婚姻关系的本质要求。在社会主义社会,婚姻应当是男女双方基于爱情的结合,夫妻关系的建立和存续都应以爱情为基础。但爱情作为精神感情,是处于发展、变化之中的,当夫妻关系恶化,夫妻双方的感情已经完全消失,又无恢复的可能时,就不再符合婚姻本质的内在要求,强行维护这种死亡的婚姻关系,无论对当事人,还是对子女、家庭及社会都是十分不利的。因此,法律应该允许当事人通过合法途径,解除死亡的婚姻关系,使他们有可能重新建立幸福美满的家庭。

保障离婚自由,是马克思主义对待离婚的基本观点,也是社会主义婚姻家庭制度的基本要求。马克思主义对待离婚有几个观点:一是承认离婚;二是要求在离婚问题上男女平等;三是坚持婚姻以爱情为基础。因此,我国婚姻法明确规定实行婚姻自由、一夫一妻、男女平等的婚姻制度,并将夫妻感情是否破裂作为准予和不准予离婚的法定标准,使离婚自由成为公民的一项基本权利,受到法律的有效保障。

保障离婚自由,有利于提高婚姻质量,有利于社会的安定团结和社会主义物质文明、精神文明的建设。对那些感情已经破裂、不能和好的夫妻,允许依法解除婚姻关系,不仅是保护当事人合法权益的需要,也是防止矛盾激化,维护社会秩序,促进社会主义现代化建设的要求。实行离婚自由还能在宏观上改善和巩固社会的婚姻关系,因为,被离婚瓦解的只是那种不堪同居、已经死亡的家庭。

(二) 反对轻率离婚

必须指出,社会主义的离婚自由并不是绝对的自由,而是相对的有条件的自由。因此保障离婚自由,必须反对轻率离婚。反对轻率离婚是我国离婚立法指导思想的有机组成部分。轻率离婚,是指对婚姻家庭不负责任,以轻率的态度对待和处理离婚问题。这是滥用离婚自由权的行为。马克思在《论离婚法草案》中曾经指出:"几乎任何的离婚都是家庭的离散,就是纯粹从法律观点看来,子女的境况和他们的财产状况也是不能由父母任意处理、不能让父母随心所欲地来决定的。""离婚仅仅是对下面这一事实的确定:某一婚姻已经死亡,它的存在仅仅是一种外表和骗局。""婚姻不能听从已婚者的任性,相反地,已婚者的任性应该服从婚姻的本质。"[①]总之,离婚是解除已经死亡的婚姻的一种迫不得已的手段,并不是社会的普

---

① 《马克思恩格斯全集》(第 1 卷),人民出版社 1956 年版,第 183—184 页。

遍行为。离婚关系到家庭、子女和社会的利益，只有在夫妻感情确已破裂，无法共同生活时，才能使用这一手段。因此，我们必须反对轻率离婚，绝不允许人们在离婚问题上为所欲为。离婚必须符合法定条件，履行法定程序。法律上有关离婚的规定既是对离婚自由的保障，又是对轻率离婚的限制和约束。

反对轻率离婚，是对资产阶级的享乐主义、个人主义婚姻价值观的否定。坚持离婚自由，必须反对婚姻问题上的"享乐主义"、草结草离、见异思迁、喜新厌旧等个人主义倾向。倡导以严肃认真的态度，依法处理离婚问题，以弘扬社会主义婚姻家庭道德，树立良好的社会风气，建立和巩固更多的高质量的幸福和睦的婚姻和家庭。

四、我国的离婚率

离婚率（divorce demography），指离婚的比率，可用于衡量和评价某个国家或地区的婚姻稳定。粗离婚率（crude divorce rate）是指年度离婚数与总人口之比。通常以千分率表示。1979年我国的粗离婚率为0.3‰，此后持续递增，1990年上升到0.7‰，之后比较平稳，2000年的粗离婚率近1.0‰，是1979年的3倍。2004年粗离婚率为1.28‰，2005年为1.37‰，2006年为1.46‰，2007年为1.59‰，2008年为1.745‰，2009年为1.85‰，2010年为2.0‰，2011年为2.13‰，2013年为2.6‰，2015年为2.8‰，2016年为3.0‰，2017年为3.2‰，2018年为3.2‰，2019年为3.4‰，2020年为3.1‰。[①]

中国目前的婚姻依然具有稳定的特征。离婚的未来趋势是：随着中国经济的发展、城市化的进程、人口流动的频繁和居民生活质量的提高，将进一步导致社会的价值观念、生活方式趋向多元化，离婚、单亲、独身、不育将日益成为中国人常态的生活方式和个人的自由选择；计划生育政策的惯性作用，也使家庭模式小型化、核心化和复杂化。社会和子女或亲属网络对当事人婚姻的聚合作用将继续弱化，这都会使离婚的经济代价、社会成本和心理压力不断降低或减少，继而增加离婚的风险。与此同时，由于中国地域辽阔，城市和农村、沿海和内地发展极不平衡，尤其是农村的社会保障体系尚不健全，计划生育政策的放宽也使婚姻主体因生养子女的养老保障效用而难以改变多子多福的生育意向和模式。加上传统文化的惯性、扶老携幼的重任和替代资源的匮乏，也使离婚的诸多成本虽有所下降却依然不低。即使在现代化城市，尽管社会对离婚较宽容，但出于对子女利益的考虑以及经济、住房条件等限制，人们对离婚的决定仍然较谨慎。加上社会规范依然强调家庭责任和婚姻道德，因此，中国的离婚率在相当长时期内仍将持续增长但增幅不大，其中城市化、现代化发展较快，社会和家庭聚合力明显减弱地区的离婚率增长幅度相对会大一些。

第二节 登记离婚

一、登记离婚的概念

登记离婚，是指夫妻双方自愿离婚，并就离婚的法律后果达成协议，经过婚姻登记机关

[①] 离婚率数据引自《民政事业发展统计公报》，参见民政部官网 so.mca.gov.cn/searchweb/，最后访问日期：2022年8月23日。统计离婚率的最佳方法应当是离婚对数除以整个社会的夫妻对数。然而由于中国大规模人口普查的难度，目前的操作是计算每一千人中离婚的数字，分母是总人口，分子则是离婚对数。

认可即可以解除婚姻关系的一种离婚方式。在我国,又习惯称之为协议离婚、两愿离婚、合意离婚。但严格而言,协议离婚是以夫妻的离婚合意为本质特征的,它包括登记离婚和诉讼调解离婚。由于本节以离婚程序为标准,分别阐述行政登记程序和诉讼程序的离婚,因而在此不使用协议离婚一词。

登记离婚以双方当事人完全自愿并达成协议为前提,反映了婚姻法尊重婚姻当事人的婚姻意思自治的现代法治精神。这种离婚方式,不仅手续简便、节省时间和费用,而且为无因离婚,无须陈述离婚的具体原因,有利于保护婚姻当事人的隐私。同时,这一离婚方式使当事人双方能够友好地分手,避免了当事人在法庭上相互指责、造成更深的敌对情绪,从而使当事人在没有外来压力的情况下,平心静气地达成比较符合双方意愿的协议,有利于离婚协议的自愿履行。

但是,这一离婚方式也易造成轻率离婚。事实上有很多婚姻,客观上并未完全破裂,只因当事人意气用事即行离异。此种欲和欲离,任由当事人决定,与婚姻之永久共同生活本质不合,其离婚后果任由当事人以协议决定,易为恶意配偶滥用,而很可能变成强者欺负弱者的工具,甚至危害未成年子女的利益。正是因为如此,欧美国家大多不承认登记离婚,离婚必须经过诉讼程序。承认登记离婚的国家,也在登记离婚的条件及程序上予以必要的限制。主要有:(1)登记离婚必须在结婚满一定期间后才能提出。各国规定的期限从6个月至3年不等。(2)登记离婚的当事人必须没有未成年子女。(3)当事人提出离婚申请后须经过一定时间的考虑期(或称考验期),才能正式办理登记手续。有的还规定考虑期满后重新提出一次申请。关于考虑期各国规定也不尽一致,短的3个月,长的达1年。这些限制对于防止登记离婚过于简便所滋生的弊端,是有实益的。我国婚姻家庭法既然承认登记离婚,在运用上也应谨慎,以杜绝其弊。

二、我国现行登记离婚制度

我国《民法典》第1076条规定:"夫妻双方自愿离婚的,应当签订书面离婚协议,并亲自到婚姻登记机关申请离婚登记。离婚协议应当载明双方自愿离婚的意思表示和对子女抚养、财产以及债务处理等事项协商一致的意见。"对此,《婚姻登记条例》作了更明确、更具体的要求。这些要求集中起来,主要是两方面的规范,一是双方自愿离婚获准登记的实质要件,二是登记程序。

(一)离婚登记的条件

1. 双方当事人必须对离婚及离婚后的子女抚养、财产分割、债务处理等问题达成书面协议

我国《婚姻登记条例》第11条规定,离婚协议书应当写明双方当事人自愿离婚的意思表示以及对子女抚养、财产及债务处理等事项协商一致的意见。第12条明确规定,未达成离婚协议的,婚姻登记机关不予受理。因为,离婚不仅仅是夫妻身份关系的解除,还涉及夫妻财产关系的后果,以及对子女的后果。所以,法律要求夫妻在办理登记离婚时,必须对子女的抚养教育、夫妻一方生活困难的经济帮助、夫妻共同财产的分割,以及共同债务的清偿等问题达成一致的书面协议,以维护当事人和第三人的合法权益。

2. 双方当事人必须为具有完全民事行为能力的人,并且本人亲自到场办理登记离婚

我国《婚姻登记条例》第12条明确规定,一方或者双方当事人为限制民事行为能力人或

者无民事行为能力人的,婚姻登记机关不予受理。因为,登记离婚是解除夫妻身份关系的重要民事法律行为,只能由具有夫妻身份的当事人本人亲自进行,不能由任何第三人代替夫妻一方或双方办理登记离婚。并且为维护夫妻双方的合法权益,只能由具有完全民事行为能力的夫妻双方本人进行。对于夫妻一方为无行为能力人或限制行为能力人的离婚,应依诉讼程序进行,并由其法定代理人代理诉讼。

3. 双方当事人的结婚登记必须是在中国内地办理的

在中国内地办理结婚登记的内地居民离婚,在中国内地办理结婚登记的中国公民同外国人离婚,在中国内地办理结婚登记的内地居民同香港居民、澳门居民、台湾居民、华侨离婚,婚姻登记机关应当受理;若他们的结婚登记不是在中国内地办理的,则不予受理。同时,香港居民、澳门居民、台湾居民、华侨、外国人之间在中国内地解除婚姻关系,婚姻登记机关不予受理。此外,如果男女双方均为居住在国外的中国公民,虽然他们的结婚登记是在中国内地办理的,也可以到驻在国的中华人民共和国驻外使(领)馆依照婚姻登记条例的有关规定,办理离婚登记,而不必回到国内的婚姻登记机关登记。

(二) 离婚登记的程序

离婚登记同结婚登记一样都要到婚姻登记管理机关去办理登记手续。根据我国《民法典》婚姻家庭编和民政部《关于贯彻落实〈中华人民共和国民法典〉中有关婚姻登记规定的通知》(2021年1月1日起施行)的规定,离婚登记在程序上必须经过申请、受理、冷静期、审查、登记五个步骤。

1. 申请

夫妻双方自愿离婚的,应当签订书面离婚协议,共同到有管辖权的婚姻登记机关提出申请,并提供以下证件和证明材料:(1) 内地婚姻登记机关或者中国驻外使(领)馆颁发的结婚证;(2) 符合《婚姻登记工作规范》第29条至第35条规定的有效身份证件;(3) 在婚姻登记机关现场填写的《离婚登记申请书》。

2. 受理

婚姻登记机关按照《婚姻登记工作规范》有关规定对当事人提交的上述材料进行初审。

申请办理离婚登记的当事人有一本结婚证丢失的,当事人应当书面声明遗失,婚姻登记机关可以根据另一本结婚证受理离婚登记申请;申请办理离婚登记的当事人两本结婚证都丢失的,当事人应当书面声明结婚证遗失并提供加盖查档专用章的结婚登记档案复印件,婚姻登记机关可根据当事人提供的上述材料受理离婚登记申请。

婚姻登记机关对当事人提交的证件和证明材料初审无误后,发给《离婚登记申请受理回执单》。不符合离婚登记申请条件的,不予受理。当事人要求出具《不予受理离婚登记申请告知书》的,应当出具。

3. 冷静期

《民法典》第1077条增设了离婚冷静期制度。离婚冷静期又称离婚熟虑期,是指在离婚自由原则下,婚姻双方当事人申请自愿离婚,在婚姻登记机关收到该申请之日起一定期间内,任何一方都可撤回离婚登记申请、终结离婚登记程序的冷静思考期间。英国、法国、俄罗斯、韩国等国家都规定了离婚冷静期。[①]

---

① 参见马忆南:《离婚冷静期是对轻率离婚的限制和约束》,载《妇女研究论丛》2020年第4期。

婚姻法对登记离婚不作任何限制,使我国的登记离婚制度成为世界上最自由的离婚制度,造成的后果是草率离婚有所增加,未成年子女的利益没有得到应有的重视。《民法典》婚姻家庭编增加规定离婚冷静期制度,旨在减少草率离婚、冲动离婚,改变现行登记离婚即申即离的现状,使申请离婚的当事人整理情绪、保持理性,经过适当时间的冷静,更加理性地对待离婚的要求。设置离婚冷静期也是一次善意提醒,提醒大家谨慎行使权利,激发对婚姻家庭的责任心。离婚冷静期与登记离婚程序具有较高契合性,能够有效缓和因双方冲动导致的协议离婚。

自婚姻登记机关收到离婚登记申请并向当事人发放《离婚登记申请受理回执单》之日起30日内(自婚姻登记机关收到离婚登记申请之日的次日开始计算期间,期间的最后一日是法定休假日的,以法定休假日结束的次日为期间的最后一日),任何一方不愿意离婚的,可以持本人有效身份证件和《离婚登记申请受理回执单》(遗失的可不提供,但需书面说明情况),向受理离婚登记申请的婚姻登记机关撤回离婚登记申请,并亲自填写《撤回离婚登记申请书》。经婚姻登记机关核实无误后,发给《撤回离婚登记申请确认单》,并将《离婚登记申请书》《撤回离婚登记申请书》与《撤回离婚登记申请确认单(存根联)》一并存档。

自离婚冷静期届满后30日内(自冷静期届满日的次日开始计算期间,期间的最后一日是法定休假日的,以法定休假日结束的次日为期间的最后一日),双方未共同到婚姻登记机关申请发给离婚证的,视为撤回离婚登记申请。

4. 审查

婚姻登记机关对于当事人的离婚申请应该根据我国《民法典》及《婚姻登记条例》的规定,对当事人出具的证件和证明材料进行严格的审查。审查的过程也就是对当事人进行引导和说服的过程。要教育当事人双方慎重对待和考虑离婚问题,尽可能地挽救那些感情尚未完全破裂的婚姻,促成双方和好。如果双方同意离婚但对子女及财产安排不够合理,应帮助他们遵循《民法典》的精神作必要的调整;另外,在审查过程中还必须对协议的内容作全面的了解,如当事人是否具有夫妻身份,离婚是否真实自愿,有无欺诈、胁迫、弄虚作假等违法现象,对子女安排和财产分割是否合理,等等。申请离婚登记的当事人对婚姻登记机关应如实提供必须了解的有关情况,不得隐瞒或欺骗。登记机关在必要时还应向当事人所在单位、居民委员会或村民委员会作必要的了解。

自离婚冷静期届满后30日内,双方当事人应当持《婚姻登记工作规范》第55条第4至7项规定的证件和材料,共同到婚姻登记机关申请发给离婚证。

婚姻登记机关按照《婚姻登记工作规范》第56条和第57条规定的程序和条件执行和审查。婚姻登记机关对不符合离婚登记条件的,不予办理。当事人要求出具《不予办理离婚登记告知书》的,应当出具。

5. 登记(发证)

婚姻登记机关经过审查后,对符合我国《民法典》和《婚姻登记条例》的离婚申请准予离婚。我国《民法典》第1078条规定:婚姻登记机关查明双方确实是自愿离婚,并已经对子女抚养、财产以及债务处理等事项协商一致的,予以登记,发给离婚证。登记离婚的双方领得离婚证,婚姻关系即告解除,离婚证和人民法院的离婚判决书、离婚调解书具有同等的法律效力。离婚证是证明婚姻关系已经解除的具有法律效力的证件,只能由民政部门规定样式并监制。对不符合我国《民法典》和《婚姻登记条例》规定的,婚姻登记机关不予登记。

对于离婚证遗失或者损毁的,当事人可以持户口簿、身份证向原办理婚姻登记的机关或者一方当事人常住户口所在地的婚姻登记机关申请补领。婚姻登记机关对当事人的婚姻登记档案进行查证,确认属实的,应当为当事人补发离婚证。

(三) 有关登记离婚效力的几个具体问题

当事人取得离婚证,即解除夫妻身份关系。离婚证和人民法院的离婚判决书、离婚调解书具有同等的法律效力。

1. 离婚登记后,一方反悔问题

关于离婚登记后,一方反悔要求人民法院给予重新处理的,我国1985年的有关司法解释中指出:"男女双方自愿离婚,并对子女和财产问题已有适当处理……领取了离婚证的,其婚姻关系即正式解除。一方对这种已发生法律效力的离婚,及对子女和财产问题的处理翻悔,在原婚姻登记机关未撤销离婚登记的情况下,向人民法院提出诉讼的,人民法院不应受理……告知当事人向原婚姻登记机关申请解决。"由原婚姻登记机关根据当事人申请的具体情况和理由,作出适当的处理。可以是驳回请求、维持原登记,也可以是撤销离婚登记,收回离婚证,还可以是对当事人双方重新进行调解,变更登记的内容,使离婚继续有效。但1986年的司法解释又规定:"男女双方经婚姻登记机关办理离婚登记后,因对财产、子女抚养引起纠纷,当事人向人民法院起诉的,可直接由有关法院依法受理。"①

最高人民法院《婚姻法解释(二)》曾规定:离婚协议中关于财产分割的条款或者当事人因离婚就财产分割达成的协议,对男女双方具有法律约束力。当事人因履行上述财产分割协议发生纠纷提起诉讼的,人民法院应当受理。男女双方协议离婚后一年内就财产分割问题反悔,请求变更或者撤销财产分割协议的,人民法院应当受理。人民法院审理后,未发现订立财产分割协议时存在欺诈、胁迫等情形的,应当依法驳回当事人的诉讼请求。②《民法典婚姻家庭编解释(一)》第69条第2款和第70条删除了1年的除斥期间后保留了这些规定。③

可见,根据现行法律的精神,对于登记离婚后,因为当事人不履行离婚协议中的财产给付、子女抚养等有关义务而发生的纠纷,属于民事诉讼的范畴,不能由婚姻登记机关处理,也不能要求人民法院强制执行。需要解决的,只能依法向人民法院提起民事诉讼。

双方到民政部门离婚,就财产分割问题达成的协议,是当事人在平等自愿的前提下,协商一致的结果。对于任何一方当事人来说,这都是对自己财产权利的一种自由处分,协议对双方具有法律上的约束力,双方当事人理应接受这一决定所带来的法律后果。当事人基于这种具有民事合同性质的协议发生纠纷的,应当适用《民法典》的基本原则和相关规定。存在法律规定的欺诈、胁迫等特殊情形,当事人请求变更或者撤销的,人民法院应当依法予以支持。不过,婚姻关系中毕竟还包含了身份关系在内,由此导致的纠纷,也注定具有自身的特点。所以处理问题时,不能置身份关系于不顾,简单、全部适用其他法律规定。在这一思想指导下,2003年《婚姻法解释(二)》和《民法典婚姻家庭编解释(一)》都作了一些具体

---

① 参见最高人民法院《关于男女登记离婚后,一方翻悔,向人民法院提出诉讼,人民法院是否应当受理的批复》[法(民)复〔1985〕35号,已失效],以及最高人民法院《关于男女双方登记离婚后因对财产、子女抚养发生纠纷当事人向人民法院起诉的法院应予受理的批复》(〔1986〕民他字第45号,已失效)。
② 《婚姻法解释(二)》第8条、第9条。
③ 《民法典婚姻家庭编解释(一)》第69条、第70条。

规定。例如,对属于人民法院应当支持当事人变更或者撤销财产分割协议的情形,在明确列举出的事项中并没有规定显失公平、重大误解等内容,就是基于这种考虑而设计的。当然,最高人民法院也不是完全排斥这些未明确写出事项的适用,只是认为对这几方面的内容,在适用的时候必须严格限制。个案中如果确实属于应该适用这些规定的,法官可以依据新司法解释的规定处理。根据现在的规定,对于当事人的诉权,法院予以保护,即当事人向人民法院提起此类诉讼的,人民法院都应依法予以受理。但当事人是否有实体上的胜诉权,要看当事人是否能够证明订立协议时有欺诈、胁迫等情形存在。否则,人民法院应当驳回其诉讼请求。此外,如果当事人在履行此类协议过程中因对方违反约定而提起诉讼的,人民法院也应依法受理。

由于离婚财产分割协议是以离婚为条件,根据《民法典》第152条规定的精神,自离婚之日起5年内没有行使撤销权的,撤销权即消灭。

2. 虚假离婚问题

(1) 虚假离婚的概念

虚假离婚,或称假离婚,是指夫妻一方或者双方本无离婚的真实意思而受对方欺诈或双方通谋作出离婚的意思表示。一般而言,虚假离婚包括两种情形:一是通谋离婚,二是欺诈离婚。

通谋离婚,是指婚姻当事人双方为了共同的或各自的目的,串通暂时离婚,等目的达到后再复婚的离婚行为。通谋离婚具有以下基本特征:第一,双方当事人并无离婚的真实意思,不符合协议离婚的实质条件。第二,双方当事人以离婚为手段,以达到共同的或者各自的目的。如为了规避计划生育多生孩子;为了逃避债务;为了两边享受购房的优惠政策;为了多分征地补偿款;为了领取低保金;等等。第三,双方均有恶意串通离婚的故意,共同采取欺骗或者隐匿事实真相的方法,欺骗婚姻登记机关以获取离婚登记。第四,通谋离婚一般具有暂时性,待预期目的达到后,双方通常会按约定复婚。但也有一部分人弄假成真,离婚后置原先的约定于不顾,不愿复婚或者与他人再婚,从而引起纠纷。

欺诈离婚,是指一方当事人为了达到离婚的真正目的,采取欺诈手段向对方许诺先离婚再复婚,以骗取对方同意暂时离婚的行为。欺诈离婚具有以下特征:第一,这种离婚是欺诈方的真实意思,而受欺诈一方并无离婚的真实意思。另一方同意离婚是基于对方伪造事实或者隐瞒事实真相所致。如果知道真相,不会作出同意离婚的意思表示。第二,欺诈方的目的在于骗取对方同意离婚,以达到真正离婚的目的,因而并无复婚的意思,而受欺诈方却期待目的达到后即行复婚。第三,受欺诈方既是受害人,又与欺诈方共同欺骗婚姻登记机关。

虚假离婚既可以发生在登记离婚程序之中,也可以发生在诉讼离婚程序之中。前者为假离婚登记,后者为假离婚调解协议。但现实生活中以前种情况为多数。

(2) 虚假离婚的效力

虚假离婚虽然履行了离婚的程序,但欠缺离婚的条件,其是否发生离婚的法律效力,在学理上有不同的认识。有的学者认为,离婚为形成的身份行为,系由身份行为的效果意思、身份行为的生活事实及身份行为的表示方式等三要素组成,只具备身份行为的表示方式,但欠缺身份行为的实质意思时,仍不能使身份关系发生或消灭,故主张对离婚意思采取实质意思说,认为虚假离婚应为无效或可撤销。也有学者认为,离婚虽与结婚同为形成的身份行为,但其以解除夫妻关系为内容,与结婚尚有所不同;考虑信赖离婚登记的第三人应受保护之立场,就离婚意思应采形式意思说,认为虚假离婚为有效。由此可见,离婚意思究竟应采实质意思说,还是应采形式意思说,均各有所据。外国立法例及判解因此而极不统一,有的认为虚假离婚有效,有的认为虚假离婚无效,有的认为虚假离婚为可撤销。

我国1994年《婚姻登记管理条例》(已失效)第8条第1款规定:"申请婚姻登记的当事人,应当如实向婚姻登记管理机关提供本条例规定的有关证件和证明,不得隐瞒真实情况。"第25条规定:"申请婚姻登记的当事人弄虚作假、骗取婚姻登记的,婚姻登记管理机关应当撤销婚姻登记,对结婚、复婚的当事人宣布其婚姻关系无效并收回结婚证,对离婚的当事人宣布其解除婚姻关系无效并收回离婚证,并对当事人处以200元以下罚款。"这一规定似乎表明对假离婚的法律效力采取实质意思说,即婚姻登记机关可宣布假离婚无效,收回离婚证,并可处以罚款。现行《婚姻登记条例》无此内容,民政部门认为就离婚意思应采形式意思说,认为虚假离婚为有效,婚姻登记机关不予撤销离婚登记。① 我国《民事诉讼法》第209条亦规定:"当事人对已经发生法律效力的解除婚姻关系的判决、调解书,不得申请再审。"既然当事人不得对已经发生法律效力的解除婚姻关系的判决、调解书申请再审,虚假离婚即发生离婚的法律效果。

本书认为,虚假离婚当事人如果均未与第三人再婚,在此情形下采取实质意思说当然较为符合身份行为的本质,但是,如果虚假离婚后当事人一方已经与第三人结婚,在这种情形下仍然采取形式意思说比较妥当。因为离婚既为要式法律行为,离婚证或离婚调解书即具有公信力,第三人因信赖国家公权力机关颁发的离婚证书而与离婚当事人结婚,此善意第三人也应受到法律保护。此时若仍然采取实质意思说,原虚假离婚无效,第三人的婚姻则构成重婚,实在有失公允。因而,在虚假离婚当事人已与第三人结婚之情形,不得不采取形式意思说,承认虚假离婚的效力。由此,本书建议,关于虚假离婚的效力应当区分以下两种情形:

其一,虚假离婚当事人均未与第三人结婚的,其离婚可以被确认无效。

其二,虚假离婚当事人一方或者双方已经与第三人结婚的,应承认其再婚有效,此时虚假离婚当事人请求确认虚假离婚无效的请求权消灭,原虚假离婚确定地发生法律效力。

第三节 诉讼离婚

一、诉讼离婚的概念

诉讼离婚,又称裁判离婚,是指夫妻一方基于法定离婚原因,向人民法院提起离婚诉讼,人民法院依法通过调解或判决解除当事人间的婚姻关系的一种离婚方式。

我国的诉讼离婚适用于以下三类离婚纠纷:(1) 夫妻一方要求离婚,另一方不同意离婚的;(2) 夫妻双方都愿意离婚但在子女抚养、财产分割等问题上不能达成协议的;(3) 未依法办理结婚登记而以夫妻名义共同生活且为法律承认的事实婚姻。对于符合登记离婚条件的合意离婚,如果当事人基于某种原因不愿意进行离婚登记的,也可以适用诉讼离婚。

相对于登记离婚来说,诉讼离婚可以说是"对真正有争议的离婚案件进行裁判"。它要求当事人须提出离婚的原因及请求,法院通过行使审判权来解决离婚争端。诉讼离婚程序

---

① 参见詹成付、陈光耀主编:《婚姻法律知识问答》,中国大地出版社2006年版,第114—116页。

虽属民事诉讼程序,但与一般民事诉讼相比,也有不同之处。离婚之诉为本质的合并之诉,不但要解决是否准予离婚的问题,而且在准予离婚时必须一并解决离婚的诸多法律后果问题,如共同财产分割、债务清偿、经济帮助、离婚损害赔偿、子女抚养、探望权的行使等。在审理程序上,法院对离婚诉讼更多地采取职权主义,依职权主持调解。欧美国家大多对离婚诉讼专门规定了特别程序,设立家庭(家事)法院(庭),实行调解(和解)前置主义,以适应离婚诉讼的特殊性。

二、诉讼外调解

我国《民法典》第1079条第1款规定:"夫妻一方要求离婚的,可以由有关组织进行调解或者直接向人民法院提起离婚诉讼。"据此,对于离婚纠纷,既可在诉讼前由有关组织进行调解,又可以不经有关组织调解直接向人民法院提出诉讼,通过诉讼离婚方式解决。

诉讼外调解,是指由婚姻当事人所在单位、群众团体、居民或村民委员会、人民调解委员会等组织主持,在自愿合法的基础上,当事人就保持或解除婚姻关系及其连带的法律问题达成协议的纠纷解决方式。我国婚姻家庭法之所以规定诉讼外调解,是因为:(1)我国民间习惯自古就有调解处理婚姻纠纷的传统,以这种方式处理婚姻纠纷可以不伤或少伤和气,这符合人们的心理,便于当事人接受。(2)当地有关组织对纠纷情况比较了解,容易抓住矛盾重点进行说服教育和疏导,使纠纷得到及时的、妥善的解决,防止矛盾激化,增进团结和稳定。(3)这种解决离婚纠纷的方式经济、方便、快捷,不耽误当事人的生产、工作和生活,同时减少了法院的诉讼案件,减轻了人民法院的工作负担。

诉讼外调解并不是离婚诉讼的必经前置程序,是否进行这种调解,应当坚持当事人自愿原则,由双方当事人自己决定。当事人可以不经过这一阶段而直接向人民法院起诉,人民法院也不得以未经有关组织调解为由而拒绝受理。有关组织不得强迫或变相强迫当事人接受调解,也不得阻止或妨碍当事人向人民法院提出离婚诉讼。在调解过程中,应坚持自愿合法原则,不得强制或变相强制当事人达成或不达成某种协议。达不成协议的,当事人有权提起离婚诉讼,有关组织不得限制、阻碍;达成离婚协议的,当事人仍然要到婚姻登记机关办理离婚登记。

诉讼外调解可能出现三种不同的结果:一是调解和好,消除纠纷,继续保持婚姻关系。二是通过调解双方达成离婚协议,并就子女抚养、财产分割等问题达成一致意见,双方应按我国《民法典》婚姻家庭编及《婚姻登记条例》的规定,到婚姻登记机关办理离婚登记。婚姻登记机关经过审查,认为符合离婚登记条件的,应当予以登记,发给离婚证,注销结婚证;当事人从取得离婚证之日起,解除夫妻关系。三是调解无效,一方仍然坚决要求离婚,另一方坚持不离或者双方虽同意离婚但对子女抚养、财产分割等问题仍存在争议的,则由婚姻当事人一方向人民法院提起离婚诉讼,由人民法院审理。

三、诉讼离婚程序

(一)管辖与受理

依照我国《民事诉讼法》,对公民提起的离婚诉讼,由被告住所地人民法院管辖;被告住所地与经常居住地不一致的,由经常居住地人民法院管辖。对不在中华人民共和国领域内居住的人、下落不明或者宣告失踪的人提起的离婚诉讼,由原告住所地人民法院管辖;原告住所地与经常居住地不一致的,由原告经常居住地人民法院管辖。

如果一方是精神病人或者植物人,他人是否可以代理其作为原告起诉离婚?在以往的审判实践中,无民事行为能力人、限制民事行为能力人一般在离婚诉讼中都是被告。现在有时会遇到无民事行为能力人、限制民事行为能力人的配偶一方出于继承或占用财产的目的,既不提出离婚也不履行法定的夫妻扶养义务,甚至擅自变卖夫妻共同财产,对无民事行为能力人、限制民事行为能力人一方实施家庭暴力或虐待、遗弃等行为,严重侵害无民事行为能力人、限制民事行为能力人的合法权益的情况。如果一概不允许其作为原告提起离婚之诉,可能会出现以合法婚姻为幌子肆意侵害无民事行为能力人、限制民事行为能力人权益的情形。

《民法典》第161条第2款规定:"依照法律规定、当事人约定或者民事法律行为的性质,应当由本人亲自实施的民事法律行为,不得代理。"婚姻关系属于身份关系,结婚、离婚均需当事人本人自愿作出意思表示,而不能由他人代理实施。但现行法律规定婚姻等身份行为不能代理,应该理解为只适用于精神正常或意识清醒的人,而不适用于无民事行为能力人限制民事行为能力人,因其客观上不能正确表达意识或完全没有意识,对自己的行为无法作出适当的选择。

我国《婚姻登记条例》第12条规定,办理离婚登记的当事人属于无民事行为能力人或者限制民事行为能力人的,婚姻登记机关不予受理。也就是说,无民事行为能力人、限制民事行为能力人的离婚,不能通过行政程序协议离婚,只能通过诉讼程序解决,但现行法律和司法解释对无民事行为能力人、限制民事行为能力人是否可以作为原告由他人代理提起离婚之诉没有作出明确规定,缺乏相应的救济途径。①

是否准许无民事行为能力人、限制民事行为能力人的代理人代其提起离婚诉讼,有关国家的规定可供我们借鉴。如《俄罗斯联邦家庭法典》第16条规定:"婚姻可以根据一方或双方申请离婚的方式终止,也可根据被法院确认为无行为能力人的一方的监护人的申请而终止。"《法国民法典》第249条规定:"如离婚申请应当以受监护的成年人的名义提出,此项申请,由监护人听取医生的意见并经亲属会议批准后提交。"

《民法典》第36条规定,监护人有"实施严重损害被监护人身心健康的行为"或者"怠于履行监护职责……导致被监护人处于危困状态"等情形的,撤销监护人资格,"按照最有利于被监护人的原则依法指定监护人"。《民法典婚姻家庭编解释(一)》第62条对无民事行为能力人诉讼离婚的问题进行了规定,即"无民事行为能力人的配偶有民法典第三十六条第一款规定行为,其他有监护资格的人可以要求撤销其监护资格,并依法指定新的监护人;变更后的监护人代理无民事行为能力一方提起离婚诉讼的,人民法院应予受理"。

(二) 调解

我国《民法典》第1079条第2款前半段规定:"人民法院审理离婚案件,应当进行调解。"这表明调解原则上是人民法院审理离婚案件的必经程序,凡能够调解的案件都应当进行调解。如果当事人确因特殊情况无法出庭参加调解的,除本人不能表达意志的以外,应当出具书面意见。把调解作为必经程序是基于离婚案件本身作为身份关系诉讼的特点,通过调解结案有利于妥善解决当事人双方的矛盾,减轻精神创伤,合理处理各种关系;有利于双方的

---

① 《民法典婚姻家庭编解释(一)》第62条规定,无民事行为能力人的配偶实施严重损害被监护人身心健康行为,被依法变更监护人后,新监护人可代理无民事行为能力一方提起离婚诉讼。

或各自的长远幸福。通过调解达成协议,必须双方自愿,不得强迫;协议的内容不得违反法律规定。当然也不能久调不决。

通过诉讼内调解即司法调解,也会出现三种可能。第一种是双方和好。在这种情况下,人民法院应将和好协议的内容记入笔录,由双方当事人、审判人员、书记员签名或者盖章。第二种是双方达成全面的离婚协议。在这种情况下,人民法院应当制作调解书。调解书应写明诉讼请求、案件的事实和调解结果,并由审判人员、书记员署名,加盖人民法院印章。离婚调解书经双方当事人签收后即具有法律效力。无民事行为能力人的法定代理人与对方达成协议,要求发给判决书的,人民法院可根据协议内容制作判决书。第三种是调解无效,包括调解和好不成、调解离婚无效及经过调解双方在其他离婚后果方面达不成协议。在这种情况下,离婚诉讼继续进行。

(三) 判决与上诉

离婚案件的当事人可以依法委托诉讼代理人。但即使有诉讼代理人的,本人除不能表达意志的以外,仍应出庭;确因特殊情况无法出庭的,必须向人民法院提交书面意见。

对于调解无效的离婚案件,人民法院应遵照以事实为根据、以法律为准绳的审判工作原则作出判决。在审判离婚案件时,当事人申请不公开审理的,可以不公开审理,但一律公开宣告判决。人民法院可以依法判决离婚,也可以依法判决不离婚。一审判决离婚的,人民法院在宣告判决时必须告知当事人在判决发生法律效力前不得另行结婚。当事人不服一审判决的,有权依法上诉。第二审人民法院审理上诉案件可以进行调解。经调解双方达成协议的,自调解书送达时起原审判决即视为撤销;第二审人民法院作出的判决是终审判决。凡判决不准离婚和调解和好的离婚案件,没有新情况、新理由的,原告在 6 个月内不得重新起诉。

四、离婚诉权限制

(一) 对现役军人配偶离婚诉权的限制

我国《民法典》第 1081 条规定:"现役军人的配偶要求离婚,应当征得军人同意,但是军人一方有重大过错的除外。"这一规定旨在保护现役军人的婚姻关系,以有利于巩固人民军队,提高人民解放军的战斗力。

关于这一规定,应明确以下几点:

第一,本条规定中的现役军人,指正在人民解放军和人民武装警察部队服役、具有军籍的人员,不包括退役军人、复员军人、转业军人和军事单位中不具有军籍的职工。

第二,本条规定中的现役军人的配偶,指现役军人的非军人配偶;双方都是现役军人的不适用这一规定。

第三,本条规定只限制现役军人配偶的离婚请求权,现役军人本人提出离婚的不在此限。

第四,本条规定只适用于一方提出离婚的情形,不适用于双方合意的离婚。

第五,执行本条规定应贯彻实事求是的精神。对婚姻基础和婚后感情都比较好,非军人一方没有什么重要原因提出离婚的,应对其进行说服教育,珍惜与军人的婚姻关系;对夫妻关系恶化、婚姻已经破裂,确实不能继续维持的,应通过军人所在部队团以上的政治机关,向军人做好思想工作,经其同意后自可准予离婚。

第六,法律在保护现役军人的婚姻权利的同时,也注重对非军人的婚姻权利的保护。当现役军人一方存在重大过错且导致了夫妻感情破裂时,其配偶要求离婚的,根据本条的规定,可以不必征得军人的同意。现役军人一方的重大过错,一般是指军人一方的重大违法行为或其他严重破坏夫妻感情的行为,导致了夫妻感情的破裂。根据《民法典婚姻家庭编解释(一)》第 64 条的规定,现役军人的以下情形,可以视为军人有重大过错:(1) 现役军人重婚或与他人同居;(2) 现役军人实施家庭暴力或者虐待、遗弃家庭成员;(3) 现役军人有赌博、吸毒等恶习,屡教不改;(4) 现役军人有其他重大过错导致夫妻感情破裂的情形。

(二) 在特定期间对男方离婚诉权的限制

我国《民法典》第 1082 条规定:"女方在怀孕期间、分娩后一年内或终止妊娠后六个月内,男方不得提出离婚;但是,女方提出离婚或者人民法院认为确有必要受理男方离婚请求的除外。"这些规定旨在充分保护孕、产妇和终止妊娠术后妇女的身心健康,并有利于胎儿、婴儿的发育成长,同时也有保护计划生育工作顺利开展的意义。

关于上述规定,应明确以下几点:

第一,它们对男方诉权所设定的限制仅是一种暂时性限制,既不是对男方离婚诉权的剥夺,也不涉及离婚的实质要件,期间届满之后其离婚诉权自然恢复。

第二,上述规定旨在保护女方及胎儿、婴儿的身心健康。当女方认为离婚对其本人及胎、婴儿更为有益时,作为原告诉请离婚当然不受限制;在此期间若双方一致同意离婚且对其他问题均有适当安排,自应允许办理行政登记。

第三,人民法院享有例外受理的决定权。所谓"确有必要"主要指两种情况:一是在此期间双方确实存在不能继续共同生活的重大而紧迫的理由,一方对他方有危及生命、人身安全的可能;二是女方怀孕系因与他人通奸所致,女方也不否认,夫妻感情确实破裂,人民法院应根据具体情况,受理男方的离婚请求。

此外还应注意:(1) 女方分娩后 1 年内,婴儿死亡的,原则上仍应适用上述规定。(2) 女方流产的,也应受到保护,但不宜机械适用上述规定,可视女方健康状况,由人民法院决定是否受理男方提出的离婚请求。(3) 原审人民法院判决离婚时,未发现女方怀孕,女方自己发现并提出上诉的,应撤销原判决,驳回男方离婚请求。

第四节 判决离婚的法定理由

一、关于离婚法定理由的原则规定

我国《民法典》第 1079 条第 2 款后半段规定:"如果感情确已破裂,调解无效的,应当准予离婚。"即"夫妻感情确已破裂"是我国诉讼离婚中判决准予离婚的法定条件,是人民法院处理离婚纠纷,决定是否准予离婚的原则界限。这一规定包含两层意思:一是如夫妻感情确已破裂,调解无效,应准予离婚;二是如夫妻感情没有破裂或者尚未完全破裂,虽然调解无效,也不应准予离婚。即人民法院处理离婚案件要以夫妻感情事实上是否确已破裂,能否恢复和好为根据。如果夫妻感情事实上已完全破裂,不能继续维持,没有恢复和好的可能,就应该准予离婚。相反,如果夫妻感情事实上没有破裂,还能够维持,有和好的可能,即使一时调解无效,也不应准予离婚。我国婚姻家庭法把夫妻感情确已破裂,作为判决离婚的法定条件,旨在保障离婚自由,并且防止轻率离婚。

（一）以夫妻感情确已破裂作为判决离婚法定条件的理由

1980年《婚姻法》颁行后，我国学术界通说认为，把夫妻感情确已破裂作为判决离婚的法定条件是有充分根据的①：

（1）它是婚姻本质的要求，符合马克思主义关于离婚问题的基本理论。在我国社会主义社会，提倡建立以爱情为基础的婚姻。男女双方的爱情应是婚姻建立的基础，也应是婚姻关系赖以存在的基础。以夫妻感情是否确已破裂，作为判决准予或不准予离婚的法定条件，反映了婚姻这一伦理实体的本质要求。虽然引起离婚纠纷的原因多种多样，但准予离婚与不准予离婚，不应该着眼于引起离婚纠纷的原因本身，而应该看夫妻关系的现状与后果。马克思在《论离婚法草案》中说："离婚仅仅是对下面这一事实的确定：某一婚姻已经死亡，它的存在仅仅是一种外表和骗局。不用说，既不是立法者的任性，也不是私人的任性，而每一次都只是事物的本质来决定婚姻是否已经死亡"；"立法者对于婚姻所能规定的，只是这样一些条件……在什么条件下婚姻按其实质来说已经离异了。法院判决的离婚只能是婚姻内部崩溃的记录"。②

（2）这是我国长期立法、司法实践经验的总结。我国1950年《婚姻法》第17条第1款规定："……男女一方坚决要求离婚的，经区人民政府和司法机关调解无效时，亦准予离婚。"并在第2款规定："……人民法院对离婚案件，也应首先进行调解，如调解无效时，即行判决。"对此原中央人民政府法制委员会有关婚姻问题的解答③中特别指明：如经调解无效，而又确实不能继续维持夫妻关系的应准予离婚。如经调解虽然无效，但事实证明他们双方并非到确实不能继续同居的程度，也可以不批准离婚。即以"不能继续维持夫妻关系"作为准予离婚的标准。1963年最高人民法院《关于贯彻执行民事政策几个问题的意见》（修改稿）中指出："对那些夫妻感情已完全破裂，确实不可能和好的，法院应积极做好坚持不离一方的思想工作，判决离婚。"这就明确地以"感情是否完全破裂"作为准予离婚的标准。1979年最高人民法院《关于贯彻执行民事政策法律的意见》中又进一步指出："人民法院审理离婚案件，准离与不准离的基本界限，要以夫妻关系事实上是否确已破裂，能否恢复和好作为原则。"而1980年颁布的《婚姻法》则把"夫妻感情确已破裂"作为判决准予离婚的法定条件，2001年《婚姻法》和2020年《民法典》依然如此。可见，它是我国长期离婚立法经验的总结。

从夫妻感情的实际情况出发处理离婚案件，也是我国长期司法实践经验的总结。在20世纪50年代，我国司法机关依据婚姻法掌握离与不离的界限，在解除封建包办、强迫婚姻方面，取得显著成绩。但后来，由于"左"倾思想的影响，出现正当理由论，即不管双方感情是否确已破裂，只要没有正当理由，一律不准离婚。特别是对一方因喜新厌旧思想引起的离婚案件，不论双方感情是否确已破裂，有无和好可能，一概判决不准离婚。反之，如一方犯了政治错误或被判刑，其配偶要求离婚，就认为离婚理由正当，一般予以判决离婚，但实际上其夫妻感情不一定已经破裂。直到中国共产党第十一届三中全会以后，纠正了过去"左"的错误，1980年《婚姻法》明确规定以夫妻感情是否确已破裂作为判决准予或不准予离婚的法定条件。

---

① 几乎所有的婚姻法教科书都列举以下三方面理由来论证将"夫妻感情破裂"作为判决离婚理由的合理性，考虑到教材的客观性，故本书再次重复这三方面理由。
② 《马克思恩格斯全集》（第1卷），人民出版社1956年版，第184—185页。
③ 参见《中华人民共和国婚姻法教学参考资料（第一辑）》，西南政法学院民法教研室编，1984年，第283页。

(3) 它反映了当代世界离婚立法的发展趋势。如前所述,在现代社会许多国家都采用自由主义离婚原则,以婚姻关系无可挽救的破裂,作为判决准予离婚的法定条件。即对判决离婚的法定条件,许多国家都采取破裂主义原则,这是当代世界离婚立法的发展趋势。

也有很多学者建议修改判决离婚的理由,将"夫妻感情确已破裂"改为"婚姻关系破裂",他们指出,以夫妻感情确已破裂作为裁判离婚的理由,至少有四个方面失之妥当:第一,夫妻感情属于人的心理、情感等精神活动范畴,不属于法律能够直接调整的范畴;第二,夫妻感情具有浓厚的个性化主观色彩和深层次的隐秘性,增加了离婚审判的随意性和盲目性;第三,婚姻是作为男女两性精神生活、性生活与物质生活的共同体而存在的,感情交流只是夫妻精神生活的内容,它并不等于也不能代替构成婚姻本质的另外两个方面,因此也不能囊括所有导致夫妻离异的因素;第四,以"感情确已破裂"作为法定离婚理由,必须以夫妻婚后有感情为前提,以感情破裂导致离婚为结果。倘若婚姻中无感情何来感情破裂,只有婚姻关系破裂与离婚之间才具有逻辑上的一致性和因果关系上的必然性。[①]

(二) 夫妻感情确已破裂与调解无效的关系

为了正确适用婚姻法关于判决离婚的法定条件,必须弄清感情确已破裂与调解无效之间的关系。夫妻感情确已破裂是实体性规定,它是客观存在的事实,是判决离婚的实质要件。调解无效是程序性的规定。一般说来,感情确已破裂,必然调解无效,调解无效是感情确已破裂的结果。但调解无效并不一定说明夫妻感情确已破裂。因为调解无效的原因很多。所以,不应把调解无效作为夫妻感情确已破裂的根据。人民法院应当准确掌握判决离婚的法定条件,对夫妻感情确已破裂的,应准予离婚;否则,应驳回原告人的离婚请求,不准予离婚。在审判实践中,我们不要把感情确已破裂与调解无效等同起来,不要把"调解无效"简单地作为"感情确已破裂"的标志,更不要把它作为判决离婚的法定条件。判决离婚的法定条件只能是"夫妻感情确已破裂"。

(三) 夫妻感情确已破裂的认定

夫妻感情是指夫妻双方相互关切、爱慕之情。在社会主义条件下,夫妻是共同生活的伴侣,在家庭中地位平等。社会主义社会中的夫妻感情应当是夫妻双方建立在志同道合、情投意合基础上的相互关切、爱慕之情。夫妻感情属于社会意识形态的范畴,是由社会、家庭的物质生活条件和夫妻双方个人的思想境界、道德品质所决定的。它不是孤立和静止的,夫妻感情可以由好变坏,直至破裂,也可以由坏变好,和好如初,所以不能只要夫妻一方提出离婚,人民法院就判决离婚,不能把离婚作为解决夫妻矛盾的唯一手段。

夫妻感情确已破裂,包含着三层意思:一是夫妻感情已经破裂而不是将要破裂或可能破裂;二是真正破裂而不是虚假现象或者第三人的猜测臆断;三是夫妻感情完全破裂而不是刚刚产生裂痕或者尚未完全破裂。

判断夫妻感情是否确已破裂,要对每一案件历史地、全面地、发展地分析研究,透过现象看本质。司法实践经验归纳为"四看":

1. 看婚姻基础

婚姻基础是指男女双方建立婚姻关系时的思想感情状况和相互了解的程度。它是婚姻得以缔结的根本和起点,对婚姻关系的维持起着重要的奠基作用。

---

① 参见马忆南:《二十世纪之中国婚姻家庭法学》,载《中外法学》1998年第2期。

看婚姻基础就是要调查了解双方结合的方式、恋爱时间的长短、结婚的动机和目的。也就是看双方结婚是自主自愿的,还是父母或他人包办强迫的;是以爱情为基础的,还是以金钱、地位和财产为目的而结合的;双方是通过恋爱充分了解而结合的,还是一见钟情的草率婚姻;是出于真心相爱,还是为了其他目的的权宜之计,或是出于同情、怜悯、感恩、虚荣心而结合的。这些因素对婚后感情和离婚纠纷产生的原因都会有直接或间接的影响。

一般说来,婚姻基础好的夫妻婚后感情也较好,一旦发生夫妻纠纷,甚至一度破裂,通过调解比较容易和好。相反,如果婚姻基础较差,婚后又未建立起真正的夫妻感情,有了新的矛盾,以致发生离婚纠纷,重新和好的条件就差一些,和好的可能性就小一些。当然,这个问题也不是绝对的,对婚姻基础也要发展地看,辩证地看。虽然婚姻基础不好,但结婚时间长了,夫妻有了一定感情,又生有子女,有了纠纷也不一定要离婚。反之,自由恋爱结合的夫妻,也会因其他原因造成夫妻感情破裂。看婚姻基础只是判断分析夫妻感情的条件之一,还要结合其他条件,全面分析判断。

2. 看婚后感情

婚后感情是指男女双方结婚以后的相互关切、忠诚、敬重、喜爱之情。看婚后感情就是看夫妻共同生活期间的感情状况。一是看夫妻双方婚后共同生活的感情状况,是否做到互敬互爱,互相帮助,互相体贴,互相关心,共同教育后代,有事共同商量,夫妻地位是否平等。二是看夫妻感情的发展变化,由好变坏,还是由坏变好,或是时好时坏。要根据具体情况作全面的分析判断。三是看产生纠纷的具体情况,如发生纠纷的次数、程度、后果,等等。四是看双方本人及家庭状况,如男女各方面的思想品质、生活作风、性格爱好,以及家庭关系、婆媳关系、经济状况,等等。须正确判断夫妻婚后的感情状况,不能单凭当事人自己的陈述,因为有些当事人为了达到离婚的目的,往往否定婚后夫妻有感情,说夫妻感情一直不好,而不同意离婚的一方则往往肯定婚后感情一直不错。双方都可以举出大量事实,说明自己有理。在这种情况下就不能受当事人双方各执一词的左右,他们所列举的事实往往不能如实反映夫妻感情的真相与本质。只有深入调查了解,综合全面情况,才能对夫妻婚后感情状况作出切合实际的结论。

3. 看离婚的原因

离婚原因是指引起离婚的最根本的因素,亦即引起夫妻纠纷的主要矛盾或夫妻双方争执的焦点与核心问题。离婚原因可能是单一的,也可能是多种因素交错在一起;有的是主观上的,有的是客观上的;有真实的,也有虚假的;有直接的,也有间接的。要注意到当事人自己陈述的离婚原因与离婚的真实原因有时并不一致,有些人为了达到离婚的目的,往往夸大事实,制造假象,甚至颠倒是非用莫须有的现象来掩盖真实面目;而被告人多为了达到不离婚的目的,也会想尽一切办法来否定原告人的离婚理由,甚至夸大对方的缺点、过错或者制造一些不实的材料加错于对方,使自己变被动为主动,以便获得胜诉,为此也往往隐瞒事实真相,捏造虚假原因。因此,只有掌握了离婚的真实原因,才能不为虚假现象所迷惑,才能分清是非,明确责任,对症下药,正确判断夫妻感情的真实情况,查清引起离婚的真实原因,使离婚纠纷得到正确解决。

4. 看有无和好的可能

看有无和好的因素是指把握有无争取夫妻和好的条件。即在上述三看的基础上进一步把握夫妻关系的现状和各种有利于和好的因素,对婚姻的发展前途进行估计和预测。如夫妻双方对立情绪的大小、是否分居、夫妻间权利义务是否停止、对子女是否牵挂、坚持不离的一方有无和好的行动、有过错一方有无悔改表现,等等。这些情况对判断夫妻关系的发展前途、有无和好的可能都是很重要的。夫妻感情不会是一成不变的,它会受到外力的作用和影响。即使夫妻关系濒于破裂也可以通过各种因素促使其转化,因而要调动一切积极因素做好工作。例如,不同意离婚的一方如果真心实意地争取和好,并主动为和好做工作,很多情况下会使坚持离婚的一方回心转意。另外,如果有过错一方诚心悔改,并有改正行动,也会争取无过错方的谅解,从而使夫妻关系得以改善。另外,利用子女的调和剂作用是争取和好的又一因素,有的夫妻双方都为舍不得孩子,为子女利益考虑而同意继续保持夫妻关系,并经过双方努力,使夫妻关系逐渐好转;通过亲朋好友的帮助,积极做和好工作也是争取双方和好的外在机制,有的夫妻正是通过亲朋好友耐心细致的劝说,营造相互谅解、沟通的氛围而破镜重圆的。

以上四个方面相互联系、相互影响。可以从这四个方面全面分析研究,判断夫妻感情是否确已破裂、有无和好的可能。在这个问题上不仅要看到夫妻感情的过去和现在,而且要对夫妻关系的前途有所分析、有所预见。只要双方还有和好的可能,就应当努力帮助他们改善夫妻关系,把和好的可能变成现实。如果没有和好的可能,夫妻感情确已破裂,就应依法准予离婚。

二、关于判决离婚理由的例示性规定

我国1980年《婚姻法》明确把夫妻感情是否确已破裂作为判决是否准予离婚的依据。多年的司法实践证明,这种规定过于原则、笼统,在适用中不易掌握。将概括性的规定和列举性的规定结合起来,有利于保障离婚自由,防止轻率离婚。为此,最高人民法院总结了各级人民法院在审判实践中积累的经验,于1989年作出了《关于人民法院审理离婚案件如何认定夫妻感情确已破裂的若干具体意见》的司法解释,归纳了14种情况,凡有其中之一,调解无效的,可以视为夫妻感情确已破裂。这一司法解释为审判人员判断夫妻关系是否确实已经难以维持提供了事实上的依据。2001年修改的《婚姻法》第32条将其中的主要内容整理归纳,上升为法律,规定有几种情形之一,调解无效的,应准予离婚。《民法典》第1079条维持了这些规定。①

(一)重婚或者与他人同居的

重婚是指有配偶者与他人再结婚的行为或者虽无配偶但明知他人有配偶而与之结婚的行为。本条所说的重婚显然是指前者。1994年最高人民法院在对重婚罪的司法解释中规定,有配偶的人与他人以夫妻名义同居生活的,或者明知他人有配偶而与之以夫妻名义同居生活的,仍应按重婚罪定罪处罚。② 明确了那些虽未履行法定结婚手续,但有配偶的人与他人以夫妻名义共同生活或者明知他人有配偶而与之以夫妻名义共同生活的,仍应视为重婚。这里"以夫妻名义同居生活"是指在一定的时间内公开地以夫妻名义共同生活,包括公然"纳妾"的行为。那种偶尔发生的婚外性行为,不能视为重婚。

---

① 参见马忆南、罗玲:《裁判离婚立法理由研究》,载《法学论坛》2014年第4期。
② 最高人民法院《关于〈婚姻登记管理条例〉施行后发生的以夫妻名义非法同居的重婚案件是否以重婚罪定罪处罚的批复》,1994年12月14日。

有配偶者与他人同居主要是指:(1)"包二奶"或"包二爷"等行为,即以金钱等物质利益供养婚外异性,与之保持长期性关系的行为。如以提供住房、汽车、生活费用等为条件,与婚外异性同居生活。(2)其他姘居行为。这些行为严重违反了夫妻应该互相尊重、互相忠实、相互扶助等婚姻宗旨,对方不能原谅的,自应准予离婚。

(二)实施家庭暴力或者虐待、遗弃家庭成员

这里所说的家庭暴力,顾名思义是发生在家庭内部的暴力行为,此类暴力行为的形式是多样的,但都是对家庭成员人身权利的严重侵害。关于家庭暴力、虐待和遗弃,本书第一章第五节中已有说明。实施家庭暴力或虐待、遗弃家庭成员,严重伤害了夫妻感情,违反了婚姻义务,不能弥合补救取得对方谅解的,应视为感情确已破裂,准予离婚。

(三)有赌博、吸毒等恶习屡教不改

每一个人都会有各种缺点和不足,对此,作为共同生活伴侣的夫妻之间一般是可以相互谅解的。但是,一方有赌博、吸毒等恶习而且屡教不改,则是所在家庭的莫大不幸。由于这些恶习的本身特性,它们会导致赌博者、吸毒者把自己所有的财产都花在赌博或吸毒上,不惜赔光家庭财产来从事这些行为,甚至铤而走险走上犯罪道路。这种情况下,当然就谈不上履行家庭义务,同时也会严重地伤害夫妻感情。因此,一方有此类恶习而不改正,对方提出离婚,调解无效的,应准予离婚。否则,只会给对方和其他家庭成员增加无穷的痛苦。

(四)因感情不和分居满2年

男女双方结婚后共同生活是基于感情的必然要求,也是婚姻关系的重要内容。如果因为感情不和,双方分居已达2年之久,足以认定夫妻感情确已破裂,这种情况下,应准予离婚。

(五)其他导致夫妻感情破裂的情形

《民法典婚姻家庭编解释(一)》第23条规定:夫以妻擅自终止妊娠侵犯其生育权为由请求损害赔偿的,人民法院不予支持;夫妻双方因是否生育发生纠纷,致使感情确已破裂,一方请求离婚的,人民法院经调解无效,应依照《民法典》第1079条第3款第5项的规定处理。

需要特别指出的是,人民法院审理离婚案件,符合《民法典》第1079条第3款规定"应当准予离婚"情形的,不应当因当事人有过错而判决不准离婚。[①]

上述所列可以视为夫妻感情破裂应准予离婚的情形,但并非包括了全部夫妻感情确已破裂的类型,也就是说并非只有这四种情况,才能认定为夫妻感情确已破裂。法律只是把实际生活中最常见的和大量导致夫妻感情破裂的情况作了例示性的列举,使离婚诉讼的审理能有若干比较具体的标准,防止久拖不决,久调不决。应该说,有多少不幸的家庭,就可能有多少种各不相同的导致夫妻感情破裂的情况,法律不可能一一列举,因此用"其他导致夫妻感情破裂的情形"来概括。具有其他导致夫妻感情破裂的情形,在调解无效的情况下,法律同样规定应准予离婚。这里尤其需要注意的是,可能夫妻双方均无明显过错,但婚后发现双方性格严重不合,或因其他缘由导致感情破裂,致使一方坚决要求离婚。在调解无效时,也应准予离婚。如果因为对方无明显过错就判决不准离婚,最终导致的结果将是降低婚姻质量,使家庭生活潜伏危机,可能会使矛盾激化,也可能导致婚姻、性和爱情的分离,这对夫妻双方都是一种折磨和痛苦,对子女的成长也有消极影响。因此需要大力宣传好聚好散的文

---

① 参见《民法典婚姻家庭编解释(一)》第63条。

明的离婚方式,使离婚不再艰难和你死我活,使离婚成为结束死亡婚姻,开始新的生活的正常途径,让人们用平常心去对待。还需要指出的是,有些离婚是有一定的客观原因的,如因一方患无法治愈的疾病使正常的夫妻生活成为不可能,从而导致夫妻关系难以继续维持,这些也可视为其他导致夫妻感情破裂的情形,调解无效时应准予离婚。

三、直接判决离婚的两种情形

我国《民法典》第1079条还规定,一方被宣告失踪,另一方提出离婚诉讼的,应当准予离婚。这是婚姻家庭编规定的一项无须通过考察夫妻感情状况而直接判决离婚的理由。《民法典》第40条、第41条规定,自然人下落不明满2年的,利害关系人可以向人民法院申请宣告该自然人为失踪人。自然人下落不明的时间从其失去音讯之日起计算。战争期间下落不明的,下落不明的时间自战争结束之日或者有关机关确定的下落不明之日起计算。法律对一方与被宣告失踪的人提出的离婚诉讼,准予离婚,是为了尽早结束已经名存实亡达2年以上的婚姻关系,使当事人能够开始新的生活。那么,一方下落不明未满2年,另一方不要求宣告失踪,只提出要求离婚,法院是否受理呢?根据最高人民法院的司法解释,法院应按离婚案件予以受理。对下落不明一方可用公告的方式送达诉讼文书。

《民法典》婚姻家庭编第1079条第5款还增加了另一种直接判决离婚的情形:经人民法院判决不准离婚后,双方又分居满1年,一方再次提起离婚诉讼的,应当准予离婚。

第五节 离婚后的子女、财产问题

离婚是导致婚姻关系终止的一种法律行为,它将在婚姻当事人之间、婚姻当事人与子女及其他第三人之间引起一系列相应的法律后果,即离婚的法律效力。

一、离婚与子女抚育

(一) 父母离婚后与子女的关系

我国《民法典》第1084条第1款规定:"父母与子女间的关系,不因父母离婚而消除。离婚后,子女无论由父或者母直接抚养,仍是父母双方的子女。"根据此规定,父母离婚,不消除父母子女之间的权利义务关系。因为,夫妻关系和父母子女关系是两种不同性质的关系。前者是男女两性基于自愿依法缔结的婚姻关系,它可依法定条件和程序而成立,也可依法解除;后者是基于出生事实而发生的自然血亲关系,不能人为地解除。所以离婚只能消除夫妻关系,而不能消除父母子女之间的身份和血缘关系。离婚后,子女无论随父母何方生活,仍然是父母双方的子女。我国婚姻法关于父母子女间权利义务的规定仍然适用,不因父母离婚而受影响。

养父母离婚,也不消除养父母与养子女之间的权利义务关系。养父母离婚后,养子女无论由养父或养母抚养,仍是养父母双方的养子女。但在特殊情况下,如养父母离婚时经生父母及有识别能力的养子女同意,双方自愿达成协议的,未成年的养子女一方既可依法解除收养关系,由生父母抚养;也可以变更收养关系,改由原养父母一方收养。但收养的变更或解除必须符合收养法的要求,不得侵犯未成年养子女的合法权益。

生父或生母与继母或继父离婚,已形成抚养教育关系的继父母与继子女,如继子女未成年并随生父或生母生活,继父或继母停止抚养继子女的,该继子女与继父母的权利义务关系,随之自然解除。如受继父母长期抚养、教育的继子女已成年,继父母与继子女已经形成的身份关系和权利义务关系则不能因离婚而解除;只有在继父母或继子女一方或双方提出解除继父母子女关系,并符合法律要求的条件下,才可以解除。但由继父母养大成人并独立生活的继子女,应承担生活困难、无劳动能力的继父母的晚年生活费。

(二) 离婚后子女随父母何方共同生活

父母离婚虽不能消除其父母子女之间的权利义务关系,但子女抚养方式却要发生变化。即由父母双方与子女共同生活、共同抚养变成由父母一方与子女共同生活,承担直接抚养责任。我国《民法典》第1084条第2款、第3款规定:"离婚后,父母对于子女仍有抚养、教育、保护的权利和义务。离婚后,不满两周岁的子女,以由母亲直接抚养为原则。已满两周岁的子女,父母双方对抚养问题协议不成的,由人民法院根据双方的具体情况,按照最有利于未成年子女的原则判决。子女已满八周岁的,应当尊重其真实意愿。"

我国《民法典》第1084条的规定过于原则,为便于操作、适用,最高人民法院曾于1993年11月专门发布《关于人民法院审理离婚案件处理子女抚养问题的若干具体意见》作了具体解释,被2020年最高人民法院《民法典婚姻家庭编解释(一)》基本予以保留。综合现行法律,处理离婚后子女抚养问题,应把握以下几个方面:

(1) 最有利于子女身心健康,保障子女的合法权益,是贯穿于婚姻家庭法的基本原则,也是处理离婚后子女抚养问题的出发点,只有在此前提下,再结合父母双方的抚养能力和抚养条件等具体情况妥善解决。

(2) 2周岁以下的子女,以随母亲生活为原则(不论母亲是否哺乳),以随父亲生活为例外。有几种特殊情况可随父亲生活:一是母亲患有久治不愈的传染性疾病或其他严重疾病,子女不宜与其共同生活;二是母亲有抚养条件不尽抚养义务,而父亲要求子女随其生活;三是母亲因其他原因,子女确不宜与其共同生活;四是在对子女健康成长无不利影响的条件下双方协议子女随父生活;等等。

(3) 2周岁以上未成年子女随哪一方生活,应以维护子女利益为前提,综合考虑父母双方的思想品质、生活作风、文化素质、经济条件、家庭环境等各个方面的因素。其中尤其要注意五个方面的情况:一是要考虑双方的经济状况。因为子女处于德、智、体、美全面成长时期,经济状况的好坏与子女的成长密切相关。二是父母双方的身体、精神健康状况和智力、知识程度及人格修养、品德情操等内在因素。三是注意父母与子女的感情因素,不要单纯看经济实力。当感情因素与物质生活条件矛盾时,前者应优于后者。四是重视有意识能力的子女的意愿。五是坚持有利于贯彻执行计划生育的原则。

在综合分析上述因素的前提下,处理父母双方都要求2周岁以上的子女随其生活的问题时,如其中一方有如下情形之一,可优先考虑子女随该方生活:

第一,已做绝育手术或因其他原因丧失生育能力。我国《妇女权益保障法》第50条规定:"离婚时,女方因实施绝育手术或者其他原因丧失生育能力的,处理子女抚养问题,应在有利子女权益的条件下,照顾女方的合理要求。"

第二,子女随其生活时间较长,改变生活环境对子女的健康成长明显不利。

第三,无其他子女,而另一方有其他子女。

第四,子女随其生活,对子女成长有利,而另一方患有久治不愈的传染性疾病或其他严重疾病,或者有其他不利于子女身心健康的情形,不宜与子女共同生活。

第五,父母抚养子女的条件基本相同,双方均要求直接抚养子女,但子女单独随祖父母或者外祖父母共同生活多年,且祖父母或者外祖父母要求并且有能力帮助子女照顾孙子女或者外孙子女的,可以作为父或者母直接抚养子女的优先条件予以考虑。

父母双方对8周岁以上的未成年子女随父或随母生活发生争执的,如子女作出愿随一方生活的表示,应尊重其真实意见。此外,在有利于保护子女利益的前提下,父母双方协议轮流直接抚养子女的,人民法院应予支持。

(4) 对继子女的抚养问题,除遵行上述一般原则之外,《民法典婚姻家庭编解释(一)》还作了特别要求。生父与继母或生母与继父离婚时,对曾受其抚养教育的继子女,继父或继母不同意继续抚养的,仍应由生父母抚养。

(三) 抚育费用的负担

我国《民法典》第1085条第1款规定:"离婚后,子女由一方直接抚养的,另一方应当负担部分或者全部抚养费。负担费用的多少和期限的长短,由双方协议;协议不成的,由人民法院判决。"关于子女抚养费的协议或判决,"不妨碍子女在必要时向父母任何一方提出超过协议或者判决原定数额的合理要求。"(第2款后段)这一规定在操作适用上包含以下三个方面的内容。

(1) 父母双方离婚后仍负有平等的负担子女抚养费的义务。抚养费是生活费、教育费、医疗费的总称。在婚姻家庭法上,父母对未成年子女的抚养和抚养费的负担是强制性的无条件义务。父母离婚后,子女由母方抚养时,父方应负担必要的抚育费;子女由父方抚养时,母方也应负担必要的抚养费。只有在个别情况下,抚养子女的一方既有负担能力,又愿意独自承担全部抚养费时,才可免除另一方的负担。

(2) 子女抚养费的数额、期限和交付办法。首先由父母双方协议,协议不成时,由人民法院判决。无论是协议还是判决,都应以三个方面的因素为确定依据:一是子女身心健康成长对抚养费的实际需要;二是父母双方的实际负担能力;三是当地的实际生活水平。在此依据的基础上,《民法典婚姻家庭编解释(一)》进一步要求:

其一,父母有固定收入的,抚养费可按其月总收入的20%至30%的比例给付。负担两个子女抚育费的,比例可适当提高,但一般不得超过月总收入的50%。无固定收入的,抚养费的数额可依据当年总收入或同行业平均收入,参照以上比例确定。有特殊情况的,可适当提高或降低以上比例。

其二,抚养费的给付办法,可依父母的职业情况而定,原则上应定期给付。但父母从事农业生产或其他生产经营活动,没有稳定的固定收入的,可以按季度或年度支付现金或实物;特殊情况下,可一次性给付。对父母一方无经济收入或者下落不明的,可用其财物折抵子女抚养费。

其三,父母双方可以协议子女随一方生活并由抚养方负担子女全部抚养费。但经查实,抚养方的抚养能力明显不能保障子女所需费用,影响子女健康成长的,不予准许。

其四,子女抚养费的给付期限,一般至子女18周岁为止。16周岁以上不满18周岁的子女,以其劳动收入为主要生活来源,并能维持当地一般生活水平的,父母可停止给付抚养费。子女虽满18周岁但尚未独立生活的,如父母有给付能力,仍应负担必要的抚养费。但这类子女一般限于三种情况:一是丧失劳动能力或虽未完全丧失劳动能力,但其收入不足以维持生活;二是尚在校就读;三是确无独立生活能力和条件。

（3）子女抚养关系和抚养费可依法变更。离婚后,子女的抚养关系和抚养费的给付,在一定条件下,可以根据父母双方或子女实际情况的变化,依法予以变更。

抚养关系的变更,有两种形式:一是双方协议变更。父母双方协议变更子女抚养关系的,只要有利于子女身心健康和保障子女合法权益,就应予准许。二是一方要求变更。凡一方要求变更子女抚养关系有下列情形之一的,应予支持:① 与子女共同生活的一方因患严重疾病或因伤残无能力继续抚养子女的;② 与子女共同生活的一方不尽抚养义务或有虐待子女行为,或其与子女共同生活对子女身心健康确有不利影响的;③ 8周岁以上未成年子女,愿随另一方生活,该方又有抚养能力的;④ 有其他正当理由需要变更的。

变更抚养费,原则上限于子女提出或根据子女利益需要由一方以子女的名义提出,其权利主体只能是子女。即子女可以向已离婚的父母任何一方,请求超过原协议或判决所定的抚育费数额。因为协议或判决的原定数额是根据当时子女的需要和父母的给付能力及当地生活水平来确定的,难免后来情况发生变化,原定数额不足以用。所以,《民法典婚姻家庭编解释（一）》具体说明:子女要求增加抚养费有下列情形之一,父或母有给付能力的,应予支持:① 原定抚养费不足以维持当地实际生活水平的;② 因子女患病、上学,实际需要已超过原定数额的;③ 有其他正当理由应当增加的,如物价上涨、生活地域发生变化、有给付义务的父方或母方经济收入明显增加;等等。

此外,在现实生活中,基于特殊情况负担抚养费的一方可能要提出减少或免除原定子女抚育费的请求。对此,父母双方可以协商解决,如协议不成的,可诉请法院解决。其中有两种情况可予准许:① 抚养子女的一方再婚,其再婚配偶愿意负担继子女的抚养费的一部或全部时,他方的负担可以减少或免除。但应该注意,这种减少或免除,是以继父或继母自愿为前提,如情况发生变化,继父或继母不愿负担或无力负担该项费用的,有给付义务的生父或生母应按原定数额给付。② 有给付义务的一方因出现某种新情况,确有实际困难无法给付的,可通过协议或判决,酌情减免其给付数额。但这种减免也是有条件的,待给付一方情况好转,有能力按原定数额给付时,应依照原定数额给付。

子女问题是离婚纠纷中的难点之一,除了上述各项要求之外,《民法典婚姻家庭编解释（一）》还特别作了三项规定:① 父母不得因子女变更姓氏而拒付子女抚养费。父或母一方擅自将子女姓氏改为继母或继父姓氏而引起纠纷的,应当责令恢复原姓氏。② 在离婚诉讼期间,双方均拒绝抚养子女的,可以先行裁定由一方抚养。③对拒不履行或妨碍他人履行生效判决、裁定、调解中有关子女抚养义务的当事人或者其他人,人民法院可依照《民事诉讼法》第111条的规定采取强制措施。

（四）对子女的探望权

我国《民法典》第1086条规定:"离婚后,不直接抚养子女的父或者母,有探望子女的权利,另一方有协助的义务。行使探望权利的方式、时间由当事人协议;协议不成的,由人民法院判决。父或母探望子女,不利于子女身心健康的,由人民法院依法中止探望;中止的事由消失后,应当恢复探望。"

《民法典婚姻家庭编解释（一）》第65条指出,人民法院作出的生效的离婚判决中未涉及探望权,当事人就探望权问题单独提起诉讼的,人民法院应予受理。

（1）离婚后,不直接抚养子女的父或母,有探望子女的权利,另一方有协助的义务。不直接抚养子女的父或母是指不随子女共同生活的一方。父母子女包括婚生父母子女、养父母养子女、同意继续抚养的有抚养关系的继父母继子女、非婚生父母子女。探望不以负担费用为前提，即使因某种原因而未支付抚养费，仍有探望的权利。也不以随子女共同生活的父母一方未再婚为前提，即使已经再婚，对方仍有探望的权利。也不以非轮流抚养为限，在父母轮流抚养子女的情况下，未与子女共同生活的一方仍有探望权。

探望既包括见面，如直接见面、短期的共同生活在一起，也包括交往，如互通书信、互通电话、赠送礼物、交换照片等。在父母轮流抚养子女的情况下，与一方共同生活期间不属之。探望以其时间的长短为标准可以分为暂时性探望和逗留性探望两种。前者是指探望的时间短，方式灵活。后者是指探望时间长，由探望人领走并按时送回被探望子女。

有探望的权利是指探望权人有权探望子女，任何人不得限制或干涉，但不得滥用自己的权利。有协助的义务是指随子女共同生活的一方必须提供帮助使对方的探望权得以实现。设置障碍或教唆子女拒绝探望都是违法的，应承担相应的法律责任。

（2）行使探望权的方式、时间由当事人协议；协议不成时，由人民法院判决。行使探望权的方式是指探望权的内容。探望的时间是指在什么时间见面、见面所持续的时间长短。由当事人协商是指由父母达成协议。协议可以在人民法院调解过程中进行，也可以在其他时间地点进行。协议的内容应记载在离婚调解书上。之所以由夫妻双方协议，是因为夫妻双方对自己和子女生活实际状况有更加深刻的了解，可以使达成的协议不致脱离实际情况，同时也有助于双方的自觉履行。但调解要坚持自愿合法的原则，要求人民法院对当事人的协议内容进行必要的审查，以确保子女的利益得到保障。

人民法院判决是指在双方无法达成协议的情况下，人民法院基于其审判权，在查明案件事实基础上，对于行使探望权的方式、时间作出结论性判定。

（3）父或母探望子女，不利于子女身心健康的，由人民法院依法中止探望权；中止的事由消失后，应当恢复探望的权利。父或母探望子女，不利于子女身心健康是指探望给子女的身心健康带来损害。结合司法实践，其情形主要有：

其一，不直接抚养子女一方是无民事行为能力人或者限制民事行为能力人的。无民事行为能力人或者限制民事行为能力人，对事物缺乏判断能力或者缺乏足够的判断能力，其本人连自己的权益都无法完全保障，尚需法定代理人的保护。如果允许无民事行为能力人或者限制民事行为能力人探望其子女，极其容易损害子女的身心健康。因此，如果不直接抚养子女的一方具有该情形，应当中止其探望权。

其二，不直接抚养子女一方患有重病，不适合行使探望权的。如果不直接抚养子女一方患有严重的传染性疾病，允许其探望子女，可能危及子女健康的，可以中止其探望权。

其三，行使探望权的一方当事人对子女有侵权行为或者犯罪行为，严重损害未成年子女利益的，例如，危害未成年子女的生命健康权。

未成年子女、直接抚养子女的父或母及其他对未成年子女负担抚养、教育义务的法定监护人，有权向人民法院提出中止探望权的请求。[①] 中止探望权必须经过人民法院判决。当事人是子女一方和不与子女共同生活的一方。诉讼属于确认之诉。除此之外，任何单位和个人都无权中止探望权。

[①] 《民法典婚姻家庭编解释（一）》第67条。

（4）探望权中止后可以恢复。如果不利于子女身心健康的情形已经消失，就应当允许恢复探望权的行使。既然探望权的中止是由人民法院以判决形式确认的，那么，探望权的恢复也应当由人民法院以判决形式确认。人民法院接到当事人的申请后，应当认真审查当事人目前的情况，在确信当事人不存在不利于子女身心健康的情形后，可以依法恢复当事人的探望权。

（5）探望权纠纷作为一种特殊类型的婚姻家庭案件，在执行上有不同于一般婚姻家庭案件执行的特点：第一，执行标的为行为。其他婚姻家庭案件的执行标的均为金钱或者财物；有关探望权的执行标的则是探望行为以及对方当事人的协助义务。第二，执行的长期性。其他民事案件的执行，除某些必须分期分次执行的案件外，往往是一次执行完毕，当事人之间的权利义务即行消灭；有关探望权的执行则具有长期性，不直接抚养子女的一方探望子女的权利长期存续，这就决定了此种执行事项具有长期性和反复性的特点。第三，探望权案件的执行，是不直接抚养子女一方对子女的亲权得以实现的法律保障。离婚后，父母对子女依然享有亲权。如果不直接抚养子女一方不能定期探望子女，其亲权就不可能实现。探望权案件的执行是不直接抚养子女一方亲权得以实现的重要形式，也是保护未成年子女身心健康成长，使其能够得到双亲关爱的重要条件。

人民法院在解决探望权案件执行问题时，应当做好下列工作：第一，重视探望权案件裁判的可操作性。人民法院在处理探望权案件时，应当结合当事人双方的具体情况，对探望子女的时间、地点、方式等问题，通过调解或裁判作适当的处理。法律文书上的表述力求具体，有可操作性，以便于执行。第二，慎重适用强制措施。在执行过程中，执行人员应当向直接抚养子女的一方明确指出，夫妻离婚后，不直接抚养子女一方探望子女，是该方的权利，是保障子女身心健康的需要。探望权纠纷是夫妻离婚后矛盾延续的反映。人民法院在执行探望权案件时，要多做说服教育工作，但并不排除采用必要的强制措施。对于一方当事人经常无故阻挠、拒绝另一方当事人正常行使探望权的，可按妨害民事诉讼论处，必要时可采取罚款、拘留等强制措施。

近年来，司法实践中，夫妻离婚后祖父母、外祖父母要求确认对孙辈探望权的情形越来越多。对于祖辈的探望权利，婚姻法并未明确，《民法典》婚姻家庭编草案曾在一审稿和二审稿中就行使隔代探望权的情形作出规定，但在三审稿中又回归了婚姻法的状态。这意味着隔代探望权的纠纷仍将通过诉讼方式个案解决。根据《民法典》的公序良俗原则和中国传统的家庭伦理道德，法院应准予祖父母、外祖父母探望孙子女、外孙子女，这既有利于未成年人感受亲情的温暖和良好品行的培养，也能让老人获得精神慰藉。但这项权利的行使必须以满足"儿童最大利益"为原则，对于抚养权人监护权的正当行使、监护人和孩子的生活安宁权、孩子的意愿予以尊重，以不影响被探望人家庭正常生活为前提。

二、离婚与财产清算

（一）离婚时共有财产的分割

我国《婚姻法》第39条、现行《民法典》第1087条规定了离婚时夫妻共同财产的分割原则。1993年最高人民法院《关于人民法院审理离婚案件处理财产分割问题的若干具体意见》、2020年最高人民法院《民法典婚姻家庭编解释（一）》等司法解释作了必要的补充。其要点如下：

1. 分割的范围

夫妻离婚时，应分清个人财产、夫妻共同财产和家庭共同财产。其中，夫妻双方各自的个人财产，既包括婚前个人所有财产，也包括虽为婚后所得但依照法律规定或者双方约定属于个人所有的财产。家庭共同财产中属于夫妻共同所有的部分应予析出。离婚时所应分割的仅是夫妻共同财产，具体范围见第四章"夫妻关系"第三节。对是个人财产还是夫妻共同财产难以确定的，主张权利的一方有责任举证。当事人举不出有力证据又无法查实的，按夫妻共同财产处理。

2. 协议与判决

夫妻双方对财产归谁所有以书面形式约定的，离婚时应按约定处理。但规避法律的约定无效。所谓规避法律的约定，指规避法定义务，侵害国家、集体利益和他人合法权益的约定。

离婚时，夫妻的共同财产由双方协议处理，协议不成时由人民法院判决。

当事人达成的以协议离婚或者到人民法院调解离婚为条件的财产以及债务处理协议，如果双方离婚未成，一方在离婚诉讼中反悔的，人民法院应当认定该财产以及债务处理协议没有生效，并根据实际情况依照《民法典》第 1087 条和第 1089 条的规定判决。① 即双方当事人在婚姻关系存续期间达成离婚协议，并对子女抚养和财产以及债务处理等问题作了约定，但该协议是以双方到民政部门办理离婚登记或到法院进行协议离婚为前提条件的。实践中，主张离婚的当事人一方在签署协议时可能会在财产分割、子女抚养、债务承担等方面作出一定的让步，目的是希望顺利离婚。由于种种原因，双方并未到婚姻登记机关办理离婚登记，或者到法院离婚时一方反悔不愿意按照原协议履行，要求法院依法进行裁判。在这种情况下，当事人双方事先达成的离婚协议的效力问题，往往成为离婚案件争议的焦点。离婚问题事关重大，应当允许当事人反复考虑、协商，只有在双方最终达成一致意见并到民政部门登记离婚或者到法院自愿办理协议离婚手续时，所附条件才可视为已经成立。如果双方协议离婚未成，当事人一方有翻悔的权利，事先达成的离婚协议没有生效，对夫妻双方均不产生法律约束力，不能作为人民法院处理离婚案件的依据。②

3. 判决的原则和分割的具体规则

按照我国《民法典》的规定和最高人民法院《民法典婚姻家庭编解释（一）》等司法解释，人民法院处理夫妻共同财产分割问题，应坚持以下原则：

第一，男女平等。基于所应分割的财产是夫妻共同共有财产，在婚姻存续期间双方有平等的处理权，在离婚分割时双方也处于平等地位。

第二，保护妇女、儿童的合法权益。这一原则意味着：一方面，分割夫妻共同财产不得侵害女方和子女的合法权益；另一方面，应视女方的经济状况及子女的实际需要给予必需的照顾。

2022 年修订的《妇女权益保障法》第 66 条强化了夫妻共同财产联名登记制，第 67 条规

---

① 《民法典婚姻家庭编解释（一）》第 69 条。
② 参见最高人民法院新闻发言人孙军工：《关于〈最高人民法院关于适用《中华人民共和国婚姻法》若干问题的解释（三）〉的新闻发布稿》，2011 年 8 月。

定了离婚诉讼中夫妻双方均有向人民法院申报全部夫妻共同财产的义务。这些措施有助于进一步实现离婚财产分割中的男女平等和保护妇女合法权益。

第三,尊重当事人意愿。在分割共同财产时尊重当事人意愿,是尊重公民财产权利的一种表现。尤其是一方自愿放弃全部或部分权利时,自不应加以禁止。

第四,照顾无过错一方。在分割共同财产时对无过错一方适当多分,对有过错一方适当少分。由于"照顾"不是一种民事责任,其性质不同于离婚损害赔偿,因此,这里的"过错"并不仅限于我国《民法典》第1091条中指明的若干重大过错,还包括其他违反婚姻义务侵害婚姻关系的过错行为。

在2001年《婚姻法》出台之前,人民法院审理离婚案件处理夫妻共同财产分割问题时,一般都遵循"照顾无过错方"的原则,较好地保护了无过错方的权益。但2001年《婚姻法》第39条明确规定了离婚时人民法院处理夫妻共同财产分割问题的原则,即"照顾子女和女方权益"原则,并没有吸收离婚财产分割意见中照顾无过错方的规定精神。

为了更好地保护无过错方的权益,理顺司法解释和法律的关系,《民法典》婚姻家庭编在离婚分割夫妻共同财产的条文中增加了照顾无过错方的原则。这种修改对学术界一直强调的保护弱者权益的观点进行了回应,受到大家的普遍认可和称赞,也为法官在今后处理有关案件时提供了具有可操作性的裁判依据。[1]

这里的关键点在于,究竟何种情形构成"过错"?本书认为此处的"过错"包括离婚损害赔偿中的重大过错,且比重大过错的范围大。也就是说,这里的过错认定不是封闭性的,因为现实世界实在太复杂,法律规定不可能穷尽所有情形,需要法官在审理具体案件时作出判断。需要说明的是,对过错的认定不能过于宽泛,否则容易扩大惩罚范围,令人对婚姻望而却步。

第五,有利生产、方便生活。一方面,对夫妻共同财产中的生产资料,分割时不应损害其效用和价值,以保证生产活动和财产流通的正常进行;另一方面,对于夫妻共同财产中的生活资料,分割时也应视各自的实际需要,从而做到方便生活,物尽其用。

第六,不得损害国家、集体和他人利益。离婚时,不能把属于国家、集体和他人所有的财产当作夫妻共同财产加以分割。贪污、受贿、盗窃等非法所得,必须依法追缴。夫妻因从事生产、经营等与他人有财产共有关系的,离婚时应先分出属于夫妻的份额,然后再分割夫妻共同财产。

《婚姻法》第39条第2款曾规定:"夫或妻在家庭土地承包经营中享有的权益等,应当依法予以保护。"《民法典》第1087条第2款基本沿袭了这一规定,突出了在新的历史时期中土地承包经营权在家庭财产分割中所占的重要位置。[2] 在分割财产时,一方面要注意有利于生产发展,另一方面要注意采取各种措施保护离婚当事人特别是离婚妇女在土地、林木、鱼塘、副业等方面依法应享有的承包经营中的权益。

我国《民法典》第1087条第1款规定:"离婚时,夫妻的共同财产由双方协议处理;协议不成的,由人民法院根据财产的具体情况,按照照顾子女、女方和无过错方权益的原则判决。"《民法典婚姻家庭编解释(一)》规定:人民法院审理离婚案件,涉及分割发放到军人名

---

[1] 吴晓芳:《对民法典婚姻家庭编新增和修改条文的解读》,载《人民司法》2020年第19期。
[2] 2022年修订的《妇女权益保障法》第55条、第75条填补了农村妇女财产权益保障的若干法律空白,明确了妇女的集体经济组织成员相关权益的登记权,还规定了权益受侵害时的多种救济方法。

下的复员费、自主择业费等一次性费用的,以夫妻婚姻关系存续年限乘以年平均值,所得数额为夫妻共同财产。所谓年平均值,是指将发放到军人名下的上述费用总额按具体年限均分得出的数额。其具体年限为人均寿命 70 岁与军人入伍时实际年龄的差额。①

4. 股份有限公司、有限责任公司、合伙企业和独资企业的财产分割

夫妻因离婚而分割财产时,共同财产中往往会有在有限责任公司、合伙企业等经济组织中的出资,除了正确适用婚姻家庭法外,还必须与公司法、合伙企业法、独资企业法等法律法规的原则和精神保持一致。按照这一指导思想,最高人民法院《民法典婚姻家庭编解释(一)》,在规定如何分配股份有限公司、有限责任公司、合伙企业和独资企业的财产时,坚持了四项原则:一是坚持婚姻法规定的男女平等、保护子女和妇女利益等原则;二是自愿原则;三是维护其他股东、合伙人合法权益的原则;四是有利于生产和生活原则。

《民法典婚姻家庭编解释(一)》对上述财产的分割作了非常具体的规定:

(1)夫妻双方分割共同财产中的股票、债券、投资基金份额等有价证券以及未上市股份有限公司股份时,协商不成或者按市价分配有困难的,人民法院可以根据数量按比例分配。

(2)人民法院审理离婚案件,涉及分割夫妻共同财产中以一方名义在有限责任公司的出资额,另一方不是该公司股东的,按以下情形分别处理:

第一,夫妻双方协商一致将出资额部分或者全部转让给该股东的配偶,过半数股东同意、其他股东明确表示放弃优先购买权的,该股东的配偶可以成为该公司股东。

第二,夫妻双方就出资额转让份额和转让价格等事项协商一致后,其他股东半数以上不同意转让,但愿意以同等条件购买该出资额的,人民法院可以对转让出资所得财产进行分割。其他股东半数以上不同意转让,也不愿意以同等条件购买该出资额的,视为其同意转让,该股东的配偶可以成为该公司股东。用于证明上述规定的股东同意的证据,可以是股东会议材料,也可以是当事人通过其他合法途径取得的股东的书面声明材料。

(3)人民法院审理离婚案件,涉及分割夫妻共同财产中以一方名义在合伙企业中的出资,另一方不是该企业合伙人的,当夫妻双方协商一致,将其合伙企业中的财产份额全部或者部分转让给对方时,按以下情形分别处理:

第一,其他合伙人一致同意的,该配偶依法取得合伙人地位;

第二,其他合伙人不同意转让,在同等条件下行使优先购买权的,可以对转让所得的财产进行分割;

第三,其他合伙人不同意转让,也不行使优先购买权,但同意该合伙人退伙或者削减部分财产份额的,可以对结算后的财产进行分割;

第四,其他合伙人既不同意转让,也不行使优先购买权,又不同意该合伙人退伙或者削减部分财产份额的,视为全体合伙人同意转让,该配偶依法取得合伙人地位。

(4)夫妻以一方名义投资设立个人独资企业的,人民法院分割夫妻在该个人独资企业中的共同财产时,应当按照以下情形分别处理:

第一,一方主张经营该企业的,对企业资产进行评估后,由取得企业资产所有权一方给予另一方相应的补偿。

第二,双方均主张经营该企业的,在双方竞价基础上,由取得企业资产所有权的一方给

---

① 《民法典婚姻家庭编解释(一)》第 71 条。

予另一方相应的补偿；

第三，双方均不愿意经营该企业的，按照《中华人民共和国个人独资企业法》等有关规定办理。

5. 共有房屋的分割

双方对夫妻共同财产中的房屋价值及归属无法达成协议时，人民法院按以下情形分别处理：

第一，双方均主张房屋所有权并且同意竞价取得的，应当准许；

第二，一方主张房屋所有权的，由评估机构按市场价格对房屋作出评估，取得房屋所有权的一方应当给予另一方相应的补偿；

第三，双方均不主张房屋所有权的，根据当事人的申请拍卖、变卖房屋，就所得价款进行分割。

6. 尚未取得所有权或者尚未取得完全所有权的房屋的处理

离婚时双方对尚未取得所有权或者尚未取得完全所有权的房屋有争议且协商不成的，人民法院不宜判决房屋所有权的归属，应当根据实际情况判决由当事人使用。当事人就上述规定的房屋取得完全所有权后，有争议的，可以另行向人民法院提起诉讼。

离婚双方当事人对争议房屋的价值及归属问题无法达成协议的，现实生活中主要集中在房改房等带有福利性质的房屋上。因为这些房屋的取得往往与职务、级别、工作年限等挂钩，所花费用要远远低于房屋的市场价值。而且当初分得房屋的情形又有许多具体情况，使得处理此类房屋十分棘手。对于双方尚未取得所有权或者尚未取得完全所有权的房屋有争议的，司法解释规定只视具体情况判决由当事人使用，待取得完全所有权后，可以另行起诉。当事人对已经取得完全所有权的房屋有争议的，司法解释总结实践中一些地区的较为成功的经验，为人民法院在审理此类纠纷时提供了一些可行的做法。比如可以根据个案的情况、考虑当事人的意愿，采取竞价、评估、拍卖等形式，以妥善解决纠纷，化解矛盾。

7. 一方贷款所购房屋性质的认定

采用按揭方式购买房屋是当前房屋买卖的主要方式。如果夫妻双方住房是按揭房屋，离婚时应当如何进行分割？2011年最高人民法院《婚姻法解释（三）》作出了规定，首次明确离婚案件中一方婚前贷款购买的不动产应归产权登记方所有。现《民法典婚姻家庭编解释（一）》保留了该规定。[①]

对于一方婚前签订买卖合同支付首付款并在银行贷款、婚后夫妻共同还贷这类房产，完全认定为夫妻共同财产或者一方的个人财产都不太公平，该房产实际是婚前个人财产（婚前个人支付首付及还贷部分）与婚后共同财产（婚后双方共同还贷部分）的混合体，离婚时处理的主导原则应当是既要保护个人婚前财产的权益，也要公平分割婚后共同共有部分的财产权益，同时还不能损害债权人银行的利益。

如果仅仅机械地按照房屋产权证书取得的时间作为划分按揭房屋属于婚前个人财产或

---

① 《民法典婚姻家庭编解释（一）》第78条规定："夫妻一方婚前签订不动产买卖合同，以个人财产支付首付款并在银行贷款，婚后用夫妻共同财产还贷，不动产登记于首付款支付方名下的，离婚时该不动产由双方协议处理。依前款规定不能达成协议的，人民法院可以判决该不动产归不动产登记一方，尚未归还的贷款为不动产登记一方的个人债务。双方婚后共同还贷支付的款项及其相对应财产增值部分，离婚时应根据民法典第一千零八十七条第一款规定的原则，由不动产登记一方对另一方进行补偿。"

婚后夫妻共同财产的标准,则可能出现对一方显失公平的情况。不动产证书的取得与房屋实际交付的时间往往不同步,许多购房人由于其自身以外的原因,迟迟不能取得不动产证书。不动产物权登记的立法目的在于维护交易安全、保护善意第三人的利益,而离婚诉讼中按揭房屋的分割只在夫妻之间进行,并不存在与善意第三人的利益冲突。一方在婚前已经通过银行贷款的方式向房地产公司支付了全部购房款,买卖房屋的合同义务已经履行完毕,即在婚前就取得了购房合同中购房者一方的全部债权,婚后获得房产的物权只是财产权利的自然转化,故离婚分割财产时将按揭房屋认定为一方的个人财产相对比较公平。对按揭房屋在婚后的增值,应考虑配偶一方参与还贷所作的贡献,对其作出公平合理的补偿,而不仅仅是返还婚姻关系存续期间共同还贷的一半。在将按揭房屋认定为一方所有的基础上,未还债务也应由其继续承担,这样处理不仅易于操作,也符合法律规定的合同相对性原理。婚前一方与银行签订抵押贷款合同,银行是在审查其资信及还款能力的基础上才同意贷款的,其属于法律意义上的合同相对人,故离婚后应由其继续承担还款义务。

对于婚后参与还贷的一方来说,如果双方结婚时间较长,还贷的数额较大,离婚时获得的补偿数额也相应增大。我国实行的是法定夫妻共同财产制,除了双方约定实行分别财产制外,婚后即便支付首付款的一方用自己的工资收入支付房贷,也属于夫妻双方共同还贷。婚后共同还贷支付的款项及其相对应财产增值部分,离婚时根据法律规定的照顾子女和女方权益的原则,由不动产登记一方对另一方进行补偿。

8. 关于父母出资购买不动产

婚后父母部分出资购买不动产,不动产产权本身应当是夫妻共有的,而不因父母的出资发生不动产权属的变化,父母的出资仅仅作为对自己子女的赠予,但是能够证明此出资为借贷关系的,则按照借贷关系处理。同时,不动产的增值部分也是夫妻共有的,并不因父母的部分出资而将出资部分对应的增值分出归个人所有。这符合我国婚后所得共同制的基本理念,将不动产所有权与出资分离,实现了相对公平。参见本书第四章第三节相关内容。

9. 购买以一方父母名义参加房改的房屋的处理

依据国务院有关购买房改房屋的政策,售房单位应根据购房职工建立住房公积金制度前的工龄给予工龄折扣。职工按成本价或标准价购买公有住房,每个家庭只能享受一次,购房的数量必须严格按照国家和各级人民政府规定的分配住房的控制标准执行,超过标准部分一律执行市场价。① 考虑到这些优惠政策是给一方父母(产权登记人)的,而不是给夫妻的,2011年最高人民法院《婚姻法解释(三)》第12条规定:婚姻关系存续期间,双方用夫妻共同财产出资购买以一方父母名义参加房改的房屋,产权登记在一方父母名下,离婚时另一方主张按照夫妻共同财产对该房屋进行分割的,人民法院不予支持。购买该房屋时的出资,可以作为债权处理。《民法典婚姻家庭编解释(一)》保留了该规定。

10. 基本养老金的处理

最高人民法院《婚姻法解释(三)》第13条、现《民法典婚姻家庭编解释(一)》第80条规定:离婚时夫妻一方尚未退休、不符合领取基本养老金条件,另一方请求按照夫妻共同财

---

① 国务院《关于深化城镇住房制度改革的决定》(已失效),1994年7月18日。

产分割基本养老金的,人民法院不予支持;婚后以夫妻共同财产缴纳基本养老保险费,离婚时一方主张将养老金账户中婚姻关系存续期间个人实际缴纳部分及利息作为夫妻共同财产分割的,人民法院应予支持。多数人认为,离婚时尚未退休、不符合领取基本养老金条件的当事人,该项养老金取得的经济利益只是一种期待利益,退休后应当取得基本养老金的权利也只是期待权,该项财产权利尚不能确定是否归夫妻共有。所以,离婚时尚未退休、不符合领取基本养老金条件的当事人,基本养老金不应认定为"应当取得",一方主张对基本养老金进行分割的,人民法院不予支持。

11. 尚未分割的遗产的处理

最高人民法院《婚姻法解释(三)》第15条、现《民法典婚姻家庭编解释(一)》第81条规定:婚姻关系存续期间,夫妻一方作为继承人依法可以继承的遗产,在继承人之间尚未实际分割,起诉离婚时另一方请求分割的,人民法院应当告知当事人在继承人之间实际分割遗产后另行起诉。①

12. 尚未分割的夫妻共同财产的处理

离婚后,一方以尚有夫妻共同财产未处理为由向人民法院起诉请求分割的,经审查该财产确属离婚时未涉及的夫妻共同财产,人民法院应当依法予以分割。②

13. 妨害夫妻共同财产分割的应对措施

离婚过程中,妨害公平分割夫妻共同财产的行为如隐藏、转移、变卖、毁损、挥霍、伪造夫妻共同债务等较为常见,为了保护双方当事人的合法权益,我国原《婚姻法》第47条、《民法典》第1092条和2022年修订的《妇女权益保障法》第67条规定了此类问题的法律对策。《妇女权益保障法》新增离婚诉讼当事人申报夫妻共同财产的义务规定,可减轻弱势一方在离婚诉讼中的举证责任,亦有利于法庭查清并分割夫妻共同财产以节约诉讼时间和司法资源。

(1) 离婚时,一方隐藏、转移、变卖、毁损、挥霍夫妻共同财产,或者伪造夫妻共同债务企图侵占另一方财产的,在离婚分割夫妻共同财产时,对该方可以少分或者不分。

一般而言,离婚时夫妻共同财产应当均等分割。如果一方当事人从事上述违法行为,根据情节的轻重,人民法院可以决定对其少分或者不分。这一规定,对于违法行为人而言是一种惩罚,是其对另一方当事人承担的一种特殊的赔偿责任。

(2) 离婚后,一方发现另一方隐藏、转移、变卖、毁损、挥霍夫妻共同财产,或者伪造夫妻共同债务的,可以向人民法院提起诉讼,请求再次分割夫妻共同财产。《民法典婚姻家庭编解释(一)》第84条规定,当事人依据《民法典》第1092条的规定向人民法院提起诉讼,请求再次分割夫妻共同财产的诉讼时效期间为3年,从当事人发现之日起计算。

离婚后,一方始发现对方存在上述违法行为,起诉时是否可以要求对方少分或者不分诉争财产呢?对此法律未作明文规定,根据我国《婚姻法》第47条、《民法典》第1092条的立法宗旨,应当肯定受害人享有这一权利。只有如此,才能惩罚违法行为人,有效地保护受害人的利益。

根据最高人民法院《婚姻法解释(二)》和《民法典婚姻家庭编解释(一)》,夫妻一方申

---

① 有关继承的开始、继承的接受与放弃、遗产的分割等内容参见本书继承法部分。
② 《婚姻法解释(三)》第18条,《民法典婚姻家庭编解释(一)》第83条。

请对配偶的个人财产或者夫妻共同财产采取保全措施的,人民法院可以在采取保全措施可能造成损失的范围内,根据实际情况,确定合理的财产担保数额。

(二) 离婚时的补偿请求权

我国《民法典》第1088条前段规定:"夫妻一方因抚育子女、照料老年人、协助另一方工作等负担较多义务的,离婚时有权向另一方请求补偿,另一方应当给予补偿。"《婚姻法》以实行分别财产制作为适用家务劳动补偿制度的前提,忽视了我国夫妻财产制的现实情况,将家务劳动补偿从主流的共同财产制中排除出去,产生的一个直接后果就是极大地限制了这一救济制度的适用范围。《民法典》第1088条删除了"夫妻书面约定婚姻关系存续期间所得的财产归各自所有"的适用前提,扩大了家务劳动补偿的适用范围,即将家务劳动补偿扩大适用于夫妻共同财产制,无疑是立法的一大进步。

1. 补偿请求权的根据

享有补偿请求权是对夫妻所从事的家务劳动应该予以正确评价的必然要求。家务劳动是家庭成员为了维持家庭生活、满足整个家庭的物质和精神层面的需要而从事的没有报酬的劳动,分为日常型家务劳动和照料型家务劳动。新冠疫情导致家庭照料需求增加,疫情之下家务劳动的价值更加应该得到重视。数字化时代家务劳动尤其是育儿劳动中包含大量隐性的、非物质化的劳动,这些家务劳动的新特点也应该得到重视。

家务劳动虽然不能直接创造经济价值,但可以节约家庭的支出,从而间接地增加家庭的财富。在离婚时双方不能分担婚姻家庭生活成本,就等于漠视专门从事家务劳动或较多地从事家务劳动一方的劳动价值,从而导致一方无偿占有另一方的劳动。因此有必要规定离婚时从事较多家务劳动的一方对于另一方有补偿请求权。享有补偿请求权也是对于夫妻对隐性共同财产享有分割请求权的必然要求。夫妻一方协助另一方工作,被帮助的一方所创造的财富是以夫妻的共同劳动创造的,该财富应该是共同所有的财产。享有补偿请求权也是解决夫妻一方实际生活困难的需要。人的精力是有限的。如果夫妻一方抚养子女、照料老人、协助对方工作,必然会使自己的生产、工作、学习、晋升等受到影响甚至在激烈的市场竞争中被淘汰。在夫妻关系存续期间,该方的生活可以通过夫妻之间的扶养义务而得到保障。然而如果夫妻离婚,夫妻之间的扶养义务不复存在,其生活可能受到相当大的影响。因此规定一方对另一方的补偿请求权可以解决实际遇到的生活困难。家务劳动经济补偿作为离婚救济制度的重要组成部分,其意义不局限于离婚时对一方的救济,也有助于鼓励人们进入婚姻与维持婚姻稳定,能够提高妇女地位和实现男女平等,促进社会正义与和谐稳定。

2. 补偿请求权的要件

依据本条的规定,夫妻一方在下列情况下取得补偿请求权:夫妻一方因抚育子女、照料老人、协助另一方工作等付出了较多义务。较多的义务是指一方从事的抚养子女、照料老人等家务劳动无论是数量上还是在所花费的时间、精力上都比对方多,或一方协助另一方工作比自己在工作方面从对方得到的协助多。依据举轻明重的解释方法,一方专门从事家务劳动或专门协助对方工作的当然包括在内。

3. 补偿请求权的行使

(1) 行使的时间。依据本条的规定,请求权的行使时间是"离婚时"。离婚时是指夫妻一方提起离婚诉讼时。

(2) 向另一方请求。依据本条规定,请求权人"有权向另一方请求"补偿。如果当事人符合条件而未提出时,法院应行使释明权。

4. 补偿的具体办法和数额

《民法典》实施后,主张家务劳动补偿已经成为一些离婚案件的一个重要诉求,具体应当如何补偿,《民法典》只是一般性地规定"另一方应当给予补偿",并无具体补偿标准和参考要素。有人提出了具体的计算公式,司法审判中也出现了一些判例。本书认为,对于家务劳动补偿的具体数额,不宜以计算公式的方法直接规定,因为现实生活复杂多样,一刀切的计算公式也许并不科学。

补偿的数额和给付方式应该首先由双方协商。协商可以在调解过程中进行,也可以在其他时间地点进行。人民法院应该在调解书中予以记载。调解不成时,由人民法院判决,人民法院综合以下因素予以确定:

(1) 一方付出义务的多少。可以一方投入家务劳动的时间、强度、繁杂程度、因照顾家庭而放弃的个人发展机会等来确定,并且可参照向市场购买同样工作量家务劳动所需要的价格、雇佣他人需要花费的成本等方法来计算。

(2) 少付出义务一方因此获得的利益。包括这一方因此获得的显性的、有形的财产,也包括隐性的、无形的可期待利益,即一方因家庭财产受益,但另一方在离婚时无法分享因其贡献而提高了人力资本一方的预期利益。如个人发展机会、工作前景、专业职称、尚未获得经济利益的知识产权等。其中,一方对另一方在婚姻期间以共同财产支持另一方取得学历文凭、职业资格证书所做的贡献(包括人力贡献和经济贡献),应当作为确定离婚经济补偿额度的一个重要因素,且这种补偿额度的确定应当将贡献方配偶因在婚内所做贡献而导致其丧失职业发展机会等利益损失作为首要考虑因素。但需要注意的是,对于类似于知识产权之类的期待利益和执照、资格等人力资本利益的计算,应当以适当的年限内的预期可得利益收益作为夫妻共同财产并对家务承担方加以赔偿。

(3) 婚姻关系持续时间。如果婚姻关系持续时间较短,则只有一方因另一方家务劳动获益较大时,才能确定较多的经济补偿数额;如果婚姻关系持续时间较长,双方所承担的家务劳动有显著差异时,可以考虑提供较多经济补偿。

法院是否应当对家务劳动补偿协议进行审查?本书认为,在尊重夫妻双方离婚时达成的家务劳动补偿协议的同时,不得完全放弃对家务劳动补偿协议的司法审查,法院必须审查当事人达成协议是否自愿,是否存在受欺诈、胁迫等干涉意思自由的情形。

补偿金采取一次性给付或是分期给付应结合个案综合考虑。

(三) 离婚时的债务清偿

1. 共同债务的清偿

共同债务指为夫妻共同生活所负的债务和夫妻共同生产、经营、投资等所负的债务。我国现行《民法典》第1089条规定:"离婚时,夫妻共同债务应当共同偿还。共同财产不足清偿或者财产归各自所有的,由双方协议清偿;协议不成的,由人民法院判决。"

为夫妻共同生活所负的债务,包括因购置生活用品、修建或购置住房所负的债务,履行抚养教育和赡养义务、治疗疾病所负的债务,从事双方同意的文化教育、文娱体育活动所负的债务,以及其他在日常生活中发生的应当由夫妻双方负担的债务。为夫妻共同生产、经营、投资等所负的债务,包括双方共同从事工商业或在农村承包经营所负的债务,购买生产资料所负的债务,共同从事投资或者其他金融活动所负的债务,在以上的经营活动中所应交纳的税收,经双方同意由一方经营且其收入用于共同生活所负债务等。

2003年最高人民法院《婚姻法解释(二)》第24条规定,债权人就婚姻关系存续期间夫妻一方以个人名义所负债务主张权利的,应当按夫妻共同债务处理。但夫妻一方能够证明债权人与债务人明确约定为个人债务,或者能够证明属于《婚姻法》第19条第3款规定情形的除外。①

《婚姻法解释(二)》第24条存在两方面缺陷:一是对夫妻共同债务的推定过于绝对。以"婚姻关系"作为夫妻共同债务的推定标准,只关注债务产生的时间,忽视夫妻一方对外举债的目的和债务用途,更没有考虑夫妻是否有此合意。二是举证责任分配不合理。在诉讼中,否认为夫妻共同债务的配偶一方要承担举证责任,证明"债权人与债务人明确约定为个人债务,或者能够证明属于婚姻法第十九条第三款规定情形"。让未参与债务形成的未举债配偶方证明债权人与债务人之间对债务性质的约定,或者证明债权人在与其配偶订立借贷合同时知晓双方已约定实行分别财产制,实为不可能。一者该条所列两种除外情形在现实生活中并不常见,二者令未参与债务形成的配偶一方对上述两种除外情形负举证责任,有失公允。

2018年1月16日,最高人民法院发布《关于审理涉及夫妻债务纠纷案件适用法律有关问题的解释》,就当前司法实践中争议较大的夫妻共同债务认定问题作出明确规定:(1)夫妻双方共同签字或者夫妻一方事后追认等共同意思表示所负的债务,应当认定为夫妻共同债务。(2)夫妻一方在婚姻关系存续期间以个人名义为家庭日常生活需要所负的债务,债权人以属于夫妻共同债务为由主张权利的,人民法院应予支持。(3)夫妻一方在婚姻关系存续期间以个人名义超出家庭日常生活需要所负的债务,债权人以属于夫妻共同债务为由主张权利的,人民法院不予支持,但债权人能够证明该债务用于夫妻共同生活、共同生产经营或者基于夫妻双方共同意思表示的除外。

最高人民法院的这一解释,对婚后夫妻一方超出家庭日常生活需要所负债务性质的认定,既遵循日常家事代理的基本法理,又符合《婚姻法》第41条考虑债务的目的和用途原则,并强调尊重夫妻双方共同意愿,合理分配举证责任。2018年2月7日,最高人民法院发布《关于办理涉夫妻债务纠纷案件有关工作的通知》,明确"被负债"的夫妻债务案件可再审。

《民法典》第1064条将该司法解释提升为法律条款。②

夫妻共同债务的清偿顺序为:首先用夫妻共同财产清偿。其次,夫妻共同财产不足时,以各自法定个人所有或约定个人所有的财产予以清偿,以保护债权人的利益。如果没有夫妻个人财产或个人财产不足时,方可以承诺日后清偿。由夫妻的个人财产加以清偿或承诺的比例首先由夫妻进行协商。协商可以在调解过程中进行,也可以在其他时间地点进行。并由人民法院把协商的结果记载在调解书中。

在夫妻双方协商不成的情况下,由人民法院判决。人民法院可以根据双方的财产状况、教育程度、收入水平等综合情况进行判决。③

---

① 我国《婚姻法》第19条第3款规定:"夫妻对婚姻关系存续期间所得的财产约定归各自所有的,夫或妻一方对外所负的债务,第三人知道该约定的,以夫或妻一方所有的财产清偿。"所谓"第三人知道该约定的",夫或妻一方对此负有举证责任。
② 有关夫妻共同债务的认定问题参见本书第四章第三节"夫妻财产制"。
③ 参见冉克平:《论夫妻债务的清偿与执行规则》,载《法学杂志》2021年第8期;王轶、包丁裕睿:《夫妻共同债务的认定与清偿规则实证研究》,载《华东政法大学学报》2021年第1期。

当事人的离婚协议或者人民法院生效的法律文书中对财产分割问题及债权债务的负担问题作出的处理，无疑对原夫妻双方有约束力。但是能否以此来对抗其他债权人的权利主张呢？2003年最高人民法院《婚姻法解释（二）》对此问题作出了规定。由于我国一直坚持婚姻关系案件的审理不允许第三人参加的原则，所以处理夫妻财产、特别是处理对外共同债务的负担问题时，真正的债权人往往处于不知情或者不能表达自己意见的地位。如果认为上述决定不仅对夫妻双方有法律约束力，对债权人也同样适用的话，那么对债权人就很不公平。按照我国婚姻法的立法精神，在婚姻关系存续期间，夫妻双方如无特别约定，夫妻财产适用法定的所得共有制。夫妻对共同债务都负有连带清偿责任。这种连带清偿责任，不经债权人同意，债务人之间无权自行改变其性质，否则将会损害债权人的利益。因此，夫妻之间离婚时对财产的分割，只能对彼此内部有效，不能向外对抗其他债权人。同理，人民法院在做出这些法律文书时，只是为了解决婚姻关系当事人内部之间对于财产分割的处理以及债权债务的负担问题。这与婚姻关系之外的债权人无关，此时人民法院并未对债权人的权利进行审查处理，也没有改变婚姻关系当事人与其他债权人之间的关系。所以，债权人仍然有权就原夫妻所负共同债务向原夫妻双方或者其中任何一方要求偿还。当然，夫或妻在对外就共同债务承担连带清偿责任后，有权基于离婚协议或者人民法院生效的法律文书向原配偶主张自己的权利。

根据上述原理，最高人民法院《民法典婚姻家庭编解释（一）》规定：

当事人的离婚协议或者人民法院生效判决、裁定、调解书已经对夫妻财产分割问题作出处理的，债权人仍有权就夫妻共同债务向男女双方主张权利。

一方就夫妻共同债务承担清偿责任后，主张由另一方按照离婚协议或者人民法院的法律文书承担相应债务的，人民法院应予支持。

夫或妻一方死亡的，生存一方应当对婚姻关系存续期间的共同债务承担清偿责任。①

2. 个人债务的清偿

个人债务指以个人名义所负的未用于夫妻共同生活、共同生产经营或者非基于夫妻双方共同意思表示的债务。个人债务应以个人财产清偿。他方不负连带责任，没有清偿义务；但自愿协助清偿的自为法律所不禁止。

个人债务一般包括：婚前购置财产所负的债务及其他婚前个人债务；婚后一方未经对方同意，擅自资助与其没有抚养义务的亲友所负的债务；一方未经对方同意，独自筹资从事生产经营活动，其收入确未用于共同生活所负的债务；虽发生于夫妻共同生活中但双方约定由个人负担的债务，但该约定不得规避法律；夫妻双方未共同签字或者夫妻一方事后未追认等缺少共同意思表示所负的债务；等等。

个人债务应以个人财产清偿，对方不负连带清偿责任，但对方愿意清偿的，法律也不禁止。债权人就一方婚前所负个人债务向债务人的配偶主张权利的，人民法院不予支持。但债权人能够证明所负债务用于婚后家庭共同生活的除外。② 夫妻一方与第三人串通，虚构债务，第三人主张该债务为夫妻共同债务的，人民法院不予支持。

夫妻一方在从事赌博、吸毒等违法犯罪活动中所负债务，第三人主张该债务为夫妻共同

---

① 《民法典婚姻家庭编解释（一）》第35条、第36条。
② 《民法典婚姻家庭编解释（一）》第33条。

债务的,人民法院不予支持。①

用于清偿个人债务的个人财产,包括共同财产中分割后属于个人所有的财产、法定的个人财产以及夫妻双方约定的归各自所有的财产等。

(四) 离婚时的经济帮助

离婚后,一方应为生活确有困难或有特殊需要的另一方提供经济帮助,这在许多国家的法律中都有明确规定,但往往称之为"扶养金"。如《法国民法典》规定:"如因共同生活破裂而宣判离婚时,采取离婚主动的一方完全负有救助之责",因一方患有精神病而离婚的,要求离婚一方"对生病的一方医疗所需的一切均应负救助之责";"救助义务的履行采用扶养金形式",且规定"如扶养金债务人一方死亡,扶养金由其继承人负担";但"扶养金债权人一方再婚时"或"公然与他人姘居"时,扶养金停付。依其规定,婚姻中的扶养关系在离婚后变成了债权关系。《美国统一结婚离婚法》《墨西哥民法典》《德国民法典》等对离婚后的扶养费问题均有规定,《德国民法典》的规定尤为详尽,有关条款达10条之多。

我国《民法典》第1090条规定:"离婚时,如果一方生活困难,有负担能力的另一方应当给予适当帮助。具体办法由双方协议;协议不成的,由人民法院判决。"基本延续了原婚姻法第42条的规定。

1. 经济帮助的性质

离婚时对生活困难的一方提供经济帮助,不同于婚姻关系存续期间的扶养义务。它不是扶养义务的延续,而是解除婚姻关系时的一种善后措施。

离婚时给予生活困难一方适当的经济帮助与离婚时共同财产的分割、离婚时尽义务较多的一方的请求补偿权是不相同的。在离婚时给予生活困难一方适当的经济帮助是另一方对于该方的有条件的帮助;而离婚时共同财产的分割则是对共同财产所应有的权利;离婚时尽义务较多的一方请求另一方给予补偿是权利义务相一致的体现,是当事人的合法权利,而不是对方的恩赐。不能用经济帮助的办法侵犯另一方的合法权益。

2. 经济帮助的条件

离婚时一方对另一方的经济帮助应具备以下三个条件:第一,时间上的条件。一方生活困难必须是在离婚时已经存在的困难,而不是离婚后任何时间所发生的困难都可以要求帮助。第二,受帮助的一方生活确有困难。生活困难是指夫妻一方取回的个人财产、分得的共同财产、获得的补偿金、有合理预期的劳动收入和其他收入等金钱或生活用品不足以维持最近时期的生活。第三,提供帮助的一方应有负担能力。这是指该方拥有经济帮助能力,即在满足自己的合理生活需要后有剩余的。给予适当帮助是指有经济帮助能力的一方向对方提供帮助的财产来源是自己的个人财产,包括法定个人财产、约定个人财产、从共同财产中分得的财产等。帮助不限于金钱,还可以是住房或其他生活用品。在司法实践中的经济困难主要体现为住房等困难,原司法解释规定帮助还可以是房屋的居住权或房屋的所有权。②有人认为《民法典》物权编已增加了居住权制度③,《民法典》第1090条又删除了《婚姻法》第

---

① 《民法典婚姻家庭编解释(一)》第34条。
② 参见《婚姻法解释(一)》第27条。
③ 《民法典》第366条规定:"居住权人有权按照合同约定,对他人的住宅享有占有、使用的用益物权,以满足生活居住的需要。"

42条另一方应"从其住房等个人财产中"给予适当帮助的规定,离婚经济帮助便不再包括"住房"帮助的形式了。本书认为,不能因为《民法典》设立了居住权制度就否定离婚经济帮助制度中的居住权。物权编里的居住权是意定居住权,需要双方合意通过书面合同方式经登记后才能设立,而离婚经济帮助制度中的居住权是法定居住权。"具体办法由双方协议;协议不成的,由人民法院判决。"可见两种居住权是有区别的,不可互相取代,不能因此否定住房作为离婚经济帮助的一种形式的存在意义和价值。

对于按原婚姻法判决设立的居住权,根据《婚姻法》第42条的规定,在离婚当事人双方无法通过协商达成离婚经济帮助的合意时,法院可以依职权进行判决,离婚纠纷中非合意形成的居住权即通过法院的生效判决在当事人之间形成"居住权关系",而根据我国《物权法》第28条(《民法典》第229条)的规定,形成判决生效引致的物权关系变动自判决生效起发生效力,无须进行登记公示。

由于居住权关系并非争讼前业已存在的法律关系,当事人亦不具有明确的请求对方设立居住权的请求权基础,法院依据原婚姻法的一般规则依职权为生活困难一方设立居住权,当事人提起之诉讼并非严格意义的形成之诉,但在公权力的介入下,其判决发生形成判决之形成力,法院的生效判决可替代补足双方合意形成的居住权合同,且具有公示性,在教义学的框架下宜直接发生居住权的物权效力。

《民法典》实施后,在离婚经济帮助的纠纷中,法院对于合意设立物权居住权的认定极为审慎,以书面居住权合同和居住权登记为双重形式要件标准进行审核,严格实行物权法定主义。在判决设立居住权方面,法院囿于物权居住权的严格规定,呈现转向其他经济帮助方式的趋势。

在司法实践中,由于原婚姻法居住权的概念阐述模糊,《民法典》出台也未明确说明二者的关系,所以也引发了适用上的阐述混乱。当今社会离婚经济帮助制度对于居住权形式的需求巨大,不能一概抛弃,已设立的居住权所面临的权利性质模糊和地位飘摇的问题也应得到妥善解决。应妥善把握民法内部体系的一贯性和协调性,不宜发生原则性冲突。对于在《民法典》实施前设立的居住权,在物权法定原则下应协调当事人进行程序价值和公示意义的补足,补以当事人依据合同或判决依法进行居住权登记。而对于《民法典》实施后双方协议形成的物权居住权,则应依法按《民法典》居住权的制度规范成立生效。

对于法院裁判形成的居住权,当前的居住权制度并未涵纳意定居住权以外的形式,应推进法定居住权的制度设立,为统一的司法实践提供制度性规范。[①]

3. 经济帮助的具体办法

我国《民法典》第1090条后半段规定,离婚后一方对他方经济帮助的"具体办法由双方协议;协议不成时,由人民法院判决"。在实践中,这种帮助除了考虑帮助方的经济条件外,着重考虑受助方的具体情况和实际需要。受助方年龄较轻且有劳动能力,只是存在暂时性困难的,多采用一次性支付帮助费用的办法;受助方年老体弱,失去劳动能力而又没有生活来源的,往往要作较为长期的妥善安排。在执行经济帮助期间受助方再婚的,帮助方可停止给付,应由其再婚的配偶依法承担婚姻关系存续期间内的扶养义务;原定帮助计划执行完毕后,受助方要求继续得到对方帮助的,一般不予支持。

---

① 参见马强:《民法典居住权规定所涉实务问题之研究》,载《法律适用》2022年第5期。

关于经济帮助的数额、期限、给付的方式等方面的协议可以在调解过程中进行，也可以在其他时间地点进行。协议的结果由人民法院记载在调解书中。在当事人无法达成协议的情况下，人民法院应根据一方的需要和另一方的实际能力加以裁决。

（五）离婚损害赔偿

2001年修正的《婚姻法》增设了离婚时的损害赔偿制度，因一方的法定过错导致离婚的，无过错的另一方依法享有赔偿请求权。这是当代民法、亲属法中的公平原则、保护弱者原则在离婚问题上的体现。但是，2001年《婚姻法》实施近20年，据统计，起诉到法院要求过错方进行离婚损害赔偿而能够得到法院支持的寥寥无几。法律规定的离婚损害赔偿条件过于苛刻，无过错方要想举证证明对方有重婚、与他人同居、家庭暴力等情形相当困难。

《民法典》婚姻家庭编在现有列举性规定之后增加了概括性规定，亦称兜底性条款，即"有其他重大过错"，以拓宽离婚损害赔偿的请求范围，提升制度的效用，这种修改非常必要。《民法典》第1091条规定："有下列情形之一，导致离婚的，无过错方有权请求损害赔偿：（一）重婚；（二）与他人同居；（三）实施家庭暴力；（四）虐待、遗弃家庭成员；（五）有其他重大过错。"

至于何种行为构成"重大过错"，可由法官根据过错情节及伤害后果等事实作出认定，比如一方与他人通奸生育子女，虽不构成重婚或与他人婚外同居，但其行为对配偶的感情伤害巨大，应当认定为重大过错；又如男方强奸与其共同生活的继女，由此导致夫妻双方离婚的，男方的行为也足以构成重大过错；再如一方有吸毒、赌博等恶习屡教不改的，一方有嫖娼成瘾、屡屡被公安机关罚款拘留等情形的。①

人民法院受理离婚案件时，应当将《民法典》第1091条等规定中当事人的有关权利义务，书面告知当事人。符合《民法典》第1091条规定的无过错方作为原告基于该条规定向人民法院提起损害赔偿请求的，必须在离婚诉讼的同时提出；符合《民法典》第1091条规定的无过错方作为被告的离婚诉讼案件，如果被告不同意离婚也不基于该条规定提起损害赔偿请求的，可以就此单独提起诉讼；无过错方作为被告的离婚诉讼案件，一审时被告未基于《民法典》第1091条规定提出损害赔偿请求，二审期间提出的，人民法院应当进行调解；调解不成的，告知当事人另行起诉。双方当事人同意由第二审人民法院一并审理的，第二审人民法院可以一并裁判。②

对于离婚损害赔偿的构成要件，可作如下分析：

（1）一方有特定的违法行为（重婚，与他人同居，实施家庭暴力，虐待、遗弃）。夫妻双方均有上述过错情形，一方或者双方向对方提出离婚损害赔偿请求的，人民法院不予支持。③

（2）离婚是由上述违法行为所导致的。也就是说，上述违法行为和离婚之间有必然的因果联系。如果虽有上述违法行为但并未离婚，或虽然离婚但并非上述违法行为导致，均不适用本条的规定。

（3）离婚出于有上述违法行为一方的过错，无过错的另一方为赔偿请求权人。对于无过错一语，不应作机械的、绝对化的理解。另一方在或长或短的婚姻生活中可能也有某些过

---

① 吴晓芳：《对民法典婚姻家庭编新增和修改条文的解读》，载《人民司法》2020年第19期。
② 《民法典婚姻家庭编解释（一）》第88条。
③ 《婚姻法解释（三）》第17条，《民法典婚姻家庭编解释（一）》第90条。

错,只要不是《民法典》第 1091 条指明的过错,仍可视为无过错方。

（4）无过错方因离婚而蒙受损害,包括财产上的损害和精神上的损害。在确定损害结果和赔偿的范围时,应注意离婚损害赔偿的特殊性质。其实,离婚一事本身已使无过错方受到损害,据此即可向有上述违法行为的过错方要求赔偿损害。在财产上、精神上蒙受损害的程度,只是确定赔偿范围的具体依据。在我国,精神损害赔偿已经有了法律依据。2001 年 3 月 8 日最高人民法院《关于确定民事侵权精神损害赔偿责任若干问题的解释》(2020 年 12 月 29 日修正)规定,因人身权益或者具有人身意义的特定物受到侵害,自然人或者其近亲属向人民法院提起诉讼请求精神损害赔偿的,人民法院应当依法予以受理。该解释还对精神损害的赔偿数额的确定作了原则规定。人民法院受理离婚案件时,应当将《民法典》第 1091 条中当事人的权利义务,书面告知当事人,至于依法享有赔偿请求权的无过错方是否行使这种权利,由本人自行决定。赔偿的具体办法,可由双方当事人协议;协议不成时,由人民法院判决。

《婚姻法解释(一)》第 30 条和《婚姻法解释(二)》第 27 条均涉及离婚损害赔偿请求权的行使,并以离婚之日作为期间起算点。损害赔偿请求权本质上属于债权请求权范畴,因此,应当受诉讼时效制度的规范。由于《民法典》婚姻家庭编对离婚损害赔偿请求权没有作出特别规定,根据体系解释原则,应当适用《民法典》总则编有关诉讼时效的规定。根据《民法典》第 188 条的规定,该请求权的诉讼时效期间为 3 年,自无过错方知道或者应当知道权利受到损害之日起计算。当然,由于离婚损害赔偿请求权是以离婚为前提,故即便在婚姻关系存续期间,已经知道对方存在《民法典》第 1091 条规定的情形,亦不宜以此计算诉讼时效。为尽量维护婚姻家庭的和谐稳定,尊重当事人对婚姻家庭的选择,同时最大限度保障无过错方的权益,以离婚之日作为起算点较为合适。但实践中也存在比如离婚之后才发现对方与他人同居的事实,则不以离婚之日,而以无过错方知道其权利受损害之日起算,能更好地保护无过错方的合法权益。此外,为维护社会秩序的稳定,该权利的行使原则上也应受 20 年最长时效的限制。当然,有特殊情况的,根据当事人申请,人民法院也可以决定予以延长。①

人民法院判决不准离婚的案件,对于当事人基于《民法典》第 1091 条提出的损害赔偿请求,不予支持。在婚姻关系存续期间,当事人不起诉离婚而单独依据《民法典》第 1091 条提起损害赔偿请求的,人民法院不予受理。②

根据最高人民法院《民法典婚姻家庭编解释(一)》,当事人在婚姻登记机关办理离婚登记手续后,以《民法典》第 1091 条规定为由向人民法院提出损害赔偿请求的,人民法院应当受理。但当事人在协议离婚时已经明确表示放弃该项请求的,人民法院不予支持。③

离婚时的损害赔偿是我国离婚法中一项独立的制度,在处理具体问题时,应当注意这种损害赔偿与夫妻共同财产的分割(第 1087 条)、离婚时的经济补偿(第 1088 条)、离婚时对生活困难一方的经济帮助(第 1090 条)等问题的区别。

---

① 参见郑学林、刘敏、王丹:《〈关于适用民法典婚姻家庭编的解释(一)〉若干重点问题的理解与适用》,载《人民司法》2021 年第 13 期。
② 《民法典婚姻家庭编解释(一)》第 87 条。
③ 《民法典婚姻家庭编解释(一)》第 89 条。

讨论思考题

1. 离婚与婚姻无效、婚姻撤销有何区别？
2. 外国离婚立法经历了哪些演变？其发展趋势如何？
3. 简述我国离婚立法的指导思想。
4. 登记离婚应具备哪些条件？
5. 虚假离婚是否具有法律效力？
6. 我国婚姻家庭法对婚姻当事人的离婚诉权有哪些限制性规定？
7. 如何认定夫妻感情是否确已破裂？
8. 离婚后应当如何确定未成年子女的直接抚养问题？
9. 如何确定离婚后子女抚养费的负担？
10. 试述探望权的概念和特征、探望权的行使、中止及恢复。
11. 如何处理离婚时的夫妻财产分割问题？
12. 婚姻家庭法对妨害夫妻共同财产分割的行为规定了哪些应对措施？
13. 论离婚时家务劳动补偿的条件和补偿方式。
14. 离婚时夫妻共同债务应如何清偿？
15. 简述离婚时经济帮助的性质、条件和具体方式。
16. 论离婚经济帮助中的房屋居住权。
17. 离婚损害赔偿应具备哪些条件？其请求权应如何行使？
18. 我国《民法典》关于离婚的规定存在哪些不足？应当如何完善？

第六章

亲子关系

第一节 亲子关系和亲权

一、父母子女关系的概念和种类

父母子女关系,又称为亲子关系,在法律上是指父母和子女之间的权利、义务关系。父母子女是血亲关系中最近的直系血亲,为家庭法律关系的核心。

关于父母子女的分类,各国亲子法一般将父母子女分为两大类:一为自然血亲的父母子女关系,包括婚生父母子女、非婚生父母子女关系;二为法律拟制的父母子女关系,主要是指养父母养子女关系。

在我国封建社会,父母子女的类别繁多,大致可分为两类:一为出于自然血缘,即亲生父母子女,包括生父母、嫡子女、庶子女、婢生子女、奸生子女等。二为出于人为拟制而产生的父母子女,包括嗣父嗣子、养父母养子女。至于礼俗与法典上有所谓"三父八母"①、"四父六母"②等,各种父母在法律上并非均发生同一法律关系,仅养父母、继母、嫡母、慈母等,视同亲生父母,其他亲子关系,只在服制上有意义。至 20 世纪 30 年代国民政府颁行的《民法》亲属编才吸收了外国(主要是大陆法系)亲子法的立法经验,将父母子女关系分为自然血亲和拟制血亲两种。前者又分为婚生父母子女关系和非婚生父母子女关系,后者即养父母子女关系。中华人民共和国成立后,废除了封建宗祧继承、纳妾制度,实行男女平等、一夫一妻制。根据我国婚姻家庭法的规定,父母子女关系可分为两大类:

1. 自然血亲的父母子女关系

这是基于子女出生的法律事实而发生的,其中包括生父母和婚生子女的关系、生父母和非婚生子女的关系。其特点为:自然血亲的父母子女关系以血缘为纽带,其权利义务可因依法送养子女或父母子女一方死亡的原因而终止,但自然血缘联系只能因父母子女一方死亡的原因而终止。

2. 拟制血亲的父母子女关系

这是基于收养或再婚的法律行为以及事实上抚养关系的形成,由法律认可而人为设定的,包括养父母和养子女关系、有扶养关系的继父母子女关系。其特点为:拟制血亲的父母

---

① 如明、清律,三父:同居继父,不同居继父,从继母嫁;八母:嫡母、继母、养母、慈母、嫁母、出母、庶母、乳母。
② 如五服图解,四父:继父同居(两无大功之亲,义服,期年),继父同居(两有大功之亲,义服,三月),继父(先同后异居,义服,三月),继父不同居(无服);六母:嫡母、继母、慈母、养母、乳母、庶母。

子女权利义务关系因法律行为或法定的抚养事实而成立,可因收养的解除或继父(母)与生母(父)离婚及相互抚养关系的变化而终止。

这两类父母子女关系在法律上有其共同点,即它们的法律地位相同,均有父母子女之间的权利和义务。但其也有区别,即二者产生、终止的原因不同。

上述分类随着现代医学科学的发达,尤其是现代生物工程在医学领域的广泛应用正面临着挑战。人工生育技术使得人类可以用人工方法代替自然生殖过程中某一或某些步骤进行生殖,非男女两性性行为受孕生育子女的人工生育方式的出现,大大冲击了传统上的以自然生育方式而形成的社会观念和法律制度。

二、亲子关系法的历史沿革

(一)从"亲本位"到"子女最大利益"原则

父母子女的法律地位随着社会形态的更替不断地发展变化。在以私有制为基础的社会,可分为以家族为本位和以个人为本位的父母子女关系两个阶段。古罗马法在父母子女关系上以家父权为本位,家父行使养育子女的权利和责任,对子女有绝对的支配权。欧洲中世纪时,家父权逐渐被父权所取代,此时的父母子女关系已演变为以父母的利益为中心。近现代立法以个人为本位,并设置了亲权制度,规定了父母子女间的权利义务,涉及出生、姓名、扶养、收养、继承等各个方面,其内容已呈现由父母的支配权向保护权发展的趋势。亲权从单独由父亲行使而演变为由父母双亲共同行使,并且由单纯的权利演变为权利义务的统一体,重视子女权利的保护及对子女的教育,故有所谓"子本位的亲子法"的趋势。①

亲子法立法本位的这一演化,突出体现在有关父母子女间的权利义务规范上。近代各国立法例都把重点放在父母权利而非父母责任上。然而,现代理念已经发生了变化,从过去把重点放在父母权利转而放在父母责任和儿童权利上。自 1989 年联合国《儿童权利公约》宣布"关于儿童的一切行动……均应以儿童的最大利益为一种首要考虑"(第 3 条第 1 款)以来,现代父母子女关系法更是由一般的保护儿童权益原则发展到儿童最大利益(best interests of the child)原则。各国相继修改有关父母子女关系的法律规范,以确保未成年子女的权益。这一转变,从英格兰《1989 年儿童法》、苏格兰《1995 年儿童法》、澳大利亚《1995 年家庭法改革法》、1995 年《俄罗斯联邦家庭法典》等中都可以见到。

(二)我国亲子法的发展

我国奴隶社会和封建社会的亲子关系以家族为本位,父母子女关系完全从属于宗法家族制度,父权、夫权和家长权三位一体。亲子法以孝道为本,不孝被列为"十恶"之一,并且将"父为子纲"奉为天经地义。父母享有支配子女的绝对权,子女无独立人格,被视为父母的私有财产,他们在人身和财产上的权益都毫无保障。总体而言,我国古代父母子女关系有以下特点②:(1)以子女孝敬、奉伺父母为中心,亲子关系的重点乃在于其为家族团体的一分子,能奉伺家,为父母尽其对祖先所负的传宗接代义务。(2)亲子关系以男子为中心,女子则不大重要。男子不但在经济上、社会生活上至为重要,而且在传家、传宗上亦负有重大义务。

---

① 参见史尚宽:《亲属法论》,中国政法大学出版社 2000 年版,第 532—533 页;陈棋炎等:《民法亲属新论》,台湾三民书局 1987 年版,第 247—248 页。

② 参见戴炎辉:《中国法制史》,台湾三民书局 1984 年版,第 250 页。

至于女子,因应出嫁他家,既无重要性,又无上述义务。故家产以男子为基本的有份人(男子称房,家产按房分析),祭祀的承继为男子的责任,且为其特权。(3) 亲子关系以教令及惩戒为其重要内容。换句话说,子女应孝顺父母,听从父母的教令,惩戒子女非致死,则勿论。子孙违犯教令及供养有阙,则予处罚。

直至近代,民国颁行的《民法》亲属编才废除嫡子、庶子、嗣子、私生子等名分,将子女分为婚生子女、非婚生子女、养子女等。规定婚生子女的推定、否认及准正,非婚生子女的认领及强制认领,收养的方式及要件、收养的效力及收养的终止等事实。规定子女从父姓,未成年子女以父母的住所为住所;规定父母对未成年子女有保护教养的权利义务,有必要范围内的惩戒权、法定代理权及子女特有财产的管理权,以及规定父母对子女权利义务的行使负担方法、父母亲权滥用的禁止等。大体上从父母子女平等的立场确立亲子法律关系,子女的法律地位大幅提升,但是,限于当时的历史条件,这一亲子法仍带有浓厚的亲本位色彩。

中华人民共和国成立后,1950年《婚姻法》设专章规定了"父母子女间的关系",确立了以保护子女合法权益为原则和父母子女间平等的相互扶养的权利和义务关系。1980年《婚姻法》继承了前述规定,并增加了关于子女姓氏及父母对子女的管教、保护权利义务的内容,确定了以保护未成年子女合法权益为原则、父母子女间法律地位平等、相互扶养和相互继承的新型亲子法律关系。1991年9月4日我国颁行《未成年人保护法》,确立"保障未成年人的合法权益""尊重未成年人的人格尊严"的原则。同年12月29日,全国人大常委会批准《儿童权利公约》,正式承诺"关于儿童的一切行动,不论是由公私社会福利机构、法院、行政当局或立法机构执行,均应以儿童的最大利益为一种首要考虑","确保儿童享有其幸福所必需的保护和照料,考虑到其父母、法定监护人或任何对其负有法律责任的个人的权利和义务,并为此采取一切适当的立法和行政措施"①。以此为契机,我国婚姻家庭法也开始从一般的保护儿童权益向"儿童最大利益"原则发展。2001年修订《婚姻法》,2017年《民法总则》颁布,2020年《民法典》颁布,有关亲子关系的立法对儿童最大利益的保护越来越到位。

(三) 亲权

亲权是近现代各国和地区父母子女关系中最重要、最核心的内容。"亲权"一词为大陆法系多数国家和地区所采用,英美法系国家和地区不称亲权,皆称监护权或父母权,未成年子女以其父母为法定监护人。我国1950年、1980年《婚姻法》均未使用"亲权"概念,《婚姻法》第23条、《民法典》第1068条规定:父母有保护和教育未成年子女的权利和义务。这属于类似于亲权的原则性规定②,无法解决许多亲子生活中的实际问题,更不足以防止父母滥用权利及保护未成年子女的利益。因而2020年修订的《未成年人保护法》增加了父母监护的内容,完善了我国的亲权/监护制度。

1. 亲权的概念与特征

(1) 亲权的概念

在现代各国和地区民法和学说中亲权一词有其特定内涵。亲权一词在德文中原为 elterliche Gewalt,直译为父母的权利;1980年德国修改法律,将其表述为 elterliche Sorge,直译为父母的照护。在法文中,亲权原为 puissance paternelle,直译为父亲的权力;1987年法国民

---

① 参见《儿童权利公约》第3条。
② 《民法典》第1015条规定了子女姓氏的选取原则,亦属于亲权的规定。

法修改后亲权一词表述为 autorite des Pere et mere,直译为父母的职权。上述亲权用语及其变化表明:在现代各国和地区亲权立法中,亲权是指以父母对未成年子女身份上及财产上的监督和保护为内容的权利义务的总称。其性质已由原来的父母对子女的控制、统治关系转变为以父母照顾监护子女为主的法律关系,呈现出由支配权向保护权发展的趋势。亲权从单独由父亲行使而演变为由父母双亲共同行使,并且由单纯的权利演变为权利义务的统一体,并越来越具有浓厚的义务色彩。

(2) 亲权的特征

现代法律中的亲权具有以下特征:

① 亲权是父母基于其身份,依法律规定而当然发生的。亲权只存在于父母与其未成年子女之间,以特定的人身关系为前提。子女已成年或被拟制成年者,则非亲权之所及。

② 亲权是以保护教养未成年子女为目的,以对于未成年子女的人身照护和财产照护为内容,因而亲权的行使以监护子女必要的范围且符合子女的利益为限。

③ 亲权具有权利义务的双重性。亲权不但是父母享有的民事权利,而且是父母承担的法定义务。父母针对同一客体(未成年子女的人身和财产),就同一内容(管教和保护)既享有权利,又负有义务。作为权利,亲权人依法自行行使,以实现其利益;作为义务,亲权人必须履行,不得抛弃和转让,也不许滥用。

④ 亲权作为民事权利,是一种利他的民事权利。亲权是专为保护未成年子女的利益而存在的,父母基于身份依照法律规定而享有的权利,正是为了保护教养未成年子女。

⑤ 亲权具有绝对权、支配权和专属权性质。亲权的行使一般不必借助他人的积极行为,只要义务人不加妨害和侵犯,亲权就可以实现,因而具有绝对权的性质。亲权人依法对未成年子女的人身和财产进行支配,又具有支配权色彩。但这种支配以父母、子女的人格平等为前提,且其支配的内容和目的被法律严格限制在保护教养未成年子女范围内,从而与古代的父母不承认未成年子女人格而对其生杀予夺的专制性支配权有着根本区别。父母行使亲权不得与上述目的相违背,否则,亲权得被停止。亲权专属于父母,不得让与、继承或抛弃,没有法律特殊规定时也不得由他人代为行使,所以具有专属性和排他性。

2. 亲权的主体

(1) 亲权人

① 婚生子女的亲权人。婚生子女的父母均健在,且处于正常婚姻状态时,父母均为亲权人;父母一方死亡(包括受死亡宣告)时,他方为单独亲权人。父母一方因受无行为能力或限制行为能力宣告,或有受停止亲权宣告等法律上的障碍,或因行踪不明、长期不在等事实上的障碍,而不能行使亲权时,他方为单独亲权人。父母离婚后,因父母双方的协议或者由法院裁决父母双方或者一方为亲权人。

② 非婚生子女的亲权人。在世界各国和地区立法例中,依非婚生子女是否准正或被认领而有所不同:第一,未经生父认领的非婚生子女,其亲权大体上由生母一方单独行使。第二,经生父认领的非婚生子女的亲权归属,有的国家规定原则上以生母为亲权人,但可依协议或裁判确定生父为亲权人(如《日本民法典》第 818 条);有的国家规定生父、生母均为亲权人。依据我国《民法典》第 1071 条的规定,非婚生子女的生父、生母都是亲权人。第三,对于经准正取得婚生子女资格的非婚生子女,由父母共同行使亲权。

③ 关于养子女的亲权人,完全适用上述婚生子女的亲权人规则。

④ 与继父(母)形成抚养教育关系的继子女的亲权人,我国《民法典》第 1072 条第 2 款规定:继父或者继母和受其抚养教育的继子女间的权利义务关系,适用本法关于父母子女关系的规定,因此,原则上由生父母和继父(母)共同行使亲权。

(2) 受亲权保护的子女

受亲权保护的子女,在各国和地区民法中仅指未成年子女。未成年子女具有服从亲权的义务、享有受保护教养的权利。从外国立法例来看,有的国家承认因结婚而成年(如日本),有的承认因宣告而成年(如德国),当未成年人通过这些途径获得完全行为能力时,原则上其父母的亲权消失,但法律另有规定的除外。我国《民法典》总则编第 18 条第 2 款规定:"十六周岁以上的未成年人,以自己的劳动收入为主要生活来源的,视为完全民事行为能力人。"此类未成年人不受父母亲权的保护。

3. 亲权的内容

亲权以保护教养未成年子女为目的,父母对于未成年子女的权利义务,可分为关于子女人身上的权利义务(人身照护)和财产上的权利义务(财产照护)。参照德国、日本等大陆法系国家和地区亲权的立法和学说,亲权包括以下内容:

(1) 人身照护

父母对子女人身方面的权利和义务,包括对未成年子女的保护和教育两方面。具体内容如下:

① 保护和教育权。保护,是指预防和排除危害,以谋求子女身心的安全,保护为消极作用。教育,是指父母教导子女,以谋求子女的身心健全成长,教育为积极作用。亲权人应按照国家法律规定,使未成年子女接受义务教育,并以健康的思想、品行和适当的方法教育子女德、智、体全面发展,预防和制止未成年子女的不良行为。在法律允许的范围内,亲权人可采取说服教育、斥责等必要手段惩戒子女,对有严重不良行为的未成年子女,其父母应当采取措施严加管教。

保护和教育权是人身照护权的总体概括性权利,其他人身照护权,如住所指定权、子女交还请求权、身份行为的同意权及代理权等,都是保护和教育权的具体表现。

保护和教育权是亲权的内容,而父母对未成年子女的抚养义务则基于父母子女关系而当然发生,并不构成亲权的内容。因此,当亲权由父母一方单独行使时,非亲权人之父母一方仍然不能免除其对未成年子女的抚养义务,这在夫妻离婚或长期分居,或父母一方因故被宣告停止亲权时,更为显然。

② 姓氏决定权。子女的姓氏是身份关系的标志。尽管有学者认为,姓名设定权是姓名权的组成部分,子女的姓氏只是父母代行子女的姓名命名权,应属于人格权而不是身份权,但大多数国家和地区都将子女的姓氏权作为亲权的基本内容。从各国和地区立法来看,子女姓氏通用的原则有两个:一是婚生子女以父母的婚姻姓氏为姓氏,非婚生子女以生母的姓氏为姓氏。二是婚生子女的姓氏可以随父姓,也可以随母姓,由双方协商确定,协议不成时,由监护机关指定。我国《民法典》第 1015 条规定,自然人应当随父姓或者母姓。但有法定情形之一的,可以在父姓和母姓之外选取姓氏。

③ 住所指定权。父母既有管教和保护未成年子女的权利义务,自应有指定其住所的权利和义务。《德国民法典》规定"人身照顾权包括……确定其居所的义务和权利"(第 1631 条第 1 项),《日本民法典》规定"子女应于行使亲权人指定的处所定其居所"(第 821 条),皆

明确规定了住所指定权。我国婚姻家庭法虽未明定住所指定权,但是《未成年人保护法》第21条第2款规定:"未成年人的父母或者其他监护人不得使未满十六周岁的未成年人脱离监护单独生活。"《预防未成年人犯罪法》第35条规定:"未成年人无故夜不归宿、离家出走的,父母或者其他监护人、所在的寄宿制学校应当及时查找,必要时向公安机关报告。收留夜不归宿、离家出走未成年人的,应当及时联系其父母或者其他监护人、所在学校;无法取得联系的,应当及时向公安机关报告。"显然肯定父母对未成年子女的居所享有指定权,子女不得随意离开父母指定的居所,另住他处。

④ 交还子女请求权。亲权人对于不法扣留、拐卖未成年子女而使其脱离父母之人,有请求交还子女的权利。因为他人违法掠夺或扣留子女时,不但侵害了子女的人身自由权利,而且侵害了亲权人的保护教养权,亲权人为行使亲权而尽其义务,自应有请求交还子女的权利。

⑤ 身份行为的代理权和同意权。根据各国和地区民法的规定,无行为能力人须由法定代理人代为意思表示;限制行为能力人为法律行为须经法定代理人同意。父母对未成年子女的身份行为代理权和同意权表现在:第一,身份行为的代理权,但须以法律上有特别规定者为限。如为无行为能力的继承人代为接受继承,送养无行为能力的亲生子女为他人的养子女等。第二,对于未成年子女的身份行为(订婚、结婚、协议离婚)的同意权,还包括协议终止收养关系的同意权。第三,身份事项的决定或同意权。如对子女动手术行为的同意、对子女有病休学的决定、对子女从事职业的同意等。第四,身份上的诉讼行为的代理权。如认领之诉、婚生否认之诉等,父母为未成年子女的法定代理人。

(2) 财产照护

父母对子女财产上的权利和义务,包括父母对未成年子女的财产依法享有管理、使用、收益和必要的处分权利,财产法上的法定代理权和同意权以及亲权终止时的财产返还义务。

① 财产管理权。未成年子女的财产因其来源不同,可以分为两部分:一部分为未成年子女因继承、赠与或其他无偿方式取得的财产,即所谓未成年子女的特有财产;另一部分为未成年人因劳力或有偿方式取得的财产,即所谓未成年子女的非特有财产。亲权人财产管理权的客体,外国立法例中一般指未成年子女的特有财产。亲权人财产管理权客体的例外有:第一,亲权人允许未成年子女独立经营的财产,由子女自行管理;第二,亲权人允许未成年子女处分的财产,未成年子女有处分权;第三,第三人无偿给予未成年子女财产,而表示不由父母管理或表示不由父或母管理的。至于非特有财产,应归子女私有,由其自行管理、使用、收益。①

各国和地区法律均规定了父母对子女特有财产的管理权,如《日本民法典》第824条、《瑞士民法典》第318条、《法国民法典》第382条、《德国民法典》第1626条等。所谓管理,指财产的保存、利用及改良等行为而言。管理上必要的处分行为亦包括在内。亲权人基于其管理权,有占有子女财产的权利。父母管理未成年子女的财产,应以与处理自己事务为同样的注意行使管理权。父母未尽此注意义务而致使子女财产受到损害时,应负损害赔偿责任。如因此而危及子女财产时,其管理权也可被宣告停止。

② 财产使用收益权。一些外国法规定,父母有合理地支配利用未成年子女特有财产和

---

① 参见《瑞士民法典》第323条。

获取孳息的权利。如《法国民法典》第387条,《日本民法典》第824、828条均有此规定。之所以如此,是因为父母既有管教保护未成年子女的权利义务,又对未成年子女的特有财产有管理的权利义务,自应赋予父母以使用收益权,以补偿其损失。由于近现代法律日趋维护未成年子女的独立人格和利益,故对父母的收益权多采否定态度,认为未成年子女的特有财产收益剩余应归子女所有(《德国民法典》第1649条、《瑞士民法典》第319条)。

③ 财产处分权。各国法规定,亲权人原则上不享有对未成年子女财产的处分权,但为了子女利益的需要,经法院或监护机关的批准,父母始得处分子女的特有财产。《德国民法典》第1641条规定:"禁止父母代子女为赠与行为,但对合乎道义的代赠与不在此限。"《日本民法典》第826条规定:"关于行使亲权的父或母为与其子女利益相反的行为,行使亲权人应请求家庭法院为子女选任特别代理人。"《瑞士民法典》第320条第2款规定:"为支付子女的抚养、教育或职业训练费用时,监护官厅得许可父母动用子女财产中一定款项。"我国《民法通则》第18条第1款也明文规定:监护人除为被监护人的利益外,不得处分被监护人的财产。《民法典》总则编第35条第1款规定,监护人应当按照最有利于被监护人的原则履行监护职责。监护人除为维护被监护人利益外,不得处分被监护人的财产。

④ 财产法上的代理权和同意权。父母是未成年子女的法定代理人。无行为能力的未成年子女,由他的法定代理人代理民事活动。限制行为能力的未成年子女如从事超过其年龄、智力及精神状态的民事活动,由他的法定代理人代理,或者征得他的法定代理人的同意进行。

⑤ 在子女成年或解除亲权时,父母应将子女的全部财产交给子女。若由于其他原因而导致亲权的终止,父母应将属于子女的全部财产交给子女的法定代理人。

4. 亲权的行使与限制

虽然父母子女关系是最直接、最自然的血缘关系,父慈母爱被颂为"三春晖",但由于亲权直接关系到子女的成长,因此,各国和地区法律对亲权的行使作了极为细微的规定。

(1) 亲权的行使

① 父母共同亲权原则。父母共同行使亲权,是现代亲权制度的基本原则。所谓共同行使,即亲权内容的实现应由父母双方共同的意思决定,并对外为其未成年子女的共同代理人。但是,实际生活中,父母共同行使亲权时,常常会发生意思不一致,使得亲权无法共同行使,或者本应共同行使的亲权,却由父母一方单独行使了的情形,其效力如何,难免发生疑义。

第一,父母意思不一致时的解决办法。有关子女教育及监护等日常事务,通常由父母各自独立处理或授权对方自理,父母的意思即使不一致或一方违反他方的意思而为的措施,一般也不致成为法律上的问题。但是,对于必须由父母双方共同决定的重要事项,如父母意思不一致,无法共同行使亲权时,应如何解决?对此有不同的立法例。有的立法例认为在父母共同行使亲权遇有意见不一致时,由父亲决定,承认父亲享有最后决定权,如1996年修正前我国台湾地区"民法"第1089条的规定。由于此种赋予父亲最后决定权的法律规定违反男女平等原则,因此已被宣告无效而予以废止。有的立法例认为父母意见不一致而不能代理子女为法律行为,反而可避免侵害子女的利益,因而不规定解决办法。多数立法例认为,为子女的利益考虑,父母意思不一致时,应由法院从中调解父母的意思,协商不成时,由法院根据子女利益裁决。例如,现行《德国民法典》第1627条、第1628条规定:"父母以自己的责任和相互之间的协商一致为子女的幸福而行使父母照顾权。在发生意见分歧时,他们必须尝试求得一致。""如果父母不能就父母照顾权的具体事务或特定类型的事务取得一致,而规定此种事务对于子女具有重大意义,则经父母的一方申请,家庭法院可以将决定权委托父母一方。此种委托可以附加限制和条件。"从现代各国和地区的亲权立法来看,普遍确立了共同亲权原则,取消了父亲的最后决定权,对共同行使亲权中产生的争议应由法院酌定。

第二,父母共同代理的问题。根据父母共同亲权原则,父母双方有代理子女的权利。换言之,父母应以共同名义代理子女为法律行为或予以子女自为法律行为的同意。此种以两性平等为基础的共同代理,常导致交易的困难与不安全。但在通常情形,父母一方得授权他方,在特定的事务上单独代理子女,因为共同代理制度容许相互间的授权行为。授权行为依一般原则,得以明确的行为或默示为之,事前未予授权者,得以事后承认补救之。父母一方单独代理子女,即无他方的授权而代理子女为法律行为或予以子女自为法律行为之同意时,属于无权代理,所为的法律行为效力未定,经他方承认而有效,他方拒绝承认则无效。子女仅取得父母一方的同意而为的法律行为,也须由父母另一方承认始生效力。但有的立法例对于善意第三人设有保护规定。如《日本民法典》第825条规定:"父母共同行使亲权时,如父母之一方以共同名义代理子女为法律行为,或予子女自为行为之同意时,该行为并不因违反父母另一方之意思而影响其效力。但该法律行为之对方恶意时,不在此限。"即为保护与父母交易之善意第三人,而使法律行为有效。

② 单独亲权。亲权原则上应由父母双方共同行使,但是,在父母一方因失踪、丧失行为能力或其他障碍而不能行使亲权时,亲权由无障碍一方单独行使。所谓"亲权行使障碍"是指使父母不能行使亲权的原因或情形,可以产生于事实(如失踪、疾病或因身心残疾而丧失行为能力),也可以产生于法律(如禁止行使亲权等)。在父母一方死亡时,由生存一方独自行使对子女的亲权。

当父母离婚或者分居或者父母间无婚姻关系时,亲权的行使是采取共同行使还是单独行使,有不同立法例:第一,单独行使亲权。认为在父母婚姻关系终止后或者分居后或者无婚姻关系时,子女只能与父母一方共同生活,共同行使亲权将变得困难及不方便,因此应由父母一方单独行使亲权。如《日本民法典》第819条。第二,共同行使亲权。认为亲权的主体既然是父母双方,亲权的行使自然也应由父母共同承担,即使在父母离婚或分居后,对子女亲权的行使仍应依父母共同的意思决定,并对外共同代理子女。父母行使亲权时产生的分歧,可采用协商的办法解决。第三,由法院决定父母共同行使亲权或者一方单独行使亲权。主张父母离婚时,在符合子女利益的前提下,由法官决定亲权归属于父母一方或双方(如《法国民法典》第287条)。从各国亲权立法的发展趋势看,在采取父母共同亲权的立法原则下,为贯彻宪法所保障的男女平等原则和子女最大利益原则,若父母双方就亲权的行使达不成协议或双方所达成的协议因不足以保护子女的利益而未被法院认可时,应由法院就亲权的行使与扶养的给付作出裁决。我国现行《民法典》第1084条第1—2款规定:"父母与子女间的关系,不因父母离婚而消除。离婚后,子女无论由父或者母直接抚养,仍是父母双方的子女。离婚后,父母对于子女仍有抚养、教育、保护的权利和义务。"其立法原则是主张父母离婚后共同行使亲权。

(2) 亲权的限制

父母行使亲权并非毫无限制。未成年子女同父母一样享有基本的人权,父母应为子女的身心健康发育及受教育等利益行使其权利义务,基于此观点,各国立法例无不对父母行使亲权施以监督或加以限制,并禁止其滥用。亲权行使之限制范围,包括人身照护及财产照护。

对于亲权的限制,有的立法例仅作原则性规定,如规定亲权的行使不得损害子女的利益及其人格尊严,"子女之利益"如何解释?实务上仅能就具体情形详察而作决定。这种亲权行使之限制可谓过于笼统简陋,对于子女利益的保护尚欠周详。因此,大陆法系多作明确具体的限制性规定。在人身照护方面,就一些情形排除父母的身份代理权。如纯粹人身性行为或未成年人无"权利能力"的行为,包括订婚或结婚行为、认领行为、收养行为、立遗嘱行为及从事职业、艺术的行为等,排除父母对子女的代理权,由子女自为法律行为,但父母仍享有对此行为的同意权。在财产照护方面,对父母的管理权、处分权加以限制,如无法院授权,父母对子女的财产不得为下列行为,否则,该行为可以被撤销:① 转让或设定负担,但对将灭失或损坏的财产的有偿转让不在此限;② 在子女入股的公司的股东大会上投解散票(即会引致公司解体的投票);③ 取得子女以继承或受赠得来的商业或工业场所或继续其营业;④ 以子女的财产为股本入股无限责任公司、简单两合公司或股份两合公司等;⑤ 缔结"票据债务"或其他可通过"背书"转让的"证券债务";⑥ 担保或承担别人的债务;⑦ 举债借贷;⑧ 设定要等到子女成年后才履行的债务;⑨ 让与债权;⑩ 放弃遗产或遗赠;⑪ 接受附负担的遗产、遗赠或赠与;⑫ 直接或间接承租或取得子女的财产或权利,成为子女债权的承让人或获取其他对抗子女的权利等。

5. 亲权的停止和消灭

亲权的停止与亲权的消灭不同。前者为亲权暂时停止,具备一定条件时尚可恢复;后者为亲权本质上的消灭。

(1) 亲权的停止

亲权的停止,就其发生的原因不同,可分为当然停止与判决宣告停止。

① 当然停止。即当法定事由发生时自动停止行使亲权。各国法律规定的法定事由主要有:第一,收养。收养成立后,未成年的养子女处于养父母的亲权控制之下,与此同时,其生父母丧失对于该子女的亲权。如果因某种原因导致收养关系消灭时,未成年子女将恢复处于生父母的亲权之下。第二,父母一方或者双方被宣告为无行为能力人或限制行为能力人。第三,父母离婚时确定由一方行使亲权,另一方的亲权被停止,但有探视子女的权利。第四,在确定性有罪判决中被认为犯有法律禁止行使亲权的犯罪行为。第五,被宣告失踪。

② 判决宣告停止。指当有某种为法律预见的情形发生时,利害关系人可据此提起诉讼,请求法官判决停止未成年人的父母行使亲权。亲权是以子女利益为前提的相对权,如果父母违背这一宗旨行使亲权,致子女人身或财产严重损害时,即构成亲权的滥用。法院可依法判决停止其亲权的全部或一部。判决停止亲权的原因通常为:第一,父母不能行使亲权或严重滥用亲权或有重大义务的懈怠;第二,父母滥用对子女的人身照护权,或有不名誉、不道德的行为,危害了子女的利益;第三,父母有酗酒、虐待、危害子女健康等行为;第四,父母危害子女的财产,可宣告其丧失财产管理权。如果父母双方均有上述情况,应为未成年子女另设监护人。一旦情况改变,亲权便可恢复。宣告停止的范围,又有绝对停止与相对停止之分。绝对停止,即亲权对其全体未成年人均宣告停止。相对停止,仅对未成年子女中的一人或若干人停止。这种停止,可为子女人身监护权的停止,也可为子女财产管理权的停止等。

(2) 亲权的消灭

亲权主要因以下原因消灭:第一,父母或子女死亡,因法律关系的主体消灭而消灭。第二,子女成年,因法定要件的消失而消灭。有些国家法律规定未成年子女结婚可视为成年子女。但关于其身份上的行为,仍应征得其法定代理人的同意。例如订立夫妻财产契约、协议离婚、被收养等。第三,收养关系终止。此时,养父母的亲权消灭,生父母的亲权恢复。

第二节 父母与子女的权利义务

一、婚生子女的概念和子女婚生性的确定

(一) 婚生子女的概念

自从进入阶级社会,建立了调整婚姻家庭关系的法律制度以来,人类社会的生育行为就产生了是否符合当时社会的婚姻家庭制度的问题,即有了合法与非法之分。所生子女也就相应有了婚生和非婚生之别,出现了婚生子女和非婚生子女的概念。

何为婚生子女,许多国家或地区的立法均有规定,只是具体表述不尽相同。例如,英国普通法规定婚生子女的标准比较宽松,即如子女在婚姻关系存续中出生者,不问其是否婚前受孕,只要在出生时父母之间有合法婚姻关系,子女就取得婚生子女身份;如果在婚姻关系存续中受孕,则不问子女出生前婚姻关系是否已经解除,子女均可取得婚生子女身份,但英国普通法不承认婚后的准正。美国大多数州的有关规定比英国的更为宽松。如《纽约州家庭法》第 24 条第 1 款规定,父母在子女出生前或出生后,已举行世俗的或宗教的婚姻仪式,或者已按普通法规定完婚,婚姻被认为有效并经婚姻举行地法律认可的,所生子女为婚生子女,而不论该婚姻现在是无效的、可撤销的,还是已经被撤销或以后将被撤销或被判决无效。《德国民法典》1961 年修订后的第 1591 条第 1 款规定,妻于婚前或婚姻关系存续中受胎,而夫于妻之受胎期间内有同居之事实者,其结婚后所生子女为婚生子女,即使婚姻被宣告为无效,也相同。《法国民法典》对子女的婚生性标准也有规定,概括地讲,只要父母因结婚而成一家,是在婚姻关系存续期间受胎或出生的子女,即为婚生子女。《日本民法典》第 722 条规定,妻于婚姻中受胎的子女即自婚姻成立起 200 日后,或自婚姻解除或撤销之日起 300 日内所生子女为婚生子女。我国台湾地区现行"民法"第 1061 条明确规定,称婚生子女者,谓由婚姻关系受胎而生之子女。并且在第 1062 条规定了受胎期间,即从子女出生日回溯第 181 日起至第 302 日止。从上述可见,日本和我国台湾地区的民法对于婚生子女标准的规定和其他国家的规定相比,较为保守,不利于对未成年子女利益的保障。

我国自 1950 年《婚姻法》至 2020 年《民法典》虽然都使用了婚生子女的称谓,但均未对婚生子女的概念作出规定,也无婚生子女的推定制度。通说认为:"于婚姻关系存续期间受胎或出生的子女为婚生子女。"①

(二) 婚生子女的推定

1. 婚生子女的推定

所谓婚生子女的推定,是指子女婚生性的法律强制规定,即在婚姻关系存续期间,妻子

---

① 参见杨大文主编:《亲属法》(第 4 版),法律出版社 2004 年版,第 221—222 页。

受胎所生的子女,推定为婚生子女。婚生推定制度源自罗马法中的"婚姻示父"原则,旨在法律上推定母之夫即为子女之父,进而免除生母麻烦的举证责任。① 婚生子女推定制度,对于维护夫妻关系的稳定,巩固社会秩序,特别是未成年子女利益的保护,有着十分重要的意义。

婚生子女必须具备如下条件:(1)父母有合法的夫妻身份关系;(2)该子女必须是其生父之妻所生,这就排除了父与母之外的女子受胎所生之子女;(3)该子女必须是其生母之夫所受胎而生,即该子女与生母之夫有血缘联系,这就排除了该子女是由父之外的男子受胎所生。上述三个条件中,第(1)(2)两个条件是比较容易证明的,一般均可直接根据生母怀胎、分娩的事实和生父母婚姻关系存在的客观状况加以确认。但是,要证明第(3)个条件就比较困难。基于此,世界各国几乎都规定了婚生子女的推定制度。而且,顺应社会的发展,很多国家的有关规定发生了较大的变化。许多国家已明确规定,婚前受胎而在婚姻关系存续期间出生的子女,视为婚生子女。这样,婚生子女必须具备的条件已经变得宽松,只要是在生父母婚姻关系存续期间受胎或出生的子女,均为婚生子女。

2. 子女婚生性的否认

子女婚生性的否认是指丈夫证明在受胎期间,未与妻子有同居行为,依法否认子女是自己的亲生子女的制度,即当事人依法享有否认婚生子女是自己亲生子女的诉讼请求权的制度。

依据婚生子女的推定制度确定子女是婚生子女,实际上并未解决该子女是否是真正的婚生子女,或者说,并未真正解决该子女是否是其生母之夫所受胎而生的问题。现实生活中也确实有受婚生推定的子女实际上是婚外性关系所生子女的情况。因此,为了保障当事人的合法权益,体现法律的公平性,各国法律在规定婚生子女推定制度的同时,还规定了婚生子女的否认制度。考察各国婚生子女的否认制度,尽管具体内容不尽相同,但是均涉及以下几方面的问题:

(1)否认的原因。对否认的原因,各国一般采取概括主义,即不列举具体的原因,规定只要提供足以推翻子女为婚生的证据即可。比如,丈夫在妻子受胎期间没有同居的事实;丈夫有生理缺陷,无生育能力等。

(2)否认权人。有的国家如法国、日本、罗马尼亚等规定,只有丈夫享有否认权;有的国家如瑞士规定,丈夫和子女享有否认权;有的国家如苏联、保加利亚规定夫妻和子女均享有否认权。

(3)否认权的时效和限制。在外国法律中,否认请求均规定有时效限制,其目的在于促使当事人及时行使权利,尽快确定子女的法律地位。但是,有关时效的期限长短不同。有的规定为1个月如美国路易斯安那州,有的国家如比利时为90天,有的国家如法国、罗马尼亚为6个月,有的国家如日本为1年,还有的国家如德国请求撤销父亲身份的期限为2年。至于诉讼时效从何时起算,各国规定也不尽相同。大多数国家规定从知悉需要行使权利时开始,也有个别国家规定否认权于子女出生时否认权人在出生地为起算时间,如出生时不在出

---

① 外国法上母亲的身份都是基于子女出生的事实或者在出生证上登记母亲的姓名而自动取得。此外,母亲的身份还可以通过认领或诉讼程序或因民事身份占有的事实而确定。

生地的,以其返回出生地时起算等。①

婚生子女的推定和否认制度是亲子法的重要组成部分,不少国家立法对此设有明确规定,虽现行《德国民法典》取消了"婚生、非婚生"子女的称谓,不存在婚生子女的推定与否认问题,但仍设有"父亲身份的推定与撤销"制度②,以保护父母和子女尤其是未成年子女的利益。我国婚姻家庭法尚无婚生子女的推定和否认。实践中,丈夫如否认子女为婚生子女,可向人民法院提起确认之诉。诉讼中丈夫负有举证责任,他需证明在其妻受胎期间双方没有同居的事实,或能够证明其没有生育能力。必要时人民法院也可委托有关机构进行亲子鉴定。如果婚生子女否认成立,丈夫可免除对该子女的抚养责任。我国现行法律对婚生子女的否认权没有时效的限制,同时也没有丈夫可对该子女生父追偿已付抚养费的规定。

(三) 亲子关系异议之诉

1. 我国《民法典》亲子关系异议之诉的规定

《民法典》第1073条第1款规定:对亲子关系有异议且有正当理由的,父或者母可以向人民法院提起诉讼,请求确认或者否认亲子关系。该款规定的提起诉讼的主体限于父或者母;父或者母向人民法院提起的诉讼请求为确认或者否认亲子关系;父或者母向人民法院请求确认或者否认亲子关系的诉讼请求,必须满足对亲子关系有异议且有正当理由的条件。对亲子关系有异议,是指父或者母认为现存的亲子关系是错误的,自己是或者不是他人生物学意义上的父或者母。亲子关系对婚姻家庭关系影响巨大,更可能涉及未成年人合法权益的保护。如果仅凭当事人的怀疑或者猜测,就允许其提起亲子关系之诉,不利于夫妻关系和社会秩序的稳定。如何认定有正当理由?实践中,应当由人民法院根据案件的具体情况来作出判断。比如,当事人应当提供初步证据证明其提出的确认或者否认亲子关系的主张,如丈夫提供的医院开具其无生殖能力的证明,又如有资质机构开具的其与某人不存在亲子关系的亲子鉴定书,等等。人民法院根据当事人提供的初步证据,经审查符合有正当理由的条件的,对其提起的亲子关系之诉才能予以受理。

《民法典》第1073条第2款规定:对亲子关系有异议且有正当理由的,成年子女可以向人民法院提起诉讼,请求确认亲子关系。该款关于提起诉讼的主体限于成年子女,这里的子女仅指生子女,不包括养子女和继子女。关于诉讼请求,成年子女不能请求人民法院否认亲子关系。在实践中,允许成年子女提起亲子关系否认之诉,可能会导致其逃避对父母的赡养义务。根据立法机关的调研情况来看,实践中成年子女提起否认亲子关系之诉的主要的目的是逃避对父母的赡养义务,即使被否认的父母,已对其尽了抚养义务,这不符合社会主义核心价值观的要求。因此,该款规定对这种情形作了限制,不允许成年子女提起否认亲子关系之诉。同样,成年子女向人民法院请求确认亲子关系的诉讼请求,必须满足对亲子关系有异议且有正当理由的条件。

2. 亲子关系诉讼中的亲子鉴定

2011年最高人民法院《婚姻法解释(三)》明确规定亲子关系诉讼中一方当事人拒绝鉴定将导致法院推定另一方主张成立的法律后果。亲子关系诉讼属于身份关系诉讼,主要包括否认婚生子女和认领非婚生子女的诉讼,即否认法律上的亲子关系或承认事实上的亲子

---

① 参见李志敏主编:《比较家庭法》,北京大学出版社1988年版,第212—214页。
② 参见《德国民法典》1998年7月1日生效的第1592条、第1593条、第1599—1600c条。

关系。现代生物医学技术的发展,使得DNA鉴定技术被广泛用于子女与父母尤其是与父亲的血缘关系的证明。亲子鉴定技术简便易行,准确率较高,在诉讼中起到了极为重要的作用,全世界已经有一百多个国家和地区采用DNA技术直接作为判案的依据,我国也不例外。[1]

亲子鉴定的采用应当慎重。从科技角度讲,虽然亲子鉴定的准确率很高,但是亲子鉴定在采集、剪裁时需要当事人的配合。如果一方当事人申请进行亲子鉴定,另一方当事人不配合的,根据我国的实际情况,不宜强制当事人进行鉴定。在此情形下,人民法院应结合现有的证据作出判断。如果原告已经提供必要证据予以证明,另一方没有相反证据又拒绝做亲子鉴定的,人民法院可以对原告作出有利推定。应注意的是,亲子关系的推定不可绝对化。未成年人利益最大化原则是人民法院处理涉及亲子关系案件所应遵循的基本原则。除了追求真实的血缘关系外,亲子身份关系的安定、婚姻家庭的和谐稳定对未成年人健康成长的影响,都是应当考虑的因素。[2]

二、父母对子女的抚养教育和保护

根据我国现行《民法典》第26条、第1067条至第1070条及有关法律的规定,父母与婚生子女间的权利义务,具体内容有以下几个方面:

(一) 父母对子女有抚养、教育和保护的义务

我国现行《民法典》第26条规定,父母对未成年子女负有抚养、教育和保护的义务。第1067条第1款规定,父母不履行抚养义务的,未成年子女或者不能独立生活的成年子女,有要求父母给付抚养费的权利。第1068条规定,父母有教育、保护未成年子女的权利和义务。未成年子女造成他人损害的,父母应当依法承担民事责任。

1. 父母对子女有抚养的义务

抚养,是指父母在经济上对子女的供养和在生活上对子女的照料,包括负担子女的生活费、教育费、医疗费等。抚养义务是父母对子女所负的最主要的义务,目的是为了保障子女的生存和健康成长。

父母对未成年子女的抚养是无条件的。除法律另有规定外,任何情况下父母都必须履行抚养义务。最高人民法院《民法典婚姻家庭编解释(一)》第43条规定,婚姻关系存续期间,父母双方或者一方拒不履行抚养子女义务,未成年或者不能独立生活的成年子女请求支付抚养费的,人民法院应予支持。离婚后的父母,无论子女由哪方抚养,另一方都不因此而免除其对子女的抚养义务。在一般情况下,父母的抚养义务到子女成年为止。需要指出的是,未成年的子女应该作缩小解释,是指不满18周岁的子女,但已满16周岁未满18周岁且能够以自己的劳动收入为主要生活来源的子女除外。"不能独立生活的成年子女",是指尚在校接受高中及其以下学历教育,或者丧失、部分丧失劳动能力等非因主观原因而无法维持正常生活的成年子女。[3]

---

[1] 最高人民法院新闻发言人孙军工:《关于〈最高人民法院关于适用《中华人民共和国婚姻法》若干问题的解释(三)〉的新闻发布稿》,2011年8月。
[2] 最高人民法院民法典贯彻实施工作领导小组主编:《中华人民共和国民法典婚姻家庭编继承编理解与适用》,人民法院出版社2020年版,第225页。
[3] 《民法典婚姻家庭编解释(一)》第41条。

当未成年子女或不能独立生活的成年子女的受抚养的权利受到侵犯时,他们有向父母追索抚养费的权利。追索抚养费的要求,可向抚养义务人的所在单位或有关部门提出,也可直接向人民法院提起诉讼。人民法院应当根据子女的需要和父母的抚养能力,通过调解或判决的方式,确定抚养费的数额、给付期限及方法。

一般来说,对未成年子女的抚养程度是与自己维持同一生活水平,对成年子女的抚养程度是维持当地一般生活水平。对拒不履行抚养义务、恶意遗弃未成年子女,情节严重构成犯罪的,应当依法追究其刑事责任。

2. 父母对子女有教育的义务

教育,是指父母在思想品德、学业上对子女的关怀和培养。教育子女是父母一项重要的职责,其中包括两个方面的内容:一是父母或者其他监护人应当尊重未成年人接受教育的权利,必须使适龄的未成年人按照规定接受义务教育,不得使在校接受义务教育的未成年人辍学。根据我国《义务教育法》第4条、第5条、第58条等的规定,凡具有中华人民共和国国籍的适龄儿童、少年,不分性别、民族、种族、家庭财产状况、宗教信仰等,依法享有平等接受义务教育的权利,并履行接受义务教育的义务。父母或者其他法定监护人应当依法保证其按时入学接受并完成义务教育。适龄儿童、少年的父母或者其他法定监护人无正当理由未按规定送适龄儿童、少年入学接受义务教育的,由当地乡镇人民政府或者县级教育行政部门给予批评教育,责令限期改正。按照2020年修订的《未成年人保护法》第5条的规定,国家、社会、学校和家庭应当对未成年人进行理想教育、道德教育、科学教育、文化教育、法治教育、国家安全教育、健康教育、劳动教育,加强爱国主义、集体主义和中国特色社会主义的教育,培养爱祖国、爱人民、爱劳动、爱科学、爱社会主义的公德,抵制资本主义、封建主义和其他腐朽思想的侵蚀,引导未成年人树立和践行社会主义核心价值观。

2021年10月23日,第十三届全国人大常委会第三十一次会议表决通过了《家庭教育促进法》,于2022年1月1日起施行。法律明确,未成年人的父母或者其他监护人负责实施家庭教育。国家和社会为家庭教育提供指导、支持和服务。为呼应减轻义务教育阶段学生作业负担和校外培训负担的"双减"要求,法律规定,县级以上地方人民政府应当加强监督管理,减轻义务教育阶段学生作业负担和校外培训负担,畅通学校家庭沟通渠道,推进学校教育和家庭教育的相互配合。未成年人的父母或者其他监护人应当合理安排未成年人学习、休息、娱乐和体育锻炼的时间,避免加重未成年人学习负担,预防未成年人沉迷网络。

《家庭教育促进法》不仅明确父母或者其他监护人应当树立家庭是第一个课堂、家长是第一任老师的责任意识,承担对未成年人实施家庭教育的主体责任,用正确思想、方法和行为教育未成年人养成良好思想、品行和习惯。同时,还规定了家庭教育的内容。比如,要求家长培养未成年人树立维护国家统一的观念,铸牢中华民族共同体意识,培养家国情怀;培养未成年人良好社会公德、家庭美德、个人品德意识和法治意识;关注未成年人心理健康,教导其珍爱生命等。该法第49条规定,公安机关、人民检察院、人民法院在办理案件过程中,发现未成年人存在严重不良行为或者实施犯罪行为,或者未成年人的父母或者其他监护人不正确实施家庭教育侵害未成年人合法权益的,根据情况对父母或者其他监护人予以训诫,并可以责令其接受家庭教育指导。该法实施以来,各地法院在个案审理中已发出了多份"家庭教育令""家庭教育告诫书""责令接受家庭教育指导令",并对父母或者其他监护人进行了家庭教育指导。①

3. 父母对子女有教育和保护的权利和义务

我国《民法典》第 1068 条规定：父母有教育、保护未成年子女的权利和义务。未成年子女造成他人损害的，父母应当依法承担民事责任。2020 年修订的《未成年人保护法》第二章"家庭保护"，全面系统地规定了父母对未成年子女的教育和保护职责。②

教育，在这里应当理解为管教，是指父母按照法律和道德规范的要求，采用适当的方法对未成年子女进行管理和教育。

保护，是指父母应保护未成年子女的人身安全和合法权益，防止和排除来自自然界的损害以及他人的非法侵害。未成年子女是无民事行为能力人或限制民事行为能力人，他们缺乏对事物的理解能力和处理能力。法律要求父母对未成年子女进行管教和保护，一方面是为了保障子女的健康和安全，另一方面则是为了防止未成年子女损害他人和社会的利益。

教育和保护未成年子女是有效地保障子女身心健康和财产安全的法律依据。父母是未成年子女的法定监护人和法定代理人，当未成年子女的人身或财产权益遭受他人侵害时，父母有以法定代理人的身份提起诉讼，请求排除侵害、赔偿损失的权利。当未成年子女脱离家庭或监护人时，父母有要求归还子女的权利。③ 发生拐骗子女行为时，父母有请求司法机关追究拐骗者刑事责任的权利。

在未成年子女对国家、集体或他人造成损害时，父母有承担民事责任的义务。《民法典》第 1188 条规定："无民事行为能力人、限制民事行为能力人造成他人损害的，由监护人承担侵权责任。监护人尽到监护职责的，可以减轻其侵权责任。有财产的无民事行为能力人、限制民事行为能力人造成他人损害的，从本人财产中支付赔偿费用；不足部分，由监护人赔偿。"

理解和运用我国《民法典》的相关规定，还应该注意以下问题：

（1）父母对于未成年子女的教育和保护既是权利又是义务，因此父母不得抛弃其权利，也不得滥用其权利。法律要求管教子女的方式要适当，禁止虐待和残害子女；虐待子女情节严重构成犯罪的，应依法追究刑事责任。

（2）父母双方对子女都有教育和保护的权利和义务。这是男女平等原则的体现和要求。禁止任何单位、组织和公民个人在父亲死亡的情况下干涉母亲行使保护管教的权利。

（3）教育和保护的对象仅限于未成年子女。父母对于已经成年的子女和已满 16 周岁不满 18 周岁但以自己的劳动收入为主要生活来源的子女，不再继续行使此项权利和负担此项义务。保护和管教的唯一目的是保护未成年子女的健康成长，即此项权利是专为子女利益而存在的。

（4）教育和保护的权利是基于父母的身份依照法律的规定当然发生的。父母有承担民事责任的义务并不能免除有责任能力的子女依照有关的法律规定承担其他法律责任。

---

① 参见《全国多地发出首批家庭教育指导令，促进家长"依法尽责带娃"》，载《中国妇女报》2022 年 11 月 7 日。
② 《未成年人保护法》第 15—41 条。
③ 2020 年修订的最高人民法院《关于确定民事侵权精神损害赔偿责任若干问题的解释》第 2 条规定，非法使被监护人脱离监护，导致亲子关系或者近亲属间的亲属关系遭受严重损害，监护人向人民法院起诉请求赔偿精神损害的，人民法院应当依法予以受理。

(二) 子女对父母的赡养、扶助和保护

我国《宪法》规定,公民在年老、疾病或丧失劳动能力的情况下,有从国家和社会获得物质帮助的权利。同时还规定,成年子女有赡养、扶助父母的义务。禁止虐待老人。《民法典》第 26 条、第 1067 条规定,成年子女对父母有赡养、扶助和保护的义务。成年子女不履行赡养义务的,缺乏劳动能力或者生活困难的父母,有要求成年子女给付赡养费的权利。《老年人权益保障法》第二章"家庭的赡养与扶养"就家庭在赡养老人时应承担的义务作了更为明确、具体的规定。该法规定,老年人养老主要依靠家庭,家庭成员应当尊重、关心和照料老人。①

赡养,是指子女对父母的供养,即在物质上和经济上为父母提供必要的生活条件。扶助,是指子女对父母在精神上和生活上的关心、帮助和照料。保护是指保护父母的人身、财产权益不受侵害。老年人对于社会和家庭贡献了毕生的精力,尽到了责任,理应得到社会和家庭的尊敬和照顾。根据我国《宪法》的规定,当公民年老、患病或丧失劳动能力时,有从国家和社会获得物质帮助的权利。但由于我国目前的社会福利事业相对不足,国家和社会对老年人的物质帮助,还不能完全取代家庭职能,我国现阶段赡养老人仍然主要依靠家庭。子女赡养老人是其对家庭和社会应尽的责任。

根据法律规定,子女对父母物质上的供养扶助是有条件的。首先,父母须是缺乏劳动能力或者生活困难的,缺乏劳动能力应该作限缩解释,是指完全丧失从事创造物质财富或精神财富活动的身体条件,不过应当将虽然丧失劳动能力但有可靠的收入(包括社会保障金)维持自己生活的人排除在外。生活困难是指在完全丧失从事创造物质或精神财富的活动的身体条件的情况下,虽有收入但收入不足以维持当地一般生活水平,或者在未完全丧失从事创造物质或精神财富的活动的身体条件的情况下,虽有收入但收入不足以维持当地一般生活水平。其次,子女须成年且有赡养能力,子女应该作限缩解释,专指有独立的劳动收入或其他收入并在能够满足自己的最低生活水平之外有剩余的成年子女,或已满 16 周岁而未满 18 周岁但能够以自己的劳动收入维持当地一般生活水平的子女。对于有劳动能力、生活不困难的父母,子女自愿扶助孝敬父母,法律是提倡的,但不强制。

赡养义务的内容包括经济上的供养,生活上、体力上的照料、帮助和精神上的尊敬、慰藉、关怀。依据《老年人权益保障法》的规定,赡养义务的内容包括以下几方面:(1) 赡养人应当履行对老年人经济上供养、生活上照顾和精神上慰藉的义务,照顾老年人的特殊需要。(2) 赡养人对患病的老年人应当提供医疗费用和护理。(3) 赡养人应当妥善安排老年人的住房,不得强迫老年人迁居条件低劣的房屋。老年人自有的或者承租的住房,子女或者其他亲属不得擅自改变产权关系或者租赁关系。老年人自有的住房,赡养人有维修的义务。(4) 赡养人有义务耕种老年人承包的田地,照管老年人的林木和牲畜等,收益归老年人所有。

赡养的方式既可以是与父母共同生活直接履行赡养义务,也可采用经常联系、探望并提供生活条件及生活费用的方式。如有多个子女,则应根据每个子女的经济状况,共同承担起对父母的经济责任。赡养人之间可以就履行赡养义务签订协议,并征得老年人的同意。居民委员会、村民委员会或者赡养人所在组织监督协议的履行。赡养费的数额,既要根据赡养

---

① 参见《老年人权益保障法》第 13 条。

人的经济负担能力,又要照顾父母的实际生活需要。一般而言,应不低于子女本人或当地的平均生活水平,以确保老人的生活需要。另外,我国《民法典》第1069条还强调,父母的婚姻自主权受法律保护,子女的赡养义务不因父母的婚姻关系变化而终止。需要特别指出的是,法律规定子女对父母有赡养义务,但如果父母对子女遗弃、虐待情节严重的,就不应当再享有该子女的赡养权。

关于因追索赡养费引起的纠纷,可以要求家庭成员所在组织或者居民委员会、村民委员会调解,也可直接向人民法院提起诉讼。人民法院在处理赡养纠纷时,应坚持保护老年人的合法权益的原则,通过调解或判决的方式,确定赡养费的数额和给付方式。对老年人追索赡养费或者扶养费的申请,可以依法裁定先予执行。义务人有能力赡养而拒绝赡养,情节严重,构成遗弃罪的,应依法追究其刑事责任。

第三节 几种特殊类型的亲子关系

本节包括父母与非婚生子女、继父母与继子女、父母与人工生育的子女的关系,除此之外,本节还应包括养父母与养子女关系,鉴于我国专门立有《收养法》,有关收养制度本书将单列一章,此处从略。

一、父母与非婚生子女

(一)非婚生子女的概念和法律地位

非婚生子女是婚生子女的对称,是指没有婚姻关系的男女所生的子女。无婚姻关系的妇女所生的子女,已婚妇女所生但被法院判决否认婚生推定的子女,已婚妇女所生的不受婚生推定的子女,均属于非婚生子女。对于无效婚姻或被撤销婚姻的当事人所生的子女,有的国家将其视为非婚生子女,而多数国家却基于保护子女利益的需要,仍然规定其为婚生子女。

自人类社会实行一夫一妻制以来,随着私有制的发展,婚姻成立的要件越来越严格,生育非婚生子女的情况逐渐增多。在历史上,非婚生子女在世界各国,无论在法律上还是在实际生活中均遭受歧视和虐待。中国封建法律亦对"婢生子""奸生子"倍加歧视。清末颁行的《大清现行刑律》中还规定"奸生子""婢生子"不得继承宗祧。继承财产时,"奸生子、婢生子,依子量予半分"。近代社会对于非婚生子女的态度已有了很大转变,认识到无论是婚生还是非婚生,都与子女无关,是其父母所为,没有理由歧视非婚生子女。即使如此,在早期资本主义国家立法中,仍然对非婚生子女加以歧视。英国普通法规定,非婚生子女不属于任何人的子女,其父不负有抚养义务。1804年《法国民法典》还规定非婚生子女不得请求其父认领;非婚生子女不得主张婚生子女的权利;非婚生子女不得为继承人。即使经过认领的非婚生子女,如与婚生子女同时继承,其应继份只为婚生子女的1/3。自20世纪开始,特别是在第二次世界大战以后,在人权思想、人道思想和平等思想的作用下,非婚生子女的法律地位有了很大的改善。特别是1918年苏俄新的婚姻家庭法典明确规定非婚生子女与婚生子女享有同等权利,从法律上根除了对非婚生子女的歧视。但就世界范围看,非婚生子女法律地位改善的时间先后及程度,各国情况很不相同。例如,直到1926年英国才颁布《准正法》,承认非婚生子女因事后父母结婚准正取得婚生子女的地位。而晚近以来仍有少数国家保留有对非婚生子女的歧视性规定,如现行《日本民法典》第900条第4款[昭和二十二年(1947年)第222号法律]规定,非婚生子女在继承时,其应继份为婚生子女的1/2,《法国民法典》第760条(1972年1月3日第72-3号法律)对此的规定与日本相似。

在我国,非婚生子女与婚生子女具有同等的法律地位。《民法典》第1071条规定:"非婚生子女享有与婚生子女同等的权利,任何组织或者个人不得加以危害和歧视。不直接抚养非婚生子女的生父或者生母,应当负担未成年子女或者不能独立生活的成年子女的抚养费。"

(二)非婚生子女的认领和准正

非婚生子女的法律地位如何,或者说非婚生子女与事实上的父母间关系如何,是世界各国法律上和社会实践中不可回避的一个重要问题。几乎在所有国家,母亲身份都是基于子女出生的事实或者在出生证上登记母亲的姓名而自动取得的。此外,母亲身份还可以通过认领或诉讼程序而确定。非婚生子女的父亲身份难以通过推定的方法来确定,常见的方法是自愿认领和强制认领。为了确定非婚生子女的法律地位,保护其合法权益,当代世界绝大多数国家都建立了确认非婚生子女法律地位的制度,即认领制度,有些国家还设立了准正制度。

非婚生子女的认领,是指非婚生子女的生父母承认非婚生子女是自己的子女。认领分为两种形式:一是自愿认领,二是强制认领。

1. 自愿认领

自愿认领,又称任意认领,是指生父母承认该非婚生子女是自己所生,并自愿承担抚养责任,无须他人或法律的强制。

(1)认领人。认领人是指认领行为的主体。多数国家规定非婚生子女的生父为非婚生子女的认领人,如罗马尼亚、瑞士等国。有的国家规定,生父、生母均为认领人,如日本等。

(2)被认领人。即认领行为的对象,一般是指非婚生的子女。

(3)认领的方式。认领是一种确认人身关系的重要法律行为,涉及子女的人身权利和财产权利,应为要式行为。各国规定认领的方式不同。主要通过以下方式进行:

第一,公证认领,如法国认领非婚生子女及德国认可父亲身份需进行公证;

第二,登记认领,如苏联苏维埃法典规定父母双方共同到户籍机关登记认领;

第三,事实认领,即生父已经抚养非婚生子女,并且有认为该子女是自己的子女的意思表示的,视为认领。

(4)认领的否认与撤销。为防止他人冒认子女,发生欺诈,损害非婚生子女及其生母的名誉,造成生父认领困难和障碍,法律设立了认领的否认与撤销制度。即在认领发生后,如发现认领人非子女之父,法律给有关当事人以否认权,可向法院提出申请撤销认领。

2. 强制认领

强制认领,是指当非婚生子女的生父或生母不主动地自愿认领时,由有关当事人诉请法院予以判决强制认领的方式。

强制认领的原因主要有:

(1)未婚女子所生子女,生母指认的生父不承认该子女是他所生,生母向法院提起确认生父之诉;

(2)已婚女子与第三人所生子女,女方指认第三人为子女的生父而遭否认的,生母向法院提出确认生父之诉。

非婚生子女的准正,是指因生父母结婚或司法宣告使非婚生子女取得婚生子女资格的制度。准正制度始于罗马法。为保护非婚生子女的利益,法律规定父对于结婚前所生子女,因与其母结婚而取得家父权,对子女视为婚生。寺院法和日耳曼法也设有准正制度。1926年英国始有《准正法》。美国大部分州皆采用英制。大陆法系诸国如法国、瑞士、日本等国均继受罗马法原则设有非婚生子女的准正制度(但各国准正的要件和方式略有不同)。虽现行《德国民法典》已删除"非婚生子女"一词,不存在子女"婚生化"问题,但仍设有"认可父亲身份"及"父亲身份的确认"制度,以确立亲子关系,保护子女利益。①

准正有两种形式:(1)因生父母结婚而准正。它本身又可分为两种情况:一是仅以生母结婚为准正的要件。如《德国民法典》第1719条。二是以生父母结婚和认领为准正的双重要件。如《日本民法典》第789条第1项规定:"父认领的子女,因其父母结婚而取得婚生子女的身份。"我国现行《婚姻法》无非婚生子女的准正制度。在现实生活中,非婚生子女的生父母结婚,被承认为其婚前所生的子女,一般当然被视为婚生子女。(2)因法官宣告而准正。法官宣告准正,是指男女订立婚约后,因一方死亡或有婚姻障碍存在,使婚姻准正不能实现时,可依婚约一方当事人或子女的请求,由法官宣告子女为婚生子女。如《德国民法典》第1722条的规定。

在理论上,有血缘关系的非婚生子女始能受准正,应兼顾结婚事实与血缘真实。单以结婚为准正条件,生母的非婚生子女若与夫并无血缘关系,也可能一并被准正为夫的婚生子女。故世界大多数立法例均规定准正除生父与生母结婚外,尚需生父的认领。

根据世界大多数国家的立法例,两种准正均使非婚生子女取得婚生子女资格。但效力发生的时间则有所不同。有的规定从父母结婚或法院宣告为婚生之日起算,如《法国民法典》第332条;有的则规定有溯及力,自子女出生之日起发生婚生效力,如《瑞士民法典》第259条。

(三) 我国非婚生子女的认领及其法律地位

我国《民法典》第1071条强调了对非婚生子女的保护,我国的非婚生子女与婚生子女的法律地位是完全相同的,法律有关父母子女间的权利和义务,同样适用于非婚生父母子女之间。非婚生子女享有与婚生子女同等的权利,即法律所规定的受抚养教育和保护管教的权利和未成年子女给国家、集体、他人造成损害时父母承担民事责任的权利以及继承权等。"任何组织或者个人"包括父母在内的公民、法人和其他组织都不得危害和歧视非婚生子女。"危害"即损害,是指对于人身和财产加以破坏或损害的行为,既包括人身损害,也包括财产损害,当然包括溺婴、弃婴、残害婴儿的行为。"歧视"是指对于非婚生子女与婚生子女以不平等的看待。

我国尚未建立非婚生子女的认领制度。在现行的法律制度下,关于非婚生子女地位婚生化的做法是:基于分娩的事实,非婚生子女与生母之间的关系一般无须加以特别的证明,非婚生子女按生母的婚生子女对待。非婚生子女与生父之间的关系,一般有两种情况:一是由生父自愿表示认领;二是被生母指认的生父不承认该子女是其所生。这种情况可通过生

---

① 参见:《法国民法典》第331条、第332条;《瑞士民法典》第259条;《日本民法典》第789条;《德国民法典》第1594—1598条、第1600d—1600e条。

母向法院提出的证据,如在受孕期间与被告有过性关系,或被被告强奸的事实和证据等加以证明。法院在必要时,可委托有关部门进行亲子鉴定(参见本章第二节内容)。

1980年《婚姻法》第19条第2款规定,可以由生父负担非婚生子女必要的生活费和教育费的一部或全部。2001年修订后的《婚姻法》强化了生母的义务,生父、生母都有义务负担非婚生子女的生活费和教育费。《民法典》第1071条第2款延续了这些规定,"不直接抚养非婚生子女的生父或者生母,应当负担未成年子女或者不能独立生活的成年子女的抚养费"。具体负担方法可根据他们的经济情况决定。可由双方分担,也可由一方负担。生活费是指满足自己衣食住行等方面需要所必要的金钱或生活物品。教育费是指接受学校教育、家庭教育、社会教育所需要的费用,包括学费、杂费等。独立生活是指能够单独依靠自己的劳动收入或其他收入满足自己的衣食住行等方面的全部需要,即使已经年满18周岁但还在学校就读或因其他非主观的原因不能维持正常生活的,父母仍然要承担提供生活费用和教育费用的义务。

实践中处理非婚生子女问题,特别需要注意:

(1) 非婚生子女的生父母负有抚养教育非婚生子女的义务,对于不履行抚养义务的生父母,非婚生子女有要求付给抚养费的权利。非婚生子女的生母与他人结婚,其丈夫愿意负担该子女的生活费和教育费的一部或全部的,则生父的抚养费负担可酌情减少或免除。如生父要求领回自行抚养,可由生父母双方协商解决,协商不成的可请求法院作出判决。

(2) 经过确认之后但未与非婚生子女共同生活的父母一方应该享有探望权,另一方有协助的义务。

(3) 非婚生子女对生父母有赡养和扶助的义务。对于已经确认的生父母,除了对非婚生子女已构成虐待或遗弃的以外,非婚生子女应对其生父母尽赡养的义务。

(4) 非婚生子女与生父母间有相互继承遗产的权利。非婚生子女继承生父母遗产的应继份与婚生子女的应继份完全相同。

二、继父母与继子女

(一) 继父母、继子女的概念

继父母,是指父之后妻或母之后夫。继子女,是指夫与前妻或妻与前夫所生的子女。继父母与继子女关系产生的原因,一是由于父母一方死亡,他方再行结婚;二是由于父母离婚,父或母再行结婚而形成的。子女对父母的再婚配偶称为继父母。夫或妻对其再婚配偶的子女称为继子女。继父母子女关系是由于父或母再婚而形成的姻亲关系。

继父母子女关系可分为三种情形:第一,父或母再婚时,继子女已成年并已独立生活;第二,父或母再婚后,未成年的或未独立生活的继子女未与继父母共同生活或未受其抚养教育;第三,父或母再婚后,未成年的或未独立生活的继子女与继父母长期共同生活,继父或继母对其进行了生活上的抚养和教育。法律规定,只有在一起共同生活形成了抚养教育关系的继父母子女间,才具有法律上的拟制血亲关系,产生父母子女间的权利和义务。没有形成抚养教育关系的继父母子女间仅产生姻亲关系,不发生法律上的权利和义务。

(二) 我国对继父母继子女形成抚养教育关系的认定

我国婚姻家庭法对继父母与继子女之间形成抚养教育关系认定的要件未予规定。实践中一般是根据继父母对继子女在经济上尽了扶养义务(对继子女给付生活费、教育费的一部或全部),或者生活上尽了抚养教育义务(与未成年继子女共同生活,对其生活上照料、帮助,在思想品德、学业上对继子女关怀、培养)等来认定。如果在继父和母亲或继母与父亲实行共同财产制的情况下,以夫妻的共同财产来支付全部或主要抚养费的,或在继父与母亲或继母与父亲实行约定财产制的情况下,以继父和母亲或继母和父亲的共同生活费来支付全部或主要抚养费的,就符合"受其抚养"的条件。即使未成年的继子女为家庭生活提供了力所能及的劳动也是如此。

由于继父母与继子女间形成抚养教育关系的认定标准尚无具体规定,实践中会发生很多麻烦,比如有些继父或继母虽然抚养教育继子女,但未必愿意与其形成父母子女权利义务关系,如果仅凭抚养教育的某些事实便认其为形成了抚养教育关系,似乎有些武断。所以国家鼓励有意与继子女形成抚养教育关系的继父或继母收养继子女。

依据我国收养法的规定,继父或者继母经继子女的生父母同意,可以收养继子女。继子女与继父母在办理了收养手续后,继父母子女关系就转化为养父母子女关系,适用养父母子女间的权利和义务。养子女与生父母及其近亲属间的权利和义务关系,因收养关系的成立而消除。

(三)继父母与继子女的法律地位

我国《民法典》第1072条规定:"继父母与继子女间,不得虐待或者歧视。继父或者继母和受其抚养教育的继子女间的权利和义务关系,适用本法关于父母子女关系的规定。"因此,首先,无论继父母与继子女间是否形成抚养教育关系,他们相互之间都不得虐待和歧视。这是社会主义尊老爱幼、民主平等新型家庭关系的要求。其次,继父母与继子女之间是否发生法律规定的父母子女间的权利和义务,应根据他们是否形成抚养教育关系来确定。未形成抚养教育关系的继父母与继子女之间属于姻亲关系,他们之间无法律规定的父母子女间的权利与义务。即他们之间只是一种名义上(或称谓上)的父母子女关系,继父母因未抚养教育继子女,不享有受继子女赡养扶助的权利;继子女因未受继父母的抚养教育,不负赡养扶助继父母的义务。已形成抚养教育关系的继父母与继子女属于法律上的拟制血亲,他们之间具有与自然血亲的父母子女相同的权利和义务。与此同时,该继子女与没有和他共同生活的另一方生父或生母的关系仍然存在,他们之间的自然血亲父母子女关系并不因未在一起共同生活而消除。这样,此类继子女就具有双重法律地位。即一方面他和自己的生父母保持着父母子女间的权利和义务,另一方面他和抚养教育自己的继父或继母又形成拟制血亲父母子女间的权利和义务。所以,他享有双重权利,负有双重义务。也就是说,他既有受生父母抚养教育的权利,又享有受形成抚养教育关系的继父母抚养教育的权利;他既负有赡养扶助生父母的义务,又负有赡养扶助形成抚养教育关系的继父或继母的义务。并且,他享有的继承权也是双重的。他既享有继承生父母遗产的权利,又享有继承形成抚养教育关系的继父或继母遗产的权利。与之相应的是,形成抚养教育关系的继父或继母(如有自己的生子女)也具有双重的法律地位。即一方面他与自己的生子女保持着父母子女间的权利和义务,另一方面他与受自己抚养教育的继子女又形成拟制血亲父母子女之间的权利和义务。所以,他也享有双重权利,负有双重义务。也就是说,他既负有抚养教育生子女的义务,又负有抚养教育形成抚养教育关系的继子女的义务;他既享有受生子女赡养扶助的权利,又享有受形成抚养教育关系的继子女赡养扶助的权利。并且,他享有的继承权也是双重的。他既享有继承生子女遗产的权利,又享有继承形成抚养教育关系的继子女遗产的权利。

(四) 继父母继子女关系的解除

继父母子女关系可基于一定的原因解除,在目前法律规定不明确的情况下,解除应注意遵循以下的原则:

(1) 未形成抚养教育关系的继父母子女关系,因生父或生母与继母或继父婚姻终止而解除。但如因生父或生母死亡而导致婚姻终止的,继子女仍可自愿与继母或继父保持父母子女的称谓关系。

(2) 已形成抚养教育关系的继父母子女关系,可在下列情况下解除:

第一,在再婚关系存续期间,继父或继母与继子女之间的扶养关系,可根据任何一方的请求及停止扶养的事实(如继子女离开继父或继母随另一方生父或生母生活)而解除。因他们之间扶养关系的建立,是基于当事人自愿的行为,而非法定的义务。但扶养关系解除后,继父母与继子女的姻亲关系及称谓关系仍存在。

第二,根据早期的最高人民法院司法解释,在再婚关系终止时,包括因离婚而终止或因生父(或生母)死亡而终止时,继父或继母与继子女之间的扶养关系均不当然解除。本书认为,继父(母)与继子女已形成的扶养关系是一种独立的权利义务关系,不因生母或生父与继父或继母婚姻关系的终结而自然消除。因为,从形成抚养教育关系的继父母子女关系的产生原因看,除生父母带子女再婚外,还有继父或继母对继子女进行抚养教育的事实。如生父(母)与继母(父)离婚,除未成年继子女被生父母一方带走,继父母终止对该继子女的抚养而致扶养关系自然解除外,被继父(母)长期抚养并已成年的继子女受继父(母)抚养教育的事实不能消失,有抚养教育关系的继父母与继子女间父母子女的权利和义务,仍不能自然终止。一方要求解除这种权利义务关系的,人民法院应视具体情况作出是否准许解除的调解或判决。[①]

继父母继子女关系解除后产生的法律后果包括:

第一,未形成抚养教育关系的继父母子女关系解除后,双方之间的姻亲关系消除,继父母与继子女的称谓关系也不再存在。

第二,已形成抚养教育关系的继父母子女关系解除后,双方之间的拟制血亲关系消除,他们之间父母子女的权利和义务也不复存在。但被继父母抚养教育成年,并已独立生活的继子女,对年老丧失劳动能力又无生活来源的继父母,应承担给付生活费的义务。

三、父母与人工生育的子女

(一) 人工生育子女的概念和种类

人工生育子女是指根据生物遗传工程理论,采用人工方法取出精子或卵子,然后用人工方法将精子或受精卵胚胎注入妇女子宫内,使其受孕所生育的子女。

人工生育子女在现代科学技术条件下,主要有以下几种:

(1) 同质人工授精。同质人工授精是指采用不同形式使丈夫的精子和妻子的卵子经医疗技术手段,实施人工授精,由妻子怀孕分娩生育子女。

(2) 异质人工授精。异质人工授精是用丈夫以外的第三人提供的精子(供精)与妻子的

[①] 参见最高人民法院《关于继父母与继子女形成的权利义务关系能否解除的批复》,1988年1月22日。《民法典婚姻家庭编解释(一)》没有规定这方面的内容。

卵子,或用丈夫的精子与妻子以外的第三人提供的卵子(供卵),或同时使用供精和供卵实施人工授精,由妻子怀孕分娩生育子女。对子女而言,便有两个父亲或母亲:一是供精或供卵者,为子女生物学上的父亲或母亲;一是生母之夫或生父之妻,为社会学意义上的父亲或母亲。

(3)代孕。代孕是指用现代医疗技术将丈夫的精子注入自愿代替妻子怀孕者的体内受精,或将人工授精培育成功的受精卵或胚胎移植入自愿代替妻子怀孕者的体内怀孕,等生育后由妻子以亲生母亲的身份抚养子女。代孕生育的子女也有同质和异质之分,但共同特征是由妻子以外的一位妇女代替怀孕分娩。

(二)人工生育子女的法律地位

目前,世界上很多国家对人工生育子女尚无明确的法律规定,已立法的国家法律规定的内容也不尽相同。但是,对于在婚姻关系存续期间,因夫妻双方同意而进行人工生育的子女与该夫妻形成亲子关系,由接受人工生育的夫妇承担法律责任的规定,已基本成为共识。如《美国统一亲子法》规定:在使用第三人精子的情况下,丈夫必须书面承诺,并要求经夫妻双方签字,法律对丈夫和胎儿的自然父亲同样对待。精子的提供者在法律上不视为胎儿的父亲。1991年德国颁布的《胚胎保护法》规定:只允许在婚姻关系内进行人工授精。如果丈夫不育,可以用另一男子的精子进行体外授精。我国最高人民法院对此的司法解释是[①]:在夫妻关系存续期间,双方一致同意进行人工授精的,所生子女应视为夫妻双方的婚生子女,父母子女关系适用婚姻家庭法的有关规定。据此,只要夫妻双方协议一致同意进行人工授精的,不论所生子女是否与父母具有血缘关系,均应视为夫妻双方的婚生子女。这里需要明确的是:(1)实施人工生育技术的目的,是利用医学技术为不孕的夫妇提供生育的协助。因此,精子和卵子的提供者以及代孕者旨在帮助不孕的夫妇生育子女,其本身并不承担法律上有关亲权的权利和义务。(2)接受人工生育的主体,应当是已婚的不孕夫妇。现各国都倾向于保护同质人工授精,有限制地允许使用异质人工授精,尽量防止和避免人工生育技术的滥用。(3)凡夫妻就实施人工生育达成协议的,所生子女即为婚生子女,其间的亲子关系适用亲权的法律规定。如妻子未经丈夫同意而进行人工生育,则夫对该人工生育子女的婚生性享有否认权。

根据我国目前的法律实践,来自夫妻双方的精卵细胞所生的子女,视为夫妻双方的婚生子女,但在欠缺丈夫的同意时,丈夫可以提出婚生否认之诉。来自第三人捐卵的人工体外授精则会导致母子身份的认定困难。传统的生育方法,母体的卵子与子宫有不可分离性,分娩的母体必须是提供卵子的母体。因此,自罗马法以来,即有"谁分娩,谁为母"的法谚,母子身份以分娩的事实而确定。但随着现代医学及遗传科学的发展,在第三人捐卵的情形下,母体卵子与子宫的一致性被割裂。法律上的母亲究竟是捐卵者还是分娩者?学说上有三种不同的主张,(1)血统说。此说强调自然血统是身份发生的基础,卵子的提供者当然为所生子女的法律上的母亲。(2)分娩说。此说认为,生母在生育功能上不同于生父,母亲除提供卵子外,尚需以其子宫怀孕足月方能分娩,生理上的联系重于血统基因的联系,同时也与传统的"谁分娩,谁为母"原则相一致。因此,应以分娩者为所生子女法律上的母亲。(3)人工生殖

[①] 最高人民法院《关于夫妻离婚后人工授精所生子女的法律地位如何确定的复函》,1991年7月8日;《民法典婚姻家庭编解释(一)》第40条。

目的说。此说认为,究竟何人是法律上的母亲,应根据夫妻实施人工生殖的目的来确定。

代孕母亲所生子女的法律地位比较复杂,特别是代孕母亲已婚时,更影响代孕者与其丈夫的婚姻生活,子女身份的确定也与传统民法的亲子关系相抵触。因此,有些国家已通过立法明文禁止代孕行为。我国《人类辅助生殖技术管理办法》明确规定禁止任何形式的代孕技术。

2001年我国卫生部颁布了《人类辅助生殖技术管理办法》《人类精子库管理办法》,2003年在此基础上又颁布了新修订的《人类辅助生殖技术规范》《人类精子库基本标准和技术规范》《人类辅助生殖技术和人类精子库伦理原则》,对人工生殖技术进行规范,明文禁止代孕。但是由于这些主要是针对医疗机构和医务人员的规范,对代孕亲子关系的认定并未明确。而且《人类辅助生殖技术管理办法》作为部门规章,只能对医疗机构和医务人员有约束效力,所以不能禁止人们到域外进行代孕,更有很多人通过地下代孕中介来寻求帮助。除此之外,在民法领域,尤其是《民法典》中并未涉及相关的代孕子女身份认定问题。如果发生代孕纠纷,则会产生无法可依的情况。面对我国现行法对代孕子女亲子关系的认定无所适从的情况,我国立法有必要作出调整以适应人工生殖技术所带来的挑战,而不应该采取逃避的态度。①

本书认为,代孕的存废与代孕子女的亲子关系认定属不同层次的议题,因为不论合法或者非法,一旦婴儿出生,就必须根据法律确定他(她)的身份关系,而不能将之"消灭"或"视为不存在"。亲子关系认定是确定法律上父母子女权利义务的前提。亲子身份不明确就有可能引发纠纷,造成对子女监护权的争夺或推诿,影响父母子女之间权利的享有和义务的履行。在代孕现象屡见不鲜的情况下,代孕所生子女究竟应当归属代孕母亲、委托人还是精卵供给者?代孕情况下亲子关系如何认定?子女的法律地位如何?我们应在保障各方利益的基础上对代孕父母子女关系进行研究,寻找到一条明确确定亲子身份的道路。我国立法也应对代孕产生的亲子关系认定纠纷等作出回应。

讨论思考题

1. 我国婚姻家庭法规定父母子女有哪些权利和义务?
2. 论亲子关系推定的原则与方法。
3. 论我国《民法典》第1073条"亲子关系异议之诉"的理解与适用。
4. 简述外国法上非婚生子女的认领与准正制度。
5. 试论继父母子女关系。
6. 论代孕亲子关系认定原则。
7. 试论亲权的内容。
8. 论我国婚姻家庭法建构以子女最大利益为中心的亲子法律制度的进步。

---

① 2021年1月国家卫健委制定并发布了《人类辅助生殖技术应用规划指导原则(2021版)》,要求各地规范有序开展人类辅助生殖技术筹建和审批,合理控制辅助生殖机构规模,严禁商业化和产业化。

第七章

收 养

第一节 收养和收养法

一、收养的概念和法律特征

（一）收养的概念

收养是拟制血亲的亲子关系借以发生的法定途径。收养制度是婚姻家庭制度的重要组成部分。

人们往往在两种不同的意义上使用"收养"一词，一是指收养行为，二是指收养关系。前者是就拟制血亲的亲子关系借以发生的法律事实而言的，后者是就拟制血亲的亲子关系本身而言的。

在亲属法学中，一般是从行为即法律事实的角度表述收养的概念的。收养，是公民（自然人）依法领养他人子女为己之子女，使本无亲子关系的当事人间发生法律拟制的亲子关系的民事法律行为。

在收养行为中，当事人是被收养人、送养人和收养人。需要指出的是，被收养人也是收养行为的主体，而不是行为的标的。基于收养行为的特征和宗旨，只能将设定法律拟制的亲子关系作为行为的标的。

收养关系（即收养法律关系）是基于收养行为的法律效力而发生的。在收养关系中，当事人是收养人和被收养人。前者为养父、养母，后者为养子、养女。作为收养关系的主体，双方之间具有法定的权利和义务。送养人虽然以其行为促成了收养关系的发生，但并非收养关系中的一方主体。

（二）收养的法律特征

收养既是一种民事法律行为，当然具有一切民事法律行为共同的特征（此处从略）。同时，收养还具有自身的、不同于其他民事法律行为的特征：

1. 收养行为的身份性

收养是一种变更亲属关系及其权利义务的行为，具有法定的拟制效力和解销效力。一方面，通过收养，收养人和被收养人之间发生法律拟制的亲子关系，双方具有与自然血亲的父母子女相同的权利和义务。另一方面，养子女和生父母之间的权利和义务，则因收养的成立消除。收养既是养父母、养子女权利义务借以发生的法律事实，又是生父母、生子女权利义务借以终止的法律事实。不仅如此，收养变更亲属关系及其权利义务的效力还依法及于父母子女以外的其他亲属。

需要说明的是,子女为他人收养后,与生父母及其他亲属间基于血缘联系而发生的自然血亲关系仍然存在,消除的只是法律上的权利义务关系。所以,与自然血亲有关的法律规定,如直系血亲和三代以内旁系血亲禁止结婚等,在适用上是不受收养的影响的。

2. 收养关系主体的限定性

收养是一种身份法上的行为,是用来创设特定的身份关系的。因此,收养关系只能发生在自然人之间,而且是非直系血亲的自然人之间。自然人以外的民事权利主体不可能收养或被收养。直系血亲之间的收养和被收养是既无必要又无任何意义的。

3. 收养关系的可变性

收养行为创设的是拟制血亲的亲子关系,因而是可以依法解除的。基于收养的效力而发生的养亲子关系,既可在符合法定条件时依照法定程序而成立,亦可在出现法定缘由时通过法定方式而解除。这一点是由收养行为的性质决定的,也是拟制血亲的父母子女关系与自然血亲的父母子女关系相区别的重要特征。

收养与国家收容、养育孤儿、弃婴和儿童是不同的。收养是一种特定的民事法律行为,须经有关当事人协议,依法成立。国家对孤儿、弃婴和儿童的收容、养育是一种行政法上的行为,是由有关机构(在我国,这些机构由各地民政部门主管)依法实施的。收养变更亲属身份,收养人和被收养人之间发生父母子女的权利义务。国家对孤儿、弃婴和儿童的收容、养育不变更亲属身份,上述收容、养育机构和被收容、养育人之间不发生父母子女的权利义务。

收养与寄养也是不同的。所谓寄养,是指父母出于某些特殊情形,不能与子女共同生活,无法直接履行抚养义务,因而委托他人代其抚养子女。受托人和被寄养的上述子女间,并无法律拟制的父母子女关系,子女仍是其父母的子女。在寄养的情形下,抚养子女的具体形式虽有变化,亲属身份并未变更,权利义务并未转移。

二、收养制度的历史沿革

(一) 古代法中的收养制度

收养制度由来已久,早在父系氏族社会就为当时的习惯所确认。进入阶级社会以后,收养制度具有了一定的法律形式,成为不同时代、不同国家的亲属制度、家庭制度的重要组成部分。

古巴比伦王国的《汉谟拉比法典》规定,自由民得收养被遗弃的幼儿为子。罗马法中的亲属制度将收养分为自权人收养和他权人收养、完全收养和不完全收养,并对其规定了相应的收养条件、程序和效力。欧洲中世纪的日耳曼习惯法,将被收养作为加入另一个血族团体的重要途径。在许多基督教占统治地位的国家里,收养关系主要是由教会法(寺院法)加以调整的。

在中国古代的宗法制度下,立嗣是收养的一种特殊形式,立嗣的宗旨是为了承继宗祧,它同近、现代的收养有着严格的区别:

(1) 按照礼、法的规定,无子者得择立同宗近支的卑亲属为嗣子,以便传宗接代,保证父系、父权、父治的家统的延续。所以只有男子无后才能立嗣,同时所立者也仅限于男子。

(2) 嗣子的地位高于他种收养的被收养人。嗣子既为嗣父之继体,即可依礼、法取得嫡子的身份上、财产上的权利。

（3）立嗣行为可由需立嗣者在生前进行，亦可在其死后，由配偶或其他尊长代为进行。

（4）立嗣的条件是很严格的。例如，按照《大清律例·户律》的规定，"无子者，许令同宗昭穆相当之侄承继，先尽同父周亲，次及大功、小功、缌麻，如俱无，方许择立远房及同姓为嗣"。立嗣的对象必须由近及远；立异性男为嗣是被礼、法严格禁止的。

除立嗣外，中国古代还有其他的收养形式，收养人可以是男子，也可以是女子，而且一般不以无后作为收养的条件，被收养人有同宗抚养子和异姓养子（义子）的区别。前者指以同宗卑亲属为养子而不立其为嗣子，后者则大多是自幼收养的。例如，《唐律·户婚》规定："其遗弃小儿，年三岁以下，虽异姓，听收养，即从其姓。"至于收养异姓女子为养女，礼、法均不作限制。

（二）近、现代的收养制度①

近现代许多国家的亲属立法中，对收养的成立、效力和解除等问题，都作了比较详细的规定。20世纪发生的两次世界大战造成的孤儿和流浪儿问题，在一定程度上促进了有关国家的收养制度的改革。某些国家在法律上对收养所持的态度是有变化的。英国原来不承认收养，1926年颁行《养子法》后，已由不承认转为承认。十月革命后，1918年的《俄罗斯联邦户籍登记、婚姻、家庭和监护法典》中废除了收养制度，1926年新法典颁行后又加以恢复。

中国自清朝末年以来，历次民律草案中虽有收养制度之设，但均未公布施行。1930年国民党政府《民法》亲属编虽然在法律形式上实现了收养法的近代化，但是，在有关条款中仍有歧视养子女的内容。该法的继承编中，还设有被讥为"足以救嗣子之穷"的指定继承人制度。经过1985年我国台湾地区立法机构的修正，这些规定始被删除。

（三）新中国的收养法制建设

中华人民共和国成立后，在一个相当长的时期内，收养问题是按照婚姻法中的原则规定和最高人民法院的有关司法解释处理的。作为中国收养法主要法律渊源的《收养法》，于1991年12月29日经第七届全国人民代表大会常务委员会第二十三次会议通过，并于1992年4月1日起施行。1998年11月4日第九届全国人民代表大会常务委员会第五次会议对该法进行了修改，修改后的《收养法》自1999年4月1日起施行。该法共6章，计34条，分别规定了总则、收养关系的成立、收养的效力、收养关系的解除、法律责任和附则。

2021年1月1日起实施的《民法典》将《收养法》的大部分内容纳入婚姻家庭编第五章，原《收养法》废止。为与国家计划生育政策调整相协调，婚姻家庭编删除了《收养法》第3条"收养不得违背计划生育的法律、法规"、第19条"送养人不得以送养子女为理由违反计划生育的规定再生育子女"的规定；修改完善了收养人收养的条件；扩大了被收养人的范围；放宽了收养人数的限制；新增了收养评估程序；等等。

国务院和所属有关部门针对收养问题所制定的规范性文件，如民政部关于《中国公民收养子女登记办法》，民政部关于《外国人在中华人民共和国收养子女登记办法》，民政部关于《华侨以及居住在香港、澳门、台湾地区的中国公民办理收养登记的管辖以及所需要出具的证件和证明材料的规定》等，以及关于适用《收养法》的民族自治地方的变通的或者补充的规定，最高人民法院相关司法解释和中华人民共和国缔结或参加的有关解决收养关系法律冲突的国际条约，也都是中国收养法的表现形式。

---

① 参见邓丽：《收养法的社会化：从亲子法转向儿童法》，载《法学研究》2020年第6期。

在我国,立嗣制度已被彻底废除。收养制度在家庭生活和社会生活中有着重要的、不可缺少的作用。这种收养既是为子女的,也是为养亲的。实行收养制度可以使丧失父母的孤儿、查找不到生父母的弃婴和儿童,以及出于某些原因不能受父母抚育的未成年子女,在养父母的抚育下健康成长;还可以满足那些无子女者的合理愿望,使他(她)们通过收养子女在感情上得到慰藉,在年老时有所依靠。收养制度是家庭制度的必要补充,完善收养立法是保护儿童和老人合法权益的需要。

我国《民法典》第1044条第1款规定:"收养应当遵循最有利于被收养人的原则,保障被收养人和收养人的合法权益。"保障被收养的未成年人的健康成长是实行收养制度的首要目的。由于未成年人的身心发育尚不成熟,缺乏独立的生活能力和辨认自己行为的社会后果的能力,属于无民事行为能力人或限制民事行为能力人,他们需要家庭和社会的悉心抚养、关怀爱护、培养教育和监督保护。尤其是对那些丧失父母的孤儿、查找不到生父母的弃婴和儿童以及生父母有特殊困难而无力抚养的未成年人,通过收养的设立,可以使他们在温暖的家庭中生活,得到养父母的抚养教育,健康成长。我国收养法中许多规定体现了有利于未成年人的抚养和成长的原则,比如:(1)收养法在规定被收养人的条件方面,将下列不满18周岁的未成年人列为被收养的对象:丧失父母的孤儿,查找不到生父母的未成年人,生父母有特殊困难无力抚养的子女。(2)为了保证被收养的未成年人的健康成长,我国收养法还特别规定收养人应当具有抚养、教育和保护被收养人的能力。(3)禁止借收养名义买卖未成年人。

收养关系涉及收养人和被收养人双方的利益,因此,我国收养法的内容必须同时保障被收养人和收养人双方合法权益的平等实现。保障被收养人和收养人合法权益的原则体现在我国收养法中,比如:(1)被收养人应为不满18周岁的处于特殊生活状况下的未成年人,收养8周岁以上未成年人的,应当征得被收养人的同意;(2)禁止借收养名义买卖未成年人;(3)收养人须年满30周岁,并且具备抚养、教育和保护被收养人的能力,无不利于被收养人健康成长的违法犯罪记录;(4)收养人、送养人要求保守收养秘密的,其他人应当尊重其意愿,不得泄露;等等。

第二节 收养关系的成立

一、收养关系成立的条件

收养行为是民事法律行为的特定种类,收养成立的实质要件既要符合民法中有关民事法律行为的一般规定,又要符合收养法中有关收养行为的专门规定。当代各国的收养法中有关收养成立的实质要件有不同的立法例,一般说来:收养人必须是有抚养能力的成年人;多数国家规定被收养人必须是未成年人,有些国家则允许收养成年人;收养人与被收养人须有一定的年龄差距;收养须经有关当事人同意;等等。各国收养法中常见的收养禁例主要有:一人不得同时被数人收养;监护人不得收养被监护人,直系血亲间、兄弟姐妹间不得为收养行为;等等。此外,一些国家的收养法中还有基于宗教、国籍、收养人的品德等方面的原因所作的禁止性规定。

关于收养成立的实质要件,我国收养法对被收养人、送养人、收养人的条件和收养合意等问题都作了明确的规定。同时还针对某些具体情形,对收养当事人的条件作了若干特别规定。这些特别规定中的收养条件是宽于一般规定的。

(一) 被收养人的条件

我国《民法典》第 1093 条规定,下列未成年人,可以被收养:

1. 丧失父母的孤儿

何谓孤儿?按照我国民政部在《关于在办理收养登记中严格区分孤儿与查找不到生父母的弃婴的通知》(1992 年 8 月 11 日)中所作的解释,孤儿系指其父母死亡或人民法院宣告其父母死亡的不满 14 周岁的未成年人。

2. 查找不到生父母的未成年人

这里所说的未成年人,系指被父母遗弃的初生儿和其他未成年人。作为被收养人的未成年人,应以其生父母查找不到为必要条件。

3. 生父母有特殊困难无力抚养的子女

生父母有无特殊困难,是否无力抚养,这方面的具体情形在法律中是不可能一一列举的,只能根据当事人的具体情况来认定。一般说来,如父母出于无经济负担能力、患有严重疾病、丧失民事行为能力等原因,无法或不宜抚育子女的,均可视为有特殊困难,无力抚养。

关于被收养人的年龄问题,有些国家的规定与我国相似,另一些国家的规定则与我国不尽相同。还有一些国家的收养法允许收养成年人。

(二) 送养人的条件

我国《民法典》规定,下列个人、组织可以作送养人:

1. 孤儿的监护人

孤儿已丧失父母,处于他人监护之下,以监护人为送养人是出于保护孤儿权益的需要。在我国,孤儿的监护人的选定,适用《民法典》总则编第 27 条的规定。具体说来,孤儿以具有监护能力的祖父母、外祖父母、兄、姊或其他个人或者组织为监护人。其他个人或者组织担任监护人,以本人自愿和未成年人住所地的居民委员会、村民委员会或者民政部门同意为条件。

监护人送养受其监护的孤儿,须受我国《民法典》第 1096 条规定的限制。该条指出:"监护人送养孤儿的,应当征得有抚养义务的人同意。有抚养义务的人不同意送养、监护人不愿意继续履行监护职责的,应当依照本法第一编的规定另行确定监护人。"此处所说的有抚养义务的人,系指我国《民法典》第 1074 条、第 1075 条中所说的有负担能力的祖父母、外祖父母和兄、姐。

2. 儿童福利机构

我国的儿童福利机构,主要是指各地民政部门主管的收容、养育孤儿和查找不到生父母的未成年人的社会福利院。这些机构事实上也在履行监护的职责,以其为送养人是理所当然的。

3. 有特殊困难无力抚养子女的生父母

以有特殊困难无力抚养子女的生父母为送养人,是同以生父母有特殊困难无力抚养的子女为被收养人的规定相一致的。在这种情况下,通过送养、收养变更亲属关系对子女的健康成长是有利的。

关于以生父母为送养人的问题,我国《民法典》中还有下列相关规定:

第一,《民法典》第 1097 条规定:"生父母送养子女,应当双方共同送养。生父母一方不明或者查找不到的,可以单方送养。"子女是父母双方的子女,变更亲子法律关系事关重大,自应取得父母双方同意。只有在客观上无法共同送养时,始得单方送养。在现实生活中,上述的单方送养主要出于非婚生子女的生父不明或生父母一方已失踪等原因。

第二,《民法典》第 1108 条规定:"配偶一方死亡,另一方送养未成年子女的,死亡一方的父母有优先抚养的权利。"这里所说的死亡一方的父母,是生存的另一方的公、婆或岳父、岳母,即被送养者的祖父母或外祖父母。按照我国《民法典》第 1074 条的规定,祖父母、外祖父母是被送养者的第二顺序抚养义务人。如果祖父母或外祖父母确有抚养孙子女或外孙子女的意愿和能力,自应予以优先抚养权。这一权利的行使,是生存的父或母送养子女的法定障碍。上述规定有利于对未成年子女的权益保护,也是符合我国人民的传统习惯的。

我国《民法典》第 1095 条还规定:"未成年人的父母均不具备完全民事行为能力且可能严重危害该未成年人的,该未成年人的监护人可以将其送养。"本条对监护人送养所作的限制,是出于保护父母权益的需要。在一般情形下,父母丧失民事行为能力时,变更亲子关系对父母是不利的(如子女为他人收养后,父母便失去了可期待的受赡养扶助的权利等)。但书以下的规定,则是出于保护子女权益的需要;为了免受严重危害,自以准予送养为宜。

当代西方国家多用契约说去解释收养行为,视送养人为被收养人的法定代理人,故一般均以亲权人或监护人为送养人。例如,《日本民法典》第 797 条规定:"未满 15 岁的人作养子女时,其法定代理人可以代其承诺收养。"

(三)收养人的条件

我国《民法典》第 1098 条规定,收养人应当同时具备下列条件:

1. 无子女或者只有一名子女

这里所说的子女,在解释上,既包括婚生子女,也包括非婚生子女和养子女。我国《民法典》第 1100 条第 1 款规定:"无子女的收养人可以收养两名子女;有一名子女的收养人只能收养一名子女。"

2. 有抚养、教育和保护被收养人的能力

这里所说的能力,是就其总体而言的,而不是就其某一方面而言的。衡量是否具有抚养、教育和保护被收养人的能力时,不能仅考虑收养人的经济负担能力,还要考虑在思想品德、健康状况等方面有无抚养、教育和保护能力。例如,品德恶劣、行为不端致不堪为人父母的,因患精神病而丧失民事行为能力的,有其他情形不利于被收养人健康成长的,均应认为抚养、教育和保护能力的欠缺。我们认为,在处理具体问题时,对收养人的能力的要求,一般应不低于对监护人的监护能力的要求。

3. 未患有在医学上认为不应当收养子女的疾病

这既是为保障养子女的身体健康,也是收养人抚育养子女的前提条件。如果养父母身患传染病,极易将疾病传染给养子女,危害养子女的身体健康;如果养父母患有严重疾病,生活不能自理,也不能履行抚育子女的义务。

4. 无不利于被收养人健康成长的违法犯罪记录

这是《民法典》编纂新增加的内容,近年来,一些侵害未成年人违法犯罪案件屡屡见诸报端,令人痛心又愤怒。其中也有相当数量的案件属于收养人借收养之名侵害被收养人人身、财产利益的情况。为防患于未然,法律剥夺其作为收养人的资格是必要的。但是,并非有过任何违法犯罪记录的人都不能担任收养人,本项还是强调"无不利于被收养人健康成长的违法犯罪记录"。

5. 年满 30 周岁

法律对收养人的最低年龄作上述规定,是出于对收养关系的性质和生育时间的考虑。30 周岁以下的人,生育子女的机会尚多,不必急于收养他人子女作为自己的子女。到达相当年龄后再收养子女,能够更好地承担养父母的职责。基于我国的人口现状和人口政策,规定年满 30 周岁始得收养子女也是比较适宜的。

关于收养人方面的条件,我国收养法中还有下列几项规定:

第一,《民法典》第 1102 条规定:"无配偶者收养异性子女的,收养人与被收养人的年龄应当相差四十周岁以上。"这一规定是出于伦理道德上的考虑和保护被收养人的需要。至于 40 岁的年龄差是否太大,可以进一步研究。

第二,《民法典》第 1101 条规定:"有配偶者收养子女,应当夫妻共同收养。"这一规定的立法精神是不难解释的。被收养人是收养人的家庭成员,与养父母共同生活;如果有配偶者置其配偶的意愿于不顾,单方收养子女,另一方不予承认,势必对家庭关系带来种种不利的影响,这是有悖于收养制度的宗旨的。

此外,我国收养法还对无子女的收养人作了只能收养两名子女的数量限制(有子女的收养人则只能收养一名子女)《民法典》(第 1100 条)。这与我国《民法典》出台时期的人口和生育政策相吻合,随着人口和生育政策的逐步放开,收养法上收养子女数量的限制也会变化(参见本书第一章第一节)。

由此可见,与外国的有关立法例相比较,我国收养法中收养人的条件是相当严格的。就收养人必须达到的最低年龄而言,我国的规定也是较高的。关于收养人与被收养人的年龄差距,许多国家的规定均小于我国的规定。

(四) 当事人的收养合意

收养关系的成立,以有关当事人的意思表示一致为其必要条件。按照我国《民法典》第 1104 条的规定,法律对收养合意问题有下列两个方面的要求。

1. 收养人收养与送养人送养应当双方自愿

具体说来,上述双方应当在平等、自愿的基础上,达成有关成立收养的一致协议。有配偶者送养或收养子女,应当夫妻共同送养或共同收养。收养社会福利机构抚养的孤儿、弃婴和儿童,应当征得该社会福利机构的同意。

2. 收养年满 8 周岁以上的未成年人还应征得被收养人的同意

8 周岁以上的未成年人已具有部分民事行为能力,被收养是有关变更其亲子法律关系的重大问题,征得本人同意是完全必要的。对收养 8 周岁以下的未成年人则无此要求。

关于收养合意问题,外国法中也有类似的立法例。按照多数国家的规定,当事人的合意是指收养方和送养方的意思表示一致;如收养方或送养方为有配偶者,须得配偶双方同意;在一定条件下,须得有识别能力的被收养人本人同意。许多国家在法律上还规定了允许单方收养的各种具体情形。在被收养人到达一定年龄时,收养关系的成立须得其本人同意,这也是许多国家收养立法的通例。

(五) 在法定情形下放宽收养条件的特别规定

作为收养条件一般规定的例外,我国《民法典》规定在若干具体情形下可以适当放宽收养条件。放宽条件的原因是多方面的,或出于对近亲收养的历史传统的考虑,或出于对侨胞的利益的关切和照顾,或出于对收养孤儿或残疾儿童的鼓励,或出于稳定家庭关系的要求。

1. 关于收养三代以内同辈旁系血亲的子女的规定

我国《民法典》第1099条第1款指出:"收养三代以内同辈旁系血亲的子女,可以不受本法第一千零九十三条第三项、第一千零九十四条第三项、第一千一百零二条的限制。"按此规定,在收养兄弟姊妹的子女、堂兄弟姊妹的子女、表兄弟姊妹的子女时,条件放宽之处有三:第一,其生父母无特殊困难、有抚养能力的子女,亦可为被收养人。第二,无特殊困难、有抚养能力的生父母,亦可为送养人。第三,无配偶者收养异性子女,不受收养人与被收养人间须有40周岁以上年龄差的限制。

我国《民法典》第1099条第2款还指出:"华侨收养三代以内旁系同辈血亲的子女,还可以不受本法第一千零九十八条第一项规定的限制。"收养人如为华侨,除适用本条第1款的规定外,即使已有子女,甚至子女不止一人,也不妨碍其收养三代以内旁系同辈血亲的子女。

2. 关于收养孤儿、残疾未成年人或者查找不到生父母的未成年人

我国《民法典》第1100条第2款指出:"收养孤儿、残疾未成年人或者儿童福利机构抚养的查找不到生父母的未成年人,可以不受前款和本法第一千零九十八条第一项规定的限制。"按此规定,有子女的公民亦可收养孤儿、残疾未成年人或者儿童福利机构抚养的查找不到生父母的未成年人,收养一名或数名均可。这一规定的立法精神是十分清楚的。孤儿、残疾未成年人或者儿童福利机构抚养的查找不到生父母的未成年人为他人收养,有利于其在养父母的抚育下健康成长。放宽条件既是出于保护上述未成年人的需要,也是对此类符合社会公共利益的收养行为的肯定和鼓励。当然,在处理具体问题时应当充分考虑收养人自身的抚养能力和其他条件,收养子女过多是不适宜的。

3. 关于继父母收养继子女的规定

我国《民法典》第1103条指出:"继父或者继母经继子女的生父母同意,可以收养继子女,并可以不受本法第一千零九十三条第三项、第一千零九十四条第三项、第一千零九十八条和第一千一百条第一款规定的限制。"按此规定,继子女的生父母即使无特殊困难,有抚养能力,继父或者继母即使已有子女,欠缺抚养、教育和保护的能力,患有在医学上认为不应当收养子女的疾病,有违法犯罪记录,不满30周岁,仍得成立此种收养关系,而且可以收养一名或数名。在继父或者继母抚养教育能力不足的情形下,作为收养人可以与其配偶(即子女的生父或者生母)共同努力,承担抚养教育的责任。何况,该子女本来就是在收养人家庭中生活的。但是本书认为,继父或者继母有不利于未成年人健康成长的违法犯罪记录的,不应准许其收养继子女。

继子女随其生母或者生父与继父或者继母同居一家,关系十分密切。放宽条件鼓励此种收养行为,可以变继父母继子女关系为养父母养子女关系,消除继子女与继父或继母间、与生父或生母间的双重权利义务,使亲子法律关系单一化,这对稳定家庭关系是十分有利的。

外国收养法中也有一些放宽收养条件的特别规定,主要适用于收养非婚生子女、继子女以及事实收养等情形。

二、收养关系成立的程序

收养是拟制血亲关系借以建立的重要途径。变更亲子法律关系事关重大,故各国法律均以收养为要式法律行为,只有符合法定形式,收养的成立才产生法律效力。综观各国收养制度的立法例,对收养成立在形式要件上的要求有两种不同的类型,一是收养须依司法程序而成立,二是收养须依行政程序而成立。一般说来,依司法程序而成立的,收养当事人须向有管辖权的法院呈送申请书和提供有关证件,经法院决定认可后,收养即告成立。德国、法国、英国、美国等均采用此制。依行政程序而成立的,收养当事人须向主管的行政机关申报并提供证件,经行政机关审查批准后,收养即告成立。日本、瑞士等均采用此制。

我国《民法典》规定成立收养关系的法定程序是收养登记程序,同时以收养协议及收养公证为补充。

(一) 收养登记

我国《民法典》第1105条规定:"收养应当向县级以上人民政府民政部门登记。收养关系自登记之日起成立。收养查找不到生父母的未成年人的,办理登记的民政部门应当在登记前予以公告。收养关系当事人愿意订立收养协议的,可以签订收养协议。收养关系当事人各方或者一方要求办理收养公证的,应当办理收养公证。县级以上人民政府民政部门应当依法进行收养评估。"[①]

1. 办理收养登记的机关

办理收养登记的法定机关,是县级以上人民政府的民政部门。根据被收养人情况的不同,又可分为:(1) 收养社会福利机构抚养的查找不到生父母的未成年人和孤儿的,在儿童福利机构所在地的收养登记机关办理登记。(2) 收养非儿童福利机构抚养的查找不到生父母的未成年人的,在未成年人发现地的收养登记机关办理登记。(3) 收养生父母有特殊困难无力抚养的子女或者由监护人监护的孤儿的,在被收养人生父母或者监护人常住户口所在地(组织作监护人的,在该组织所在地)的收养登记机关办理登记。(4) 收养三代以内旁系同辈血亲的子女,以及继父或者继母收养继子女的,在被收养人生父或者生母常住户口所在地的收养登记机关办理登记。

2. 收养登记的具体程序

收养登记的具体程序可分为申请、审查和登记三个步骤。

(1) 申请。为保证收养当事人的意思表示的真实性,办理收养登记时,当事人必须亲自到场。首先,夫妻共同收养子女者,一方如果不能亲自到收养登记机关的,应当书面委托另一方办理登记手续,委托书应当经过村民委员会或者居民委员会证明或者经过公证。其次,送养人为公民的,须送养人亲自到收养登记机关办理收养登记。送养人为儿童福利机构的,须由其负责人或委托代理人到收养登记机关办理收养登记。最后,被收养人是年满8周岁以上的未成年人的,亦必须亲自到收养登记机关。

申请收养登记时,收养人应当向收养登记机关提交收养申请书。收养申请书应包括如下内容:第一,收养人情况;第二,送养人情况;第三,被收养人情况;第四,收养的目的;第五,

---

① 为了准确执行收养法的收养登记程序,中华人民共和国民政部于1999年5月25日发布了《中国公民收养子女登记办法》,最新有效版是根据2019年3月2日《国务院关于修改部分行政法规的决定》修订的。

收养人作出的不虐待、不遗弃被收养人和抚育被收养人健康成长的保证。

申请办理收养登记时,根据收养人和被收养人的不同情况,收养人应当提供以下证件和证明材料:居民户口簿和居民身份证;由收养人所在单位或者村民委员会、居民委员会出具的本人婚姻状况、有无子女和抚养、教育和保护被收养人的能力等情况的证明;县级以上医疗机构出具的未患有在医学上认为不应当收养子女的疾病的身体健康检查证明。根据《民法典》第1098条,收养人还应提交公安机关出具的无不利于被收养人健康成长的违法犯罪记录。

收养查找不到生父母的未成年人的,并应当提交收养人经常居住地计划生育部门出具的收养人生育情况证明;其中收养非儿童福利机构抚养的查找不到生父母的未成年人的,收养人还应当提交下列证明材料:收养人经常居住地计划生育部门出具的收养人无子女或者只有一名子女的证明,公安机关出具的捡拾未成年人报案的证明。

收养继子女的,可以只提交居民户口簿、居民身份证和收养人与被收养人生父或者生母结婚的证明。

申请办理收养登记时,送养人应当向收养登记机关提交下列证件和证明材料:居民户口簿和居民身份证(组织作监护人的,提交其负责人的身份证件);收养法规定送养时应当征得其他有抚养义务的人同意的,并提交其他有抚养义务的人同意送养的书面意见。

不同情况的送养人还应当向收养登记机关提交一些证明材料:

第一,儿童福利机构为送养人的,应当提交未成年人进入儿童福利机构的原始记录,公安机关出具的捡拾未成年人报案的证明,或者孤儿的生父母死亡或者宣告死亡的证明。

第二,监护人为送养人的,应当提交实际承担监护责任的证明,孤儿的父母死亡或者宣告死亡的证明,或者被收养人生父母无完全民事行为能力并对被收养人有严重危害的证明。

第三,生父母为送养人的,应当提交与当地计划生育部门签订的不违反计划生育规定的协议;有特殊困难无力抚养子女的,还应当提交其所在单位或者村民委员会、居民委员会出具的送养人有特殊困难的证明。其中,因丧偶或者一方下落不明由单方送养的,还应当提交配偶死亡或者下落不明的证明;子女由三代以内同辈旁系血亲收养的,还应当提交公安机关出具的或者经过公证的与收养人有亲属关系的证明。

第四,被收养人是残疾未成年人的,应当提交县级以上医疗机构出具的该未成年人的残疾证明。

(2)审查。收养登记机关收到收养登记申请书及有关材料后,应当自次日起30日内进行审查。审查的主要内容包括:第一,收养申请人是否符合法律所规定的收养人条件以及其收养的目的是否正当。第二,被收养人是否符合法律所规定的被收养人条件。第三,送养人是否符合法律所规定的送养人条件。第四,当事人申请收养的意思表示是否真实。

(3)登记。经过审查后,收养登记机关对申请人证件齐全有效、符合收养法规定的收养条件的,应为其办理收养登记,发给收养证。收养关系自登记之日起成立。对不符合收养法规定条件的,不予登记,并对当事人说明理由。收养查找不到生父母的未成年人的,收养登记机关应当在登记前公告查找其生父母;自公告之日起满60日,未成年人的生父母或者其他监护人未认领的,视为查找不到生父母的未成年人。公告期间不计算在登记办理期限内。

收养关系成立后,需要为被收养人办理户口登记或者迁移手续的,由收养人持收养登记证到户口登记机关按照国家有关规定办理。

(二) 收养协议和收养公证

我国《民法典》第1105条第3款规定:"收养关系当事人愿意签订收养协议的,可以签订收养协议。"第4款规定:"收养关系当事人各方或者一方要求办理收养公证的,应当办理收养公证。"可见,收养协议和收养公证并不是收养的法定形式要件,而是由当事人自主选择的。

1. 收养协议

收养协议,是收养关系当事人之间,依照法律规定的条件订立的,关于同意成立收养关系的协议。订立收养协议应当符合如下法律要求:

（1）订立收养协议的当事人即收养人、被收养人与送养人均须符合收养法规定的收养成立的条件。

（2）收养协议的主要条款,应当包括收养人、送养人和被收养人的基本情况,收养的目的,收养人不虐待、不遗弃被收养人和抚育被收养人健康成长的保证,以及双方要求订入的其他内容。

（3）收养协议的形式,应当为书面协议。

收养协议自收养关系当事人正式签订之日起生效。

2. 收养公证

收养公证,是根据收养关系当事人各方或者一方的要求由公证机关对其订立的收养协议依法作出的公证证明。关于收养公证的办理必须明确如下法律规定:

（1）办理收养公证并不是成立收养关系的必经法律程序。只有在收养关系当事人要求办理收养公证的情况下,才依法予以办理。

（2）办理收养公证时,公证机关应当对申请收养公证的当事人的条件和收养协议的内容的合法性进行审查。经过审查后,认为收养人、送养人和被收养人符合法律规定的相关条件,收养协议的内容合法有效的,才能给予办理收养公证证明。

（3）公证机关对收养公证的文件应当妥善保管。

三、与收养关系成立相关的其他规定

（一）子女由亲朋代为抚养不适用收养关系

我国《民法典》第1107条规定:"孤儿或者生父母无力抚养的子女,可以由生父母的亲属、朋友抚养;抚养人与被抚养人的关系不适用本章规定。"

这种不具有收养性质的抚养,并不变更亲子法律关系;抚养人和被抚养人间,是不发生养父母与养子女的权利和义务的。

（二）收养秘密知情人的保密义务

我国《民法典》第1110条规定:"收养人、送养人要求保守收养秘密的,其他人应当尊重其意愿,不得泄露。"

这一规定是基于我国法律关于保护公民的隐私权的法律准则而提出的法律要求,有利于稳定收养关系,保持收养人与被收养人家庭生活的和睦。按照该条法律规定,收养人、送养人有权要求保守收养秘密,其他任何人都负有不得泄露该收养秘密的义务。

第三节 收养的效力

收养关系一经成立,便引起一系列的法律后果,收养的效力,是因收养的成立引起的法律后果的总称。《民法典》第 52 条规定,被宣告死亡的人在被宣告死亡期间,其子女被他人依法收养的,在死亡宣告被撤销后,不得以未经本人同意为由主张收养关系无效。

我国现行的收养制度,在性质上属于单一的完全收养,没有兼采不完全收养。《民法典》第 1072 条第 2 款规定有抚养关系的继父母继子女,其性质与某些国家亲属法中的不完全收养相似,但现行法中并无不完全收养这一概念。

我国《民法典》第 1111 条规定:"……养父母与养子女间的权利义务关系,适用本法关于父母子女关系的规定;养子女与养父母的近亲属间的权利义务,适用本法关于子女与父母的近亲属关系的规定。养子女与生父母及其他近亲属间的权利义务关系,因收养关系的成立而消除。"该条指出收养成立的直接后果,即及于养父母与养子女、养子女与生父母的效力。收养的效力不仅及于养父母与养子女、养子女与生父母,还及于养子女与养父母的近亲属、养子女与生父母以外的其他近亲属。后者可称为收养成立的间接后果,这些后果是以收养关系为中介而发生的。

按照我国《民法典》第 1111 条的规定,可将收养的全部效力分为拟制效力和解销效力两个方面。同时,有关条文还对无效收养行为及其法律后果作了明确的规定。

一、收养的拟制效力

这里所说的拟制效力,是指收养依法创设新的亲属关系及其权利义务的效力,故不妨称其为收养的积极效力。在当代各国的收养法中,对收养的拟制效力有不同的立法例。有的国家规定,收养的拟制效力仅及于养父母与养子女及收养关系存续期间养子女所出的晚辈直系血亲,而不及于养父母的血亲,如德国、瑞士、法国、奥地利等。有的国家则规定,收养的拟制效力同时及于养父母的血亲,如日本、韩国等。按照我国收养法的规定,收养的拟制效力不仅及于养父母与养子女,也及于养子女与养父母的近亲属。

(一)对养父母与养子女的拟制效力

我国《民法典》第 1111 条第 1 款前半段指出:"自收养关系成立之日起,养父母与养子女间的权利义务关系,适用本法关于父母子女关系的规定"。

按此规定,基于收养的拟制效力,养父母养子女关系与自然血亲的父母子女关系具有同等的法律意义,前者和后者,在亲子间的权利义务上是完全相同的。例如,我国婚姻家庭法中有关父母对子女的抚养教育、保护教育,子女对父母的赡养扶助等规定,我国继承法中有关父母与子女互为第一顺序的法定继承人的规定,均适用于养父母与养子女。

收养的拟制效力,同样也表现在养子女的称姓问题上,养子女的姓随养亲,这是当代各国亲属法的通例。我国《民法典》第 1112 条指出:"养子女可以随养父或者养母的姓氏,经当事人协商一致,也可以保留原姓氏。"养子女的姓既可随养父,也可随养母,这同我国《民法典》第 1015 条有关子女称姓问题的规定是完全一致的。上述规定既符合收养制度的宗旨和男女平等的原则,又具有一定的灵活性。

(二) 对养子女与养父母的近亲属的拟制效力

我国《民法典》第 1111 条第 1 款后半段还指出:"养子女与养父母的近亲属间的权利义务关系,适用本法关于子女与父母的近亲属关系的规定。"

养子女与养父母的近亲属间的权利义务关系,是养亲子关系在法律上的延伸。具体说来,养子女与养父母的父母间,有祖孙间的权利和义务;养子女与养父母的子女间,有兄弟姐妹间的权利和义务。上述近亲属间的抚养和赡养适用我国《民法典》第 1074 条、第 1075 条的规定;法定继承适用我国《民法典》第 1127 条、第 1128 条及相关规定。养兄弟姐妹、养祖父母、养外祖父母为第二顺序法定继承人;养孙子女、养外孙子女可以代位继承其养祖父母、养外祖父母的遗产。

关于养子女的晚辈直系血亲与养父母间的权利义务关系问题,我国现行法中未设明文。我们认为,根据收养法理和广大群众的习惯,应当肯定这种权利义务关系,已超过近亲属范围的除外。

二、收养的解销效力

这里所说的解销效力,是指收养依法终止原有的亲属关系及其权利义务的效力,故不妨称其为收养的消极效力。在当代各国的收养法中,关于收养的解销效力的规定因完全收养和不完全收养而异。在完全收养的情形下,养子女与生父母及其他近亲属间的权利义务关系基于收养的效力而消除。在不完全收养的情形下,养子女与生父母及其他近亲属间仍保有法定的权利义务关系。按照我国收养法的规定,收养均属于完全收养的性质,收养的解销效力不仅及于养子女与生父母,也及于养子女与生父母以外的其他近亲属。

(一) 对养子女与生父母的解销效力

我国《民法典》第 1111 条第 2 款指出,养子女与生父母间的权利义务关系,因收养关系的成立而消除。

按此规定,收养的解销效力所消除的,仅为法律意义上的父母子女关系,而非自然意义上的父母子女关系。养子女与生父母间基于出生而具有的直接血缘联系,是客观存在的,不能通过法律手段加以改变。因此,我国婚姻家庭法中有关禁止直系血亲结婚的规定,对养子女与生父母是仍然适用的。

(二) 对养子女与生父母方其他近亲属的解销效力

我国《民法典》第 1111 条第 2 款还指出,养子女与生父母以外的其他近亲属间的权利义务关系,亦因收养关系的成立而消除。

按此规定,子女被他人收养后,与生父母的父母间不再具有祖孙间的权利义务关系;与生父母的其他子女间,不再具有兄弟姐妹间的权利义务关系。

基于前文中已说明的理由,我国婚姻家庭法中有关禁止直系血亲和三代以内旁系血亲结婚的规定,对养子女与生父母以外的其他近亲属也是仍然适用的。

三、无效收养行为

(一) 无效收养的概念和原因

无效收养行为是欠缺收养成立的法定要件的收养行为,这里所说的要件,包括实质要件和形式要件;这种行为不具有收养的法律效力,是一种无效民事行为。我国《民法典》第

1113条第1款规定:"有本法第一编关于民事法律行为无效规定情形或者违反本编规定的收养行为无效。"在我国,判断一收养行为是有效还是无效的,只能以《民法典》总则编有关民事法律行为要件的规定和婚姻家庭编有关收养关系成立要件的规定为依据。

有的国家对欠缺法定要件的收养行为兼采无效和撤销两种制度。例如,按照日本民法的规定,以当事人间无收养的意思、当事人未为收养的户籍申报,作为收养无效的原因(《日本民法典》第802条第1款、第2款);以收养人为未成年人、被收养人为收养人的尊亲属或年长者、监护人收养被监护人未得家事裁判所的许可等,作为收养得撤销的原因(《日本民法典》第803条及其相关条款)。我国收养法对欠缺法定要件的收养行为采用单一的无效制,不作无效和得撤销的区分。

在我国收养法中,收养无效的原因和收养成立的要件是互相对应的。这里所说的要件,包括一般的、所有民事法律行为均须具备的要件,也包括特定的、收养法律行为必须具备的要件。具体说来,收养因收养人、送养人不具有相应的民事行为能力而无效;因违反法律(被收养人、送养人和收养人不符合法律规定)和公序良俗而无效;因欠缺收养的合意(包括当事人的意思表示不真实)而无效;因不符合收养成立的法定方式而无效。当然,不符合法定方式也是违反法律规定,但此处是仅就收养成立的法定形式要件而言的。

(二) 确认收养无效的程序和无效收养的法律后果

我国现行法中,仅有依诉讼程序确认收养无效的规定,是否可以依行政程序确认收养无效?我国民政部2019年修订的关于办理收养登记的规定里没有涉及。

在审判实践中,依诉讼程序确认收养无效有以下两种情形:一是当事人或利害关系人提出请求确认收养无效之诉,由人民法院依法判决收养无效;二是人民法院在审理有关案件的过程中发现无效收养行为,在有关判决中确认收养无效。拟制血亲的亲子关系和自然血亲的亲子关系一样,是赡养、抚养、监护、法定继承等借以发生的基础法律关系。认定收养行为是否有效,是正确处理有关案件的必要前提。

我国《民法典》第1113条第2款规定:"无效的收养行为自始没有法律约束力。"收养无效具有溯及既往的效力,这是收养无效和收养关系解除的重要区别。

无效收养不发生收养的法律效力,致使当事人不能实现其预期的目的,这一点正是其法律后果在婚姻家庭法领域的集中表现。根据不同情形,无效收养有时还会发生并非当事人预期的、依法追究其法律责任的后果,包括行政法上的和刑法上的后果。当然,这些后果是在无效收养的责任主体有违法、犯罪行为的情形下发生的。

第四节 收养关系的解除

收养关系终止的原因有二:一是收养人或被收养人死亡,因主体缺位而自然终止;二是收养关系依法解除,通过法律手段而人为地终止。就法理而言,因死亡而终止的,以收养关系为中介的其他亲属关系并不终止;因依法解除而终止的,以该收养关系为中介的其他亲属关系随之终止。

当代各国对收养关系的解除有不同的立法例。有些国家采取禁止主义或部分禁止主义,有些国家则采取许可主义。例如,葡萄牙民法、阿根廷民法、玻利维亚家庭法等均禁止解除收养关系。现行的《法国民法典》规定,完全收养不得解除,不完全收养则可有条件地解除;申请解除时须证明有重大理由,如收养人一方提出解除,只有在被收养人年已超过15岁的情形下始得受理。《日本民法典》第811条规定,收养的当事人可以协议解除收养。第814条规定,有下列情形之一的,收养当事人一方可以提出解除收养之诉:(1)被他方恶意遗弃的;(2)养子女生死不明达3年以上的;(3)有其他难以继续收养的重大事由的。

按照我国收养法的规定,根据当事人对解除收养所持的一致或相反的态度,收养关系的解除可经由两种不同的方式处理。一是收养关系依当事人的协议而解除,另一种是收养关系依当事人一方的要求而解除。

一、依当事人协议解除收养关系

我国《民法典》第1114条第1款规定:"收养人在被收养人成年以前,不得解除收养关系,但是收养人、送养人双方协议解除的除外。养子女八周岁以上的,应当征得本人同意。"此外,按照同法第1115条的规定,养父母与成年养子女也是可以协议解除收养关系的。禁止收养人在被收养人成年以前单方解除收养,是出于稳定收养关系、保护养子合法权益的需要。如果出现某种重大事由致使收养关系确实无法维持,收养人和送养人在双方自愿的基础上达成解除收养的协议的,自当依法准许。在养父母与成年养子女协议解除收养的问题上,自应尊重双方的共同意愿。

(一)协议解除收养关系的条件

(1)在养子女成年以前,解除收养须得收养人和送养人同意,双方在解除收养的问题上,意思表示完全一致。养子女8周岁以上的,还应征得本人同意。8周岁以上的未成年人已有部分民事行为能力,对解除收养的意义和后果,是有一定的识别能力的。是否解除收养,事关该子女的切身利益,取得其同意是完全必要的。

(2)在养子女成年以后,解除收养关系须得收养人和被收养人即该养子女的同意,双方在解除收养的问题上,意思表示完全一致。成年子女具有完全民事行为能力,能够以自己的行为独立地与收养人达成解除收养的协议,因此,无须以原送养人的同意为解除收养关系的必要条件。

协议解除收养关系的,当事人应就解除后的财产和生活问题一并达成协议。

(二)协议解除收养关系的程序

我国《民法典》第1116条规定:"当事人协议解除收养关系的,应当到民政部门办理解除收养关系登记。"适用该条办理解除收养关系登记时,当事人应当持居民户口簿、居民身份证、收养登记证和解除收养关系的书面协议,共同到被收养人常住户口所在地的收养登记机关办理解除收养关系登记。

收养登记机关收到解除收养关系登记申请书及有关材料后,应当自次日起30日内进行审查;对符合收养法规定的,为当事人办理解除收养关系的登记,收回收养登记证,发给解除收养关系证明。

二、依当事人一方的请求解除收养关系

这里所说的一方,是指收养人、送养人和已成年的被收养人。由于解除收养的要求仅由一方提出,未获有关当事人同意,因而在当事人间发生有关解除收养的纠纷,在这种情形下,只有基于法定理由始得解除收养关系,并须经法定的程序办理。

按照我国《民法典》第1114条第2款的规定,收养人不履行抚养义务,有虐待、遗弃等侵害未成年养子女合法权益行为的,送养人有权要求解除养父母与养子女间的收养关系。送养人、收养人不能达成解除收养关系协议的,可以向人民法院起诉。

按照我国《民法典》第1115条的规定,养父母与成年养子女关系恶化,无法共同生活的,可以协议解除收养关系。不能达成协议的,可以向人民法院起诉。

据此,收养人、送养人、成年养子女均可在具有法定理由的情形下,向人民法院提出解除收养关系的诉讼请求。

(一) 一方要求解除收养关系的条件

(1) 收养人不履行抚养义务,有虐待、遗弃等侵害未成年养子女合法权益行为,送养人要求解除养父母与养子女的收养关系,但送养人与收养人不能达成解除收养关系协议的,送养人可以向人民法院提起诉讼。

(2) 养父母与成年养子女关系恶化,无法共同生活,养父母与成年养子女不能达成解除收养关系协议的,双方均可以向人民法院起诉解除收养关系。

(二) 一方要求解除收养关系的程序

当事人一方要求解除收养关系的,应当经由诉讼程序办理。人民法院审理要求解除收养关系的案件,应当查明有关事实,根据婚姻家庭法的有关规定,正确处理收养纠纷,保护当事人的合法权益,特别是未成年养子女的权益。在养子女已经成年,养父母因年老、丧失劳动能力而生活困难的情形下,应当依法保护养父母的利益。

一般说来,首先应对此类纠纷做好调解工作,促原、被告双方在自愿的基础上达成保持或解除收养关系的协议。调解无效时,依法作出准予或不准解除收养关系的协议。依诉讼程序解除收养关系的,收养关系自准予解除收养的调解书或判决书生效之日起解除。

在诉讼程序中以调解方式解除收养关系的,其性质亦为协议解除。但是,诉讼程序中达成的解除收养关系的协议不同于诉讼外解除收养关系的协议。人民法院已将解除收养关系的协议载入调解书,当事人无须另行签订书面协议,也无须再办理解除收养的登记或公证证明。已生效的准予解除收养关系的调解书,是收养关系业经解除的法律依据。

三、收养关系解除的法律后果

(一) 拟制血亲关系的解销

我国《民法典》第1117条规定:"收养关系解除后,养子女与养父母以及其他近亲属间的权利义务关系即行消除……"

解除收养关系的直接后果是养父母养子女关系的终止,双方不再具有父母子女间的权利义务。养子女与养父母的近亲属的关系,本来就是以收养关系为中介的,解除收养关系,他们之间就不再具有子女与父母的近亲属间的权利义务关系。

(二) 自然血亲关系的恢复

《民法典》第1117条还规定:收养关系解除后,养子女"与生父母及其他近亲属间的权利义务关系自行恢复。但是,成年养子女与生父母及其他近亲属间的权利义务关系是否恢复,可以协商确定"。

可见,关于养子女与生父母及其他近亲属间的权利义务关系的恢复问题,《民法典》是以养子女是否已经成年为界限,区别对待,分别处理的。如果成年养子女与生父母协商确定恢复父母子女间的权利义务关系,该子女与其他近亲属间的权利义务关系即随之恢复。我们认为,要求该子女与所有的近亲属去协商是没有必要的。

(三) 解除收养后的财产问题及其处理

我国《民法典》第1118条对收养关系解除后成年养子女的生活费给付义务和养父母的补偿请求权作了明确的规定,其立法精神主要是保护收养人的合法权益,妥善地处理解除收养关系的善后事宜。

1. 成年养子女的生活费给付义务

该条规定,收养关系解除后,经养父母抚养的成年养子女,对缺乏劳动能力又缺乏生活来源的养父母,应当给付生活费。

关于生活费的数额,应视养父母的实际生活需要和成年养子女的负担能力而定。一般说来,应不低于当地居民普通的生活费用标准。

2. 养父母的补偿请求权

该条还规定,因养子女成年后虐待、遗弃养父母而解除收养关系的,养父母可以要求养子女补偿收养期间支出的抚养费。生父母要求解除收养关系的,养父母可以要求生父母适当补偿收养期间支出的抚养费,但是因养父母虐待、遗弃养子女而解除收养关系的除外。

按此规定,养父母的补偿请求权,得分别情形,向成年养子女主张或向生父母主张。养父母对养子女的虐待、遗弃,是其向生父母主张补偿请求权的法定障碍。

讨论思考题

1. 收养的法律特征有哪些?
2. 收养关系的成立应当具备哪些条件?
3. 我国《民法典》规定在哪些具体情形下收养条件可适当放宽?
4. 简述收养成立的程序。
5. 论收养评估制度的意义和作用。
6. 论收养关系成立的法律效力。
7. 简述协议解除收养关系的条件和程序。
8. 简述诉讼解除收养关系的条件。
9. 如何理解收养关系解除引起的法律后果?

第八章

扶 养

第一节 扶养概述

一、扶养的概念

扶养是指特定亲属间一方对他方承担生活供养义务的法律关系。提供扶养的人(即扶养人)为义务人,享受扶养的人(即受扶养人)为权利人。

扶养的概念有广义和狭义之分。广义的扶养,是指一定范围的亲属间相互供养和扶助的法定权利义务关系。它没有亲属身份、辈分的区别,是扶养、抚养、赡养的统称,包括长辈亲属对晚辈亲属的抚养、晚辈亲属对长辈亲属的赡养和平辈亲属间的扶养。狭义的扶养,仅指平辈亲属之间相互供养和扶助的法定权利义务关系。

多数国家法律将亲属间的经济供养义务统称为扶养。我国婚姻家庭法则根据扶养权利人和义务人之间辈分的不同,将扶养分为扶养、抚养、赡养,对于夫妻之间和兄弟姐妹之间经济上的供养义务使用扶养一词,对于父母对子女的供养义务使用抚养一词,对于子女对父母及孙子女、外孙子女对祖父母、外祖父母的供养义务使用赡养一词。而我国继承法、刑法等又统称为扶养。本书认为,在法学研究和法律适用上以采用广义的扶养概念为宜,在具体的某一特定亲属关系中,则不妨依习惯分别指称。

需要特别说明的是,这里所讲的扶养是指产生于法律强制性规定的扶养。此外,还有产生于合同的扶养,如没有法定扶养义务的遗赠人与受遗赠人之间订立遗赠扶养协议,受遗赠人基于该协议而对遗赠人负担扶养义务[①];还有产生于遗嘱规定的扶养,如立遗嘱人在遗嘱中规定其遗嘱继承人或者受遗赠人负担扶养义务。[②] 协议扶养与遗嘱扶养统称为"基于法律行为的扶养",与基于亲属身份关系的法定扶养有别,不属于婚姻家庭法中的扶养。

二、扶养的特征

亲属间的扶养,不同于一般的民事法律关系,也不同于国家扶助或社会扶助,它具有以下特征:

---

① 参见我国《民法典》第1158条:"自然人可以与继承人以外的组织或者个人签订遗赠扶养协议。按照协议,该组织或者个人承担该自然人生养死葬的义务,享有受遗赠的权利。"

② 参见我国《民法典》第1144条:"遗嘱继承或者遗赠附有义务的,继承人或者受遗赠人应当履行义务。没有正当理由不履行义务的,经利害关系人或者有关组织请求,人民法院可以取消其接受附义务部分遗产的权利。"

1. 扶养具有身份属性

扶养是一定亲属间成立的私法上的法定义务,与国家的扶助和社会的扶助有本质的区别。其以一定的亲属关系为前提。非亲属之间依据合同而负担供养义务属于一般债权债务关系。扶养关系只能发生于法律规定的一定范围的亲属之间。亲属身份是扶养的前提,扶养则是亲属身份的法律后果或法律效力。我国婚姻家庭法规定夫妻、父母子女、兄弟姐妹、祖孙等近亲属间具有扶养关系。如果不是法定范围内的亲属,虽也可能发生扶养义务,如基于遗赠扶养协议,或基于道德义务而发生扶养,但都不是婚姻家庭法上的扶养。

2. 扶养请求权具有人身专属性

扶养义务虽然以财产给付为内容,但是以亲属身份关系为前提的财产给付,扶养请求权具有人身专属性。在扶养关系存续期间,其为义务人和权利人的专属权利义务,不得继承、转让、抵押、抵销等。亲属之间互相负担扶养义务,对于保障儿童、老人的合法权益,具有重要的意义。在一方需要扶养时,另一方应自觉地履行扶养义务。广义的扶养是指一定亲属间的相互供养和扶助的法定义务。

3. 扶养权利义务的关联性

扶养权利与义务虽然是相互的,配偶之间、父母子女之间、祖孙之间、兄弟姐妹之间皆相互承担扶养的权利与义务,但亲属间的扶养权利义务并不具有对价关系,不是利益交换关系。扶养权利与义务是紧密地结合在一起的,两者甚至是很难区分的。例如,父母对未成年子女的抚养教育和保护,既可以视其为父母的权利,也可以视其为父母的义务。义务的履行和权利的行使具有同一性。

4. 扶养无时效性

扶养权利人不要求已到期的扶养费的支付,不意味着放弃权利本身,只要亲属关系存续并具备扶养的要件,扶养权利人就持续地享有受扶养权,如果亲属关系消灭或者扶养要件丧失,受扶养权随之消灭,因而扶养关系不因时效而消灭。对于过去的扶养是否得请求履行,我国婚姻法虽无明文,因扶养义务之履行是为满足权利人的现实需要,解释上应以请求扶养义务履行之时为标准。

三、扶养的分类

婚姻家庭法上的扶养可从不同的角度进行分类。

(1) 依扶养主体间辈分之不同,可分为长辈亲属对晚辈亲属的抚养、平辈亲属之间的扶养及晚辈亲属对长辈亲属的赡养。

(2) 依扶养的方法之不同,可分为同居生活的扶养与不同居而给付扶养费的扶养。前者又称为"迎养在家",即直接供给食宿之情形;后者为给付扶养费,即供给金钱或生活物品而为扶养之情形。

(3) 依扶养的条件及程度之不同,可分为生活保持义务与生活扶助义务。这种分类,旨在区分不同类型的亲属之间的扶养条件和扶养程度,以便于义务人履行义务。

这种分类以瑞士民法为代表。瑞士民法分扶养义务为:夫妻、父母子女间的"生活保持义务"与其他亲属间的"生活扶助义务"两种。夫妻、父母子女为现实的全面生活共同体,且互负共生存的义务,换言之,为保持对方生活,纵须牺牲自己亦在所不辞,此乃所谓"生活保持义务"。反之,其他亲属间的扶养,即生活扶助义务,仅有偶然补助之作用而已,且其扶也不必牺牲自己,仅有余力时,始为扶养为已足。

瑞士民法的这一分类得到很多学者的赞同。日本法学家中川善之助在1928年就著文认为扶养应分为生活保持义务和生活扶助义务。他主张将夫妻间和父母对未成年子女的扶养称为生活保持义务,其他直系血亲、兄弟姐妹和其他亲属间的扶养称为扶助;并指出夫妻间、父母对未成年子女,扶养对方是为保持自己的生活(家庭生活)所必尽的义务,这种义务是无条件的,要作出自我牺牲的。即有所谓"即使是最后的一片肉、一粒米也要分而食之的义务"。日本法学家有地亨也认为夫妻间和父母与未成年子女间的扶养是必须保持他们之间的同一生活质量、同一生活水平的扶养。但是,其他直系血亲之间、兄弟姐妹和其他亲属间的扶养,并不是为维持共同生活所必需的,而是一种偶然的、例外的、相对的扶养,是在保持与义务人地位相当的生活水准的前提下,给予确实需要扶养的亲属以扶助,使其保持最低生活水平。①

生活保持义务与生活扶助义务的成立要件及其内容(扶养程度与方法)有差别。在立法上应根据亲属关系的不同情况,规定不同的扶养条件,确定不同的扶养程度,便于义务人更好地履行扶养义务。在理论上承认二者的区别,有助于我们对婚姻家庭法中关于扶养义务的规定作出合理的解释。

四、扶养制度的演变

人类扶养制度大致经历了四个阶段:一是原始社会以集体为中心的群体式扶养;二是以家长为中心的家族式扶养;三是以扶养人为重心的夫权式、亲权式扶养;四是以被扶养人为重心的保障式扶养。②

(一) 各国扶养制度的历史发展

近现代国家对于弱者的保障所采取的方法主要有三种:(1) 国家或地方自治团体自己负担此扶助责任。(2) 国家以公法法规强制个人或法人负扶助义务。(3) 私法上令个人扶养个人。英美法系国家大多采取第二种方法,以《国家扶助法》或《救贫法》等公法强制个人或法人负扶助义务。例如,英国普通法上的扶养制度不为家庭法的一部分,而为社会保障法的一部分,由贫民救济之角度加以规定,至1948年废止1930年《救贫法》而以《国家扶助法》(National Assistance Act)代之,此法律与《国民保险法》(National Insurance Act)相辅而行,以达成社会安全政策。依据《国民扶助法》第42条的规定,亲属的扶养,在男子,仅对妻与子女,在女子,仅对夫与子女负此义务,其他亲属扶助,均由国家保障之。美国各州的法律虽有出入,但大致依《救贫法》命令父母扶养子女或子女扶养父母。大陆法系国家则多采取私法上令个人扶养个人的方法,使一定近亲属负担法律上的扶养义务,惟亲属扶养制度仍不足以应付生活不能维持者之需要时,国家设有各种社会保障制度(劳工保险、社会保险、地方自治团体之救济)作为补充。③

现代亲属法上的扶养,在家庭核心化和亲属关系日益淡漠、女权运动和男女平等、人格独立和自由发展、公共福利和社会保障体系建立等多重时代因素的强力冲击下,呈现出四个

---

① 参见杨大文主编:《亲属法》(第4版),法律出版社2004年版,第293页。
② 参见杨大文主编:《婚姻家庭法》,中国人民大学出版社2000年版,第265页。
③ 参见王洪:《婚姻家庭法》,法律出版社2003年版,第295、296页。

发展趋势:一是扶养权利人和义务人的范围日益缩小;二是生活保持义务的地位减弱,夫妻之间的生活保持义务消退,一般扶养义务的强制属性淡化;三是扶养责任的社会保障机制逐步建立,扶养方式由家庭化、亲属化走向社会化、社区化和专业化;四是扶养内容此消彼长,尤其是对老年人的经济供养的物质压力减轻,但精神上、情感上的扶助慰藉和生活照料凸显重要。[1]

(二)我国扶养制度的沿革

在中国古代社会,亲属扶养主要依礼调整,律令只规定其重要事项。儒家思想追求老有所养,少有所育,男有分女有归,鳏寡孤独者各有所依,即"老吾老以及人之老,幼吾幼以及人之幼"[2]。依照中国传统的伦理逻辑,尊长对卑幼的抚育基于舐犊之情,是慈;晚辈对长辈的赡养基于反哺和报恩,是孝;夫妻间的互相扶持与关照产生于同命相连,是义和敬。这种思想的影响已深深植根于中华法系以及民事习惯之中。我国古代重视家制,家有家产,一家之内老幼鳏寡皆仰赖家长的扶养。礼法又要求同居共财。唐、明、清律以祖父母、父母在,而子孙别籍异财,及供养有阙者,列为十恶中"不孝"的一种;违者,须告诉乃论其罪。而清律(刑律"子孙违犯教令条")附例:"子贫不能营生养赡父母,因致父母自缢死者,杖一百、流三千里。"父祖在时禁止别籍异财,主要在于顾及父祖供养有阙乏之虞。对于其他亲属间的扶养义务,唐户令规定:"诸鳏寡、孤独、贫穷、老疾,不能自存者,令近亲收养。若无近亲,付乡里安恤。"明、清律(户律"收养孤老条")规定:"凡鳏寡、孤独及笃废之人,贫穷、无亲属依倚,不能自存,所在官司,应收养而不收养者,杖六十。"这些律令,均以亲属有扶养义务为其前提。负扶养义务的亲属,在唐令为近亲,在明、清律似不限定于近亲,而及于其他有服亲。

近代中国开始法制改革,1930年《民法》亲属编参酌国情民俗,参考外国法制,就旧律之扶养范围略加扩充确定扶养的范围及程度,而成立近代亲属法上的扶养制度。扶养亲属的范围较广泛,不但在直系血亲之间、兄弟姐妹之间、直系姻亲之间如有同居者互负扶养义务,甚至同居一家之家长家属之间,即便无亲属关系,也互负扶养义务。有关扶养义务人及扶养权利人顺序的规定,重视维护传统孝道,留有浓厚的封建家族主义的痕迹。

中华人民共和国成立后,废除了封建主义婚姻家庭制度,1950年《婚姻法》规定了家庭成员之间尊老爱幼、平等互助的扶养关系,但扶养亲属的范围,仅包括夫妻、父母子女之间。1980年《婚姻法》根据我国家庭结构和家庭关系的实际情况,增加了对祖孙关系和兄弟姐妹关系的法律调整,扩大了扶养亲属的范围,以利于发挥家庭养老育幼的扶养功能,也有利于贯彻对老人、儿童予以保护的社会主义婚姻家庭原则。《民法典》保留了这些规定。

第二节 我国现行扶养制度

我国现行扶养法体现在《民法典》及其相关司法解释以及其他相关法律法规中,扶养制度的内容可以概括为夫妻间的扶养、父母子女间的扶养、祖孙间的扶养和兄弟姐妹间的扶养等几个方面。

---

[1] 参见杨大文主编:《婚姻家庭法》,中国人民大学出版社2000年版,第265页。
[2] 《孟子·梁惠王上》。

一、夫妻间的扶养

我国《民法典》第1059条规定:"夫妻有互相扶养的义务。需要扶养的一方,在另一方不履行扶养义务时,有要求其给付扶养费的权利。"理解夫妻间的扶养义务应当注意:

第一,夫妻之间的扶养权利和义务,是夫妻身份关系所导致的必然结果。夫妻一方向对方所负的扶养义务,从接受者的角度来看,就是接受扶养的权利。夫妻之间的扶养权利和义务是彼此平等的,任何一方不得只强调自己应享有接受扶养的权利而拒绝承担扶养对方的义务。

第二,夫妻之间接受扶养的权利和履行扶养对方的义务是以夫妻合法身份关系的存在为前提条件的,不论婚姻的实际情形如何,无论当事人的感情好坏,这种扶养权利和义务始于婚姻缔结之日,消灭于婚姻终止之时。

第三,夫妻之间的扶养义务,其内容包括夫妻之间相互为对方提供经济上的供养和生活上的扶助,以此维系婚姻家庭日常生活的正常进行。

第四,夫妻之间的扶养义务,属于民法上的强行性义务,夫妻之间不得以约定形式改变此种法定义务。在实际运作上,基于夫妻关系的特殊性,应以当事人自我调节为主,以自觉履行为普遍,而以公力干预为辅助,以司法救济为例外。

第五,违反夫妻间扶养义务的法律后果。当夫妻一方没有固定收入和缺乏生活来源,或者无独立生活能力或生活困难,或因患病、年老等原因需要扶养,另一方不履行扶养义务时,需要扶养的一方有权要求对方承担扶养义务,给付扶养费,以维持其生活所必需。此为夫妻一方采用自力救济的方法实现接受扶养的权利。

当夫妻间因履行扶养义务问题发生争议时,需要扶养的一方可以向人民调解组织提出调解申请,也可以向人民法院提起追索扶养费的民事诉讼。通过民事诉讼程序强制有扶养义务的夫妻一方履行扶养义务,这是夫妻一方采用司法救济的方法维护其权利。人民法院对此类案件要做好调解工作,调解不成的,可根据夫妻双方的具体情况,判决义务人履行扶养义务。必要时,可根据当事人的申请裁定先予执行。人民法院审理扶养纠纷所作出的调解书与判决书,均具有强制执行的法律效力。

夫妻一方不履行法定的扶养义务,情节恶劣,后果严重,致使需扶养的一方陷入生活无着的境地,从而构成遗弃罪的,则在承担刑事法律责任时亦不免除其应当继续承担的扶养义务。

二、父母子女间的扶养

我国《民法典》第26条、第1067条规定:"父母对未成年子女负有抚养、教育和保护的义务。成年子女对父母负有赡养、扶助和保护的义务。""父母不履行抚养义务的,未成年子女或者不能独立生活的成年子女,有要求父母给付抚养费的权利。成年子女不履行赡养义务的,缺乏劳动能力的或者生活困难的父母,有要求成年子女给付赡养费的权利。"对此,应结合其他法律规范的相关内容,把握以下几点:

(1)父母对未成年子女的抚养是生活保持义务。其法律属性和特点有三:一是抚养义务的无条件性。父母对未成年子女的抚养义务是无条件的,子女一旦出生,无论父母经济条件及负担能力如何,也不论是否愿意,均必须依法承担抚养义务。即使降低自己的生活水平、牺牲自己的事业发展和生活享受,也必须首先保障子女的生存和生活。二是抚养内容的复合性。父母对未成年子女的抚养涉及子女身心成长、发展的全过程,是全方位的抚养,所以抚养内容既包括提供子女所必需的一切生活费用,为子女健康成长和发展提供经济保障,又包括提供子女教育、学习费用,保证子女充分享受接受义务教育的权利,为培养和提高子女的文化素质和生活技能创造条件。三是抚养义务的长期性与持续性。从子女出生时开始,到子女成年乃至具有独立生活能力为止,父母均应承担抚养义务。

(2) 父母对成年子女的抚养是生活扶助义务。在我国,凡年满18周岁的公民,依法具有完全民事行为能力,不再依赖他人抚养,父母对子女的抚养义务因子女的成年而消灭,子女也因成年而丧失要求父母抚养的权利。这应该是现代社会人格独立的普遍要求,也应该是亲子抚养关系的常态模式,社会价值应以此为导向,法律也应以此为常规。但是,由于目前社会经济发展水平的局限,社会对公民个体的综合保障尚不健全,再加上公民个人生理、心理、学习、就业存在现实的差异,成年不等于有劳动能力,有劳动能力不等于有独立经济来源和生活保障。于是在社会中有相当一部分成年人还必须依靠他人扶养,当社会无力全部承受时,则只有强化到父母子女等亲属关系中,因此父母对成年子女在一定条件下依法应承担抚养义务。其条件包括两个方面:一是成年子女因客观原因无独立的谋生能力也无其他生活来源因而需要抚养,如因完全或部分丧失劳动能力,或者尚在学校就读,确无独立生活能力和条件的;二是父母具备负担能力,即父母在维持自己的生活外还有承担抚养义务的给付能力,如果父母因负担抚养义务而不能维持自己生活,则不负担抚养义务。

(3) 成年子女对父母的扶养是生活扶助义务。目前我国经济仍不十分发达,社会养老保险制度尚不健全,尤其是广大农村地区,老人的赡养还主要依赖家庭,在相当长的一段时期内,我国家庭还将承担较重的扶养老人的功能,因此我国婚姻法规定成年子女对父母负有扶养义务。但是,与父母对未成年子女的抚养有所不同,成年子女对父母的赡养是有条件的,即必须是父母无劳动能力或生活困难,而成年子女具有给付能力。当然,如果没有达到法定条件所要求的情形,成年子女自愿赡养其父母者,在道德上也应予提倡和鼓励。

三、祖孙间的扶养

祖孙关系是一种隔代亲属,包括祖父母与孙子女、外祖父母与外孙子女。从其产生原因来看,又分为自然血亲的祖孙关系和拟制血亲的养祖孙关系。随着社会的变迁,家庭结构虽然已由直系家庭制向夫妻家庭制过渡,以夫妻关系和父母子女关系为中心的核心家庭已成为主要的家庭模式,但是,祖孙关系仍然是具有现代意义的家庭关系。

祖父母与孙子女、外祖父母与外孙子女之间,是二亲等的直系血亲。在一般情况下,子女由父母抚养,父母由子女赡养,祖孙之间不发生扶养关系。但是,当发生某种客观原因,导致父母子女之间无法直接履行抚养、赡养的权利义务时,(外)祖父母与(外)孙子女之间在一定条件下就产生了抚养、赡养义务。我国《民法典》第1074条规定:"有负担能力的祖父母、外祖父母,对于父母已经死亡或者父母无力抚养的未成年孙子女、外孙子女,有抚养的义务。有负担能力的孙子女、外孙子女,对于子女已经死亡或者子女无力赡养的祖父母、外祖父母,有赡养的义务。"据此规定,祖孙之间互负抚养、赡养义务是有条件的。

(一) 祖父母、外祖父母对孙子女、外孙子女的抚养义务

祖父母、外祖父母在下列条件下有抚养孙子女、外孙子女的义务:

（1）祖父母、外祖父母有负担能力。有负担能力的祖父母和外祖父母是指以自己的劳动收入和其他收入满足需要扶养的配偶、未成年的亲生子女、未成年的养子女、有扶养关系的继子女、不能独立生活的成年子女（包括自然血亲的子女、养子女、有扶养关系的继子女）、需要赡养的父母等人（以下简称"第一顺序继承人"）的合理生活、教育、医疗等需要后仍有剩余或降低生活水平以后有剩余的祖父母和外祖父母。祖父母和外祖父母依据婚姻法保护儿童和老人合法权益的原则，包括婚生子女的父母、非婚生子女的母亲、经过认领的非婚生子女的生父、养子女的养父母、有扶养关系的继子女的继父或继母的婚生父母、经过认领的生父和生母、养父母、有扶养关系的继父母（下文的"祖父母"与"外祖父母"与此同）。如果祖父母或外祖父母中数人均有负担能力，则应根据他们的经济情况共同负担。

（2）孙子女和外孙子女的父母已经死亡或父母无力抚养。死亡包括自然死亡和宣告死亡。父母无力抚养是指不能以自己的劳动收入和其他收入全部或部分满足第一顺序法定继承人的合理的生活、教育、医疗等需要。父母包括婚生子女的婚生父母、非婚生子女的生母和经过认领的生父、养父母、有扶养关系的继父母（下文的"父母"与此相同）。依据我国收养法的规定，收养人应该有抚养、教育和保护被收养人的能力，因此在对"父母无力抚养"的解释上不应该包括养父母无力抚养养子女的情况，但是在养父母收养成立时有抚养、教育和保护被收养人的能力，而在以后生活过程中因某种原因全部或部分丧失抚养、教育和保护被收养人的能力的情况也是有的，因此在解释上还应该将养父母包括在内。

（3）孙子女和外孙子女未成年。未成年是指未满18周岁。孙子女和外孙子女是指祖父母、外祖父母的婚生子女、经过认领的非婚生子女、养子女、有扶养关系的继子女的婚生子女、经过认领的非婚生子女、养子女、有扶养关系的继子女（下文的"孙子女"和"外孙子女"与此同）。

（二）孙子女、外孙子女对祖父母、外祖父母的赡养义务

孙子女、外孙子女对祖父母、外祖父母的赡养义务，也是在一定条件下发生的。孙子女、外孙子女在下列条件下对祖父母和外祖父母有赡养义务：

（1）孙子女和外孙子女有负担能力。孙子女和外孙子女如果已经结婚，在判断孙子女的负担能力时是否将其配偶的收入综合考虑在内，法律未作明文规定。解释上应该综合考虑在内。因为孙子女和外孙子女的配偶依据男女平等原则也有负担家庭生活费用的义务，而且在其配偶的收入更高的情况下应该承担更多的生活费用。即使实行约定财产制，生活费用的负担也不得违反抚养和赡养的有关规定。这样解释也符合保护老人合法权益的原则。有负担能力是指以自己的劳动收入和其他收入及自己配偶的劳动收入和其他收入满足自己和第一顺序法定继承人的合法生活、教育、医疗等需求后仍有剩余或降低生活水平后有剩余。如果孙子女、外孙子女中数人均有负担能力，应根据他们的经济情况共同负担。

（2）祖父母、外祖父母的子女已经死亡或子女无力赡养。死亡包括自然死亡和宣告死亡。无力赡养是指不能以自己的劳动收入和其他收入全部或部分满足自己和第一顺序法定继承人的合理的生活、教育、医疗等需要。子女包括孙子女、外孙子女的生父母、养父母、有扶养关系的继父母。赡养是指孙子女、外孙子女根据自己的剩余财产情况为祖父母、外祖父母给付全部或部分生活费、教育费、医疗费等金钱或生活物品。

四、兄弟姐妹间的扶养

兄弟姐妹是最亲近的旁系血亲,包括同父母的兄弟姐妹、同父异母或同母异父的兄弟姐妹、养兄弟姐妹和有扶养关系的继兄弟姐妹。按照最高人民法院《关于适用〈中华人民共和国民法典〉继承编的解释(一)》第13条第1款的解释,"继兄弟姐妹之间的继承权,因继兄弟姐妹之间的扶养关系而发生。没有扶养关系的,不能互为第二顺序继承人"。因而所谓有扶养关系的继兄弟姐妹,是指继兄弟姐妹之间因发生事实上的扶养关系而产生的一种拟制血亲。如果继子女与其形成抚养关系的继父母的亲生子女、养子女或有抚养关系的其他继子女之间没有发生扶养关系的事实,即属于没有扶养关系的继兄弟姐妹,只是一种姻亲关系。

我国《民法典》第26条第1款规定,父母对未成年子女负有抚养、教育和保护的义务。因而在一般情况下,兄弟姐妹均由他们的父母抚养,而他们相互间不发生扶养关系。但是,当发生某种客观原因,导致父母不能或无力履行抚养义务时,兄弟姐妹之间在一定条件下就产生了扶养义务。我国《民法典》第1075条规定:"有负担能力的兄、姐,对于父母已经死亡或者父母无力抚养的未成年弟、妹,有扶养的义务。由兄、姐扶养长大的有负担能力的弟、妹,对于缺乏劳动能力又缺乏生活来源的兄、姐,有扶养的义务。"

(一) 兄、姐对弟、妹的扶养义务

兄、姐对弟、妹的扶养义务也是有条件的,兄、姐对弟、妹在下列条件下负担扶养义务:

(1) 兄、姐有负担能力。有负担能力是指以自己的劳动收入和其他收入及自己配偶(如已婚)的劳动收入和其他收入满足自己和第一顺序法定继承人的合理生活、教育、医疗等需要后仍有剩余或降低生活水平后有剩余。"兄、姐"包括亲兄、姐(包括同父母的兄、姐,同父异母或同母异父的兄、姐),养兄、姐,有扶养关系的继兄、姐,如果兄、姐中数人均有负担能力,则应根据他们的经济情况共同负担。

(2) 父母已经死亡或无力抚养。死亡包括自然死亡和宣告死亡。父母无力抚养是指父母不能以自己的劳动收入和其他收入全部或部分满足自己和第一顺序法定继承人的合理的生活、教育、医疗等需要。

(3) 弟、妹未成年。未成年是指未满18周岁。弟、妹包括亲弟、妹(包括同父母的弟、妹,同父异母或同母异父的弟、妹),养弟、妹,有扶养关系的继弟、妹。如某一未成年人既有有负担能力的祖父母、外祖父母,又有有负担能力的兄、姐,他们应该处于同等的地位,由他们根据自己的经济情况共同负担。

(二) 弟、妹对兄、姐的扶养义务

弟、妹对兄、姐的扶养义务也是有条件的,弟、妹在下列条件下有扶养兄、姐的义务:

(1) 弟、妹由兄、姐扶养长大。由兄、姐扶养长大的弟、妹是指长期依靠兄、姐提供全部或主要扶养费用直到以自己的收入作为主要生活来源的弟、妹。

(2) 弟、妹有负担能力。有负担能力是指以自己的劳动收入和其他收入及自己配偶(如已婚)的劳动收入和其他收入满足自己和需要扶养的第一顺序继承人的合理生活、教育、医疗等需要后仍有剩余或降低生活水平后有剩余的弟、妹。

(3) 兄、姐缺乏劳动能力又缺乏生活来源。缺乏劳动能力是指劳动能力的短少或不够,依据举轻明重(当然解释)的解释方法,丧失劳动能力当然包括在内。缺乏生活来源是指维持生存所必需的生活费用和用品不足。依据举轻明重(当然解释)的解释方法,丧失生活来源当然包括在内。

需要特别指出的是,祖孙之间、兄弟姐妹之间的扶养义务是补充性的义务,以不严重恶化自己的生活为前提。

讨论思考题

1. 如何理解我国现行婚姻家庭法规定的扶养制度?
2. 生活保持义务与生活扶助义务有何区别?这一区分有何意义?
3. 我国现行法上的亲属扶养制度有哪些不足?应如何完善?

第九章

监 护

第一节 监护和监护制度的历史

在我国目前的法律结构中,监护制度的内容主要规定在《民法典》总则编中。但是,从立法精神看,旨在保护无民事行为能力人和限制民事行为能力人的合法权益的监护关系,主要发生在一定范围的亲属之间,因此,就其基本性质而言,我国的监护制度同时也是婚姻家庭领域中的一项重要制度。

一、监护的概念

一般地说,监护是依照法律的规定,对无民事行为能力人和限制民事行为能力人的人身和财产进行监督和保护的制度。

监护的概念有广义和狭义之分。广义的监护包括亲权的内容,是指对一切无民事行为能力人和限制民事行为能力人的人身和财产进行监督和保护的制度,被监护人包括未成年人以及成年的无民事行为能力人和限制民事行为能力人。我国《民法典》采用的是这种规定。在英美法系国家,一般又根据被监护人的特点把监护分为对未成年人的监护和对成年人的监护。狭义的监护排除亲权的内容,是指对无父母或父母不能照顾的未成年人,以及无民事行为能力或限制民事行为能力的成年人的人身和财产进行监督和保护的制度。对其他未成年人的监督和保护,另设亲权制度加以规定。大陆法系各国,一般采取后一种规定。

大陆法系各国把监护制度和亲权制度分开,监护和亲权是两项制度。就其规定来看,监护和亲权的范围是不同的。监护的对象不仅是未成年人,还包括无民事行为能力和限制民事行为能力的成年人,亲权则只对未成年人发生。仅就未成年人而论,监护与亲权的行使也有许多不同之处:(1)亲权的行使以亲子关系为基础,亲权人与其子女之间有相互扶养和继承遗产的权利和义务;而监护人与被监护人之间则无这种特定的人身关系以及与之相应的权利和义务。(2)法律关于亲权人对其子女的财产进行处分的限制比较宽松,并多享有该项财产的用益权;而监护人处分被监护人财产的权利则受法律的严格限制,并且监护人不享有对被监护人财产的用益权。(3)许多国家的法律规定,监护人因其监护活动有请求相当报酬的权利;而亲权人则不得因行使亲权而索酬。(4)亲权因亲权人与其子女的血亲关系自然取得,无须经过特别批准,只是在某些法定条件下才受到限制;而监护权则必须经过法定程序才能取得。(5)监护人行使监护权须受家庭法院、监护当局或其他监护监管人的监督;而对亲权行使,一般不设专门的监督机构。(6)监护开始时,应开具被监护人的财产清单,监护人对管理财产的情况负有报告的义务;而对亲权的行使则无这种法律规定。

二、监护的性质和监护制度的发展

关于监护的性质问题,理论上有两种不同的观点。一种是把监护当作一种权利,称作监护权。这种观点认为,只有视监护为一种权利,才能使监护人正确、主动地行使权利,履行保护被监护人的义务,达到监护的目的。另一种观点是把监护当作一种责任,认为监护是监护人的义务,而且是法律规定的强制性义务。

从字面上看,监护即监督和保护,应主要指监护人监督和保护被监护人的责任。但既然是监督和保护,就应该承认监护人为完成监护的责任,是享有一定权利的。因此,单纯地把监护作为权利或者单纯地把监护作为责任都是片面的。显然,监护应是权利与义务相结合的,以义务为主要内容的一种社会职责。

然而,监护的性质也不是一成不变的,在历史上经历过变化。监护的性质和监护制度的发展过程是紧密联系的。监护制度起源于罗马法,早在公元前450年古罗马颁布的第一部成文法典《十二铜表法》中就作了规定。[①] 监护制度大约经历了四个发展阶段,反映了其性质的变化。第一阶段,监护制度和宗族制、家长制相适应,是为了家族利益而设立的代行家长权的,具有家长辅佐人、代表人性质的一项民事制度。第二阶段,随着宗族制和家长制在欧洲的逐步瓦解,亲权和夫权逐渐独立于家长权之外。监护和保佐逐渐演变为一种社会的"公职",对不在亲权之下的未成年人及不在夫权之下的妻子也开始设置监护人。监护人往往是家族内的成员。如罗马法中既有对未成年人的监护,亦有对妇女的监护。这个时期监护制度仍具有浓重的家父权性质。第三阶段,近现代意义上的监护制度是资产阶级革命胜利和近代工业发展的产物,随着商品经济日益发达,为适应生产关系、社会结构和思想观念变化的需要,很多国家逐步摒弃了家长制,监护人与被监护人的人身和财产相对独立,监护制度的"社会公职"性质明显化,未成年人的法律地位有所提高,男女不平等的状况也逐渐改变。第四阶段,第二次世界大战以后,为了解决战争遗留的大量孤儿问题,监护制度不得不作大的改进。东欧诸国大多借鉴苏俄《婚姻家庭监护法典》,修改了监护制度。其他西方国家对监护制度也作了多次修改,废除了旧的、落后的条款,使之在保护儿童和妇女权益方面大大前进了一步。

我国古代宗法家族制度下,实行严格的家长制管理。一家之内,子必从父,弟必从兄,妻必从夫,家属必从家长。家族中若有未成年人或无民事行为能力人、限制民事行为能力人时,也无须设置专职监护人,而是统由家长管理。当家长本人年幼或因其他原因无法操持家务、管理家政时,多以"管家""顾命""托孤"等形式委托他人进行辅佐,但并没有形成一定的制度。至清末,1911年依照德国、日本法例起草完成的《大清民律草案》,开始规定有监护的内容,这是近代意义上的监护制度。如规定:"未成年人无行使亲权人或行使亲权人不得行使其亲权时,须设监护人";"受准禁治产之宣告者,须置保佐人";"成年人受禁治产之宣告时,须置监护人"。并规定以亲属会议对监护人、保佐人的监护行为进行协助、监督等。该草案将亲权、监护、保佐作为对未成年人及其他无民事行为能力人、限制民事行为能力人(即禁治产人)进行保护的民事法律制度。1930年公布的《民法》亲属篇也规定有亲权制度和监护

[①] 《十二铜表法》第五表"继承及监护"。

制度。该法将监护分为不在亲权下的未成年人的监护和禁治产人的监护,并将亲属会议作为监护机关。

我国现行婚姻家庭法不设亲权制度,在家庭关系一章中规定有监护的内容。但监护的主要内容过去是规定在《民法通则》《民法总则》中,目前是规定在《民法典》总则编中的。《民法典》总则编第二章第二节设专节规定了监护。在《民法通则》中我国的监护不区分未成年人的监护和禁治产人的监护,而称为未成年人的监护和精神病人的监护。在《民法典》总则编中,监护称为未成年人的监护和无民事行为能力、限制民事行为能力的成年人的监护。

三、成年人监护制度的改革

近几十年,各国对成年人监护制度进行了大量修改重建,主要基于两个原因:一是为了适应人口老龄化的需要;二是为了切实保障身心残障者的人权,通过制度保障,帮助其融入正常的社会生活。

外国法成年人监护制度各异,但大体的立法思路却趋同,即采取各种措施尽量保障被监护人融入正常社会生活。成年人监护制度的现代改革主要体现在以下方面:

1. 废除了剥夺行为能力的禁治产宣告制度

大陆法系的禁治产制度,带有人格歧视的特征,遭到了越来越多的批评,陆续退出德国、法国、日本、奥地利、瑞典民法。被宣告为禁治产的人通常完全能够自行从事一些日常生活行为或者法律上并非不利的行为。况且使被宣告人完全丧失行为能力也超过了目的所需的程度。

2. 保护方式灵活多样

即尊重身心残障者意思能力的个体差异性,设立多层次的、弹性的成年人监护种类。各国在修订成年人监护制度时,都针对不同程度的身心阻碍规定了多种监护类型,对身心残障者的行为能力予以不同程度的限制。

3. 公法与社会法趋势

两大法系的新型成年人监护制度,均强化了公权力对监护的干预。多数国家以监护职务为国家之公务而设立专职机构执行监护工作,使得监护制度兼具公法、私法之双重属性。

4. 意定监护的创设

原有各国成年人监护制度往往是直接由法律规定监护人的范围和顺序,而无视身心残障者本人的意愿。这显然不符合现代社会"对成年受保护人自我决定权的尊重"的要求,是对其人权的侵犯。针对这一问题,各国修改成年人监护制度时,均尊重成年人在有行为能力的情况下自行设立监护人的意思决定。

上述改革呈现的共同趋势是更充分地尊重被监护人的意志,由"他治"转变为"自治",更细致地区分被监护人的保护需求,不再以概括式的方式包揽受监护人的全部私人事务,为弱者提供更人性化的保护和支持。整个制度特征由过去的消极式的保护变为保护和援助并重。公权力全面适度地介入监护关系,并对监护行为进行有效的监督,以确保被监护人与其他人平等地实现法律赋予的权利。①

第二节 监护的设立

一、监护设立的一般情况

（一）对未成年人的监护

在现代法上,未成年人一般属于无民事行为能力人或限制民事行为能力人。对未成年人,有些国家设立亲权制度加以保护,有些国家则设立监护制度进行保护,还有一些国家对未成年人原则上以亲权制度保护,同时辅之以监护制度进行补充。在对未成年人保护设立监护制度的国家中,监护的设立有以下内容:

1. 监护发生的原因

未成年人监护发生的原因,在未设立亲权制度的国家是其未成年的事实,在设立亲权制度的国家,原则上讲是未成年人丧失亲权人或亲权人丧失亲权。就后一种情况来看,具体又有以下原因:(1)未成年人的父母死亡、被宣告死亡或失踪。(2)亲权人受禁治产宣告或亲权停止宣告以及其他丧失管理权的法定理由。如《美国统一结婚离婚法》第401条规定,在父母遗弃、虐待甚至"辱骂""不关心"子女时法院有权作出监护裁决。(3)未成年人无亲权人。一是弃儿,如《德国民法典》第1773条规定:"未成年人的家庭状况虽无法查明,也得为未成年人设置监护人。"二是无人认领的非婚生子女,如《法国民法典》第390条规定:"对于非婚生子女,如无父母自愿对其承认者,监护亦即开始。"

2. 监护开始的时间

在未设立亲权制度的国家,对未成年人的监护是从其出生开始的。在设立亲权制度的国家,当监护的原因发生时,监护即应开始。但实际上监护开始的时间,是监护人正式开始履行监护职责的时间。其中存在两种情况:一种是事先已指定了监护人的,监护原因一旦发生,监护活动即可开始。如《德国民法典》第1774条规定:"在推定子女自出生之时即需要一名监护人的情形,可以在子女出生前就任命监护人;任命随子女出生而有效。"另一种是在监护的原因发生后才着手选定监护人。监护人开始行使监护权的时间晚于监护原因发生的时间。这段间隔中的监护问题,很多国家并无相应的法律加以解决,有的国家法律中有临时处理监护事务的条款,如《瑞士民法典》第386条第1款规定:"如在决定监护人人选之前,有进行监护事务的必要时,监护官厅应依职权进行必要的处分。"

3. 监护人和监护机构

关于监护人和监护机构,各国法律规定不尽相同,大体包括监护人、监护监督人、亲属会议以及监护官署或监护法院等。

（1）监护人

① 监护人有指定监护人、法定监护人和选定监护人之分。指定监护人又有遗嘱指定监护人和监护当局指定监护人之别。有的国家不实行遗嘱指定制度,而只采用监护当局指定

---

① 参见李霞:《成年监护制度的现代转向》,载《中国法学》2015年第2期;李霞:《协助决定取代成年监护替代决定——兼论民法典婚姻家庭编监护与协助的增设》,载《法学研究》2019年第1期;王竹青:《成年人监护中行为能力认定域外考察》,载《法律运用》2017年第11期。

方式,如苏联。有的国家以监护当局的指定为有效,但规定应尊重被监护人父母的意思,如瑞士、奥地利等。有的国家承认遗嘱指定的优先效力,唯在无合法遗嘱时由监护当局选任,如法国、日本、英国、美国等。在采用或尊重遗嘱指定的国家中,对有关遗嘱的有效要件有不同的规定:其一,立遗嘱人须是被监护人的后死之父母。其二,立遗嘱人须享有亲权。其三,遗嘱的内容和订立程序皆须合法。我国《民法典》第 29 条规定了遗嘱监护。

法定监护人,即由法律直接规定的监护人。设立亲权制度的国家和未设立亲权制度的国家,法定监护人设立的情况不同。未设立亲权制度的国家,在子女出生后法定监护人就可以产生。设立亲权制度的国家,确定法定监护人一般适用于未成年人的父母死亡但无合法的遗嘱监护人的情况。而作为法定监护人的,一般以直系尊亲属为限。如《法国民法典》第 402 条规定:"如后死之父母未选定监护人时,对婚生子女的监护权,即被授予亲等最近的直系尊血亲。"

选定或选任监护人,即由监护监督机构选定或选任的监护人。《德国民法典》第 1779 条规定了由监护法院选择监护人的条件:第一,如果不能将监护职责委托给本法第 1776 条规定的有资格者,监护法院应在听取青少年事务局的意见后选择监护人;第二,监护法院应选择按照本人情况、财产状况以及其他情况适合于执行监护事务的人,在选择时应考虑父母可能怀有的意愿、被监护人的个人关系、被监护人的血亲或姻亲以及被监护人的宗教信仰……《日本民法典》第 841 条则规定,无指定监护人时,家庭裁判所应被监护人的亲属或其他利害关系人的请求,选任监护人。

② 关于监护人资格的规定。监护的性质决定了监护人必须具备一定的资格。但对监护人资格的规定,除无民事行为能力及限制民事行为能力人不能充当监护人是各国立法的通例外,其他方面各国规定则有很大的不同。如苏联法律概括地规定选择监护人应考虑到个人品质、履行义务的能力、与被监护人的关系等。《日本民法典》第 846 条则列举 6 种人不得为监护人,分别为未成年人、禁治产人及准禁治产人、被家庭法院罢免的法定代理人或保护人、破产人、对被监护人起诉或曾起诉的人及其配偶和直系血亲、去向不明的人。

③ 关于监护人拒绝接受监护任务或退出监护以及监护人的撤销问题。监护人能否拒绝监护?这在外国立法中有两种不同的原则:一种是任意原则,即被指定为监护人的人可凭个人意愿决定接受还是拒绝承担监护职责。另一种是限制原则,即被指定为监护人的人,无正当理由不得拒绝指定,并规定了得拒绝的理由。有的还规定,无理由而拒绝担任监护人者,应对因延误而发生的损害负责,监护法院并得对其科以罚款。监护人中途能否退出监护?对此各国法律一般不禁止,但须有正当理由并经过认可。所谓正当理由,主要是发生了得拒绝监护的理由,在得到同意前,法律往往要求其继续履行职责。监护人能否撤销?有关国家的法律一般均规定对监护人可以依法解除其监护职责。如《日本民法典》第 845 条以"监护人有不正当行为、显著劣迹及其他不胜监护的事由"为解除原因;《瑞士民法典》第 445 条则列举撤销监护职责的理由依次为严重失职、滥用职权、有不受信任的行为、丧失支付能力及不称职。

④ 关于监护人从事监护活动是否可以取得报酬的问题。外国有三种不同的立法例:其一是无偿原则,即视监护为纯社会义务,不得索酬。其二是有偿原则,即视监护为一种有代价的民事法律行为,应该取得相应报酬。报酬一般从被监护人的财产中支付。其三是补偿原则,即监护原则上不应索取报酬,但应监护人的请求,监护当局可决定给予一定数额的

补偿。

(2) 监护监督人

监护监督人,是指对监护人的监护活动负监督之责的自然人。某些大陆法系国家监护法有此设置。如按《日本民法典》的规定,监护监督人可由对未成年人最后行使亲权的人指定,在必要时也可由家庭法院选任,其条件与监护人大致相同,但不得是监护人的配偶、直系血亲或兄弟姊妹。其职责是监督监护人的事务;在监护人欠缺时请求法院选任监护人,处分紧急情事;代表未成年人对抗监护人所为之与未成年人利益相反之行为等。[①]

(3) 亲属会议

在监护领域,亲属会议是行使任免、更换监护人以及一定监护监督权的亲属组织。亲属会议在早期资本主义民法中规定较多,但目前只在法国、秘鲁等少数国家保留。如依《法国民法典》的规定,亲属会议由监护法官依职权或依未成年人的亲属及其他利害关系人的请求召开。亲属会议由4至6人组成,表决事项以普通多数生效,双方人数相等时由监护法官决定。亲属会议可以选任、更换监护人,享有处分未成年人财产的同意权,必要时得审查管理账目。[②]

(4) 监护官署及监护法院

监护官署(即监护行政机关)及监护法院(即监护司法机关)是代表国家处理监护事务并对监护行使监督权的国家监护权力机构。不同国家对此有不同设置。德国、法国、日本等国的监护权力机构为司法机关。德国专设了监护法院,法国设置了监护法官,日本则由家庭裁判所承担此项事务。瑞士、苏联、罗马尼亚等国的监护权力机构为监护行政机关。瑞士设有监护主管官厅,苏联的监护权力机构则是区(市)、镇或村劳动人民代表苏维埃执行委员会,工作由其国民教育科执行,成年人需要保护的,区别不同情况由卫生科和社会保障科分别执行。

(二) 对成年人的监护

外国法相继废除了禁治产宣告制度,采用灵活多样的成年人监护方式,充分尊重被监护人意思自治,以德国法、日本法和英美法为例:

1. 德国的照管制度

照管制度的保护对象为精神障碍者、智力障碍者、身体障碍者以及老龄人。照管保护的方式在于由监护法院依职权或依申请并据个案具体情形在必要范围内为能力欠缺者选任照管人。照管人仅在监护法院规定的职务范围内行使权限。

(1) 照管的开始。障碍者本人可以申请监护法院为自己设立照管。当能力欠缺者是精神障碍者时,法院也可依职权设立照管,任命照管人。监护法院在审理个案时,根据被申请人剩余的处理事务的能力,判断其需要保护的范围和程度,作出"同意权保留"令,并将同意权保留给照管人行使。被照管人在同意权范围内为意思表示时,必须经照管人的同意,否则,其行为可以被照管人撤销。照管的设立应当是必要的。照管的设立还应当尊重被照管人的意愿。当本人有防老授权时,原则上限制适用照管制度。只有在有必要对防老授权进行监督或者撤销时,才可设置照管。

---

① 参见《日本民法典》第848—851条。
② 参见《法国民法典》第407—416条。

（2）照管人的职责。照管人应当尽量尊重被照管人的意愿来处理事务，为本人谋求福利，改善被照管人的身体健康。只要与本人福利无抵触，并在本人可期待的范围内，照管人必须符合本人的意愿。照管人对于重要事务包括健康检查、医疗手术等，原则上有与被照管人协商的义务。在从事特别重大的行为时，例如对被照管人实施重大医疗行为、绝育手术或者剥夺被照管人自由时，还必须征得监护法院的同意。照管人在其所承担的任务范围内是被照管人的法定代理人。

（3）同意权保留。当本人已经达到无行为能力的界限时，可以由监护法院作"同意权保留"的宣告。但监护法院所作出的同意权保留命令不及于婚姻缔结、遗嘱及死后处分的意思表示，以免干涉被照管人择偶及指定继承人。但被照顾人单纯获益的行为或生活方面的轻微事务是不必事前获得照管人同意的。

2. 日本的成年后见制度

日本称监护为后见，即在背后照看、保护的意思。日本民法中，成年监护制度由法定监护和任意监护组成。任意后见是修法中新创设的制度，旨在适应高龄化社会和改善障碍人福利。

（1）法定后见制度

法定后见制度的保护对象包括精神障碍者、高龄者和智力障碍者。保护措施有辅助、保佐和后见三种。家庭法院根据本人的身心程度和生活、财产等具体情况选任最适当的人担任辅助人、保佐人和后见人。根据一定范围内的人的请求，家庭法院还可选任监督人对后见、保佐以及辅助行为进行监督；没有提出申请的，家庭法院认为有必要时，也可依职权选任监督人。

辅助制度针对的是行为能力不足的人。家庭法院可以根据相关人的请求，作出辅助开始的决定，并为本人选任辅助人，并可以根据当事人的申请赋予辅助人对本人特定行为的代理权、同意权和取消权。保佐保护的对象是精神耗弱者（所谓精神耗弱，指欠缺普通人应有的精神状态，但未臻于完全丧失的程度）。家庭法院可以依相关人的请求，作出保佐开始的决定。保佐人有同意权、撤销权和代理权。后见保护的对象是精神状态丧失的人。家庭法院依相关人申请可以作出后见开始的决定。后见人的职责为照顾护养被后见人的日常生活以及财产管理事务，对被后见人负有人身方面的保护义务。

（2）任意后见制度

任意后见制度是指障碍者本人在具有完全的判断能力时，依自己的意思能力选任后见人并与之订立委托后见合同，由本人将有关自己的后见事务的全部或部分代理权授予后见人，在本人年老、精神障碍时或其他丧失判断能力的事实发生后，合同生效。任意后见人的职责根据委托后见合同的内容决定，该合同必须公证，并由法定登记机关登记。当本人的判断能力衰退时，经相关人或者被委托人的请求，家庭法院选任监督人后，合同即生效。任意后见人的选定是本人依自己的意思能力而定，原则上优先于法定后见的适用，但在法院认为为了本人的权益有特别必要时，可以优先适用法定后见。

在程序上，成年后见登记制度废止了在公报上公告和户籍上登载的流程，以法院不公开的登记制度取代之，仅配合本人或后见人的需要发给登记事项的证明。登记官可根据委托或者申请，在后见登记档案上记录法定后见或者任意后见合同的内容。

3. 英美法的持续性代理权授予制度

（1）英国的《永久性代理权授予法》（Enduring Power of Attorney Act）

所谓"永久性代理权授予制度"是指本人在有意思能力时，可以预先选定年满18岁而未受破产宣告的自然人或信托公司为代理人，并依照法定方式与其订立有关财产管理方面的代理契约。一旦本人丧失意思能力时，由该代理人依据契约向英国保护法院申请登记，并通知利害关系人。利害关系人对于该契约无异议或有异议而被保护法院驳回时，经法院准许登记后该代理契约即发生效力。该制度使得本人在意思能力丧失后，由本人选任永久性代理人的愿望仍能得以实现。

永久性代理的标的是被代理人的财产，当高龄者丧失意思能力时，健康护理依然适用原来的监护制度。为了防止代理制度的滥用，英国规定该类代理权必须在监护法院进行登记，法院应对永久性代理权予以关心与注意。代理权在登记之前，代理人不得行使持续性代理权，除非有保全本人利益或防止本人财产损失的必要。总的说来，永久性代理是以尊重本人的意愿为前提，附加法院监督的公权力作为保障，来确保被代理人的财产安全。

（2）美国的联邦《持续性代理权授予法》（Durable Power of Attorney）

美国的成年监护制度有法定监护和意定监护。其中法定监护是由法院依据一定的权力类型任命监护人，这些类型包括财产监护人、人身监护人、全权监护人和有限监护人。没有履行基本义务的监护人都将受到法院的撤职和惩罚。自愿监护是依自己的意思而设立的监护，包括一般代理和持续性代理。前者适用于那些身体方面有部分行为能力的人。持续性代理则允许在委托人能力欠缺时，代理人仍然能够代理委托人。①

和英国相比，美国的持续性代理权授予制度不仅以财产管理为对象，而且在本人健康护理方面也提供保护。具体做法是由当事人与他指定的代理人签订财产永久授权书或者健康护理永久授权书，授权由该代理人为其作出财务决策、法律决策或者健康护理方面的决策，并处理当事人的财务和健康护理事务。

二、我国监护的设立

我国《民法典》总则编把监护分作对未成年人的监护和对无民事行为能力、限制民事行为能力的成年人的监护两种情况。因我国不设亲权制度，所以对未成年人都以监护制度进行监督和保护。在对这两种人的监护中，我国《民法典》总则编规定了法定监护、指定监护、意定监护等方式。

（一）法定监护

1. 未成年人的监护人

根据我国《民法典》第27条第1款的规定，"父母是未成年子女的监护人"，父母是子女最近的直系长辈血亲，作为未成年子女的法定监护人既是其权利，也是其应尽的义务。父母对子女的监护责任，产生于子女出生或者是身份拟制的事实。因而，父母对未成年子女监护责任产生的时间，是子女出生的时间或者设定拟制的父母子女关系的时间。

《民法典》第27条第2款同时规定："未成年人的父母已经死亡或者没有监护能力的，由

---

① 美国2006年《统一代理权法》第104条明确规定，除非法律明确规定代理权因委托人丧失行为能力而终止，否则代理权是持续有效的。

下列有监护能力的人按顺序担任监护人:(一)祖父母、外祖父母;(二)兄、姐;(三)其他愿意担任监护人的个人或者组织,但是须经未成年人住所地的居民委员会、村民委员会或者民政部门同意。"

父母无条件成为未成年人的法定监护人,只有在父母死亡或者没有监护能力的情况下,才可以由其他个人或者有关组织担任监护人。规定父母之外具有监护能力的人"按顺序"担任监护人:其一,明确具有监护资格的人按照顺序担任监护人,主要目的在于防止具有监护资格的人之间互相推卸责任。如果两个或者两个以上具有监护资格的人,都愿意担任监护人,可以按照第 27 条规定的顺序确定监护人,或者依照第 30 条规定进行协商;协商不成的,按照第 31 条规定的监护争议解决程序处理,由居民委员会、村民委员会、民政部门或者人民法院按照最有利于被监护人的原则指定监护人,不受第 27 条规定的"顺序"的限制,但仍可作为依据。其二,依照第 27 条规定的顺序应当担任监护人的个人认为自己不适合担任监护人,或者认为其他具有监护资格的人更适合担任监护人的,可以依照第 30 条规定进行协商;协商不成的,通过第 31 条规定的监护争议解决程序处理,由居民委员会、村民委员会、民政部门或者人民法院综合各方面情况,根据最有利于被监护人的原则在依法具有监护资格的人中指定监护人。有关"组织"也可以担任监护人,尽量避免无人担任监护人的情况。

按照我国法律的规定,夫妻离婚之后,与子女共同生活的一方和不与子女共同生活的一方都享有对子女的监护权。与子女共同生活的一方无权取消另一方对该子女的监护权。但是,如果未与该子女共同生活的一方因对该子女有犯罪行为、虐待行为或者对该子女有明显不利而被人民法院认为可以取消监护权的除外。

在未成年人中,年满 16 周岁、以自己的劳动收入作为主要生活来源的人,按照民法的规定被视为完全民事行为能力人。对这些人,原来的监护关系同时视为解销。但是,这些人作为完全民事行为能力人是基于他们已具有独立生活的能力而在法律上作的一种拟制,如果发生了相反的情况,如该未成年人又失去劳动能力,或者丧失劳动收入的,则其又重新回到无民事行为能力人或限制民事行为能力人的行列,其原监护人的监护权自然恢复,或者根据实际情况为其设定新的监护人。

2. 无民事行为能力、限制民事行为能力的成年人的监护人

根据我国《民法典》第 28 条的规定,"无民事行为能力或者限制民事行为能力的成年人,由下列有监护能力的人按顺序担任监护人:(一)配偶;(二)父母、子女;(三)其他近亲属;(四)其他愿意担任监护人的个人或者组织,但是须经被监护人住所地的居民委员会、村民委员会或者民政部门同意"。

第 28 条规定的需要设立监护的成年人为无民事行为能力人或者限制民事行为能力人,包括因智力、精神障碍以及因年老、疾病等各种原因,导致辨识能力不足的成年人。对成年人监护,要正确区分失能与失智的区别。失能是失去生活自理能力,失智即辨识能力不足。失能的成年人未必需要监护,失智的成年人则一定需要监护。此外,还应当区分长期照护(护理)和监护的区别:从对象上看,照护的对象既包括失智成年人,也包括失能成年人;监护的对象针对失智成年人。从内容上看,照护仅限于生活上的照料和安全上的保护,不涉及人身权益保护的安排、财产的管理等事项;监护是对失智成年人人身、财产等各方面权益的保护和安排。

3. 协议确定监护人

监护人可以是一人，也可以是同一顺序中符合条件的数人。有监护资格的人之间协议确定监护人的，应当由协议确定的监护人承担对被监护人的监护责任。《民法典》第30条规定，依法具有监护资格的人之间可以协议确定监护人。协议确定监护人应当尊重被监护人的真实意愿。协议监护的特征是：(1) 协议主体必须是依法具有监护资格的人，即第27条、第28条规定的具有监护资格的人。但是，未成年人的父母有监护能力的，不得与其他人签订协议，确定由其他人担任监护人，推卸自身责任。对于未成年人，协议监护只限于父母死亡或者没有监护能力的情况。(2) 协议确定的监护人必须从有监护资格的人之间产生，不得在法律规定的具有监护资格的人之外确定监护人。在具有监护资格的人之外确定监护人的，协议监护无效。(3) 协议监护是具有监护资格的人合意的结果，合意产生后，由协议确定的监护人担任监护人，履行监护职责。监护人一旦确定，即不得擅自变更。(4) 协议确定监护人，应当充分尊重被监护人的真实意愿。这并不是简单征求被监护人的意见，要结合实际情况（如是否受到胁迫等，以及生活联系最为密切等因素）进行综合考量判断，探求其内心真实的愿望。

关于以协议监护方式确定的监护人能否突破法定监护顺序的问题，有观点认为，有权协商的人，必须是根据《民法典》第27条和第28条有监护资格的人，而且应当遵守这两条关于监护顺位的规定，即必须先由上一顺位的数位具有监护资格的人进行协商。这就意味着，协议确定的监护人将受到监护顺序的限制。也有观点认为，这一解释，对于监护顺序的理解过于严苛，将以亲属血缘关系为基础的监护顺序置于被监护人的最大利益考虑之上，且不符合监护顺序弱化的发展趋势。

最高人民法院在起草《民法典总则编解释》时认为，《民法典》第30条的立法本意是在尊重被监护人真实意愿的基础上，通过依法具有监护资格的人之间的协商确定，最大程度体现最有利于被监护人的原则。如对协议监护在顺序上作严苛限制，可能因受限于法定监护顺序，而难以确定最合适的监护人，进而与《民法典》第30条的立法目的相悖。因此，《民法典总则编解释》第8条第2款明确，协议确定的监护人不受法定监护顺序的限制，不同顺序依法具有监护资格的人可以共同担任监护人，顺序在后的具有监护资格的人也可以经协议约定作为监护人。

为践行最有利于被监护人的原则，准确适用民法典监护制度，关于协议确定监护人，《民法典总则编解释》第8条第1款明确规定有监护能力的父母不得通过协议监护的方式，免除自身对于未成年子女的监护职责。关于监护职责委托行使，为防止监护人逃避监护职责，该解释第13条明确受托人不因监护职责的委托行使而成为监护人，强调监护人身份不因监护职责的委托行使而改变。

4. 监护人的监护能力

《民法通则》和《民法总则》《民法典》都没有明确规定监护人的监护能力问题，根据我国有关司法解释的规定，人民法院认定自然人的监护能力，应当根据其年龄、身心健康状况、经济条件等因素确定；认定有关组织的监护能力，应当根据其资质、信用、财产状况等因素确定。[①] 在司法实务中，监护人的思想品德、是否有违法犯罪行为以及是否有不良习惯等，也作

---

① 《民法典总则编解释》第6条。

为考虑的因素。

5. 监护争议解决程序

《民法典》规定了监护争议解决程序。第31条第1款规定："对监护人的确定有争议的,由被监护人住所地的居民委员会、村民委员会或者民政部门指定监护人,有关当事人对指定不服的,可以向人民法院申请指定监护人;有关当事人也可以直接向人民法院申请指定监护人。"第31条第2款、第4款还规定："居民委员会、村民委员会、民政部门或者人民法院应当尊重被监护人的真实意愿,按照最有利于被监护人的原则在依法具有监护资格的人中指定监护人。""监护人被指定后,不得擅自变更;擅自变更的,不免除被指定的监护人的责任。"

根据第31条,确定监护人有争议的解决途径包括:一是由被监护人住所地的居民委员会、村民委员会或者民政部门指定监护人。该指定并没有终局效力,有关当事人对该指定不服的,可以向法院提出申请,由法院指定监护人。[①] 法院的指定具有终局效力,被指定的监护人应当履行监护职责,不得推卸。二是有关当事人可以不经居民委员会、村民委员会或者民政部门的指定,直接向法院提出申请,由法院指定监护人。

"对监护人的确定有争议的"既包括争当监护人的情况,也包括推卸拒不担当监护人的情况,主要包括以下几类情形:一是具有监护资格的人均认为自己适合担任监护人,争当监护人;二是按照《民法典》第27条、第28条规定的顺序应当担任监护人的人认为自己没有监护能力,无法履行监护职责或者认为其他具有监护资格的人更适宜担任监护人;三是后一顺序具有监护资格的人要求前一顺序具有监护资格的人依法履行监护职责;四是具有监护资格的人均推卸监护职责,拒不担当监护人。

第31条第2款的"按照最有利于被监护人的原则"指定,是指居民委员会、村民委员会、民政部门或者人民法院指定监护人并不需要遵照该法第27条第2款、第28条规定的顺序,而应当结合具有监护资格的人与被监护人的生活情感联系、监护顺序、有无违法犯罪情形、具有监护资格的人的监护能力、意愿、品行等,综合进行判断,尊重被监护人的真实意愿,选择最有利于被监护人健康成长或者健康恢复、最利于保护被监护人合法权益的人担任监护人。人民法院依法指定的监护人一般应当是一人,由数人共同担任监护人更有利于保护被监护人利益的,也可以是数人。[②]

第31条第3款还规定了临时监护制度。指定监护人之前,被监护人的人身权利、财产权利以及其他合法权益处于无人保护状态的,由被监护人住所地的居民委员会、村民委员会、法律规定的有关组织或者民政部门担任临时监护人。

6. 民政部门、居委会、村委会担任监护人

《民法典》第32条规定："没有依法具有监护资格的人的,监护人由民政部门担任,也可以由具备履行监护职责条件的被监护人住所地的居民委员会、村民委员会担任。"该条规定的"没有依法具有监护资格的人",主要指没有该法第27条、第28条规定的具有监护资格的人的情况,即被监护人的父母死亡或者没有监护能力,也没有其他近亲属,或者其他近亲属

---

① 《民法典总则编解释》第10条规定:"有关当事人不服居委会、村民委员会或者民政部门的指定,在接到指定通知之日起三十日内向人民法院申请指定监护人的,人民法院经审理认为指定并无不当,依法裁定驳回申请;认为指定不当,依法判决撤销指定并另行指定监护人。有关当事人在接到指定通知之日起三十日后提出申请的,人民法院应当按照变更监护关系处理。"

② 《民法典总则编解释》第9条。

都没有监护能力,而且还没有符合条件的其他愿意担任监护人的个人或者组织。如果存在具有监护资格的人,但其拒绝担任监护人的,不适用该条规定。对比《民法通则》,该条对此作出调整:一是删去了未成年人的父母所在单位、成年被监护人所在单位担任监护人的规定;二是强化了民政部门的职责,由民政部门担任兜底性的监护人;三是规定具备履行监护职责条件的居民委员会、村民委员会也可以担任监护人。

(二) 指定监护

父母与子女之间血缘关系最近,情感最深厚,父母最关心子女的健康成长与权益保护,应当允许父母选择自己最信任的、对于保护子女最有利的人担任监护人。遗嘱监护制度有助于满足实践中一些父母在生前为其需要监护的子女作出监护安排的要求,体现了对父母意愿的尊重,也有利于更好地保护被监护人的利益。我国《民法通则》中虽然没有规定用遗嘱指定监护人的方式,但在实务中,未成年人的父母用遗嘱的方式为未成年人指定法律规定的监护顺序中某人或上述人员以外的人担任监护人,被指定人接受的,法院是允许的。一般来说,被指定的人必然是他们可以信赖的人,因此,只要该项遗嘱具有法律效力,被指定人也接受的,这种指定即受到法律的保护。

《民法典》第29条明确规定了遗嘱指定监护,即:"被监护人的父母担任监护人的,可以通过遗嘱指定监护人。"依据该条规定,被监护人(包括未成年人、无民事行为能力或者限制民事行为能力的成年人)的父母可以通过立遗嘱的形式为被监护人指定监护人,但前提是被监护人的父母正在担任监护人,如果父母因丧失监护能力没有担任监护人,或者因侵害被监护人合法权益被撤销监护人资格等不再担任监护人的,父母已不宜再通过立遗嘱的形式为被监护人指定监护人。

此外,还应注意该条与第27条、第28条确立的法定监护之间的关系:(1)遗嘱指定监护具有优先地位。遗嘱指定监护是父母通过立遗嘱选择值得信任并对保护被监护人权益最为有利的人担任监护人,应当优先于前述规定的法定监护。(2)遗嘱指定监护指定的监护人,也应当不限于第27条、第28条规定的具有监护资格的人。但是,遗嘱指定的监护人应当具有监护能力,能够履行监护职责。如果遗嘱指定后,客观情况发生变化,遗嘱指定的监护人因患病等原因丧失监护能力,或者因出国等各种原因不能履行监护职责,就不能执行遗嘱指定监护,应当依法另行确定监护人。

遗嘱生效时,被指定的人不同意担任监护人怎么办?《民法典总则编解释》第7条第1款规定:担任监护人的被监护人父母通过遗嘱指定监护人,遗嘱生效时被指定的人不同意担任监护人的,人民法院应当适用《民法典》第27条、第28条的规定确定监护人。在此需要说明的是:第一,关于被指定的人拒绝担任监护人的权利。按照遗嘱的性质,遗嘱人订立遗嘱无论是自书遗嘱或者公证遗嘱,均不要求事先征得拟指定的人(个人或者组织)同意,依据意思自治原则,遗嘱内容公开后被指定的个人或者组织理当可以拒绝担任监护人。且对被指定人而言,担任监护人意味着重大的法律职责,应充分考虑其自愿性,应当允许其拒绝接受指定。在比较法上,《魁北克民法典》第202条第2款、第203条规定更是直接明确了遗嘱指定监护人应当考虑被指定的人的意愿(《魁北克民法典》第202条第2款:如被指定人知悉指定后30日内未拒绝,推定为接受职责。第203条:父亲或母亲指定的监护人接受或拒绝监护职责,应告知遗产清算人和公共保佐人)。第二,关于被指定的人拒绝担任监护人时的监护人确定规则。被指定人拒绝接受指定的,应当视为没有遗嘱指定监护人,故应当按照法律的规定,即适用《民法典》第27条、第28条的规定确定监护人。

被监护人是未成年人时,父母中的一方通过遗嘱指定监护人,因而与遗嘱生效时有监护能力的另一方的法定监护之间产生冲突。《民法典总则编解释》第7条第2款规定,未成年人由父母担任监护人,父母中的一方通过遗嘱指定监护人,另一方在遗嘱生效时有监护能力,有关当事人对监护人的确定有争议的,人民法院应当适用《民法典》第27条第1款的规定确定监护人。为减少实践争议,《民法典总则编解释》第7条第2款明确人民法院应当适用《民法典》第27条第1款的规定确定监护人,即由父母中有监护能力的另一方担任监护人。这主要是考虑到,父母担任未成年子女的法定监护人是无条件的,只有在父母死亡或者没有监护能力的情况下,才可以由其他组织或者有关组织担任监护人。①

(三) 意定监护

我国当前人口老龄化趋势明显,单一的法定监护制度已经难以满足形势发展的需要。基于我国实际情况,规定意定监护制度,有利于成年人基于自己的意愿选任监护人。我国《老年人权益保障法》第26条第1款对意定监护制度作出了规定,即:"具备完全民事行为能力的老年人,可以在近亲属或者其他与自己关系密切、愿意承担监护责任的个人、组织中协商确定自己的监护人。监护人在老年人丧失或者部分丧失民事行为能力时,依法承担监护责任。"《老年人权益保障法》规定意定监护制度主要是考虑到老年人的智力有一个逐渐衰减的过程,在老年人清醒的时候,应当尊重老年人的意愿,允许其为自己选择丧失民事行为能力或者部分丧失民事行为能力时的监护人。《民法总则》在老年人权益保障法规定的基础上,进一步扩大了适用范围,将意定监护制度适用于具有完全民事行为能力的成年人。

《民法典》第33条规定:"具有完全民事行为能力的成年人,可以与其近亲属、其他愿意担任监护人的个人或者组织事先协商,以书面形式确定自己的监护人,在自己丧失或者部分丧失民事行为能力时,由该监护人履行监护职责。"

《民法典总则编解释》第11条重点聚焦实践中普遍关注的意定监护中监护协议的任意解除权问题作出了规定。② 一是充分考虑监护本身包含的职责或者负担属性,以及双方当事人的信任关系是意定监护的基础等因素,参照《民法典》第933条关于委托合同中委托人和受托人任意解除权的规定,明确在成年人丧失或者部分丧失民事行为能力前,成年人和意定监护人均享有任意解除监护协议的权利。这是因为在监护协议生效以前,受托人尚未成为监护人,无须履行监护职责,委托人也尚处于完全民事行为能力阶段,通过意思自治原则完全能充分维护自己的权益,如果任何一方萌生解除协议的念头,强行维持的监护关系也不能最大限度地维护被监护人的利益。二是明确在成年人已经丧失或者部分丧失民事行为能力的情况下,意定监护人无正当理由不享有解除监护协议的权利。这主要考虑到,此时意定监护人已经负有依据该监护协议履行监护职责的义务,并且此处的监护职责与法定监护、指定

---

① 参见郭锋、陈龙业、蒋家棣、刘婷:《〈关于适用民法典总则编若干问题的解释〉的理解与适用》,载《人民司法》2022年第10期。

② 《民法典总则编解释》第11条规定:"具有完全民事行为能力的成年人与他人依据民法典第三十三条的规定订立书面协议事先确定自己的监护人后,协议的任何一方在该成年人丧失或者部分丧失民事行为能力前请求解除协议的,人民法院依法予以支持。该成年人丧失或者部分丧失民事行为能力后,协议确定的监护人无正当理由请求解除协议的,人民法院不予支持。该成年人丧失或者部分丧失民事行为能力后,协议确定的监护人有民法典第三十六条第一款规定的情形之一,该条第二款规定的有关个人、组织申请撤销其监护人资格的,人民法院依法予以支持。"

监护规则下的监护职责在本质上具有一致性,即具有法定性乃至强制性。如仍允许监护人行使任意解除权,极易产生监护真空,使得意定监护制度的功能价值大打折扣。但是如果在此情形下一概认定监护人不享有任意解除权,过于绝对,司法解释参考借鉴我国台湾地区"民法"的做法,增加了"无正当理由"这一限定。①

意定监护作为一种确定监护人的方式,是相对于法定监护来说的。意定监护是对成年人完全基于自己意愿选择监护人的尊重,自己意愿是起决定作用的;法定监护是基于法律规定的条件和程序确定监护人,《民法典》第 27 条、第 28 条、第 30 条至第 32 条对此作了规定。

需要注意的是,意定监护也不同于《民法典》第 30 条规定的协议确定监护人,后者仍然属于法定监护方式,协议的主体是具有监护资格的人。一般而言,意定监护优先于法定监护予以适用。法律设立意定监护制度即是要尊重成年人自己的意愿,当然具有优先适用的地位。只有在意定监护协议无效或者因各种原因,如协议确定的监护人丧失监护能力,无法履行的情况下,再适用法定监护。

第三节 监护的内容

一、外国法律关于监护内容的一般规定

(一) 人身监护

人身监护,是指对被监护人的身体和心理的健康成长进行的监护。对未成年人人身监护的内容和亲权的内容大致相同。但有的国家规定得概括一些,有的国家则规定得详细一些。主要内容是:第一,保护未成年人的身体安全,使其不受侵害,健康成长;第二,监督教育被监护的未成年人;第三,指定被监护人的住所地;第四,当被监护人被诱骗、拐卖、绑架、隐藏时,监护人享有请求交还被监护人的权利;第五,担任被监护人的法定代理人;第六,行使适度的惩戒权,对于被监护人有严重不良行为的,有权予以适度的惩戒。

对成年人的人身监护,除包括上述对未成年人监护的一般事务外,尤其需要对被监护人进行治疗。被监护人有财产的,其财产首先满足治疗需要。治疗可强制进行。

(二) 财产监护

财产监护也即财产管理,是监护制度的重要内容。从各国法的规定来看,监护人对未成年人财产管理的内容主要有以下方面:

第一,编制未成年人的财产清册。这是监护开始时的首要事务,目的既在于进行合理管理,也在于确保未成年人的财产权益。

第二,管理财产。监护开始后,监护人即享有对未成年人财产的管理权,但无收益权。这里的财产指未成年人的全部财产,包括动产和不动产。在未成年人达一定年龄后(年龄界限自 14 岁至 16 岁不等),有的国家法律允许其在监护人的同意下从事一定的经营活动。许多西方国家的法律还特别强调监护人对未成年人的财产应认真尽善良管理人的注意义务或应谨慎稳妥地管理等。

---

① 参见李欣:《意定监护的中国实践与制度完善》,载《现代法学》2021 年第 2 期;刘婷:《意定监护的法律适用——兼析〈总则编解释〉第 11 条的理解与适用》,载《人民司法》2023 年第 1 期。

在大陆法系国家,由于监护制度和亲权制度是分离的,因此按照它们的法律,监护人与未成年人之间并无抚养义务存在,故被监护人个人所需的一切费用,包括财产管理费用均须由其财产中支出。有的国家,如日本、法国等要求监护人预定每年的支出数额。多数国家的法律还规定监护人须就未成年人财产的状况定期向监护监督人或监护当局作出报告。

第三,必要时合理使用和处分被监护人财产的义务。监护人的财产管理权不包括收益权,而且只得在为被监护人的利益时,才可使用被监护人的财产。监护人对未成年人的财产,非为被监护人的利益并经批准前不得处分,这是各国立法的通例。处分被监护人的财产时,应经监护监督人或监护官署的同意。与此相一致,监护人承担着不得受让财产的义务。监护人不得代理被监护人为赠与,不得为监护人自己或监护监督人使用被监护人的财产,不得代理被监护人与自己为民事行为等。

对成年人财产的监护,大致和上述要求相同。但监护人使用被监护人的财产为其治疗时,无须征得其本人同意。

(三) 民事行为的代理

在各国法律中,均肯定监护人是被监护人的法定代理人或指定代理人。监护人对被监护人的民事代理,要受到程序和实质两个方面的限制。程序方面的限制是指某些代理行为须经准许才得进行,其中又有监护当局准许、亲属会议准许、监护监督人准许、被监护人同意之分。实质方面的限制是指某些民事行为,监护人不得代理。比如不得代理被监护人与监护人的配偶或直系血亲之间的法律行为(专为履行债务者除外);不得代理以转移被监护人对监护人享有的质权、抵押权、船舶抵押权等债权为内容的法律行为;不得代理涉及前两项情形的诉讼行为。另外,有些国家还规定,如若监护人、监护人所代理的第三人、监护人的配偶或直系亲属的利益与被监护人的利益发生显著的对立时,应依司法程序剥夺监护人对被监护人的代理权,监护人也不得代理。

(四) 监护人的法律责任

因监护人的故意或过失而致被监护人以损害时,监护人须承担相应的法律责任,这是各国立法的通例。监护人责任的产生,包括未尽到人身监护责任和未尽到财产监护责任两个方面。责任的形式,既有民事责任,也有刑事责任。对此,有的国家采用不加区分的概括式立法方法。有的国家仅强调监护人对被监护人造成财产损害时应负赔偿责任,至于非财产损害则不主张赔偿。

关于监护人责任的规定,尚有几点值得注意:一是连带责任,当数人对被监护人所遭受的损害须同时负责时,应作为连带债务人承担责任。二是监护监督人的责任,很多国家都有规定。如法国民法规定监护监督人在发现监护人有错误而不立即通知监护法官时,在监护人死亡、无力监护或放弃监护而不提议指定新监护人时,均应负个人责任。[①] 另外,有的国家法律还规定监护法官因履行职务的错误而损害了被监护人利益时也应负赔偿责任。三是损害赔偿请求的诉讼时效,有些国家规定适用一般诉讼时效,有些国家规定适用特别诉讼时效。

---

① 《法国民法典》第420条。

二、我国法律关于监护内容的规定

《民法典》第 34 条第 1 款、第 2 款规定:"监护人的职责是代理被监护人实施民事法律行为,保护被监护人的人身权利、财产权利以及其他合法权益等。监护人依法履行监护职责产生的权利,受法律保护。"结合此次疫情防控工作,我国《民法典》第 34 条第 4 款对监护制度作了进一步完善,规定"因突发事件等紧急情况,监护人暂时无法履行监护职责,被监护人的生活处于无人照料状态的,被监护人住所地的居民委员会、村民委员会或者民政部门应当为被监护人安排必要的临时生活照料措施。"

《民法典》第 35 条规定了履行监护职责应遵循的原则:监护人应当按照最有利于被监护人的原则履行监护职责。监护人除为维护被监护人利益外,不得处分被监护人的财产。未成年人的监护人履行监护职责,在作出与被监护人利益有关的决定时,应当根据被监护人的年龄和智力状况,尊重被监护人的真实意愿。成年人的监护人履行监护职责,应当最大限度地尊重被监护人的真实意愿,保障并协助被监护人实施与其智力、精神健康状况相适应的民事法律行为。对被监护人有能力独立处理的事务,监护人不得干涉。

该条第 1 款确立了最有利于被监护人的原则,即监护人在保护被监护人的人身权利、财产权利及其他合法权益的过程中,要综合各方面因素进行权衡,选择最有利于被监护人的方案,采取最有利于被监护人的措施,使被监护人的利益最大化。

第 2 款规定了尊重未成年人意愿的原则。第 3 款规定了最大限度地尊重成年被监护人意愿的原则。与第 2 款的规定有所区别,对成年被监护人的意愿,要做到"最大程度"地尊重。最大限度地尊重被监护人的真实意愿是成年人的监护人履行监护职责的基本原则,贯穿于履行监护职责的方方面面。如果某项民事法律行为,根据被监护人的智力、精神健康状况,被监护人可以独立实施,监护人不得代理实施,要创造条件保障、支持被监护人独立实施。监护人不得干涉被监护人有能力独立处理的事务,促进被监护人按照自己的意愿独立、正常生活。

父母及家庭在未成年人成长中扮演着不可替代的作用。联合国《儿童权利公约》规定父母要对孩子的成长和发展承担首要、共同责任。但什么是父母或者其他监护人的职责?父母应当做什么、不能做什么?我国法律对此一直缺乏明确的规定,原《未成年人保护法》对此也只是笼统规定。2020 年修订的《未成年人保护法》,在强化家庭监护责任、加强未成年人网络保护等方面亮点颇多,其中特别是发展完善了家庭监护制度,体现在加强家庭保护、细化家庭监护职责,明确列举了未成年人父母或其他监护人应履行的监护职责和不得实施的行为;完善了留守儿童委托监护制度,解决农村留守儿童等群体的监护缺失问题;明确了国家监护制度,为未成年人保护兜底等。修订后的《未成年人保护法》不仅明确规定了父母或其他监护人必须履行的十项具体职责[①],还明确规定了不得实施的十一项具体行为[②],这些

[①] 《未成年人保护法》第 16 条规定:"未成年人的父母或者其他监护人应当履行下列监护职责:(一)为未成年人提供生活、健康、安全等方面的保障;(二)关注未成年人的生理、心理状况和情感需求;(三)教育和引导未成年人遵纪守法、勤俭节约,养成良好的思想品德和行为习惯;(四)对未成年人进行安全教育,提高未成年人的自我保护意识和能力;(五)尊重未成年人受教育的权利,保障适龄未成年人依法接受并完成义务教育;(六)保障未成年人休息、娱乐和体育锻炼的时间,引导未成年人进行有益身心健康的活动;(七)妥善管理和保护未成年人的财产;(八)依法代理未成年人实施民事法律行为;(九)预防和制止未成年人的不良行为和违法犯罪行为,并进行合理管教;(十)其他应当履行的监护职责。"

[②] 参见《未成年人保护法》第 17 条。

规定对未来父母或其他监护人更好地履行监护职责提供了法律支撑。

《未成年人保护法》还创设了对未成年人的代为照护制度。在"家庭保护"一章主要规定了什么情况下可以代为照护,哪些人不能作为被委托人、对委托人和被委托人有什么特殊要求。在"社会保护"一章规定了村委会、居委会有协助政府有关部门对代为照护者的监督责任。"代为照护"强调的只是代为照顾、看护的职责,监护人很多具体监护职责,比如承担抚养费、教育、情感联系等都是不可能对外委托的。"代为照护"是父母或其他监护人履行职责的一种方式,但父母或其他监护人仍然要承担起很多具体监护职责。①

（一）人身方面的监护

人身方面的监护包括:保护被监护人的身体健康,防止其人身受到伤害,为其医治疾病;照顾被监护人的生活;教育被监护人,监督其学习、生活,使其成为德、智、体全面发展的人;指定被监护人住所地;担任被监护人的法定代理人或指定代理人;享有交还被监护人的请求权——当未成年人被绑架、诱骗、拐卖、隐藏时,监护人有请求交还被监护人的权利②;对被监护人适度的惩戒权,但惩戒须以合法的方式进行,不能采用违法的方式,也不能违反《未成年人保护法》的规定。

《未成年人保护法》在"家庭保护"部分强调了父母或其他监护人对儿童安全的保障义务,不仅明确规定不得使未满8周岁或者由于身体、心理原因需要特别照顾的未成年人处于无人看护状态,更是专门用一条规定了父母或其他监护人在保障儿童安全方面的具体义务。修订后的《未成年人保护法》明确规定父母或其他监护人应当为未成年人提供安全的家庭生活环境,及时排除引发触电、烫伤、跌落等伤害的安全隐患;采取配备儿童安全座椅、教育未成年人遵守交通规则等措施,防止未成年人受到交通事故的伤害;提高户外安全保护意识,避免未成年人发生溺水、动物伤害等事故。这种规定具体明确,有助于更多父母或其他监护人来落实。③

（二）财产方面的监护

财产方面的监护包括:制作被监护人财产清单——清点被监护人财产,并登记造册,制作财产目录;为了被监护人的利益管理、使用、处分被监护人的财产,代理被监护人进行民事活动;监护人不得代理被监护人为赠与行为,不得为监护人或其他人使用被监护人的财产,不得代理被监护人与自己为民事行为;负责监护终止前的财产报告、清算及财产返还;等等。

（三）代理活动

设立监护的目的之一,就是由监护人代理无民事行为能力人或限制民事行为能力人进行民事活动。监护人是被监护人的法定代理人或指定代理人,代理被监护人进行民事活动是监护人的一个重要职责。监护人在代理参与民事活动中,他与被监护人的关系就是代理人与被代理人的关系。监护人应当遵守《民法典》总则编有关代理人的要求,为被代理人的利益进行民事活动,不得滥用代理权或者作出有损被代理人利益的行为。

---

① 参见《未成年人保护法》第 21 条、第 22 条、第 23 条、第 43 条。
② 最高人民法院《关于确定民事侵权精神损害赔偿责任若干问题的解释》第 2 条规定,非法使被监护人人脱离监护,导致亲子关系或者近亲属间的亲属关系遭受严重损害,监护人向人民法院起诉请求赔偿精神损害的,人民法院应当依法予以受理。
③ 参见佟丽华:《未保法修订的十个变化》,载儿童权利在线,http//www.chinachild.org/,最后访问日期:2021 年 10 月 18 日。

除民事活动外，涉及被监护人的诉讼活动和其他方面的活动，也应由监护人代理。《民法典》侵权责任编规定，被侵权人有权请求侵权人承担侵权责任。无民事行为能力或限制民事行为能力的被侵权人，自己不能行使请求权的，应当由其法定代理人代其行使请求权。

（四）监护人的法律责任

监护人违反监护职责，侵害被监护人人身、财产权益时，应承担法律责任。理论上认为，下列几种情况下，监护人都应承担责任：第一，监护人违反义务对被监护人造成人身伤害的，应当承担法律责任；第二，监护人给被监护人造成财产损失的，应当依法赔偿；第三，监护人为自己消费并损害被监护人的财产的，应当负赔偿责任；第四，监护人给被监护人造成人身、财产损害，构成犯罪的，依法承担刑事责任。

监护人与被监护人利益相反时，人民法院可以根据被监护人的亲属或其他有监护资格的人的申请，撤销监护人的资格，选任其他人担任监护人或特别代理人。

按照我国法律的规定，在被监护人致人损害时，监护人亦应承担民事责任。这是我国民法规定的特殊侵权的民事责任。《民法典》第34条第3款规定："监护人不履行监护职责或者侵害被监护人合法权益的，应当承担法律责任。"应注意对监护人责任的理解。具体而言，主要包括以下两个方面：（1）对被监护人的侵权行为承担责任。《民法典》第1188条规定，无民事行为能力人、限制民事行为能力人造成他人损害的，由监护人承担侵权责任。监护人尽到监护责任的，可以减轻其侵权责任。有财产的无民事行为能力人、限制民事行为能力人造成他人损害的，从本人财产中支付赔偿费用；不足部分，由监护人赔偿。（2）监护人不履行监护职责或者侵害被监护人合法权益，造成被监护人人身、财产损害的，应当承担民事责任。《民法典》第179条对承担民事责任的主要方式作出了规定，包括停止侵害、赔偿损失等。

监护人对无民事行为能力人和限制民事行为能力人致人损害承担民事责任，其理论根据就在于监护人对被监护人负有管理责任。从民事责任的构成来看，一般人们只有对自己的过错行为造成的损害才承担赔偿责任。过错，是以行为人的意思能力为基础的，因此，只有具有意思能力的人对自己的行为造成的损害才承担责任。无民事行为能力人、限制民事行为能力人是无意思能力或意思能力不完全的人，自然不应当由他们对自己的行为后果承担责任。但是，监护人对被监护人负有教育、保护、照管的义务，对被监护人的一切行为应尽良好的注意，不使其侵害他人。如果他们不法侵害他人，就说明是其监护人有怠于其注意义务所致，因此，监护人应承担民事责任。但是，在实际生活中，有时监护人虽竭尽自己的责任，仍不能杜绝被监护人给他人造成损害的发生。在此情形下，如果仍要监护人承担完全的责任，也失之过严，因此，法律又规定"监护人尽了监护责任的，可以减轻他的民事责任"。这样规定，比较全面、合理。

监护人对被监护人致人损害赔偿责任的构成条件包括：第一，必须是无民事行为能力人或限制民事行为能力人对其他人造成的损害。第二，必须是无民事行为能力人或限制民事行为能力人自己独立的行为对他人造成的损害。如果是有责任能力的人故意教唆、指使、操纵无民事行为能力人给他人造成损害的，后果应由教唆、指使、操纵人直接承担；如果是教唆、指使、操纵限制民事行为能力人给他人造成损害的，则应承担共同侵权的民事责任，其中教唆、指使、操纵人承担主要责任。第三，无民事行为能力人或限制民事行为能力人的行为，必须在客观上具有违法性。由于他们的行为能力的欠缺，本人不一定能意识到自己行为的法律后果,但就行为本身考虑,必须是在客观上为法律所不容的,才产生责任。第四,承担责任的,是无民事行为能力人或限制民事行为人的监护人。未被确定为监护人的,一般不承担责任。而在监护人中首先应由与被监护人共同生活的人承担责任。如果与被监护人共同生活的监护人独立承担民事责任有困难的,可以责令同一顺序的其他监护人酌情承担民事责任。第五,监护人对被监护人所致损害承担的民事责任实际上是一种补充责任。我国《民法典》明确规定,有财产的无民事行为能力人和限制民事行为能力人给他人造成损害需要赔偿的,先从其个人财产中支付,不足部分由监护人补足。从我国的情况看,无民事行为能力人或者限制民事行为能力人有自己独立财产的情况不多,但是随着经济和社会的多元化发展,无民事行为能力人或者限制民事行为能力人通过创作、接受赠与或者继承等方式取得独立财产的情况将会越来越多,因此,以自己的财产对自己造成他人的损害承担赔偿责任,也是公平的。在父母等亲属之外的人员或者单位担任监护人的情况下,被监护人有独立财产的情况可能较为普遍,在这种情况下,先从被监护人的财产中支付赔偿费用更有必要。比如,某未成年人父母双亡后,留有一笔遗产,由其所在的居委会担任监护人,那么,该未成年人侵权行为造成他人的损失,其赔偿费用应当从遗产中扣除。当然,从被监护人的财产中支付赔偿费用的,应当保留被监护人基本的生活费用,保障其正常的生活和学习不受影响。被监护人的财产不足以支付赔偿费用的,其余部分由监护人承担。[①]

被监护人造成他人损害的,有明确的监护人时,由监护人承担责任;监护人不明确的,由顺序在前的有监护能力的人承担民事责任。

第四节 监护的变更和终止

一、监护的变更

监护的变更,是指因监护人等的情况发生重大变化,而使原监护人继续担任监护职责不利于对被监护人利益的保护时,更换监护人的情况。监护人的变更主要有两种情况:

一是依协议变更监护人。这适用于原为《民法典》第27条、第28条的情况,即监护人原是从法定监护人顺序中自行产生,后经法定监护人之间自行协商变更监护人的情形(《民法典》第30条)。《民法典总则编解释》第12条规定:"监护人、其他依法具有监护资格的人之间就监护人是否有民法典第三十九条第一款第二项、第四项规定的应当终止监护关系的情形发生争议,申请变更监护人的,人民法院应当依法受理。经审理认为理由成立的,人民法院依法予以支持。被依法指定的监护人与其他具有监护资格的人之间协议变更监护人的,人民法院应当尊重被监护人的真实意愿,按照最有利于被监护人的原则作出裁判。"

二是经指定变更监护人。这适用于《民法典》第31条监护争议解决的情况,即对监护人的确定发生争议时,依有关单位(被监护人住所地的居民委员会、村民委员会或者民政部门)或人民法院的指定而确定监护人或变更监护人。监护人被指定后,不得擅自变更;擅自变更的,不免除被指定的监护人的责任。在我国的司法实践中,如果监护人是有关单位或人民法院指定的,后来法定监护人之间又自行协商变更监护人的,应当认为协议无效。因此,仍应

[①] 黄薇主编:《中华人民共和国民法典释义》(下),法律出版社2020年版,第2297—2298页。

以有关单位和人民法院指定的人作为监护人。法定监护人自行协商确定的履行监护职责的人,可以认为是依法定监护人之间委托代理协议所产生的监护受托人。对监护后果,由原监护人和受委托人共同承担责任。《民法典总则编解释》第13条规定:"监护人因患病、外出务工等原因在一定期限内不能完全履行监护职责,将全部或者部分监护职责委托给他人,当事人主张受托人因此成为监护人的,人民法院不予支持。"

二、监护的终止

监护的终止,即监护关系的消灭。从国外的规定来看,监护的终止分为两种:一为绝对的终止,即由于被监护人原因导致设立监护的基础不复存在而终止;二为相对的终止,即由于监护人原因而终止,即监护人不能或不应行使监护权而终止。在后一种情况下,由于监护的基础依然存在,将发生监护的变更。

监护关系绝对终止的原因有:被监护人已成年,具有完全的行为能力;被监护人自然死亡或被宣告死亡;被监护人被生父母认领或被他人所收养;被监护人的父母不能行使亲权的原因已消失。如受停止亲权宣告者亲权的恢复、禁治产宣告撤销、被宣告死亡或失踪者生还或归来等。

监护关系相对终止的原因有:监护人自然死亡或被宣告死亡;监护人受禁治产宣告;监护人因正当理由而辞职;监护人被依法撤除监护职务;法定监护人或指定监护人监护条件或监护能力的消失。

我国司法实践中,一般把监护关系的终止分为自然终止和因人民法院的撤销而终止两种情况。

自然终止,是指随着时间的推移发生特定的法律事实时,监护关系即行终止,不需任何机关或组织进行正式宣布。这主要指未成年人随着年龄增长而成为成年人,已具备完全的民事行为能力。同时,自然终止也应包括被监护人的死亡或被宣告死亡,以及被监护人被他人收养等。

因撤销而终止,又叫监护的解除。这是指人民法院根据被监护人或有关人员或有关单位的申请,宣告撤销监护人,监护关系即终止。主要适用于两种情况:一种是被人民法院宣告为无民事行为能力或限制民事行为能力的人在其恢复行为能力时,人民法院可根据被监护人的恢复状况,经其本人或利害关系人申请,宣告其为完全民事行为能力人,作出撤销监护的裁决。另一种是监护人侵害被监护人的合法权益或不认真履行监护职责,或者监护人丧失监护能力的,人民法院可根据有关人员或单位的申请,经查明事实,撤销监护人的资格,从而终止监护关系。不过,被监护人仍需监护的,要为其确定新的监护人。这实际上也是监护关系的变更。

关于监护关系终止的情形,《民法典》第39条规定:有下列情形之一的,监护关系终止:(1)被监护人取得或者恢复完全民事行为能力;(2)监护人丧失监护能力;(3)被监护人或者监护人死亡;(4)人民法院认定监护关系终止的其他情形。监护关系终止后,被监护人仍然需要监护的,应当依法另行确定监护人。

(一)撤销监护人资格

关于撤销监护人资格,《民法典》第36条规定:监护人有下列情形之一的,人民法院根据有关个人或者组织的申请,撤销其监护人资格,安排必要的临时监护措施,并按照最有利于被监护人的原则依法指定监护人:(1) 实施严重损害被监护人身心健康行为;(2) 怠于履行监护职责,或者无法履行监护职责并且拒绝将监护职责部分或者全部委托给他人,导致被监护人处于危困状态;(3) 实施严重侵害被监护人合法权益的其他行为。

有权提出的撤销监护人资格申请的有关个人和组织包括:其他依法具有监护资格的人(主要依据《民法典》第 27 条、第 28 条的规定确定。例如,配偶担任监护人的,其他依法具有监护资格的人,指《民法典》第 28 条规定的父母、子女、其他近亲属、经被监护人住所地的居民委员会、村民委员会或者民政部门同意的其他愿意担任监护人的个人或者组织)、居民委员会、村民委员会、学校、医疗机构、妇女联合会、残疾人联合会、未成年人保护组织、依法设立的老年人组织、民政部门等。

个人和民政部门以外的组织未及时向人民法院申请撤销监护人资格的,民政部门应当向人民法院申请。民政部门只要发现具有严重侵害被监护人合法权益的情形,即可向法院申请撤销监护人资格,不需要等到其他个人或者组织都不向法院申请之后再行申请。如果其他个人或者组织都不向法院申请撤销监护人资格,此时,民政部门应当主动向法院提出申请。

2014 年 12 月 18 日最高人民法院、最高人民检察院、公安部、民政部发布的《关于依法处理监护人侵害未成年人权益行为若干问题的意见》指出,监护侵害行为,是指父母或者其他监护人(以下简称监护人)性侵害、出卖、遗弃、虐待、暴力伤害未成年人,教唆、利用未成年人实施违法犯罪行为,胁迫、诱骗、利用未成年人乞讨,以及不履行监护职责严重危害未成年人身心健康等行为。该意见第 35 条规定:"被申请人有下列情形之一的,人民法院可以判决撤销其监护人资格:(一) 性侵害、出卖、遗弃、虐待、暴力伤害未成年人,严重损害未成年人身心健康的;(二) 将未成年人置于无人监管和照看的状态,导致未成年人面临死亡或者严重伤害危险,经教育不改的;(三) 拒不履行监护职责长达六个月以上,导致未成年人流离失所或者生活无着的;(四) 有吸毒、赌博、长期酗酒等恶习无法正确履行监护职责或者因服刑等原因无法履行监护职责,且拒绝将监护职责部分或者全部委托给他人,致使未成年人处于困境或者危险状态的;(五) 胁迫、诱骗、利用未成年人乞讨,经公安机关和未成年人救助保护机构等部门三次以上批评教育拒不改正,严重影响未成年人正常生活和学习的;(六) 教唆、利用未成年人实施违法犯罪行为,情节恶劣的;(七) 有其他严重侵害未成年人合法权益行为的。"

2020 年修订的《未成年人保护法》第 17 条规定:"未成年人的父母或者其他监护人不得实施下列行为:(一) 虐待、遗弃、非法送养未成年人或者对未成年人实施家庭暴力;(二) 放任、教唆或者利用未成年人实施违法犯罪行为;(三) 放任、唆使未成年人参与邪教、迷信活动或者接受恐怖主义、分裂主义、极端主义等侵害;(四) 放任、唆使未成年人吸烟(含电子烟,下同)、饮酒、赌博、流浪乞讨或者欺凌他人;(五) 放任或者迫使应当接受义务教育的未成年人失学、辍学;(六) 放任未成年人沉迷网络,接触危害或者可能影响其身心健康的图书、报刊、电影、广播电视节目、音像制品、电子出版物和网络信息等;(七) 放任未成年人进入营业性娱乐场所、酒吧、互联网上网服务营业场所等不适宜未成年人活动的场所;(八) 允许或者迫使未成年人从事国家规定以外的劳动;(九) 允许、迫使未成年人结婚或者为未成年人订立婚约;(十) 违法处分、侵吞未成年人的财产或者利用未成年人牟取不正当利益;(十一) 其他侵犯未成年人身心健康、财产权益或者不依法履行未成年人保护义务的行为。"

依法负担被监护人抚养费、赡养费、扶养费的父母、子女、配偶等,被人民法院撤销监护人资格后,应当继续履行负担的义务。根据我国法律,法定扶养义务主要有以下几类:

(1) 父母、子女之间的抚养、赡养义务。(2) 夫妻之间的扶养义务。(3) 祖父母、外祖父母与孙子女、外孙子女之间的抚养、赡养义务。(4) 兄、姐与弟、妹之间的扶养义务。《未成年人保护法》和《反家庭暴力法》已经针对各自的领域作出了类似规定。只要具有法定扶养义务的人因严重侵害被监护人合法权益被撤销监护人资格的，均应继续履行负担抚养费、赡养费、扶养费的义务。

（二）恢复监护人资格

关于恢复监护人资格，《民法典》第38条规定："被监护人的父母或者子女被人民法院撤销监护人资格后，除对被监护人实施故意犯罪的外，确有悔改表现的，经其申请，人民法院可以在尊重被监护人真实意愿的前提下，视情况恢复其监护人资格，人民法院指定的监护人与被监护人的监护关系同时终止。"

恢复监护人资格必须要向法院申请，由人民法院决定是否予以恢复。父母与子女是最近的直系亲属关系，第38条适用的对象仅限于被监护人的父母或者子女，其他个人或者组织的监护人资格一旦被撤销，即不再恢复。被监护人的父母或者子女被撤销监护人资格后，再恢复监护人资格还需要满足以下几个条件：(1) 没有对被监护人实施故意犯罪的情形。如性侵害、虐待、遗弃被监护人等构成刑事犯罪的，不得恢复监护人资格。但对因过失犯罪，例如因过失导致被监护人受到伤害等被撤销监护人资格的，则可以根据具体情况来判断是否恢复监护人资格。(2) 确有悔改表现，即被监护人的父母或者子女不但要有悔改的意愿，还要有实际的悔改表现，这需要由人民法院根据具体情形予以判断。(3) 要尊重被监护人的真实意愿，如果被监护人不愿意父母或者子女继续担任监护人的，则不得恢复监护人资格。(4) 即使符合以上条件，法院也还需要综合考虑各方面情况，从有利于被监护人权益保护的角度，决定是否恢复监护人资格。

关于监护关系终止的后果，我国法律没有明确规定。从外国的规定来看，监护终止的后果主要是财产清算，即确定双方应予清结的账目以及监护人应移交或交还财产的范围。监护人为义务人，被监护人为权利人。如监护人无意思能力，清算应由其代理人为之；如监护人已死亡，则应由其继承人为之。在多数国家中，清算账目须交监护官署审查，有的须经监护监督人认可。清算之后，如被监护人的财产有剩余，自然发生剩余财产的交还问题。监护关系绝对终止时，如被监护人已具有完全的行为能力，自应交还本人；如被监护人尚未成年，应交给其亲权人（包括养父母）管理；如被监护人死亡，则应交给其继承人；监护关系相对终止时，应移交给新监护人。

讨论思考题

1. 如何认识监护与亲权的关系？
2. 如何确定未成年人的监护人？
3. 如何确定无民事行为能力、限制民事行为能力的成年人的监护人？
4. 论监护人的法律责任。
5. 论《民法典》意定监护制度的理解与适用。
6. 论《民法典》总则编司法解释体现的未成年人利益最大化原则。
7. 我国《民法典》总则编的监护制度有哪些进步？应如何进一步完善？
8. 论《未成年人保护法》对监护人监护职责的新规定。

第十章

继承法概述

第一节 继承的概念和特征

一、继承的概念

继承是一个多含义的概念。从社会科学一般意义上说,继承,是指对前人事业的承接和延续。在民法学上,继承有广义与狭义之分:从广义上说,继承是指对死者生前权利义务的承受;从狭义上说,继承是指对死者生前的财产权利义务的承受,又称为财产继承。古代法上的继承是就其广义而言的,而现代法上的继承一般是指其狭义来说的。

继承,又有动词与名词之分。作为动词,继承是指继承人承接死者财产权利义务的有法律意义的动作或行为,如子女继承父母的遗产中的"继承"。作为名词,继承是指将死者生前的权利义务移转归他人所有的法律制度,如继承的本质、继承的起源中的"继承";有时,继承是指死者财产权利义务移转的过程,如继承的开始中的"继承";有时,继承是指因死者的权利义务转移而发生的法律关系,如参加继承中的"继承"。

在民法学上,继承是指将死者生前所有于死亡时遗留的财产依法转移给他人所有的法律现象或法律制度。因此,在英语中,尽管 succession 可作连续、接续、继任、演替等多种解释,但在法学中,是指有关个人财产在其死后转移给其他人的法律制度。在继承中,其生前所享有的财产因其死亡而移转给他人的死者称为被继承人,被继承人死亡时遗留的财产为遗产,依法承接被继承人遗产的人为继承人。

从前述继承的概念可以看出,继承具有以下含义:

(1) 继承是因公民(自然人)死亡而发生的法律现象。在现代法上,继承只能是从公民死亡(包括生理死亡和宣告死亡)开始。也只有因公民死亡而发生的财产所有权的转移才属于继承的范畴,不是因公民死亡而发生的财产转移不属于继承。例如,夫妻离婚时的财产分割不属于继承。即使在夫妻一方死亡时,夫妻共同财产的一半应分出归未亡一方所有,也不属于继承。分家析产也不属于继承,即使在分家析产时父母将其财产全部分给子女所有,也不是由子女继承了父母的财产。

(2) 继承是处理死者财产的法律制度。在现代法上,继承的标的只能是财产,而不能是其他。所以,公民死亡而又留有财产是继承发生的必要条件。也正因为如此,继承是以私有财产的存在为前提的。在没有任何私有财产存在的社会,不会有也不可能有继承的存在。

(3) 继承是继承人承接被继承人财产的法律制度。公民死亡,其财产权的主体必定要发生变更,因为已经死亡的公民不能再为民事权利义务的主体。但是,因公民死亡而发生的财产的转移不都属于继承。例如,因遗赠、遗赠扶养协议而发生的死者财产的转移,虽然也是在我国继承法中规定的,但不属于继承。

二、继承的起源

继承是历史的产物,是随着私有制的产生而产生,随着社会的发展而发展的法律现象。

在最初的人类社会,由于人类刚从动物进化出来,生产力极其低下。为了生存,为了同各种恶劣的自然环境作斗争,人类只能采取原始群体的组织形式:"其民聚生群处,知母不知父,无亲戚、兄弟、夫妻、男女之别,无上下长幼之道,无进退揖让之礼。"① 在这种群居生活中,人们只能共同生产,共同消费,没有剩余,没有积累,没有任何的个人财产,也就不可能出现继承。

继承的萌芽出现于原始氏族公社时期。在最初的母系氏族公社,生产力有了一定的提高,此时虽住房、生产工具、土地等为氏族公社公有,但个人已可占有一些纯粹为个人使用的物品。这些物品在占有者死后,则于氏族成员之间进行分配。随着生产的发展,个人得以占有的物品也越来越多,氏族成员在其他成员死后得以分得的死者的物品也就越来越多。这种现象可说是最初的"继承",但并不是后来和现代意义上的继承。因为,这时的继承主要有以下特点:第一,它是由氏族习惯调整的,是由母亲所享有的威信来维持的,而不是由法律调整的,没有任何强制性。第二,可继承死者财产的人并不是根据血缘关系和婚姻关系确定的。在最初,死者占有的物品由氏族全体成员分配,其后,死者的财物虽由其较近的亲属承受,但是子女只能继承其母亲的财产,而不能从被认为是父亲的人那里获得任何东西。氏族成员死后,其财产必须留在氏族中。第三,可由氏族成员继承的财产只是由死者生前个人占有使用的日用物品,不仅数量和范围极其有限,而且个人并不具有所有权。

原始社会后期,随着社会生产力的发展,社会财富的增多,由母系氏族过渡到父系氏族,进而确立了私有制和以丈夫为中心的一夫一妻制家庭。由于家庭成为生产财富的组织,父亲和子女的劳动越来越体现到他们所耕种的土地上,体现到他们所饲养的家畜上,体现到他们所生产的产品上。这就导致了在子女中优先继承他们所参与生产的财产的要求。因此,继承才由母系氏族的继承经由父系的继承过渡到私有制的继承。至私有制的继承的出现才有了法律意义上的继承。

三、继承的本质和特征

关于继承的本质和发生的根据,在以往的民法学上有各种各样的不同学说。主要有以下几种:

第一,意思说。认为继承的根据在于被继承人的意思。正因为继承决定于死者的意思,所以,被继承人有立遗嘱的自由,在无遗嘱时,立法者也应根据人的自然情感推测死者的意思,以决定应由何人继承死者的遗产。这种学说是自然法学派观念对继承本质认识上的反映,因为自然法学派将一切权利义务变动的根据,都归因于人的意思。

第二,家族协同说。认为继承是由于家族协同生活而发生的,没有一体的协同生活或协

---

① 《吕氏春秋·恃君览》。

同感者不应继承。依照该说,个人死后其财产应传于一定的家族或亲属;即使被继承人得立遗嘱,遗产的一定数额或一定部分也必须留给法定继承人。该说为了说明法定继承人的范围,主张人的生活不仅是生存中的共同生活,而且有纵的共同生活,要承继前代人的生活并传至下一代。依据该说,继承系为人类自祖先以至乃子乃孙,维持过去、现在、未来之纵的共同生活的必然现象。

第三,死后扶养说。认为继承的根据在于死者的扶养责任。一定范围内的宗族或者亲属,负有扶养义务的人,不仅于生存中应当扶养,于其死亡后也应继续扶养。继承人正是基于负有扶养义务的人死亡后受扶养的权利而有权继承遗产的。依照此说,受扶养权利人与继承人应是一致的,不需要扶养的家族成员或亲属,不论其与被继承人的关系如何密切,也不得有继承权,而且遗产继承的范围应以扶养所必要者为限。

第四,无主财产之归属说。认为人的人格因死亡而消灭,人于生存中虽为财产的主体,但于死亡后其财产则成为无主的财产,该无主财产应归属何人,则属于继承问题,全由国家的立法政策而定。

第五,共分说。认为被继承人的财产上原本有三个所有权,即本人的所有权、亲属的所有权和国家的所有权。因为本人的财产中包含有亲属和国家的帮助,所以,在被继承人死亡后应属于亲属的部分归于亲属(法定继承),应属于国家的部分由国家收回(遗产税),属于本人的部分则由本人自由处分(遗嘱处分)。

上述各种学说都有一定的道理,都在一定程度或者一定的侧面说明了继承的本质和特征,但是也都有一定的片面性和表面性,并不能完全说明继承制度或者说继承现象的真实本质和特征。

继承的发生有其自然的原因,也更有其社会的原因。从自然原因上说,继承决定于人类历史的无限性和人的生命的有限性。由于每个人的生命是有限的,而人的历史又是无限的,人类的生命也就具有延续性,自有法律以来,就会发生后人承受前人权利义务的问题。从社会原因上说,出于社会生产和再生产的需要,有了个人财产的存在和社会需要将这种个人财产关系维持下去,才会发生后人承受前人权利义务的问题,没有个人财产或者社会不需要把这种个人的财产关系维持下去,也就不能发生继承。按照恩格斯在《家庭、私有制和国家的起源》中的说法,人类的生产本身又有两种。一方面是生活资料即食物、衣服、住房以及为此所必需的工具的生产;另一方面是人类自身的生产,即种的繁衍。[①] 可以说,继承正是基于这两种生产的社会需要而产生的,实质上是一种社会关系的更替。

第二节 继承的种类

继承从不同的角度,有不同的分类。主要的分类有以下几种:

一、财产继承与身份继承、祭祀继承

根据继承的对象(标的),继承可分为财产继承、身份继承与祭祀继承。

财产继承,是指继承的对象仅为财产的继承。在财产继承中,继承人只能继承被继承人

---

① 《马克思恩格斯全集》(第21卷),人民出版社1965年版,第29—30页。

的财产权利义务,而不能继承其他的权利义务。在现代各国的继承法中,人们从死者承受的只能是财产权利义务,因此,现代意义上的继承仅为财产继承。

身份继承,是指以死者生前的身份为继承对象的继承。在身份继承中,继承人继承的是被继承人的身份权利,如官职、爵位等。在古代社会,财产关系依附于身份关系,财产继承也依附于身份继承,得继承被继承人身份的人当然可继承被继承人的财产;相反,能继承被继承人财产的人不一定能继承被继承人的身份。自进入资本主义社会,人们之间的身份关系成为契约关系,继承法上的继承也就不再包括身份继承。

祭祀继承,是指承受祭祀宗庙资格的继承。在祭祀继承中,继承人继承的是祭祀祖先的权利义务。祭祀继承人当然有权继承财产,同时也有权继承被继承人的身份。古代社会中通行的嫡长子继承制就是与祭祀继承联系在一起的。我国古代的宗祧继承制也是集祭祀继承、身份继承与财产继承为一体的继承制度,有祭祀继承权的人既可继承被继承人的身份,也可继承被继承人的财产。在现代继承法上,继承不包括祭祀继承,祭祀继承与财产继承分离。

二、法定继承与遗嘱继承

根据继承人继承财产的方式,继承可分为法定继承与遗嘱继承。

法定继承,是指继承人不是依照被继承人的遗嘱而是依照法律的直接规定继承被继承人遗产的继承方式。在法定继承中,继承人的范围、继承人参与继承的顺序、继承人应继承的份额和遗产的分配原则等都是由法律直接规定的,而不是由被继承人的意思确定的。

遗嘱继承,是指继承人依照被继承人的遗嘱继承被继承人遗产的继承方式。在遗嘱继承中,继承人、继承人继承的顺序、继承人继承的财产份额或对象等都是由被继承人在其遗嘱中依法确定的,也就是决定于被继承人生前的意思。

就整体上说,法定继承与遗嘱继承自古代社会就一直存在,不过在不同的时期、不同的国家里对遗嘱自由的限制程度不同,法定继承与遗嘱继承的主次地位不同。从产生的历史上说,法定继承先于遗嘱继承;但从适用上说,遗嘱继承优先于法定继承。所以,法定继承又称为无遗嘱继承。

三、有限继承与无限继承

根据继承人继承被继承人财产权利义务的范围,继承可分为有限继承与无限继承。

无限继承,又称为不限定继承、概括继承,是指继承人必须承受被继承人的全部财产权利义务的继承。在无限继承,即使被继承人的债务超过其财产权利,继承人也须继承被继承人的遗产,而不得拒绝,继承人须以自己的财产清偿被继承人生前所欠的全部债务。所谓的"父债子还",就是无限继承的表现。

有限继承,又称限定继承,是指继承人得仅于一定的范围内继承被继承人的财产权利和义务的继承。在有限继承,继承人继承被继承人的债务仅以遗产的实际价值总额为限度,对于被继承人生前所欠债务超过遗产的实际价值的部分,继承人可不负清偿责任。

四、共同继承与单一继承

根据得参与继承的人数,继承可分为共同继承与单一继承。

共同继承,是指继承人为数人而不是一人的继承。数个继承人共同继承被继承人的遗产的,为共同继承人。在共同继承中,被继承人的法定继承人为二人以上的,两个以上的继承人参与继承时,须对遗产进行分割,所以,共同继承又称为分割继承。现代法上规定的继承一般为共同继承。共同继承根据继承人的应继承份额又可分为均等份额继承和不均等份额继承。均等份额继承,是指同一顺序的继承人原则上应均分遗产;不均等份额继承,是指共同继承人得继承的遗产份额不均等。

单一继承,是指继承人仅为一人的继承,即仅由亲属中的一人继承被继承人的遗产,如长子继承、幼子继承等。因单一继承中,仅由一人继承被继承人的全部遗产,所以又称为独占继承。单一继承是古代法上存在过的制度,现代法上已不存在单一继承。

五、本位继承与代位继承

根据继承人参与继承时的地位,继承可分为本位继承与代位继承。

本位继承,是指继承人基于自己的地位,在自己原来的继承顺序继承被继承人的遗产的继承。例如,依我国继承法的规定,配偶、子女、父母以及对公、婆或岳父、岳母尽了主要赡养义务的丧偶儿媳或女婿为第一顺序法定继承人,由这些人参与继承时即均为本位继承。兄弟姐妹、祖父母、外祖父母虽为第二顺序法定继承人,他们参加继承的,也为本位继承。

代位继承,是指在直接应继承被继承人遗产的顺序者不能为继承时,由其直系晚辈血亲代其地位的继承。如依我国继承法的规定,被继承人的子女先于被继承人死亡的,由被继承人的子女的晚辈直系血亲代位继承。在代位继承中,代位继承人只能在被代位继承人原来的继承顺位上继承被代位人应继承的份额,而不论代位继承人有几人。

六、直接继承与间接继承

直接继承,是指继承开始以后,继承人直接从被继承人处继承遗产的继承。我国和大多数大陆法系国家采此种制度。

间接继承,是指继承开始以后,遗产不直接归属于继承人,而是由遗产管理人或其他法定机关清算,然后分配于继承人的继承。按间接继承制度,继承人所继承的是纯粹的积极财产,在任何情况下,继承人都不承担为被继承人清偿债务的义务。英美法系国家多采此制。

第三节 继承法的性质和特点

一、继承法的概念

继承法,是指调整因人的死亡而发生的继承关系的法律规范的总称。继承法也有形式意义的继承法与实质意义的继承法之分。形式意义的继承法,是指冠以"继承法"名称的法律,如《中华人民共和国继承法》。实质意义的继承法,是指有关继承关系的法律规范的总和。实质意义的继承法不仅包括形式继承法,也包括其他法律、法规中有关继承的规范,还包括有法律效力的关于继承问题的规章、决定、指示等规范性文件,以及最高人民法院有关继承的司法解释等。在继承法学中所研究的继承法是实质意义的继承法,而不限于形式意义的继承法。

继承法又有纯粹继承法与非纯粹继承法之分。纯粹继承法,是指规定与遗产继承直接有关的问题的法律规范。因为继承就其本来意义是指将死者生前所有的财产于其死亡后转移给他人所有的法律制度,因此,只有与此有关的内容,如继承因何原因和于何时间开始,继承权应归属何人,继承人有何权利和责任,遗产应当如何清算和分配等,才属于继承法的内容。这种意义上的继承法就属于纯粹继承法。但是,各国的继承法都并不限于上述内容。例如,遗嘱并不完全与遗产的转移有关。立遗嘱人在遗嘱中不仅得处分其遗产,得指定继承人、继承人对遗产的分配办法,指定遗嘱执行人,指定遗赠等,还可以指定其未成年子女的监护人等。尽管有的法学家主张将遗嘱规定于民法总则中,而不规定于继承法,但各国的立法大多将遗嘱规定于继承法上,这也并无不当。所以,各国的继承法并不是纯粹继承法,而属于非纯粹继承法。

二、继承法的性质

继承法是调整平等主体之间因被继承人死亡而发生的财产继承关系的法律,属于民法的一部分,对此,理论上一般没有异议。但是,对于继承法究竟属于财产法还是身份法,理论界却莫衷一是。概言之,不外乎以下三种主张:身份法、财产法、亲属关系上的财产法。

主张继承法为身份法者认为,继承法虽然规定财产转移的条件、方式及效力,但这不过是身份继承的伴生效力,继承法之本旨,在于规定有一定身份关系者继承被继承人地位之条件,即系规定以身份为基础而发生之权利,乃为亲属法之补充法,故应属于身份法之范围。[①]

主张继承法为财产法者,其主要理由是:在现代社会,继承实质上是财产继承,继承法不过是关于财产转移的条件、方式及效力的规定,本质上应当是财产法。即使在仍承认户主继承的立法,户主权也已无社会意义。因此,不管是纯粹的财产继承,还是仍保留户主继承的继承,本质上都是财产法。[②]"惟因身份财产法原来就是财产法规范,而仅以亲属的身份关系为其媒介,其余则与一般的财产法关系毫无不同。"[③]

主张继承法为亲属关系上的财产法者认为,如从继承法的历史沿革上考察,继承原为亲属关系之效力,认继承法为身份法并无不当。但当今社会,财产属于个人支配,身份继承大都已被废止,继承实际仅为财产继承。在法定继承中,继承权虽然仍为附随于一定亲属关系或家属地位之权利,但已不是亲属关系的当然效力。特别在遗嘱继承中,多数国家规定指定继承人不以有亲属关系为前提,故谓之纯粹的身份继承已不适当。但在私人所有权基础之上,法定继承仍以家族的共同生活关系为着眼点,故继承法实为财产法与亲属关系之融合,以之为亲属关系上之财产法,较为妥当。[④]

本书赞同第三种主张。特别是在我国,继承在绝大多数情况下是按法定继承进行的,即使是遗嘱继承,被继承人也只能在法定继承人的范围内指定继承人,换言之,我国的遗嘱继承人也是与被继承人有密切的亲属关系的人。因此,将继承法作为亲属关系上的财产法,能够如实地反映继承法的本质和特点,有助于对继承法的学习和研究。

---

① 〔日〕柳川:《相续法注释》(上),第16页,转引自史尚宽:《继承法论》,中国政法大学出版社2000年版,第14页。
② 〔日〕近藤:《相续法论》(上),第34页,转引自同上书,第14页。
③ 陈棋炎等:《民法继承新论》,台湾三民书局1997年版,第23页。
④ 史尚宽:《继承法论》,中国政法大学出版社2000年版,第14页。

三、继承法的特点

（一）继承法具有鲜明的民族性

与其他民事法律制度相比,继承法具有鲜明的民族性。民法的许多制度,如法人制度、法律行为和代理制度、债权制度、知识产权制度以至民事责任制度,各国的规定大同小异,而且有逐渐趋同的趋势。立法者大多博采他国之精华为己所用,即使社会性质不同的国家亦不例外。我国为建立和发展社会主义市场经济,大量学习、借鉴发达资本主义国家的有关法律制度,就是最好的例证。但是,各国的继承立法则多注重自己的国情,特别是本国的经济政策、家庭形态、伦理观念和民族传统,使各国的继承法具有鲜明的民族特点。例如,英美等国以遗嘱继承为主,法定继承仅是一种补充的继承方式,因而称为遗嘱继承;而我国和日本、法国、德国等国,则以法定继承为主要的继承方式。德国、瑞士、美国等国,凡有血缘可循之处即有继承权,对血亲继承人的范围没有限制;而我国的法定继承人以配偶、子女、父母、兄弟姐妹和祖父母、外祖父母为限。英美法系国家多实行间接继承制度,而大陆法系国家多实行直接继承制度。有些国家,如德国、瑞士、匈牙利等国,有继承契约制度;另外一些国家无此种制度。有的国家有特留份制度,有的国家没有特留份制度。

当然,我们强调继承法的民族性,也并不否认随着社会的进步,各国继承法所发生的某些共同性的变化。例如配偶继承权的加强、身份继承的普遍废除、非婚生子女和养子女继承地位的提高、遗嘱自由的适当限制等。但是,这些共同性的变化远不如其民族性突出。在继承法的学习和研究中,要特别注意研究本国的国情,研究本国的婚姻家庭形态、人们的伦理观念、民族的传统习惯、政府的经济政策。

（二）继承法是强行法

继承法虽然是民法的组成部分,但是却与其他民事法律制度特别是债法不同。一般民事法律规范多为任意性规范,继承法则是强行性规范。例如法定继承人的范围和顺序、应继份、特留份、遗嘱的形式、继承的接受和放弃、遗嘱的执行等,都必须按照法律的规定,不能由当事人任意决定。当然,继承法中也有一些任意性规定,例如,关于遗产分割的时间以及分配份额得由当事人协商决定,但从整体上说,继承法应为强行法。之所以如此,主要是由于继承事关家庭关系的和谐、稳定,而家庭稳定是社会稳定的基本条件之一。

四、继承法的地位和立法例

（一）继承法的地位

继承法的地位,是指继承法在法律体系中的地位,在法律体系中与其他法律的关系。

继承法是民法的一个组成部分,它与其他法律尤其是与民事法律有着密切的联系。因为同一时期同一国家的法律不仅有着同一的经济和社会基础,而且有着巩固社会经济基础和维护社会稳定的同一根本目的。但同时各部法律又各自有其特定的调整对象和调整方法,相互之间又有区别。为理解继承法的地位,应当明了继承法与其他法之间的关系。

（1）继承法与宪法。继承法与宪法的关系,是子法与母法的关系。宪法是一国的根本大法,是一国对其他一切法律的立法基础和依据,一切法律都须以宪法为依据,违反宪法的法律是无效的。例如,《宪法》第13条第1款和第2款规定:"公民的合法的私有财产不受侵犯。国家依照法律规定保护公民的私有财产权和继承权。"这是继承法立法的直接的宪法依据。1985年《继承法》第1条曾明确指出："根据《中华人民共和国宪法》规定,为保护公民的私有财产的继承权,制定本法。"

(2) 继承法与民法。继承法与民法的关系,是部分与整体的关系。《民法典》中继承编成为重要一编。继承法是民法的一个组成部分,因而与民法的其他组成部分,有着必然的不可分割的联系:

继承权虽为财产权,但与一定的身份有关,因而继承法与亲属法相关。例如,在关于继承人身份的认定上,应适用亲属法的规定。如确认是否为配偶,确认是否为养父母子女,就须依据婚姻法的规定来认定。

遗产的转移也是一种财产转移的方式,所以,物权法中关于所有权主体的规定、关于物权取得的规定、关于共有财产分割的规定等,于继承法上当然适用。

《民法典》总则编中有关权利主体和民事行为能力、权利能力的规定,有关民事法律行为和代理的规定,有关权利保护的诉讼时效的规定,在继承法中也适用。例如,遗嘱的有效须符合关于法律行为有效要件的要求,关于受胁迫、受欺诈的民事行为无效的规定也适用于遗嘱和遗赠扶养协议,无行为能力人的继承权、受遗赠权的行使由其法定代理人代理。但是,继承法又有其特殊性,《民法典》总则编的规定并不能完全适用。继承法中有特别规定的,须适用继承法的规定,而不能适用《民法典》总则编的规定。例如,关于遗嘱的形式,须适用继承法的规定,并且立遗嘱不能代理。又如,继承人的指定、继承权的放弃,不适用《民法典》总则编中关于代理的规定。

(3) 继承法与民事诉讼法。继承法与民事诉讼法的关系是实体法与程序法的关系。继承法规定继承当事人的实体民事权利义务,而有关继承纠纷案件的处理的程序、制度,则由民事诉讼法规定。例如,继承法规定了继承人的继承权,而在当事人对于其有无继承权发生纠纷时,就要依民事诉讼法规定的程序来审理;继承法规定了受遗赠人的受遗赠权,受遗赠人的受遗赠权受到侵害请求人民法院予以保护的,须依民事诉讼法规定的程序处理。又如,继承法规定了法定继承人对遗产的分配原则,在继承人对遗产分配发生争议时,也要依民事诉讼法的规定予以审理。因此,民事诉讼法从诉讼程序和制度上保障着继承法的正确实施,从而保护公民在继承方面的合法权益。

(4) 继承法与国际私法。继承法与国际私法是国内法与涉外法的关系。国际私法是调整涉外民事关系的法律规定的总和,属于"法律冲突法"。继承法虽为国内法,具有普遍的效力,但在处理涉外继承问题时,还需要根据国际私法的规定来确定所应适用的准据法,我国《涉外民事关系法律适用法》[①]专门规定了涉外继承的法律适用。需要特别说明的是,在继承问题上既有涉外继承问题的法律冲突,要依据国际私法确定所适用的准据法;也有一国之内的不同法域之间的法律冲突问题。由于我国实行"一国两制",祖国大陆与台湾、香港及澳门地区有不同的法律制度,因而在继承问题上也会发生法律冲突。对此类法律冲突的解决不属于国际私法的范畴,而是一国之内的法律冲突,应依据我国宪法和法律规定的原则处理。

---

① 该法由中华人民共和国第十一届全国人民代表大会常务委员会第十七次会议于2010年10月28日通过,自2011年4月1日起施行。

(二) 继承法的立法例

继承法虽为民法的一个重要组成部分,但各国对继承法的编制体例并不一致。大体上可分为以下两种体例:

1. 特别法主义

采取特别法主义立法的国家,将继承法作为民事特别法予以单独立法。采取这种立法体例的国家,主要是实行判例法的国家和一些未制定统一民法典的国家。因为在这些国家没有成文的民法典或者统一的民法典,对于继承问题只能通过单独制定继承法的方式解决。例如,英国就采取这种立法体例。英国早在1837年就颁布了《遗嘱法》,规定遗嘱继承;1925年颁布的《遗产继承法》及以后修改该法的法规(包括1952年的《无遗嘱继承法》和1971年的《遗产管理法》),规定了无遗嘱继承制度。

2. 法典主义

采取这种立法主张的国家是将继承法作为民法典的一个组成部分,列入民法典。在采取这种立法体例的国家,由于对继承法的认识不同,继承法在民法典中的位置也不同。主要有以下几种做法:

(1) 将继承规定于民法典中的财产取得编。这种立法体例是将继承视为财产所有权转移的一种方式,将继承与买卖、赠与等取得财产的法律行为同等看待。例如,法国即采取这种立法例。法国将继承法规定于民法典的第三编"取得财产的各种方法"之中。

(2) 将继承规定于民法的物权编。采取这种做法的国家,是将继承权看作是财产所有权于所有人死亡后的自然延伸,因而继承法应为物权法的一部分。例如,奥地利就采取这种体例。该国将继承法规定于民法典的物权编,与占有、所有、质权、地役权等并列。

(3) 将继承作为民法中的单独一编。采取这种立法体例的国家是将继承权看作是与身份关系相联系的独立权利,因而将继承法作为独立的一编,并将其置于亲属法之后。但有的是将继承法放在物权法之前,如《瑞士民法典》;有的是将继承法放在民法典的最后一编,如《德国民法典》《日本民法典》等。

我国采取法典主义,而不是采取特别法主义。尽管我国于1985年单独颁布了《继承法》,但这并不表示我国将《继承法》作为民事的特别法看待。因为,当时我国虽尚未制定统一的民法典,但并非不制定统一的民法典,《继承法》仅是为了适应社会的需要,将民法的继承部分先以单行法的形式颁布,并且《继承法》也是在民法草案的基础上制定的。民法典的制定"一步到位"难度太大,民法便一部分一部分制定颁布,最后编纂为统一的民法典。随着2020年《民法典》的颁布,我国继承法已作为《民法典》的一编而存在了。

第四节 继承法的历史发展

一、古代社会的继承制度

古代社会是就各国的奴隶社会和封建社会而言的,并没有一个统一的划分时间。奴隶社会与封建社会,有着不同的经济基础,因而在继承法上也有不同的特点。例如,在奴隶社会,奴隶不是权利主体,只能作为"物",是奴隶主的财产,可以为继承权的客体;而且继承也只是发生在自由民之间。而在封建社会,尽管在一定程度上也存在可作为物交换的奴隶,但被剥削阶级主要是农民。虽然农民是依附在土地上的，但农民是有一定的自由和财产的权利主体，已经不是权利的客体，当然也就不是继承权的客体。尽管继承主要是发生在地主阶级成员之间，但农民也可以为继承权的主体。从整体上说来，古代社会的继承制度呈现出以下特点。

（一）身份继承与财产继承并存，财产继承从属于身份继承

古代社会是身份社会、等级社会，剥削阶级需要通过身份的继承来维护其统治地位，维系社会的等级关系，因而身份继承与财产继承是联系在一起的，并且身份继承是主要的，财产继承从属于身份继承。

例如，我国古代，在战国以前主要通行"兄终弟及"的继承原则，兄长的身份由弟继承。自战国以后"兄终弟及"逐渐为"父终子及"代替，确立了父死子继、嫡庶有别的宗法继承原则。宗法是以血缘为纽带调整家族内部关系，维护家长、族长的统治地位和世袭特权的法则。在继承关系上，宗法的原则是嫡长子继承制，以嫡长子为主要继承人，继承宗庙的祭祀。在宗法继承制度下，家产往往是作为祭祀义务的附属物而存在的。最初，只有继承爵位、家族权力、宗庙祭祀的嫡长子才能继承家产。其后，在财产继承上"诸子有份"，不仅存在嫡长子的身份继承，而且存在诸子的财产继承。但是，在整个古代社会，身份继承一直是继承的主要内容，成为维护封建等级制的重要保证措施。例如，《明会要》世袭条中记载："明初定例，嫡子袭替，长幼次之；绝者，嫡孙、庶子、孙次及之；又绝者，以弟继。"又如，在古罗马法中就确立了遗嘱继承制，而其创制遗嘱继承的目的也首先是为了保证家长身份和家庙祭祀能得以延续。在古印度，依《摩奴法典》的规定，"独有长兄可得全部父产，其余弟兄应该像依靠父亲那样依靠他生活"。在古希伯来法中，也是规定由长子继承家长身份地位。

（二）单一继承与共同继承并存

在古代社会，由于实行身份继承，在身份继承上通行单一继承制，即仅由子女中的一人继承被继承人的身份，如官位、爵位、家长的身份、祭祀祖先的权力等。在单一继承中，大多是实行长子继承制，但也有实行幼子（即末子）继承制或弟弟继承制的。如上所述，在我国商周也曾实行"兄终弟及"的继承制度。同时，由于古代社会在身份继承的同时也存在财产继承，而财产继承上，往往是诸子有份，因而身份上的单一继承与财产上的共同继承并存。

例如，我国自战国时期就出现身份继承与财产继承的并存现象，宗子单独享有身份继承权，他人则得享有财产继承权。至唐代，诸子均分财产已经法制化。唐代户令中的"应分条"中规定："诸应分田宅者，及财物，兄弟均分。""兄弟亡者，子承父份。""兄弟俱亡，则诸子均分。""寡妻妾无男者，承夫分。"[①]后来，不仅婚生子得共同继承遗产，非婚生子也得继承一定的财产。如《清律》卑幼擅用财务中规定："嫡庶子男，分析家财田产，不问妻妾婢所生，止以子数均分。奸生之子，依子量与半分。如别无子立应继之人为嗣，与奸生子均分，无应继之人，方许承继全分。"在古印度，依《摩奴法典》的规定，"亲生子""田生子""过继子""收养子""秘密生子"和"遗弃子"是六种有财产继承权的亲属。有财产继承权的亲属得继承父产。"姑娘生子""随妻来子""买来子""再醮妇生子""自送子"和"首陀罗生子"为六种无财产继承权亲属。

---

① （宋）窦仪等撰：《宋刑统》，吴翊如点校，中华书局1984年版，第197页。

（三）男女继承权不平等

在古代社会，无论是奴隶制社会，还是封建制社会，都从法律上否认男女继承权的平等，当然这与以男子为中心的家族制度有直接关系。男女的继承权不平等主要表现在以下两个方面：

第一，女儿不能如儿子一样继承父产。我国古代，最初是不承认女子继承权的，"男承家产，女承衣箱"，女子除得于出嫁时得到一定妆奁外，不得继承家业。后来，如无儿子仅有女儿，女得因无兄弟而承继家业。至唐代，女子继承遗产已经制度化，但也仅以户绝者为限。唐代《丧葬令》中规定："诸身丧户绝者，所有部曲、客女、奴婢、店宅、资财，并令近亲（亲依本服，不以出降）。转易货卖，将营葬事及量营功德之外，余财并与女（户虽同，资财先别者亦准此）。无女均入以次近亲，无亲戚者官为检校。若亡人在日，自有遗嘱处分，证验分明者，不用此令。"唐开成元年（713年）七月五日敕节文进一步规定："自今后，如百姓及诸色人死绝无男，空有女，已出嫁者，令文合得资产。其间如有心怀觊望，孝道不全，与夫合谋有所侵夺者，委所在长吏严加纠察，如有此色，不在给与之限。"[①]外国古代社会，女儿也不能与其兄弟一样继承遗产。如《摩奴法典》规定："父产的继承人只能是儿子，不是兄弟，也不是父亲；无子者的财产应该由父亲得，还可以由兄弟得。"只有未婚女儿可以分母亲的私房。在古日耳曼法上，对动产的继承，继承顺序为子女、父母、兄弟、姐妹，但女子仅得男子遗产的一半，所以法谚说："男子以双手接受，而女子则以一只手接受"；不动产则一般只能由儿子继承，无子交回马尔克公社。

第二，妻子继承夫家的财产的权利受限制。在我国古代，妻子原是不能继承夫家的财产的，丈夫死亡后，财产由儿子继承，妻子受儿子供养；无子孙的寡妇"守志"者，得占有、管理和使用丈夫留下的财产，但不得"擅卖田宅"，更不得于改嫁时带走亡夫留下的财产。在古印度，依《摩奴法典》规定，"未生儿子的女儿只要一死，女婿就可以立即把那份财产拿走"，但寡妇不能拿走亡夫的财产，"寡妇如果为无子的亡夫而与同族生了一个儿子，她应该把亡夫的全部财产交给那个儿子"。又如，欧洲中世纪法兰克王国的法律承认，在同一亲等中男性优先，妻子不能继承丈夫的财产。

（四）土地继承权占有重要地位

古代社会是商品经济不发达的农业经济社会，土地是最主要的财产，遗产制度以土地所有制制度为基础，因而土地也就成为继承权的主要客体。中国奴隶社会土地归国王所有，所谓"普天之下，莫非王土"，大小奴隶主和贵族对土地只有占有使用权，无所有权，不能转让。自战国以后，逐渐出现了封建地主的土地所有制，并逐步发展为主要的土地所有形式。在11世纪中期，中国约5/6的耕地为封建地主所占有。欧洲中世纪盛行封建领主土地所有制，名义上国王是全国土地的最高所有者，他把土地以封地或采邑形式分封给各封建领主，大领主又将土地的一部分分封给下一级领主。这些领地或采邑逐渐由终身占有演变为世袭所有，形成金字塔式的多级封建土地所有制。这些大大小小的封建领主占据着大部分土地，凭借对土地的占有迫使农奴依附于自己，对农奴进行残酷的经济剥削和政治压迫。封建社会的继承，主要就是对封建地主借以无偿占有农民劳动果实的土地的继承。

---

① （宋）窦仪等撰：《宋刑统》，吴翊如点校，中华书局1984年版，第198页。

(五) 继承方式以法定继承为主

古代社会的继承制度，由于强调和特别重视身份继承，强调和特别重视对作为统治阶级经济基础的土地私有制的保护，因此在继承方式上主要以法定继承为主。法定继承主要是指身份继承和祭祀继承的继承方式。当然，古代社会也已存在遗嘱继承，例如，在《汉谟拉比法典》中就有了关于遗嘱继承的规定，在罗马法中遗嘱继承制度已经比较完善。我国早在春秋战国时期就出现了遗嘱的形式。但总的说来，欧洲封建社会由于受宗教的影响，在动产继承上遗嘱继承适用较广泛，但不动产的继承则适用法定继承。而在我国古代，遗嘱继承从未成为继承的主要方式，即使承认遗嘱继承，也往往是以"身丧户绝"为前提条件的。

二、西方国家的近现代继承制度

西方国家的近现代继承制度是从中世纪的法律中发展而来，是与资本主义工业化的要求相适应的。一方面，在最初的资本主义继承法的立法上保留了封建社会继承法的一些痕迹；另一方面，随着资本主义生产力和生产关系的发展，各资本主义国家的立法不断修正，逐渐消除了继承法中的封建残余。同时，各西方国家的立法进程和形式也不完全一致，各自也都有自己的一些特点。但总的说来，西方国家的近现代继承制度主要具有以下特点：

(一) 取消身份继承，仅实行财产继承

资本主义经济关系不再是一种等级制的身份关系，而是一种契约关系。资产阶级革命时就以"平等""自由""博爱""天赋人权"为旗帜。所以，在资本主义的继承立法上，理所当然地要取消身份继承，以资本特权的继承代替以身份继承为前提的封建特权的继承。在西方近现代社会，身份已不再是继承的对象，只有财产才是继承权的客体。财产继承不再是身份继承的附属物。

(二) 取消单一继承制，实行共同继承

单一继承制，是以封建土地私有制为基础，以身份继承的存在为条件的，是子女法律地位不平等的表现。所以，在资本主义继承法上为体现自由平等的精神，取消了单一继承制，而奉行共同继承制。例如，法国资产阶级于1790年就曾宣告废止长子继承制，实行遗产均分继承。在资产阶级大革命胜利后制定的第一部民法典《法国民法典》中明确规定了遗产均分继承的原则。该法第745条规定："子女或其直系卑血亲，不分性别长幼，亦不论其是否出于同一婚姻，得继承其父母、祖父母或其他直系尊血亲的遗产。""如继承人均为第一亲等直系卑血亲并以自己名义继承时，应按人数继承相等的份额；如继承人全部或部分为代位继承时，应按房数继承。"英国的继承制度受教会的影响很大，在继承中强调不动产继承与动产继承两种制度。在1925年的法律颁布前，对不动产实行"一子继承"制，对动产实行共同继承制。但1925年的法律废除了一子继承制，现在对不动产和动产继承的区别也已不严格了。

(三) 继承人的继承权仍存在事实上或形式上的不平等

虽然资产阶级法律标榜"平等"，但资产阶级继承法上继承人的继承权的"平等"却是经过了一个漫长的发展历程而实际上仍然不平等的。在最初的资产阶级继承法上并没有体现其政治上所说的"人人生而平等"，而是保留了封建法上的许多不平等条款。例如，非婚生子女的继承权与婚生子女的继承权就不平等。依1804年《法国民法典》的规定，非婚生子女不得为继承人，只有经合法认领的非婚生子女可以继承其死亡父母的遗产，但其并不能与其他婚生子女以同样的份额继承。1971年1月3日的法律虽修改为非婚生子女得为继承人，但

非婚生子女也仅能取得婚生子女应继份额的一半。《德国民法典》经1969年8月修订后,在第1934条中承认非婚生子女可取得与婚生子女相等的遗产份额,但非婚生子女的这一权利也是只称之为"遗产补偿请求权",而未明确定为继承权。资产阶级继承法保留封建法的另一个突出表现,就是限制妻子的继承权,夫妻之间继承权不平等。例如,依日本旧民法的规定,配偶只有在被继承人无直系卑血亲时,才得为遗产继承人。法国法认为,配偶接受遗产属于不正常的继承。依《法国民法典》原来的规定,妻子未经其夫的同意或判决上的同意时,对于继承不得为有效的承认;对于继承的财产,妻子不经夫的书面同意,也不得出卖、赠与、抵押等。

(四)遗嘱继承普遍适用,遗嘱自由与特留份制相结合

如前所述,早在罗马法上就已有较发达的遗嘱继承。在欧洲中世纪,由于教会的影响,对动产继承也普遍实行遗嘱继承。受这两方面因素的影响,加之资产阶级强调"自由",西方各国的近现代继承法上普遍适用遗嘱继承,实行遗嘱自由原则,遗嘱继承成为遗产继承的主要方式。但各国也普遍对遗嘱自由予以一定的限制,不过各国对遗嘱自由的限制程度不同。一般说来,大陆法系的国家对遗嘱自由的限制较多,在法律上规定了特留份(或称保留份)制度,立遗嘱人不得以遗嘱剥夺继承人依法定继承应得到的遗产的全部,而须保留其应继份额。普通法系的国家原来对遗嘱自由一般不加限制,立遗嘱人得以遗嘱自由处分其财产。然而,在现代民法上,普通法系国家也对遗嘱自由予以一定限制。例如,英国在1938年以前是实行遗嘱绝对自由的。立遗嘱人的遗嘱不仅不需经过任何人的同意,只要依一定的形式作出即发生法律效力,而且立遗嘱人可以遗嘱剥夺任何法定继承人的继承权,可自由地处分其全部财产。而1938年制定的继承法则对遗嘱自由予以一定限制,准许某些受扶养人(如果再无人扶养)向法院提出申请,要求从遗产中拨付生活费用。死者的配偶、未成年的儿子、未婚的女儿、无劳动能力或不能维持自己生活的子女,以及被继承人死亡时并未再婚的前配偶,经法院审核后,均可享有此项"法定权利"。第二次世界大战后,特别是经1966年《继承法》和1969年《家庭法改革令》对1938年法律的修正,享有"法定权利"的继承人的范围进一步扩大,死者的所有子女,包括非婚生子女和收养的子女,都在该范围之内。可以说,现代西方国家的继承法实行的是遗嘱自由与特留份相结合的原则。

(五)重视维护遗产集中,以免资本分散

资本主义各国继承法对遗产原则上采取均分制,但均分制易造成资产分散,因此,各国也采取一些特别制度以维护资本的集中。例如,依据法国1961年的法律,如果遗产规模只够维持最低限度的农业经营,便可认可由生存配偶与未成年直系卑亲属共有此项遗产,而不予以分割;后来这一制度也扩大适用于农业以外的家族经营事业资产。在德国,农场也有一子继承,以维系经营事业资产的集中。

三、中国近现代继承立法

中国近现代继承法的立法始于清末民初。清光绪三十三年(1907),以沈家本等三人为修订法律大臣,开始主持制定民律。于宣统三年(1911)八月完成《大清民律草案》,该法未及颁布,清朝政府即被推翻。《大清民律草案》第五编即为继承法,共分为六章,包括总则、继承、遗嘱、特留财产、无人承认之继承、债权人或受遗赠人之权力,计110条。中华民国成立后,于1925年,北洋政府又着手制定民法,该民法草案的第五编也为继承法。这一继承法草

案是以《大清民律草案》继承编为基础,并吸取了《大清现行刑律》中民事有效部分及历年大理院的判例拟定的。该继承法草案将原草案中的继承一章分为宗祧继承、遗产继承、继承人未定及无人承认之继承三章,继承法共计225条。这部法律草案也未经正式通过,仅由北洋政府司法部于1926年11月通令各级法院在司法中作为法理加以引用。1927年6月,国民党南京政府设立法制局,着手制定各重要法典。于1930年12月,《民法》继承编经立法院通过并颁布;于1931年5月5日继承编施行,与继承编同时施行的还有1931年1月颁布的《继承编施行法》(11条)。这可以说是中国历史上的第一部继承法。南京政府制定的《民法》继承编分为遗产继承人、遗产之继承(包括效力、限定之继承、遗产之分割、继承之抛弃、无人承认之继承等五节)、遗嘱(包括通则、方式、效力、执行、撤销、特留份等六节)等三章,共计88条。该法具有以下特点:第一,废除宗祧继承,"遗产继承不以宗祧继承为前提";第二,遗产继承不分男女,赋予女子继承权;第三,承认配偶有相互继承遗产的权利;第四,原则上采用法定继承制,规定特留份以限制遗嘱自由;第五,规定限定继承,继承人对偿还被继承人的债务负有限责任;第六,留有宗法制度的痕迹,非婚生子女须经抚育或认领后才能同婚生子女一样享有继承权。但上述这些特点仅是立法上的表现,有的规定如关于女子继承权的规定,在实践中并未得到很好的贯彻。该继承法于1949年已被废止,但现在在我国台湾地区仍有效力。

中华人民共和国成立后,我国开始进行社会主义继承法的立法。1985年4月10日,《中华人民共和国继承法》经第六届全国人民代表大会第三次会议通过。这是我国的第一部社会主义继承法。该法共分总则、法定继承、遗嘱继承和遗赠、遗产的处理、附则等五章,共计37条。2020年5月28日,第十三届全国人民代表大会第三次会议通过了《中华人民共和国民法典》,自2021年1月1日起施行。民法典第六编"继承"在继承法的基础上,修改完善了继承制度。《民法典》继承编共分一般规定、法定继承、遗嘱继承和遗赠、遗产的处理等四章,共计45条。

第五节 我国继承法的基本原则

一、我国社会主义继承法的沿革

我国社会主义继承制度是在新民主主义革命时期的继承制度的基础上发展产生的。在新民主主义革命时期,中国共产党领导的根据地、边区、解放区的人民民主政府都曾颁布过有关继承权问题的政策、法规。例如,1943年6月15日晋察冀边区行政委员会公布了《关于女子财产继承权执行问题的决定》。该决定共有6条,主要对女子的财产继承权作出了规定,强调女子不论已嫁未嫁均有继承其父母遗产的权利,有继承权的寡妇得携带她应继份内之财产改嫁。又如,1945年3月31日施行的冀鲁豫行署《关于女子继承等问题的决定》中规定,"遗产继承女子与男子有平等之权利","配偶双方之遗产有相互继承权"。在该规定中还对遗产的分配原则、代位继承、寡妇带产再嫁等问题作了规定。新民主主义革命时期制定和施行的这些有关继承的政策和法规,为我国社会主义继承制度的确立奠定了基础。

1949年10月1日中华人民共和国成立后,我国由新民主主义革命转入社会主义革命和社会主义建设。我国的继承制度的确立和完善是从两方面进行的。一方面在有关法律和民事政策、文件中对有关继承问题作出了规定,另一方面进行了继承法的法律编纂。

中华人民共和国成立后颁布的第一部法律——1950年《婚姻法》中对家庭成员之间的继承权作了规定。该法第12条规定:"夫妻有互相继承遗产的权利。"第14条规定:"父母子女有互相继承遗产的权利。"这些规定成为处理继承问题的基本法律依据。1954年《宪法》在第12条中明确规定:"国家依照法律保护公民的私有财产的继承权。"这是我国社会主义继承制度确立的宪法依据。其后,司法部、最高人民法院等发布了许多关于继承问题的规范性文件。例如,1956年9月司法部《关于有关遗嘱、继承问题的综合批复》中对去台湾人员的继承权、代位继承以及遗嘱的效力等作了规定。1956年5月全国人民代表大会常务委员会办公厅研究室编印的《有关继承问题的参考资料》中详细总结和研究了在关于继承人范围、继承顺位、应继份、遗嘱、代位继承、抛弃继承、时效、绝产以及其他方面问题上的司法实践。1963年8月最高人民法院《关于贯彻执行民事政策几个问题的意见》第二个问题的第六部分对继承问题作了规定,其中指出:"被继承人的遗产,首先应由其配偶、子女和父母来继承。如果没有配偶、子女和父母的,同胞姊妹兄弟有继承其财产的权利。同一顺序的法定继承人中继承的财物和数额,应首先照顾未成年和无劳动能力的人,其次应考虑继承人对被继承人生前所尽扶养义务和生产、生活的实际需要情况。对那些有虐待遗弃被继承人行为的人,也可不准其继承。遗嘱人可以将其私有财产的一部或全部,给予法定继承人中的一人或数人,也可以给予国家或集体,或者任何个人。但遗嘱人不能剥夺未成年或其他无劳动能力的法定继承人的应继承份。遗嘱不能违背国家的法律规定。无法定继承人又无遗嘱的,其遗产应收归国有或集体所有。其生前的合法债务应由遗产中偿还。"1979年2月最高人民法院《关于贯彻执行民事政策法律的意见》又在第二个问题的第三部分规定了继承问题。该意见中规定:"人民法院审理继承案件,应根据宪法、婚姻法和有关政策法令的规定,保护继承人的合法继承权,教育公民自觉地履行抚养、赡养义务,提倡互相扶助,互相谦让的道德风尚。""被继承人的遗产,首先应由其配偶、子女和父母继承。子女已去世,由其孙子女、外孙子女代位继承。如果没有配偶、子女和父母的,祖父母、外祖父母和兄弟姐妹可继承其遗产,但兄弟姐妹之间关系恶劣的,可不准其继承。""遗嘱继承应当承认。但遗嘱不能违背党和国家的政策法律,不能取消未成年人、无劳动能力或生活有困难的法定继承人的继承权。"1984年最高人民法院《关于贯彻执行民事政策法律若干问题的意见》的第五部分为继承问题,从第34条至第52条对继承开始的时间、遗产的范围、继承人的范围和继承顺序、继承权的放弃、代位继承、遗产的分配原则、遗嘱继承、遗产债务的清偿、转继承、继承权的剥夺等问题都作了明确规定。这些法律规范、政策、意见,在《继承法》施行前,构成我国继承制度的基本内容,是调整继承关系的基本依据。

我国社会主义继承法的立法编纂是自1955年正式开始的,前后经历了30年,继承法的起草工作先后有四次。第一次是于1955年开始的。1954年我国第一部社会主义《宪法》颁布,根据《宪法》,当年冬季全国人大常委会就开始组织草拟民法典。当时决定先搞单行法,而后将各单行法编纂成民法典,最先草拟的单行法就是继承法。至1958年,此次立法工作被搁浅。第二次是于1962年开始的。当时,毛泽东同志提出:没有法律不行,刑法、民法一定要搞。根据毛泽东同志的这一指示,全国人大常委会再次组织人员起草民法。在这次起草的民法草案中,将继承与亲属放在一编,组成"家庭财产关系"编。1964年"四清"运动开始,民法的起草工作再次夭折。其后,在十年动乱期间,社会主义民主与法制遭到严重破坏,不仅不能进行继承法的立法,而且已初步确立的继承制度也受到批判。粉碎"四人帮"后,我国的法制逐步得到恢复和加强。1978年党的十一届三中全会强调指出:"为了保障人民民主,必须加强社会主义法制,使民主制度化、法制化,使这种制度和法律具有稳定性、连续性和极大的权威性,做到有法可依,有法必依,执法必严,违法必究。"从此以后,我国法制建设进入了一个新的历史时期。1979年11月全国人大常委会法制委员会成立民法起草小组,再次起草民法。此次起草先后拟定出四稿,在民法草案中继承法为其中一编(在民法草案第四稿中,第六编即为财产继承权,共28条)。这是继承法立法的第三次起草。由于当时我国正处于改革初期,制定出统一的民法典尚有许多难以克服的困难,自1982年起,民法典的立法改为先搞单行法,后将单行法合为民法典的方式。于是,1982年6月全国人大法工委又组织了继承法的第四次起草。此次起草工作,在民法草案(四稿)财产继承权编的基础上,进一步研究修改拟出《中华人民共和国继承法(草案)》。1985年继承法草案经全国人大常委会第九次、第十次会议进行审议和修改后,提交第六届全国人大第三次会议审议。1985年第六届全国人大第三次会议正式通过了《继承法》。为了正确贯彻执行《继承法》,最高人民法院于1985年9月11日下发了《关于贯彻执行〈中华人民共和国继承法〉若干问题的意见》(以下简称《意见》),对审理继承案件中具体适用《继承法》的一些问题,提出了执行意见。至此,具有中国特色的我国社会主义继承制度基本完善。

我国《继承法》颁布、实施于1985年,仅有37个条文。制定继承法时,我国正处于改革开放初期,实行的是单一公有制的计划经济体制,整个社会物资严重匮乏,广大工人、农民家庭中基本上没有什么财产,继承关系极为简单。继承法实施三十多年,我国已经成功实现从计划经济体制向社会主义市场经济体制的转轨,社会主义市场经济有了相当大的发展,广大人民群众拥有的私有财产的种类和数量日益增加。我国的家庭关系和亲属关系也发生了深刻变化,因继承引发的纠纷也越来越多。继承法已经无法满足和适应社会经济生活的需求。同时,继承法本身的诸多漏洞和缺陷,也限制了继承制度调整功能的进一步发挥。

2020年5月28日,第十三届全国人民代表大会第三次会议通过了《民法典》,自2021年1月1日起施行。包括《继承法》在内的多部民法单行法被废止,其内容统一纳入《民法典》。《民法典》第六编"继承"在继承法的基础上,修改完善了继承制度,以满足人民群众处理遗产的现实需要。第六编共四章、四十五条,主要内容有:

1. 关于一般规定。第六编第一章规定了继承制度的基本规则,重申了国家保护自然人的继承权,规定了继承的基本制度。并在继承法的基础上,作了进一步完善:一是增加规定相互有继承关系的数人在同一事件中死亡,且难以确定死亡时间的继承规则。二是增加规定对继承人的宽恕制度,对继承权法定丧失制度予以完善。

2. 关于法定继承。法定继承是在被继承人没有对其遗产的处理立遗嘱的情况下,继承人的范围、继承顺序等均按照法律规定确定的继承方式。第六编第二章规定了法定继承制度,明确了继承权男女平等原则,规定了法定继承人的顺序和范围,以及遗产分配的基本制度。同时,在继承法的基础上,完善了代位继承制度,增加规定了被继承人的兄弟姐妹先于被继承人死亡的,由被继承人的兄弟姐妹的子女代位继承。

3. 关于遗嘱继承和遗赠。遗嘱继承是根据被继承人生前所立遗嘱处理遗产的继承方式。第六编第三章规定了遗嘱继承和遗赠制度,并在继承法的基础上,进一步修改完善了遗嘱继承制度:一是增加了打印、录像等新的遗嘱形式。二是修改了遗嘱效力规则,删除了继承法关于公证遗嘱效力优先的规定,切实尊重遗嘱人的真实意愿。

4. 关于遗产的处理。第六编第四章规定了遗产处理的程序和规则,并在继承法的基础上,进一步完善了有关遗产处理的制度:一是增加遗产管理人制度。为确保遗产得到妥善管理、顺利分割,更好地维护继承人、债权人的利益,草案增加规定了遗产管理人制度,明确了遗产管理人的产生方式、职责和权利等内容。二是完善遗赠扶养协议制度,适当扩大扶养人的范围,明确继承人以外的组织或者个人均可以成为扶养人,以满足养老形式的多样化需求。三是完善无人继承遗产的归属制度,明确归国家所有的无人继承遗产应当用于公益事业。

二、我国继承法的基本原则

我国继承法的基本原则,既是继承法立法的指导思想,也是贯彻执行继承法中研究、解释、适用继承法的依据和出发点。关于继承法的基本原则,继承法中并没有明确标明,因此学者中对继承法有几条基本原则的认识不完全一致。大多数观点认为,我国继承法的基本原则主要有以下四项。

(一)保护自然人私有财产继承权的原则

我国《宪法》第13条第2款规定:"国家依照法律规定保护公民的私有财产权和继承权。"《民法通则》第76条规定:"公民依法享有财产继承权。"《物权法》第65条规定:"私人合法的储蓄、投资及其收益受法律保护。国家依照法律规定保护私人的继承权及其他合法权益。"《继承法》第1条讲到立法的宗旨时指出,"为保护公民的私有财产的继承权,制定本法"。《民法典》继承编第1120条规定:"国家保护自然人的继承权。"可见,保护自然人的私有财产的继承权,既是继承法的目的和任务,也是继承法的首要原则。

保护自然人的继承权包括两方面的含义:一方面,法律确认自然人的私有财产继承权,保护其不受非法侵害。另一方面,在自然人的继承权受到侵害时,法律予以救济,国家以其强制力予以保护。因此,保护自然人的继承权原则主要表现在以下方面:

第一,凡自然人死亡时遗留的个人合法财产,均为遗产,都得由继承人依法继承。如我国《民法典》第1122条中就明确规定,遗产是自然人死亡时遗留的个人合法财产。它既包括自然人的生活资料,也包括自然人的生产资料;既包括自然人的有形财产,也包括自然人的无形财产。但是法律规定或者按照其性质不得继承的除外。

第二,被继承人的遗产一般不收归国家所有,尽可能由继承人或受遗赠人取得。例如,我国《民法典》第1131条规定:"对继承人以外的依靠被继承人扶养的人,或者继承人以外的对被继承人扶养较多的人,可以分给适当的遗产。"《民法典》第1160条规定:"无人继承又无人受遗赠的遗产,归国家所有,用于公益事业;死者生前是集体所有制组织成员的,归所在集体所有制组织所有。"

第三,自然人的继承权不得非法剥夺。我国《民法典》第1125条明确规定了继承人丧失继承权的法定事由。除法律规定的丧失继承权的法定情形外,继承人的继承权不能丧失,任何单位或个人也不得非法剥夺继承人的继承权。继承开始后,继承人没有明确表示放弃继承权的,视为接受继承,而不能作为放弃继承权处理。

第四,保障继承人、受遗赠人的继承权、受遗赠权的行使。依我国《民法典》总则编第20条、第21条、第22条的规定,无民事行为能力人的继承权、受遗赠权,由其法定代理人代为行使;限制民事行为能力人的继承权、受遗赠权,由他的法定代理人代为行使,或者征得法定代理人同意、追认后行使。但是,可以独立接受纯获利益的遗产或者与其智力、精神健康状况相适应的遗产。

第五,自然人在其继承权受到他人非法侵害时,得于法律规定的期间内通过诉讼程序请求人民法院依法给予保护。我国《民法典》第188条规定了继承权保护的诉讼时效,规定提起诉讼的期限为3年,自知道或者应当知道权利被侵害之日起算。

(二)继承权平等的原则

继承权平等原则,是社会主义平等观念在继承法中的反映,其表现是多方面的,主要包括继承权男女平等、非婚生子女与婚生子女继承权平等、养子女与亲生子女继承权平等、儿媳与女婿在继承上的平等、同一顺序继承人继承遗产的权利平等等。

(1)继承权男女平等。继承权男女平等,是继承权平等原则的核心和基本表现,在我国《民法典》第1126条有明文规定。主要表现在以下方面:

第一,女子与男子有平等的继承权。早在中华人民共和国成立前,中国共产党领导的各革命根据地、边区、解放区人民政府就有许多关于男女享有平等继承权的规定。中华人民共和国成立后,无论在法律和民事政策上,还是在司法实践中,都强调和重视贯彻继承权的男女平等原则。但是,由于我国几千年的封建宗法制度的影响,"男尊女卑""女子不得继承"等男女不平等的旧思想、旧观念的残余长期存在着,因此,为切实保障女子尤其出嫁女子的继承权,我国《民法典》第1126条明文规定:"继承权男女平等。"

第二,夫妻有相互继承遗产的平等权利。配偶对夫妻共同财产有平等的权利。夫妻任何一方死亡时,都不得将共同财产的全部作为遗产继承,而须先分割出应归配偶所得的部分,其余部分才为死者的遗产。丈夫可以继承妻子的遗产,妻子也可以继承丈夫的遗产,任何人都不得干涉。我国《民法典》第1157条明确规定:"夫妻一方死亡后另一方再婚的,有权处分所继承的财产,任何组织或者个人不得干涉。"任何形式的干涉寡妇"带产改嫁"的陈规陋习,都是违反继承法的。

第三,在继承人的范围和法定继承的顺序上,男女亲等相同。我国继承法在继承人的范围和继承顺序的确定上,对父系亲等与母系亲等同样对待,适用于父系亲等的,同样适用于母系亲等。例如,父亲与母亲,祖父母与外祖父母,为同一顺序的继承人。丧偶儿媳和丧偶女婿作为第一顺序法定继承人的条件也是一样的。

第四,在代位继承中,男女有平等的代位继承权。适用于父系的代位继承,同样适用于母系。

第五,在遗嘱继承中,无论男子还是女子,立遗嘱人都有权按照自己的意愿依法通过遗嘱处分自己的财产,任何人都无权干涉。

(2)非婚生子女与婚生子女继承权平等。非婚生子女,是指男女双方无合法的婚姻关系而出生的子女。在私有制社会里,一方面有大量非婚生子女存在,另一方面非婚生子女又被称为"私生子",受到社会的歧视,在继承上非婚生子女的权利与婚生子女的权利显然不同。例如,1804年《法国民法典》第756条规定:"非婚生子女绝不得为继承人;法律仅对于经合法认领的非婚生子女,授予其承受死亡父母遗产的权利。关于其父母的血亲的财产,法律并不授予非婚生子女以任何权利。"该条虽经1972年1月3日第72—3号法律修改为"非婚生亲子关系,仅在其已经依法确立时,始产生继承权利",承认非婚生子女的继承权,但是,非婚生子女的继承权利仍然与婚生子女不平等。如该法典修改后的第760条还规定:"非婚生子女,如在其受孕期间,其生父或生母另有婚姻关系约束并且有婚生子女,应同这些婚生子女一起共同继承其生父或生母的遗产;但每一非婚生子女仅能继承假如死者的所有子女(包括参与继承的非婚生子女本人)都是婚生子女时本有可能继承的遗产的一半。""由此而减少的非婚生子女继承遗产的部分,加给因父或母通奸而遭受损害的婚生子女的继承部分;此部分遗产,在婚生子女之间按他们各自的应继份额比例分配之。"

我国非婚生子女与婚生子女的地位是平等的,受国家法律的同样保护,不允许任何人以任何借口迫害、歧视非婚生子女。我国在1950年第一部《婚姻法》第15条第1款就明确规定:"非婚生子女享受与婚生子女同等的权利,任何人不得加以危害或歧视。"1980年《婚姻法》第19条、2001年修订的《婚姻法》第25条、《民法典》第1071条又重申了这一规定。在继承法上,非婚生子女与婚生子女同为子女,有着平等的继承权。

(3)养子女与亲生子女继承权平等。我国法律一贯确认养子女与亲生子女有同等的法律地位。例如,我国《民法典》第1111条第1款前段规定:"自收养关系成立之日起,养父母和养子女间的权利义务关系,适用本法关于父母子女关系的规定。"这表明养子女与亲生子女在亲属关系中的法律地位是平等的。养子女与亲生子女在继承权上也是平等的。依我国继承法的规定,养子女与养父母之间,如同亲生子女与父母之间一样,有相互继承遗产的权利;养子女与亲生子女,同为子女,有平等的继承权;在代位继承中,养子女的晚辈直系血亲与亲生子女的晚辈直系血亲一样地享有代位继承权。

(4)儿媳与女婿在继承上权利平等。儿媳与女婿在继承上的权利平等,也是男女平等的表现之一。在旧社会,男女结婚后,男到女家落户与女家共同生活称为"入赘",赘婿受社会的歧视。在社会主义的新中国,男到女家生活与女到男家生活一样,享有平等的法律地位。男女双方都不因到对方家庭生活而丧失继承其父母遗产的权利。我国《民法典》第1050条规定:"登记结婚后,按照男女双方约定,女方可以成为男方家庭的成员,男方可以成为女方家庭的成员。"我国《民法典》不仅规定子女不论是否结婚或到何方落户都有平等的继承权,而且在第1129条还规定:"丧偶儿媳对公婆,丧偶女婿对岳父母,尽了主要赡养义务的,作为第一顺序继承人。"

(5)同一顺序的继承人继承遗产的权利平等。依我国继承法的规定,凡为同一顺序的继承人,不分尊卑、男女、长幼,也不论职业、政治状况,继承被继承人遗产的权利一律平等。

(三)互谅互让、团结和睦的原则

互谅互让、团结和睦,是社会主义道德的要求,继承法将其上升为法律原则,既是发扬社会主义道德风尚、建设社会主义精神文明的要求,也是正确处理继承问题、巩固社会主义新型家庭关系的要求。我国处理继承纠纷的司法实践中一直长期坚持互谅互让、团结和睦的原则。1963年最高人民法院《关于贯彻执行民事政策几个问题的意见》中就提到,处理继承纠纷,"应根据宪法和婚姻法的规定,本着保护法定继承人的合法继承权,同时又要提倡互相扶助和抚养的共产主义道德风尚"。1979年最高人民法院《关于贯彻执行民事政策法律的意见》中再次指出:"人民法院审理继承案件,应根据宪法、婚姻法和有关政策法令的规定,保护继承人的合法继承权,教育公民自觉地履行抚养、赡养义务,提倡互相扶助、互相谦让的道德风尚。"1984年最高人民法院《关于贯彻执行民事政策法律若干问题的意见》中也强调:"人民法院审理继承案件,应根据宪法、婚姻法和有关政策法律的规定,坚持男女平等、养老育幼、保护继承人的合法继承权,发扬互助互让、和睦团结的道德风尚,巩固和改善社会主义家庭关系。"继承法上互谅互让、团结和睦的原则主要表现在以下方面:

第一,继承人的继承权受法律的平等保护。如果继承人严重违反社会公德,实施有害于被继承人、其他继承人、破坏社会主义家庭关系的违法行为,则会依法丧失继承权。

第二,法定继承人有平等的继承权,但是在法定继承时,也并不要求继承人必须平均分配遗产。继承人协商同意的,遗产的分配也可以不均等,并且,在确定继承份额和分割遗产时,应当考虑继承人对被继承人所尽的义务、各继承人的生活需要、遗产效益的发挥以及照顾缺乏劳动能力又无生活来源的人等情况。

第三,继承从被继承人死亡时开始,但遗产的分割不必在继承开始时进行。继承人可以协商在以后才进行遗产分割。我国《民法典》第1132条规定:"继承人应当本着互谅互让、和睦团结的精神,协商处理继承问题。遗产分割的时间、办法和份额,由继承人协商确定;协商不成的,可以由人民调解委员会调解或者向人民法院提起诉讼。"

(四)养老育幼,特别保护缺乏劳动能力又没有生活来源的人的利益的原则

养老育幼,保护老人和儿童的合法权益,是实现社会主义法律任务的需要。我国《宪法》第49条第1款、第3款、第4款规定:"婚姻、家庭、母亲和儿童受国家的保护。""父母有抚养教育未成年子女的义务,成年子女有赡养扶助父母的义务。""禁止破坏婚姻自由,禁止虐待老人、妇女和儿童。"

继承法上确认养老育幼、特别照顾无劳动能力又无生活来源的人的利益的原则,也是由家庭职能所决定的。人类再生产的职能主要由家庭负担,家庭成员之间必须相互扶助、相互照顾。老年人在有劳动能力时要为家庭生计和抚育子女操劳,在年老而丧失劳动能力时也理应受到成年子女和其他家庭成员的赡养照顾。未成年人是新生的一代,是未来的希望,正处于身心发育和成长时期,需要父母或其他家庭成员给予抚育和爱护。没有劳动能力又没有生活来源的人,由于身有残疾等原因,缺乏谋生的手段,特别需要其他家庭成员的照顾扶助。从这些人与被继承人之间的关系上说,被继承人生前扶养他们是其法律义务,他们有要求扶养的权利。在被继承人死亡后,由于被继承人不能再尽扶养的义务,有必要用被继承人的遗产来尽被继承人原应尽而不能尽的扶助义务,以减轻国家和社会的负担。

养老育幼与特别照顾缺乏劳动能力又没有生活来源的人,是相互联系而又有区别的,二者不能完全相互代替。因此,既不能以养老育幼的原则来否定特别照顾缺乏劳动能力又无生活来源的人的原则,更不能以特别照顾缺乏劳动能力又无生活来源的人的原则来否定养老育幼为继承法的一项基本原则。养老育幼,特别照顾缺乏劳动能力又无生活来源的人,作为继承法的一项基本原则,贯穿于继承法的始终,主要体现在以下方面:

第一,在继承人范围和继承顺序的确定上,以继承人与被继承人之间相互扶助的法律义务为出发点。按照我国婚姻家庭法的规定对被继承人有赡养、抚养、扶养义务的人,在继承法上规定为第一顺序的继承人;按照婚姻家庭法规定对被继承人在一定情形下有抚养、扶养义务的人,在继承法上则规定为第二顺序的继承人。为了鼓励赡养老人和有利于抚育下一代,继承法规定,丧偶儿媳或女婿对公婆或岳父母尽了主要赡养义务的,作为第一顺序继承人参加继承;被继承人的子女先于被继承人死亡的,由被继承人子女的晚辈直系血亲代位继承。

第二,在分配遗产时,对生活有特殊困难的缺乏劳动能力的继承人,应当予以照顾;对被

继承人尽了主要扶养义务或者与被继承人共同生活的继承人,可以多分遗产;有扶养能力和有扶养条件的继承人,不尽扶养义务的,应当不分或者少分遗产;对继承人以外的依靠被继承人扶养的缺乏劳动能力又没有生活来源的人,或者继承人以外的对被继承人扶养较多的人,可以分给他们适当的遗产,适当的份额甚至可以多于继承人分得的份额。

第三,被继承人以遗嘱处分其财产时,遗嘱应当为缺乏劳动能力又无生活来源的继承人保留必要的遗产份额,以保障他们的基本生活需要。

第四,保护被继承人死亡后出生的子女的利益。在遗产分割时,应当保留胎儿的继承份额,以免因遗产分割完毕而不利于胎儿出生后的养育成长。

第五,自然人可以与继承人以外的组织或者个人签订遗赠扶养协议。按照协议,该组织或者个人承担该自然人生养死葬的义务,享有受遗赠的权利。这样,以协议的形式确定对需要扶养的人的扶养关系,使受扶养人的生活可有切实可靠的保障。

第六,对无人继承又无人受遗赠的财产,死者生前是集体所有制组织成员的,归其所在的集体所有制组织所有。这有利于鼓励集体所有制组织对一些"五保户"更好地履行五保的职责。

讨论思考题

1. 如何理解继承的本质?继承的根据有哪些?
2. 简述继承的分类。
3. 简述我国继承法的性质和特点。
4. 简述继承法的历史发展。
5. 试论我国继承法的基本原则。
6. 如何理解继承权平等原则?

第十一章

继承法律关系

第一节 继承法律关系概述

一、继承法律关系的概念和特点

我国法学界对继承法律关系的理解存在诸多不一致之处。 我国继承法上的继承只限于法定继承与遗嘱继承,不包括遗赠和遗赠扶养协议,只因遗赠、遗赠扶养协议与继承关系密切,才规定在继承法中。本书认为,继承法律关系是指由继承法规范调整,因被继承人死亡而发生的继承人之间、继承人与其他人之间的财产方面的权利义务关系。继承法律关系具有如下特点:

1. 继承法律关系为民事法律关系的一种

民事法律关系是受民法调整并以民事权利、义务为内容的社会关系。民事法律关系有三个重要特点:一是由民法规范调整形成;二是以权利义务为内容;三是主体具有平等性。继承法律关系具有民事法律关系的一切特点:继承法律关系是经继承法调整所形成的社会关系,继承法属于民法的一部分;继承法律关系也以权利和义务为内容,不过与单纯的财产关系和人身关系相比,权利和义务稍显复杂而已;继承法律关系是发生在平等主体之间的法律关系,不论是继承人之间,还是继承人与其他人之间,都处于平等地位。可见,继承法律关系是一种民事法律关系。

2. 继承法律关系是以亲属关系为基础的法律关系

确定继承关系的依据主要是亲属关系,包括配偶和血亲。只在极少数情形下才依照扶养关系确定,但即使依照扶养关系确定继承人,继承人与被继承人之间也必须存在姻亲关系,如丧偶儿媳或女婿与公婆或者岳父母之间的继承关系。可以说,继承法律关系主要是发生在特定的亲属之间的法律关系。以亲属身份为基础是继承法律关系区别于一般财产关系与一般身份关系的重要特点。

3. 继承法律关系为财产方面的民事法律关系

民事法律关系包括财产法律关系和人身法律关系。现代民法都是财产继承,不包括身份继承。继承人的确认以一定的亲属关系为基础,但亲属关系不受继承法调整。继承法只

---

① 有人认为继承法律关系是因公民死亡对其个人财产进行继承而发生的民事权利义务关系;有人认为继承法律关系是继承人间、继承参与人间以及他们相互间在遗产继承中存在的权利义务关系;还有人认为继承法律关系是由继承法规范所调整的各种社会关系。

调整继承人互相之间、继承人与其他人之间因遗产继承而发生的社会关系。所以继承法律关系是以财产为内容的民事法律关系。

4. 继承法律关系是一种特殊的财产法律关系

一般的民事财产法律关系以商品经济为基础,而继承法律关系不以商品经济为基础。虽然同为财产法律关系,但适用于商品经济的许多规则不能适用于继承法律关系,如等价有偿是商品经济的固有原则,我国《民法通则》也曾确定等价有偿作为民法的基本原则,但该原则不能适用于继承法律关系。

5. 继承法律关系是因被继承人死亡而发生的财产法律关系

引起民事法律关系发生的事实多种多样,引起遗嘱继承法律关系的发生除被继承人死亡这一自然事实外,还需要被继承人生前立有合法有效的遗嘱,但被继承人死亡依然是最基本的事实。

二、继承法律关系的种类

根据继承的方式不同,继承法律关系可分为两种:一种是法定继承法律关系,另一种是遗嘱继承法律关系。法定继承法律关系是指按照法律规定的继承人的范围、顺序、应继份等发生在法定继承人之间以及法定继承人与其他人之间的法律关系;遗嘱继承法律关系是指依照被继承人的遗嘱发生在遗嘱指定的继承人之间以及遗嘱继承人与其他人之间的法律关系。在同一继承法律关系中,通常既有遗嘱继承,又有法定继承,当两种继承关系同时出现时,遗嘱继承关系的解决优先于法定继承关系。

三、继承法律关系与其他相关法律关系的区别

因被继承人死亡而发生的法律关系,不仅包括继承法律关系,还包括遗赠法律关系、酌情分得遗产法律关系、遗赠扶养协议关系。继承法律关系与这些法律关系虽然都是因被继承人死亡而发生的,但性质各异。

(一) 继承法律关系与遗赠法律关系

遗赠法律关系是因被继承人立遗嘱将财产处分给法定继承人范围以外的人而在受遗赠人与遗嘱执行人之间发生的财产法律关系。继承法律关系与遗赠法律关系的区别表现在:(1) 继承法律关系发生在继承人与其他人之间,而遗赠法律关系发生在受遗赠人与遗嘱执行人(遗产管理人)之间。(2) 继承法律关系的当事人是法律规定的继承人范围以内的人,并且继承人只能是自然人;而遗赠法律关系的当事人是法律规定的继承人范围以外的人,可以是自然人,也可以是国家和其他民事主体。(3) 继承人的确定依据是血缘和婚姻关系,而受遗赠人的确定没有限制。(4) 继承人享有的是继承权,遗产自继承开始就转移给继承人;而受遗赠人享有的是受遗赠权,只享有要求遗嘱执行人(遗产管理人)给付遗赠财产的权利。(5) 继承法律关系的发生不以被继承人有遗嘱为要件,而遗赠法律关系的发生必须有遗嘱存在。

(二) 继承法律关系与酌情分得遗产法律关系

酌情分得遗产法律关系是指在被继承人死后给予受被继承人扶养的无劳动能力和生活来源的人,以及对被继承人扶养较多的未能继承遗产的人适当遗产,而在继承人与分得遗产人之间发生的法律关系。继承法律关系与酌情分得遗产法律关系的区别表现在:(1) 继承

法律关系的当事人依照血缘和婚姻关系来确定;而酌情分得遗产的当事人则主要是依照是否存在扶养关系来确定,不以当事人有血缘和婚姻关系为必要。(2) 继承人继承的份额以均等为原则,以不均等为例外;而酌情分得遗产的份额可以高于、等于或者低于法定继承人的应继份,主要考虑扶养的情况和当事人的需要来确定。(3) 继承开始后,继承人当然承受遗产,遗产转归继承人共同共有;而酌情分得遗产人则非遗产共有人,只能要求遗产管理人给付可以酌情分得的遗产份额。

(三) 继承法律关系与遗赠扶养协议关系

遗赠扶养协议关系是指受扶养人与扶养人之间以签订协议的方式确立的,扶养人负责受扶养人的生养死葬,在受扶养人死后接受其遗产的权利义务关系。继承法律关系与遗赠扶养协议关系的区别表现在:(1) 引起继承法律关系发生的事实是被继承人死亡,而引起遗赠扶养协议关系发生的是当事人之间的意思表示。(2) 继承法律关系开始于被继承人死亡,是继承人与其他一切人之间的法律关系,是绝对法律关系;而遗赠扶养协议在被扶养人死亡以前就发生法律效力,是扶养义务人与受扶养人之间的法律关系,是相对法律关系。(3) 继承法律关系中当事人的权利义务不确定,而遗赠扶养协议关系中当事人的权利义务自协议成立时就已经确定。

第二节 继 承 人

一、继承人的概念

继承人是继承法律关系的权利主体,指的是依照继承法的规定在法定继承或者遗嘱继承中有权继承被继承人遗产的公民。

(一) 继承人是在法定继承或者遗嘱继承中对被继承人遗产享有继承权的人

继承人须是在法定继承或者遗嘱继承中对被继承人遗产享有继承权的人,也就是说,继承人只能是得以基于其继承权取得遗产的人。不是以其继承权而是以其他根据而取得遗产的人不是继承人。例如,依继承法的规定,继承人以外的依靠被继承人扶养的缺乏劳动能力又没有生活来源的人,或者继承人以外的对被继承人扶养较多的人,也可以分得适当的遗产。但这些人取得遗产的根据并不是其继承权,他们对被继承人的遗产并无继承权,不属于继承人。又如,受遗赠人也有权受领被继承人在遗嘱中指定赠与的财产,但其取得遗产的根据也只是受遗赠权,而不是继承权,因而受遗赠人也不属于继承人。

(二) 继承人是有权承受被继承人遗产的自然人

继承人有权承受被继承人的遗产,但有权承受被继承人遗产的并不都是继承人。依我国继承法的规定,继承人仅限于公民。法人及其他社会组织、国家不能为继承人。

(三) 继承人所承受的是死者的财产权利和义务

继承人所继承的是死者的财产权利和义务,依法不得继承的除外。所谓死者的财产权利和义务,实质上就是死者在其生前所参加的财产法律关系中所处的法律地位,如债权人、债务人、所有人、占有人、要约人、继承人的法律地位,以及死者生前在民事诉讼中所处的法律地位。这一特征是继承人和受遗赠人的根本区别。受遗赠人有权依照遗嘱取得死者一定的财产权利,但不承受财产义务;继承人则不仅要承受财产权利,而且要承担财产义务。

继承人应继承死者的财产权利和义务,不等于说继承人必须承担无限责任,为死者清偿全部债务。在这个问题上,不同时代、不同国家的法律有不同的规定:有规定继承人无选择余地,必须为死者清偿全部债务的;有规定继承人可以放弃继承,也可以选择有限责任继承或无限责任继承的;也有少数国家,如我国和苏联,法律直接规定继承人仅负有限责任。

二、继承能力

继承能力是得为继承人之能力,就其法律性质而言,继承能力属于民事权利能力。在一个国家内,哪些人具有继承能力,可以作继承人,是由该国法律规定的。在奴隶社会,只有自由人才有法律人格,因而具有继承能力;奴隶没有法律人格,不能为继承人,而只能成为奴隶主继承的客体。罗马法规定,除奴隶外,"敌对分子"的子女,重大案件的被告人,脱教者和摩尼教徒,均无继承能力。为了鼓励结婚和生育,罗马法还规定,独身者、无子女的夫妇、鳏夫和无生育能力的妇女,均无继承能力。① 在我国长期的封建社会中,以男系为中心的封建宗法家庭占统治地位,只有死者的男性后裔才有资格作继承人,女子不能为人之后,因而不能作继承人。资本主义社会虽然标榜法律面前人人平等,但即使在形式上,早期资本主义的法律也大多不承认非婚生子女的继承权。

随着社会的进步,现代各国大多承认自然人自出生到死亡具有民事权利能力,因而也具有继承能力,即继承能力只跟自然人的生命相联系,与其他因素没有关系。我国《民法典》第13条明确规定:"自然人从出生时起到死亡时止,具有民事权利能力,依法享有民事权利,承担民事义务。"第14条规定:"自然人的民事权利能力一律平等。"《民法典》第1126条、1127条明确规定继承权男女平等,非婚生子女同婚生子女享有平等的继承权。因此,在我国,公民不分男女,不问婚生与非婚生,自出生开始到死亡为止,都具有继承能力,得为继承人。

关于继承能力,有以下几个问题须特别加以研究:

(一) 继承人必须是于继承开始时尚生存之人

因为被继承人的财产权利和义务于继承开始时当然转移于继承人,因此,继承人必须是于继承开始时具有法律人格,能够享受权利、承担义务的人,亦即尚生存的人。继承开始时已经死亡的人,其法律人格消灭,继承能力不复存在,当然不能作继承人。这就是"同时存在"原则。

什么叫"继承开始时尚生存"?所谓继承开始时即被继承人死亡时,各国法律对此无异议。因此,在大多数国家,是以被继承人死亡的时间为标准来判断一个人有无继承能力的,只要某推定继承人于被继承人死亡时尚生存,不管其继续生存的时间长短,都有继承能力,可以成为继承人。我国的继承法理论和司法实践,同大多数国家一样,也持这种主张。②

但是,也有少数国家规定,只有在被继承人死后生存满一定时间的人才有继承能力。如按照美国《统一继承法典》(又名《统一遗嘱检验法》)和《统一死亡条例》的规定,继承人必须是在被继承人死亡后继续生存120小时以上的人。苏联公证机关在继承公证中,按照其领导机关对《苏俄民法典》第534条的解释,将与被继承人在同一天但后于其死亡的人排除

---

① 〔意〕彼德罗·彭梵得:《罗马法教科书》,黄风译,中国政法大学出版社1992年版,第455—456页。
② 参见《谢东辉、郑兆本诉陈世军等继承纠纷案》,载《最高人民法院公报》1992年第3期。

在继承人之外。①

(二) 胎儿的继承能力

自然人的民事权利能力始于出生,终于死亡,继承开始时尚未出生的胎儿无民事权利能力,因而应无继承能力。但自罗马法以来,各国或地区立法均承认胎儿的继承能力。在立法上有一般主义和个别主义。一般主义即在自然人的权利能力部分,概括地规定关于胎儿利益之保护,以将来活着出生为条件,视为已经出生。瑞士和我国台湾地区属于这一类型。个别主义则在民法的有关部分,分别就继承、遗赠、损害赔偿等涉及胎儿利益的重要法律关系规定胎儿的权利能力。如法国、德国、日本等国家。我国《民法典》第16条属于这种类型。

关于胎儿的继承能力,理论上有法定停止条件说和法定解除条件说两种学说。法定停止条件说认为,胎儿以活着出生为条件,溯及于继承开始时取得继承能力,此说又称人格溯及说。法定解除条件说认为,胎儿本身即具有继承能力,不过出生时为死产的,溯及于继承开始时丧失继承能力,此说又称限制人格说。我国《民法典》第16条属于后一种。

我国《民法典》第16条规定,涉及遗产继承、接受赠与等胎儿利益保护的,胎儿视为具有民事权利能力。但是胎儿娩出时为死体的,其民事权利能力自始不存在。此处的"遗产继承"不仅包括法定继承,也包括遗嘱继承、遗赠。除了遗产继承和接受赠与,实践中还有其他涉及胎儿利益保护的情况,因此第16条用了一个"等"字,没有限定具体范围,为今后进行这方面的立法留下空间。《民法典》规定,分割遗产时应为胎儿保留继承份额,胎儿出生时为死体的,保留之份额按法定继承处理。

(三) 国家、法人和非法人团体的继承能力

国家、法人和其他社会组织是否有继承能力,各国和地区立法有肯定和否定两种主张。肯定说认为,国家、法人和其他社会团体具有民事权利能力,因而也具有继承能力,可以成为继承人。否定说认为,继承权是基于血缘关系和共同生活关系产生的一种权利,属于自然人的专属权,国家、法人和其他社会组织只能作为受遗赠人,不能作为继承人。

肯定说始于罗马法。按照罗马法,国家、城邦、市政府和慈善团体依法具有继承能力。②当代也有不少国家,如德国、法国、瑞士、保加利亚、匈牙利等持此种主张。这些国家或者在立法中明确规定国家和其他社会组织的继承能力,或者在理论上和司法实践中承认其继承能力。根据持肯定说的立法,国家是最后的法定继承人,即在死者无血亲继承人又无配偶继承人,也未立遗嘱处分身后财产的情况下,由国家继承。国家作为法定继承人仅负有限责任,且不得拒绝继承。国家不但是最后的法定继承人,而且可以被遗嘱指定为遗嘱继承人。法人和其他社会组织则只能成为遗嘱继承人。

持否定说的国家主要有我国、美国和日本等国。我国《民法典》在明确规定了法定继承人和遗嘱继承人的范围以后,在第1133条规定,国家、集体可以作为受遗赠人,并且在第1160条规定,无人继承又无人受遗赠的财产归国家所有,用于公益事业;死者生前是集体所有制组织成员的,归所在集体所有制组织所有。这些规定明示我国不承认国家和社会组织的继承能力。

---

① 《外国民法资料选编》,法律出版社1983年版,第515页。
② 〔意〕彼德罗·彭梵得:《罗马法教科书》,黄风译,中国政法大学出版社1992年版,第456页。

三、继承人的分类

按照不同的标准,可以将继承人分成不同的种类。

(一) 法定继承人和遗嘱继承人

按照取得继承权的根据,可以将继承人分为法定继承人和遗嘱继承人。

1. 法定继承人

法定继承人是依照法律关于继承人范围和顺序的规定,取得继承资格的继承人。法定继承人的范围和顺序都是由法律直接规定的。

法定继承人的范围一般限于被继承人的血亲和配偶。也有一些国家,主要是社会主义国家,将扶养关系也作为法定继承的根据之一。如《苏俄民法典》规定,死亡人生前扶养不少于 1 年的无劳动能力的人为法定继承人。《捷克斯洛伐克民法典》规定,在被继承人死亡前与他共同生活 1 年以上,与被继承人一起经管共同家产并因此而关心共同家产和受被继承人扶养的人,是法定继承人。

法定继承人的应继份,我国继承法理论认为必须是法定的,如果被继承人以遗嘱对其应继份作出安排,则视为遗嘱继承人。而按照日本的规定,法定的共同继承人根据遗嘱对应继份的指定继承遗产,仍属于法定继承。他们所采取的是罗马法的理论,即遗嘱的首要任务是指定继承人,如果遗嘱没有指定继承人,而仅对继承人的应继份作出安排,不能叫作遗嘱继承。因此在日本,没有遗嘱继承制度,只有指定应继份的制度。

2. 遗嘱继承人

遗嘱继承人是被继承人以遗嘱指定的继承人,因此又叫作指定继承人。指定继承人的继承资格是由遗嘱确定的。被继承人可以在什么范围内指定继承人,有两种不同的立法例。一部分国家允许遗嘱人指定任何人作继承人,遗嘱人可以在法定继承范围以内指定,也可以在法定继承人范围以外指定,甚至可以指定法人为继承人。多数国家,如美国、德国、瑞士、法国、苏联、捷克斯洛伐克等国,均属此种类型。[①] 另一种立法例以我国为代表。我国继承法规定,被继承人只能在法定继承人的范围内指定继承人。

(二) 血亲继承人和配偶继承人

按照继承人与被继承人的关系,可以将继承人分为血亲继承人和配偶继承人。

1. 血亲继承人

血亲继承人指的是基于和被继承人的血缘关系而成为继承人的人,如子女、父母、兄弟姐妹、祖父母、外祖父母。自从人类脱离了原始社会,进入阶级社会以后,血缘关系就成为继承权的最主要的根据。因此,有些著作将血亲继承人称为正常继承人,而将配偶称为不正常继承人。根据与被继承人血缘关系的远近亲疏,血亲继承人被划分为不同的顺序,血缘关系近者排在优先顺序,较远者次之,以此类推。

2. 配偶继承人

配偶继承人是根据与被继承人的夫妻关系而成为继承人的人,合法的夫妻关系是继承权的根据。夫妻关系是其他亲属关系的基础,夫妻是共同生活的伴侣,夫妻之间无论在感情

---

① 《瑞士民法典》第 539 条、第 483 条;《德国民法典》第 2087 条、第 2088 条;《苏俄民法典》第 534 条;《法国民法典》第 1002 条、第 1003 条;《捷克民法典》第 477 条。

上,还是在经济的互相依赖程度上和生活中的互相关心、互相照顾上,都是最密切的。因此,在现代继承立法中,配偶的继承地位普遍得到加强。

(三) 本位继承人和代位继承人

1. 本位继承人

本位继承人是相对于代位继承人而言的,它是指基于自己的继承顺序和继承地位而继承的继承人,如父母继承子女、子女继承父母、妻子继承丈夫、兄弟继承姐妹等,在以上继承关系中,父母、子女、妻子、兄弟都属于本位继承人。

2. 代位继承人

代位继承人是法定继承制度中的一种特殊情况,指法定血亲继承人于继承开始前死亡,依法由其直系卑亲属代位继承其应继份的一种法律制度。代位继承的特点是代位继承人按照被代位人的继承顺序和应继份继承。在代位继承中得代位继承之人叫代位继承人。在宗祧继承、身份继承(爵位继承、户主继承)制度下,代位继承为的是延续宗嗣,因此,代位继承人必须是被继承人的直系卑亲属,且限于男性后裔,即嫡孙。不仅我国古代如此,按日本旧民法规定,家督继承亦为嫡孙承祖之制,家应由嫡子嫡孙继承,不及于旁系。① 韩国民法中的户主继承,亦仅限于直系卑亲属中的男子有代位继承权。现代民法大多已废除身份继承,所谓继承,实际上仅指财产继承,代位继承人的范围也随之扩大,但各国规定差异很大。

(四) 推定继承人和应召继承人

推定继承人是指在继承开始前享有继承期待权的继承人。推定继承人处于这样一种法律地位,即在将来继承开始之时,得为继承,但在继承开始之前,推定继承人既不能支配被继承人的财产,也不能限制被继承人的财产处分权。应召继承人是继承开始以后,处于优先继承顺序,享有继承既得权,得实际继承遗产的人。在一般立法文件中,推定继承人和应召继承人都叫继承人。有些国家在立法中,将二者加以区别,将继承开始前享有继承期待权的继承人叫推定继承人(如日本民法)。《苏俄民法典》则将继承开始以后,处于得实际继承遗产之地位的继承人叫应召继承人。推定继承人和应召继承人的概念,被有些法学著述所采纳。

(五) 前位继承人、后位继承人和补充继承人②

1. 前位继承人和后位继承人

前位继承人和后位继承人是两个相对的概念。遗嘱人在遗嘱中指示继承人或受遗赠人于某种条件成就或某一时间到来时,将其所得遗产移交于另一人或几人,这种制度叫后位继承制度。在这一制度中,被指定的继承人叫前位继承人,通过前位继承人移交而取得遗产的人叫后位继承人或次位继承人。例如,丈夫以遗嘱指定妻子为自己的继承人,同时在遗嘱中指示,待儿子年满25岁时,将遗产交由儿子继承。在这里,妻子为前位继承人,儿子为后位继承人。

按照后位继承制度,前位继承人对其所继承的遗产没有完全的处分权,实际上处于用益权人的地位。前位继承人对遗产的处分行为如损害后位继承人的利益,则无效。后位继承人对前位继承人有关遗产的行为有一定的监督控制权。前位继承人应像管理自己事务一样精心管理遗产,因过失使遗产遭受损失的,应对后位继承人负赔偿责任。

---

① 日本旧民法指1947年(昭和二十二年)修改以前的民法。
② 参见本书第十三章第二节。

后位继承制度发端于罗马法上的信托遗给制度①,在中世纪的欧洲发展为后位继承制度。由于后位继承制度限制了继承人对继承财产的处分权,不利于财产的自由流转和商品经济的发展,后来在一些国家被取消。目前德国、瑞士、奥地利等国仍保留后位继承制度。

2. 补充继承人

补充继承人又叫替补继承人、第二继承人。遗嘱人在遗嘱中指定,如果指定继承人因故不能成为继承人,由另外的人替补继承的,被指定替补继承的人就叫补充继承人、替补继承人或第二继承人。被继承人可以指定一个替补继承人替补一个继承人,或指定几个替补继承人替补一个继承人,也可以指定一个替补继承人替补几个继承人。替补指定也适用于遗赠。

替补指定制度起源于罗马法。目前德国、瑞士、奥地利、匈牙利等国民法和苏俄民法典明文规定有替补指定制度。由于替补指定制度能够充分保护遗嘱人的遗嘱自由,"保证遗产"的归属符合遗嘱人的意愿,又没有后位继承制度的弊端,因此,即使法律未明文规定此项制度的国家,也大多承认替补指定的效力。

四、继承人的法律地位

继承人的法律地位是指继承人在遗产继承过程中所享有的权利和负担的义务。在各国法律上,对继承人的法律地位有两种立法体例。一是在法律上集中规定继承人的法律地位。如德国民法就采取这种体例。《德国民法典》在继承法编的第二章专门规定了"继承人的法律地位"。该章包括继承的允受或拒绝、遗产法院的监督、继承人对遗产债务的责任、遗产请求权、多数继承人等。二是在法律上并不集中规定继承人的法律地位,而是在有关的章、节中分别规定。我国继承法对继承人法律地位的规定采取的是后一种立法体例。

继承开始后,因被继承人遗产的转移会发生各种不同的法律关系,如继承法律关系、遗产分割关系、遗赠关系、被继承人债务的清偿关系等。在不同的法律关系中,继承人与不同的人共同构成该法律关系的主体。在不同的法律关系中,继承人的权利义务是不同的。概括起来,继承人的法律地位主要有以下情形。

(一)继承人与非继承人之间的关系

继承人与非继承人之间的关系是继承法律关系。在这种关系中继承人享有继承权,继承人得接受继承,也得放弃继承,继承人也享有继承权回复请求权。继承人以外的其他人为继承关系的义务主体,负有不侵害继承人继承权的消极的不作为义务。

(二)继承人相互之间的关系

继承人为数人共同继承同一被继承人的遗产时,则发生共同继承人相互之间的共同继承关系。在共同继承人之间,继承人的权利主要有遗产的共有权、遗产分割的请求权、个人应得份额的处分权;继承人的义务主要是管理和保管遗产。同时,共同继承人对于遗产中的债权债务和基于遗产发生的债权债务发生连带关系。

(三)继承人与受遗赠人之间的关系

继承人与受遗赠人之间的关系是一种因遗赠发生的具有债权债务性质的法律关系(但不是债权债务关系)。遗赠是被继承人生前实施的于其死后发生效力的单方法律行为。但

---

① 参见〔罗马〕查士丁尼:《法学总论——法学阶梯》,张企泰译,商务印书馆1989年版,第115—122页。

遗赠是在遗嘱执行人与受遗赠人之间发生效力,产生法律关系。在遗嘱中未指定遗赠执行人时继承人为遗产管理人,于此情形下,遗赠就在继承人和受遗赠人之间发生效力。在这一关系中,受遗赠人有请求继承人将遗嘱人赠与受遗赠人的遗产移交其所有的权利,继承人有义务按照被继承人的遗嘱将遗嘱人遗赠的财产交付受遗赠人所有。

(四)继承人与被继承人的债权人、债务人之间的关系

这类法律关系为债权债务关系,又可分为以下两种情况:

(1)继承人与被继承人的债权人之间的关系。在继承人与被继承人的债权人之间的债权债务关系中,继承人(遗产管理人)为债务人(在数人共同继承时,共同继承人为连带债务人),有清偿被继承人债务的义务;被继承人的债权人为债权人,有请求继承人(遗产管理人)偿还被继承人债务的权利。但继承人仅于继承的遗产的实际价值数额内对被继承人的债务负清偿责任。

(2)继承人与被继承人的债务人之间的关系。在继承人与被继承人的债务人之间的债权债务关系中,继承人(遗产管理人)为债权人(在数人共同继承中,共同继承人为连带债权人),有权请求被继承人的债务人清偿债务;被继承人的债务人为债务人,有及时清偿其所负债务的义务。

第三节 继 承 权

一、继承权的概念

继承权是继承人依法承受被继承人财产权利和义务的权利,它所表示的,是继承人的一种法律地位。在立法文件和法学著述中,继承权一词在两种意义上被使用:一种指继承开始前继承人的法律地位,一种指继承开始后继承人的法律地位。前者叫继承期待权,后者叫继承既得权。

(一)继承期待权

继承期待权所表示的,是继承开始前推定继承人的法律地位,即在将来继承开始时,可以继承财产的一种地位。如子女从其出生之日起,就是父母的法定继承人,有在将来父母死亡时继承遗产的权利。这种权利并不是现实的可以行使的权利,而只是一种期待权。期待权要转化为既得权,必须有被继承人死亡这一法律事实出现。继承期待权虽然不是现实的可以行使的权利,但是,由于我国大多数的继承是法定继承,遗嘱继承人也限于法定继承人范围之内,因此,除非继承人丧失继承权或被取消继承权,继承人在继承开始之时,当然得为继承。推定继承人的这种法律地位受法律一定程度的保护,因此,仍可算是一种权利。

继承期待权产生的根据是一定的亲属关系或遗嘱的指定。法定继承人的继承期待权或曰继承人资格,来自一定的亲属关系,如子女自出生时起即取得对父母的继承期待权,夫妻自结婚时起即取得对配偶的继承期待权。遗嘱继承人的继承期待权来自有效遗嘱的指定。

继承期待权是不确定的权利。在继承开始之前,推定继承人的地位始终是不确定的,它可能因继承人死亡或继承权被剥夺、取消,或有法定丧失继承权事由的出现,或有顺位更优先的继承人的出现而全部落空,也可能因有同顺位其他继承人的出现而缩减。例如兄长结婚,使弟妹的继承权全部落空,或妹妹出生,使姐姐的继承权缩减。

继承期待权除了表明推定继承人在继承开始时得为继承这样一种法律地位外,无具体的、现实的权利,推定继承人既不能根据这种地位支配被继承人的财产,也不享有对被继承人财产的其他权利。因此,继承期待权不能作为处分的标的。正是基于这一点,各国继承法均规定,只有在继承开始以后,继承人才可抛弃继承,继承开始以前的抛弃行为无效。

继承期待权是继承既得权的基础,有继承期待权的人,在继承开始时才享有继承既得权,才可以参加继承。推定继承人的这种法律地位或资格,正是各国法律规定的,得因法定事由的出现或被继承人的剥夺而丧失的对象。推定继承人的这种法律地位受法律一定程度的保护,被继承人不能随便剥夺。德国、法国、日本、瑞士等国民法典均明确规定,剥夺继承权须有正当理由,推定继承人如对剥夺不服,得提起诉讼。对推定继承人的资格发生争执的,得提起诉讼,要求法院确认。

(二)继承既得权

继承既得权是继承开始以后,应召继承人所处的法律地位。继承既得权作为一种现实的可行使的权利,继承人可以接受,也可以抛弃。对于已经接受之继承权,继承人也可以有偿或无偿地转让给他人。继承既得权受到侵害时,得请求回复。

继承既得权系由继承期待权转化而来。具有推定继承人资格之人,在继承开始的瞬间,转化为应召继承人。无继承期待权之人,或因法定事由丧失继承期待权,或被剥夺继承权的人,不能取得继承既得权,成为应召继承人。

继承既得权于继承开始时依法当然取得。依照我国和大多数大陆法系国家继承法的规定,继承权是依法当然取得的,不管继承人是否知道自己是继承人,是否知道自己应召继承,也不管继承人是否已经表示接受继承,继承权都依法当然发生。继承人接受继承,不过是对于已经发生的权利的确认,继承人放弃继承,则是对已经发生的权利的抛弃。

继承既得权可以作为处分标的。继承既得权是现实的,具有确定的权利义务内容的财产权利,继承人可以进行处分。

二、继承权的法律性质

人们在讨论继承权的性质时,继承权专指继承既得权。继承权是继承人概括地继承被继承人财产法律地位的权利。关于继承权的性质有选择权说、物权说和包括的单一权利说。

(一)选择权说

该说主张继承权是一种选择权,即继承人本于继承权,可以选择接受继承、放弃继承、无条件接受继承或限定接受继承的权利。[①] 这种权利属于形成权。选择权说能够解释继承开始时继承人权利行使的实际情况,有一定道理。但是,就法理而言,选择权是一种派生的权利,继承选择权是继承权的作用之一,以权利的作用来解释权利的性质显然欠妥。而且,从实务上看,继承权的内容不仅限于选择权,继承人选择接受继承之后,还享有一系列的权利,如遗产管理权、遗产分割请求权等,并且要承担相应的义务。这些都是选择权无法包容的。

(二)物权说

此说将继承权视为一种物权,奥地利、荷兰采此说。[②]《奥地利民法典》第532条明确规

[①] 史尚宽:《继承法论》,中国政法大学出版社2000年版,第93页。

[②] 同上。

定,称继承权者,谓取得遗产全部或一定比率的一部(例如一半或 1/3)之排他的权利,其权利为一种物权,对任何侵害遗产之人皆有对抗效力。

但是,排他性并不是物权独有的性质,凡绝对权皆有排他性,如专利权、商标权、著作权等知识产权,都具有强烈的排他性,可以对抗一切人。因此,根据排他性而认为继承权是物权,有以偏概全之嫌,故物权说为大多数国家所不取。

(三)包括的单一权利说

该说认为,继承权是继承人概括地承继被继承人的财产权利和义务的一种法律地位。这种权利义务地位是概括的,即被继承人死亡时的全部财产法律关系,除专属于被继承人者外,不分种类、统一地、整体地归属于继承人。继承人不需证明属于遗产的各项财产的来源,只需证明其属于遗产,即属于被继承人生前所支配、控制之财产,或属于被继承人所行使之权利,即可按照被继承人死亡时之原样全部承受其法律关系。包括的单一权利说和物权说的重要区别是:(1)物权是纯粹的积极财产,而继承权中包含有财产义务。(2)按照物权的一般原理,物权的客体是具体的、特定的财产,物权受到侵害时,权利人请求返还财产时必须逐一证明其对于各个标的物的权利。而继承权的客体是概括的,是被继承人财产权利和义务的统一体,当继承权受到侵害时,继承人只要证明其继承人身份,即可回复权利。一般认为此说为当。

三、继承权的取得

继承权依据法律的规定或被继承人的指定而产生。前者叫法定继承权,后者叫遗嘱继承权。

(一)法定继承权的取得

法定继承权是法定继承人直接依据法律规定而享有的继承权。所谓直接依据法律规定,即不需有被继承人的意思介入,其继承权是直接依法律的规定而产生的。继承法中关于法定继承人的范围、顺序和应继份的规定,就是法定继承权产生的法律根据。

单有法律规定不能产生继承权。法定继承权的取得需要有两个法律事实:

第一,继承人出现。依照法律规定得为继承之人出现,是产生继承权的前提条件。所谓继承人出现,通常表现为出生、收养、结婚或扶养关系的成立。继承人出现的法律效果是产生继承期待权。不管继承人是否知道自己是继承人,也不管其是否主张,只要有这种法律事实出现,继承期待权都依法产生。

第二,被继承人死亡。被继承人死亡,包括生理死亡和宣告死亡。这一法律事实的效果是使继承期待权转化为继承既得权。继承既得权也是依法当然产生的,不管继承人是否知道继承已经开始,也不管其是否主张接受继承,其继承权都自继承开始时当然取得。

(二)遗嘱继承权的取得

遗嘱继承权是由继承人以遗嘱授予的继承权。遗嘱继承权的发生也须有两个法律事实:

第一,被继承人立有遗嘱。遗嘱必须合法有效。无效的遗嘱不能作为继承的依据。有效但未生效的遗嘱,如被立遗嘱人撤回的遗嘱、因指定继承人先于立遗嘱人死亡而失效的遗嘱,都不能产生遗嘱继承权。

第二,立遗嘱人死亡。立遗嘱人死亡是遗嘱的生效要件,也是产生遗嘱继承权的必要法律事实。

四、继承权的丧失

(一) 继承权丧失的概念

继承权丧失指的是,本来具有继承资格(有继承期待权)的人因犯有某些严重违反人伦道德的罪行,或有严重的不道德行为,而丧失继承人资格。继承权丧失有法定丧失和因被继承人剥夺而丧失两种。前者又叫"继承人欠格""无继承资格"或"不配作继承人",后者又叫"剥夺继承权""剥夺特留份""废除继承人"。

丧失继承权制度古已有之。罗马法上有继承人缺格和废除继承人制度,《汉谟拉比法典》中也有父亲在儿子犯有严重过失时得通过法官剥夺其继承权(逐出继承人)的规定。现代各国继承法均有丧失继承资格的制度。

1. 丧失继承权是一种民事制裁

为了维护符合统治阶级需要的人伦道德和家庭秩序,立法者规定犯有某些罪行或有严重违反人伦道德行为的继承人丧失继承资格。因此,丧失继承权带有明显的民事制裁性质。法定丧失自不必说,就是被继承人剥夺继承人的继承权,也必须有符合法律规定的理由。这是丧失继承权和取消继承权的根本区别。因此,有的著作认为丧失继承权应包括取消继承权和不分遗产①,是不妥的。

2. 丧失继承权仅具有相对效力

继承权本身就是一个相对的概念,即只存在某人对某人的继承权,而不存在对一般人的继承权。某继承人对某一特定的被继承人有依法应丧失继承权的行为时,仅丧失作为该被继承人之继承人的资格,而不影响其对于其他人的继承权。

根据这一点,可以将丧失继承权和无继承能力区别开来。无继承能力指某人根本不具备作继承人的民事权利能力,不能参加任何继承关系,作任何人的继承人。例如,在奴隶社会,奴隶无继承能力,他只能作为奴隶主继承的客体。古代罗马法规定,鳏夫、独身者、无生育能力的妇女不得作继承人。

3. 丧失继承权适用于法定继承和遗嘱继承

不论是法定继承人还是遗嘱继承人,只要有法律规定的事由出现,即依法丧失继承权,也可以由被继承人剥夺其继承权。

(二) 继承权的法定丧失

继承权的法定丧失是指继承人因犯有法律规定应丧失继承权的罪行或有严重违反人伦道德的行为,依法当然丧失继承资格。丧失继承权的法定原因各国规定不尽一致,大体可分为以下几类:(1) 对被继承人或其他继承人犯有严重罪行。例如,故意致被继承人死亡或企图致其死亡;故意致其他继承人死亡或企图致其死亡,以使自己能够继承遗产。(2) 妨害被继承人自由行使遗嘱处分权。公民得在法律许可的范围内以遗嘱自由处分其身后财产,任何人不得非法干涉。各国对于干涉公民遗嘱自由者均给予严厉制裁,在继承法上则使妨害者丧失继承权。妨害遗嘱自由的行为可分为两种类型,一种是妨害被继承人订立、变更、撤回遗嘱;一种是阻碍被继承人遗嘱的实现,如伪造、变造、隐匿、毁弃遗嘱。(3) 严重违反亲

---

① 刘春茂主编:《中国民法学·财产继承》,中国人民公安大学出版社1990年版,第150页。

属间的法定扶养义务。此外,法国和日本还规定,知悉被继承人被谋杀而不告发者,丧失继承权,但谋杀者系自己的近亲属者不在此限。法国还将诬告被继承人犯死罪作为丧失继承权的原因。

我国《民法典》第1125条规定,继承人有下列行为之一的,丧失继承权:

1. 故意杀害被继承人的

继承人故意杀害被继承人是一种严重的犯罪行为,不论其是否受到刑事责任的追究,都丧失继承权。构成故意杀害被继承人的行为,须具备以下两个条件:

第一,继承人实施的是杀害被继承人的行为。杀害是以剥夺生命为目的的,因此,继承人实施的行为须是以剥夺被继承人生命为目的,才能构成杀害行为。如果继承人对被继承人实施的不法行为虽为危害人身安全的行为,但不是以剥夺其生命为目的的,则不能构成杀害行为。反之,只要继承人实施的行为有剥夺被继承人生命的图谋,不论其出于何种动机,不论其是采取何种手段杀害,也不论其是直接杀害还是间接杀害,是亲手杀害还是教唆他人杀害,也不论杀害行为是既遂或未遂,都可构成杀害被继承人的行为。有的人认为,为了"大义灭亲"而杀害有严重劣迹的被继承人的,不应丧失继承权。这种认识是不对的。从刑事上说,即使被继承人有严重劣迹,他人也无私自杀害的权利,其杀害行为可构成犯罪;从继承法上说,继承人不论出于何种动机杀害被继承人,都不会影响其继承权的丧失。

第二,须继承人主观上有杀害的故意。至于继承人的杀害故意是直接故意,还是间接故意,均无影响。但如果继承人主观上并无杀害被继承人的故意,则不丧失继承权。例如,继承人由于过失而致被继承人死亡的,因其并无杀害的故意,不构成故意杀害被继承人,不能丧失继承权。

在故意杀害被继承人行为上有以下三点应当注意:

其一,因正当防卫而杀害被继承人的。正当防卫是在行为人受到他人不法侵害时对侵害人所实施的一种合法的正当的自救措施,正当防卫是一种合法行为,并不具有违法性。因此,继承人因正当防卫而杀害被继承人的,不丧失继承权。但是,如果继承人实施的防卫行为过当而构成杀人罪时,继承人仍应丧失继承权。

其二,未成年人故意杀害被继承人的,是否丧失继承权。对此有不同的看法。有人认为未成年人故意杀害被继承人,法院未追究其刑事责任的,不丧失继承权,因此只有14周岁以上的未成年人故意杀害被继承人的,才丧失继承权。有人认为,凡故意杀害被继承人的,不问其是否成年,也不问其是否经法院判罪,均应丧失继承权。但对于不满8周岁的未成年人应例外,如果因其犯有杀害被继承人的行为而剥夺其继承权,则与整个民事立法的精神不符。本书认为,凡故意杀害被继承人的,不论其是否成年,也不论是否追究其刑事责任,都应丧失继承权。不满8周岁的未成年人杀害被继承人的,因其为无民事行为能力人,无民事行为能力也就无民事责任能力,其杀害行为也就构不成故意。不满8周岁的继承人杀害被继承人的,并不为故意杀害,所以其才不因此而丧失继承权,而并非因其他理由不丧失继承权。

其三,继承人对被继承人犯有故意伤害等其他严重犯罪行为的,是否为有故意杀害被继承人的行为。对此,也有不同的看法。一种观点认为,继承人故意杀害被继承人,指继承人故意侵犯被继承人人身权利,情节严重的行为,主要指故意杀人、故意伤害、诬陷、奸淫幼女、抢劫、暴力干涉婚姻自由等犯罪行为。按照这种观点,不仅继承人故意杀死被继承人,会丧失继承权,而且继承人故意伤害被继承人致被继承人重伤或者死亡的,继承人诬陷被继承人构成犯罪后果严重的,男性继承人强奸女性被继承人的,继承人奸淫不满14周岁的女性被继承人的,继承人抢劫被继承人的财产并致被继承人重伤、死亡的,继承人暴力干涉被继承人的婚姻自由并造成被继承人重伤死亡的,均丧失继承权。另一种观点认为,故意伤害被继承人致被继承人死亡与故意杀害被继承人是两回事,二者不能混为一谈,不能对故意杀害被继承人作扩大的解释。本书同意后一种观点。继承人对被继承人实施故意杀害以外的其他犯罪行为的,不能以其故意杀害被继承人为理由丧失继承权。这里的杀害,就是指剥夺生命,不能扩大解释为包括"杀"和"害"两种情形,亦即不能解释为既包括杀人,也包括伤害人。

《民法典》第1125条第3款规定,受遗赠人故意杀害遗赠人的,亦丧失受遗赠权。

2. 为争夺遗产而杀害其他继承人的

构成继承人为争夺遗产杀害其他继承人的行为,须具备以下两个条件:

第一,继承人杀害的对象是其他继承人。继承人杀害其他继承人,是指继承人实施了剥夺其他继承人生命的违法犯罪行为。这种行为的杀害对象是其他继承人,而不能是继承人以外的其他人。继承人杀害继承人以外的其他人的,尽管构成杀人罪,应受刑事责任的追究,但不能因此而丧失继承权。继承人杀害其他继承人既包括法定继承人杀害遗嘱继承人,也包括遗嘱继承人杀害法定继承人;既包括后一顺序的继承人杀害前一顺序的法定继承人,也包括前一顺序的继承人杀害后一顺序的继承人,还包括继承人杀害同一顺序的继承人。也就是说,只要继承人所杀害的是我国法律规定的法定继承人范围以内的人,就属于继承人杀害其他继承人的行为。这里的杀害与前面所说的杀害,含义是一样的,不能作扩大解释,把伤害行为也包括在内。

第二,继承人杀害的目的是为了争夺遗产。这是构成该行为的主观要件。继承人杀害其他继承人不是为了争夺遗产,而是为了其他目的,出于其他的动机的,其虽会受刑事责任的追究,但不能因此而丧失继承权。即使因继承人杀害了其他继承人而使继承人实际上可以多得到遗产的,只要继承人杀害的动机和目的不是为了争夺遗产,其继承权也不因此而丧失。例如,兄弟二人因争夺某一财产(该财产并不属于被继承人的财产),一方将另一方杀害,则因该财产并非其父母的财产,杀害方并不因此丧失对其父母遗产的继承权。又如,某甲有二子乙、丙。因乙品行恶劣,影响极坏,甲虽多次教育,乙也不改其恶性,乙并多次殴打甲扬言要将甲打死,甲就与丙合谋将乙杀害。甲、丙故意杀害被继承人乙,丧失对乙的遗产继承权;乙、丙虽同为甲的继承人,丙也故意杀害了乙,但因丙杀害乙不是为了争夺遗产,丙对甲的继承权不丧失。但是,只要继承人为了争夺遗产而杀害其他继承人,不论其杀害行为既遂未遂,也不论其是否被追究刑事责任,均丧失继承权。

3. 遗弃被继承人,或者虐待被继承人情节严重的

继承人遗弃被继承人,是指继承人对没有劳动能力又没有生活来源和没有独立生活能力的被继承人拒不履行扶养义务。因此,构成遗弃行为的条件有二:其一,被遗弃的对象是没有独立生活能力的被继承人,例如,被继承人年老、年幼、有残疾等。被继承人虽有生活来源但并没有独立生活能力的,仍可为被遗弃的对象。如果被继承人有独立生活能力,尽管继承人不尽扶养义务也是不合法、不道德的,但不能构成遗弃。其二,继承人有能力尽扶养义务而拒不尽扶养义务。如果继承人本身也是没有独立生活能力的,其并无力尽扶养义务,则其不履行扶养义务,不能构成遗弃。遗弃行为是一种置被继承人于危险境地而不顾的严重

的不道德和违法行为,它不限于积极的行为;消极的不作为也可构成。例如,父母将年幼的子女弃置于路旁或者其他地方,为遗弃;子女对其年老生活不能自理的父母置之不理,也可构成遗弃。但是,对于因被继承人的过错而引起继承人与被继承人分居、来往不密切的,不能认定为继承人遗弃被继承人。继承人遗弃被继承人的,均丧失继承权,而不问其是否被追究刑事责任。

虐待被继承人,是指继承人在被继承人生前对其以各种手段进行身体上或者精神上的摧残或折磨。例如,对被继承人经常进行打骂,迫使其从事不能从事的劳动,限制其人身自由等。虐待行为与遗弃行为的后果不同。继承人虐待被继承人的,并不就丧失继承权;只有虐待情节严重的,才丧失继承权。因此,正确认定继承人虐待被继承人的行为是否情节严重,是确认继承人是否丧失继承权的关键。看待一个行为的情节,应当依照主客观两方面的标准衡量。一般来说,如果继承人对被继承人的虐待具有长期性、经常性,并且手段比较恶劣,社会影响很坏,则可认定为虐待情节严重。如果继承人对被继承人只是一时的不关心、照顾,或者因某些家务事发生争吵,甚至打架,则不应认定为情节严重。依照我国《刑法》第260条的规定,虐待家庭成员,情节恶劣的,处2年以下有期徒刑、拘役或者管制。因此,继承人虐待被继承人,情节严重的,会构成虐待罪。但是,只要继承人虐待被继承人情节严重,不论其行为是否构成犯罪,其是否被追究刑事责任,均丧失继承权。

4. 伪造、篡改、隐匿或者销毁遗嘱,情节严重的

遗嘱是被继承人生前作出的于其死亡后发生法律效力的法律行为,是被继承人生前对自己的财产作出的处分决定,是被继承人按照自己的意愿处置其合法财产的法律形式。因此,任何人不能代替被继承人设立遗嘱,任何人不能非法改变被继承人生前的意愿。被继承人的合法遗嘱受法律的保护。伪造、篡改、隐匿或者销毁遗嘱,都是违法的行为。

伪造遗嘱,是指继承人以被继承人的名义制作假遗嘱。这种伪造的遗嘱根本就不是被继承人生前的意思表示,不能体现被继承人生前的意志。伪造遗嘱一般是在被继承人未立遗嘱的情形下实施的,但被继承人虽立有遗嘱,而继承人将被继承人所立的遗嘱隐藏起来而另制作一份假遗嘱的,也为伪造遗嘱。继承人伪造遗嘱一般是为了多得或独吞遗产,但继承人制造虚假遗嘱的动机或目的,并不是构成伪造遗嘱的要件。

篡改遗嘱,是指继承人改变被继承人所立的遗嘱的内容。这种行为是改变了被继承人生前的意志,限制被继承人生前对其合法财产的处分。继承人篡改被继承人的遗嘱,一般是因为被继承人所立的遗嘱对自己不利,对遗嘱予以篡改以使内容对自己有利,但这不是构成篡改遗嘱的条件。只要继承人改变了被继承人所立遗嘱的内容,就为篡改遗嘱。

隐匿遗嘱,是指继承人将被继承人所立的遗嘱藏匿起来。这是一种试图否定被继承人生前意愿的行为,是对被继承人生前对其财产处分权的一种侵犯。隐匿遗嘱是《民法典》第1125条新增加的丧失继承权的情形。

销毁遗嘱,是指继承人将被继承人所立的遗嘱完全破坏、毁灭。这是一种完全否定被继承人生前意愿的行为,是对被继承人生前对其财产处分权的一种剥夺。继承人之所以销毁被继承人的遗嘱,一般是因为其要达到多得或者独吞遗产的目的,但继承人因何目的和动机而销毁遗嘱,并不影响销毁遗嘱行为的构成。

伪造、篡改、隐匿或者销毁被继承人遗嘱的,违背了被继承人生前的真实意愿,并且继承人实施这类行为往往是从利己的目的出发,为使自己多得或者独得遗产,会侵害其他继承人

的合法利益。因此,这是违反社会主义道德和法律的行为。继承人伪造、篡改、隐匿或者销毁被继承人的遗嘱,情节严重的,丧失继承权。按照最高人民法院《民法典继承编解释(一)》第9条的规定,继承人伪造、篡改、隐匿或者销毁遗嘱,侵害了缺乏劳动能力又无生活来源的继承人的利益,并造成其生活困难的,应当认定为《民法典》第1125条第1款第4项规定的"情节严重"。因此,如果继承人伪造、篡改、隐匿或者销毁被继承人的遗嘱,并未侵害缺乏劳动能力又没有生活来源的继承人的利益或者虽侵害其利益但未造成其生活困难的,则不丧失继承权。继承人伪造、篡改、隐匿或者销毁被继承人的遗嘱,并不限于继承人亲自实施的行为。继承人授意他人伪造、篡改、隐匿或者销毁被继承人遗嘱的,只要情节严重,同样也丧失继承权。但这类行为须有继承人的故意才能构成。继承人因过失而使被继承人的遗嘱损毁的,不能认定为销毁遗嘱。

5. 以欺诈、胁迫手段迫使或者妨碍被继承人设立、变更或者撤回遗嘱,情节严重的

遗嘱应是被继承人真实意思的表示,应是被继承人自由意志的表达。故当继承人以非法手段影响被继承人在遗嘱法律行为中的意思表示,且情节严重时,应剥夺继承人的继承权(参见《民法典》继承编第1125条第1款第5项)。但《民法典》并未明确规定何谓"情节严重"。这将导致司法实践并无统一标准,只能有待司法解释的细化。

继承法中针对继承人丧失继承权的情形,没有规定被继承人宽恕制度,但是最高人民法院《继承法解释》基于社会生活实践,确立了该项制度,其中第13条规定,继承人虐待被继承人情节严重的,或者遗弃被继承人的,如以后确有悔改表现,而且被虐待人、被遗弃人生前又表示宽恕,可不确认其丧失继承权。《民法典》第1125条吸收了该条司法解释的规定,并拓展至"伪造、篡改、隐匿或者销毁遗嘱,情节严重"以及"以欺诈、胁迫手段迫使或者妨碍被继承人设立、变更或者撤回遗嘱,情节严重"两种情形,同时,将"事后在遗嘱中将其列为继承人"也作为宽恕的一种形式,对继承权的法定丧失制度予以完善,从而更好地尊重被继承人处分自己财产的自由意志,也进一步弘扬了尊老爱幼的中华传统美德。但是,从《民法典》第1125条规定看,如果继承人故意杀害被继承人或者为争夺遗产而杀害其他继承人的,属于继承权的绝对丧失,不适用被继承人宽恕制度。该继承权不仅包括法定继承的情形,也应当包括遗嘱继承的情形。因此,《民法典继承编解释(一)》第8条保留了《继承法解释》第12条规定精神,明确如果存在《民法典》第1125条第1款规定的第1项和第2项情形,而被继承人立遗嘱将遗产指定由该继承人继承的,可以确认遗嘱无效,并确认该继承人丧失继承权。此处被继承人立遗嘱的行为包括上述法定情形发生之前,也包括相关情形发生之后。[①]

(三) 继承权丧失的类别

对于继承权的丧失,学者中有不同的分类。有的分为当然的终局的丧失、当然的非终局的丧失和兼有被继承人意思表示的丧失。继承权当然的终局的丧失,是指有法定的某事由的发生,继承权就当然且绝对地丧失,嗣后也并不因宽恕而回复;当然的非终局的丧失,是指有法定的某事由的发生,继承权就当然丧失但得因宽恕而不丧失;兼有被继承人意思表示的丧失,是指虽对被继承人有重大的不道德或违法行为但继承人的继承权不当然丧失,须有被继承人表示其不得继承时,继承权始丧失。有的分为相对的丧失和绝对的丧失或者终局的

---

① 参见郑学林、刘敏、王丹:《〈关于适用民法典继承编的解释(一)〉若干重点问题的理解与适用》,载《人民司法》2021年第16期。

丧失和非终局的丧失。依照我国继承法的规定和司法实践,将继承权的丧失分为继承权的相对丧失和绝对丧失是合适的。因为我国继承法并未将被继承人在遗嘱中取消法定继承人继承遗产的权利也列为继承权的丧失。

(1) 继承权的绝对丧失。继承权的绝对丧失,是指因发生某种使继承人丧失继承权的法定事由时,该继承人的继承权便终局地丧失,该继承人再不得也不能享有对特定被继承人已丧失的继承权。继承权的绝对丧失,是不可改变的,不依被继承人或者其他人的意志而变化。依我国《民法典》第1125条的规定,因故意杀害被继承人丧失继承权的,因为争夺遗产而杀害其他继承人丧失继承权的,都为继承权的绝对丧失。也有的人称之为继承权的终局丧失。

(2) 继承权的相对丧失。继承权的相对丧失,是指虽因发生某种法定事由使继承人的继承权丧失,但在具备一定条件时继承人的继承权也可最终不丧失,所以又称为继承权的非终局丧失。依我国《民法典》第1125条第2款的规定,遗弃被继承人的,或者虐待被继承人情节严重的,伪造、篡改、隐匿或者销毁被继承人的遗嘱,情节严重的,以欺诈、胁迫手段迫使或者妨碍被继承人设立、变更或者撤回遗嘱,情节严重的,继承人均丧失继承权。但是如果继承人其后确有悔改表现,而被继承人生前又表示宽恕或者事后在遗嘱中将其列为继承人的,可不确认继承人丧失继承权。因此,以上规定即属于继承权的相对丧失。法律规定继承权的相对丧失,并不是为了继承人的利益,而是为了促使继承人改恶从善,尊重被继承人的意愿,贯彻养老育幼的原则。

从《民法典》第1125条规定看,如果继承人故意杀害被继承人或者为争夺遗产而杀害其他继承人的,属于继承权的绝对丧失,不适用被继承人宽恕制度。该继承权不仅包括法定继承的情形,也应当包括遗嘱继承的情形。因此,《民法典继承编解释》第8条明确,如果存在《民法典》第1125条第1款规定的第1项和第2项情形,而被继承人立遗嘱将遗产指定由该继承人继承的,可以确认遗嘱无效,并确认该继承人丧失继承权。此处被继承人立遗嘱的行为包括上述法定情形发生之前,也包括相关情形发生之后。①

(四) 继承权丧失的确认

继承权丧失的确认,实质上涉及继承权丧失的方式。关于继承权丧失的方式,在各国立法上有两种:一是继承权的自然丧失。指只要发生法律规定的继承人继承权丧失的事由,继承人的继承权就当然丧失,无须由被继承人再作出某种意思表示。二是继承权的丧失需要采用一定的形式或者需经司法程序确认。例如,依《德国民法典》第2340条的规定,丧失继承权以撤销遗产取得权而实施之。

在我国,一般认为,在出现可以导致继承权丧失的事由之后,继承人当然地丧失继承权。但是,最高人民法院考虑到在司法实践中,当事人往往对继承权是否丧失发生争议,因此,《民法典继承编解释(一)》第5条基本沿用了原来的规定,即"在遗产继承中,继承人之间因是否丧失继承权发生纠纷,向人民法院提起诉讼的,由人民法院依据民法典第一千一百二十五条的规定,判决确认其是否丧失继承权"。该诉在性质上属于确认之诉。确认之诉不同于形成之诉,不引起民事法律关系的变动或消灭,只是对某种民事法律关系的确认或否认。因

---

① 参见郑学林、刘敏、王丹:《〈关于适用民法典继承编的解释(一)〉若干重点问题的理解与适用》,载《人民司法》2021年第16期。

此,如果人民法院经过审理,认为该继承人符合《民法典》第 1125 条规定的某项情形而确认其丧失继承权的,则该继承人丧失继承权的时点不是判决生效之时,而是法律规定的继承开始之时。此外,《民法典》第 1125 条增加规定了受遗赠人丧失受遗赠权的规定,与继承人丧失继承权的情形相同。继承人与受遗赠人或者受遗赠人之间因是否丧失受遗赠权发生纠纷的,亦应当作同一理解,根据本条的处理思路进行处理。①

当事人主张某一继承人对于某特定的被继承人的继承权丧失的,应当向人民法院提起民事诉讼,由人民法院经民事审判程序审理,最后作出该继承权是否丧失的裁决。提起请求确认某继承人继承权丧失的,可以是其他继承人,也可以是继承人以外的其他人或者有关单位。如果继承人实施了违法犯罪行为,而又无人主张其丧失继承权时,人民法院可否主动裁决该继承人的继承权丧失?本书认为,如果继承人的行为已构成犯罪,则人民法院可以就继承人继承权的丧失一并作出处理。但继承人的行为尚不构成犯罪的,人民法院不应主动处理继承人的继承权丧失问题。

(五) 继承权丧失的效力

继承权丧失的效力是指继承权丧失的法律后果,继承权丧失的效力包括时间上的效力和对人的效力两个方面。

(1) 继承权丧失的时间效力。继承权丧失的时间效力是指继承权的丧失于何时发生效力。从继承权丧失的含义上看,继承权的丧失是使继承人失去继承的资格,继承人不得为继承人。因此,继承权的丧失不论发生在何时,均应自继承开始之时发生效力。如果继承权的丧失是于继承开始后由人民法院确认的,则人民法院对继承人继承权丧失的确认溯及自继承开始之时发生效力。

继承权丧失的法定事由可能是发生在继承开始以后。例如,于被继承人死亡后,继承人为争夺遗产而杀害其他继承人。但是,即使丧失继承权的法定事由发生在继承开始后,继承权的丧失也溯及于继承开始之时发生效力。继承权的丧失,是继承资格的丧失,是指继承人不得为继承人。如果丧失继承权的继承人在确认丧失继承权前已经占有遗产,则其应依不当得利的规定无条件返还。

(2) 继承权丧失对人的效力。继承权丧失对人的效力可以从以下三个方面说明:

第一,继承权的丧失对其他被继承人的效力。

继承权的丧失,仅是继承人对于特定被继承人的遗产继承权的丧失,所以仅对于特定的被继承人发生效力,对继承人的其他被继承人不发生效力。因为继承权的丧失,不同于继承能力的丧失。丧失继承能力的继承人绝对不会再成为继承人。如前所述,公民的民事权利始于出生,终于死亡,凡生存的公民均有继承能力。因此,继承人丧失继承权,并不是继承能力的丧失,仅仅是相对于特定继承人的遗产来说无继承资格,而不是对任何人的遗产都没有资格继承。所以,继承人对于某一被继承人的遗产丧失继承权的,并不影响其对其他被继承人的遗产继承权。例如,某甲故意杀害其配偶,甲对其配偶的遗产继承权丧失,但甲对于其他继承人(例如其父母、子女)的遗产继承权并不因此而丧失,仍可有权继承其他被继承人的遗产。

---

① 参见郑学林、刘敏、王丹:《〈关于适用民法典继承编的解释(一)〉若干重点问题的理解与适用》,载《人民司法》2021 年第 16 期。

第二，继承权的丧失对继承人的晚辈直系血亲的效力。

继承权的丧失对继承人的晚辈直系血亲的效力，各国法律规定不一，有两种不同的规定。一种规定是继承权的丧失对继承人的晚辈直系血亲不发生效力，继承人丧失继承权的，继承人的晚辈直系血亲仍然得代位继承。另一种规定是继承权的丧失对继承人的晚辈直系血亲发生效力，即继承人丧失继承权的，其晚辈直系血亲也不得代位继承。我国《民法典》并未规定继承人丧失继承权时其晚辈直系血亲可否代位继承问题。但《民法典继承编解释（一）》第17条规定："继承人丧失继承权的，其晚辈直系血亲不得代位继承……"可见，我国继承法是采取第二种做法的，承认继承权的丧失对继承人的晚辈直系血亲发生效力。

第三，继承权的丧失对取得遗产的第三人的效力。

继承权的丧失对取得遗产的第三人是否发生效力？对此也有两种观点。一种观点认为，继承权的丧失对善意第三人不发生效力，不得以继承人的继承无效而对抗善意第三人。另一种观点认为，继承人丧失继承权的，对一切第三人都发生效力，可以继承的无效对抗从丧失继承权的人取得遗产的所有第三人。本书同意第一种观点。丧失继承权的人处分被继承人遗产的，属于对他人财产的无权处分。因此，于此情形下，应适用善意取得原则，保护善意第三人的合法权益。第三人属于善意有偿取得财产的，其他人不能主张第三人返还，而只能向处分遗产的丧失继承权的继承人主张返还不当得利。但若第三人是无偿取得财产的，或者其在取得财产上有恶意的，则其他继承人向第三人请求返还时，第三人应当返还。

五、继承权的行使和放弃

（一）继承权的行使

继承权的行使，是指继承人实现自己的继承权。权利人可以行使的只能是主观意义上的权利，而不能是客观意义上的权利。继承权自继承开始才由客观意义上的权利转化为主观意义上的权利。所以，继承权的行使是继承开始后继承人对自己权利的行使，在继承开始前不发生继承权的行使。继承权的内容是取得遗产，既包括占有、管理遗产，也包括遗产分割请求权等。因此，继承人与其他继承人共同或单独地占有、管理遗产，继承人直接参与分割遗产，在其继承权受到侵害时请求法律予以保护，都是行使继承权的行为。

权利的行使，一般须有相应的行为能力。有完全民事行为能力的继承人得自己行使继承权。无完全民事行为能力人不能完全独立地行使继承权的，可由法定代理人代为行使。根据我国《民法典》第20条、第21条、第22条的规定，无民事行为能力人的继承权、受遗赠权，由他的法定代理人代为行使。限制民事行为能力人的继承权、受遗赠权，由他的法定代理人代为行使，或者征得法定代理人同意、追认后行使。但是可以独立实施纯获利益的民事法律行为或者与其智力、精神健康状况相适应的民事法律行为。

（二）继承权的放弃

继承权的放弃，即继承的放弃，是指继承人于继承开始后作出的放弃继承被继承人遗产的权利的意思表示。

1. 继承权放弃的含义

继承权的放弃，是继承人对自己权利的一种处分。继承人只能于继承开始后才享有主观意义上的继承权，因此继承权的放弃只能于继承开始后实施。于继承开始前，继承人并不享有可以处分的主观权利,仅享有客观权利,而客观权利仅是一种资格,是不得抛弃的。因为继承权的放弃是继承人对自己继承权的处分,所以,继承权的放弃也只能在遗产分割前实施。遗产分割后,继承人所作出的不接受遗产的表示,属于放弃遗产,继承人放弃的不是继承权,而是单独的遗产所有权。

继承人得放弃继承权,是法律进步的表现,古代法通常是不允许放弃继承权的。近代各国的继承法,因为一般仅为财产继承法,不包括身份的继承,所以,对于任何继承人是否接受和放弃继承权的自由,一般并不限制。但在旧中国,尽管法律上允许继承人放弃继承,而实际上奉行"父债子还"原则,被继承人的子女往往是不能以放弃继承来拒绝承受被继承人债务的。中华人民共和国成立后,我国在长期的司法实践中,对于继承权的放弃一直承认,保护继承人接受或放弃继承的自由。我国《继承法》和《民法典》继承编明确规定了继承人得放弃继承权。但是,如同任何自由不能绝对没有限制一样,放弃继承权也不是不受任何限制的。如果继承人放弃继承权会损害第三人的利益,则继承人不得放弃继承权。《民法典继承编解释(一)》第32条规定:"继承人因放弃继承权,致其不能履行法定义务的,放弃继承权的行为无效。"例如,某甲无力抚养自己的子女,其父母死亡后留有遗产,甲若继承遗产则有能力抚养子女,但甲放弃自己的继承权,从而导致其不能履行抚养子女的法定义务。于此情形下,人民法院得确认甲放弃继承权的行为无效,由其继承父母的遗产。

2. 继承权放弃的方式

继承权放弃的方式,各国立法规定不一,与其对继承人接受继承的方式的规定有关。概括起来,可分为以下两种做法:

第一种做法是,放弃继承必须以明示的方式,继承人不得以默示的方式作出放弃继承的意思表示。采取这种做法的立法认为,继承开始后继承人未明确表示放弃继承的,即视为接受继承。例如,《瑞士民法典》第570条规定,抛弃继承权的意思表示,由继承人以口头或书面形式向主管官厅作出;抛弃继承权,不能有任何条件及保留;主管官厅应将抛弃之情形作成备忘录。

第二种做法是,放弃继承可以用默示的方式。依这种立法规定,继承人接受继承应以明示方式作出意思表示,继承人未表示继承的,视为放弃继承。

我国继承法采取前述第一种做法。依我国《民法典》第1124条第1款的规定,"继承开始后,继承人放弃继承的,应当在遗产处理前,以书面形式作出放弃继承的表示;没有表示的,视为接受继承"。考虑到放弃继承关系到继承人的重大利益,有必要以要式法律行为作出,《民法典》第1124条在继承法规定的基础上,增加规定放弃的意思表示必须以书面方式作出,以示慎重。《民法典继承编解释(一)》第33条删除了《继承法解释》第47条后半段"用口头方式表示放弃继承,本人承认,或有其它充分证据证明的,也应当认定其有效"的规定,以更加符合法律修改的精神。但是,考虑到继承人的各种特殊情况,有些继承人由于身体健康等方面的原因可能无法以书面方式提出,《民法典继承编解释(一)》第34条保留了《继承法解释》第48条的规定,即在诉讼中,继承人向人民法院以口头方式表示放弃继承的,要制作笔录,由放弃继承的人签名。该种放弃继承的意思表示虽然是继承人以口头方式表达的,但是由于在诉讼中,通过制作笔录由放弃继承的人签名的方式,固定了证据,实质上已经转化为书面形式,能够保证放弃继承意思表示的真实性,不违背《民法典》第1124条的精神。而且,可以最大限度满足人民群众的司法需求。对于实践中如何认定书面形式,本书认为,可以参考《民法典》合同编第469条的规定,能够有形地表现所载内容的形式即可以认定为书面形式。除信件、电报、电传、传真等可以作为书面形式外,以电子数据交换、电子邮件等方式能够有形地表现所载内容,并可以随时调取查用的数据电文,也应可以视为书面形式。①

继承人可否放弃部分继承权?从各国的立法看,一般规定放弃继承权不得附加条件,这种立法观点认为,继承权具有不可分性,只能全部接受或者全部放弃,而不能附加任何条件,不允许部分接受或部分放弃继承。我国继承法对此未作明确规定,本书认为,如果允许继承人部分放弃继承权,就会导致继承人只继承权利,而不承受义务,不利于家庭和睦团结。如果说,继承人只想得到部分遗产权利,而将应得的其他遗产权利让与其他继承人,则其完全可以在接受继承后对其所得的遗产为让与或放弃。

3. 继承放弃的对象

《民法典》编纂过程中,有意见提出,应当明确规定放弃继承的意思表示须向遗产管理人作出。考虑到遗产管理人在继承开始后需要一段时间才能确定,所以民法典未予明确。《民法典》第1145条规定,继承开始后,遗嘱执行人为遗产管理人;没有遗嘱执行人的,继承人应当及时推选遗产管理人;继承人未推选的,由继承人共同担任遗产管理人;没有继承人或者继承人均放弃继承的,由被继承人生前住所地的民政部门或者村民委员会担任遗产管理人。从该条规定的文字表述看,确定遗产管理人应当是遗产处理的前提,因此,放弃继承的意思表示似乎只向遗产管理人作出即可。但是,考虑到实践中大多数普通家庭结构相对简单、财产并不复杂,可能并不存在名义上的遗产管理人。而且,即便明确遗产管理人,也需要在继承开始后一段时间才能确定。因此,《民法典继承编解释(一)》虽然为配套衔接《民法典》新增加的遗产管理人制度,在第33条增加规定放弃继承的可以向遗产管理人提出,但仍保留了"向其他继承人表示"的规定。此外,如果在遗产继承的诉讼中,当事人向人民法院表示放弃继承的,也应当认可该意思表示的合法性。②

4. 继承权放弃的限制

继承人可以放弃继承权,这是继承人对自己权益处分意思自治的体现,应当充分予以尊重。但是,如果继承人因放弃继承权导致其不能履行法定义务的,则应当认定该放弃继承的行为无效。此处的法定义务主要是指依法负有的抚养、扶养或赡养义务。例如继承人原本生活困难,放弃继承后,导致无法履行对妻子的扶养义务,则该放弃继承的行为应认定无效。对于放弃继承导致不能履行合同义务的,是否因此认定放弃继承权的行为无效,存在争议。本书认为,继承权系源于血缘、婚姻等身份关系产生,放弃继承权可能基于情感利益或者其他家庭因素考量,会涉及其他继承人的利益,比如其他继承人尽了主要赡养义务或者其他继承人生活有特殊困难又缺乏劳动能力等,需要在其他继承人的利益与债权人的利益之间作出平衡。放弃继承权虽可能导致继承人责任财产不足以清偿债务,但不宜简单认定放弃继承权的行为无效。对于该行为,可以根据《民法典》第538条规定的精神予以处理。《民法典》第538条规定,债务人以放弃其债权、放弃债权担保、无偿转让财产等方式无偿处分财产

---

① 参见郑学林、刘敏、王丹:《〈关于适用民法典继承编的解释(一)〉若干重点问题的理解与适用》,载《人民司法》2021年第16期。

② 《民法典继承编解释(一)》第34条。

权益,或者恶意延长其到期债权的履行期限,影响债权人的债权实现的,债权人可以请求人民法院撤销债务人的行为。与《合同法》第74条相比,该条扩大了债权人撤销权的范围,能够最大限度保障债权人利益。因此,如果债权人能够证明作为继承人的债务人恶意放弃继承影响债权人债权实现的,可以通过行使撤销权保障其合法权益。

5. 继承权放弃的时间要求

根据《民法典》第1124条的规定,放弃继承必须在特定时间作出,即继承开始后、遗产处理前。根据《民法典》第1121条的规定,继承是从被继承人死亡时开始,如果被继承人尚未死亡,继承人就作出放弃继承的意思表示,因继承还未开始,这种放弃继承自应当是无效的。如果遗产已经处理完毕,遗产的所有权已经转移给继承人,此时继承人放弃的不是继承权,而是所继承遗产的所有权。《民法典继承编解释(一)》第35条对此作出了规定。

6. 对放弃继承翻悔的理解

继承人放弃继承权的,其后可否撤销其放弃继承的意思表示?在各国立法上有不同的规定。有的明确规定,放弃继承权的声明不得撤回;有的规定在放弃继承的声明作出后的一定时间内可以撤销(如2个月内、6个月内);有的对此不作规定。我国《继承法》对此没有明确规定。在过去的司法实践中,法院一般认为继承人在抛弃继承后,不能翻悔变更,其应继份,即转移于其他继承人,如无其他合法继承人时,即按绝产处理。但最高人民法院于《继承法》施行后,态度有所转变,在其《继承法解释》第50条规定:遗产处理前或在诉讼进行中,继承人对放弃继承翻悔的,由人民法院根据其提出的具体理由,决定是否承认。遗产处理后,继承人对放弃继承翻悔的,不予承认。依最高人民法院的这一规定,法院可以决定继承人对放弃继承的翻悔。继承人放弃继承权后,原则上应当不许撤回放弃继承权的意思表示,只有在放弃继承权的意思表示有瑕疵的情形下(如有重大误解),才可允许其撤销放弃继承的意思表示。这一方面是为了保护其他继承人的利益;另一方面也是为了维护法律的严肃性,行为人应当对自己的行为后果承担责任。根据禁止反言原则,放弃继承的,一般不应允许其翻悔,但如果有特殊情况,人民法院可以根据其提出的具体理由决定是否承认。遗产处理后,遗产的所有权已经转移给各继承人或受遗赠人,为了维护社会秩序的稳定,则不宜再允许对放弃继承予以翻悔。此处的翻悔不包括欺诈、胁迫或者继承人无民事行为能力的情况,如果存在上述情形,根据《民法典》总则编的规定,应属于法定的撤销或者无效情形。

六、继承权的保护

继承权的法律保护,一方面是法律确认公民的私有财产继承权,另一方面是在公民的继承权受到侵害时,法律予以救济,以使被侵害的继承权得到恢复。从后一方面来说,继承权的法律保护实际上是继承权回复请求权问题。

(一)继承权回复请求权的概念和性质

继承权回复请求权,是指在继承人的继承权受到侵害时,继承人得请求人民法院通过诉讼程序予以保护,以恢复其继承权的权利。继承人的这一权利,有的称为继承恢复请求权;在瑞士民法上称为遗产回复诉权(又称遗产诉权);在德国民法上称为遗产请求权。

继承权回复请求权是一种包括性的请求权,它是法律基于继承人的合法继承权赋予继承人的一项保护性权利,其目的是恢复合法继承人对被继承人遗产的占有。这一权利应包括两方面的内容:一是确认继承人的继承权,二是恢复继承人对遗产的权利。提起继承权回复请求权诉讼的原告只能是依法实际取得和享有遗产继承权的继承人,被告则是侵害继承人继承权的人。侵害继承人继承权的人,既可能是其他继承人,也可能是继承人以外的人。

继承权回复请求权的包括性,表明它不同于物上请求权、不当得利请求权、损害赔偿请求权。继承人在向侵害人请求遗产的返还时,不必证明自己对属于遗产范围内的各部分财产具有何种权利,而只需证明被继承人于死亡时享有的权利和自己享有继承权即可。这就是说,继承人得就被继承人死亡时留下的全部财产权利,包括性地向遗产占有人请求回复(当然,继承人也得就遗产中的某项财产单独请求继承权的回复)。

(二) 继承权回复请求权的行使

继承权回复请求权是一种财产权利。继承人可以自己亲自行使,也可以由代理人代理行使。无民事行为能力和限制行为能力的继承人,得由其法定代理人代为行使继承权回复请求权。在发生侵害继承权的客观事实时,继承人可以向侵害人直接提出回复的请求,或者向人民调解委员会或有关单位提出其请求,也可以直接向有管辖权的人民法院提出诉讼,请求人民法院通过民事审判程序予以裁决。

(三) 继承权回复请求权的诉讼时效

继承权回复请求权的诉讼时效,是指继承人于法定期间内不行使其权利即丧失请求人民法院依审判程序予以保护的权利。法律保护继承权是有一定时间限制的,以避免继承关系长期处于不稳定的状态,促使继承权受到侵害的实际享有继承权的合法继承人及时行使其权利。法律保护继承权的期限,也就是继承人得行使继承权回复请求权,请求人民法院依诉讼程序保护其权利的法定期限。这一期限称为继承权回复请求权的诉讼时效期间。继承人只有在诉讼时效期间内行使其继承权回复请求权,法院才保护其权利。

当继承人的继承权受到侵害时,法律赋予继承人通过法律途径恢复其继承遗产的权利,为继承权恢复请求权,主要包括确认继承权人请求权、遗产返还请求权两个方面。请求权应在法律规定的期间内行使。《民法典》总则编第 188 条规定的民事权利保护的一般时效为 3 年,采取"知道或者应当知道权利受到损害以及义务人之日"的主观标准;如权利人长期未知,则权利的最长保护期限为 20 年。采取"权利受到损害之日"计算的客观标准,而非"继承开始之日"的客观标准。如果继承人自权利受到损害之日起的十余年后才知道权利被侵犯的,则应当在权利受到损害之日起的 20 年内有权提起诉讼。超过 20 年的,不得再行提起诉讼。

对继承权保护的诉讼时效,也应当按照《民法典》总则编的规定,适用诉讼时效的中止、中断。《民法典》总则编第 194 条、第 195 条对诉讼时效的中止、中断也作了完善。第 196 条还规定某些请求权不适用诉讼时效的规定,包括请求停止侵害、排除妨碍、消除危险等。

第四节 遗 产

一、遗产的概念和特征

遗产是继承人享有的继承权的标的。我国《民法典》第 1122 条第 1 款规定:"遗产是自然人死亡时遗留的个人合法财产。"由此可见,遗产的概念包含三方面的意思:第一,遗产是自然人死亡时遗留的财产,不是自然人死亡时遗留的财产不为遗产;第二,遗产是自然人的个人财产,不属于个人的财产不能为遗产;第三,遗产是自然人的合法财产,不是自然人合法取得和合法享有的财产,不能为遗产。

遗产具有以下法律特征:

1. 时间上的特定性

遗产,是自然人死亡时遗留的财产。因此,被继承人死亡的时间是划定遗产的特定时间界限。在被继承人死亡之前,该自然人具有民事权利能力,自己就可以依法享有各种权利和承担各种义务,该自然人的财产不能为遗产。自然人死亡,不再有民事权利能力,不能享有权利和负担义务,所以于该自然人死亡时其财产才转变为遗产。被继承人死亡后,原有的财产增值的,所增加的财产可以视为遗产。被继承人死亡之前,其财产不能为遗产,不发生继承。

2. 内容上的财产性和包括性

遗产只能是自然人死亡时遗留的财产,因而具有财产性。"财产"在民法上有多种含义。其一,财产是指物,如个人财产所有权中的财产;其二是指物、有价证券;其三是指财产权利和义务。作为遗产的财产,是指第三种含义而言的。所以,遗产包括被继承人死亡时遗留的全部财产权利和财产义务,具有包括性。遗产,只包括财产权利和财产义务。所以,只有被继承人生前享有的财产权利和所负担的财产义务,才能属于遗产的范畴。被继承人生前享有的人身权利和负有的相关义务,不能列入遗产;自然人享有和负担的这类权利义务随自然人的死亡而终止,不能为任何人继承。但是,因侵害自然人的人身权利致自然人死亡而应负损害赔偿责任的,该死亡的自然人的继承人得请求侵害人负责赔偿,因此所得到的损害赔偿金可属于遗产(如治疗费用等)。

3. 范围上的限定性

遗产只能是自然人死亡时遗留下的个人财产,并且须为依照继承法的规定或者其性质能够转移给他人所有的财产。正因为如此,只有在被继承人生前属于被继承人个人所有的财产,才能为遗产。虽于被继承人生前为被继承人占有,但不为被继承人所有的他人的财产,例如被继承人生前租赁、借用的于死亡时尚未返还的财产,不属于遗产;被继承人占有的但为其与他人共有的财产,不属于被继承人的部分,也不属于遗产。遗产,是要转由他人承受的被继承人死亡时遗留的财产,因此,虽为被继承人生前享有的财产权利和负担的财产义务,但因具有专属性而不能转由他人承受的,也不能列入遗产的范围。例如,以人身关系为基础的财产权利义务,以当事人的相互信任为前提的财产权利义务,一般都不能转让,不能作为遗产。

4. 性质上的合法性

遗产只能是自然人的合法财产。《民法典》物权编第240条规定,所有权人对自己的不动产或者动产依法享有占有、使用、收益和处分的权利。自然人死亡时遗留的财产可作为遗产的,必须是依法可以由自然人拥有的,并且是被继承人有合法根据取得的财产。自然人没有合法根据而取得的财产,例如非法侵占的国家的、集体的或者其他自然人个人的财产,不能作为遗产。依照法律规定不允许自然人个人所有的财产,也不能作为遗产。

二、遗产的范围

关于遗产的范围,各国法律规定不一。大多数国家继承法上规定的遗产既包括财产权利,也包括财产义务;但也有的国家规定的遗产不包括债务,遗产只是被继承人遗留的全部财产从中扣除其生前所负债务的剩余部分。有的国家对遗产仅作概括规定,并不具体列举遗产的范围,也有的国家在继承法上列举了遗产的范围。我国《民法典》采取概括式、排除式立法模式。《民法典》继承编第1122条规定:"遗产是自然人死亡时遗留的个人合法财产。依照法律规定或者根据其性质不得继承的遗产,不得继承。"改变了原《继承法》的概括式加列举式的立法模式。《民法典》的概括式、排除式立法模式,具有高度的涵盖性。

(一) 遗产包括的财产

遗产包括的财产,也就是可以作为遗产的财产权利义务。解释我国《民法典》第1122条的概括性规定,遗产应该包括以下财产:

1. 自然人的收入、房屋、储蓄和生活用品、保险金、林木、牲畜和家禽、文物、图书资料。

自然人的收入,在我国,主要是指公民在国有经济组织和集体经济组织从事生产劳动所得到的工资、奖金等收入,以及自然人从事个体劳动或者其他劳动所得到的劳动收入。当然,自然人的收入也包括劳动收入外的其他合法收入。

自然人的私房可为遗产,但私房的宅基地不是遗产。然而,因房屋不能离开地面而存在,私有房屋的所有人同时也享有宅基地的使用权。所以,私有房屋为遗产的,继承人继承房屋,同时也享有该房屋占有的宅基地范围内的土地使用权。但宅基地的使用权不是遗产,自然人不是因继承宅基地使用权而取得宅基地使用权的。自然人的储蓄是自然人在各类银行或者其他金融机构的存款,实质上是自然人节省下来的收入。自然人的存款本息均归自然人个人所有,并受国家法律的保护。自然人的生活用品,是指自然人所有的为满足其日常物质生活和精神生活需要的生活资料。凡为自然人日常生活所需要的生活资料,不论其价值大小,都可为遗产。

自然人的保险金可为遗产,《社会保险法》第14条规定:"个人账户不得提前支取,记账利率不得低于银行定期存款利率,免征利息税。个人死亡的,个人账户余额可以继承。"《保险法》第42条规定:"被保险人死亡后,有下列情形之一的,保险金作为被保险人的遗产,由保险人依照《中华人民共和国继承法》的规定履行给付保险金的义务:(一) 没有指定受益人,或者受益人指定不明无法确定的;(二) 受益人先于被保险人死亡,没有其他受益人的;(三) 受益人依法丧失受益权或者放弃受益权,没有其他受益人的。受益人与被保险人在同一事件中死亡,且不能确定死亡先后顺序的,推定受益人死亡在先。"

自然人的林木,是指依法归自然人个人所有的树木、竹林、果园。自然人个人在其使用的宅基地、自留地、自留山上种植的林木归其个人所有;自然人在其依法承包经营开发的荒山、荒地、荒滩上种植的林木,也归其个人所有。但自然人承包经营的果园、林园等,不属于自然人的林木。自然人的牲畜、家禽,是指自然人所有的自己饲养的牲畜、家禽;既可以是作为生产资料的大牲畜,也可以是作为生活资料的牲畜、家禽;既包括自然人为满足自己生产和生活需要所饲养的牲畜、家禽,也包括作为商品生产而饲养的牲畜、家禽。

自然人自有的文物和图书资料,是公民用于满足其精神文化生活需要的精神食粮,也是自然人从事脑力劳动的必要工具。只要是被继承人生前所有的文物、图书资料,不论其是否属于珍贵文物,不论其是否属于机密资料,都可为遗产。自然人继承后,对这些文物、图书资料的使用、处分,不得违反文物保护法规和保密法规的规定。

2. 法律允许自然人所有的生产资料。在我国,自然人对任何生活资料都可享有所有权,但不是对任何生产资料都可享有所有权,尽管自改革开放以来法律允许自然人所有的生产资料的范围在不断扩大。因此,只有法律允许自然人所有的生产资料,才可作为遗产,对法律不允许自然人个人所有的生产资料,不论被继承人生前是否占有,都不可作为遗产。

3. 自然人享有的各种知识产权中的财产权利。作品权中的财产权利①、专利权中的财产权利(专利申请权、专利申请权的转让费、专利的使用权、专利的转让权等财产权利),商标专用权,以及自然人的发明、实用新型、外观设计等知识产权中的财产权利,均可以作为遗产。

此外,还有商业秘密。商业秘密是指不为公众所知悉、能为权利人带来经济利益、具有实用性并经权利人采取保密措施的技术信息和经营信息。商业秘密具有重要的经济价值,是所有人的重要财富。商业秘密具有价值性和可转让性,因此也可以继承。由于商业秘密具有秘密性的特点,分割时可以采用特殊的方法,如由一个人继承,并由其向其他继承人支付价值补偿。对于那些家传绝技、祖传秘方、民间习惯,则是所有人在子孙中选择一合适的人承传。虽然这是在生前进行的,实质上仍具有继承的性质,属于应继份预付。

个体企业的字号(商号)权,可否作为遗产?名称权与姓名权不同,姓名权不具有财产属性,不得转让,而名称权具有财产属性。一个法人、个人合伙、个体工商户的名称(字号、商号)与其商业信用是密切相关的,是一种无形资产,属于工业产权的范畴,是可以转让的。所以,个体工商户的字号权(商号权)可以作为遗产。

4. 自然人的其他合法财产和财产权利。除前述几类财产外,自然人的其他合法财产,也可作为遗产。这些财产主要包括国有建设用地使用权,抵押权、质权、留置权,有价证券,债权债务。

自然人享有的国有建设用地使用权,可以继承,使用权人在使用权有效期限内死亡的,使用权由继承人依法继承。《民法典》第344条规定:建设用地使用权人依法对国家所有的土地享有占有、使用和收益的权利,有权利用该土地建造建筑物、构筑物及其附属设施。第353条规定:建设用地使用权人有权将建设用地使用权转让、互换、出资、赠与或者抵押,但是法律另有规定的除外。本书认为,建设用地使用权既然可以通过转让、互换、出资、赠与或者抵押等形式流转,也应当承认其可以继承。

抵押权、质权、留置权都是债权人所享有的担保物权,属于从权利。担保物权可以由继

---

① 2020年修订的《著作权法》第21条第1款规定:"著作权属于自然人的,自然人死亡后,其本法第十条第一款第五项至第十七项规定的权利在本法规定的保护期内,依法转移。"第10条规定:"著作权包括下列人身权和财产权……(五)复制权,即以印刷、复印、拓印、录音、录像、翻录、翻拍、数字化等方式将作品制作一份或者多份的权利;(六)发行权,即以出售或者赠与方式向公众提供作品的原件或者复制件的权利;(七)出租权,即有偿许可他人临时使用视听作品、计算机软件的原件或者复制件的权利,计算机软件不是出租的主要标的的除外;(八)展览权,即公开陈列美术作品、摄影作品的原件或者复制件的权利;(九)表演权,即公开表演作品,以及用各种手段公开播送作品的表演的权利;(十)放映权,即通过放映机、幻灯机等技术设备公开再现美术、摄影、视听作品等的权利;(十一)广播权,即以有线或者无线方式公开传播或者转播作品,以及通过扩音器或者其他传送符号、声音、图像的类似工具向公众传播广播的作品的权利,但不包括本款第十二项规定的权利;(十二)信息网络传播权,即以有线或者无线方式向公众提供,使公众可以在其个人选定的时间和地点获得作品的权利;(十三)摄制权,即以摄制视听作品的方法将作品固定在载体上的权利;(十四)改编权,即改变作品,创作出具有独创性的新作品的权利;(十五)翻译权,即将作品从一种语言文字转换成另一种语言文字的权利;(十六)汇编权,即将作品或者作品的片段通过选择或者编排,汇集成新作品的权利;(十七)应当由著作权人享有的其他权利。著作权人可以许可他人行使前款第五项至第十七项规定的权利,并依照约定或者本法有关规定获得报酬。著作权人可以全部或者部分转让本条第一款第五项至第十七项规定的权利,并依照约定或者本法有关规定获得报酬。"

承人继承。但是,作为担保物权,抵押权、质权和留置权不能与它所担保的债权分离,而只能与债权一起被继承。

典权是承典人依照典当合同对设典财产所享有的权利。在典期内,典权人对设典财产有占有、使用、收益的权利。典期届满,出典人得提出典价,赎回财产。典权人在典期届满前死亡的,典权由继承人继承。

有价证券是设定并代表一定的财产权利的书面凭证,有价证券的种类是各种各样的。自然人所有的有价证券,主要包括股票(股份)、票据、提货单等。现在,自然人个人拥有大量的有价证券,相当多的自然人有股票。自然人个人所有的有价证券,在自然人死亡后也为遗产。

债权债务依其发生根据,可以分为合同之债、侵权行为之债、不当得利之债、无因管理之债。不论其发生根据为何,凡不具有人身性质的债权、债务,均为遗产。但对于债务,继承人仅于所得遗产的实际数额内负清偿责任。

人身损害赔偿请求权是否可作为遗产?传统民法理论认为,人身损害赔偿请求权是具有强烈的感情因素的人身专属权,只能由受害人亲自行使(被监护人除外),受害人未表示要求赔偿、也未表示不要求赔偿而死亡的,推定为放弃赔偿请求权,其继承人不能继承。晚近的理论在坚持人身损害赔偿请求权是人身专属权的前提下,对判断受害人有无赔偿请求权的原则作了修改,即受害人未表示放弃赔偿要求的,视为主张赔偿,因而其继承人可以继承其赔偿请求权。

股权身份权即股东资格也可以继承,《公司法》第75条规定:"自然人股东死亡后,其合法继承人可以继承股东资格;但是,公司章程另有规定的除外。"《个人独资企业法》第17条规定:"个人独资企业投资人对本企业的财产依法享有所有权,其有关权利可以依法进行转让或继承。"《合伙企业法》第50条规定:"合伙人死亡或者被依法宣告死亡的,对该合伙人在合伙企业中的财产份额享有合法继承权的继承人,按照合伙协议的约定或者经全体合伙人一致同意,从继承开始之日起,取得该合伙企业的合伙人资格。有下列情形之一的,合伙企业应当向合伙人的继承人退还被继承合伙人的财产份额:(一) 继承人不愿意成为合伙人;(二) 法律规定或者合伙协议约定合伙人必须具有相关资格,而该继承人未取得该资格;(三) 合伙协议约定不能成为合伙人的其他情形。合伙人的继承人为无民事行为能力人或者限制民事行为能力人的,经全体合伙人一致同意,可以依法成为有限合伙人,普通合伙企业依法转为有限合伙企业。全体合伙人未能一致同意的,合伙企业应当将被继承合伙人的财产份额退还该继承人。"第80条规定:"作为有限合伙人的自然人死亡、被依法宣告死亡或者作为有限合伙人的法人及其他组织终止时,其继承人或者权利承受人可以依法取得该有限合伙人在有限合伙企业中的资格。"

虚拟财产是否能成为继承客体?财产的范围随着社会的发展和科技的进步逐步扩大、细化,应适应社会的需求,逐步予以承认。关于虚拟财产,《民法典》仅在第127条进行了原则性规定:"法律对数据、网络虚拟财产的保护有规定的,依照其规定。"但该规定并不能作为虚拟财产成为继承客体的直接依据。虚拟财产尽管有其特殊性,但其本质仍然符合财产的特性。只是由于虚拟财产继承涉及合同、继承、人格权、网络等多方面法律,故在承认虚拟财产可继承的前提下,应仔细设定虚拟财产继承的具体规则。

（二）遗产不能包括的权利义务

遗产不能包括的权利义务，即不能列入遗产范围的权利义务，是指被继承人生前享有的但不能作为遗产为继承人继承的权利义务。这类权利义务包括以下几项：

1. 与被继承人人身密不可分的人身权利。自然人的人身权与自然人的人身不可分离，不得转让，只能为特定的自然人享有。因此，自然人的人身权，不论是人格权，还是身份权，都不得作为遗产。自然人的知识产权中的财产权利虽可为遗产，但知识产权中的人身权利不得为遗产。在自然人死亡后，对侵害该死亡自然人名誉权的，继承人有权请求法律给予保护。自然人死亡后也不享有名誉权，对死者名誉的保护，并不是对死者权利的保护，而是对社会利益的保护。对死者名誉的损害，如构成对死者的继承人的名誉权侵害的，继承人当然得请求法院保护其名誉权；但若损害死者的名誉并没有对继承人的名誉造成损害，继承人并不是以被继承人的继承人身份请求法律保护死者的名誉权。在这种情形下，不仅继承人，而且其他任何个人或单位都可以向有关机构提出保护死者名誉的请求。

2. 与自然人人身有关的和专属性的债权、债务。与自然人人身有关的和专属性的债权债务，具有不可转让性，因此，也不能作为遗产。例如，因劳动合同产生的债权债务、租赁合同的承租权、加工承揽合同中承揽人的债务、指定了受益人的人身保险合同中的受益权等，都不能作为遗产。被继承人死亡后，其亲属应得的抚恤金，也不属于遗产。

3. 国有、集体自然资源用益物权。依照物权法，国家所有或者国家所有由集体使用以及法律规定属于集体所有的自然资源，组织、个人依法可以占有、使用和收益。自然人可以依法取得和享有国有、集体自然资源的使用权，依法取得的海域使用权、探矿权、采矿权、取水权和使用水域、滩涂从事养殖、捕捞的权利受法律保护。[①] 这些权利虽从性质上说是用益物权，但因其取得须经特别的程序，权利人不仅有占有、使用、收益的权利，同时也有管理、保护和合理利用的义务。国有、集体自然资源用益物权是由特定人享有的，不得随意转让，因而也不得作为遗产。自然人死亡后，继承人要从事被继承人原来从事的事业的，须取得国有、集体自然资源用益物权，应当重新自行申请并经主管部门核准。

4. 土地承包经营权。《民法典》物权编第十一章指出，农民集体所有和国家所有由农民集体使用的耕地、林地、草地以及其他用于农业的土地，依法实行土地承包经营制度。土地承包经营权人依法对其承包经营的耕地、林地、草地等享有占有、使用和收益的权利，有权从事种植业、林业、畜牧业等农业生产。[②] 土地承包经营权人依照《农村土地承包法》的规定，有权将土地承包经营权采取转包、互换、转让等方式流转。流转的期限不得超过承包期的剩余期限。未经依法批准不得将承包地用于非农建设。《农村土地承包法》第32条规定："承包人应得的承包收益，照继承法的规定继承。林地承包的承包人死亡，其继承人可以在承包期内继续承包。"第54条规定："依照本章规定通过招标、拍卖、公开协商等方式取得土地经营权的，该承包人死亡，其应得的承包收益，照继承法的规定继承；在承包期内，其继承人可以继续承包。"

《民法典继承编解释（一）》第2条规定："承包人死亡时尚未取得承包收益的，可以将死

---

① 参见《民法典》物权编第十章。
② 耕地的承包期为30年。草地的承包期为30年至50年。林地的承包期为30年至70年；特殊林木的林地承包期，经国务院林业行政主管部门批准可以延长。承包期届满，由土地承包经营权人按照国家有关规定继续承包。

者生前对承包所投入的资金和所付出的劳动及其增值和孳息,由发包单位或者接续承包合同的人合理折价、补偿。其价额作为遗产。"

5. 自留山、自留地、宅基地的使用权。虽然在被继承人死亡后,被继承人生前所分得的自留山、自留地,一般并不由集体收回,而仍由被继承人的家庭成员经营收益,但自留山、自留地的使用权不为遗产。公民的宅基地使用权也不得作为遗产继承。[①]

第五节 继承的开始

一、继承开始的意义

继承的开始是指继承法律关系的发生。能够引起继承法律关系发生的民事法律事实,就是继承开始的原因。在被继承人丧失了民事权利能力而不能成为自己财产的权利主体时,继承才发生。所以,被继承人的死亡是继承开始的唯一原因。罗马法关于"无论何人不能成为生存者之继承人"的原则,已为现代各国继承法所接受,我国《民法典》第1121条第1款第一句亦明文规定:"继承从被继承人死亡时开始。"被继承人的死亡分生理死亡和宣告死亡。最高人民法院《民法典继承编解释(一)》第1条第1款规定:"继承从被继承人生理死亡或者被宣告死亡时开始。"

继承的开始在继承法中具有重要的意义,主要体现在以下几个方面。

(一) 确定继承人的范围

继承开始后,继承人的客观意义上的继承权即转化为主观意义上的继承权,只有具备继承资格的人,才能成为继承人,才有权要求取得遗产。在继承开始时,不具备继承资格的人,不享有继承权。

首先,在中国法上,只有在继承开始时与被继承人有近亲属关系的人才能享有继承权。在继承开始时已与被继承人解除婚姻关系或收养关系的人,不为继承人。

其次,只有在继承开始时生存的法定继承人或遗嘱继承人,才能享有主观意义上的继承权,可以按照法律的规定或遗嘱的指定继承被继承人的遗产。在继承开始时,法定继承人已经死亡的,如果已死亡的法定继承人为被继承人的子女,则该子女的应继份额由其晚辈直系血亲代位继承;如果已死亡的法定继承人不是被继承人的子女,则已死亡的法定继承人没有继承资格,也不存在代位继承问题。在继承开始时遗嘱继承人已经死亡的,被指定的遗嘱继承人也丧失了继承的资格,遗嘱中指定由该继承人继承遗产的内容自然失效。

最后,在继承开始时,即使生存的法定继承人或遗嘱继承人也并非一定享有继承权。如果继承人丧失了继承权,则其也不能再作为继承人参加继承。

[①] 2020年9月9日,自然资源部《对十三届全国人大三次会议第3226号建议的答复》第6条关于农村宅基地使用权登记问题,具体表述为"六、关于农村宅基地使用权登记问题。农民的宅基地使用权可以依法由城镇户籍的子女继承并办理不动产登记。根据《继承法》规定,被继承人的房屋作为其遗产由继承人继承,按照房地一体原则,继承人继承取得房屋所有权和宅基地使用权,农村宅基地不能被单独继承。《不动产登记操作规范(试行)》明确规定,非本农村集体经济组织成员(含城镇居民),因继承房屋占用宅基地的,可按相关规定办理确权登记,在不动产登记簿及证书附记栏注记'该权利人为本农民集体经济组织原成员住宅的合法继承人'"。对该《答复》有两种解释:一是《答复》仅仅是对农村房屋继承后如何办理宅基地使用权转移登记的答复,不能简单理解为宅基地使用权可以办理继承;二是农民的宅基地使用权可以依法由城镇户籍的子女继承并办理不动产登记。

(二) 确定遗产的范围

遗产是被继承人死亡时所遗留的财产。在被继承人死亡以前,其生前享有的各种财产经常处在不断变动之中,财产的数额、形态等都会发生变化。因此,遗产的范围的确定只能以继承开始时为准。只有在继承开始时,尚存的属于被继承人的财产,才能确定为遗产。在继承开始以前,被继承人已经处分的财产不再属于被继承人的遗产。在被继承人与他人共有财产时,如夫妻共有财产、家庭共有财产等,虽然在遗产分割前并不一定把被继承人的遗产与他人的财产分开,但在分离出他人财产时,只能按继承的开始确定共有的终止。在实践中,继承开始后,继承人并不立即分割遗产。继承开始与遗产分割之间可能有一段时间间隔。在这段时间内,遗产可能会发生一定的变化,如发生毁损灭失、产生孳息等,可能会影响到遗产的范围,但这属于遗产的保管、使用收益的问题,与继承开始时确定遗产范围没有关系。

(三) 确定遗产所有权的转移

遗产所有权从何时由被继承人转归继承人?理论上有死亡说和分割说两种主张。死亡说认为,继承因被继承人的死亡而开始。继承一开始,被继承人生前享有的财产权利义务便归继承人享有,即遗产的所有权转移给继承人。分割说认为,继承开始后遗产分割前,继承人只是取得继承权,而不是所有权,只有在遗产分割后,继承人才能取得所有权。本书认为,继承自被继承人死亡时开始,被继承人既然已经死亡,自不能对其所遗留下的财产再享有所有权。如果此时继承人也不享有遗产的所有权,则该遗产就成了无主财产。这显然于法不通。《民法典》第230条亦规定:"因继承取得物权的,自继承开始时发生效力。"因此,继承一经开始,遗产的所有权便转归继承人。继承人为一人的,继承人单独继承,即取得遗产的单独所有权;继承人为多人的,继承人共同继承,遗产归继承人共有。

(四) 确定继承人的应继份额

按照我国继承法的规定,同顺序法定继承人继承遗产的份额,一般应当均等,在特别情况下也可以不均等。确定每个继承人的应继份额,不是以遗产分割的时间为准,而是按照继承开始时确定的遗产总额来计算的。同时,在分配遗产时,根据继承人的具体情况,有的应当予以照顾,有的可以多分,有的应当不分或少分。对于需要加以特别考虑的继承人的具体情况,也应当以继承开始时的继承人的状况为准。

(五) 确定放弃继承权及遗产分割的溯及力

根据我国继承法的规定,继承人在继承开始后至遗产分割前,可以放弃继承权。继承人放弃继承权的,从继承开始就对遗产不享有任何权利。最高人民法院《民法典继承编解释(一)》第37条明确规定:"放弃继承的效力,追溯到继承开始的时间。"继承开始后,继承人可以具体确定遗产的分割时间。但无论何时分割遗产,其效力都应溯及至继承开始时。即从继承开始时起,因分割而分配给继承人的财产,溯及继承开始时已专属于继承人所有。

(六) 确定遗嘱的效力

遗嘱是遗嘱人生前处分其死后遗留财产的一种法律行为。遗嘱虽然是遗嘱人生前的意思表示,但发生效力的时间却是在继承开始之时,即遗嘱人死亡之时。在继承开始之前,遗嘱尚不发生法律效力,遗嘱人可以变更或撤销遗嘱。继承开始,遗嘱即发生法律效力,同时也就具有了执行力。在有的情况下,遗嘱是否合法亦取决于继承开始之时。例如,遗嘱是否为缺乏劳动能力又没有生活来源的继承人保留了必要的遗产份额,就应按遗嘱生效时该继承人的具体情况确定,而遗嘱生效的时间则取决于继承开始之时。

(七) 确定20年最长时效的起算点

继承人享有继承回复请求权,在其继承权受到侵害时,可以行使该请求权,请求人民法院予以保护。根据我国《民法典》第188条的规定,继承权受到侵害,向人民法院请求保护的期间,自权利人知道或者应当知道权利受到损害以及义务人之日起计算。但是,自权利受到损害之日起超过20年的,人民法院不予保护,有特殊情况的,人民法院可以根据权利人的申请决定延长。可见,继承开始是确定20年最长时效的起算点。

二、继承开始的时间

继承开始的时间是引起继承法律关系产生的法律事实出现的时间。引起继承法律关系产生的法律事实是公民的死亡。因此,继承开始的时间就是公民死亡的时间。

(一) 生理死亡时间的确定

生理死亡又称自然死亡,是指公民的生命的终结。如何认定生理死亡时间,法律上有多种学说,如脉搏停止说、心脏搏动停止说、呼吸停止说、脑死亡说等。在我国司法实践中,一般以呼吸停止和心脏搏动停止为生理死亡的时间。具体的继承开始时间可按下列情况确定:

医院死亡证明中记载公民死亡时间的,以死亡证明中记载的为准;没有死亡证明的,以户籍登记或者其他有效身份登记记载的时间为准。有其他证据足以推翻以上记载时间的,以该证据证明的时间为准。[①] 死亡证明是指有关单位出具的证明自然人死亡的文书,主要包括以下几类:公民死于医疗单位的,由医疗单位出具死亡医学证明书;公民正常死亡但无法取得医院出具的死亡证明的,由社区、村(居)委会或者基层卫生医疗机构出具证明;公民非正常死亡或者卫生部门不能确定是否属于正常死亡的,由公安司法部门出具死亡证明;死亡公民已经火化的,由殡葬部门出具火化证明。死亡证明是记载死亡时间的原始凭证。户籍登记,是国家公安机关按照国家户籍管理法律法规,对公民的身份信息进行登记记载的制度。"其他有效身份登记"包括我国公民居住证、港澳同胞回乡证、台湾居民的有效旅行证件以及外国人居留证等。

(二) 宣告死亡时间的确定

宣告死亡是指公民下落不明达到法定期限,经利害关系人的申请,人民法院依法宣告失踪人死亡的法律制度。《继承法解释》第1条第2款规定:"失踪人被宣告死亡的,以法院判决中确定的失踪人的死亡日期,为继承开始的时间"。其后的《关于贯彻执行〈中华人民共和国民法通则〉若干问题的意见(试行)》第36条规定,被宣告死亡的人,判决宣告之日为其死亡的日期。但《民法总则》第48条对此作了修改,区分一般下落不明和因意外事件下落不明的情况,分别确定了不同的死亡时间,即被宣告死亡的人,人民法院宣告死亡的判决作出之日视为其死亡的日期;因意外事件下落不明宣告死亡的,意外事件发生之日视为其死亡的日期。《民法典》总则编第48条维持了这个规定。《民法典继承编解释(一)》第1条第2款将此转引至总则编的规定,据此认定继承开始的时间。

[①] 《民法典》总则编第15条。

(三) 互有继承权的继承人在同一事故中死亡的时间确定

两个以上互有继承权的人在同一事故中死亡的,其死亡时间应当如何确定,这是一个直接影响到继承人利益的重要问题。如何解决这一问题,各国立法所采取的方法不尽相同。概括起来有三种立法例:

1. 死亡在后和死亡在先相结合的推定制

罗马法采取这种立法例。按罗马法规定,数人同时遇难而不能确定死亡先后的,推定成熟子女后于父母而死亡,未成熟子女先于父母而死亡。

2. 同时死亡推定制

日本、瑞士、德国等国民法采取这种立法例。《日本民法典》第 32 条之 2 规定:"死亡的数人中,某一人是否于他人死亡后尚生存事不明时,推定该数人同时死亡。"《瑞士民法典》第 32 条第 2 项规定:"如不能证明多数人死亡的先后顺序时,得推定其为同时死亡。"

3. 死亡在后推定制(生存推定制)

英国、法国采取这种立法例。英国 1925 年《财产法法案》第 184 条规定:两人同时遇难,不能确定谁先死亡的,年轻者视作较年长者后死亡。法国是采取死亡在后推定制的典范。《法国民法典》第 720 条规定:"互有继承权的数人,如在同一事故中死亡,何人死亡在先无法辨明时,死亡在后的推定,根据事实的情况确定。如无此种情况,根据年龄或性别确定。"第 721 条规定:"如同时死亡的人均不足 15 岁时,年龄最长的人推定为后死之人。如均在 60 岁以上时,年龄最小的人推定为后死之人。"第 722 条规定:"如同时死亡的数人,年龄均在 15 岁以上,60 岁以下而年龄相等或相差不超过一岁时,男性者应被推定为后死之人。如同时死亡的数人为同一性别时,死亡在后的推定,应使继承能按照自然的顺序开始:即年龄较低者被推定为较年龄较长者死亡在后。"在同死亡者之中,有的属于 15 岁以下,其他属于 15 岁以上、60 岁以下,或者有的属于 15 岁以上、60 岁以下,其他属于 60 岁以上的,应当如何推定,《法国民法典》没有明文规定。判例认为:应当推定 15 岁以上、60 岁以下的人后死亡。①

我国《民法典》第 1121 条第 2 款确定了死亡在先和同时死亡相结合的推定制。该款规定:"……相互有继承关系的数人在同一事件中死亡,难以确定死亡时间的,推定没有其他继承人的人先死亡。都有其他继承人,辈份不同的,推定长辈先死亡;辈份相同的,推定同时死亡,相互不发生继承。"可见,对没有继承人的死亡人和长辈的死亡人(各死亡人都有继承人)实行的是死亡在先的推定制;而对同辈的死亡人(各自都有继承人)实行的则是同时死亡推定制。

这种推定制,体现了两个原则:保护继承人利益和遵循自然法则。保护继承人利益原则体现了继承法的保护自然人继承权的基本宗旨,是可取的;遵循自然法则原则从人的生理角度确定死亡人的死亡先后,亦有道理。但若将自然法则机械化适用,则将会产生有违自然法则的后果。如年老长辈与壮年晚辈同时遇难,推定长辈先死亡,完全符合自然法则;但如果壮年长辈与幼年晚辈同时遇难,同样推定长辈先死亡,则违背了自然法则。其最终结果是损害了某些继承人的继承利益。《法国民法典》根据年龄段确定死亡的先后顺序的规定基本符合自然法则,值得我们借鉴。理想的推定规则是:首先,推定没有继承人的先死亡。其次,死亡人都有继承人的,若死亡人辈分相同,推定同时死亡;若辈分不同,则推定成年晚辈后于长

---

① 史尚宽:《民法总论》,中国政法大学出版社 2000 年版,第 85 页。

辈死亡,未成年晚辈先于长辈死亡。2015 年修订的《中华人民共和国保险法》第 42 条中规定,如果受益人与被保险人在同一事件中死亡,且不能确定死亡先后顺序的,推定受益人先于被保险人死亡,由被保险人的法定继承人继承保险金。[①]

三、继承开始的地点

继承开始的地点是继承人行使继承权,接受遗产的场所。

关于继承开始的地点,世界上有本籍地主义、住所地主义、死亡地主义、财产所在地主义等各种不同的主张。[②] 各国立法的规定也不尽一致。有的国家规定,继承开始的地点为被继承人的住所地。如《法国民法典》第 110 条规定:"继承开始的地点,由住所决定。"《日本民法典》第 883 条规定:"继承于被继承人的住所开始。"有的国家规定,被继承人的住所和遗产所在地都可成为继承开始的地点。如 1964 年《苏俄民法典》第 529 条规定:"继承发生的地点是被继承人最后经常住所,而当其最后经常住所不同时,则是遗产所在地,或者遗产基本部分所在地。"

我国《继承法》和《民法典》没有明确规定继承开始的地点,我国司法实践采取的是以被继承人的生前最后住所地或主要遗产所在地为继承开始的地点的方法,根据我国《民法典》的规定[③],继承开始的地点是被继承人的生前最后住所地,就是其户籍登记或者其他有效身份登记记载的居所。如果经常居所与住所不一致的,经常居所视为住所。如果遗产中有动产和不动产,应以不动产所在地为主要遗产所在地;如果遗产属于同类动产,应以财产的多少为标准确定主要遗产所在地;如果不属于同类动产,应以各处遗产的价值额确定主要遗产所在地。

四、继承开始的通知

继承开始后,应当将被继承人死亡的事实通知继承人和遗嘱执行人,以便及时地处理有关继承问题。我国《民法典》第 1150 条规定:"继承开始后,知道被继承人死亡的继承人应当及时通知其他继承人和遗嘱执行人。继承人中无人知道被继承人死亡或者知道被继承人死亡而不能通知的,由被继承人生前所在单位或者住所地的居民委员会、村民委员会负责通知。"根据这一规定,负有继承开始通知义务的人,首先是知道被继承人死亡的继承人。即知道被继承人死亡的继承人应当及时将继承开始的事实通知其他继承人和遗嘱执行人。如果继承人中无人知道被继承人死亡,或者虽然知道被继承人死亡却不能通知的,则负有通知义务的人为被继承人生前所在单位或者住所地的居民委员会、村民委员会。负有通知义务的继承人或单位,如果有意隐瞒继承开始的事实,造成其他继承人损失的,应当承担责任。

[①] 《中华人民共和国保险法》第 42 条规定:"被保险人死亡后,有下列情形之一的,保险金作为被保险人的遗产,由保险人依照《中华人民共和国继承法》的规定履行给付保险金的义务:(一) 没有指定受益人,或者受益人指定不明无法确定的;(二) 受益人先于被保险人死亡,没有其他受益人的;(三) 受益人依法丧失受益权或者放弃受益权,没有其他受益人的。受益人与被保险人在同一事件中死亡,且不能确定死亡先后顺序的,推定受益人死亡在先。"

[②] 史尚宽:《继承法论》,中国政法大学出版社 2000 年版,第 149 页。

[③] 《民法典》第 25 条。

讨论思考题

1. 简述继承人的分类。
2. 如何认识继承权的法律性质？
3. 我国《民法典》规定的继承权的丧失原因有哪些？
4. 简述继承权的绝对丧失和相对丧失。
5. 简述继承权的丧失对人的效力。
6. 如何区别继承权的丧失与继承权的放弃？
7. 简述继承权放弃意思表示作出的时间、表示的方式以及可能产生的法律后果。
8. 遗产有哪些法律特征？
9. 试论我国《民法典》规定的遗产的范围和种类。
10. 我国《民法典》对遗产的规定有哪些不足？应如何完善？
11. 简述继承开始的时间。确定继承开始时间有何意义？

第十二章

法 定 继 承

第一节　法定继承的概念和特征

一、法定继承的概念

法定继承是相对于遗嘱继承而言的,其语源出自罗马法的 successio ab intestate,拉丁文原意为非遗嘱继承。所谓的法定继承,是指根据法律直接规定的继承人的范围、继承人继承的先后顺序、继承人继承的遗产份额以及遗产的分配原则来继承被继承人遗产的一项法律制度,又被称为"无遗嘱继承"。

"无遗嘱继承"是比"遗嘱继承"更为古老的一个制度。① 但在人类历史上,生活在不同地区的人们,有关继承的观念和传统习惯不尽相同,故有的偏重于遗嘱继承,有的偏重于法定继承。前者如古罗马,后者如我国古代以及古日耳曼民族等。② 公元前 18 世纪的《汉谟拉比法典》中就有了关于法定继承的较具体的规定。其主要内容是:(1) 法定继承人范围,限于死者的子女、兄弟等近血亲,但已取得嫁妆之女、与女奴所生而未经死者认可为其子女的除外。(2) 配偶互无遗产继承权,但寡妻享有对丈夫以遗嘱赠与孀妇的赡养费及夫之住宅的终身使用权。(3) 遗产分配原则,诸子按人数均分。依遗嘱取得赠与财产的死者的爱子或取得聘金的死者的未娶妻之幼子均不影响其应继份;未取得嫁妆之女可取得嫁妆或取得相当于一继承人的应继份;同父异母或同母异父的子女,按系分配,各取其母的嫁妆或其父的遗产,而均分父的家产或母的嫁妆。(4) 法定继承人的继承权,须符合法定条件才能被剥夺。(5) 遗嘱继承优先于法定继承。

在古罗马,"人们的喜爱立'遗嘱'是由于'无遗嘱'继承所造成的某种道德上的不公正而产生的"。因当时实行的"无遗嘱继承"是以宗亲为基础的,继承顺序是:在一个公民死亡而无遗嘱或无有效的遗嘱时,他的未解放之子成为其继承人,而他的解放之子不能分享继承权。如他死亡时无直系卑亲属,就由宗亲中最近的亲属继承。如无宗亲,继承权就归于同族人。这就是当时的罗马人"长期以来对于一个'无遗嘱死亡'所以始终存在着强烈嫌恶的理由"③。这种已经不合时宜的制度显然受到氏族社会继承习惯的重要影响。随着社会的进步,后来罗马的立法者和法学家们认为,既然习俗以不能用遗嘱选立自己认为合适的人继承

---

① 〔英〕梅因:《古代法》,沈景一译,商务印书馆 1959 年版,第 112 页。
② 张玉敏:《继承法律制度研究》,法律出版社 1999 年版,第 189 页。
③ 〔英〕梅因:《古代法》,沈景一译,商务印书馆 1959 年版,第 126—127 页。

家祀为不幸,遗嘱继承是继承的通例,而无遗嘱时的法定继承只是特殊情况下的补充,立法应推测死者的意思,使法定继承制度能与死者的意愿不谋而合。这成为当时法定继承制度立法的指导思想。① 在罗马法时期逐步发展形成了一套较完备的法定继承制度,公元6世纪的《优士丁尼法典》及此后对法定继承进行了重大改革的优士丁尼《新律》,对法定继承人的范围、继承顺序、应继份额及代位继承等均作了较详细的具体的规定。这对后世许多国家的法定继承制度发生了重要影响,尤其是大陆法系国家的法定继承制度大都源于罗马法。

在我国古代奴隶社会,身份继承是财产继承的前提和根据,实行将权力、地位、财产融为一体的宗法继承制度。封建社会与之一脉相承,遗产继承以宗祧继承为前提,有宗祧继承权的人,必然有遗产继承权。财产继承人只限于直系卑亲属中的男子。女子无继承权,只有在"户绝时",才能成为遗产承受人。到中华民国时期国民党政府1930年《民法》继承编,仿效资本主义国家继承立法规定了法定继承制度,取消宗祧继承,单行财产继承。但该法第1143条、第1071条关于无直系血卑亲属者,得以遗嘱指定继承人,指定继承人与被继承人之关系,除法律另有规定外,与婚生子女同的规定,实际是认可变相立嗣,表明其仍留有宗祧继承的残余。中华人民共和国成立后,彻底废除了过去的一切旧法律,有关部门结合我国实际制定了一系列民事政策和法律,其中有许多关于法定继承的规定,特别是最高人民法院先后(如1963年8月、1979年2月、1984年8月等)在有关司法解释中,对法定继承人的范围、继承顺序、继承份额、遗产分配原则等作了较为系统、全面的规定。1985年,在结合我国国情及总结继承立法与司法经验的基础上,制定了《继承法》,该法较系统地规定了我国的法定继承制度。2020年《民法典》继承编对法定继承制度进行了部分修订。

二、法定继承的特征

法定继承具有以下特征:

(一) 法定继承是遗嘱继承的补充

法定继承虽是与遗嘱继承并行的继承方式,而且在我国还可以说是一种主要的继承方式。但是在效力上,法定继承的效力低于遗嘱继承,遗嘱继承的效力优先于法定继承。继承开始后,得适用遗嘱继承的,应先适用遗嘱继承;不适用遗嘱继承时,才能适用法定继承。因此,法定继承具有对遗嘱继承的补充的特点。

(二) 法定继承能够限制遗嘱继承

遗嘱继承直接体现着被继承人的意愿。因为遗嘱是被继承人的直接的意思表示,但是,在遗嘱继承中,立遗嘱人也不能违反法律的限制规定,许多国家的法律规定了法定继承人的特留份,特留份就是被继承人在遗嘱中必须为法定继承人保留的遗产份额。在我国,遗嘱人也必须在遗嘱中为缺乏劳动能力又没有生活来源的法定继承人保留必要的遗产额。因此,尽管遗嘱继承适用在先,法定继承适用在后,遗嘱继承限制了法定继承的适用范围,但同时法定继承也是对遗嘱继承的一种限制。

(三) 法定继承以一定的身份关系为基础

法定继承中的继承人是由法律直接加以规定的,而不是由被继承人指定的。法律规定法定继承人的依据一般是继承人与被继承人之间的亲属关系。也就是说,法定继承人一般

---

① 周枏:《罗马法原论》(下册),商务印书馆1994年版,第498页。

只是与被继承人之间有亲属关系的人。只有少数国家的法律规定无亲属关系的人于一定条件下,也可为法定继承人。亲属关系是一种身份关系。从这个意义上说,法定继承具有以身份关系为基础的特点。

（四）法定继承中的若干规定具有强行性

在法定继承中,不仅继承人的范围是由法律直接规定的,而且继承人参加继承的顺序、继承人应当继承的遗产份额也是由法律直接规定的。任何人不得改变法律规定的继承人的范围和法律规定的继承人参加继承的先后顺序。继承人在继承遗产时须按照法律规定的应继份额及遗产分配原则来分配遗产。

三、法定继承的适用

法定继承的适用以无遗嘱继承为前提,这是各国继承立法的通例。不如此,遗嘱就失去了存在的价值。在我国现实生活中,法定继承是人们继承遗产的一种主要方式。我国《民法典》第 1123 条规定:"继承开始后,按照法定继承办理;有遗嘱的,按照遗嘱继承或者遗赠办理;有遗赠扶养协议的,按照协议办理。"根据我国《民法典》第 1154 条及有关规定,法定继承适用以下情况:

（1）被继承人生前未同他人订立遗赠扶养协议或已订立的遗赠扶养协议无效;
（2）被继承人生前未立遗嘱;
（3）遗嘱无效;
（4）遗嘱继承人和受遗赠人放弃继承和受遗赠;
（5）遗嘱继承人和受遗赠人丧失继承权和受遗赠权;
（6）遗嘱继承人和受遗赠人先于被继承人死亡;
（7）遗嘱未处分的遗产。

在以上第一、二种情况下,全部遗产适用法定继承,其余几种情况下,相应部分的遗产适用法定继承。第一种情况则应与其余六种情况中的任何一种相结合来确定可否适用以及如何适用法定继承。

第二节　法定继承人的范围和顺序

一、法定继承人的范围

（一）确定法定继承人范围的依据

法定继承人的范围是指适用法定继承方式时,哪些人可以作为被继承人遗产的继承人。确定法定继承人的范围,是法定继承的首要问题。从各国继承立法看,确定法定继承人范围的依据主要是婚姻关系和血缘关系。随着社会发展,现代一些国家突破了传统的以血缘关系和婚姻关系作为取得法定继承权根据的原则,把与被继承人形成扶养关系（或长期共同生活关系）也作为取得法定继承权的根据之一。

1. 基于婚姻关系而取得法定继承权

配偶继承权是基于婚姻关系而产生的一种法定继承权。男女双方结婚以后,组成家庭生儿育女,共同劳动共同生活,相互间产生一系列权利义务关系,如夫妻同居义务、夫妻扶养义务、夫妻财产权、夫妻继承权(即配偶继承权)等。由于婚姻关系是血缘关系产生的前提，血缘关系是婚姻关系派生出来的，因此，婚姻关系在家庭关系中居于最核心的地位，它对家庭的幸福和睦和人类的繁衍起着决定性作用。随着核心家庭的普及，夫妻关系在家庭关系中的地位越来越重要，因此，现代社会许多国家的继承立法都十分重视配偶继承权，把婚姻关系作为取得法定继承权的依据，以保护生存配偶的合法权益。

2. 基于血缘关系而取得法定继承权

血亲继承权是基于血缘关系而产生的一种法定继承权。基于血缘关系而取得继承权是人类社会延续的需要。家庭是社会的细胞，养老育幼是家庭的重要职能之一，晚辈血亲被视为长辈血亲生命的延续，长辈的财产除用于自己生活所需之外，主要用于养老育幼满足家庭生活需要。因此，古今中外的继承立法都十分注意保障血亲继承权，把血缘关系作为取得法定继承权的依据。

3. 基于扶养关系而取得法定继承权

以婚姻关系和血缘关系为基础取得法定继承权，是古今中外继承立法的通例(当然，古代社会继承立法否认或忽视配偶继承权，尤其否认妻子对丈夫的遗产继承权)。但随着社会的发展，现代一些国家的继承立法，已突破传统的法定继承权取得根据，而把扶养关系也作为取得法定继承权的根据之一。如 1922 年《苏俄民法典》把与死者生前共同生活 1 年以上的无劳动能力的人列入法定继承人范围，捷克斯洛伐克、保加利亚等国也把与死者生前共同生活、共同经管并关心家产或实行照顾的人，列入法定继承人的范围。我国《继承法》和《民法典》则把有扶养关系的继父母继子女、对公婆或岳父母尽了主要赡养义务的丧偶儿媳或丧偶女婿，列入法定继承人的范围。这些规定有利于家庭成员互相帮助、养老育幼，巩固社会主义家庭关系。

基于上述法定继承权取得的根据，现代各国继承法规定的法定继承人范围主要由两种人组成：一是血亲，包括自然血亲和拟制血亲；二是配偶。此外，一些原社会主义国家还把与被继承人有扶养关系或共同生活关系的人，如扶养被继承人的人或被继承人生前扶养的人，以及被继承人生前与其共同生活的人，列入法定继承人的范围。

(二)外国关于法定继承人范围的规定

各国对法定继承人范围的规定不尽相同，一些国家对法定继承人的范围规定较宽，如德国、法国、匈牙利、英国和美国等国，其中以 1896 年《德国民法典》规定的法定继承人范围为最宽。而另一些国家对法定继承人的范围规定较窄，如我国、苏联、捷克斯洛伐克、保加利亚和日本等国，以我国和苏联为最窄。

1. 对法定继承人的范围规定较宽的一些国家的立法

(1)《德国民法典》规定的法定继承人范围：配偶、被继承人的直系卑血亲、父母及其直系卑血亲、祖父母(包括父系和母系，以下同)及其直系卑血亲、曾祖父母及其直系卑血亲、高祖父母及其直系尊血亲和直系卑血亲。将与死者的高祖父母有血缘关系的一切亲属都列入了法定继承人的范围，正所谓"有血缘可循之处，即有继承权存在"。

(2)《法国民法典》规定的法定继承人范围：被继承人的子女及其直系卑血亲、直系尊血亲、兄弟姐妹或其直系卑血亲、其他六亲等以内的旁系血亲(但在死者并非无能力立遗嘱，也未被剥夺公民权时，十二亲等以内的旁系血亲有继承权)，配偶只有在死者未遗有有继承权的亲属，或仅遗有除兄弟姐妹及其直系卑血亲以外的旁系血亲时，才成为法定继承人。

(3)《匈牙利民法典》规定的法定继承人范围：配偶、子女及其直系卑血亲、父母及其直系卑血亲、祖父母（外祖父母）及其直系卑血亲、旁系祖父母及其直系卑血亲，直至较远的先祖。

(4) 美国《统一遗嘱检验法典》（又名《统一继承法典》）规定的法定继承人范围：配偶、直系卑血亲、父母、兄弟姐妹及其直系卑血亲、祖父母（外祖父母）及其直系卑血亲。

(5) 英国法定继承人的范围：配偶、子女及其直系卑血亲、父母、兄弟姐妹（全血缘的、半血缘的）、祖父母（外祖父母）及伯、叔、姑、舅（全血缘的、半血缘的）。

2. 对法定继承人的范围规定较窄的一些国家的立法

(1)《苏俄民法典》（1964年）规定的法定继承人范围：配偶、子女（包括养子女）、父母（包括养父母）、兄弟姐妹、祖父母、外祖父母、死者生前扶养不少于1年的无劳动能力的人；孙子女、外孙子女及其直系卑亲属（止于曾孙子女、曾外孙子女）为代位继承人。

(2)《捷克斯洛伐克民法典》规定的法定继承人范围：配偶，子女及其子女，父母，兄弟姐妹，与死者生前共同生活1年以上、共同管理家产并关心家产或受死者生前扶养的人。

(3)《保加利亚继承法》规定的法定继承人的范围：配偶、子女（包括养子女）及其直系卑血亲、父母、兄弟姐妹、祖父母（外祖父母）、曾祖父母（外曾祖父母）以及与被继承人同居并对其实行照顾者。

(4)《日本民法典》规定的法定继承人的范围：配偶、子女、子女的直系卑血亲（为代位继承人）、直系尊血亲、兄弟姐妹及其子女。

（三）我国法定继承人的范围

根据我国《民法典》第1127条、第1128条和第1129条的规定，我国法定继承人的范围包括：配偶、子女、父母、兄弟姐妹、祖父母、外祖父母；孙子女、外孙子女及其直系晚辈血亲（为代位继承人）、兄弟姐妹的子女（为代位继承人）；对公婆或岳父母尽了主要赡养义务的丧偶儿媳或丧偶女婿。

1. 配偶

配偶是处于合法婚姻关系中的夫妻，丈夫以妻子为配偶，妻子以丈夫为配偶。死者的配偶，是指死者死亡之时与之有合法的婚姻关系的人。夫妻双方有相互扶养的义务，对夫妻共同财产双方有平等的权利，夫妻双方也有相互继承遗产的权利。

作为继承人的配偶须于被继承人死亡时与被继承人之间存在合法的婚姻关系。原与被继承人有婚姻关系，但在被继承人死亡时已经解除婚姻关系的，不为被继承人的配偶。婚姻关系的解除必须经法定的程序，未经法定程序办理离婚手续的合法婚姻关系的男女双方仍为配偶。因此，夫妻双方婚姻关系并未解除，仅已分居的，相互仍为配偶。夫妻双方协议离婚，已达成离婚协议但未依法定程序办理离婚手续的，也仍然为配偶。夫妻双方一方已经向法院起诉离婚，在离婚诉讼过程中，或者在法院已经作出离婚判决但判决尚未发生效力前，双方仍为配偶，享有继承对方遗产的继承权。

我国是以结婚登记为婚姻要件的，认定是否为配偶，原则上应以双方是否办理结婚登记领取结婚证书为标准，而不能以是否举行结婚仪式为标准。凡未办理合法的结婚手续而以夫妻名义共同生活的男女，不论其是否举行过结婚仪式，在一方死亡时，除依法可以承认的事实婚姻以外，另一方不能以配偶的身份继承死者的遗产。相反，凡履行了结婚登记手续领取结婚证书的男女，不论其是否举行过结婚仪式，也不论其是否同居或者同居的时间长短，均为有合法的婚姻关系,如果一方死亡,另一方则为配偶,有权继承对方的遗产(有关婚姻要件、事实婚姻等问题请参考第三章)。

任何形式的重婚,在我国刑事法律上都构成犯罪;在民事法律上,双方也不能互为配偶。处于重婚状态下的男女双方,一方死亡的,另一方都不得以配偶的身份继承遗产。但是对于1950年《婚姻法》颁布前形成的一夫多妻的重婚,应当承认其夫妻关系。因此,对于旧社会遗留下来的一夫多妻,如果在继承开始前婚姻关系仍存在,则夫得继承妻、妾的遗产,妻、妾也得继承夫的遗产。

2. 子女(包括婚生子女、非婚生子女、养子女、有扶养关系的继子女)

(1) 婚生子女。婚生子女,不论儿子还是女儿,不论子女随母姓还是随父姓,不论已婚未婚,也不论结婚后是到男家落户还是到女家落户,都有权继承父母的遗产。在旧社会,男到女家落户的"入赘女婿",女到男家生活的出嫁女儿,往往无权继承其父母的遗产。"嫁出的女儿,泼出的水",这种封建观念在个别地区仍未完全消除。因此,在继承权问题上应更加注意保护这些子女的继承权。

(2) 非婚生子女。非婚生子女在封建社会是不能与婚生子女一样地享有继承权的。就是在标榜"平等"的资本主义国家的立法上,非婚生子女的继承权也往往受到诸多的限制。如有的规定,经合法认领的非婚生子女才有继承权;有的规定,非婚生子女只能继承相当于婚生子女一半的遗产;有的规定,非婚生子女只能得到作为"生活费"的特留份。我国《民法典》第1127条明确规定,子女中包括非婚生子女,非婚生子女与婚生子女有平等的继承权。非婚生子女不仅有权继承其母亲的遗产,也有权继承其生父的遗产,不论其生父是否认领该非婚生子女。

(3) 养子女。按照我国《民法典》第1127条的规定,子女中包括养子女。养子女与亲生子女享有平等的继承权。养子女的地位是因收养关系而形成的,因此,只有存在合法的收养关系,才能形成养父母子女的关系。如果未办理合法的收养手续,除了在收养法颁布前当事人双方长期以养父母子女关系共同生活、群众也承认的,法院可确认为事实上的收养关系的外,则一般不应承认他们之间形成的"收养关系"。

养子女于收养关系成立后,其与生父母的父母子女之间法律上的权利义务关系解除。养子女只有权继承养父母的遗产,而无权继承其生父母的遗产。在现实生活中,有的子女被收养后,仍然扶养生父母,尽管其没有法定义务,但这种行为应当鼓励。依最高人民法院《民法典继承编解释(一)》第10条规定,"被收养人对养父母尽了赡养义务,同时又对生父母扶养较多的,除可依民法典第一千一百二十七条的规定继承养父母的遗产外,还可以依照民法典第一千一百三十一条的规定分得生父母适当的遗产"(关于养父母养子女关系请参考第七章)。

(4) 有扶养关系的继子女。继子女与继父母是姻亲关系,相互无法律上的权利义务。但如继父母与继子女间形成扶养关系的,则是拟制直系血亲关系,就具有父母子女的权利义务,继子女对继父母有遗产继承权;没有形成扶养关系的就不具有父母子女的权利义务,继子女对继父母无遗产继承权(关于继父母继子女关系请参考第六章)。

有扶养关系的继子女不同于养子女,享有双重继承权。养子女与生父母的父母子女关系因收养的成立而消除,养子女无权继承生父母的遗产,只有权继承养父母的遗产。有扶养关系的继子女,其生父母离婚,并不消除父母子女关系,父母、子女的权利义务仍然存在。故最高人民法院《民法典继承编解释（一）》第11条第1款规定："继子女继承了继父母遗产的,不影响其继承生父母的遗产。"

在旧社会形成的一夫多妻的家庭中,子女与生母以外的父亲的其他配偶形成扶养关系的,对父亲的其他配偶的遗产有继承权;但与生母以外的父亲的其他配偶未形成扶养关系的,无权继承父亲的其他配偶的遗产。

承认有扶养关系的继子女对继父母有遗产继承权,是我国继承法的特点之一,其立法目的在于保护继子女的利益。但也可能导致继父或继母及其近亲属不愿接纳、扶养继子女,因而增加再婚的困难,有子女的父亲或母亲为了再婚,则可能互相推卸抚养子女的责任。所以这一规定的实际效果可能事与愿违。从世界上多数国家的立法看,均不承认继子女对继父母有遗产继承权。在其他一些国家,继父或继母如果喜欢继子女,可以将其收养为养子女①,从而使继子女以养子女的身份享有对继父或继母(即养父或养母)遗产的继承权;如未被收养,继子女对继父或继母则无遗产继承权。我国收养法已明文规定,继父或继母经继子女的生父母同意,可以收养继子女。

3. 父母

父母是最近的直系尊亲属。父母子女之间具有最密切的人身关系与财产关系。父母有抚养子女的义务,子女有赡养父母的义务。子女有权继承父母的遗产,父母也有权继承子女的遗产。按照我国《民法典》第1127条的规定,父母是法定继承人。我国《民法典》上所说的父母,包括生父母、养父母和有扶养关系的继父母。

（1）生父母。生父母对其亲生子女的遗产有继承权,不论该子女为婚生子女还是非婚生子女。但亲生子女已由他人收养的,父母对其遗产无继承权,不论父母是否受过该子女的赡养。收养关系解除后,被收养的子女与生父母恢复法律上的权利义务关系的,父母有权继承该子女的遗产;被收养的子女与父母未恢复法律上的权利义务关系的,父母对该子女的遗产没有继承权。生父母为子女的法定继承人是依据相互间的血缘关系确定的,并不以生父母是否抚育过子女为条件,也与子女为婚生还是非婚生无关。至于父母因遗弃子女等原因丧失继承权,则属于另一问题。

（2）养父母。养父母与养子女是法律拟制直系血亲,具有与亲生父母子女相同的权利义务。养父母对养子女有遗产继承权,以收养关系的成立和存续为前提。收养关系成立后,养父母与养子女间产生父母子女权利义务关系,养父母对养子女有遗产继承权。如收养关系解除,养父母与养子女的父母子女权利义务关系亦消除,收养关系解除后,经养父母抚养的成年养子女对缺乏劳动能力又缺乏生活来源的养父母仍要承担给付生活费的义务。如该养子女死亡,养父母可按我国《民法典》第1131条的规定,分得适当遗产。

这里还须说明的是,如果养父母离婚,并不消除养父母子女关系,养父母子女间仍有父母子女的权利义务关系,包括互有遗产继承权。收养关系的解除,必须按法定程序进行,不符合法定方式或程序的,不能解除收养关系。养父母离婚并不消除养父母子女关系,与养子女分居的养父母一方拒不履行抚育养子女的义务的,仍不能终止养父母子女关系。

（3）有扶养关系的继父母。继父母子女关系是因生父或生母再婚形成的直系姻亲关系,双方本无法律上的权利义务。但如继父母与继子女形成扶养关系,则为法律拟制的直系

---

① 参见《法国民法典》第343-2条、第344条;《日本民法典》第795条、第798条。

血亲关系,双方有父母子女的权利义务关系,包括遗产继承权。也就是说,继父母对继子女有无继承权,取决于他们之间是否形成扶养关系,有扶养关系的继父母对继子女才有遗产继承权;反之,无扶养关系的继父母对继子女则无遗产继承权。有扶养关系的继父或继母如与生母或生父离婚,未成年继子女被生父或生母一方带走而继父或继母又终止扶养的,则原已形成的扶养关系终止,继父母子女间的父母子女权利义务关系亦终止,继父母对继子女亦无遗产继承权;如离婚时,继子女已被继父母抚养成年,继父母与继子女间仍具有父母子女的权利义务,继父母对继子女有遗产继承权。

还须指出的是,由于再婚以及与继子女形成扶养关系,并不消除继父母与亲生子女间的权利义务关系,故有扶养关系的继父母,除有权继承有扶养关系的继子女的遗产外,还有权继承自己亲生子女的遗产。也就是说,其与有扶养关系的继子女一样,享有双重继承权。

4. 兄弟姐妹

兄弟姐妹是血缘关系最近的旁系血亲。在现实生活中,他们往往互相扶养、扶助。我国婚姻法规定,兄弟姐妹在一定条件下有相互扶养的义务。我国《民法典》第1127条中规定,兄弟姐妹为法定继承人,"本编所称兄弟姐妹,包括同父母的兄弟姐妹、同父异母或者同母异父的兄弟姐妹、养兄弟姐妹、有扶养关系的继兄弟姐妹"。

(1) 全血缘的兄弟姐妹。全血缘的兄弟姐妹,即同一父母所生的兄弟姐妹,又称同胞兄弟姐妹。全血缘的兄弟姐妹有着全血缘关系,相互间有继承遗产的权利,这在各国法上均无例外。

(2) 半血缘的兄弟姐妹。半血缘的兄弟姐妹,即同父异母或者同母异父的兄弟姐妹。半血缘的兄弟姐妹有着父方或母方的血缘关系,在各国继承法上的法律地位并不相同。例如《日本民法典》第900条中规定:"同父异母或同母异父的兄弟姐妹的应继份为同胞兄弟姐妹应继份的1/2。"但在我国法律上,半血缘的兄弟姐妹与全血缘的兄弟姐妹有平等的继承权。依我国《民法典》第1127条的规定,同父异母或同母异父的兄弟姐妹与同胞兄弟姐妹一样,相互有继承遗产的平等权利。

(3) 养兄弟姐妹。养兄弟姐妹是因收养关系的成立,被收养人与收养人所生的子女之间形成的亲属关系。养兄弟姐妹相互间有着拟制的旁系血亲关系,依我国《民法典》第1127条的规定,养兄弟姐妹之间的法律地位和同胞兄弟姐妹之间的法律地位一样,相互有继承遗产的权利。但因收养关系的成立,被收养人与其生父母所生子女之间的权利义务关系解除,相互间不能有继承遗产的权利。若收养关系解除,被收养人与收养人的子女之间的养兄弟姐妹关系终止,则相互间不再有继承遗产的权利。在收养关系解除后,被收养人与生父母恢复父母子女权利义务关系的,与其亲兄弟姐妹之间的权利义务关系也恢复,有相互继承遗产的权利。

(4) 有扶养关系的继兄弟姐妹。继兄弟姐妹为异父异母的兄弟姐妹,他们之间无血缘关系,是因其生父母再婚而形成的旁系姻亲关系。但如果继兄弟姐妹之间形成扶养关系的(包括继兄姐扶养了继弟妹或继弟妹扶养了继兄姐),则为法律拟制的旁系血亲关系。按我国《民法典》第1127条的规定,有扶养关系的继兄弟姐妹有遗产继承权。我国司法解释进一步规定:"继兄弟姐妹之间的继承权,因继兄弟姐妹之间的扶养关系而发生。没有扶养关系的,不能互为第二顺序继承人。"① 也就是说,继兄弟姐妹之间是否有遗产继承权,取决于他们相互之间是否形成扶养关系,如果他们之间形成扶养关系,则互有遗产继承权;如果他们之间未形成扶养关系,即使与继父母已形成扶养关系,也互无遗产继承权(因继亲间形成的扶养关系及由此产生的法律上的权利义务,只及于当事人双方,不能推及当事人的近亲属)。

还须明确,继兄弟姐妹间形成扶养关系,并不消除其与亲兄弟姐妹间的关系,也不影响其与亲兄弟姐妹间在法律上的权利和义务。因此,"继兄弟姐妹之间相互继承了遗产的,不影响其继承亲兄弟姐妹的遗产"②。也就是说,有扶养关系的继兄弟姐妹享有双重继承权。

规定有扶养关系的继兄弟姐妹互有继承权,为我国所独创。其他国家仅承认自然血亲(全血缘和半血缘的)和拟制血亲(养亲)的兄弟姐妹互有继承权。我国的立法意图在于鼓励继兄弟姐妹间互相扶养,并体现权利义务相一致的原则,以利于家庭养老育幼,减轻社会负担。有的学者指出,形成扶养关系的继兄弟姐妹在现实生活中是很少见的,不把他们作为法定继承人,而是通过适当分给遗产制度和遗嘱来解决可能更好。③ 这种主张是有道理的,既与国际上多数国家关于兄弟姐妹继承权的立法相一致,又有助于鼓励兄弟姐妹间相互扶养。

5. 祖父母、外祖父母

祖父母、外祖父母是除父母外最近的尊亲属。祖父母、外祖父母为孙子女、外孙子女的法定继承人,有权继承孙子女、外孙子女的遗产。继承法上的祖父母,包括亲祖父母、亲外祖父母、养祖父母、养外祖父母、有扶养关系的继祖父母和有扶养关系的继外祖父母。

我国《民法典》第 1111 条第 1 款规定:"自收养关系成立之日起,……养子女与养父母的近亲属间的权利义务关系,适用本法关于子女与父母的近亲属关系的规定。"《民法典继承编解释(一)》第 15 条规定:"被继承人的养子女、已形成扶养关系的继子女的生子女可以代位继承;被继承人亲生子女的养子女可以代位继承;被继承人养子女的养子女可以代位继承;与被继承人已形成扶养关系的继子女的养子女也可以代位继承。"与此相对应可推知,祖父母、外祖父母的继承权包括:

(1) 祖父母、外祖父母对亲生子女的生子女和养子女的继承权;

(2) 祖父母、外祖父母对养子女的生子女和养子女的继承权;

(3) 祖父母、外祖父母对有扶养关系的继子女的生子女和养子女的继承权。

由上述可见,这里排除的只是祖父母、外祖父母对继孙(继孙子女、继外孙子女)的继承权。即排除了祖父母、外祖父母对生子女的继子女、养子女的继子女及有扶养关系的继子女的继子女的继承权。本书认为,根据我国《民法典》第 1072 条规定的精神,不宜一律排除继祖(继祖父母、继外祖父母)对继孙的继承权,应予区别对待。即继祖对继孙是否有继承权,取决于他们之间是否形成扶养关系。继祖抚养了继孙或继孙赡养了继祖则形成扶养关系。有扶养关系的继祖对继孙有遗产继承权,无扶养关系的继祖对继孙无遗产继承权。正如继父母与继子女本无法定扶养义务,但基于继父母抚育继子女或继子女赡养继父母的事实,可形成扶养关系,从而适用婚姻家庭法对父母子女关系的有关规定一样,继祖与继孙亦本无法

---

① 《民法典继承编解释(一)》第 13 条第 1 款。
② 《民法典继承编解释(一)》第 13 条第 2 款。
③ 张玉敏:《继承法律制度研究》,法律出版社 1999 年版,第 210 页。

定扶养义务,但基于继祖抚养继孙或继孙赡养继祖的事实,亦可形成扶养关系,仍应比照适用婚姻家庭法关于祖孙关系的有关规定。

6. 对公婆尽了主要赡养义务的丧偶儿媳和对岳父母尽了主要赡养义务的丧偶女婿

儿媳与公婆、女婿与岳父母是姻亲关系,故在一般情况下,不论其是否丧偶,对公婆或岳父母均无遗产继承权。由于儿媳对公婆、女婿对岳父母本无法定赡养义务,所以,在配偶生存期间,儿媳对公婆、女婿对岳父母尽赡养义务被视为代配偶履行法定义务。但是,在配偶死亡后,儿媳、女婿对公婆、岳父母尽了主要赡养义务的,则应被视为形成扶养关系。因此,我国《民法典》第1129条规定:"丧偶儿媳对公婆,丧偶女婿对岳父母,尽了主要赡养义务的,作为第一顺序继承人。"

把尽了主要赡养义务的丧偶儿媳和丧偶女婿列入法定继承人的范围,这是我国继承法的突出特点之一,世界上其他国家的继承立法均无此规定。我国立法的目的,是为鼓励丧偶儿媳、丧偶女婿赡养公婆和岳父母,以保障老人安度晚年,同时也能减轻社会负担。

7. 孙子女、外孙子女及其晚辈直系血亲(代位继承人)

孙子女、外孙子女是隔代直系卑血亲,根据我国《民法典》第1128条和《民法典继承编解释(一)》第15条的规定,孙子女、外孙子女及其晚辈直系血亲为法定代位继承人。代位继承人不受辈数限制,被继承人的孙子女、外孙子女、曾孙子女、外曾孙子女都可以代位继承。代位继承人的种类包括:被继承人的子女(亲生子女、养子女和有扶养关系的继子女)的晚辈直系自然血亲和晚辈直系养亲。本书认为,如被继承人的子女的晚辈直系继亲,与被继承人之间形成扶养关系的,应比照适用我国《民法典》关于祖孙关系的有关规定,承认有扶养关系的继祖孙互有继承权,有扶养关系的继孙为继祖的代位继承人(理由见前有扶养关系的继祖父母、继外祖父母部分)。

当今世界多数国家和地区都把孙子女、外孙子女列入法定继承人的范围,但有的国家和地区对被继承人的直系卑血亲的继承权,设有亲等限制。例如1964年的《苏俄民法典》第532条规定:"被继承人的孙子女(外孙子女)、曾孙子女(外曾孙子女),如果在继承开始前其父母中是法定继承人的一方已不在世,则为法定继承人;他们平均继承其已死亡的父母依法继承时应得的份额。"可见,苏俄民法规定被继承人的直系卑血亲为代位继承人,止于三亲等。① 而其他许多国家和地区对于被继承人的直系卑血亲的继承权,立法未设亲等限制,可以无限延续。例如,德国、瑞士、匈牙利、保加利亚、美国、英国、加拿大等国。我国继承法及我国台湾地区的继承立法也属此类型。

8. 兄弟姐妹的子女(代位继承人)

《民法典》第1128条第2款完善了代位继承制度,增加规定:被继承人的兄弟姐妹先于被继承人死亡的,由被继承人的兄弟姐妹的子女代位继承。我国继承法法定继承人的范围比较狭窄,不利于遗产的流转,容易导致遗产因无人继承而收归国家或者集体所有,因此有必要扩大被代位继承人的范围。兄弟姐妹是被继承人血缘关系最近的旁系血亲,兄弟姐妹从小共同生活多年,具有深厚的情感基础,在一定情况下还能互相扶养扶助。兄弟姐妹的子女即被继承人的侄子女、甥子女,与被继承人在血缘和情感上也有较为紧密的联系。现实生活中,对于无子女的叔伯姑舅姨,往往由其侄子女、甥子女给予精神慰藉与生活帮助。让侄

---

① 郭明瑞、房绍坤编著:《继承法》,法律出版社1996年版,第121—122页。

子女、甥子女继承遗产,符合遗产向晚辈流转的原则,也符合民间传统上继承遗产的习惯。赋予侄子女、甥子女继承遗产的权利是合适的,但这并不是必须通过将其列入法定继承人顺序才能达成。也可以通过赋予侄子女、甥子女代位继承的权利,间接起到扩大法定继承人范围的效果。

二、法定继承顺序

法定继承顺序,是法律规定的各法定继承人继承遗产的先后次序。继承开始后,并非所有的法定继承人同时参加继承,而是根据法律规定的先后顺序依次继承。继承顺序在前的法定继承人,有排斥后一顺序法定继承人优先参加继承的权利。继承顺序在后的法定继承人,只有在无前一顺序继承人,或前一顺序继承人全部丧失继承权或全部放弃继承权的情况下,才能参加遗产继承。

(一)确定法定继承顺序的依据和方法

确定法定继承顺序的依据主要有三:一是血缘关系。依与被继承人血缘关系的远近确定其血亲继承人的继承顺序,血缘关系近者,继承顺序在先,血缘关系远者,继承顺序在后。二是婚姻关系。婚姻是家庭的前提和基础,配偶是共同生活的伴侣,相互关系极为密切。现代世界各国均把婚姻关系作为确定配偶继承人继承顺序的依据。三是扶养关系。现代一些国家把与被继承人有扶养关系或长期共同生活关系,作为确定法定继承顺序的依据之一。扶养关系密切,生活上相互依赖程度强者,继承顺序在前,反之,则继承顺序在后。一般就血亲而言,血缘关系越近,法律赋予的权利义务越多,生活上互相依赖的程度越强;血缘关系越远,法律赋予的权利义务越少,生活上互相依赖的程度越弱。因此,对血亲继承人来说,血缘关系和扶养关系这两个依据往往是一致的。

确定血亲继承人、配偶继承人和有扶养关系(或长期共同生活关系)的继承人的继承顺序,方法如下:

1. 血亲继承人的继承顺序

现代各国和地区继承立法对血亲继承人的继承顺序,大体有以下三种划分方法:

(1)亲等制。即按血亲亲等的远近划分继承顺序,以亲等近者为先;同亲等者为同一顺序继承人。如父母子女为一亲等,被列为第一继承顺序;兄弟姐妹、祖父母为二亲等,被列为第二继承顺序。我国和苏联的立法属此类型。

(2)亲系制。即按血亲亲系划分继承顺序,各亲系的继承顺序内又按血缘关系远近排列继承顺序,以亲等近者为先。德国、瑞士、奥地利、匈牙利、希腊等国的立法属此类型。如《德国民法典》规定,第一顺序法定继承人为直系卑血亲。第二顺序法定继承人为父母及其直系卑血亲。如继承开始时父或母已死亡,由死亡一方的直系卑血亲(父系或母系直系卑血亲)代位继承。如死亡一方无直系卑血亲者,由生存的一方单独继承。第三顺序法定继承人为祖父母及其直系卑血亲,顺序内部的划分原则同父母及其直系卑血亲的继承(以下各顺序内部的划分原则亦同)。第四顺序法定继承人为曾祖父母及其直系卑血亲。第五顺序法定继承人为高祖父母及其直系卑血亲。第六顺序即远亲等顺序,为更远亲等的亲属及其直系卑血亲。

(3)亲等与亲系结合制。即上述两种方法兼用,某一或几个顺序按亲系划分,其余顺序按亲等划分。法国、英国、日本、加拿大、保加利亚等国及我国台湾地区的立法属此类型。如我国台湾地区对法定继承顺序规定为:第一顺序为直系卑血亲;第二顺序为父母;第三顺序为兄弟姐妹;第四顺序为祖父母。可见,第一顺序按亲系划分,第二至第四顺序则按亲等划分。

2. 配偶的继承顺序

关于配偶的法定继承顺序,现代各国和地区立法可归纳为两种立法例:一种是配偶有固定的继承顺序,如我国和苏联规定配偶为第一顺序法定继承人;另一种是配偶无固定的继承顺序,其可与任何顺序的血亲继承人共同继承遗产。多数国家或地区如德国、瑞士、日本、英国、美国、保加利亚等及我国台湾地区属后一种立法例。

3. 有扶养关系(或长期共同生活关系)的继承人的继承顺序

有扶养关系(或长期共同生活关系)的继承人的法定继承顺序,分为两种立法例:一种是给予其固定的继承顺序,如我国把尽了主要赡养义务的丧偶儿媳和丧偶女婿列为第一顺序法定继承人,捷克斯洛伐克民法将与死者生前共同生活1年以上、与他一起经管共同家产并关心共同家产或者受死者生前扶养的人作为第二、第三顺序法定继承人;另一种是不给予其固定的继承顺序,如苏俄民法规定死者生前扶养的不少于1年的无劳动能力的人,不列入第一或第二顺序继承人的范围,他们可以与任何顺序的继承人平等地共同继承死者遗产。

(二) 外国关于法定继承顺序的规定

现代各国立法,对法定继承顺序的多少规定不一:少的为两个顺序,如我国、苏联等;多的则达五个顺序以上,如德国。

1. 法定继承顺序较少的一些国家的立法

(1)《苏俄民法典》规定的法定继承顺序

第一顺序:子女(包括养子女)、配偶和父母(包括养父母),以及被继承人死亡后出生的他的子女。

第二顺序:兄弟姐妹、祖父母、外祖父母。

由死者生前扶养的不少于1年的无劳动能力的人为法定继承人。在有其他法定继承人时,他们与应召继承的其他法定继承人按同一顺序平等继承。①

(2)《日本民法典》规定的法定继承顺序

第一顺序:直系卑血亲,以亲等近者为先。胎儿视为已出生儿童(死体除外),列为第一顺序继承人。

第二顺序:直系尊血亲。

第三顺序:兄弟姐妹。

配偶可与任一顺序法定继承人同时继承,其应继份应视其参加哪一个继承顺序而有所不同。②

(3)《美国统一遗嘱检验法典》规定的法定继承顺序

血亲继承人的法定继承顺序是:

第一顺序:直系卑血亲;

第二顺序:父母及其直系卑血亲;

---

① 《苏俄民法典》第532条。转引自张玉敏主编:《继承法教程》,中国政法大学出版社1998年版,第198页。
② 《日本民法典》第887—890条。

第三顺序:祖父母(包括父系祖父母和母系祖父母)及其直系卑血亲;

配偶的继承权被置于首位。生存配偶除对死亡配偶的遗产有先取权外,未被列入固定的继承顺序,可与子女或父母一起共同继承遗产。[1]

2. 法定继承顺序较多的一些国家的立法

(1)《法国民法典》规定的法定继承顺序

第一顺序:子女及其直系卑血亲;

第二顺序:父母、兄弟姐妹及兄弟姐妹的直系卑血亲;

第三顺序:父母以外的直系尊血亲,亲等近者为先;

第四顺序:配偶和其他旁系亲属。

亲等最近的旁系亲属排除其他旁系亲属继承,六亲等以外的旁系亲属无继承权,但死者的兄弟姐妹的直系卑血亲除外。若死者有行为能力立遗嘱但未立遗嘱且未被剥夺公民权时,可以延伸至十二亲等。

配偶仅在被继承人未遗有有继承权的亲属或只遗有除兄弟姐妹或其直系卑血亲以外的旁系血亲时,才能参加继承。[2]

(2)《德国民法典》规定的法定继承顺序

第一顺序:直系卑血亲;

第二顺序:父母及其直系卑血亲;

第三顺序:祖父母(包括父系祖父母和母系祖父母,以下同)及其直系卑血亲;

第四顺序:曾祖父母及其直系卑血亲;

第五顺序:其他更远亲等的祖辈及其直系卑血亲。

配偶未被列入固定的继承顺序,可与第一、第二顺序的血亲继承人及第三顺序的祖父母共同继承。如无第一顺序、第二顺序血亲继承人和祖父母时,由生存配偶取得全部遗产。[3]

(三) 我国的法定继承顺序

我国《民法典》第 1127 条规定:"遗产按照下列顺序继承:(一) 第一顺序:配偶、子女、父母;(二) 第二顺序:兄弟姐妹、祖父母、外祖父母……"第 1129 条规定:"丧偶儿媳对公婆,丧偶女婿对岳父母,尽了主要赡养义务的,作为第一顺序继承人。"

1. 第一顺序法定继承人

(1) 配偶。配偶基于婚姻关系为共同生活的伴侣,精神上互相关心,生活上互相扶助,经济上互相扶养,相互间具有最为密切的人身关系和财产关系。世界上其他把配偶列入固定继承顺序的国家,也多把配偶列为第一顺序,使之与血亲继承人共同继承遗产。如苏联、捷克斯洛伐克、韩国等。而即使不把配偶列入固定继承顺序的国家,也大多数让配偶参与应召继承的第一顺序、第二顺序、第三顺序,甚至所有顺序,使之与血亲继承人共同继承遗产。如日本、德国、瑞士等。

(2) 子女。子女基于与父母有着最近的血缘关系,互负法律上的抚养、赡养义务,在生活中有着最为密切的共同生活和扶养关系。而父母作为被继承人,一般都愿意在死后让自

---

[1] 参见陈苇主编:《外国继承法比较与中国民法典继承编制定研究》,北京大学出版社 2011 年版,第 393—394 页。
[2] 《法国民法典》第 731—755 条。
[3] 《德国民法典》第 1924—1931 条。

己的子女继承自己的遗产。从古今中外的立法看,无不规定子女是第一顺序法定继承人。当代采亲等继承制的国家,一般仅把子女列为第一顺序,子女的直系卑血亲则不列入第一顺序,而作为第一顺序法定继承人子女的代位继承人。而采亲系继承制的国家,则将子女及其直系卑血亲都列入第一顺序,继承时以亲等近者为先。

(3) 父母。父母与子女有最近的血缘关系和最密切的扶养关系,而且从被继承人的意愿看,子女一般都愿意在死后让自己的父母继承自己的遗产。

现代世界各国对父母继承顺序的立法,少数将父母列为第一继承顺序;多数将父母列为第二继承顺序;极少数将父母列为第三继承顺序。为什么大多数国家立法将父母列于子女的继承顺序之后?从古代立法看,多实行"遗产归宗法"。① 即父亲不继承子的遗产,祖父也不继承孙的遗产,仅由子女及其直系卑血亲单向继承,以保证财产留在家庭乃至家族内,满足小农经济条件下家长制家庭的需要。到近现代社会已发展为父母子女双向继承,但大多数国家的立法都把父母列于子女及其直系卑血亲的继承顺序之后。这除了传统继承习惯的影响外,更重要的原因,仍是家庭经济和养老育幼的需要,尽可能地把被继承人的财产留在家庭内。如果被继承人死亡,首先由其第一继承顺序的子女及其直系卑血亲继承遗产,并由子女及其直系卑血亲承担赡养父祖直系尊血亲的义务,既不损害父祖的利益,又可避免被继承人的遗产通过父祖继承后而分散于兄弟姐妹、伯叔姑舅姨等旁系血亲。

(4) 尽了主要赡养义务的丧偶儿媳和丧偶女婿。儿媳与公婆、女婿与岳父母本为姻亲关系,无法律上的权利义务,包括互无继承权。但如儿媳与女婿具备我国《继承法》规定的条件,可作为第一顺序法定继承人。其法定条件为:

第一,丧偶。如果儿媳和女婿的配偶尚生存,即使他们对公婆、岳父母尽了主要赡养义务,仍不能对后者的遗产有继承权。因为,通常是把前者对后者所尽赡养义务,视为代其丈夫或妻子履行义务。

第二,对公婆或岳父母尽了主要赡养义务。认定"尽了主要赡养义务"可从以下两个方面综合考虑:一是在经济上对公婆或岳父母的生活提供了主要经济来源,或在生活上对公婆或岳父母的生活提供了主要劳务扶助;二是对公婆或岳父母所尽赡养义务具有长期性、经常性。

儿媳、女婿必须同时具备丧偶、对公婆或岳父母尽了主要赡养义务这两个法定条件,才能作为第一顺序法定继承人。无论他们是否再婚,均依法享有对公婆或岳父母的继承权。并且他们作为第一顺序继承人时,既不影响其子女代位继承,也不影响他们本人对其父母的遗产继承。②

2. 第二顺序法定继承人

(1) 兄弟姐妹。兄弟姐妹是血缘关系最近的旁系血亲,感情密切情同手足,生活上往往相互帮助,在法律上相互有扶养义务。但兄弟姐妹较之父母子女血缘关系毕竟要远一些,并且他们相互之间尽扶养义务是有条件的,所以,他们被列为第二顺序法定继承人,既与血缘关系的远近相适应,也体现了权利义务相一致。

(2) 祖父母、外祖父母。祖父母、外祖父母是仅次于父母的直系尊血亲,与孙子女、外孙

---

① 〔美〕摩尔根:《古代社会》(下册),杨东莼等译,商务印书馆 1997 年版,第 551—553 页。
② 《民法典继承编解释(一)》第 18 条、第 19 条。

子女关系密切,法律上互负抚养、赡养义务。但祖孙之间的血缘关系毕竟比父母子女远一些,并且他们之间尽抚养、赡养义务是有条件的,所以,祖父母、外祖父母与兄弟姐妹被列为第二顺序法定继承人一样,既与血缘关系远近相适应,也体现了权利义务相一致。

至于孙子女、外孙子女,虽与祖父母、外祖父母同是被继承人的隔代直系血亲,都属二亲等,但因我国继承法规定其为代位继承人,他们不是基于自己固有的地位而继承,所以未将他们列入继承顺序。

第三节 代位继承

一、代位继承的概念和适用范围

代位继承是本位继承的对称,是指在法定继承中依法律规定,在某些亲系的血亲继承人先于被继承人死亡或因其他原因不能继承时,由其直系卑血亲按照其继承地位和顺序,直接继承被继承人遗产的继承制度。在代位继承中,先于被继承人死亡的继承人称为被代位继承人或被代位人;代替被代位人继承遗产的人称为代位继承人或代位人;代位继承人代替被代位人继承遗产的权利,称为代位继承权。

代位继承制度古已有之。罗马市民法规定,先于继承人死亡或受家父权免除之子的儿子,取得其父的应继份。优帝时期代位继承人的范围逐渐扩大到一切直系卑血亲及兄弟姐妹的子女。罗马法较为完备的代位继承制度,对后世许多国家尤其是大陆法系国家的立法产生了很大影响。我国古代社会一向承认代位继承。按宗祧继承制度的要求,在继承顺序上以嫡长为先。《唐律疏议》载:"无嫡子及有罪疾,立嫡孙……"即无嫡长子,则立嫡长孙。在财产继承方面,唐令规定:"诸应分田宅财产者,兄弟均分。兄弟亡者,子承父分,兄弟俱亡,则诸子均分。"到中华民国时期,1930年《民法》继承编规定的代位继承制度,代位继承人限于被继承人子女的直系卑血亲。中华人民共和国成立后,有关民事政策、法律规定了代位继承问题,1985年颁行的《继承法》明确规定了代位继承制度。2020年颁布的《民法典》进一步扩大了代位继承的适用范围。

代位继承制度是法定继承制度中不可缺少的组成部分,代位继承方式只适用于法定继承。代位继承的发生原因、被代位人和代位继承人的范围、代位继承人的应继份等均由法律直接规定,他人无权任意变更。遗嘱继承中不适用代位继承,因为遗嘱继承人只能是立遗嘱人在遗嘱中所指定的人,而遗嘱又必须以立遗嘱人死亡为开始生效的条件。如果遗嘱继承人先于立遗嘱人死亡,则遗嘱未生效,该遗嘱继承人尚未取得继承权,当然也不会发生其直系卑血亲代位继承问题。

二、代位继承权的性质

代位继承权的性质是什么?是代位继承人本身固有的权利,还是基于被代位人的继承权而派生出来的权利?学者们对此意见不一,学说上主要有两种主张:代位权说和固有权说。

代位权说又称代表权说,此说认为代位继承人是代表被代位人的权利即按其继承地位、顺序和份额而继承。因此,如被代位人已丧失或放弃继承权,代位继承人便无位可代而不能继承遗产。我国、法国及苏联等国立法采此主张。

固有权说认为代位继承人是以自己固有的权利继承被继承人的遗产。因此，被代位人即使已丧失或放弃继承权，代位继承人仍可依其固有的代位继承权而继承遗产。德国、瑞士、日本、意大利等国立法采此主张。

本书赞成固有权说，理由在于：

第一，代位权说不符合民法关于自然人民事权利能力的基本原理。既然公民的民事权利能力始于出生终于死亡，继承人自死亡时起，其民事权利能力包括继承能力终止，继承主体资格丧失，继承法律地位亦不复存在。因此，被代位人先于被继承人死亡应与被代位人丧失继承权的法律后果相同，即都不存在有法律地位可代位继承的问题，因而代位权说不能成立。固有权说则认为代位继承人是基于自己的固有权利而继承，能够自圆其说。

第二，代位继承人固有的继承权是基于法律的规定而享有，他们本来就是法定继承人范围内的人，只是在被代位人生存时，他们按"亲等近者优先"的原则，被列于被代位人继承顺序之后，无论被代位人先于被继承人死亡或丧失继承权，代位继承人都可基于自己固有的继承人资格参与继承。正因为代位继承权是法律直接赋予的继承权，代位继承人的范围亦由法律确定，才能解释为什么某些法定继承人的直系卑亲属有代位继承权，而另一些法定继承人的直系卑亲属无代位继承权，而这却是代表权说无法解释的问题。

第三，代表权说认为，代位继承人之所以是代被代位人之位继承，因为他们是按照被代位人的继承顺序和继承份额进行继承。但是，这实际是立法者基于公平原则而作出的规定。在代位继承中，基于遗产分配公平原则的要求，实行遗产按房（支）继承。即如果与被继承人亲等最近的亲属中有人先于被继承人死亡，根据按房继承原则，由死者的亲等最近的直系卑血亲按照死者的继承顺序和份额，与死者同亲等的其他继承人一起继承。所以说，代位继承人按被代位人的继承顺序和继承份额进行继承，其实质仍是基于法律的规定进行继承，代位继承权乃是法律赋予代位继承人的固有权利。

固有权说既符合民法的基本原理，又符合各国的立法实践。至于为什么有的国家规定代位继承发生的原因仅限于被代位人先于被继承人死亡，而有些国家则把被代位人丧失继承权、甚至放弃继承均作为代位继承的发生原因，这是立法者根据自己的国情主观选择的结果，不能以此来确定代位继承权的性质。

三、代位继承的条件

（一）外国法对代位继承条件的规定

1. 代位继承发生的原因

关于代位继承发生的原因，主要有三种不同的立法例：

（1）以被代位人先于被继承人死亡为代位继承发生的唯一原因。如《法国民法典》规定，任何人不得代替活着的人而取得其继承的地位，仅能代替已死的人。继承人如放弃继承，任何人不得代位继承。[①]

（2）被代位人先于被继承人死亡或丧失继承权，均作为代位继承的发生原因。如《日本民法典》规定，被继承人的子女于继承开始前死亡或依法丧失继承权或因废除而丧失继承权

---

① 《法国民法典》第744条、第787条。

时,其子女代其位成为继承人。该规定亦准用于兄弟姐妹为被代位人的情况。①

（3）被代位人先于被继承人死亡或丧失继承权、放弃继承权,均为代位继承的发生原因。如《瑞士民法典》规定,无继承资格的人的直系卑血亲,按无继承资格人先于被继承人死亡的情况,继承被继承人的财产。被继承人未有任何遗嘱,且继承人中一人抛弃继承权时,其应继份按抛弃继承人在继承开始前死亡的情形处理。②《德国民法典》亦规定被代位人先于被继承人死亡,或其拒绝继承、丧失继承权为代位继承发生的原因。③

2. 被代位继承人的范围

被代位人仅限于被继承人的血亲继承人,这是各国立法的通例。哪些血亲继承人可作为被代位人,各国规定不一,大体可分四种立法例：

（1）被代位人仅限于被继承人的子女及其直系卑亲属。如苏联民事立法纲要的规定。

（2）被代位人包括被继承人的直系卑亲属和兄弟姐妹及其直系卑亲属。如《法国民法典》规定,直系卑血亲均得代位继承,并无代数的限制。直系尊血亲不得代位继承。被继承人的兄弟姐妹的子女及其直系卑亲属,在被继承人的兄弟姐妹均已死亡时,准许代位继承。④

（3）被代位人包括被继承人的直系卑亲属、父母及其直系卑亲属、祖父母及其直系卑亲属。此类型的立法严格实行亲系继承原则,继承顺序按亲系划分,每一顺序中再按亲系亲等划分为若干顺序,顺序在前的继承人先于被继承人死亡,则由其直系卑血亲代位继承。只有该死亡一方亲系中无直系卑血亲时,才由他方亲系的直系卑血亲全部继承。如《瑞士民法典》的规定。⑤

（4）被代位人包括直系卑亲属、兄弟姐妹及其直系卑亲属、祖父母及其直系卑亲属。如《美国统一遗嘱检验法典》的规定。⑥

3. 代位继承人的范围

代位继承人仅限于被代位人的直系卑亲属,是绝大多数国家的立法通例。必须指出,除把被代位人限于被继承人的子女及其直系卑亲属的国家外,在其他多数国家,代位继承人虽必须是被代位人的直系卑亲属,但却不一定是被继承人的直系卑亲属。如在父母及其直系卑亲属都可为被代位人时,代位继承人的范围扩及侄子女、外甥子女及其直系卑亲属；在祖父母为被代位人时,代位继承人的范围更扩及伯叔姑舅姨、堂兄弟姐妹、表兄弟姐妹及其直系卑血亲。

多数国家规定代位继承不受代数限制,但也有少数国家规定代位继承受代数限制。例如1964年《苏俄民法典》规定："被继承人的孙子女（外孙子女）、曾孙子女（外曾孙子女）,如果在继承开始前其父母中是法定继承人的一方已不在世,则为法定继承人；他们平均继承其已死的父母依法继承时应得的份额。"即苏俄民法规定代位继承人止于曾孙子女（外曾孙子女）。⑦

---

① 《日本民法典》第 887 条、第 889 条。
② 《瑞士民法典》第 541 条、第 572 条。
③ 《德国民法典》第 1924—1926 条、第 1953 条、第 2344 条。
④ 《法国民法典》第 740—742 条。
⑤ 《瑞士民法典》第 457—460 条。
⑥ 《美国统一遗嘱检验法典》第 2—103 条。
⑦ 1964 年《苏俄民法典》第 532 条。

(二) 我国代位继承的条件

1. 代位继承人范围

我国《继承法》第 11 条曾规定："被继承人的子女先于被继承人死亡的,由被继承人的子女的晚辈直系血亲代位继承。代位继承人一般只能继承他的父亲或者母亲有权继承的遗产份额。"2020 年《民法典》编纂时对代位继承制度作出了重大修改,增加了第 2 款即兄弟姐妹的子女可以代位继承。据此,代位继承人包括两类:一类是被继承人子女的直系晚辈血亲,一类是被继承人兄弟姐妹的子女。《继承法解释》第 25 条基于代位继承的制度目的,明确被继承人的孙子女、外孙子女、曾孙子女、外曾孙子女都可以代位继承,代位继承人不受辈数的限制。《民法典继承编解释(一)》第 14 条保留了原来的规定。要特别强调的是,在被继承人子女晚辈直系血亲代位继承时,需要按照辈分依次代位,不能隔辈代位。例如,在儿子去世的情况下,孙子女可以代位继承,如果孙子女在世,曾孙子女不能代位继承,但如果孙子女也先于被继承人去世,则曾孙子女可以代位。在被继承人兄弟姐妹的子女代位继承时,从法条的文义解释看,应仅限于兄弟姐妹的子女,而不包括兄弟姐妹的其他直系晚辈。因此,在兄弟姐妹的子女代位继承的情况下,代位继承人是受辈数限制的。还要注意的是,因兄弟姐妹是第二顺序继承人,只有在没有第一顺序继承人继承的情况下,被继承人的兄弟姐妹才有资格继承,其子女也才可能发生代位继承。如果被继承人的配偶或者父母、子女在世且未丧失或放弃继承权,则不发生兄弟姐妹子女代位继承的问题。此外,根据《民法典》第 1127 条的规定,继承编所称子女,包括婚生子女、非婚生子女、养子女和有扶养关系的继子女。据此,从体系解释的角度,被继承人兄弟姐妹的子女应当与被继承人的子女作一体解释,即只要符合《民法典》第 1127 条子女的范围,均可以代位继承。

2. 代位继承人的分配原则

根据《民法典》第 1128 条第 3 款的规定,代位继承人一般只能继承被代位继承人有权继承的遗产份额。但是,考虑到代位继承是法定继承制度的一部分,在法定继承中需要多分或少分的,应当同样适用代位继承情况。因此,《民法典继承编解释(一)》第 16 条保留了《继承法解释》第 27 条的规定,明确代位继承人缺乏劳动能力又没有生活来源或者对被继承人尽了主要赡养义务的,分配遗产时,可以多分。

3. 代位继承的限制

关于代位继承的法律性质,存在两种学说,一种是代表权说,一种是固有权说。代表权说认为,代位继承是代位继承人代表被代位继承人参加继承,行使被代位继承人的权利。在被代位继承人丧失或者放弃继承权的情况下,不能再由他人代位继承;固有权说认为,代位继承权是法律赋予代位继承人的固有权利,并不是基于被代位继承人的继承权而继承。因此,只要被代位继承人不能继承,代位继承人就可以代位继承。根据全国人大法工委的解释,《民法典》最终没有采纳固有权说,而是采用代表权说,主要理由是:确定代位继承发生原因时,要综合考虑被继承人的意愿、遗产应发挥的功能、公序良俗等多方面因素,允许继承人在丧失继承权时可以由其直系晚辈血亲代位继承,违背丧失继承权制度的目的,容易引发道德风险,也不符合社会公众关于公平正义的期待。据此,《民法典继承编解释(一)》第 17 条保留了《继承法解释》第 28 条的规定,即采代表权说,在继承人丧失继承权的情况下,其晚辈直系血亲不得代位继承。当然,特殊情况下,代位继承人可以通过《民法典》第 1131 条规定的酌分遗产请求权以及被继承人立遗嘱的方式,分给其一定遗产。即,如果该代位继承人依靠被继承人抚养或者对被继承人赡养较多的,可以分给适当遗产。①

《民法典继承编解释(一)》第17条所称的"该代位继承人缺乏劳动能力又没有生活来源"是指该代位继承人需要依靠被继承人扶养的情况。此外,虽然本条没有明确规定,但对于兄弟姐妹丧失继承权的情况应按照本条精神作一体理解,即兄弟姐妹如果丧失继承权的,其子女亦不得代位继承。对于继承人放弃继承的,民法典也采代表权说。立法者认为,在继承开始后,继承人放弃继承的,并不是客观上不能行使继承权,而是对自己权利的一种处分,法律应当尊重当事人的选择。如果允许代位继承,可能违背继承人的意愿,也容易产生纠纷。因此,继承人放弃继承权的,也应参照《民法典继承编解释(一)》第17条的精神处理,即不论是其子女的直系晚辈血亲,还是其兄弟姐妹的子女,都不得代位继承。②

4. 代位继承人与特定法定继承人的关系

当被继承人的子女先于被继承人死亡,如果该子女已经结婚,儿媳、女婿作为姻亲,不享有法定继承权。但法律为弘扬中华民族传统家庭美德和优良家风,促进家庭内部互助友爱、团结和睦,使老年人能够老有所养,同时贯彻权利义务一致原则,保留了继承法关于对公婆或者岳父母尽了主要赡养义务的丧偶儿媳、丧偶女婿的第一顺序法定继承人身份。《民法典继承编解释(一)》第18条也保留了《继承法解释》第29条的规定,即丧偶儿媳对公婆、丧偶女婿对岳父母,无论其是否再婚,依法作为第一顺序继承人时,不影响其子女代位继承。

第四节 应继份与遗产的酌给

一、法定应继份

(一) 法定应继份的概念和立法例

继承开始后,如由一名继承人单独继承,就由他取得全部遗产,并承担清偿被继承人债务的责任(在限定继承的情况下,限于在被继承人遗产实际价值范围内清偿债务),因而不存在划分应继份问题。如由数人共同继承,就产生了同一顺序数名共同继承人之间,如何确定各自继承遗产和清偿债务的份额或比例的问题。所谓应继份,是指同一顺序数名继承人共同继承时,各共同继承人取得被继承人的财产权利和财产义务的比例或份额。

各国对同一顺序继承人法定应继份的规定,主要有两个原则:一是均等份额原则,二是不均等份额原则。前者指同一顺序继承人,按人数均分等同的应继份;后者指同一顺序继承人,按其不同的情况,不均等分配应继份。

1. 血亲继承人的法定应继份

关于血亲继承人法定应继份的规定,大体分为两类:在按亲等确定继承顺序的国家,一般规定同一顺序继承人同亲等者应继份相同。如我国、苏联等国采此立法。在按亲系或亲等与亲系相结合确定继承顺序的国家,则规定同一顺序继承人按亲系分配遗产,各亲系的应继份均等或不均等,同亲系同亲等的继承人再均分该亲系的应继份。如法国、德国等采此

---

① 《民法典继承编解释(一)》第17条规定:"继承人丧失继承权的,其晚辈直系血亲不得代位继承。如该代位继承人缺乏劳动能力又没有生活来源,或者对被继承人尽赡养义务较多的,可以适当分给遗产。"

② 参见黄薇主编:《中华人民共和国民法典释义》(下),法律出版社2020年版。第2161—2165页;参见郑学林、刘敏、王丹:《〈关于适用民法典继承编的解释(一)〉若干重点问题的理解与适用》,载《人民司法》2021年第16期。

立法。

2. 配偶继承人的法定应继份

配偶继承人的法定应继份,现代各国主要有三种类型的规定:

(1) 配偶被列入固定的继承顺序,其应继份与同顺序的共同继承人相等;如无同顺序的其他继承人时,由配偶取得全部遗产。如我国和苏联的立法属此类型。

(2) 配偶未被列入固定的继承顺序,其应继份因参加不同的继承顺序而异。如《日本民法典》规定,配偶与第一顺序血亲继承人(直系卑血亲)共同继承时,其应继份为遗产的1/2;与第二顺序血亲继承人(直系尊血亲)共同继承时,其应继份为遗产的2/3;与第三顺序血亲继承人(兄弟姐妹及其子女)共同继承时,其应继份为遗产的3/4。① 世界上许多国家的立法,如德国、瑞士、奥地利、希腊、保加利亚等国立法属此类型。

(3) 配偶在参加应召继承顺序之前,享有遗产先取权。配偶的应继份包括两个部分:继承开始后,配偶依遗产先取权首先取得一定数量的遗产;然后再就剩余遗产与应召血亲继承人共同继承,取得配偶享有的份额,两者相加为配偶的法定应继份。如《德国民法典》规定,生存配偶与第二顺序血亲亲属或祖父母并列为法定继承人者,作为先取权,除在取得其应继份外,更取得属于其婚姻家庭用具的物件(但以此物体不属于土地的从物者为限),以及全部在结婚时收受的赠与物;生存配偶与第一顺序血亲亲属并列为法定继承人者,以上述物件为其适当的家庭生活所需要者为限,上述物件归属于该生存的配偶。关于遗赠的规定,适用于先取权。② 英国规定,生存配偶与直系卑血亲共同继承时,配偶可首先取得全部"个人物品"(包括家庭用品或个人使用的和装饰的物品,如衣物、家具、珠宝、小汽车、家畜等)和2.5万英镑的特留份,以及从被继承人去世至分到遗产期间以年息4%计算的法定遗产利息。然后,再把剩余遗产分为两份,一半由配偶享有终身用益权,设立终身信托;另一半归直系卑血亲。死者无直系卑血亲而有父母或同父母的兄弟姐妹及其直系卑血亲时,生存配偶的先取权为个人物品、5.5万英镑特留份和法定遗产利息,再就剩余遗产,取得一半所有权。美国、加拿大等国的立法与英国相近。

总之,现代社会大多数国家有关法定应继份的立法,或规定配偶与直系卑血亲的应继份均等,或规定配偶多于直系卑血亲的应继份,表明配偶的继承地位已大大提高。有些国家还通过修改法律,进一步提高配偶的应继份。如日本1980年通过修改民法,将配偶的应继份大幅度提高:配偶与直系卑血亲共同继承时应继份从遗产的1/3提高到1/2;与直系尊血亲共同继承时应继份从遗产的1/2提高到2/3;与兄弟姐妹及其子女共同继承时应继份从遗产的2/3提高到3/4。

(二) 我国的法定应继份制度

我国《继承法》规定的法定应继份,在采均等份额原则的前提下,允许有一定的灵活性。即在同一顺序法定继承人原则上均分遗产的前提下,根据法定继承人的具体情况允许适当多分、少分或不分遗产。根据我国《民法典》第1130条的规定,确定法定应继份应遵循以下原则:

---

① 《日本民法典》第900条。
② 《德国民法典》第1932条。

1. 同一顺序法定继承人的应继份一般应当均等

如果同一顺序的各个法定继承人,在生活状况、劳动能力以及对被继承人尽扶养义务等条件大体相同时,应按照人数平均分配遗产,各法定继承人的应继份均等。

2. 特殊情况下同一顺序法定继承人的应继份可以不均等

在下列法定情况下,同一顺序法定继承人的应继份可以不均等:

(1) 对生活有特殊困难的缺乏劳动能力的继承人,分配遗产时,应当予以照顾。应当予以照顾的继承人必须同时具备两个条件:第一,生活有特殊困难,指没有独立经济来源或其他经济收入而难以维持最低生活水平;第二,缺乏劳动能力,指因年幼、年老、病残等原因没有劳动能力。如果继承人生活虽然有特殊困难(如意外事故、火灾、洪涝灾害等)但有劳动能力,或虽因年幼、年老、病残等原因无劳动能力但生活并无特殊困难,都不属于应当照顾之列。分配遗产时应予以照顾,是指可适当多分遗产,应予以照顾的继承人的应继份应大于其他共同继承人的平均份额。当然,如果同一顺序的各个法定继承人都属应当予以照顾的继承人,则各继承人的应继份只能相等。

(2) 对被继承人尽了主要扶养义务或者与被继承人共同生活的继承人,分配遗产时,可以多分。

对被继承人尽了主要扶养义务,是指对被继承人生活提供了主要经济来源,或者在劳务等方面给予了主要扶助。① 我国继承法规定尽了主要扶养义务的继承人可以多分遗产,旨在弘扬中华民族尊老爱幼、养老育幼的优良传统,鼓励积极履行扶养义务的继承人。

对被继承人尽了主要扶养义务的或与被继承人共同生活的继承人可以多分遗产,但可以多分不等于一定要多分。如果这两种法定继承人经济条件较好,而其他共同继承人经济条件较差,则前者亦可不多分遗产。如果其他共同继承人中有属于生活有特殊困难的缺乏劳动能力的人,而被继承人的遗产又不多,则应首先对应当予以照顾的继承人多分遗产。

(3) 有扶养能力和有扶养条件的继承人,不尽扶养义务的,分配遗产时,应当不分或者少分。继承人与被继承人之间是有法定的扶养权利义务的。如果被继承人生前需要继承人扶养,继承人有扶养能力和有扶养条件而不尽扶养义务,则继承人的行为不仅是违背社会公德的,而且是违法的。因此,对这部分继承人,在分配遗产时,应当不分给或者少分给遗产,而不让其与其他继承人均分遗产。

但是应当注意,应当不分或者少分遗产的继承人必须同时具备以下条件:

第一,被继承人需要扶养而继承人不扶养。"扶养"既包括经济上的扶助,也包括劳务上的扶助。例如,被继承人年老多病,生活不能自理,虽自己有足够的养老金等经济来源,不需要继承人给予经济上的扶助,但因其需要"劳务上的扶助",也为需要扶养的人。但是如果被继承人不需要他人扶养,继承人因此而未尽扶养义务的,则继承人不应因此而不分或者少分遗产。《民法典继承编解释(一)》第22条也指出:"继承人有扶养能力和扶养条件,愿意尽扶养义务,但被继承人因有固定收入和劳动能力,明确表示不要求其扶养的,分配遗产时,一般不应因此而影响其继承份额。"

第二,继承人有扶养能力和有扶养条件。被继承人需要扶养而继承人又能尽扶养义务却不尽扶养义务的,不论继承人是否与被继承人共同生活,都应当不分或少分遗产。但是如

---

① 《民法典继承编解释(一)》第19条。

果继承人没有扶养能力,例如未成年人、残疾人等,或者继承人没有扶养条件,例如继承人本身生活十分困难无法满足被继承人的受扶养要求,则由于继承人不尽扶养义务是因客观原因造成的而不是主观上拒不履行或不愿尽扶养义务,不能因此而对其不分或者少分遗产。

(4) 继承人协商同意的,可不均分遗产。即同一顺序法定继承人经平等协商自愿达成遗产分配协议的,即使分配份额不均等,也允许按协议处理。这里必须注意两点:

第一,遗产分配协议必须全体继承人协商一致同意。如果多数人意见一致,少数人反对,不同意多数人意见的继承人可以诉请法院,经审判程序分割遗产。

第二,遗产分配协议必须不损害其他利害关系人的合法权益。这里的其他利害关系人,主要是继承人的债权人。如某负债较多的继承人,因遗产分配协议不分或少分遗产,使其债权人本应得到清偿的债权,不能被清偿,这实际上损害了该债权人的合法权益。如果遗产分割协议事实上影响继承人的债权人债权的清偿,则债权人有权诉请法院予以撤销,以维护其合法权益。

二、遗产的酌给

(一) 遗产酌给请求权人和遗产酌给请求权

遗产酌给请求权人是指除法定继承人以外,与被继承人生前形成一定扶养关系,依法可以分得适当遗产的人。遗产酌给请求权人依法享有的可酌情分得适当遗产的权利,被称为遗产酌给请求权。

我国古代就有遗产酌给,如《清律》有义男女婿为所后之亲喜悦者,酌予分给遗产的规定。1930年国民党政府《民法》继承编亦有被继承人生前继续扶养之人,应由亲属会议,依其受扶养之程度及其他关系,酌给遗产的规定。这里的酌给遗产请求权人,不以被继承人的近亲为限,也不以有法律上的权利义务关系为必要,只需是被继承人生前事实上继续扶养的人即可。其立法旨意在于,基于死后扶养思想,被继承人生前继续扶养之人,在被继承人死后,应由死者的遗产继续扶养,使其不致突然生活无着。[①]

《日本民法典》第958条经1962年修订后,增加规定了"对特别关系人的财产分与制度"。该制度规定,允许家庭法院在第三次寻找继承人公告期满后(继承人仍不出现)3个月内,经清算继承财产(清偿债务、交付遗赠)后,应与被继承人有特别关系的人的请求,酌情把死者遗产的全部或一部分分给他们。[②] 特别关系人包括:与被继承人共同生活的人;致力于扶养被继承人的人;其他与被继承人有特别关系的人。

还有一些国家,以其他形式规定有酌给遗产制度。如《德国民法典》规定,夫妻一方在离婚后自己不能维持生活时,依法定条件有权请求他方扶养。该扶养义务人死亡后,扶养义务作为遗产债务,转移于继承人。[③]

(二) 我国的酌给遗产制度

我国《继承法》第14条规定:"对继承人以外的依靠被继承人扶养的缺乏劳动能力又没有生活来源的人,或者继承人以外的对被继承人扶养较多的人,可以分给他们适当的遗产。"

---

① 史尚宽:《继承法论》,中国政法大学出版社2000年版,第166—167页。
② 《日本民法典》第958条第3款(该条系昭和三十七年即1962年第40号法律追加)。
③ 《德国民法典》第1569—1586条。

《民法典》第 1131 条删除了"缺乏劳动能力又没有生活来源"的限制条件,扩大了酌给遗产制度的适用范围。

1. 酌给遗产权的法律特征

根据我国继承法的规定,酌给遗产权具有以下法律特征:

(1) 酌给遗产权的权利主体,是应召继承人以外的人,包括非法定继承人和不能参加继承的法定继承人范围内的人。例如,在由第一顺序法定继承人继承遗产时,第二顺序的法定继承人不能参加继承。但如第二顺序的法定继承人中有具备酌给遗产法定条件的人,则其可以酌给遗产请求权人的资格请求酌给遗产。① 在这里酌给遗产不是基于法定继承人的继承权,而是基于依法定条件享有的酌给遗产权。继承人以外的人作为酌给遗产权的主体,须为下列两种法定情形之一者:

第一,继承人以外的依靠被继承人扶养的人。构成这种情况须是在被继承人生前依靠被继承人扶养,包括经济上的供养、生活上的劳务扶助。虽受过被继承人扶养,但被继承人死亡时已不依靠被继承人扶养的人,不能作为酌给遗产请求权人。

第二,继承人以外的对被继承人扶养较多的人。这里的扶养,包括经济上的供养、生活上的劳务扶助和精神上的慰藉。这里的扶养较多,既要从数量上作多少比较,又要从时间上作长短比较。如果对被继承人只给予一次性或临时性的扶养或给予扶养(经济上或劳务上)的数量不多,均不是扶养较多。

(2) 酌给遗产请求权的取得根据,是在被继承人生前与其形成了特定的扶养关系,包括依靠被继承人扶养或对被继承人扶养较多两种情况。即与被继承人有特定扶养关系是取得酌给遗产请求权的唯一根据,而不论该酌给遗产请求权人与被继承人是否有亲属关系。

(3) 酌给遗产请求权的标的,即酌给的遗产,其数额是不确定的。这主要取决于酌给遗产请求权人依靠被继承人扶养的程度或对被继承人扶养的程度,以及遗产总额的多少。在一般情况下,酌给遗产请求权人的份额应少于继承人。但在酌给遗产请求权人完全依靠或主要依靠被继承人扶养,或者其对被继承人扶养较多或完全扶养时,其所得的遗产的份额,也可以多于或者等于继承人。②

(4) 酌给遗产请求权的义务主体是继承人。因为,继承开始后遗产的所有权转归参加继承的继承人。但是,继承人并不以自己的固有财产对请求权人给付。继承人的义务限于根据请求权人的实际情况,从遗产实际价值范围内酌情给予财产。

(5) 酌给遗产请求权的行使。酌给遗产请求权是一项独立的权利。请求权人可自己行使其权利,也可通过代理人行使其权利。请求权人可以直接向遗产酌给义务人,包括继承人或遗产管理人等请求给付。如果义务人拒绝给付,或双方就酌给数量、种类等不能达成协议时,请求权人可诉请法院裁决,或请求基层组织调解解决。

2. 酌给遗产请求权的保护

为保护酌给遗产人的合法权益,《民法典继承编解释(一)》第 21 条规定:"依照民法典

---

① 参见《继承法解释》第 28 条,《民法典继承编解释(一)》没有保留该条。最高人民法院民一庭编著的《最高人民法院民法典继承编司法解释(一)理解与适用》(人民法院出版社 2022 年版)第 194 页指出:《民法典》第 1131 条所称"继承人以外的人",是指法定继承人范围以外的其他人。依照这种看法,如第二顺序的法定继承人中有具备酌给遗产法定条件的人,则其不能以酌给遗产请求权人的资格请求酌给遗产。

② 《民法典继承编解释(一)》第 20 条。

第一千一百三十一条规定可以分给适当遗产的人,在其依法取得被继承人遗产的权利受到侵犯时,本人有权以独立的诉讼主体资格向人民法院提起诉讼。"此处诉讼时效期间亦为3年。

讨论思考题
1. 法定继承具有哪些特点?
2. 我国《民法典》对法定继承人的范围和顺序是如何规定的?
3. 简述代位继承的性质和条件。
4. 法定继承的遗产分配原则有哪些?
5. 如何理解酌给遗产权?酌给遗产的条件有哪些?
6. 我国继承法的法定继承制度存在哪些不足?应当如何完善?

第十三章

遗嘱继承和遗赠

第一节　遗嘱继承概述

一、遗嘱继承的概念和特征

遗嘱继承,是指于继承开始后,继承人按照被继承人的合法有效的遗嘱继承被继承人遗产的法律制度。遗嘱继承是与法定继承相对应的一种继承方式。在遗嘱继承中,生前立有遗嘱的被继承人称为遗嘱人或立遗嘱人,依照遗嘱的指定享有遗产继承权的人为遗嘱继承人。

遗嘱继承与法定继承,是各国继承法上普遍规定的两种不同的继承方式,二者各有特点。遗嘱继承与法定继承相比,具有以下特征:

（1）发生遗嘱继承的法律事实不是单一的

发生遗嘱继承的法律事实有两个,即被继承人的死亡和被继承人所设立的合法有效的遗嘱。只有单一的任一个法律事实,都不能引起遗嘱继承的发生。正是在这个意义上说,遗嘱继承以遗嘱为前提,没有被继承人的遗嘱不能发生遗嘱继承。但是有被继承人的遗嘱也并不一定就发生遗嘱继承。遗嘱继承与遗嘱不是一回事。遗嘱是单方的民事法律行为,只有遗嘱一方的意思表示,不需征得他方的同意。而遗嘱继承,不仅要有被继承人生前指定继承的意思表示,如果指定的继承人放弃继承,则遗产仍需按法定继承办理,不适用遗嘱继承。

（2）遗嘱继承直接体现着被继承人的遗愿

遗嘱是被继承人于生前作出对其财产的死后处分,并于被继承人死亡后发生法律效力的法律行为。遗嘱体现了被继承人的遗愿。在遗嘱继承中,不仅继承人,甚至继承人的顺序、继承人继承的遗产份额或者具体的遗产,都是由被继承人在遗嘱中指定的。

（3）遗嘱继承是对法定继承的一种排斥

如前所述,遗嘱继承的效力优于法定继承,在继承开始后,有遗嘱的,先要按照遗嘱进行继承。由于遗嘱中所指定的继承人对遗产的继承,不受法定继承时法律对继承顺序、继承人应继份额规定的限制,因此,遗嘱继承实际上是对法定继承的一种排斥。

遗嘱继承中的继承人是由被继承人在遗嘱中指定的、对死者遗产享有继承权的人,所以称为指定继承人。但在关于遗嘱继承人的范围上,各国的立法规定不同。大体上有以下几种做法:

第一,规定遗嘱继承人可以是法定继承人范围内的人,也可以是法定继承人以外的人,但只能是自然人；

第二，规定遗嘱继承人不仅可为法定继承人以外的自然人，也可以是法人、国家；

第三，规定遗嘱继承人只能是法定继承人范围之内的自然人。

我国于《继承法》施行前在司法实践上是采取第二种做法的。我国《民法典》第1133条第2款规定："自然人可以立遗嘱将个人财产指定由法定继承人中的一人或者数人继承。"因此，我国现行继承法上是采取第三种做法的。

二、遗嘱继承的适用条件

依我国继承法的规定，在被继承人死亡后，只有具备以下条件时，才按遗嘱继承办理：

（一）没有遗赠扶养协议

遗嘱继承的效力虽优于法定继承的效力，但遗嘱继承不能对抗遗赠扶养协议中约定的条件。因此，在被继承人生前与扶养人订有遗赠扶养协议时，即使被继承人又立有遗嘱，也不能先按遗嘱继承，而仍应当先执行遗赠扶养协议。只有在没有遗赠扶养协议的情形下，被继承人的遗产才能按照遗嘱办理。如虽有遗赠扶养协议，但遗产中尚有该协议未作处分的部分的，该部分可按遗嘱继承办理。

（二）被继承人立有合法有效的遗嘱

被继承人生前设立的遗嘱，于被继承人死亡时才开始发生效力。遗嘱只有符合法律规定的有效条件，才能发生效力。而只有有效的遗嘱，才可以执行。被继承人未立遗嘱的，不能发生遗嘱继承；被继承人设立的遗嘱无效的，也不能适用遗嘱继承。

（三）指定继承人未丧失继承权和放弃继承权

适用遗嘱继承时，与适用法定继承时一样，继承人必须具有继承资格。遗嘱继承人因发生法律规定的丧失继承权的法定事由而丧失继承权的，不享有继承权。即使遗嘱指定其为继承人，也不得参与继承。对遗嘱中指定由该丧失继承权的继承人继承的遗产，须依照法定继承继承。

遗嘱继承人可以接受继承，也可以放弃继承。但因继承人放弃继承的意思表示须以明示的方式作出，因此，在继承开始后，继承人未表示放弃继承的，视为接受继承，即可适用遗嘱继承。但在继承人明确表示放弃继承时，对指定继承人放弃继承的遗产，不适用遗嘱继承，而应按法定继承办理。

三、遗嘱继承制度的历史沿革

通说认为，遗嘱继承源于罗马法。在古罗马的《十二铜表法》上就有遗嘱继承的规定，至公元前200年，遗嘱在罗马已为普通人所使用。但是，罗马法中的遗嘱继承与近现代法上的遗嘱继承是不同的。梅因认为，原始的"遗嘱"或"遗命"是一种手段，或者（因为在开始时可能不是成文的）是一种程序，而家族的移转就是根据了这个规定而进行的。在罗马法上，遗嘱继承的目的在于保持人格继承、祭祀继续及家产，而不是为了将财产从家族中分离出去。[①]

我国古代也有遗嘱继承制度。例如，唐《丧葬令》中规定："诸身丧户绝者，所有部曲、客女、奴婢、店宅、资财，并令近亲（亲依本服，不以出降）转易货卖，将营丧事及量营功德之外，

---

① 〔英〕梅因：《古代法》，沈景一译，商务印书馆1959年版，第109—111页。

余财并与女(户虽同,资财先别者亦准此)。无女均入次近亲,无亲戚者官为检校。若亡人在日,自有遗嘱处分,证验分明者,不用此令。"① 不过,在我国古代,遗嘱的概念有不同的称谓,如遗命、遗令、遗言、遗诏、遗表等,其含义较现代民法上遗嘱的含义要广得多,凡于生前处理死后事务的意思表示,都可称为遗嘱。

古代法上的遗嘱继承,即使在财产继承方面实质也只是保障使家财不致分散而归一继承人掌握的手段。这与近现代的遗嘱继承是不同的。近代的遗嘱继承制度是由欧洲中世纪的遗嘱制度发展而来的。在欧洲中世纪,遗嘱比较流行,但"在中世纪遗嘱无疑具有宗教的意义,立遗嘱不是为了还活着的人,而是为了死人"②。只是到了资本主义社会,遗嘱才成为个人对自己财产生前作出死后安排的一种手段,遗嘱继承才因建立在个人财产权利基础上得以发展,从而成为遗产继承的一种重要方式。

我国的司法实践一直承认和保护遗嘱继承权。例如,1956年司法部在《关于遗嘱、继承问题的综合批复》中指出:"遗嘱人在不违反国家政策、法律法令与公共利益的情况下可以用遗嘱将他个人财产的一部或全部指定法定继承人中之一人或数人继承,也可以遗赠给国家、合作社、公共团体或其他人。"1979年最高人民法院《关于贯彻执行民事政策法律的意见》中规定:"遗嘱继承应当承认。"1984年9月最高人民法院《关于贯彻执行民事政策法律若干问题的意见》中再次强调:"公民依法用遗嘱处分自己的财产,应予承认和保护。"我国《继承法》正是总结了我国长期的司法实践,明确规定了遗嘱继承制度。我国《继承法》第16条第1款规定:"公民可以依照本法规定立遗嘱处分个人财产,并可以指定遗嘱执行人。"《民法典》继承编亦从立法上确认了遗嘱自由。当然,遗嘱自由并不是绝对的、不受任何限制的。我国继承法一方面承认遗嘱自由,另一方面也对遗嘱的效力予以一定的限制。

第二节 遗 嘱

一、遗嘱的概念和特征

遗嘱,是指公民生前按照法律的规定处分自己的财产及安排与此有关的事务并于死亡后发生效力的单方的民事行为。遗嘱有广义与狭义之分。广义的遗嘱包括死者生前对于其死后一切事务作出处置和安排的行为。继承法上的遗嘱是指狭义的遗嘱。

遗嘱具有以下法律特征:

(1) 遗嘱是一种单方的民事行为

民事法律行为有单方民事法律行为与双方民事法律行为之分。双方的民事法律行为须有双方的意思表示一致才能成立,而单方的民事法律行为,只要有行为人一方的意思表示就可以成立。遗嘱仅是遗嘱人自己一方的意思表示,并无相对的一方,无须有相对方的意思表示的一致。正因为遗嘱是一种单方的民事行为,在遗嘱生效前,遗嘱人可依自己的意思变更或撤销遗嘱。当然,遗嘱是一种单方的民事行为,并不是说只要有遗嘱,就发生遗嘱继承。所谓遗嘱是单方的民事行为,是指他人的意思表示的内容如何并不影响遗嘱的成立和效力,

---

① (宋)窦仪等撰:《宋刑统》,吴翊如点校,中华书局1984年版,第198页。
② 《马克思恩格斯全集》(第30卷),人民出版社1975年版,第607页。

至于是否发生遗嘱继承还取决于遗嘱继承人是否接受继承。但遗嘱继承人是否接受继承、受遗赠人是否接受遗赠并不影响遗嘱的成立和效力。

(2) 遗嘱是不得代理的民事行为

遗嘱作为遗嘱人对自己的财产所作的最终处分,具有严格的人身专属性质,只能由遗嘱人独立自主地对遗嘱内容作出意思表示,不允许由他人的意思来辅助或代理。民法上的代理在遗嘱行为中不得适用,凡发生代理遗嘱的归于无效。对此,在理解上要把握四点:第一,任何形式的遗嘱都应当是遗嘱人亲自进行意思表示,代书遗嘱也只能是遗嘱人意思表示的客观记载,而不能反映代书人的意思。第二,遗嘱人不得对他人的财产设立遗嘱,也不能授权他人为自己订立遗嘱。第三,遗嘱内容必须是遗嘱人真实自愿的表示,而不是他人意志的强加。第四,无行为能力人、限制行为能力人不存在遗嘱,不论是法定代理人,还是指定代理人或委托代理人,都没有代理遗嘱的权限。

(3) 遗嘱是于遗嘱人死亡后发生法律效力的民事行为

遗嘱虽是于遗嘱人生前因其单独意思表示即可成立的行为,但于遗嘱人死亡时才能发生法律效力。因此,遗嘱是否合乎法律规定的条件,能否有效,一般应以遗嘱人死亡时为准。在遗嘱人死亡前,遗嘱继承人是不具有主观意义上的遗嘱继承权的。正因为遗嘱于遗嘱人死亡时才发生效力,因此,遗嘱人得随时变更或撤销遗嘱。遗嘱人一旦死亡,遗嘱即发生法律效力,任何人不得变更或撤销遗嘱。

(4) 遗嘱是一种要式民事行为

要式民事行为,不能由当事人自行决定采取何种形式。各国法律上无不对遗嘱的形式予以严格的限制,规定了遗嘱须采用的方式。遗嘱虽确为遗嘱人的意思表示,但若不具备法定的方式,也不能发生效力。遗嘱的形式是否符合法律规定的形式,应以遗嘱设立时的情形为准。遗嘱设立的方式符合当时法律的规定的,虽其后法律作出新的规定,遗嘱仍为有效。已做成的遗嘱,因意外或第三人的恶意而使之不合法律要求的,例如书面遗嘱被损毁,遗嘱并不因此而当然地丧失效力。但于此情况下,主张合法遗嘱存在的当事人应负举证责任。

(5) 遗嘱是须依法律规定作出的民事行为

遗嘱不仅须具备法定的方式,而且须不违反法律的规定。遗嘱是遗嘱人自由处理自己财产的意思表示,但遗嘱人处分遗产的自由受法律的限制,不得违反法律和社会公德。因此,遗嘱须依法律规定作出才能发生效力。不依法律规定作出的遗嘱是不合法的,不合法的遗嘱不能发生效力。所以,严格地说,遗嘱只能是合法的民事行为。

二、共同遗嘱

(一) 共同遗嘱的概念和特征①

共同遗嘱,又称为合立遗嘱,是指两个以上的遗嘱人共同设立的一份遗嘱,在遗嘱中同时处分共同遗嘱人的各自的或共同的财产。以夫妻双方合立的夫妻共同遗嘱为常见,也有父母与子女、兄弟姐妹以及其他近亲属之间合立遗嘱的。共同遗嘱既具有遗嘱的一般特征,又有不同于一般遗嘱的特点。共同遗嘱的特殊性主要在于以下几点:

(1) 共同遗嘱是一种共同行为。共同遗嘱既为双方的法律行为,就须共同遗嘱人有着

---

① 参见汪洋:《民法典时代共同遗嘱的理论构造》,载《法商研究》2020年第6期。

一致的意思表示,双方不能就遗嘱的内容达成一致同意的,共同遗嘱不能成立。而在一般遗嘱中,只要有遗嘱人一人单独的意思表示就可以成立。

（2）共同遗嘱人对遗产的处分受他人意思的制约。尽管共同遗嘱人的意思表示有同一目的,但毕竟须双方意思表示一致才能成立共同遗嘱。因此,在共同遗嘱中遗嘱人的意思表示往往具有关联性,一方的意思表示是与另一方的意思表示互为条件的。例如,夫妻双方共同设立一遗嘱,遗嘱中指明,任何一方死亡后其遗产均归另一方继承。于遗嘱设立后夫妻关系恶化,其中一方撤销了遗嘱,另一方尽管未撤销,遗嘱的内容也应当然地失去效力。

（3）共同遗嘱的生效时间与一般遗嘱不同。因为共同遗嘱人一般不能同时死亡,而遗嘱是自遗嘱人死亡时发生效力,因此在共同遗嘱人中的一人死亡时,遗嘱中涉及该遗嘱人遗产的内容也就应发生效力,而涉及未死亡的遗嘱人的遗嘱内容则不能发生效力。只有在共同遗嘱人全部死亡的情况下,共同遗嘱才能全部生效。因此,在共同遗嘱效力的认定上,应当以各个遗嘱人死亡的时间具体确定。

共同遗嘱的情况比较复杂,一般分为三种类型。第一种是单纯的共同遗嘱。这种共同遗嘱是指将两个以上的内容各自独立的遗嘱记载于同一遗嘱文书上。这种共同遗嘱具有形式上的同一性、内容上的独立性,各遗嘱人撤销其遗嘱不影响他人遗嘱的效力。第二种是相互遗嘱。这种遗嘱是共同设立遗嘱者在同一遗嘱中互相指定对方为遗产的继承人或受遗赠人,也就是遗嘱的遗嘱人互以对方为继承人或受遗赠人。第三种是相关的遗嘱。这种遗嘱的遗嘱人互相以对方的遗嘱内容为前提条件,一方指定其遗产为某人继承是以另一方的遗产也由该人继承为条件的。在一方撤销遗嘱时,另一方的指定也就当然应失去效力;一方的遗嘱内容执行的,另一方的遗嘱内容也须执行。

（二）共同遗嘱的效力[①]

关于共同遗嘱的效力,在各国法上有不同的规定。有的国家承认共同遗嘱的效力,如德国。有的国家明文禁止设立共同遗嘱,如法国。也有的国家既未明确规定允许立共同遗嘱,也未明确禁止共同遗嘱。我国在《继承法》施行前,在司法实践上一般是承认共同遗嘱的,只要遗嘱的内容合法就承认其效力,但在学者中有不同的看法。我国《继承法》颁布后,因法律中未对共同遗嘱作出明确的肯定或否定的规定,理论界对是否承认共同遗嘱的效力也就有不同的观点。归纳起来可分为以下三种学说。

（1）肯定说。该说认为,虽然继承法没有明文确认共同遗嘱,但也未排除共同遗嘱的有效性,从我国国情出发,应当确立共同遗嘱的法律地位和效力,提倡夫妻二人采用共同遗赠的形式处分共同财产。理由是:第一,共同遗嘱与我国人民的传统习惯一致。我国财产继承的习惯做法是:父母一方去世,子女一般不急于继承父亲或母亲的遗产,而是等到父母双方均去世以后,子女们才去分割父母的遗产。父母（夫妻）双方共同订立遗嘱,在许多情况下,也是与这种习惯做法相适应的。第二,共同遗嘱适应我国家庭共同共有财产的性质。在我国现阶段的家庭,一般都是共同劳动、共同生活、收入归家庭共同所有,只有在分家析产或家庭成员死亡时,家庭成员的个人财产才能从家庭共有财产中分离出来。遗嘱人在立遗嘱时,无法对个人的财产预先作出遗嘱处分。提倡合立遗嘱有利于共有财产的认定和处理。[②]

---

① 参见王毅纯:《共同遗嘱的效力认定与制度构造》,载《四川大学学报(哲学社会科学版)》2018年第1期。
② 刘春茂主编:《中国民法学·财产继承》,中国人民公安大学出版社1990年版,第384—385页。

（2）否定说。该说认为共同遗嘱与遗嘱的理论相矛盾,我国《继承法》不承认共同遗嘱的效力。理由是:第一,共同遗嘱有违遗嘱自由原则。① 遗嘱是遗嘱人单方面的法律行为,遗嘱人单方的意思表示完全可以独立自主地决定遗嘱的成立、变更或撤销。而二人或二人以上订立的共同遗嘱,却没有这种随意性,其订立、变更或撤销,必然要受到另一遗嘱人的制约。第二,共同遗嘱的实现过程容易出现障碍,特别是指定第三人为最终继承人或受遗赠人的共同遗嘱,给处理造成困难。② 第三,共同遗嘱有违遗嘱形式的强行性要求。共同遗嘱不是与个人遗嘱相并列的一种遗嘱类型,而是一种遗嘱的形式。但是对于单纯的共同遗嘱,由于遗嘱中各遗嘱人的意思表示是独立的,对其效力容易确认,应当承认是有效的。③

（3）有限制的肯定说。主张从主体上限制性地承认共同遗嘱,即承认夫妻共同遗嘱,但对其他共同遗嘱不能承认。理由是:第一,夫妻的共同财产一般不分割,难以分清各自的财产范围。这一特点使夫妻双方愿意合立遗嘱。第二,夫妻共同遗嘱有利于保护配偶的继承权。即夫妻一方死亡,共同财产属于他的那一部分,通过共同遗嘱由对方继承,这样财产稳定,使配偶的生活不致因一方死亡而受更多的冲击。④

对于共同遗嘱之所以出现上述不同的态度,其根本原因在于这种遗嘱本身有利有弊,在人们的遗嘱法制观念不强时,表现为弊大于利;在继承法制健全、人们的遗嘱法律水平提高时,则会利大于弊。我国《民法典》继承编仍未规定共同遗嘱,司法实务中对共同遗嘱的效力认定等仍缺乏统一的标准。

三、遗嘱能力

（一）遗嘱能力的概念和分类

遗嘱能力,是指公民依法享有的设立遗嘱、依法自由处分自己财产的资格,亦即遗嘱人的行为能力。

遗嘱是民事法律行为,须有相应的民事行为能力才能实施。但遗嘱是一种特别的民事行为,公民须具有法律特别规定的行为能力才得设立遗嘱。在各国的法律上一般都对公民的遗嘱能力作了明确的规定。一般说来,在各国法上,具有完全民事行为能力的人,都是有遗嘱能力的人;无民事行为能力人也是不具有遗嘱能力的人。各国在关于遗嘱能力规定上的区别,主要表现在限制民事行为能力人是否具有遗嘱能力上。主要有以下两种立法例:

第一种是规定遗嘱能力与民事行为能力不完全一致,限制民事行为能力人在一定的条件下也可以有遗嘱能力。日本、瑞士、德国、法国等均采此立法例。例如,依日本民法规定,年满20岁为成年,具有完全民事行为能力;但已满15岁者,可以立遗嘱,具有遗嘱能力。瑞士民法也规定年满20岁为成年,成年且有判断能力的人具有民事行为能力;但瑞士民法上规定,有判断能力且年满18岁的人,依法律规定的范围和方式,有权以遗嘱处分其财产,亦即有遗嘱能力。

第二种是规定遗嘱能力与民事行为能力相一致,有民事行为能力即有遗嘱能力,不具有完全民事行为能力的人也就不具有遗嘱能力,英国、美国等采此立法例。例如,在英国法上,

---

① 陈棋炎等:《民法继承新论》,台湾三民书局1997年版,第308页。
② 吴英姿:《论共同遗嘱》,载《南京大学法律评论》1996年春季号。
③ 郭明瑞、房绍坤编著:《继承法》,法律出版社1996年版,第175页。
④ 同上书,第174页。

21岁为成年人,具有遗嘱能力。美国法上以18岁为成年,《美国统一继承法典》中规定:"一切年满18岁心神健康的人均可立遗嘱。"

我国《继承法》中未明确规定公民的遗嘱能力,但该法第22条第1款规定:"无行为能力人或者限制行为能力人所立的遗嘱无效。"《民法典》第1143条第1款维持了该规定。这就从反面规定了无完全民事行为能力人不具有遗嘱能力,只有具有完全民事行为能力的人才有遗嘱能力。但是,法律对于以何时为准来认定遗嘱能力未予明确,《继承法解释》确定以立遗嘱时为准。《民法典继承编解释(一)》继续采纳此立场。遗嘱人立遗嘱时必须具有完全民事行为能力,无民事行为能力人或者限制民事行为能力人所立的遗嘱,即使其本人后来具有完全民事行为能力,仍属无效遗嘱。遗嘱人立遗嘱时具有完全民事行为能力,后来成为无民事行为能力人或者限制民事行为能力人的,不影响遗嘱的效力。这样,就比较全面地对遗嘱能力进行了规定。实践中,对遗嘱人立遗嘱时是否具有完全民事行为能力发生争议的,如果有条件,可以通过司法鉴定确定;如果无法判断何时丧失或者恢复完全民事行为能力,可以结合遗嘱人的病历资料、居民委员会(村民委员会)证明或者其他证人证言以及遗嘱的合理性等,运用日常生活经验法则,综合判断遗嘱人是否具有完全民事行为能力。[①]

遗嘱能力上可分为有遗嘱能力人和无遗嘱能力人两种情况。

(1) 有遗嘱能力人。有遗嘱能力人是指具有设立遗嘱资格的人。有遗嘱能力人,须为完全民事行为能力人。也就是说,只有具有完全民事行为能力的人,才有遗嘱能力。依我国《民法典》的规定,年满18周岁的自然人为成年人,成年人是完全民事行为能力人;16周岁以上不满18周岁的未成年人,以自己的劳动收入为主要生活来源的,视为完全民事行为能力人。因此,成年人和16周岁以上的、以自己的劳动收入为主要生活来源的未成年人,为有遗嘱能力人,得设立遗嘱处分自己的财产。

(2) 无遗嘱能力人。无遗嘱能力人是不具有设立遗嘱处分自己财产的资格的自然人。无民事行为能力人和限制民事行为能力人,都为无遗嘱能力人。依我国《民法典》的规定,不满8周岁的未成年人和不能辨认自己行为的成年人,为无民事行为能力人;8周岁以上的未成年人和不能完全辨认自己行为的成年人,为限制民事行为能力人。这两部分人都无遗嘱能力,不得以遗嘱处分其财产,即使设立遗嘱也是无效的。

成年是一个法律事实。认定成年公民因患精神病而不具有完全民事行为能力须经人民法院宣告。

在自然人的遗嘱能力问题上,有两个问题需要注意:

第一,被宣告为无民事行为能力或限制民事行为能力人的精神病患者,在其病愈后而未经撤销宣告其为无民事行为能力或限制民事行为人的判决前所设立的遗嘱是否有效?对此有不同的观点。一种观点认为,精神病人在未被宣告为无民事行为能力前,在他精神正常的时候,应当为有遗嘱能力;被宣告为无民事行为能力人,则不具有遗嘱能力。另一种观点认为,对精神病患者在治愈后能够正确表达自己的意思时所立的遗嘱或者患有间歇性精神病人在神志清醒时所立的遗嘱,经严格审查确实代表了本人真实意思的,也应当承认其具有法律效力。

[①] 参见郑学林、刘敏、王丹:《〈关于适用民法典继承编的解释(一)〉若干重点问题的理解与适用》,载《人民司法》2021年第16期。

第二,患有聋、哑、盲等疾病的人有无遗嘱能力? 在古罗马法上,聋哑人无遗嘱能力,盲人只能按特别方式立遗嘱。在近现代法上,一般都承认聋、哑、盲人有遗嘱能力,但也多对其设立遗嘱作了特别规定。例如,《法国民法典》第978条、第979条中规定:"凡不会或不能诵读之人,不得以密封的方式订立遗嘱。""如遗嘱人不能说话但尚能书写时,得订立密封遗嘱,但遗嘱必须由其亲自书写或请他人代写并由其签名,遗嘱人应将遗嘱交给公证人及证人,并应在上述人在场时在记录证书上方写明其交给公证人及证人的文件为其遗嘱,并签名于后。在记录证书上应记明遗嘱人是在公证人及证人在场的情况下作上述记录及签名的。"患聋、哑、盲等生理疾病的成年人,是完全民事行为能力人,当然应有遗嘱能力。各国法律对其设立遗嘱即使有特别规定,也是为了给予一定的方便,以确保遗嘱是其意思的真实表示。因此,我国一方面应当承认他们的遗嘱能力,许可其以遗嘱处分自己的财产;另一方面应当为他们设立遗嘱提供方便。对这部分人设立的遗嘱不仅要依法定形式做成,而且应当从设立方式能否真实表达遗嘱人的意思上判别遗嘱的真伪。

(二) 确定遗嘱能力的时间

遗嘱是一种民事法律行为,就一般意义上说,实施法律行为的行为人是否具有相应的民事行为能力,是以实施该行为时其行为能力的状况为标准的,因此,遗嘱人的遗嘱能力也应以立遗嘱时为标准。在设立遗嘱时,遗嘱人有遗嘱能力的,其后丧失遗嘱能力,遗嘱并不因此而失去效力;相反,遗嘱人于设立遗嘱时无遗嘱能力,其后虽具有了完全民事行为能力,遗嘱也不因遗嘱人其后具有了遗嘱能力而有效。对此,我国最高人民法院在《民法典继承编解释(一)》第28条也作了明确规定,即:"遗嘱人立遗嘱时必须具有完全民事行为能力。无民事行为能力人或者限制民事行为能力人所立的遗嘱,即使其本人后来具有完全民事行为能力,仍属无效遗嘱。遗嘱人立遗嘱时具有完全民事行为能力,后来成为无民事行为能力人或者限制民事行为能力人的,不影响遗嘱的效力。"

四、遗嘱的形式

遗嘱的形式,是指立遗嘱人表达自己处分其财产的意思的方式。遗嘱人设立遗嘱也就是通过一定的程序和方式将自己处分财产的意思表达出来。因遗嘱既反映遗嘱人对自己财产处分的意愿,又会影响到法定继承人对遗产的继承,因而设立遗嘱是极其严肃的事情,所以各国法上无不对遗嘱的形式作出明确的规定。如上所述,遗嘱是要式法律行为,非依法定方式做成,不能发生效力。当然,各国法上对遗嘱形式的种类规定不一。有的规定为自书遗嘱、公证遗嘱、密封遗嘱、口授遗嘱等四种,也有的仅规定自书遗嘱、公证遗嘱、口授遗嘱等三种,还有的仅规定公证遗嘱和口授遗嘱等两种。依我国《民法典》继承编的规定,遗嘱的法定形式有以下六种:

(一) 公证遗嘱

公证遗嘱,是指经过国家公证机关依法认可其真实性和合法性的书面遗嘱。《继承法》第20条第3款曾规定,自书、代书、录音、口头遗嘱,不得撤销、变更公证遗嘱。《继承法解释》第42条进一步规定为:遗嘱人以不同形式立有数份内容相抵触的遗嘱,其中有公证遗嘱的,以最后所立公证遗嘱为准;没有公证遗嘱的,以最后所立的遗嘱为准。上述规定突出强调了公证遗嘱的优先效力。从法理上而言,遗嘱以体现立遗嘱人的真实意愿为己任,遗嘱的效力本质上取决于其真实性,只要是按照法律规定的方式设立的遗嘱,均应具有法律效力。

公证遗嘱与其他遗嘱相比,并不存在哪种遗嘱的效力更优先的问题。公证遗嘱与其他遗嘱的差异在于,当遗嘱的真实性发生争议时,由于公证遗嘱形式更严格、程序更严谨,更能保障遗嘱人意思表示的真实性,因而,在证据的证明力上强于其他遗嘱,但本质上与其他遗嘱并无不同,不当然具有优先效力;从近些年的司法实践看,该规则有些情况下并不利于充分保护遗嘱人的遗嘱自由。作为一种死因民事法律行为,遗嘱从设立到生效往往要经过一段较长的时间,在此期间,客观情况往往会发生一定的变化,而公证遗嘱程序相对复杂,当事人立有公证遗嘱后,紧急情况下如果不能通过其他形式遗嘱变更原遗嘱内容,则不利于保护其自由处分的意志;从世界范围的立法例看,也没有公证遗嘱优先效力的规定。《民法典》编纂取消了原来公证遗嘱的优先效力,其中第1142条第3款规定,立有数份遗嘱,内容相抵触的,以最后的遗嘱为准,即在存有数份遗嘱的情况下,完全按照先后顺序确定立遗嘱人的最后真实意思;立遗嘱人也可以自由通过其他形式改变公证遗嘱的内容。

遗嘱人选用公证遗嘱形式,应按如下程序办理[①]:

(1) 遗嘱人必须亲自到公证机关办理公证。遗嘱人设立公证遗嘱,必须亲自带有关的身份证明到其户口所在地、住所地或主要财产所在地的公证机关以书面或口头形式提出办理遗嘱公证的申请。如果遗嘱人因行动不便等特殊原因,确实不能亲自到公证机关办理的,可以请求公证机关派公证员到遗嘱人所在地办理公证事务。基于遗嘱的严格身份性,无论在什么情况下,公证遗嘱都必须由遗嘱人本人自己办理,即亲自进行公证遗嘱的意思表示,不能委托他人代理。

为了保证公证遗嘱的真实性,法律要求公证员不得办理其本人、配偶或本人、配偶的近亲属的遗嘱的公证。如遇此情况时,公证员应当自觉回避,遗嘱人也有权申请公证员回避。公证机关在接受遗嘱公证申请时,应首先对遗嘱人的个人情况进行审查。审查的内容主要是遗嘱人的身份,即申请办理遗嘱公证的人是否遗嘱本人,以及遗嘱人是否具有遗嘱能力。只有具有遗嘱能力的人,公证机关才能为其办理遗嘱公证。

(2) 遗嘱人必须在公证员面前亲自书写或口授遗嘱内容。公证机关办理遗嘱公证应当由两个公证员共同办理。承办公证员应当全程亲自办理,并对遗嘱人订立遗嘱的过程录像。特殊情况下只能由一名公证员办理的,应当请一名见证人在场,见证人应当在询问笔录上签名或者盖章。遗嘱人须在公证员面前以书面或口头表述出遗嘱的内容。遗嘱人亲笔书写遗嘱的,由公证人员作出记录,然后公证人员须向遗嘱人宣读,经确认无误后,由在场的公证人员和遗嘱人签名盖章,并应注明设立遗嘱的地点和年、月、日。

(3) 公证机关对遗嘱内容进行必要审查后,依法作出公证。公证机构办理遗嘱公证,应当查询全国公证管理系统。出具公证书的,应当先出具当日录入办理信息。公证机关的公证员对遗嘱人亲自书写的遗嘱内容或者由公证员所记录的遗嘱人的口述遗嘱内容,要进行真实性、合法性的审查。通过审查把握遗嘱是否遗嘱人的真实意思表示,是否存在不自愿因素以及遗嘱内容是否违反法律规定或社会公序良俗。公证机关经全面审查后,认为遗嘱人有遗嘱能力,遗嘱内容是遗嘱人真实自愿的意思表示,且不存在违法和违背社会公序良俗的任何情节的,即由公证员出具《遗嘱公证书》,遗嘱人和公证人分别签名盖章,并加盖公证机

---

① 参见《公证程序规则》(2006年5月18日司法部令第103号发布,2020年10月20日司法部令第145号修正);《遗嘱公证细则》(2000年3月24日司法部令第57号)。

关印章。《遗嘱公证书》一式两份,由公证机关和遗嘱人分别保存。公证员在遗嘱开启前有为遗嘱人保守遗嘱秘密的义务。公证机关经审查认为遗嘱不真实、不合法的,有权拒绝公证,也不得公证。

(二) 自书遗嘱

自书遗嘱是指由立遗嘱人亲笔书写的遗嘱。自书遗嘱因是遗嘱人亲自将自己处分财产的意思用文字表示出来的,不仅简便易行,而且还可以保证内容真实,便于保密。因此,自书遗嘱在实践中适用极其广泛。我国《民法典》第1134条规定:"自书遗嘱由遗嘱人亲笔书写,签名,注明年、月、日。"由此规定可见,自书遗嘱应当符合以下要求:

(1) 须由遗嘱人亲笔书写遗嘱的全部内容。自书遗嘱既不能由他人代笔,也不能用机器打印,只能由遗嘱人自己用笔(钢笔、毛笔等)将其意思记录下来(记于纸上或布上均可)。

(2) 自书遗嘱须是遗嘱人关于其死后财产处置的正式意思表示。如果遗嘱人不是正式制作自书遗嘱,仅是在日记或有关的信件中提到准备在其死亡后对某遗产作如何处理,则不应认定该内容为自书遗嘱。但是自书遗嘱也不要求须有"遗嘱"的字样。如果遗嘱人在有关的文书中对其死亡后的事务作出安排,也包括对其死亡后的财产处理作出安排,而又无相反证明时,则应当认定该文书为遗嘱人的自书遗嘱。最高人民法院《民法典继承编解释(一)》第27条也规定:"自然人在遗书中涉及死后个人财产处分的内容,确为死者的真实意思表示,有本人签名并注明了年、月、日,又无相反证据的,可以按自书遗嘱对待。"

(3) 须由遗嘱人签名。遗嘱人签名是自书遗嘱的基本要求,它既证明了遗嘱确为遗嘱人亲自书写,也证明了遗嘱是遗嘱人的真实意思表示。遗嘱人的签名须由遗嘱人亲笔书上自己的名字,而不能以盖章或捺印等方式代替。无遗嘱人签名的自书遗嘱,应为无效。

(4) 须注明年、月、日。遗嘱人在自书中须注明立遗嘱的时间。遗嘱中的时间记载是确定遗嘱人的遗嘱能力的准据,自书遗嘱中注明的时间原则上应为遗嘱制作完毕,遗嘱人签名之日。但遗嘱人并不于签名之日为遗嘱的时间而以其他时间为遗嘱时间的也未尝不可,不过只能以遗嘱中注明的日期为遗嘱的时间。遗嘱中未注明日期的,或者所注的日期不具体的,例如只注明年、月,而未写日的,遗嘱不能有效。

自书遗嘱中是否应记载书写遗嘱的地点?遗嘱的地点一般与遗嘱的真实性、合法性无关,我国《继承法》和《民法典》上也未要求自书遗嘱中要记明遗嘱的地点,因此,遗嘱中有无遗嘱地点的记载,应不影响遗嘱的效力。

(三) 代书遗嘱

代书遗嘱是由他人代为书写的遗嘱。遗嘱人自己可以书写的当可立自书遗嘱,但遗嘱人自己不能书写或者不愿亲笔书写的,也可以由他人代笔制作书面遗嘱。我国《民法典》第1135条规定:"代书遗嘱应当有两个以上见证人在场见证,由其中一人代书,并由遗嘱人、代书人和其他见证人签名,注明年、月、日。"因此,代书遗嘱须符合以下要求:

(1) 代书遗嘱须由遗嘱人口授遗嘱内容,而由一见证人代书。代书遗嘱不是由代书人代理设立的遗嘱,因此,遗嘱人必须亲自表述自己处分财产的意思,而由他人代笔书写下来。代书人只是遗嘱人口授遗嘱的文字记录者,而不能就遗嘱内容提出任何意见。代书人须忠实地记载遗嘱人的意思表示,而不得对遗嘱人的意思表示作篡改或修正。

(2) 代书遗嘱须有两人以上在场见证。见证人中的一人可为代书人。对见证人人数的要求,是为了保证代书的遗嘱确为遗嘱人的真实的意思表示。因此,没有两个以上的见证人在场见证,而只有代书人一人在场代书的代书遗嘱,不具有遗嘱的效力。

(3) 代书人、其他见证人和遗嘱人须在遗嘱上签名,并注明年、月、日。代书人在书写完遗嘱后,应向遗嘱人宣读遗嘱,在其他见证人和遗嘱人确认无误后,在场的见证人和遗嘱人都须在遗嘱上签名。在场的见证人为三人以上的,签名的见证人不得少于两人,不签名的人员不为见证人。遗嘱人可否用捺印代替签名呢?遗嘱人如确实是不会书写自己名字的,可用捺印代替签名。但是遗嘱的见证人、能够书写名字的遗嘱人必须在遗嘱上签名而不能以捺印方式代签名。代书遗嘱也须注明立遗嘱的具体日期,遗嘱的日期也为见证人见证的事项。

(四) 打印遗嘱

打印遗嘱是指遗嘱人的真实意思表示通过打印的方式设立的遗嘱。《民法典》继承编第1136条规定:"打印遗嘱应当有两个以上见证人在场见证。遗嘱人和见证人应当在遗嘱每一页签名,注明年、月、日。"打印遗嘱是《民法典》新增加的遗嘱形式,也是立法者顺应现实需求所设立的新遗嘱形式。

(五) 录音录像遗嘱

录音录像遗嘱分为录音遗嘱和录像遗嘱。录音遗嘱是遗嘱人口述遗嘱内容并用录音的方式记录而成的遗嘱。录像遗嘱是遗嘱人表达遗嘱内容并用录像的方式记录而成的遗嘱。遗嘱人在表达遗嘱内容时可以通过口述的方式从而同时记录其声音,在特殊情况下无法用口述方式的,例如,遗嘱人为聋哑人的可以通过打手语的方式表达遗嘱内容。现代科技的发展和人们生活水平的提高,音、像设备得以广泛采用,从而使视听音像录制品不仅成为一种新型证据形式,而且被确认为一种法律行为的形式。录音录像遗嘱形式的遗嘱较之口头遗嘱更可靠,而且取证方便,不需要他人的复述;但由于录音录像也容易被他人剪辑、复制从而难辨真伪,所以,在法律上一方面要承认录音录像遗嘱的可行性,另一方面又不得不给予一定条件的限制。我国《民法典》第1137条规定:"以录音录像形式立的遗嘱,应当有两个以上见证人在场见证。遗嘱人和见证人应当在录音录像中记录其姓名或者肖像,以及年、月、日。"据此,制作录音录像遗嘱,应遵行如下要求:

(1) 必须由遗嘱人亲自制作。录音录像遗嘱由遗嘱人亲自制作,就是要求遗嘱人亲自口述遗嘱的全部内容,通过载体将遗嘱人的真实音像现场录制下来。制作录音录像遗嘱,不能由他人转述遗嘱内容,录制过程中也不应有他人音像的介入,并要求遗嘱人口述时音像清晰,意思表示明白、准确,不能含混、模糊或吞吞吐吐、断断续续,否则,会有损遗嘱的真实性和可信性。

(2) 必须有两个以上的见证人在场见证。录音录像开始后,遗嘱人要首先说明在×××和×××的见证下订立遗嘱,再口述遗嘱的全部内容,并说明制作录音录像遗嘱的地点和年、月、日。最后,两个见证人分别口述自己的姓名,并声明上述录音录像系遗嘱人在具有完全行为能力和没有外界压力的情况下自愿亲口所说。至此,录音录像遗嘱基本制作完毕。

(3) 录音录像遗嘱制作完毕后,将录音录像遗嘱的载体当场封存。遗嘱人、见证人均应在封存好的录音录像遗嘱的封口上签名,注明年、月、日。

(六) 口头遗嘱

口头遗嘱是指由遗嘱人口头表述的没有任何物质载体加以记载的遗嘱。这种遗嘱形式是遗嘱人在危急情况下来不及采用其他类型的遗嘱,基于法律的规定而用口述形式设立的一种特别遗嘱。

　　口头遗嘱既简便、应急，又容易被篡改、伪造、遗忘，所以世界各国对口头遗嘱的立法态度殊有不同，但总的取向是有条件、有限制地予以承认。其中，有的国家是从遗嘱人这一主体类别上加以限制性承认，如英国法规定只有军人和水手才能订立口头遗嘱，美国除了5个州不承认口头遗嘱的效力外，其余的13个州也规定只有军人和水手才能订立口头遗嘱；有的国家是从遗嘱适用的具体情况方面加以限制，如《瑞士民法典》第506条规定，被继承人因生命垂危、交通障碍、传染病或战争等原因，不能采取其他方式订立遗嘱时，得口授遗嘱；有的国家则以概括方式规定，遗嘱人在危急情况下不能采用其他形式立遗嘱时，可订立口头遗嘱。此外，凡认可口头遗嘱的国家，大多在操作程序上作了相应要求，如《瑞士民法典》规定，被继承人应在两名证人在场的情况下，口授遗嘱意思，并委任该证人为口授遗嘱作成必要的证书；法国、日本等国法律规定，口头遗嘱的见证人必须在尽可能短的时间内将记录送家事法院检认。

　　针对口头遗嘱的双面效用，我国继承法给予其概括式承认和限制。《民法典》第1138条规定："遗嘱人在危急情况下，可以立口头遗嘱。口头遗嘱应当有两个以上见证人在场见证。危急情况解除后，遗嘱人能够用书面或者录音录像形式立遗嘱的，所立的口头遗嘱无效。"据此，口头遗嘱须具备以下两个条件：

　　（1）遗嘱人只有在危急的情况下才能订立口头遗嘱。应从两方面去理解何谓"危急情况"：一是情况危急，即遗嘱人生命垂危，或在战争中或者临时发生意外灾害随时都有生命危险；二是别无选择，即遗嘱人除了迅速订立口头遗嘱之外，已来不及或根本没有条件设立其他形式的遗嘱。如果并非紧急情况，或者遗嘱人完全有条件选用其他形式的遗嘱，就不能设立口头遗嘱；即使订立了口头遗嘱，也属无效。

　　（2）必须有两个以上的见证人在场见证。遗嘱人本身面临着危急情况，遗嘱人口授该遗嘱时，必须有人听记才能传递和证实。订立口头遗嘱，必须要有两个以上的见证人在场见证。至于见证人是凭主观记忆还是应做成书面记录，我国法律未予指明。我国继承法对口头遗嘱的制作只要求须有两个以上的见证人在场见证，没有强调必须具备书面的形式，是一种很大的缺陷。因为口头遗嘱而无书面记录，容易被人歪曲篡改，或者因记忆问题而使内容失真。所以有学者指出："见证人应将遗嘱人口授的遗嘱记录下来，并由记录人、其他见证人签名，注明年、月、日；见证人无法当场记录的，应于事后追记、补记遗嘱人口授的遗嘱内容，并于记录上共同签名，注明年、月、日，以保证见证内容的真实、可靠。"①

　　口头遗嘱订立后，一种结果是遗嘱人在危急情况中死亡，则口头遗嘱与其他形式的遗嘱具有相同的法律效力。另一种结果是引起遗嘱人订立遗嘱的危急情况解除且遗嘱人未死亡，遗嘱人能够用其他形式订立遗嘱的，不管遗嘱人是否另立了遗嘱，原来订立的口头遗嘱均归于无效。但危急情况解除后，口头遗嘱的效力可保持多长时间？亦即遗嘱人应于多长时间内另立其他形式的遗嘱？我国现行法未作明确规定。在外国立法例中，有将危急情况解除后口头遗嘱的有效期限规定为3个月的，如德国；有规定为6个月的，如法国、日本；有规定为14天的，如瑞士。我国有的学者建议，从我国的司法实践的需要出发，将危急情况解除后口头遗嘱的有效时间定为1个月至3个月比较合适。也有的学者认为："根据我国的司

---

① 郭明瑞、房绍坤编著：《继承法》，法律出版社1996年版，第153页。

法实践,法律可对此不作规定,而由人民法院确定遗嘱人能否以其他方式设立遗嘱。如果当事人对口头遗嘱没有争议,不发生继承纠纷,法律没有必要追究口头遗嘱的效力;如果发生纠纷,应由主张遗嘱无效的人提出遗嘱人于危急情况后死亡的证据,而由主张遗嘱有效的人证明遗嘱人不能另立遗嘱。于此情形下,人民法院确认遗嘱人应当并能够以其他形式另立遗嘱未另立遗嘱而死亡的,应视为被继承人未立遗嘱,认定口头遗嘱无效。"①

五、遗嘱见证人

依我国《民法典》继承编的规定,代书遗嘱、打印遗嘱、录音录像遗嘱、口头遗嘱都须有两个以上的见证人在场见证。遗嘱见证人是证明遗嘱真实性的第三人。因为遗嘱见证人证明的真伪直接关系着遗嘱的效力,关系到对遗产的处置,因此,遗嘱见证人必须是能够客观公正地证明遗嘱真实性的人。能够客观公正地证明遗嘱真实性的人,应当具备以下两个条件:

第一,具有完全民事行为能力。因为有完全民事行为能力的人才能对事物有认识能力和判断能力,无完全民事行为能力人对事物缺乏足够的认识能力和判断能力。

第二,与继承人、遗嘱人没有利害关系。因为有利害关系的人更有可能受其利益的驱动作不真实的证明。

在各国法上几乎都从上述这两条标准考虑对遗嘱见证人的条件作了限制。例如,《瑞士民法典》第503条规定,无民事行为能力人、因判决被褫夺公权的人、文盲、被继承人的直系血亲、兄弟姐妹及其配偶,以及被继承人的配偶,均不得作为遗嘱的证人。《日本民法典》第974条规定,下列人不得为遗嘱的证人或临场人:未成年人;禁治产人及准禁治产人;推定继承人、受遗赠人及其配偶、直系血亲;公证人的配偶、四亲等内的亲属、书记员及受雇人。我国继承法上也对遗嘱见证人作了限制规定。依我国《民法典》第1140条的规定,下列人员不能作为遗嘱见证人,其证明不能起到见证的效力:

(1) 无民事行为能力人、限制民事行为能力人

无民事行为能力人、限制民事行为能力人以及其他不具有见证能力的人,不能作为遗嘱的见证人。但是,因成年的自然人若为无民事行为能力人、限制民事行为能力人应经人民法院宣告,因此,未经人民法院宣告为无民事行为能力或限制民事行为能力的自然人,其虽为精神病患者但于遗嘱人立遗嘱时确属于神志正常的人,也应当认定其可为见证人。见证人是否具有民事行为能力,应当以遗嘱见证时为准。如果于遗嘱人立遗嘱时为完全民事行为能力人,而其后丧失民事行为能力,则不影响遗嘱见证的效力。相反,如于遗嘱人立遗嘱时是无民事行为能力人、限制民事行为能力人,虽其后具有完全民事行为能力,也不能认定其可以作遗嘱见证人。他们于不具有完全民事行为能力时对遗嘱所作的见证,仍不具有效力。

(2) 继承人、受遗赠人

因为遗嘱对遗产的处分直接影响着继承人、受遗赠人对遗产的接受,也就是说,继承人、受遗赠人与遗嘱有着直接的利害关系,由他们作见证人难以保证其证明的客观性、真实性,所以,继承人、受遗赠人不能作为遗嘱的见证人。

(3) 与继承人、受遗赠人有利害关系的人

与继承人、受遗赠人有利害关系的人是指继承人、受遗赠人能否取得遗产,取得多少遗

---

① 郭明瑞、房绍坤编著:《继承法》,法律出版社1996年版,第152页。

产会直接影响其利益的人,应当包括:继承人、受遗赠人的近亲属(如配偶、子女、父母、兄弟姐妹、祖父母、外祖父母),以及继承人、受遗赠人的债权人和债务人、共同经营的合伙人。[①] 这部分人因与遗嘱实际上有着间接的利害关系,也有可能影响对遗嘱作出客观公正的证明。所以,与继承人、受遗赠人有利害关系的人也不能作为遗嘱见证人。

六、遗嘱的内容

遗嘱人在不违背法律的强制性规定的前提下,可自主决定遗嘱内容,通过遗嘱处理哪些事项及如何处理。我国《民法典》第 1133 条规定:"自然人可以依照本法规定立遗嘱处分个人财产,并可以指定遗嘱执行人。自然人可以立遗嘱将个人财产指定由法定继承人中的一人或者数人继承。自然人可以立遗嘱将个人财产赠与国家、集体或者法定继承人以外的组织、个人。自然人可以依法设立遗嘱信托。"这不仅是法律关于遗嘱适用的授权性、任意性规范,也是现行法有关遗嘱内容的抽象概括。在一般情况下,遗嘱应包括以下内容:

(一)指定遗嘱继承人或受遗赠人

遗嘱以处分财产为目的,其结果是发生财产所有权主体的变更;遗嘱人以遗嘱形式预先决定其财产在死后的命运,首要问题是确认由谁来继承财产、取得财产的所有权。因此,遗嘱人订立遗嘱,必须指明遗嘱继承人或受遗赠人,此乃遗嘱不可缺少的首要内容。

我国《民法典》第 1133 条第 2 款规定,自然人可以立遗嘱将个人财产指定由法定继承人中的一人或数人继承。遗嘱人订立这种遗嘱,应当在遗嘱中记明遗嘱继承人的名字。该继承人可以是法定继承人中的任何人,不受继承人继承顺序的限制,但不能是法定继承人以外的人。按照我国《民法典》第 1127 条、第 1128 条、第 1129 条的规定,配偶、子女、父母、兄弟姐妹、祖父母、外祖父母都是法定继承人,因而都可以被指定为遗嘱继承人;丧偶儿媳对公婆、丧偶女婿对岳父母尽了主要赡养义务的,依法作为法定继承人,当然属于可被指定为遗嘱继承人的范围。父母先于被继承人死亡的孙子女、外孙子女,依法可以作为代位继承人,代替父或母继承他们有权继承的遗产份额,应被认定为特殊情况下的法定继承人,当然可以充当祖父母、外祖父母的遗嘱继承人;被继承人的兄弟姐妹先于被继承人死亡的,由被继承人的兄弟姐妹的子女代位继承,也应被认定为特殊情况下的法定继承人,也可以充当被继承人的遗嘱继承人。在这些法定继承人范围中,遗嘱人可根据其亲属身份和日常生活、感情联系,按照自己的意愿指定一人或数人作为遗嘱继承人。

根据我国《民法典》第 1133 条第 3 款的规定,自然人可以立遗嘱将个人财产赠与国家、集体或者法定继承人以外的组织、个人,从而发生遗赠。遗嘱人遗赠财产,必须在遗嘱中具体记明受遗赠的组织的名称或个人的姓名。继承法上所说的"组织"不单纯指集体所有制经济组织,而应包括现代经济生活和社会生活中的各种组织体。

(二)指定后位继承人或补充继承人[②]

在一般情况下,遗嘱人在遗嘱中指明继承人或受遗赠人,遗嘱生效时继承人或受遗赠人依遗嘱取得和行使财产权利,即可达到遗嘱内容的圆满实现。但是,现实生活并非如此简

[①] 《民法典继承编解释(一)》第 24 条规定:"继承人、受遗赠人的债权人、债务人,共同经营的合伙人,也应当视为与继承人、受遗赠人有利害关系,不能作为遗嘱的见证人。"

[②] 参见本书第十一章第二节。

单,如同法定继承需设置一定的顺位和代位制度一样,遗嘱人基于自身的愿望或对客观上可能发生的情况的估计,亦可以在指明遗嘱继承人的同时,设立相应的顺位,指定后位继承人或补充继承人,从而在条件成熟时发生后位继承或补充继承。

后位继承,又叫替代继承,是指在遗嘱继承中,遗嘱人指定某继承人所继承的财产利益,因某种条件的成就或期限的到来而移转给另一继承人。亦即遗嘱人在遗嘱中先指定某人或某几人为继承人,同时又在该遗嘱中指定另一人或另几人为前者的继承人。先被指定的继承人叫前位继承人,后被指定的从前位继承人那里取得遗产的人,叫后位继承人。后位继承人只有在某种条件成就或期限到来时,才能从前位继承人那里取得财产利益。有学者认为,"后位继承人实际上是对指定继承人的继承人的指定"①。

补充继承,又叫再指定继承,是指在同一遗嘱中,遗嘱人可以预先指明,当被指定继承人因故放弃继承、丧失继承权或先于遗嘱人死亡时,其应继承的遗产由另一人继承。前者叫继承人,后者叫补充继承人或候补继承人。在常态下,只有在指定继承人于遗嘱生效时具有继承能力并且客观上享有继承权,也未放弃继承时,才会发生遗嘱继承,由指定的继承人继承遗嘱中指定由其继承的遗产。但有时也会出现这样的情况,即遗嘱人在遗嘱中指定了某人或某几人为遗嘱继承人,而被指定的遗嘱继承人却放弃继承或者丧失了继承权,或者先于遗嘱人死亡,按照法律规定,遗嘱继承人应继承的财产份额,则应按法定继承方式继承,其结果可能不符合遗嘱人的意愿。为防止和避免这种因指定继承人不继承而须由法定继承人继承的情形,遗嘱人可以在遗嘱中预先指明一个或数个补充继承人,在指定继承人放弃继承权、丧失继承权或先于遗嘱人死亡时,其应继承的遗产份额便由补充继承人继承,从而充分保证遗产的归属符合遗嘱人的意愿。由于补充继承人只能在指定继承人不能继承的情形下,才依遗嘱的指定而参加继承,所以补充继承实质上是附特定前提条件的遗嘱继承。与遗嘱继承同理,遗嘱人也可以在遗嘱中指定候补受遗赠人,即在遗嘱指定的受遗赠人放弃受遗赠、丧失受遗赠权或先于遗嘱人死亡时,由指定的候补受遗赠人享有受遗赠权,取得受遗赠财产。

后位继承、补充继承作为遗嘱继承中的客观情况,有存在的可能性。但遗嘱人在遗嘱内容中能否指定后位继承人和补充继承人,则取决于法律上的态度。对此,现代世界各国法律态度不一。对于后位继承,法国、匈牙利明文禁止,日本在民法典中没有明文禁止,"但法律解释上对后位继承制度持否定态度"②;德国、瑞士、奥地利等明确认可。对于补充继承,有些国家如德国、瑞士、奥地利、苏联、匈牙利等设有明文规定,承认此项制度的法律效力。③

我国《继承法》和《民法典》继承编对后位继承、补充继承均没有明文规定,但也没有明文禁止遗嘱人用后位继承或补充继承的办法处分遗产。按现行法模式,我国属于当今世界上对遗嘱自由限制最少的国家之一。继承法除了要求财产所有人订立遗嘱不得违反宪法、婚姻家庭法、继承法等强制性规定和社会道德原则,必须为缺乏劳动能力又没有生活来源的继承人保留必要的遗产份额之外,几乎没有其他具体限制。何况在我国现实生活中,后位继承和补充继承本身还具有一定的积极作用,它既有利于公民依法行使其财产所有权,也直接

---

① 郭明瑞、房绍坤编著:《继承法》,法律出版社 1996 年版,第 157 页。
② 刘文编著:《继承法比较研究》,中国人民公安大学出版社 2004 年版,第 243 页。
③ 同上书,第 245—246 页。

体现了法律对遗嘱自由的保障,可以减少因法定继承的机械性而产生的弊端。有人早就建议,在继承法的适用和将来的增补中,可考虑对后位继承和补充继承给予肯定,允许遗嘱人在遗嘱内容中指定后位继承人和补充继承人。①

（三）指明遗产的分配方法和具体份额

遗嘱以处分财产为要旨。在遗嘱中,遗嘱人应列明自己留下的财产总额及清单,说明财产的名称、数量或价值以及存放的地方等。在指定继承人或受遗赠人的同时,应当指明每个指定继承人或受遗赠人应得的遗产份额或具体财物。遗嘱人指定数个继承人共同继承或数个受遗赠人共同受赠某项或某几项遗产的,应当说明指定继承人或受遗赠人对遗产的分配办法或者每个人应得的遗产份额。如果遗嘱没有指明每个继承人、受遗赠人应得的具体财产或分配方法,又没有指明每个继承人、受遗赠人应得的遗产份额时,其遗产应当在各个遗嘱继承人或受遗赠人之间作等额分配,即推定均分遗产。遗嘱人可以在遗嘱中处分全部财产,也可以仅处分部分财产。遗嘱中明确由遗嘱继承人继承全部遗产或受遗赠人受赠全部遗产的,为遗嘱人处分了全部财产,此时如遗嘱继承人或受遗赠人为一人,则无须进行遗产分配或划分具体份额;如遗嘱继承人或受遗赠人为数人时,则应指明各人的份额或分配方法。遗嘱人以遗嘱处分部分遗产的,必须从实物上或价值数额上将该部分遗产从总遗产中特定化、独立化,即指明具体的财产或具体的价值份额。如果遗嘱中尚有财产未指明的,或者遗嘱中仅指明了遗产的一定份额而未占遗产总额的,未指明的财产或份额应视为遗嘱未处分的财产。"遗嘱中对财产的处置前后相互矛盾的,应推定为遗嘱人对该财产未作处分。"②

（四）对遗嘱继承人、受遗赠人设置附加义务

遗嘱人可以在遗嘱中为遗嘱继承人或受遗赠人设定负担,如要求遗嘱继承人、受遗赠人抚养未成年人、赡养老人或从事某项公益活动。遗嘱所附的负担应符合三项基本条件:一是所附负担必须具有实现的可能;二是所附负担不得超越遗嘱继承人、受遗赠人依遗嘱所享有的财产权利的限度;三是所附义务不得违反法律和社会公序良俗。

遗嘱内容中附有负担条款的,即构成遗嘱继承人、受遗赠人接受遗嘱人遗产的前提条件。遗嘱继承人、受遗赠人放弃继承权、受遗赠权的,则不需履行所附负担;遗嘱继承人、受遗赠人不放弃其权利的,则必须履行所附负担。对此,《继承法解释》第43条明确指出:"附义务的遗嘱继承或遗赠,如义务能够履行,而继承人、受遗赠人无正当理由不履行,经受益人或其他继承人请求,人民法院可以取消他接受附义务那部分遗产的权利,由提出请求的继承人或受益人负责按遗嘱人的意愿履行义务,接受遗产。"《民法典》第1144条将其上升为法律条文,没有正当理由不履行义务的,经利害关系人或者有关组织请求,人民法院可以取消其接受附义务部分遗产的权利。

（五）指定遗嘱执行人

由于遗嘱于遗嘱人死后生效,遗嘱的执行必须在遗嘱人死后才能开始,遗嘱人自己不可能亲自执行遗嘱,因此,任何遗嘱都不可缺少遗嘱执行人。遗嘱执行人负责实现遗嘱的

---

① 张玉敏主编:《继承法教程》,中国政法大学出版社1998年版,第269—270页;刘文编著:《继承法比较研究》,中国人民公安大学出版社2004年版,第243—246页。

② 郭明瑞、房绍坤编著:《继承法》,法律出版社1996年版,第156页。

内容。

自然人可以在遗嘱中指定遗嘱执行人,即遗嘱人在遗嘱中或在遗嘱之外另以口头或书面形式指定遗嘱执行人。凡遗嘱人在遗嘱中指定执行人的,则构成遗嘱内容之一;遗嘱人在遗嘱之外另行指定执行人的,可视为对遗嘱内容的有效补充。遗嘱执行人既可以是法定继承人,也可以是法定继承人以外的人。

遗嘱人用遗嘱指定执行人是单方法律行为,只要遗嘱人作出明确指定,遗嘱生效时即具有法律效力。在继承开始后,遗嘱执行人即为遗产管理人,适用《民法典》继承编有关遗产管理人的规定。当然被指定的执行人是否接受指定,并不受遗嘱指定的约束,而是由其自主决定。在继承开始后,被指定的执行人,以口头或者书面形式表示接受指定时,即意味着指定执行人的遗嘱内容开始产生实际效果,其他人不得干涉或剥夺执行人依遗嘱所享有的执行权利。遗嘱人除了在遗嘱中直接指定遗嘱执行人之外,还可以在遗嘱中明确委托他人指定遗嘱执行人。受托人根据遗嘱人的愿望所指定的遗嘱执行人,应具有与遗嘱指定执行人相同的法律效果。

(六) 设立遗嘱信托

《民法典》第1133条新增第4款规定:自然人可以依法设立遗嘱信托。设立遗嘱信托是自然人生前对自己的财产进行安排和处理的一种重要制度,我国《信托法》对遗嘱信托已经作了规定,遗嘱信托应主要适用信托法进行规范,《民法典》作为民事领域基本法,仅对此作衔接性规定。[①]

上述六个方面是遗嘱在通常情况下所涉及的内容,但并非每个遗嘱都必须包含这些内容。此外,遗嘱人对于自己生前未认领的非婚生子女,可在遗嘱中认领,也可以在遗嘱中为未成年子女指定监护人,还可以在遗嘱中为他人设立居住权。有些内容我国现行法未加以明文规定,但不妨在实践中灵活运用。

为了保证遗嘱的真实性、合法性,遗嘱必须注明年、月、日。这样要求,既能表示遗嘱成立的时间,又能在发生继承纠纷时帮助人们认定遗嘱的效力。

七、遗嘱的有效和无效

遗嘱作为一种法律行为,只有具备法律规定的一定条件,才能发生法律效力;不具备法律规定的条件的遗嘱,则不能发生法律效力。因此,遗嘱与合同一样,也有有效与无效之分。

(一) 遗嘱的有效

遗嘱的有效,是指遗嘱具备法定的条件,能够发生法律效力。遗嘱是被继承人处分自己财产的意思表示,遗嘱有效,也就可以按照遗嘱处置被继承人的遗产,实现遗嘱人的意思表示。因此,只有有效的遗嘱才可以执行。

有的学者认为,遗嘱的效力应当区分执行效力和设立效力。[②] 遗嘱的执行效力是指遗嘱人在遗嘱中所作的意思表示得以实现的效力,即遗嘱从何时起可以执行;遗嘱的设立效力是指遗嘱的合法性,只有合法的遗嘱才具有设立效力。合法的遗嘱不仅具有遗嘱执行效力,而

[①] 参见高凌云:《信托法视角下的民法典继承编》,载《上海法学研究》集刊2020年第11卷(民法典文集)。张永:《遗嘱信托的规范构成与体系效应》,载《法学》2022年第10期。

[②] 刘春茂主编:《中国民法学·财产继承》,中国人民公安大学出版社1990年版,第426页。

且具有遗嘱设立效力。本书认为,遗嘱的有效无效就是指遗嘱能否发生法律效力,并非指是否按遗嘱继承。遗嘱有效,也就是可以发生法律效力,可以依照遗嘱处置被继承人的遗产,但是,遗嘱有效并不等于就发生遗嘱继承。因为遗嘱是单方的民事法律行为,遗嘱的有效仅指遗嘱人自己的意思表示发生效力;而遗嘱继承是否发生还决定于指定继承人的意思。遗嘱虽有效,但遗嘱继承人先于被继承人死亡或丧失继承权或放弃继承权时,都不会发生遗嘱继承,但这并不会影响遗嘱的效力,我们不能因此而说遗嘱不具有法律效力。

遗嘱的有效虽是指遗嘱人的意思表示有效,但确定遗嘱是否有效的时间标准并不是仅以遗嘱人表述自己意思即设立遗嘱的时间为限,而原则上是以遗嘱人死亡即继承开始时为准。因为遗嘱只能从此时起才有终极的效力。如上所述,有效的遗嘱必须具备法律规定的一定条件。依照我国继承法的规定,遗嘱有效须具备以下条件:

(1)遗嘱人须有遗嘱能力。只有有完全民事行为能力的人,才有遗嘱能力。遗嘱人是否具有遗嘱能力,以遗嘱设立时为准,而不以继承开始时为准。

(2)遗嘱是遗嘱人的真实意思表示。遗嘱是否为遗嘱人的真实意思表示,原则上以遗嘱人最后于遗嘱中所作出的意思表示为准。

(3)遗嘱的内容合法。遗嘱的内容是否合法,应以被继承人死亡时为准。例如,遗嘱人在遗嘱中指定继承人继承某物,在立遗嘱时该物并不为遗嘱人所有,遗嘱人处分他人的财产当然不是合法的,但是若其后于被继承人死亡前被继承人取得了该物的所有权,于继承开始时,遗嘱人所立的遗嘱就为合法的。

(4)遗嘱的形式符合法律规定的形式要求。遗嘱是否符合法定的形式,应以遗嘱设立时法律规定的标准为准。我国《继承法解释》第35条规定:"继承法实施前订立的,形式上稍有欠缺的遗嘱,如内容合法,又有充分证据明确为遗嘱人真实意思表示的,可以认定遗嘱有效。"这里所指的形式上稍有欠缺,是指与《继承法》中规定的形式要求有差距,但符合遗嘱设立当时的法律要求。因此,在《继承法》实施后所设立的遗嘱若在形式上有欠缺,则因不合遗嘱设立时法律的要求应为无效。《民法典》颁行后更应如此。

(二) 遗嘱的无效

遗嘱的无效是指遗嘱不能发生法律效力。遗嘱无效,也就是遗嘱人在遗嘱中处分其财产的意思表示无效,从而也就不能依照遗嘱来处置被继承人的遗产,遗嘱人在遗嘱中的意思当然也就不能实现,绝对不能发生遗嘱人所预期的法律后果。只有符合法律规定条件的遗嘱,才是有效的。反过来,凡是不符合法律规定条件的遗嘱,就是无效的。可见,无效遗嘱是仅具有遗嘱的外形而其实并不符合法律要求的遗嘱。遗嘱无效的情形是多种多样的。依我国《民法典》继承编的规定,遗嘱的无效主要有以下几种情况:

(1)无民事行为能力人或者限制民事行为能力人所立的遗嘱无效。无民事行为能力人、限制民事行为能力人属于无遗嘱能力的人,不具有以遗嘱处分其财产的资格。因此无民事行为能力人、限制民事行为能力人所立的遗嘱是无效的。无民事行为能力人、限制民事行为能力人即使于死亡之前已为完全民事行为能力人,在其不具有完全民事行为能力时所立的遗嘱也仍是无效的,而不能因其后来具有了完全民事行为能力而有效。

(2)受欺诈、胁迫所立的遗嘱无效。所谓受欺诈所立的遗嘱,是指遗嘱人因受他人的歪曲的虚假的行为或者言词的错误导向而产生错误的认识,作出了与自己的真实意愿不相符合的意思表示。所谓受胁迫所立的遗嘱,是指遗嘱人受到他人非法的威胁、要挟,为避免自己或亲人的财产或生命健康遭受侵害而违心地作出与自己的真实意思相悖的遗嘱。欺诈、胁迫遗嘱人的人既可以是继承人,也可以是继承人以外的人;既可以是因遗嘱人受欺诈、受胁迫所立的遗嘱得到利益的人,也可以是不会从遗嘱人的遗嘱中得到任何利益的人。但是欺诈和胁迫行为都只能是故意的,行为人不是故意的而只是因其向遗嘱人提供了不正确的情况而导致遗嘱人改变处分财产的意思的,不能构成欺诈行为。

欺诈和胁迫行为都是违法行为。在民法上因受欺诈、受胁迫所实施的民事行为是无效的。在继承法上受欺诈、受胁迫的遗嘱因为并不是遗嘱人的真实意思表示,所以也应当是无效的。主张遗嘱因受欺诈、受胁迫而无效的当事人应负证明遗嘱是遗嘱人因受欺诈、受胁迫所设立的举证责任。

(3) 伪造的遗嘱无效。伪造的遗嘱,是指以被继承人的名义设立的但根本不是被继承人意思表示的遗嘱。伪造遗嘱者的动机和目的,并不是伪造的遗嘱的构成要件。只要不是遗嘱人的意思表示而名义上是遗嘱人的遗嘱,都属于伪造的遗嘱。伪造的遗嘱,因为根本就不是被继承人的意思表示,所以不论遗嘱的内容如何,也不论遗嘱是否损害了继承人的利益,当然无效。主张遗嘱无效的当事人只需证明遗嘱并不是遗嘱人的意思表示即可。

(4) 被篡改的遗嘱内容无效。被篡改的遗嘱,是指遗嘱的内容被遗嘱人以外的其他人作了更改的遗嘱,例如,对遗嘱的修改、删节、补充等。篡改只能是被继承人以外的人对真正遗嘱人的遗嘱的更改。伪造的遗嘱不是遗嘱人的意思表示,无所谓篡改。篡改只能是对遗嘱的部分内容的更改,如对遗嘱的全部内容更改,则为伪造遗嘱。被篡改的遗嘱,篡改的内容已经不是遗嘱人的意思表示,而是篡改人的意思表示,因而也就不能发生遗嘱的效力,是无效的。但是遗嘱不能因被篡改而全部无效。遗嘱中未被篡改的内容仍然是遗嘱人的真实意思表示,仍然可以是有效的。

(5) 遗嘱没有对缺乏劳动能力又没有生活来源的继承人保留必要份额的,对应当保留的必要份额的处分无效。我国《民法典》第1141条明确规定:"遗嘱应当为缺乏劳动能力又没有生活来源的继承人保留必要的遗产份额。"因此,遗嘱不符合法律该条规定的,也不能有效。

特留份,在许多国家的继承法上都有规定,是指法律规定的遗嘱人不得以遗嘱取消的由特定的法定继承人继承的遗产份额。有的称为保留份,也有的称为必继份。特留份制度产生于罗马法。在罗马古代实行遗嘱自由,但至共和国末年,因遗嘱人常常不依传统的风俗行事,把遗产全部遗给他人,而不给父母、子女以尽扶养的义务,于是开始对遗嘱自由进行限制。遗嘱人如不给其扶养的亲属留下一定的财产,遗嘱人的近亲属得提起遗嘱逆伦之诉,以请求回复应继份。现代各国法上也一般都以特留份来限制遗嘱自由,以防止遗嘱人任意取消法定继承人的继承权。例如,《瑞士民法典》第470条中规定:"直系卑血亲、父母、兄弟姐妹或配偶为继承人时,其特留份范围以外的财产,被继承人有遗嘱处分权。"依该法第471条的规定,特留份的计算为:直系卑血亲各为其法定继承权的3/4;父母中任何一方,为其法定继承权的1/2;兄弟姐妹各为其法定继承权的1/4;生存配偶,如与他人共同继承时,为其法定继承权的全部,如仅其一人为法定继承人时,为其法定继承权的1/2。

关于特留份的性质,有不同的观点。比较通行的观点认为,特留份是法律规定的特留份权利人享有的被继承人不得取消的继承特定遗产份额的权利。① 对被继承人来说,特留份是对其遗嘱处分的一种限制;而对于继承人来说是其享有的继承遗产的资格。因而,遗嘱人虽不得取消特留份,但在享有特留份继承权的继承人有丧失继承权的事由时,该继承人也无权取得特留份的继承权。我国法律上并未规定特留份,而仅规定了缺乏劳动能力又没有生活来源的继承人的必要的遗产份额。

对遗嘱因未对缺乏劳动能力又没有生活来源的继承人保留必要的遗产份额而无效的情形,应作如下理解:

第一,享有继承"必要的遗产份额"的继承人必须同时具备缺乏劳动能力和没有生活来源两个条件。有劳动能力而没有生活来源的或者缺乏劳动能力而有生活来源的继承人都不在此列。所谓必要的遗产份额是指保证这部分继承人基本生活需要的遗产份额,与应继份额并不是同一概念;它既可以少于法定继承人均分的应继份,也可以大于法定继承人均分的应继份。所谓的基本生活需要,应是指能够维持当地群众一般生活水平的需要。至于遗嘱是否还应当为继承人以外的依靠被继承人扶养的缺乏劳动能力又没有生活来源的人保留必要的遗产份额,法律未作此要求,遗嘱中未保留的,不应影响遗嘱的效力。遗嘱人对这部分人并无法定的扶养义务,是否扶养完全出于自愿,法律不能强制遗嘱人扶养。

第二,法定继承人是否属于缺乏劳动能力又无生活来源的人,应以继承开始时为准,而不能以遗嘱人立遗嘱时继承人的状况为准。缺乏劳动能力又没有生活来源的法定继承人应为被继承人死亡之时生存之人,但被继承人有于继承开始时已受孕胎儿时,遗嘱人也应为其保留必要的遗产份额。

第三,遗嘱未为缺乏劳动能力又没有生活来源的继承人保留必要的遗产份额时,遗嘱并非全部无效,而仅是涉及处分应保留份额遗产的遗嘱内容无效,其余内容仍有效。《继承法解释》第37条第1款规定:"遗嘱人未保留缺乏劳动能力又没有生活来源的继承人的遗产份额,遗产处理时,应当为该继承人留下必要的遗产,所剩余的部分,才可参照遗嘱确定的分配原则处理。"

(6)遗嘱人以遗嘱处分不属于自己财产的,遗嘱的这部分内容无效。遗嘱是遗嘱人处分自己财产的意思表示,自不能处分不属于遗嘱人自己的财产。《继承法解释》第38条规定:"遗嘱人以遗嘱处分了属于国家、集体或他人所有的财产,遗嘱的这部分,应认定无效。"

八、遗嘱的变更和撤回

根据遗嘱自由的原则,公民不仅可以自由地订立遗嘱,而且可以依法随时变更或撤销已设立的遗嘱。我国《民法典》第1142条第1款规定:"遗嘱人可以撤回、变更自己所立的遗嘱。"

(一)遗嘱的变更和撤回的概念

遗嘱的变更,是指遗嘱人在遗嘱设立后对遗嘱内容的部分修改或变动,即遗嘱人依法改变其原来所立遗嘱的部分内容,并承认修改后的遗嘱将因遗嘱人死亡而发生法律效力的单方法律行为。

---

① 郭明瑞、房绍坤编著:《继承法》,法律出版社1996年版,第162页。

遗嘱的撤回,又称遗嘱的撤销,是指遗嘱人在设立遗嘱后又取消原来所立的遗嘱,即遗嘱人将自己原来所立遗嘱的全部内容予以废弃,使之不发生法律效力的单方法律行为。史尚宽先生指出:"兹所谓撤销系在遗嘱发生效力以前,防止其效力发生,实质上为撤回。此点与契约要约之撤回、悬赏广告之撤销相似,然仍有不同,盖遗嘱人得随时行使此撤销权,不受期间上之限制,而在要约受有拘束,悬赏广告则须于行为完成前为之。在德国民法此时称为遗嘱之废止或撤回以与撤销区别。奥地利民法、瑞士民法亦称为撤回,韩国民法称为撤回,法国民法则称为撤销。"①

按我国《民法典》的规定,遗嘱的变更和撤回是同一性质问题的两种表述方式,都是对已设立的遗嘱加以更改或废止,其区别仅在于遗嘱人对原立的遗嘱内容改变的程度不同。"变更仅是遗嘱人部分地改变了原设立遗嘱的意思,可说是对遗嘱部分内容的撤销;而撤销是遗嘱人改变原设立遗嘱的全部意思,可以说是对遗嘱内容的全部变更。"②所以,就其相同意义来看,两者均称为遗嘱的撤销并无不可,因而本书关于遗嘱撤回的阐述,对遗嘱的变更也可以同样适用。

无论是遗嘱的变更,还是遗嘱的撤回,都必须是遗嘱人对依法成立而具备有效条件的遗嘱所为,即以有效遗嘱的存在为前提。

(二)遗嘱的撤回与可撤销民事行为的区别

可撤销民事行为是民法所规定的欠缺民事法律行为的有效条件,经利害关系人申请,由人民法院或仲裁机关依法予以变更或撤销的民事行为。在实践中,这种民事行为主要表现在合同中。遗嘱的撤回与可撤销民事行为不能混同。其区别如下:

(1)撤销的前提不同。遗嘱的撤回是以有效遗嘱的存在为前提,被撤回的遗嘱是已经合法设立的、具备各项有效条件的遗嘱;而可撤销民事行为的前提是民事行为欠缺法律行为的有效条件,即被撤销的民事行为在构成要素上存在一定的瑕疵。

(2)撤销的原因不同。遗嘱的撤回是无因撤销,只要遗嘱人自认为有撤回之必要,即可进行。而可撤销民事行为只能是有因撤销,必须具备法律所指明的撤销原因事实,才能提出撤销请求。根据我国《民法典》总则编的规定,构成可撤销的原因主要有重大误解、欺诈、胁迫、显失公平等。

(3)撤销的时间限制不同。遗嘱的撤回在遗嘱成立之后、遗嘱人死亡之前的任何时间均可进行,即遗嘱人得随时撤回遗嘱。而可撤销的民事行为,只能在法定的除斥期间内提出撤销。依《民法典》第152条的规定,民事法律行为因不同事由被撤销的,其撤销权应当在一定期间内行使。

(4)撤销权的主体不同。遗嘱的撤回权必须由遗嘱人本人行使,其他任何人,包括国家司法机关或仲裁机关,都不得撤回遗嘱;遗嘱人也不能委托他人代理撤回。遗嘱的撤回权是具有强烈的人身属性而专属于遗嘱人的权利。可撤销民事行为的撤销权由利害关系人享有。既可以由本人行使,也可以通过代理人行使,还可以被继承;作出是否准予撤销之认定的可以是人民法院,也可以是仲裁机关。

(5)效力发生的条件不同。遗嘱的撤回是单方法律行为,只要是出于遗嘱人单方面的

---

① 史尚宽:《继承法论》,中国政法大学出版社2000年版,第469—470页。
② 郭明瑞、房绍坤编著:《继承法》,法律出版社1996年版,第164页。

真实意思表示,即产生撤回之效果;可撤销民事行为的撤销,仅有撤销权人的意思表示尚不能发生撤销的法律效果,必须由人民法院或仲裁机关作出撤销的裁决,才能使撤销之意志在法律上产生效力。

(6)撤销的后果不同。遗嘱的撤回,法律后果就是废止、取消所立遗嘱,并不产生民事权利的侵害和任何民事责任。而可撤销民事行为,一经撤销,即自始无效,并产生无效民事行为的法律后果或民事责任。我国《民法典》第157条规定:民事法律行为无效、被撤销或者确定不发生效力后,行为人因该行为取得的财产,应当予以返还;不能返还或者没有必要返还的,应当折价补偿。有过错的一方应当赔偿对方由此所受到的损失;各方都有过错的,应当各自承担相应的责任。法律另有规定的,依照其规定。

理解了遗嘱的撤回与可撤销民事行为的区别,也就同时把握了遗嘱的变更与民事行为变更的不同。因为遗嘱的变更实质上是遗嘱部分内容的撤销、废止和修改,与遗嘱的撤销在操作要求上基本一致。而民事行为的变更在我国民法上就是可撤销民事行为,即可撤销民事行为同时也是可变更民事行为。所以,遗嘱的撤回与民事行为撤销的不同同样适用于遗嘱的变更与民事行为的变更。

(三)遗嘱变更和撤回的要件

遗嘱的变更和撤回与遗嘱的设立一样,是一项严肃的法律行为,必须具备四个基本要件:

(1)遗嘱人变更或撤回遗嘱时,必须具有遗嘱能力。遗嘱人设立遗嘱后丧失行为能力的,于丧失行为能力状态中进行的变更或撤回,不能产生变更或撤回之效力,原立遗嘱仍应有效。

(2)变更或撤回遗嘱的意思表示必须是遗嘱人本人亲自作出,不能由他人代理。所以遗嘱的变更或撤回只会发生在遗嘱人生存期间。

(3)变更或撤回必须是遗嘱人的真实意思表示。不论是遗嘱人明示变更或撤回,还是遗嘱人所实施的能够引起遗嘱变更或撤回的行为,都必须反映遗嘱人的真实意志。遗嘱人因受胁迫、欺骗等违背其真实意愿作出表示或实施行为导致遗嘱变更或撤回的,不发生变更或撤回的法律后果,原立遗嘱仍应有效。

(四)遗嘱变更和撤回的方式

遗嘱变更和撤回的方式,是指能够代表、反映遗嘱人变更和撤回遗嘱的意志,依法产生变更和撤回遗嘱之后果的具体形式或方法。其基本类型可分为两种:

(1)明示方式。遗嘱变更、撤回的明示方式,是指遗嘱人以明确的意思表示,专门针对原立遗嘱予以变更或撤回。此种方式操作简便,表意清楚,证据确凿,在实践中最容易认定和把握。其具体表现通常为两种:一是遗嘱人另立新的遗嘱,并在新的遗嘱中明确声明变更或撤回原来所立的遗嘱;二是遗嘱人专门针对原立的内容,明确表示对原立遗嘱的内容予以部分取消、修改或全部废弃。

不论遗嘱人采用哪种明示形式,均必须符合三项要求:一是遗嘱人亲自作出清晰明确的意思表示,该意思不仅是他本人的真实愿望,而且被完整准确地表达出来。二是意思表示之内容确实属于变更或撤回原立遗嘱。三是变更、撤回遗嘱的明示方式,应该依照法律规定的设立遗嘱的方式做成。不具备遗嘱法定形式的变更、撤回遗嘱的意思表示,不能发生遗嘱明示变更、撤回的效果。

(2) 推定方式。遗嘱变更或撤回的推定方式,是指遗嘱人虽未以明确的意思表示变更、撤销所设立的遗嘱,但法律根据遗嘱人在遗嘱成立后的某种行为推定遗嘱人具有变更或撤回遗嘱的意思,并实际产生变更或撤回遗嘱的法律后果。实践中推定遗嘱人变更、撤回遗嘱的情形主要有以下几种:

第一,遗嘱人立有数份遗嘱,且内容相互抵触的,推定后立的遗嘱变更或撤回前立的遗嘱。我国《民法典》第1142条第3款规定:"立有数份遗嘱,内容相抵触的,以最后的遗嘱为准。"

第二,遗嘱人生前的行为与遗嘱的内容相抵触的,推定变更或撤回遗嘱。即遗嘱人在遗嘱设立后,对遗嘱预先处分的财产又通过自己的行为对该财产进行了现实的处分,改变了财产在法律上或事实上的命运,从而发生遗嘱人自己的行为与遗嘱内容相冲突,遗嘱内容的全部或部分在法律效力上不能实现,或在事实上成为不可能情形的,原遗嘱只能被推定为变更或撤回。《民法典》第1142条第2款指出:"立遗嘱后,遗嘱人实施与遗嘱内容相反的民事法律行为的,视为对遗嘱相关内容的撤回。"

第三,遗嘱人故意毁损、涂销遗嘱或在遗嘱书上写明废弃的意思,应推定为遗嘱的变更或撤回。此种方式又被称为遗嘱的废弃或遗嘱的撤回,在我国现行法上未作出明确规定,但通说认为:遗嘱人故意将遗嘱涂改、损毁,或者在遗嘱上注明废弃的意思,是撤回、变更遗嘱的一种常见方式。凡涂改遗嘱,涂改的部分应视为变更;损毁、废弃或在遗嘱上注明废弃的遗嘱,应当视为遗嘱的撤回。①

(五) 遗嘱变更、撤回的效力

遗嘱变更、撤回的效力主要表现为使原遗嘱的内容不能产生实际效果,即遗嘱人死亡时,已被变更或撤回的遗嘱内容不得生效。遗嘱变更的,应以变更后的遗嘱内容为遗嘱人的真实意思表示,按变更后的遗嘱来确定遗嘱的有效或无效,依变更后的遗嘱执行。遗嘱撤回的,被撤回的原遗嘱废弃,不具有任何效力,以新设立的遗嘱为遗嘱人的真实意思表示,按新设立的遗嘱来确定遗嘱的效力和予以执行。原遗嘱被撤回而未立新遗嘱的,则认定遗嘱人没有遗嘱,按法定继承处理。

九、遗嘱的执行

(一) 遗嘱执行的含义

遗嘱的执行,是指于遗嘱生效后为实现遗嘱的内容所必要的行为及程序。一般法律行为,在生效后有履行问题。遗嘱则于生效后发生执行问题。执行遗嘱的目的,是为了实现遗嘱人在遗嘱中所表达的意思。但遗嘱内容中的各项事项并非均须通过遗嘱的执行才能实现。因为就遗嘱内容所涉及的事项来说,有的属于消极事项,于遗嘱生效后自然发生效力而不需执行。例如,遗嘱中有关某继承人不得继承遗产的内容,有关对某一债务人债务免除的内容,有关对某一继承人的虐待行为宽恕的内容等,都不需要执行而自然实现。但是有一些事项是必须通过积极的执行行为来实现的,例如,对遗产的分配、遗赠等,离开执行行为就无法实现。因此,遗嘱的执行是实现遗嘱内容、实现被继承人的遗愿,保护继承人与利害关系

---

① 参见刘春茂主编:《中国民法学·财产继承》,中国人民公安大学出版社1990年版,第419页;郭明瑞、房绍坤编著:《继承法》,法律出版社1996年版,第166页;张玉敏主编:《继承法教程》,中国政法大学出版社1998年版,第293页。

人利益的重要环节。

(二) 遗嘱执行人

遗嘱执行的关键是确定遗嘱执行人。所谓遗嘱执行人,即有权按遗嘱人意志使遗嘱的内容实现的人。充当遗嘱执行人,必须有执行人资格的权利来源。对此,一般应由法律明确加以规定。但我国除《民法典》第1133条规定"自然人可以依照本法规定立遗嘱处分个人财产,并可以指定遗嘱执行人"之外,再无关于遗嘱执行人资格的具体说明。我国实践中遗嘱执行人分为两类:一是指定遗嘱执行人,二是法定遗嘱执行人。

(1) 指定遗嘱执行人。指定遗嘱执行人是遗嘱人在遗嘱中预先指明负责遗嘱执行事务的人,其指定方式有两种:一是直接指定,即遗嘱人已指明执行遗嘱的具体人;二是间接指定,即遗嘱人在遗嘱中授权其他人负责指定遗嘱执行人。对这两种指定,法律上均认为有效。

被指定的遗嘱执行人,可以是法定继承人,也可以是继承人之外的人。当法定继承人被指定为遗嘱执行人时,原则上不得拒绝,只能认真履行执行人职责。当继承人以外的人被指定为遗嘱执行人时,并不直接产生执行人义务,而是取决于被指定人的态度,其可以接受指定,也可以拒绝指定。但被指定人一旦明确表示接受指定,就产生执行人的拘束力,不得擅自放弃或推脱执行人的职责。

(2) 法定遗嘱执行人。法定遗嘱执行人是指根据法律的规定而享有执行人资格的人。其执行权的来源不是遗嘱人的指定,而是法律的赋予。法定遗嘱执行人在我国《继承法》里并未加以规定,2020年《民法典》建立了统一的遗产管理制度,由遗产管理人履行法定遗嘱执行人的职责。在以下三种情况下由遗产管理人执行遗嘱:一是遗嘱人没有指定执行人;二是遗嘱所指定的执行人拒绝接受指定;三是遗嘱指定的执行人先于遗嘱人死亡,或者丧失了执行人能力,或者不适合担任执行人。

遗嘱执行人的权利义务也由遗产管理制度统一规定。主要包括:

(1) 查明遗嘱是否合法真实。(2) 清理遗产。(3) 管理遗产。(4) 召集全体遗嘱继承人和受遗赠人,公开遗嘱内容。(5) 按照遗嘱的内容执行遗赠和将遗产转移给遗嘱继承人。(6) 排除妨碍。关于遗产管理,参见本书第十四章第二节。

第三节 遗 赠

一、遗赠的概念和特征

遗赠,是指公民以遗嘱的方式将其个人财产赠与国家、集体或者法定继承人以外的公民,而于其死亡后才发生法律效力的民事行为。立遗嘱的公民为遗赠人,被指定赠与财产的人为受遗赠人,遗嘱中指定赠与的财产为遗赠财产或遗赠物。

遗赠制度也是将死亡的公民遗留的财产转移给他人所有的一项制度。早在罗马法上就有遗赠的规定,在中世纪的欧洲,遗赠曾为遗嘱继承的一种方式。在近现代各国继承法上也都有遗赠制度,但有的是作为一种继承方式。我国继承法上也规定了遗赠制度。《民法典》第1133条第3款规定:"自然人可以立遗嘱将个人财产赠给国家、集体或者法定继承人以外的组织、个人。"依据我国《民法典》的规定,遗赠具有以下法律特征:

1. 遗赠是一种单方的民事法律行为

遗赠是遗赠人以遗嘱的方式将财产赠与他人，而遗嘱是一种单方的民事行为，因而遗赠也就是一种单方的民事行为，只需有遗赠人一方的意思表示就可以成立。遗赠人只要在遗嘱中将自己赠与财产的意思表示出来，自遗嘱生效时起，遗赠也就生效。遗赠人遗赠财产的意思不受其他任何人意思的制约，也不需要相对人的同意。在遗嘱生效前遗赠人得随时改变自己赠与的意思，任何人不得干涉。

2. 遗赠是给法定继承人以外的组织、个人以财产利益的无偿行为

遗赠是遗赠人给予他人财产利益的行为。这种财产利益可以是给予财产权利，也可以是免除他人的财产债务。在外国法律上，遗赠有包括遗赠。包括遗赠中的受遗赠人既承受遗赠人的权利，也承受遗赠人的义务，受遗赠人实际上与继承人的地位相似。而我国继承法上的遗赠不是包括遗赠，而是特定遗赠。遗赠人只能给予受遗赠人财产利益，而不能将财产义务一并遗赠。而且，遗赠人只能是将财产利益给予继承人以外的人（包括国家、集体和公民个人）。如果立遗嘱人在遗嘱中是指定某财产由法定继承人中的某人承受，则为遗嘱继承，而不为遗赠。遗赠是无偿的行为，虽然遗赠人可以对遗赠附加某种负担，但所附加的负担并不是遗赠的对价。

3. 遗赠是一种于遗赠人死亡后发生效力的死后行为

遗赠虽是遗赠人生前作出的意思表示，但只有在遗赠人死亡后才能发生法律效力。遗赠的这一特点与死因赠与行为相似，但二者不同。死因赠与是一种以赠与人的死亡为停止条件的赠与，是一种双方的法律行为。因为遗赠须于遗赠人死亡后才能生效，所以遗赠人得随时依法变更、撤回遗赠。

4. 遗赠是只能由受遗赠人亲自接受的行为

遗赠是以特定的受遗赠人为受益主体的，受遗赠的主体具有不可替代性。受遗赠人的受遗赠权只能由受遗赠人自己亲自享有，不得转让。当然，如受遗赠人为无完全民事行为能力人，其受遗赠权的行使得由法定代理人代理。受遗赠人应为接受遗赠时的生存之人。但于被继承人死亡时已受孕的胎儿也可作为受遗赠人。受遗赠的自然人先于遗赠人死亡或者受遗赠的单位于遗赠人死亡前撤销的，遗赠即不能发生效力；受遗赠人在作出接受遗赠的意思表示前死亡的，也不能发生遗赠。

二、遗赠的分类

由于我国继承法对遗赠仅作了原则性规定，所以很难从中看出遗赠的类型。但在实际生活中，以及在外国继承法上，遗赠存在着不同的类型。根据不同的标准，遗赠可作如下分类：

1. 单纯遗赠、附负担遗赠和附条件遗赠

根据遗赠是否附有负担和条件，可分为单纯遗赠、附负担遗赠和附条件遗赠。

（1）单纯遗赠。是指遗赠人仅给予受遗赠人财产利益，而不附加任何条件和义务的遗赠。在现实生活中，绝大多数遗赠为单纯遗赠。

（2）附负担遗赠。又称附义务遗赠，是指遗赠人在遗嘱中规定受遗赠人在其所接受的遗产范围内，应履行一定义务的遗赠。

附负担的遗赠是遗托的表现形式之一。所谓遗托，亦称附义务的遗嘱或附负担的遗嘱，

是指遗嘱人在遗嘱中授予遗嘱继承人或受遗赠人财产权利的同时,附加提出必须履行某项义务的要求。它既适用于遗嘱继承,又适用于遗赠。我国继承法未对遗托的义务作出限制性规定,从理论上看,在遗托的义务违反社会公德、违反社会公共利益,或者违法时,该遗托为无效。但是只要遗嘱人的遗托不违背法律和社会公德,不违反社会公共利益,又是可以履行的,接受了遗产的受遗赠人或者遗嘱继承人就必须履行遗托的义务。我国《民法典》第1144条规定:"遗嘱继承或者遗赠附有义务的,继承人或者受遗赠人应当履行义务。没有正当理由不履行义务的,经利害关系人或者有关组织请求,人民法院可以取消其接受附义务部分遗产的权利。"这里的有关组织和个人应为与遗产的承受有利害关系的组织和个人,例如被继承人生前所在单位或者继承开始地的基层组织、法定继承人等。

无论是附负担的遗赠,或是附负担的遗嘱继承,必须符合四个要件:第一,所附负担或义务必须是合法且可以履行的;第二,该负担或义务只能是附随于遗嘱所给予的权利;第三,该负担或义务只能是遗嘱指定的,而不能是法定的;第四,所负义务不能超过所给予的权利,超过部分得拒绝履行。

(3) 附条件遗赠。是指遗赠人在遗嘱中规定,当某种条件成就之时遗赠即生效,或者当某种条件成就之时遗赠即失效。它是附条件民事法律行为在遗赠中的表现。根据所附条件在遗赠效力中的影响,可以将其分为附延缓条件的遗赠和附解除条件的遗赠。

所谓附延缓条件的遗赠,是指遗赠人在遗嘱中规定遗赠自条件成就时发生法律效力。如果条件成就,遗赠即生效;如果条件不成就,则遗赠不生效。

所谓附解除条件的遗赠,是指遗赠人在遗嘱中规定遗赠自条件成就时起丧失法律效力。如果条件成就,已生效的遗赠则停止效力;如果条件不成就,则遗赠处于生效状态。

虽然我国继承法上没有专门规定附条件的遗赠,但依据我国《民法典》总则编关于附条件民事法律行为的规定,在实践中是认可的。

2. 补充遗赠和后位遗赠

根据遗嘱中针对受遗赠人的情况所作的替补安排,可将遗赠分为补充遗赠和后位遗赠。

(1) 补充遗赠。是指遗赠人在遗嘱中表示,如果受遗赠人抛弃遗赠、丧失受遗赠权或者先于遗赠人死亡,则将其应取得的受遗赠利益给予另外之人的遗赠。该"另外之人"即"补充受遗赠人"或"候补受遗赠人"。对此种遗赠,德国、瑞士等国明文加以确认,而有些国家则未置明文。

(2) 后位遗赠。又称后继遗赠或次位遗赠,是指遗赠人在遗嘱中规定,受遗赠人在某一时刻到来之时或某一事件发生之时,应将其所得的遗赠利益转归另一受遗赠人的遗赠。对此种遗赠,各国或地区法律有三种态度:一是明文加以禁止,如法国;二是明确加以承认,如德国、瑞士;三是既不明文承认,也不明确禁止,如日本。

我国现行继承法对补充遗赠和后位遗赠均没有明确规定。实践中,基于遗嘱自由原则和社会实践的多样性,只要遗嘱人所规定的补充遗赠和后位遗赠不违反法律和社会公序良俗,应承认补充遗赠和后位遗赠的有效性。

三、遗赠与遗嘱继承、赠与的区别

遗赠是在遗产继承中发生的赠与他人财产的法律现象，因此，遗赠与遗嘱继承、赠与有相似之处，但更有区别。

（一）遗赠与遗嘱继承的区别

遗赠与遗嘱继承，都是被继承人以遗嘱处分个人财产的方式，在多数国家立法上一般都同时规定了这两种制度，但在如何区分遗嘱继承与遗赠上有不同的标准。例如，有的国家规定，遗赠不能是包括的遗赠即权利义务一并转移的遗赠，如果遗嘱中指定某人承受全部权利义务，则该人为指定继承人，而不论其是否为法定继承人范围之内的人。也有的国家以遗嘱中的指定为准，遗嘱中指定为继承人的，其承受财产为遗嘱继承；遗嘱中仅指定将某项财产利益移交某人而未指定其为继承人的，则为遗赠。也有的国家是从承受遗产的主体范围上区分：遗嘱人指定由法定继承人中的某人承受遗产的，该人为遗嘱继承人；遗嘱人指定由法定继承人以外的人承受财产的，则该人为受遗赠人。根据我国立法的规定，遗赠与遗嘱继承的区别主要有以下几点：

第一，受遗赠人和遗嘱继承人的范围不同。受遗赠人可以是法定继承人以外的任何公民，也可以是国家和集体，但不能是法定继承人范围之内的人。遗嘱继承人则只能是法定继承人范围之内的人，包括被继承人的配偶、子女及其直系晚辈血亲、父母、兄弟姐妹、祖父母、外祖父母，以及对公、婆或岳父、岳母尽了主要赡养义务的丧偶儿媳或女婿，而不能是法定继承人以外的公民或单位。

第二，受遗赠权与遗嘱继承权客体的范围不同。受遗赠权的客体只是遗产中的财产权利，而不包括财产义务。受遗赠人接受遗赠时只承受遗产中的权利而不能承受遗产中的债务。如果遗赠人将其全部遗产遗赠给国家、集体或某公民，而他生前又有债务时，则受遗赠人只能接受清偿债务后剩余的财产，受遗赠人本身并不承受被继承人的债务。而遗嘱继承权的客体是遗产，既包括被继承人生前的财产权利，也包括被继承人生前的财产义务。遗嘱继承人对遗产的继承不能只承受遗产的财产权利，而不承受遗产的财产义务。我国《民法典》第1162条规定："执行遗赠不得妨碍清偿遗赠人依法应当缴纳的税款和债务。"说明受遗赠人只能承受财产权利，而不承受财产债务，因而应当在清偿遗赠人的财产义务后再执行遗赠。受遗赠人接受遗产后，只有在因遗赠的执行影响遗赠人生前债务的清偿时，才应当将不应受遗赠的财产返还用以清偿遗赠人应缴纳的税款和债务，但受遗赠人本身并不承担清偿遗赠人生前债务的责任。

第三，受遗赠权与遗嘱继承权的行使方式不同。受遗赠人接受遗赠的，应于法定期间内作出接受遗赠的明示的意思表示。我国《民法典》第1124条第2款规定："受遗赠人应当在知道受遗赠后六十日内，作出接受或者放弃受遗赠的表示；到期没有表示的，视为放弃受遗赠。"这里规定的60日期间应为受遗赠权的除斥期间，从知道受遗赠后60日内未作出接受的表示的，即视为放弃受遗赠权。因此，受遗赠人接受遗赠的，必须在知道受遗赠后的60日内作出接受遗赠的明确的意思表示。而遗嘱继承人自继承开始至遗产分割前未明确表示放弃继承的，即视为接受继承，放弃遗嘱继承权必须于此期间内作出明确的意思表示。

（二）遗赠与赠与的区别

遗赠与赠与都是将自己的财产无偿给予他人的行为，但二者的性质不同，主要区别是：

第一,遗赠是单方的法律行为,只需要有遗赠人一方的意思表示即可,无须征得对方的同意。而赠与是双方的法律行为,不仅要有赠与人赠与的意思表示,还要有受赠人接受赠与的意思表示,只有双方的意思表示一致才能成立赠与。

第二,遗赠采取遗嘱的方式,由继承法调整。而赠与采取合同方式,由合同法调整。

第三,遗赠是于被继承人死亡后发生效力的死后行为,是一种死后处分行为。而赠与是生前行为。需要说明的是,虽然死因赠与也属于在赠与人死亡后发生效力的行为,但死因赠与是赠与人与受赠人之间的合同行为,只是以赠与人死亡为受赠人取得赠与物所有权的条件,在赠与人死亡前,受赠人无权要求赠与人移转赠与物归其所有,赠与物的所有权不能发生转移。所以,尽管有的国家规定,关于遗赠的规定准用于死因赠与,但二者的性质还是不同的。

四、遗赠的有效条件

遗赠须具备一定的条件才能发生效力,这些条件主要有以下几项:

第一,遗赠人须有遗嘱能力。无遗嘱能力的无行为能力人、限制行为能力人不能为遗赠。遗赠人有无遗嘱能力也以遗嘱设立的当时情况为准。

第二,遗赠人须为缺乏劳动能力又没有生活来源的继承人保留必要的遗产份额。如果继承人中有缺乏劳动能力又没有生活来源的人,而遗赠人又没有为其保留必要的遗产份额的,则涉及这一必要份额的遗赠无效。继承人中有无缺乏劳动能力又没有生活来源的人,以遗赠人死亡时继承人的状况为准。

第三,遗赠人所立的遗嘱符合法律规定的形式。遗赠人设立的遗嘱不合法定形式的,遗赠无效。遗赠人的遗嘱是否符合法定形式,以遗嘱设立当时的法律要求为准。

第四,受遗赠人须为在遗赠人的遗嘱生效时生存之人。先于遗赠人死亡或者与遗赠人同时死亡的公民,不能成为受遗赠人,因为其不具有民事权利能力。遗赠人死亡时已受孕的胎儿可以作为受遗赠人,但也应以活着出生的为限。如胎儿出生时为死体的,则遗赠溯及地自始无效。未成立的法人也不能为受遗赠人,但正在设立中的法人可以作为受遗赠人。

第五,须受遗赠人未丧失受遗赠权。关于丧失受遗赠权的事由,我国《继承法》中没有明文规定,通说认为,应当适用关于丧失继承权的规定。

第六,遗赠的财产须为遗产,且在遗赠人死亡时执行遗赠为可能和合法。如果遗赠财产不属于遗产,或者于遗赠人死亡时该项财产已不存在或因其他原因不能执行或执行是不合法的,则遗赠为无效。

五、遗赠的执行

遗赠执行的义务人为遗嘱执行人(遗产管理人),遗赠执行的权利人为受遗赠人。受遗赠人在知道受遗赠后60日内,向遗嘱执行人作出接受遗赠的意思表示的,即享有请求遗嘱执行人依遗赠人的遗嘱将遗赠物交付其所有的请求权。《民法典》物权编第230条对《物权法》第29条进行重大修改,删去了受遗赠取得物权的,自受遗赠开始时发生效力的规定。可见,受遗赠的财产所有权已经从非法律行为的物权变动中剥离出来,应当遵循物权变动的一般原则,即使受遗赠人表示接受遗赠,遗产所有权亦不当然转移至受遗赠人。

执行遗赠不得妨碍清偿遗赠人依法应当缴纳的税款和债务。遗嘱执行人应在清偿完被继承人生前所欠的税款及债务后,才在遗产剩余的部分中执行遗赠。如果在清偿被继承人生前所欠的税款和债务后没有剩余的遗产,遗赠则不能执行,受遗赠人的权利也就消灭,遗嘱执行人也就没有执行的义务。如果遗赠人是以特定物为遗赠物的,而该物又已不存在时,则因遗赠失去效力,遗嘱执行人当然无执行的义务。

第四节　遗赠扶养协议

一、遗赠扶养协议的概念和意义

我国《民法典》第1158条规定:"自然人可以与继承人以外的组织或者个人签订遗赠扶养协议。按照协议,该组织或者个人承担该自然人生养死葬的义务,享有受遗赠的权利。"这是我国继承法对遗赠扶养协议的明确确认。

遗赠扶养协议是自然人(遗赠人、受扶养人)与继承人以外的组织或者个人(统称为扶养人)签订的关于扶养、遗赠的协议。遗赠扶养协议具有以下法律特征:

(1)遗赠扶养协议是一种双方的法律行为

遗赠扶养协议与遗赠不同。遗赠是单方的法律行为,只要有遗赠人一方的意思表示即可成立,遗赠人也可以自己的意思变更或撤销遗赠的意思表示。而遗赠扶养协议是双方的法律行为,须有双方的意思表示一致才能成立。遗赠扶养协议中的遗赠人(受扶养人),只能是自然人;而另一方为扶养方,可以是自然人,也可以为集体所有制组织等组织。但作为扶养人的自然人不能是法定继承人范围内的人,因为法定继承人与被继承人之间本来就有法定的扶养权利义务。

遗赠扶养协议既然是一种双方的法律行为,其订立就须依照合同的订立程序。任何一方不经法定程序、未有法定事由不得擅自单方变更或解除协议。

(2)遗赠扶养协议是诺成性的要式法律行为

遗赠扶养协议是诺成性行为,因而自双方意思表示达成一致时起即可发生效力。当然,遗赠扶养协议于受扶养人死亡后才发生遗赠的效力。遗赠扶养协议是要式法律行为,须以特定方式做成才能发生效力。关于遗赠扶养协议的形式,继承法中未作明确规定。但根据遗赠扶养协议的性质,通说认为,遗赠扶养协议应采用书面形式,而不能用口头形式。遗赠扶养协议是否应经过公证或请无利害关系人到场见证?有学者认为,遗赠扶养协议毕竟与遗赠不同,因而遗赠扶养协议只要以书面形式做成,即可有效。至于是否经过公证或是否有无利害关系的见证人在场见证,则应不影响遗赠扶养协议的效力。[①]

(3)遗赠扶养协议是一种双务的法律行为

遗赠扶养协议是当事人双方都负有一定义务的法律行为。扶养人负有负责受扶养人的生养死葬的义务,受扶养人也有将自己的财产遗赠给扶养人的义务。这也与遗赠不同。遗赠中的受遗赠人并不承担对遗赠人的生前扶养和死后安葬的义务。遗赠扶养协议虽为双务的法律行为,但双方义务发生效力的时间不同。扶养人的义务是自协议签订之日起生效,受

[①] 郭明瑞、房绍坤编著:《继承法》,法律出版社1996年版,第184页。

扶养人即有权要求扶养人履行义务。而受扶养人的义务是于其死亡后才发生效力,在受扶养人死亡前扶养人不得要求受扶养人将其财产归己所有。

(4) 遗赠扶养协议是有偿的法律行为

遗赠是无偿的,受遗赠人享受受遗赠的权利并不以履行一定义务为对价。而遗赠扶养协议是一种有偿的法律行为,任何一方享受权利都是以履行一定的义务为对价的。扶养人不履行对受扶养人的生养死葬的义务,则不能享有受遗赠的权利;受扶养人不将自己的财产遗赠给扶养人,也不享有要求扶养人扶养的权利。但是,遗赠扶养协议双方的对价关系又不能理解为等价有偿关系,因为毕竟遗赠扶养协议是一种带有社会互助色彩的合同,不能按照合同法来调整。

遗赠扶养协议是我国法律规定的一种有自己特色的遗产转移方式,是对我国民间长期存在的遗赠扶养协议实践经验的总结和肯定。

第一,遗赠扶养协议有利于更好地解决"五保户"的扶养问题。长期以来,农村的"五保户"由集体组织负责供养,但在"五保户"死亡后,对其遗产的处理往往发生纠纷,出现"五保户"的亲属与集体组织争遗产的现象。确认了遗赠扶养协议,由"五保户"与集体组织签订遗赠扶养协议,可以清楚地规定双方的权利义务,使集体组织能够更好地对"五保户"尽扶养的义务,同时也明确了"五保户"遗产的归属,可以避免在"五保户"死亡后发生遗产继承纠纷。

第二,遗赠扶养协议制度有利于保护老人、残疾人的合法权益。需要他人扶养的一般是缺乏劳动能力的老年人和残疾人,可以依法律规定与其他组织或者自然人签订遗赠扶养协议,把相互间的扶养和受扶养的关系明确下来。这既可以保证受扶养的自然人生前能够有生活保障,也不必担心死亡后无人安葬,还可以明确扶养人于需要扶养的自然人死亡后取得受扶养人的全部遗产。这样可以减少或避免有关扶养老人、残疾人方面的纠纷,减少或者避免被扶养人遗产处理上的纠纷。同时,遗赠扶养协议制度还有激励需要扶养的自然人的近亲属尽扶养义务的作用。因为如果近亲属能够很好地尽扶养义务,需要扶养的自然人也就不会与其他组织或者个人签订遗赠扶养协议。

第三,遗赠扶养协议制度,有利于减少国家和社会的负担。由于我国现在的社会保障事业还不能完全满足社会的需要,还难以把所有人的养老事业全部包下来。确认遗赠扶养协议制度,可以使一些需要扶养的人,尤其无法定扶养义务人的人的生养死葬问题得到解决,使之有可靠的保障。这无疑可以减轻国家和社会的负担。

二、遗赠扶养协议的效力

遗赠扶养协议经由双方当事人协商订立。遗赠扶养协议实际上是合同,因而其订立应当依照合同的订立程序,先由一方提出要约,再由另一方作出承诺。要约的一方可以是需要扶养的自然人,也可以是愿意扶养的自然人或者组织。遗赠扶养协议的内容应当包括扶养和遗赠两个方面。扶养的内容应当写明提供扶养的具体要求和办法等;遗赠的内容应当写明遗赠财产的种类、名称、数量和状况等。遗赠扶养协议应当采用书面形式,双方应在协议上签名或盖章,并注明协议签订的年、月、日。遗赠扶养协议一经签订即具有法律效力,当事人双方必须履行协议中约定的各种事项。

遗赠扶养协议是双务合同,当事人双方都享有一定的权利,同时又都负有一定的义务,双方的权利义务具有对应性。从义务的角度说,遗赠扶养协议的义务是两部分:一部分是关于扶养人对受扶养人的扶养义务,一部分是关于受扶养人将其财产遗赠给扶养人的义务。

扶养人应当履行自己的扶养义务,在受扶养人生前对其给予生活上的照料和扶助,在受扶养人死亡后应当负责办理受扶养人的丧事。扶养人不认真履行扶养义务的,受扶养人得请求解除协议。受扶养人未解除协议的,对不尽扶养义务或者以非法手段谋夺遗赠人财产的扶养人,经遗赠人的亲属或者有关单位的请求,人民法院可以剥夺其受遗赠权。对不认真履行扶养义务,致使受扶养人经常处于生活缺乏照料状况的扶养人,人民法院也可以酌情对扶养人受遗赠的财产数额予以限制。

受扶养人应当履行将其财产遗赠给扶养人的义务。受扶养人对在协议中指定遗赠给扶养人的财产,在其生前有占有、使用和收益的权利,但不得擅自处分,因为其处分会影响遗赠的执行。对因受扶养人的擅自处分行为,致使扶养人无法实现受遗赠权利的,扶养人有权解除遗赠扶养协议,并得要求受扶养人补偿其已经付出的扶养费用。

遗赠扶养协议也是遗产处理的依据。扶养人履行扶养义务的,在受扶养人死亡后按照遗赠扶养协议,由扶养人取得受遗赠的财产。而且,遗赠扶养协议在处理遗产上有最优先的效力,在被继承人死亡后,有遗赠扶养协议的,须先执行遗赠扶养协议,而后才能进行继承。

遗赠扶养协议与收养协议不同。因遗赠扶养协议的签订而对受扶养人承担生养死葬义务的扶养人,与受扶养人并不形成拟制的血亲关系,与自己的亲属之间也并不因此而解除法律上的权利义务关系。因此,扶养人取得受遗赠的财产不影响其继承父母及其他亲属的遗产,扶养人继承了其父母或其他亲属的遗产也不影响其依遗赠扶养协议取得遗赠的财产。

讨论思考题

1. 遗嘱继承有何特点?
2. 如何理解遗嘱自由及其限制?
3. 论遗嘱的内容。
4. 什么是共同遗嘱?如何认识共同遗嘱的效力?
5. 试论《民法典》继承编遗嘱形式的变化。
6. 遗嘱见证人应符合什么条件?
7. 遗嘱的有效条件有哪些?
8. 无效遗嘱的类型包括哪些?
9. 遗嘱的变更和撤回有哪些特点?方式如何?
10. 试论遗嘱执行人与遗产管理人的关系。
11. 遗赠的有效条件有哪些?
12. 遗赠扶养协议有哪些特点?如何理解遗赠扶养协议的效力?
13. 我国《民法典》的遗嘱处分制度存在哪些不足?应当如何完善?

第十四章

遗产的处理

第一节 遗产的法律地位和转继承

一、遗产的法律地位

继承自被继承人死亡时开始。被继承人死亡,其民事权利能力终止,不能再作为遗产的权利主体。那么在被继承人死亡后,谁是遗产的主体呢?这就涉及遗产的法律地位问题。

关于遗产的法律地位,理论上主要有以下三种学说:

(1) 无主财产说。该说认为,遗产分割前,遗产的权利人没有确定,因此没有所有人,遗产属于无主财产。

(2) 财产法人说。该说认为,遗产本身是一个法人,独自承担权利义务。

(3) 继承人共有说。该说认为,遗产在分割前,为全体继承人共有,在继承人没有作出放弃继承的表示以前,继承人一律视为遗产的共有人。

我国继承法上没有明确规定遗产的法律地位,《民法典》第1124条第1款规定:"继承开始后,继承人放弃继承的,应当在遗产处理前,以书面形式作出放弃继承的表示。没有表示的,视为接受继承。"根据这一规定,继承人承认继承,并不以接受继承的明确的意思表示为要件。因此,对《民法典》的这一规定,应当解释为:自继承开始,遗产即归属继承人;继承人为数人时,各继承人共同继承,对遗产享有共有权。可见,我国继承法上对遗产的法律地位采取的是继承人共有说。

确定遗产的法律地位为继承人共有,在实践中具有重要意义:

第一,自继承开始之日起超过20年的,当事人仍可以提出分割遗产的请求。自继承开始时起,继承人没有放弃继承的,各继承人即成为遗产的共有人。这种共有状态无论存续多长时间,共有人都有权请求分割共有遗产。如果继承人分割遗产时,排斥某一继承人,应视为侵犯共有权。对此,最高人民法院[1987]民他字第12号《关于继承开始时继承人未表示放弃继承遗产又未分割的可按析产案件处理问题的批复》有明确的解释,即:"双方当事人诉争的房屋,原为费宝珍与费翼臣的夫妻共有财产,1958年私房改造所留自住房,仍属于原产权人共有。费翼臣病故后,对属于费翼臣所有的那一份遗产,各继承人都没有表示过放弃继承,根据《继承法》第二十五条第一款的规定,应视为均已接受继承。诉争房屋应属于各继承人共同共有,他们之间为此发生之诉讼,可按析产案件处理,并参照财产来源、管理使用及实际需要等情况,进行具体分割。"①

第二,继承开始后,遗产分割前,继承人死亡的,其应继承的份额构成他自己遗产的一部分,应由他的继承人继承。

第三,遗产的管理和分割的方法,原则上应当适用关于共有财产管理、分割的规定。

二、共同继承

继承开始后,如果继承人只有一人,则由该继承人单独享有遗产的所有权。如果继承人为数人,则数个继承人共同继承遗产。这就产生了共同继承问题。

共同继承时,自继承开始到遗产分割期间,遗产的法律性质如何?各共同继承人相互之间,以及共同继承人和遗产债权人之间的权利义务关系如何?立法上有两种主义。

1. 按份共有主义

此种立法主义始于罗马法,当代法国、日本、奥地利、韩国等国采此种主义。此种立法主义认为各继承人对遗产的关系是一种按份共有关系,而遗产按份共有与一般按份共有不同,各共同继承人不仅对遗产整体有其应继份,而且对于构成遗产的各个标的物上亦有其应有部分。因此,每个继承人对于自己在各个遗产标的物上的应有部分可以单独自由处分,如转让、抵押;属于被继承人的以可分别给付为标的的债权债务也自动分割而属于各个继承人,不可分者则成立连带债权和连带债务。但是,对于整个遗产的管理和处分,仍应由全体继承人共同进行。

2. 共同共有主义

此种立法主义始于日耳曼法,当代则以德国为代表,瑞士及我国台湾地区属于此种类型。日耳曼法注重家族的团体性,认为遗产为家产,被继承人死后,遗产为一种特别财产,属于继承人共同共有。与按份共有主义不同的是,此种立法主义认为,每个继承人仅对遗产整体享有自己的应继份,对于构成遗产的各个财产则没有自己的应继份。因此,在遗产分割之前,继承人可以处分自己的应继份,但不得对各个遗产标的物单独处分。对各个遗产标的物的处分,须经全体共同继承人一致同意。属于被继承人的债权和债务,也从继承开始成为各个继承人的共同债权和共同债务。

在英美法上,继承开始后,遗产并不当然地、直接地归属于继承人,一般情况下,应由遗产管理人进行清算。清算结束后,由遗产管理人将遗产分配于继承人。因此,在英美法上,原则上不发生遗产共有问题。

我国理论和司法解释均采共同共有主义。自继承开始起,共同继承人就遗产成立共同共有关系。共同共有的遗产在法律上保持其独立性。共同共有之遗产与各继承人的固有财产保持独立,遗产不因继承开始而当然成为继承人的财产,继承人与被继承人原来所存在的债权债务关系不因混同而消灭,继承人对被继承人所负债务,应向遗产清偿,所享债权,得向遗产请求清偿。②

遗产在分割前为继承人共同共有之特别财产。因为是共同共有财产,所以非经全体继

---

① 《民法典》第1124条第1款保留了该规定。
② 有人认为,继承权向所有权的转化并非瞬间完成,而是一个或长或短的过程。在遗产分割前的这段时间里,继承权不是所有权,遗产分割后继承人才取得遗产所有权。所谓遗产共同共有,只是拟制的所有权形态,以便于处理所有权的空白和相关问题。

承人一致同意,不得处分属于遗产之各个财产,擅自处分者其行为无效。但是,善意第三人得受占有和登记公信力的保护。

按共同共有原则,自继承开始起,被继承人的债权债务成为全体继承人的共同债权债务,债务人清偿债务是向全体继承人清偿,而不是仅向部分继承人清偿;债权人可以向全体继承人求偿,也可以向任一继承人求偿,共同继承人之间负连带责任。

三、遗产的接受和放弃

（一）接受和放弃遗产的含义

遗产的接受和放弃是指继承人在接受继承权后,于遗产处理时接受或放弃遗产的意思表示。我国《民法典》第1124条第1款规定:"继承开始后,继承人放弃继承的,应当在遗产处理前,以书面形式作出放弃继承的表示。没有表示的,视为接受继承。"这是《民法典》关于继承权的接受和放弃的规定。遗产的接受和放弃与继承权的接受和放弃不同,继承权的接受和放弃的客体是继承权,而遗产的接受和放弃的客体是遗产。

继承人不放弃继承权,就视为接受继承,接受继承权并不是放弃继承权的前提。而遗产的接受是遗产放弃的前提。只有先接受遗产,才能放弃遗产。继承人放弃继承权的表示应当在继承开始后,遗产处理前作出。而放弃遗产的表示只能是在遗产处理时作出。继承人放弃继承权,应溯及至继承开始。而继承人放弃遗产只在其作出放弃的意思表示时发生效力,没有溯及力。

（二）接受和放弃遗产的方式

继承人接受和放弃遗产的方式与继承人接受和放弃继承权的方式基本相同。接受可以采取明示的方式,也可以采取默示的方式;放弃则必须采取明示的方式。继承人放弃遗产的方式主要有三种:

第一,继承人表示接受遗产,但不参加遗产分配。

第二,表示接受遗产,并将其应继份转移给指定的继承人或继承人以外的人。在司法实践中,这种情况是比较常见的。

第三,继承人表示接受遗产,并在接受遗产后放弃遗产。

（三）接受和放弃遗产的效力

继承人表示接受和放弃遗产后,将产生一定的法律效力。继承人表示接受遗产,则继承人取得其应继份的所有权。继承人表示放弃遗产的,依其放弃的方式不同,产生不同的法律效力:

第一,继承人表示接受遗产,但不参加遗产分配的,其法律后果是继承人将应继份赠与给其他有继承权的全体继承人。

第二,继承人表示接受遗产,并将应继份转移给指定的继承人或继承人以外的人的,其法律后果是继承人将其应继份赠与给指定的继承人或继承人以外的人。

第三,继承人表示接受遗产,并在接受遗产后放弃遗产的,其法律后果是该遗产成为无主财产,按《民法典》关于无主财产的规定,收归国家所有并用于公益事业。

四、转继承

转继承又称二次继承、再继承、连续继承、转归继承。是指继承开始后遗产分割前继人死亡,其应继承的遗产份额转由其合法继承人继承的制度。被继承人死亡后,遗产分割前死亡的继承人称为被转继承人,有权承受被转继承人继承的被继承人遗产的人称为转继承人。

《继承法》没有规定转继承制度,但《继承法解释》第52条对转继承问题作出了明确规定。《民法典》第1152条对此予以吸收并完善,规定:"继承开始后,继承人于遗产分割前死亡,并没有放弃继承的,该继承人应当继承的遗产转给其继承人;但是遗嘱另有安排的除外。"该条理清了转继承的是"该继承人应当继承的遗产",而不是"其继承遗产的权利"。同时,为最大限度尊重被继承人处分遗产的自由,增加了但书条款,即"遗嘱另有安排的除外"。所谓"遗嘱另有安排",是指被继承人在其遗嘱中,特别说明所留遗产仅限于给继承人本人,不得转继承给其他人。

在我国,转继承发生的条件主要有:(1)继承人于继承开始后、遗产分割前死亡。继承开始前继承人死亡的,一般发生代位继承;遗产分割后继承人死亡的,继承人已经取得了被继承人遗产的财产权,继承人的继承人得直接继承其财产,无转继承发生之可能。(2)被转继承人未放弃继承权。基于权利后手之权利不得大于权利前手之规则,权利人不能将自己未享有的权利转移于他人,即被转继承人放弃继承权的,转继承人丧失承受权利的基础。(3)遗嘱没有其他安排。遗产的处理是民事主体对自身合法财产处分权的体现,故应尊重民事主体的自由意志,当存在遗嘱另行安排情形时应优先遵守遗嘱的自由意志。(4)转继承的份额仅限于该继承人应继承的份额。转继承事实上是发生了两次继承,先由继承人继承被继承人的遗产,然后由继承人的继承人继承其遗产,故转继承的份额只能在该继承人应当继承的遗产份额范围内。

转继承制度与代位继承制度不同,尽管都发生了继承人死亡的事件,但两者之间存在根本的区别:

第一,继承的性质不同。代位继承人基于代位继承权作为第一顺序继承人直接参与继承,其享有的是对被继承人遗产的代位继承权,只发生一次继承。转继承的实质是发生两次继承:先由被继承人的继承人继承,然后再根据法律规定或该继承人的遗嘱确定其所继承的份额由谁继承,即转继承人享有的是分割被继承人遗产的权利,而非继承被继承人遗产的权利。

第二,适用范围不同。代位继承只发生于法定继承中,而转继承既可以发生在法定继承中,也可以发生在遗嘱继承中。

第三,发生的时间不同。代位继承发生于继承人先于被继承人死亡的情形,而转继承发生于被继承人死亡后,遗产分割前继承人死亡的情形。

第四,主体不同。一是死亡的主体不同。继承的开始皆需以被继承人的死亡为前提,但代位继承与转继承成立条件并不相同:被代位人只能是被继承人的子女或兄弟姐妹,而被转继承人可以是被继承人的任何继承人。二是继承的主体不同。代位人只能是被继承人子女的直系晚辈血亲(包括拟制血亲)或被继承人兄弟姐妹的子女,而转继承人可以是被转继承人的任何继承人。

《继承法解释》第53条还对受遗赠权转继承问题作出了规定,但是《民法典》编纂并未将之上升为法律。对此,最高人民法院在制定《民法典继承编解释(一)》时认为,《继承法解释》第53条关于受遗赠权转继承的规定,不违背《民法典》规定的精神,可予以保留,即《民法典继承编解释(一)》第 38 条,"继承开始后,受遗赠人表示接受遗赠,并于遗产分割前死亡的,其接受遗赠的权利转移给他的继承人"①。

第二节 遗产的管理

一、遗产管理概述

1. 遗产管理的概念

遗产管理是指继承开始后至遗产分割前,管理人对被继承人遗产实施保管、清理被继承人债权债务、分割遗产等行为的制度。《继承法》仅规定了遗产保管制度,未能全面涵盖遗产处理的诸多事务。《民法典》首次以法律的形式确立了遗产管理制度,为遗产事务的处理提供了较为明确的规则,在继承法领域是一大进步。

对遗产管理制度的理解,需要注意以下几个方面:

第一,遗产管理一般存续于继承开始后至遗产分割前。遗产只有在分割后才能确定归属,在继承开始后至遗产分割前这段时期内,遗产的归属并不明确,易致继承人、受遗赠人、债权人等利害关系人的利益受到侵害,故需立法就此期间的遗产设立特殊的管理制度。

第二,遗产管理制度的执行主体是遗产管理人。遗产管理人为遗产管理制度的核心主体,对遗产负有全面的管理职责,各项具体管理措施均由其实施。遗产管理人处于中立性地位,通常需具备一定的专业管理能力。

第三,遗产管理通过各项措施辅助完成。遗产管理人主要通过清理遗产、编制遗产清册、追偿遗产债权和清偿遗产债务、遗产分配等程序而履行职责。

2. 遗产管理与相关概念

(1) 遗产管理与遗产保管

遗产保管是指有关主体占有并保存被继承人的遗产。遗产管理中的管理人不仅要保存被继承人的遗产,而且要对其进行清理、清算、分配等工作。遗产管理与遗产保管的差别主要表现在以下几个方面:第一,遗产管理一般发生于继承开始后遗产分割前,遗产保管既可能发生于继承开始前,亦可能发生于继承开始后。遗产保管的适用时间非常宽泛:在继承开始前,保管人可能就已经对遗产进行保管;继承开始后遗产分割前,保管人可以经继承人或法院的要求对遗产进行保管;遗产分割后,保管人可以对继承人无法前来领取的遗产进行保管。第二,遗产管理的管理主体产生途径多样,参见《民法典》继承编第 1145 条。遗产保管则主要依据当事人的约定或某些事实行为产生。第三,遗产保管的功能较为单一,遗产管理的功能更为全面。遗产保管人仅对遗产进行临时保管,不得处分遗产;遗产管理人可对遗产实施清理、清算、分割等多项管理行为。

(2) 遗产管理与遗嘱执行

遗嘱执行以存在合法有效的遗嘱为前提,执行目的在于实现被继承人的生前意思,在执行遗嘱过程中,遗嘱执行人可以依遗嘱意思行使对遗产的处分权和分配权。遗产管理人和

---

① 参见郑学林、刘敏、王丹:《〈关于适用民法典继承编的解释(一)〉若干重点问题的理解与适用》,载《人民司法》2021 年第 16 期。

遗嘱执行人本质上为同一类性质的主体,遗嘱执行人也属于遗产管理人的范畴。但两者存在以下差别:第一,遗产管理人的产生途径多样,而遗嘱执行人通常依被继承人的遗嘱而产生。第二,遗产管理既可存在于法定继承中,亦可存在于遗嘱继承中,遗嘱执行一般只存在于遗嘱继承中。第三,遗产管理人管理遗产事务的独立意识更强,遗产管理人通常是依据法律规定、遗嘱指示进行管理,遗嘱执行人必须依据被继承人的遗嘱内容管理遗产事务。

(3) 遗产管理与遗嘱信托

遗嘱信托是指被继承人在遗嘱中指定将其财产设立信托,受托人依据遗嘱而对遗产进行管理和处分,然后将信托的财产及其收益分配给遗产受益人。我国《民法典》第1133条第4款规定:"自然人可以依法设立遗嘱信托。"尽管遗嘱信托人亦对遗产享有管理处分等权利,但遗嘱信托与遗产管理主要存在以下差别:第一,遗产管理目的是处理与遗产相关的事务,具体为清理遗产、追偿债权、清偿债务、分配遗产等,遗嘱信托是受托人依据遗嘱而为受益人持有并管理遗产,主要目的是在管理遗产的同时,通过投资实现遗产的增值。第二,遗产管理发生于继承开始后至遗产分割前这一期间,而遗嘱信托可以在继承开始前存在,且存续时间较长,往往长达数年甚至数代之久。第三,遗产管理人的权利来源主要依据法律规定或遗嘱指示,而遗嘱信托人的权利来源主要依据信托文件。第四,在遗产管理中,遗产分割前,继承人无法享有对遗产的权益,仅享有期待权,而在遗嘱信托中,作为受益人的继承人对遗产收益则享有现实的权利。

二、我国民法典继承编的遗产管理人制度

(一) 设立遗产管理人制度的必要性

根据《民法典》第1145条、第1146条的规定,遗产须设置遗产管理人。遗产管理人可由被继承人指定的遗嘱执行人担任、继承人推选、继承人共同担任,对于没有继承人或者继承人均放弃继承的,须由被继承人生前住所地的民政部门或者村民委员会担任。对遗产管理人的确定有争议的,利害关系人可以向人民法院申请指定遗产管理人。

第一,《民法典》确立的遗产管理人制度回应了我国遗产管理、定分止争的社会需求,填补了继承法中的制度空白。改革开放以后,我国经济高速发展,公民个人财富种类和数额逐渐增多,遗产范围与数量也越来越大,对个人财富和家庭财富传承有了更为迫切的需求。遗产继承分配必然伴随遗产保管问题。遗产若无人管理或管理不当,利害关系人如继承人、被继承人、债权人及受遗赠人之利益将会遭受损害。遗产得不到适当的保管,可能使遗产的价值受到减损,尤其是在公司股份、合伙企业的股份等不仅享有收益权还享有表决权的新型财产中,并且可能发生被继承人享有的债权未及时有效收回等情形。

第二,《民法典》对遗产管理人的规定有利于填补现有法律漏洞,有效衔接各单行法。事实上,遗产管理人这个概念并非首次出现在人们视野中。我国《信托法》《民法总则》《关于审理民事案件适用诉讼时效制度若干问题的规定》等相关法律法规和司法解释中均有涉及,但并未对"遗产管理人"作出定义。《民法典》明确了遗产管理人的选任条件、具体职责、法律责任以及报酬等,填补了现有法律的空缺,也在一定程度上区分了"遗产管理人""遗嘱执行人""遗产的保管人",规定了各自的适用范围,从而更有效地衔接了各单行法,对完善我国公民财产继承制度、统一司法裁判等都具有非常重要的意义。

第三,《民法典》的规定有利于平等保护继承人、债权人的利益,避免遗产出现无人管理、

无人知晓的真空状态,保障交易安全。遗产无论由谁控制,都有其自己的利益,都存在为了自己的利益而侵害其他遗产权利人利益的道德风险,例如继承人权利受其他控制财产的人侵犯,债权人因未及时得知被继承人去世或因其他原因受到权利侵犯。当然理论上对此种权利侵犯可以进行事后救济,但是事后救济往往面临着证据搜集难、权利实现难等不利处境,因此最优方案是对遗产处理进行程序化规定以保障实质公平不受侵犯。

（二）遗产管理人的法律地位

遗产管理人的法律地位主要有代理说、固有权说和信托受托人说三种观点。

固有权说认为遗嘱执行人为执行行为时,既不是为了继承人的利益,也不是出于遗嘱人代理人的身份,其执行职务是基于自身固有的权利。固有权说又细分为机关说、限制物权说和职务说三种观点。机关说主张遗嘱执行人是保护遗嘱利益、实现遗嘱人意思之机关,无须有本人之存在。限制物权说主张遗嘱执行人是由遗嘱人选任来执行遗嘱事项的人,其对遗产享有一定的处分权。职务说主张遗嘱执行人在职务上有其固有的法律地位,基于自己的权利在法定范围内独立地为他人利益处理他人之事务。就此而言,遗产管理人的性质类似于破产管理人。

"固有权说"具有四大优势：

第一,遗产管理人不管是由被继承人指定,还是由继承人推选或担任,抑或是由人民法院指定,其都具有独立的法律地位,可以作为独立诉讼主体参与民事诉讼。

第二,遗产管理人依照法律规定行使职权。与企业破产法中规定的破产管理人相似,遗产管理人承担更为全面的管理职能,既要确保遗产价值,又要代被继承人处理债权债务,依被继承人的意愿分割遗产。

第三,遗产管理人具有中立性,其既不是被继承人的代理人,也不是继承人的代理人。遗产管理人保护的是继承人、受遗赠人及其他利害关系人的合法权益,甚至要保护国家利益。

第四,可以与个人破产法的破产管理人相衔接。遗产管理过程中,也不排除遗产不足以清偿债务,从而转为个人破产程序的情况。

三、遗产管理人的产生

（一）遗产管理人的资格

《民法典》未对遗产管理人的资格作出限制,首先尊重被继承人和继承人的意思自治,只要能够完成管理人的工作职责即可,存在争议的时候,即其他人提起异议的,法院作为公权力才会介入并指定,法院指定遗产管理人时的考量,可以比照见证人、破产管理人的资质标准,选择更为合适的遗产管理人。

《民法典》第1145条规定："继承开始后,遗嘱执行人为遗产管理人;没有遗嘱执行人的,继承人应当及时推选遗产管理人;继承人未推选的,由继承人共同担任遗产管理人;没有继承人或者继承人均放弃继承的,由被继承人生前住所地的民政部门或者村民委员会担任遗产管理人。"

我国的遗产管理人分为"第三人担任的遗产管理人"和"所有权人担任的遗产管理人"。遗产管理人来源多样化、法律地位和利益关系多元化。[1] 同时在法律适用上又采取统一立法

---

[1] 《民法典》颁行后,许多地方律师协会和大学法学院研究制定并发布了《律师担任遗产管理人操作指引》等文件,作为律师参与遗产管理法律服务业务的参考和提示,在行为标准的形成上走出了可喜的一步。

模式,对各类管理人统一适用相关规定。这在具体案件中可能会导致利益失衡。例如在全体继承人共同担任遗产管理人时,所有权人和管理人的身份是重合的。在适用有关民事责任承担(《民法典》第 1148 条)和取得报酬(《民法典》第 1149 条)的规定时,应有别于继承人之外的遗嘱执行人。

(二)遗嘱执行人担任遗产管理人

《民法典》虽然规定了遗嘱人"可以指定遗嘱执行人",但就指定的遗嘱执行人的范围、遗嘱执行人的适任条件、遗嘱执行人的就任、遗嘱执行人的职责、遗嘱执行人的报酬、遗嘱执行人的解任等都未作明确规定。《民法典》关于遗产管理人的相关规定(第 1145 条—第 1149 条等),可参照适用于遗嘱执行人。

指定遗嘱执行人的权利在遗嘱人,法律未限制其主体范围。遗嘱执行人既可以是继承人,也可以是继承人以外的人;既可以是自然人,也可以是法人或非法人组织;既可以是一人,也可以是多人。但对于主体的行为能力应该设限为具有完全民事行为能力的自然人或能够独立承担民事责任的法人或非法人组织。如遗嘱执行人在被指定后遗产分配前死亡或丧失行为能力、注销或失去独立承担民事责任的能力(如吊销、破产清算等),该指定即应归于无效,按没有遗嘱执行人的情况由继承人推选或共同担任遗产管理人。

遗嘱执行人被授意管理的遗产不能囊括所有遗产时,不能扩大遗嘱执行人的权限,因为令该执行人管理全部遗产未必符合被继承人的意愿,而且对于遗嘱指定之外的遗产,该执行人并不存在处理上的便利。假如被继承人通过遗嘱针对不同遗产分别指定了多个执行人,若让这些执行人均担任全部遗产的管理人,更会陷入不必要的复杂局面。

《民法典》并不禁止遗嘱执行人、遗产管理人并存的情形,遗嘱继承与法定继承并存时,应允许遗嘱执行人与遗产管理人分列,由二者协同配合履行管理人职责。

(三)继承人推选遗产管理人

"推选遗产管理人"的程序只会发生于数人共同继承的情形,若继承人仅为一人,就不存在推选的问题,而是由该单一的继承人直接担任遗产管理人(当其为限制民事行为能力人或者无民事行为能力人时,由其法定代理人代为担任遗产管理人)。

推选的过程是一个继承人间的决议过程,"决议行为"是一种民事法律行为,行为人须具有完全民事行为能力。由此决定了共同继承人中的限制民事行为能力人、无民事行为能力人应当由其法定代理人代为参与决议。

推选应当采取少数服从多数的规则还是全体一致同意的规则?本书认为共同继承人中的半数以上决议推选出遗产管理人,不同意的少数继承人应当服从多数决。根据《民法典》第 134 条第 2 款的规定,决议行为自依法作出时成立,被推选的人成为遗产管理人。

被推选的人既可以是继承人中的一人,也可以是继承人中的数人,遗产管理人是一人还是数人,法律不作强制性或者禁止性要求。本书认为被推选的人限于继承人的范围,继承人以外的人不可以被推选为遗产管理人。① 继承人之一或全体继承人担任遗产管理人之后,可以委托专业机构处理遗产管理事务。此时专业机构并非管理人,而是管理人的受托人,不直

---

① 全国人大法工委民法室编写的民法典释义、最高人民法院编写的民法典理解与适用都认为,推选的遗产管理人应为继承人,而不能是继承人以外的人。参见黄薇主编:《中华人民共和国民法典释义》(下),法律出版社 2020 年版,第 2200 页;最高人民法院民法典贯彻实施领导小组主编:《中华人民共和国民法典婚姻家庭继承编理解与适用》,人民法院出版社 2020 年版,第 620 页。

接承担《民法典》第 1147 条所列职责,而是完全依照继承人的指示参与遗产管理活动。同时,法定责任不能委托,故继承人作为委托人将管理事项交付专业机构处理后,自己仍要根据《民法典》第 1148 条承担相应的法律责任。

(四)继承人共同担任遗产管理人

"继承人未推选的",在解释上包括以下三种情形:一是共同继承人都拒绝通过推选方式产生遗产管理人。二是共同继承人间无法通过多数决推选出遗产管理人(如出现了半对半的对等决或者任何一位候选人得票都未超过半数等情形)。三是继承开始后,共同继承人未及时推选的。何谓"及时"?《民法典》未作明确规定,本书认为应当根据实际情况加以确定,以有利于遗产的管理为必要。

继承人共同担任遗产管理人的,在性质上为共有人对共有物的共同管理。根据《民法典》第 230 条的规定,因继承取得物权的,自继承开始时发生效力。据此,自继承开始时,全部遗产归共同继承人共有,共同继承人既是遗产的共同管理人,也是共有财产的共同管理人,形成了两种管理人身份的重叠。

(五)民政部门或者村委会担任遗产管理人

《民法典》第 1145 条后段规定:"没有继承人或者继承人均放弃继承的,由被继承人生前住所地的民政部门或者村民委员会担任遗产管理人。"第 1160 条又规定,无人继承又无人受遗赠的遗产,归国家或集体所有制组织所有。需注意,这两条所述情形并非一一对应关系,未发生遗产管理人和所有权人主体重合的情形,更不存在民政部门代表国家、村委会代表集体行使权利的情形。理由在于:

第一,《民法典》第 1145 条规定的是"没有继承人或者继承人均放弃继承",理论上称之为"无人承认继承"的情况下由谁担任遗产管理人,第 1160 条规定的是无人继承且无人受遗赠的情况下遗产的归属,虽无人继承但有人受遗赠的情形,仍应按第 1145 条确定遗产管理人,但无第 1160 条适用的余地。

第二,我国的集体所有制组织不仅有农村集体经济组织,还包括城镇集体所有制单位,后者职工的遗产如无人继承又无人受遗赠,应归集体所有制单位所有,但遗产管理人却是民政部门。

第三,农村集体经济组织和村委会,根据《民法典》第 99 条和第 101 条的规定,是不同的法人主体,只有在"未设立村集体经济组织"的情况下,村委会才"依法代行村集体经济组织的职能"。不能当然认为村委会是农村集体经济组织的代表。

(六)法院指定遗产管理人

《民法典》第 1146 条规定:"对遗产管理人的确定有争议的,利害关系人可以向人民法院申请指定遗产管理人。"这里的"争议"包括积极争议和消极争议,即多人争当遗产管理人或无人担任遗产管理人的情形。对于一定期间内(例如两周内)仍无法确定的积极争议和消极争议,可考虑直接认定为"遗产管理活动无法正常推进"。

这里的"利害关系人"一是继承人和遗嘱执行人,二是债权人。遗产管理人制度保护继承人权益的同时,也应保护被继承人的债权人权益,被继承人的债权人可以向法院申请指定遗产管理人。

利害关系人请求法院指定遗产管理人往往发生在继承人之间存在冲突或者继承人怠于履行职责的情形,法院作为中立的第三方应当从兼顾各方利益的角度出发,选择能够尽职履行职责的人作为遗产管理人。法院除了考虑与遗产权利的密切程度,还应当考量:该行为人能否最大限度地保管照料好遗产,以防财产受到损害或被隐匿;能否尽职地清点遗产、编制遗产清册;能否公正地分配遗产、清偿遗产债务。若法院认为继承人等利害相关主体均不适合作为遗产管理人,可以指定律师、公证人员等专业群体担任遗产管理人。

(七)遗产管理人确定程序先后顺序关系

根据遗嘱继承优先于法定继承(无遗嘱继承)的原则,遗产管理人的确定程序也应尊重被继承人的生前意志。基于此,被继承人通过遗嘱的指定应当优先于其他的法定选任程序。被继承人通过遗嘱直接指定的遗产管理人或者委托第三人指定的遗产管理人,应当优先于被继承人通过遗嘱指定的遗嘱执行人担任遗产管理人。

被继承人通过遗嘱只指定了遗嘱执行人而未指定遗产管理人时,其所指定的遗嘱执行人直接担任遗产管理人,无须再启动选任程序;若没有遗嘱执行人,再由共同继承人推选遗产管理人;继承人未推选的或者推选不出的,再由继承人共同担任遗产管理人;作为最后兜底程序,在没有继承人或者继承人均放弃继承的情形下,才由民政部门或者村委会担任遗产管理人。

四、遗产管理人的职责[①]

根据《民法典》第1147条,遗产管理人的职责包括:

(一)清理遗产并制作遗产清单[②]

遗产管理人应当调查遗产的状况,包括全部积极遗产和消极遗产;追索遗产、请求返还,追究遗产占有人的责任和费用补偿;制作遗产清单;催告债权人申报债权;申报公告程序。

(二)向继承人报告遗产情况

本书认为可以参考适用破产法中破产管理人对债权人会议的报告制度。

(三)适当管理遗产,采取必要措施防止遗产毁损、灭失

所谓适当管理遗产,就是为遗产的保值或增加,或为清偿债务所为的事实行为或法律行为,包括为了遗产的保存、利用、改良所采取的一切必要的处置,以防止遗产毁损、灭失。

(四)处理被继承人的债权债务

参见本章第三节。

(五)按照遗嘱或者依照法律规定分割遗产

参见本章第四节。

(六)实施与管理遗产有关的其他必要行为

包括占有遗产、保管遗产、变卖遗产、订立租赁合同、收取租金、进行产权登记、交付遗赠标的物、转移标的物的所有权等,以及承担诉讼职能;还包括接受受遗赠人的意思表示;等等。

(七)遗产管理人履行职责中的妨碍排除

遗产管理人在履职过程中可能受到继承人、受遗赠人、银行等第三方主体的妨碍。特别是在采直接继承制的大陆法系国家,由于继承人是遗产所有权人,遗产管理人和继承人之间

[①] 参见王葆莳、吴云燨:《〈民法典〉遗产管理人制度适用问题研究》,载《财经法学》2020年第6期。
[②] 参见陈苇、刘宇娇:《中国民法典继承编之遗产清单制度系统化构建研究》,载《现代法学》2019年第5期。

的权利冲突十分典型。正因为如此,银行等其他主体也常以遗产管理人不是继承人为由拒绝配合遗嘱执行。遭受妨碍的遗产管理人可以选择诉讼方式予以救济,如回复请求权。按照职务说的观点,遗产管理人具有独立的法律地位,享有独立起诉、应诉的权利。当大量债权债务涉商时,遗产管理人为妥善管理财产,清偿债务和实现债权,进入诉讼程序在所难免,若不赋予遗产管理人一定的程序性权利,其将难以履行职责。

五、遗产管理人的法律责任

义务的履行需要以责任的承担为保障,否则可能出现滥用权利或者怠于履职的行为。《德国民法典》第2219条规定:遗嘱执行人违反应负义务的,须就自己的过失向继承人、受遗赠人承担责任。美国《统一遗嘱检验法典》中将遗嘱执行人作为信托受托人,适用该法典第7302条"如同一个审慎的人在管理别人财产时应该给予的注意"的标准。我国《民法典》第1148条规定:"遗产管理人应当依法履行职责,因故意或者重大过失造成继承人、受遗赠人、债权人损害的,应当承担民事责任。"本书认为,如果遗产管理人系遗嘱指定产生,且明确排除报酬,遗嘱执行人须有正当理由方可辞职,故在责任认定方面应适当放宽,以"故意和重大过失"为责任要件。但如果遗产管理人系继承人推选产生,管理人接受推选并收取报酬,理论上应对一般过错承担责任,继承人可以基于委托关系主张赔偿责任。该责任性质为侵权责任,要求遗产管理人存在侵权行为并造成了损害后果,两者间存在因果关系,并且主观上有故意或者重大过错。这符合权责相一致的原则,如果遗产管理人的责任负担过重,则会打击其积极性。各国立法也均以遗产管理人的主观过错来进行归责。

遗产管理人承担民事责任的方式为返还财产、恢复原状、赔偿损失等。

当遗产管理人尽到了勤勉忠实义务,仍然不能避免损失的发生时,就应当免责,具体包括两种情况:

第一,在当时的条件和情形下做出的行为符合遗产利益,并且是善意而为。这是为了防止在日后出现更优的管理分配方案,遗产利害关系人要求重新分配遗产或者要求追究遗产管理人责任的情况出现。

第二,遗产管理人可基于受害人的过错而免责。即如果是由于利害关系人自身故意或者过失导致遗产受损,则应当相应地减轻或者免除遗产管理人的责任,由利害关系人自己来承担损失。

六、遗产管理人法定报酬请求权

本书认为,继承人管理遗产应当享有法定的报酬请求权。继承人管理遗产,是出于其对被继承人的财产相较于他人更加了解和便利。其背后是管理能力以及及时性的现实考量,而非因其最终权利人的身份。民政部门或村委会不享有法定的报酬请求权。由于民政部门或村委会及其工作人员的时间和劳动支出已经被其工资弥补,不应享有法定报酬请求权。

关于报酬数额的确定,本书认为可以参考破产管理人的规定。[①] 报酬是否需要设定上

---

① 参见最高人民法院《关于审理企业破产案件确定管理人报酬的规定》(法释〔2007〕9号)。

限？遗产管理人和继承人约定的报酬不得损害债权人利益,在遗产管理人报酬优先于税款和债务时,应通过对遗产管理人的报酬给予一定的限制来保护其他关系人的利益。

第三节 遗产债务的清偿

一、遗产债务的范围①

遗产债务即被继承人所欠债务,是指被继承人生前个人依法应当缴纳的税款和完全用于个人生活需要所欠下的债务。遗产债务主要包括以下几类:(1) 被继承人依照我国税务税收法规的规定应当缴纳的税款;(2) 被继承人因合同之债而欠下的债务;(3) 被继承人因侵权行为而承担的损害赔偿的债务;(4) 被继承人因不当得利而承担的返还不当得利的债务;(5) 被继承人因无因管理而承担的补偿管理人必要费用的债务;(6) 其他属于被继承人个人的债务,如合伙债务中属于被继承人应当承担的债务、被继承人承担的保证债务。

在确定遗产债务的范围时,应当注意几个问题。

(一) 应当将遗产债务与家庭共同债务区分开来

家庭共同债务是家庭成员共同承担的债务。家庭共同债务主要包括:为家庭成员生活需要而承担的债务;为增加家庭共有财产而承担的债务;夫妻共同债务;等等。家庭共同债务应当用家庭共有财产来偿还,而不能用被继承人的遗产来偿还。当然,家庭共同债务中属于被继承人应当承担的部分,应当用被继承人的遗产来清偿。

(二) 应当将遗产债务与以被继承人个人名义所欠的债区分开来

遗产债务应当是被继承人完全为个人生活需要而欠下的债务,一般是以被继承人个人名义所欠下的。但是,以被继承人个人名义所欠下的债务,并不一定都是遗产债务。例如,以被继承人个人名义所欠下的、用于家庭生活需要的债务,这种债务实质上是家庭共同债务;以被继承人个人名义,为有劳动能力的继承人的生活需要或其他需要而欠下的债务,这种债务实质上是继承人的个人债务;被继承人因继承人不尽扶养、抚养、赡养义务,迫于生活需要而以个人名义欠下的债务,这种债务应当属于有法定扶养义务的人的个人债务。

(三) 应当将遗产债务与继承费用区分开来

继承开始后,因遗产的管理、分割以及执行遗嘱,都可能要支出一定的费用。遗产管理费、遗嘱执行费、遗产清册制作费、公示催告费、遗产税等都是继承费用。继承费用与遗产债务是性质不同的财产。继承费用属于遗产本身的变化,清偿遗产债务仅限于遗产的实际价值,而遗产的实际价值是扣除继承费用后所剩余的价值。所以继承费用就应当从遗产中支付,而不能列入遗产债务范围。否则,就会损害被继承人的债权人的合法利益,也会妨碍受遗赠人的受遗赠权的实现。但对因继承人过失而支出的费用,则不应当从遗产中支付,而应当由有过失的继承人负担。

丧葬费用,应当列入遗产债务范围,还是列入继承费用范围呢?丧葬费用既不能列入遗产债务,也不能列入继承费用。因为,从婚姻家庭法上讲,继承人与被继承人属于相互之间

---

① 参见汪洋:《遗产债务的类型与清偿顺序》,载《法学》2018 年第 12 期;陈菁:《我国遗产债务清偿顺序的立法构建》,载《法学》2012 年第 8 期。

有扶养赡养义务的近亲属,生养死葬是扶养或赡养义务人履行义务的方式,因此,继承人有义务殡葬已故被继承人。为此而支出的费用,应由负有殡葬义务的继承人负担。当然,如果被继承人生前所在单位负责被继承人的丧葬费用,则继承人无须负担丧葬费用。

继承人之间由于继承纠纷所引起的诉讼,诉讼费应由诉讼当事人以其固有财产支付,不能由遗产支付。

二、遗产债务的清偿原则

继承人接受继承,就应当清偿遗产债务。如果继承人放弃了继承,则对遗产债务没有清偿责任。

（一）限定继承原则

所谓限定继承,是指继承人对被继承人的遗产债务的清偿只以遗产的实际价值为限,超过遗产实际价值的,继承人不负清偿责任。我国《民法典》第1161条第1款规定:"继承人以所得遗产实际价值为限清偿被继承人依法应当缴纳的税款和债务。超过遗产实际价值部分,继承人自愿偿还的不在此限。"这表明,我国继承法在被继承人债务的清偿问题上,亦采用了限定继承原则。按照这一原则,除继承人自愿偿还的不受限定继承原则的限制外,继承人对遗产债务均负有限责任。任何人都不能强迫继承人偿还超过遗产实际价值的遗产债务。即使共同继承人中的某个继承人愿承担无限责任,亦不对其他继承人发生效力。

值得探讨的是,我国继承法规定的限定继承原则有无改进的必要。考察现代各国继承法关于限定继承原则的规定,我们不难发现,许多国家的继承法所规定的限定继承原则都是有条件的限定继承,以便公平地保护继承人和被继承人的债权人的合法权益。例如,法国、德国、日本等国的民法都对限定继承规定了一定条件和程序。只有具备了法律规定的条件,经法定程序,才能产生限定继承的效力。否则不能发生限定继承。[①] 而我国继承法所规定的限定继承是无条件的限定继承。这种规定忽视了对被继承人的债权人利益的保护,没有规定任何一项保证遗产首先用于清偿被继承人债务的具体措施,这与民法的公平原则是相悖的,需要进一步完善。有的学者提出,修改和完善限定继承制度须考虑以下原则:有条件的限定继承原则;保护继承人利益和保护债权人利益并重的原则;法院监督原则。[②] 其完善的办法是改无条件的限定继承为有条件的限定继承,并对限定继承的条件作出规定,如继承人应于规定的期限内作出接受继承的意思表示;继承人须向法院提交遗产清册,并在法院监督下先将遗产用于清偿死者的债务等。[③]《民法典》继承编新增加的遗产管理人制度,在一定程度上可以弥补我国继承法长期奉行的无条件限定继承原则的不足(参见本章第二节)。

（二）保留必留份原则

我国《民法典》第1141条规定:"遗嘱应当为缺乏劳动能力又没有生活来源的继承人保留必要的遗产份额。"在立遗嘱时,保留缺乏劳动能力又没有生活来源的继承人必要的遗产份额,是贯彻养老育幼原则的一个具体体现。在清偿遗产债务时,也应当坚持这一原则。对此,《民法典继承编解释(一)》第25条第1款指出:遗嘱人未保留缺乏劳动能

---

① 参见:《法国民法典》第793—803条;《德国民法典》第1942—2013条;《日本民法典》第922—928条。
② 张玉敏:《继承法律制度研究》,法律出版社1999年版,第339—341页。
③ 同上。

力又没有生活来源的继承人的遗产份额,遗产处理时,应为该继承人留下必要的遗产,所剩余的部分,才可参照遗嘱确定的分配原则处理。因此,在清偿遗产债务时,即使遗产的实际价值不足以清偿债务,也应当为需要特殊照顾的缺乏劳动能力又没有生活来源的继承人保留适当的遗产,以满足其基本生活需要。

（三）清偿债务优先于执行遗赠原则

遗赠是遗嘱人利用遗嘱的方式将其财产于其死后赠给国家、集体或者法定继承人以外的组织、个人的法律行为。为防止遗赠人通过遗赠逃避对其债权人的债务,保护债权人的合法利益,对遗赠行为加以限制是必要的。我国《民法典》第1162条规定："执行遗赠不得妨碍清偿遗赠人依法应当缴纳的税款和债务。"按照这一规定,在遗赠和清偿债务的顺序上,清偿债务优先于执行遗赠。只有在清偿债务之后,还有剩余遗产时,遗赠才能执行。如果遗产已不足清偿债务,则遗赠就不能执行。

（四）连带责任原则

共同继承遗产时,各共同继承人对遗产债务应当负何种责任,各国继承立法有不同的规定,主要有三种立法例:(1) 按份责任,各共同继承人对遗产债务就自己的应继份承担清偿责任,法国、日本等国民法采取此立法例;(2) 连带责任,遗产无论分割与否,各共同继承人对遗产债务均应承担连带责任,德国、瑞士等国民法采取此立法例;(3) 折中主义,在遗产未分割以前,各共同继承人对遗产债务承担连带责任,在遗产分割以后,各共同继承人对遗产债务承担按份责任,荷兰、葡萄牙等国采取此立法例。

我国继承法没有明确规定各共同继承人对遗产债务应当承担何种责任。但因继承人共同继承的遗产系共同共有,所以,共同继承人对遗产债务应当承担连带责任。被继承人的债权人有权向共同继承人全体,或者共同继承人中的一人或数人请求在遗产实际价值范围内清偿全部遗产债务,任何继承人不得拒绝。同时,在遗产分割后,各共同继承人仍然要对被继承人的债权人负连带责任。尽管共同继承人对外就遗产债务承担连带责任,但在共同继承人内部,仍有份额之分。共同继承人全体或共同继承人中的一人或数人清偿了全部遗产债务时,在共同继承人内部,就应当按照各自遗产份额的比例分担遗产债务。

三、遗产债务的清偿方法

继承开始后,如果继承人只有一人,则遗产债务的清偿方法对债权人没有什么影响。但继承人为多人时,如何确定遗产债务的清偿方法,对债权人的利益就会产生很大影响。关于共同继承人清偿遗产债务的方法,各国继承立法有两种不同的规定:一是非经清偿遗产债务,不得分割遗产。德国、瑞士等国采取这种主张。二是清偿遗产债务不是分割遗产的前提,遗产债务未清偿前,继承人可以分割遗产。法国、日本等国采取这种主张。

我国继承法上没有明确规定遗产债务的清偿方法,司法实践中一般采取以下两种方法:

（一）先清偿债务后分割遗产

这是一种总体清偿方式,共同继承人首先从遗产中清算出遗产债务,并将清算出的相当于遗产债务数额的遗产交付给债权人;然后,根据各继承人应继承的份额,分配剩余遗产。这种清偿方法在遗产分割前,一次性地清偿遗产债务,有利于债权人实现债权。

（二）先分割遗产后清偿债务

这是一种分别清偿方式,共同继承人首先根据他们应当继承的遗产份额分割遗产,同时分摊遗产债务；然后，各继承人根据自己分摊的债务数额向债权人清偿。由各继承人各自清偿遗产债务，继承人之间的清偿责任明确。但如果某一继承人缺乏清偿能力或拒不清偿债务，会影响债权人的利益。尽管共同继承人之间承担连带责任，也会使债权人增加求偿的困难。因此，遗产债务的清偿方法以采取先清偿债务后分割遗产的方式为宜。

实践中，如果遗产已被分割而未清偿债务的，则应当按照《民法典》第1163条的精神处理：既有法定继承又有遗嘱继承、遗赠的，由法定继承人清偿被继承人依法应当缴纳的税款和债务；超过法定继承遗产实际价值部分，由遗嘱继承人和受遗赠人按比例用所得遗产清偿。

第四节　遗产的分割

一、遗产的确定

被继承人与配偶、家庭成员或其他社会成员可能存在财产共有关系，被继承人死亡后，其遗产也就与他人的财产混在一起。因此，在分割遗产时，就应当首先确定遗产，把遗产与他人的财产区分开。

第一，要把遗产同夫妻共同财产加以区分。夫妻共同财产属于共同共有，我国《民法典》第1153条第1款规定："夫妻共同所有的财产，除有约定的外，遗产分割时，应当先将共同所有的财产的一半分出为配偶所有，其余的为被继承人的遗产。"可见，在存在夫妻共同财产的情况下，分割遗产时，必须首先从共同财产中分出一半归生存的配偶所有，另外一半才能作为被继承人的遗产。

第二，要把遗产同家庭共同财产加以区分。在家庭成员中，如果除夫妻之外还有子女、父母、祖父母和外祖父母以及兄弟姐妹等其他成员，就不仅会形成夫妻共同财产，还会形成家庭共同财产。我国《民法典》第1153条第2款规定："遗产在家庭共有财产之中的，遗产分割时，应当先分出他人的财产。"家庭共同财产主要包括：家庭成员共同劳动积累的财产；家庭成员共同购置的财产；家庭成员共同继承、受赠的财产等。家庭成员在家庭共同财产中的份额，应当按照家庭成员的贡献大小、出资多少、应继承的份额等因素加以确定。某一家庭成员死亡时，该成员在家庭共同财产中享有的份额即为被继承人的遗产。在确定家庭共同财产时，应当注意不能将家庭成员的个人财产当作家庭共同财产。家庭成员的个人财产主要包括：家庭成员没有投入家庭共有的财产；约定家庭成员个人所有的财产；基于家庭成员的赠与而获得的财产；未成年子女基于继承、受赠与、知识产权所获得的财产；等等。这些财产都属于个人财产，当所有人死亡时，可以作为遗产。

第三，要把遗产同其他共有财产加以区分。除夫妻共同财产、家庭共同财产之外，还存在着其他形式的财产共有，如合伙共有财产等。合伙经营积累的财产，归合伙人共有。当合伙人之一死亡时，应当将被继承人在合伙中的财产份额分出，列入其遗产范围。被继承人在合伙财产中的份额，应当按出资比例或者协议约定的比例确定。当然，如果继承人愿意加入合伙，并且其他合伙人亦同意继承人加入的，则不必对合伙财产进行分割，只需确定继承人作为新合伙人的合伙财产的份额即可。

第四，查清被继承人的债权和债务。债权应作为遗产的一部分一并分割。被继承人的债权包括各种合同之债、不当得利和无因管理之债、侵权损害之债的债权。被继承人的债务是分割遗产时必须解决的重要问题。在英美法系国家,遗产非经清算不得分割。大陆法系的德国也明确规定应当先清偿债务,后分割遗产。法国、日本等国家则允许先分割遗产,后清偿债务。我国对此未作明确规定,但从《民法典》第1163条关于遗产已被分割而尚未清偿债务时债务承担顺序的规定,可推知我国继承法允许先分割遗产后清偿债务。为了减少继承纠纷,保护债权人利益,在分割遗产之前必须查清遗产债务。

第五,债务扣还和特定赠与的冲算。债务扣还指共同继承人中,如有人对被继承人负有债务,应从其应继份中扣还,使归于遗产。冲算又叫扣除、归扣、结算,指的是被继承人生前对继承人所给的赠与或应继份预付,在遗产分割时应从其应继份中扣除。

冲算制度始于罗马法。在古代罗马,此制度最初是为了平衡被解放之子与处于家父权之下的家子之间的利益而设。后来,随着家父权的逐渐消亡,这种制度逐渐演变为赠与冲算制度,即直系卑亲属从直系尊亲属处所受的赠与,在分割遗产时应归入遗产进行分配。后世各国继承了此种制度,不过应冲算的范围各国规定有所不同。一般规定为被继承人生前对继承人的特定赠与。所谓特定赠与,指被继承人以结婚费用、另居和营业资本等名义对继承人所为的财产给予。有的国家,如瑞士,还规定超过普通程度的教育费用和职业培训费用,也在应冲算之列。冲算制度是为谋共同继承人之间的公平而设的,因此应当冲算的只能是特定赠与,一般礼仪性赠与不应冲算。

冲算也可免除。对于特定赠与,只要被继承人明示免予扣除,或被继承人有对于某个继承人给予特别优遇的意思时,即可免予冲算。被继承人对继承人的情况最了解,如果被继承人考虑到某个继承人与被继承人感情特别好,对被继承人照顾最多,被继承人明示给予优遇的,这种特定赠与即不应归扣。只有这样,才能维护被继承人对自己财产的处分权,正确贯彻赠与归扣制度。

应受冲算的义务人,有的国家规定较宽,凡受有特定赠与的继承人都是冲算义务人。有的国家规定较窄,冲算义务人限于受有特定赠与的直系卑亲属。冲算权利人是其他共同继承人。放弃继承者、丧失继承权者以及受遗赠人无冲算请求权。

应予冲算的赠与份额超过应继者,除有害于其他继承人的特留份外,无须归还。如果害及其他继承人的特留份,特留份权利人得请求补足特留份。

赠与冲算制度的立法宗旨是谋求共同继承人之间的利益平衡。从亲属关系和家庭伦理方面考虑,在通常情况下父母对自己的子女是同样关心的,他们也愿意将自己的财产平均地给予自己的子女。从另一方面看,这样做也有利于维护家庭的和睦团结。赠与冲算制度正是这种民间习俗和家庭伦理的法律确认。各国继承法均有这种制度。

我国继承法虽然没有规定赠与冲算制度,但《民法典》第1130条规定与被继承人共同生活的继承人可以多分遗产。和被继承人共同生活的继承人,一是配偶,二是未婚子女或年老的父母。其中对未婚子女多分给遗产,可在某种程度上弥补没有赠与冲算制度的缺陷。

二、遗产分割的原则

根据我国继承法规定的精神,遗产分割的原则可以概括为以下四项:

(一)遗产分割自由原则

共同继承人得随时要求分割遗产,任何继承人不得拒绝分割。否则,请求分割遗产的继承人可通过诉讼程序请求分割遗产。遗产分割请求权从性质上说属于形成权,继承人可以随时行使,不因时效而消灭。虽然有些国家继承法对遗产分割自由作了一些限制,如,非经遗产债务清偿,不得分割遗产;胎儿尚未出生前,不得分割遗产;遗嘱禁止在一定期间内分割的,不得分割遗产;继承人协议在一定期间内不得分割的,不得分割遗产等。但这并不影响遗产分割自由原则。因为任何自由都是有限制的。我国继承法虽没有规定对遗产分割自由的限制,但对遗产分割自由加以一定限制也是必要的。

遗产分割自由原则,是由遗产共同共有的特殊性所决定的。普通共同共有在共同关系存续期间,共有人不得请求分割共有财产。而遗产共同共有是一种暂时的共有关系,以遗产的分割为终局目的,非以维持共同的生产和生活为目的。所以,允许继承人得随时请求分割,可以更好地满足继承人的生活和生产需要。

(二)保留胎儿继承份额原则

在分割遗产时,如果有胎儿的,应当保留胎儿的继承份额。为保护胎儿的利益,各国大都规定,在胎儿出生前不得分割遗产。如《瑞士民法典》第605条第1项规定:"胎儿的权利须加考虑时,应将分割推迟至其出生时。"《德国民法典》第2043条第1项规定:"由于共同继承人有尚未出生而未能确定应继承者,在此种不确定的情况消灭之前,不得进行遗产分割。"

我国继承法未规定遗产分割不得于胎儿出生前进行。但《民法典》第1155条规定:"遗产分割时,应当保留胎儿的继承份额。胎儿娩出时是死体的,保留的份额按照法定继承办理。"《民法典继承编解释(一)》第31条指出:"应当为胎儿保留的遗产份额没有保留的,应从继承人所继承的遗产中扣回。为胎儿保留的遗产份额,如胎儿出生后死亡的,由其继承人继承;如胎儿娩出时是死体的,由被继承人的继承人继承。"根据这些规定,在遗产分割时应注意以下三点:(1)无论是适用法定继承,还是适用遗嘱继承,在分割遗产时,继承人都应当为胎儿保留其应继承的份额,该份额应按法定继承的遗产分配原则确定。如果胎儿是多胞胎的,则应按胎儿的数量保留其继承份额。例如,为双胞胎的,应保留两份遗产份额;三胞胎的应保留三份继承份额。如果继承人在分割遗产时,没有保留胎儿的继承份额,则应当从继承人所继承的遗产中扣回。在多胞胎的情况下,如果只保留了一份继承份额,应从继承人继承的遗产中扣回其他胎儿的继承份额。(2)为胎儿保留的应继承份额,如果胎儿娩出时为活体的,则该份额由其母亲(法定代理人)代为保管。胎儿出生后死亡的,则为胎儿保留的继承份额成为他的遗产,应由他的法定继承人依法定继承的方式继承。(3)胎儿娩出时是死体的,则为胎儿保留的继承份额仍属于被继承人的遗产,应当由被继承人的继承人再行分割。

(三)互谅互让、协商分割原则

我国《民法典》第1132条规定:"继承人应当本着互谅互让、和睦团结的精神,协商处理继承问题。遗产分割的时间、办法和份额,由继承人协商确定;协商不成的,可以由人民调解委员会调解或向人民法院提起诉讼。"互谅互让要求继承人在分割遗产时要相互关心、相互照顾,对法律规定需要特殊照顾的继承人,如缺乏劳动能力、生活特殊困难的继承人,应当适当多分给遗产;协商分割要求继承人在遗产分割时,对遗产的分割时间、分割办法、分割份额等都应当按照继承人之间协商一致的意见处理。

(四)物尽其用原则

遗产分割时,应当从有利于生产和生活的需要出发,注意充分发挥遗产的实际效用。我国《民法典》第 1156 条第 1 款规定:"遗产分割应当有利于生产和生活需要,不损害遗产的效用。"《民法典继承编解释(一)》第 42 条指出:"人民法院在分割遗产中的房屋、生产资料和特定职业所需要的财产时,应当依据有利于发挥其使用效益和继承人的实际需要,兼顾各继承人的利益进行处理。"按照物尽其用原则分割遗产,有利于发挥遗产的实际效用,有利于满足继承人的生产和生活需要,从而促进整个社会财富的增加。

三、遗产分割的限制

共同继承人虽然可以随时请求分割遗产,但在法律另有规定或继承人另有约定时,则不得进行分割。

第一,被继承人以遗嘱禁止分割。各国或地区法律均允许被继承人以遗嘱禁止遗产分割,但不得永久禁止。得禁止分割的最长期限,日本、韩国规定为 5 年,我国台湾地区为 10 年。虽然被继承人指示不得分割,但如果全体继承人一致同意,仍可进行分割。

第二,共同继承人以协议禁止分割。各共同继承人得经全体一致同意,订立遗产不分割合同。但各国法律或学理皆认为不分割合同应有期限限制,期满可以更新,或变更为合伙关系。

之所以要对遗嘱和合同禁止遗产分割设定时间限制,是因为长期共有不利于遗产的改良和作用。

第三,裁判禁止分割。有的国家规定,法院根据情况,可以规定在相当期间内禁止分割遗产。如日本规定,在有特别事由时,家庭法院可以规定期间,禁止就遗产的全部或一部实行分割。瑞士规定,如果遗产中的某物即时分割将严重损害其价值时,法官应继承人中一人的请求,得命令暂缓分割。法国对此亦有明文规定。

第四,其他限制。许多国家,如德国、瑞士等,明文规定在胎儿出生前,其他继承人不得分割遗产。我国继承法和另外一些国家则规定,分割遗产时必须为胎儿保留其继承份额。

还有国家规定,继承人地位尚未确定时不得分割遗产。继承人地位尚未确定有两种情况,一是继承人中有人下落不明,二是主张继承者中有的人的继承人身份尚有争议。如有第一种情况应公告搜寻继承人,如有第二种情况则应首先依法定程序确定主张继承者的身份,如配偶、非婚生子女、养子女等身份。

我国继承法对上述限制遗产分割的情形都没有规定。未清偿遗产债务不得分割遗产和胎儿未出生前不得分割遗产,虽有其合理因素,但与我国继承法的规定不相符合,故不能作为限制遗产分割的方法。在实践中,遗嘱人以遗嘱限制遗产分割或继承人协议限制遗产分割的情况是存在的。这两种情形,只要是遗嘱人的真实意思表示或继承人的共同意思表示,并且不违反法律,不损害社会公共利益,就应当承认其效力。

四、遗产分割的方法

遗产分割的方法有三种:一是依被继承人遗嘱的指示分割;二是依共同继承人的协议分割;三是裁判分割。

(一) 依被继承人遗嘱的指示分割

被继承人可以通过遗嘱指示遗产的分割方法,也可以以遗嘱指定由第三人对遗产进行分割。被继承人的指示可以是原则的指示,也可以是具体的指示。对于被继承人的指示,继承人应当遵守,如发生诉讼,法官亦受其拘束。

我国继承法没有关于委托第三人指定继承人的继承份额的制度,但是,根据遗嘱自由原则,应允许被继承人指定第三人确定遗产的分割方法。从继承的性质和有利于家庭和睦团结出发,第三人应当包括共同继承人在内。例如,配偶一方在生前订立遗嘱,指定后死一方根据将来的实际情况来分配自己的遗产。对于这样的遗嘱,我们没有理由不予承认。而承认此类遗嘱的效力,也就必须承认遗嘱所指定的第三人分割行为的效力。当然,如果第三人的分割显失公平,继承人可以不接受这种分割,而请法院裁判分割。

(二) 依共同继承人的协议分割

协议分割的适用条件是,被继承人未指定分割方法,也未委托第三人代为指定分割方法,或指定无效,或受托人拒绝委托,而且被继承人未以遗嘱禁止分割,共同继承人也没有订立关于遗产不分割的协议。

根据分割自由原则,一个继承人提出分割请求时,其他共同继承人有协议分割的义务,其他继承人如不为协议,得请求裁判分割。我国实行的是无条件限定继承原则,没有关于法定考虑期间的规定,继承开始以后,继承人随时可以要求分割遗产,而其他继承人有协议的义务。协议分割是我国遗产分割的最主要方式,在大多数情况下,共同继承人能够本着团结和睦、互谅互让的精神,协商处理好遗产分割问题。

(三) 裁判分割

共同继承人就遗产分割不能达成协议,或不能协议时,得请求法院以裁判分割。不能达成协议指共同继承人就遗产分割不能达成一致意见。不能协议指继承人中有人下落不明,或有无民事行为能力人、限制民事行为能力人与监护人利害相反等客观情况,使共同继承人间无法协议。

我国《民法典》第1156条第2款规定:"不宜分割的遗产,可以采取折价、适当补偿或者共有等方法处理。"根据这一规定,遗产分割的方式主要有以下四种方式:

第一,实物分割。遗产分割在不违反分割原则的情况下,可以采取实物分割的方式。适用实物分割的遗产可以是可分物,也可以是不可分物。对可分物,可以作总体的实物分割,如对粮食,可划分出每个继承人应继承的数量。但对不可分物,则不能作总体的分割,只能作个体的实物分割。如对电视机、电冰箱等,就不能对电视机或电冰箱划分出每个继承人应继承的数量,而分割电视机或电冰箱。只能将电视机、电冰箱作为一个整体进行分割。对不可分物不能作实物分割的,应当采取折价补偿的办法即补偿分割。

第二,变价分割。如果遗产不宜进行实物分割,或者继承人都不愿取得该种遗产,则可以将遗产变卖,换取价金。然后,由继承人按照自己应继份的比例,对价金进行分割。使用变价分割的方式分割遗产,实际上是对遗产的处分,所以,遗产的变化应当经过全体继承人的同意。

第三,补偿分割。对于不宜实物分割的遗产,如果继承人中有人愿意取得该遗产,则由该继承人取得遗产的所有权。然后,由取得遗产所有权的继承人按照其他继承人应继份的比例,分别补偿给其他继承人相应的价金。

第四,保留共有的分割。遗产不宜进行实物分割,继承人又都愿意取得遗产的;或者继承人基于某种生产或生活目的,愿意继续保持遗产共有状况的,则可以采取保留共有的分割方式,由继承人对遗产享有共有权,其共有份额按照应继份的比例确定。但是,在共有分割之后，继承人之间就不再是原来的遗产共有关系，而变成了普通的财产按份共有关系。

五、遗产分割的效力

（一）遗产归属效力

遗产经分割后，遗产共同共有关系和共同继承人的应继份溯及地消灭，各继承人取得分配给自己的那一部分遗产的权利，即单独的所有权或其他权利。在继承人对遗产的单独的权利从何时开始的问题上，立法上有移转主义和溯及主义两种立法主义。

移转主义主张，遗产自分割时起发生归属和互相转移的效力，也就是说，各继承人对于分配给自己的遗产的所有权或其他权利，系由分割共有的遗产而来，而不是直接由被继承人而来。按移转主义，遗产分割具有创设的效力。德国、瑞士、葡萄牙、西班牙等国采此主义。

溯及主义又叫宣告主义，指遗产分割溯及于继承开始发生效力，换言之，继承人不是由共有遗产的分割取得权利，而是直接从被继承人处取得权利，分割仅具有宣告的效力。法国、日本、意大利、荷兰等国采此主义。我国继承法理论和实务也采取溯及主义。

（二）共同继承人相互之间的担保责任

遗产的分割使共同继承人内部相互之间互负以下担保责任：

1. 瑕疵担保责任

遗产分割后，各继承人以其分割所得遗产的实际价值为限，对其他继承人因分割所得之遗产，负与出卖人同一之担保责任——物的瑕疵担保责任和权利瑕疵担保责任。

物的瑕疵是指，在遗产分割前，遗产标的物已经发生的数量不足或一部灭失，或已存在将导致标的物灭失或价值减少的瑕疵。这样的遗产因分割归属于某一个继承人时，如果让他自己承担损失是不公平的。权利瑕疵是指，分配给某一继承人的权利全部或部分有欠缺，如被继承人在继承标的物上设定有抵押权，或分割之遗产属于被继承人占有的他人财产，分给某一继承人的债权是无效的，等等。这样的财产分配给某个继承人，也不能让他一个人承担损失。

瑕疵担保责任的成立要件是：（1）瑕疵在遗产分割时已经存在；（2）瑕疵不是由于继承人的过失造成的；（3）遗产分割时继承人不知有瑕疵；（4）被继承人未以遗嘱免除继承人的担保责任，继承人之间也没有免除担保责任的约定。

2. 对债务人支付能力的担保责任

对于因遗产分割分得债权的继承人，其他共同继承人对债务人的清偿能力负有担保责任。债权包括普通债权和有价证券。如果是分割时已届清偿期的债权，其他继承人就分割时债务人的清偿能力负担保责任；如果是未届清偿期的债权，或附停止条件的债权，其他继承人应就清偿期届至时债务人的支付能力负担保责任；如果是分期付款的债权，其他继承人应对债务人各次清偿期的支付能力负担保责任。

债权的担保数额原则上应以债权额为准，如果遗产分割时对债权进行了估价，则以估定价格为担保数额。

共同继承人之间的担保责任是法定担保责任，除非继承人于分割遗产时特别约定免除或被继承人以遗嘱免除，该项责任即依法当然产生。

共同继承人之间的担保责任制度是为了谋求共同继承人之间在遗产分配上的公平，因此，各继承人仅以其因分割所得之遗产的价值为限，按比例承担担保责任，受损失的继承人自己也应按比例承担一定的损失。如果应负担保责任的继承人中有人无资力,不能偿付其应分担之部分,该部分损失由有请求权的继承人和其他共同继承人分担。但是,如果其不能偿付是由于请求权人的过失所致(如未能及时请求),则无权请求其他继承人分担。

第五节　无人承受遗产的处理

一、无人承受遗产的概念和范围

无人承受的遗产是指没有继承人或受遗赠人承受的遗产。公民死亡后,一般都是有继承人或受遗赠人的。但是,在有些时候,也可能会出现无人承受被继承人遗产的情况。当继承人有无不明时,应当寻找继承人。只有确定没有继承人时,才能认定该遗产为无人承受之遗产。从实践来看,无人承受的遗产主要包括:没有法定继承人、遗嘱继承人和受遗赠人的遗产;法定继承人、遗嘱继承人全部放弃继承,受遗赠人全部放弃受遗赠的遗产;法定继承人、遗嘱继承人全部丧失继承权,受遗赠人全部丧失受遗赠权的遗产。

二、无人承受的确认

由于无人承受的确认将产生一系列重要法律后果,因此必须依法确认。各国无人承受制度的一个重要内容,就是对遗产无人继承进行确认的法律程序。这一程序叫作搜寻继承人。

所谓搜寻继承人,指的是由主管机关依公示催告程序,催告继承人接受继承的法律程序。如果在公示催告的期限内,有人主张继承,且其继承权得到证明,则将遗产交由继承人继承。如期限届满,无人主张继承,或主张继承人不能证明其继承权,即依法确定遗产无人继承,按无人继承的财产处理。

我国无搜寻继承人制度,实践中出现无人继承的情况,按认定财产无主程序办理。但无人承受的财产和无主财产是不同的概念。无主财产是指依法不属于任何人所有的财产,无人承受的财产虽无人继承或无人受遗赠,却可能有人对其享有债权。

三、无人承受遗产的归属

如何处理无人承受的遗产?从各国继承立法的规定来看,都采用无人承受的遗产归国家所有的做法。但各国在对国家取得遗产的地位上存在着不同的认识,主要有以下两种观点:

第一,继承权主义。认为国家是作为无人继承遗产的法定继承人而取得遗产的。如《德国民法典》第1936条规定:"如在继承开始时既无被继承人的直系血亲亲属又无配偶的存在,被继承人在死亡时所属的邦(州)的国库为法定继承人;如被继承人属于数个邦(州)者,这些邦(州)的国库均享受此遗产的相等份额。""被继承人是不属于任何邦(州)的德国人者,由德国国库为法定继承人。"瑞士、苏联等也采取继承权主义。

第二,先占权主义。认为国家有优先取得无人继承遗产的权利。如《法国民法典》第539条规定:"一切无主财产或无继承人的财产,或继承人放弃继承的财产,归国家所有。"英国的《遗产管理法》和《未立遗嘱遗产法》也明确规定,没有任何人对遗产提出要求时,英国国家以先占权取得该项无人继承的财产。美国、奥地利等国也采取先占权主义。

我国继承法关于无人承受遗产的处理与其他国家的规定有所不同。按照我国《民法典》第1160条的规定,"无人继承又无人受遗赠的遗产,归国家所有,用于公益事业;死者生前是集体所有制组织成员的,归所在集体所有制组织所有"。可见,我国继承法是按死者的身份来确定无人继承遗产归属的。最高人民法院在制定《民法典继承编解释(一)》时考虑到此情况下,如果在死者生前有对其扶养较多的人,可以适用《民法典》第1131条规定的酌给遗产制度,使其获得一定数额的遗产,不仅在继承中贯彻了正义、扶助的理念,也有助于发扬我国养老育幼、互助互爱的传统美德,因此在第41条规定,遗产因无人继承又无人受遗赠归国家或集体所有制组织所有时,按照《民法典》第1131条规定可以分给适当遗产的人提出取得遗产的诉讼请求的,人民法院应当视情况适当分给遗产。①

在处理无人承受的遗产时,还要注意死者债务清偿问题。按照我国继承法的规定,继承人继承遗产应当清偿被继承人的债务。同理,取得无人承受遗产的国家或集体所有制组织,也应当在取得的遗产实际价值范围内负责清偿死者生前所欠的债务。只有清偿债务后,国家或集体所有制组织才能取得剩余部分的遗产。

讨论思考题

1. 简述遗产的法律地位。
2. 论我国《民法典》继承编遗产管理人制度设立的意义。
3. 论我国《民法典》继承编遗产管理人的产生规则。
4. 论遗产管理人的职责。
5. 论遗产管理人的法律责任。
6. 我国法上遗产债务的清偿原则有哪些?
7. 简述遗产债务的清偿方法。
8. 论遗产分割的原则和方法。
9. 试论遗产分割的效力。
10. 无人承受的遗产如何处理?

---

① 参见郑学林、刘敏、王丹:《〈关于适用民法典继承编的解释(一)〉若干重点问题的理解与适用》,载《人民司法》2021年第16期。

第十五章

涉外婚姻家庭继承的法律适用

涉外婚姻家庭关系是指具有涉外因素的婚姻家庭关系,即婚姻家庭关系的主体一方或者双方是外国人或无国籍人,引起婚姻家庭关系发生、变更或者消灭的法律事实发生在国外。一般认为,涉外婚姻家庭关系的范围包括涉外婚姻关系的成立及效力、涉外夫妻关系、涉外离婚关系的条件及效力、涉外父母子女关系及其他家庭关系。

涉外继承是指财产继承法律关系的构成要素中含有涉外因素,要适用冲突规范加以解决的继承。在涉外继承中,财产继承关系至少存在一个涉外因素,具体包括主体涉外、客体涉外和与继承有关的法律事实涉外。主体涉外是指继承法律关系中继承人或者被继承人为外国人或无国籍人,只要有一人为外国人或者无国籍人的继承就是涉外继承;客体涉外是指遗产在国外,遗产不论是动产、不动产还是其他财产权利,只要全部或者部分在国外的继承就是涉外继承;与继承有关的事实涉外是指被继承人在国外死亡或者被继承人在国外立有遗嘱,只要两个事实有一个发生在国外就是涉外继承。

一、涉外婚姻家庭关系的法律适用

(一) 涉外婚姻家庭关系法律适用的一般原则

涉外婚姻家庭关系,因其具有涉外因素,而所涉及的国家婚姻家庭法规定各不相同,在适用法律时需要解决不同国家的婚姻家庭法的冲突问题。

《中华人民共和国涉外民事关系法律适用法》(以下简称《涉外民事关系法律适用法》)由全国人大常委会于2010年10月28日通过,自2011年4月1日起施行。该法第2条第1款规定:"涉外民事关系适用的法律,依照本法确定。其他法律对涉外民事关系法律适用另有特别规定的,依照其规定。"

《涉外民事关系法律适用法》确立了关于最密切联系原则,自20世纪70年代以来,确定法律适用的最密切联系原则得到广泛采用,适应了国际上解决涉外民事争议法律适用的实际需要,逐步成为国际上确定跨国民事关系法律适用的重要规则。《涉外民事关系法律适用法》充分体现了最密切联系原则,明确规定:"涉外民事关系适用外国法律,该国不同区域实施不同法律的,适用与该涉外民事关系有最密切联系区域的法律。(第6条)""本法和其他法律对涉外民事关系法律适用没有规定的,适用与该涉外民事关系有最密切联系的法律。"(第2条第2款)考虑到当事人对民事权利享有处分权,并适应国际上当事人自行选择适用法律的范围不断扩大的趋势,该法明确规定了当事人可以选择适用的法律。同时也对当事人选择适用法律的范围作出了限制,明确规定:"中华人民共和国法律对涉外民事关系有强制性规定的,直接适用该强制性规定。"(第4条)该法注重保护弱方当事人的利益,在没有共同经常居所地的情形下,父母子女关系"适用一方当事人经常居所地法律或者国籍国法律中有利于保护弱者权益的法律"(第25条);扶养"适用一方当事人经常居所地法律、国籍国法律或者主要财产所在地法律中有利于保护被扶养人权益的法律"(第29条);监护"适用一方当事人经常居所地法律或者国籍国法律中有利于保护被监护人权益的法律"(第30条)。

(二) 涉外婚姻家庭关系的准据法

处理涉外婚姻家庭法律关系需要确定具体的准据法,准据法是涉外婚姻家庭冲突规范指向的法律,是用以确定当事人之间权利义务的实体法。冲突规范只解决具体适用哪一国家的法律,冲突规范指向的准据法才最终使婚姻家庭权利得以实现。例如,2010年《涉外民事关系法律适用法》第27条规定"诉讼离婚,适用法院地法律",就是冲突规范,这个规范指向的"法院地法律"就是准据法,即处理有关涉外婚姻家庭关系适用的法律。

涉外婚姻家庭关系在广义上是指,在中国境内,中国公民与外国人,或者外国人与外国人;以及在外国境内,中国公民与外国人,或者中国公民与中国公民的结婚、离婚、夫妻关系、父母子女关系、收养、扶养和监护等。在狭义上,涉外婚姻家庭关系专指中国公民与外国人,或者外国人与外国人在中国的结婚、离婚、夫妻关系、父母子女关系、收养、扶养和监护等。婚姻家庭法学中的涉外婚姻家庭关系,通常指的是狭义的涉外婚姻家庭关系。这里所讲的外国人,指一切具有外国国籍的人及无国籍人。具有外国国籍的人,包括外国血统的外国人、中国血统的外国人(外籍华人)以及定居我国的外国侨民。

(1) 涉外结婚条件的准据法。《涉外民事关系法律适用法》第21条规定,结婚条件,适用当事人共同经常居所地法律;没有共同经常居所地的,适用共同国籍国法律;没有共同国籍,在一方当事人经常居所地或者国籍国缔结婚姻的,适用婚姻缔结地法律。

(2) 涉外结婚手续的准据法。《涉外民事关系法律适用法》第22条规定,结婚手续,符合婚姻缔结地法律、一方当事人经常居所地法律或者国籍国法律的,均为有效。

(3) 涉外夫妻人身关系的准据法。《涉外民事关系法律适用法》第23条规定,夫妻人身关系,适用共同经常居所地法律;没有共同经常居所地的,适用共同国籍国法律。

(4) 涉外夫妻财产关系的准据法。《涉外民事关系法律适用法》第24条规定,夫妻财产关系,当事人可以协议选择适用一方当事人经常居所地法律、国籍国法律或者主要财产所在地法律。当事人没有选择的,适用共同经常居所地法律;没有共同经常居所地的,适用共同国籍国法律。

(5) 涉外父母子女关系的准据法。《涉外民事关系法律适用法》第25条规定,父母子女人身、财产关系,适用共同经常居所地法律;没有共同经常居所地的,适用一方当事人经常居所地法律或者国籍国法律中有利于保护弱者权益的法律。

(6) 涉外协议离婚的准据法。《涉外民事关系法律适用法》第26条规定,协议离婚,当事人可以协议选择适用一方当事人经常居所地法律或者国籍国法律。当事人没有选择的,适用共同经常居所地法律;没有共同经常居所地的,适用共同国籍国法律;没有共同国籍的,适用办理离婚手续机构所在地法律。

(7) 涉外诉讼离婚的准据法。《涉外民事关系法律适用法》第27条规定,诉讼离婚,适用法院地法律。我国法律对涉外离婚以法院地法为准据法。中国公民同外国人离婚的诉讼,由我国法院受理的,适用中国法。在实体上适用我国《民法典》婚姻家庭编的有关规定,在程序上适用我国《民事诉讼法》的有关规定。中国公民同外国人的离婚诉讼,由我国以外的国家(地区)的法院受理的,适用相应的国家(地区)的法律。

(8) 涉外收养的准据法。《涉外民事关系法律适用法》第 28 条规定,收养的条件和手续,适用收养人和被收养人经常居所地法律。收养的效力,适用收养时收养人经常居所地法律。收养关系的解除,适用收养时被收养人经常居所地法律或者法院地法律。

(9) 涉外扶养的准据法。《涉外民事关系法律适用法》第 29 条规定,扶养①,适用一方当事人经常居所地法律、国籍国法律或者主要财产所在地法律中有利于保护被扶养人权益的法律。

(10) 涉外监护的准据法。《涉外民事关系法律适用法》第 30 条规定,监护,适用一方当事人经常居所地法律或者国籍国法律中有利于保护被监护人权益的法律。

二、中国法中关于涉外婚姻和涉外收养的具体规定

(一) 涉外结婚

中国公民同外国人在我国境内结婚的,适用我国法律的,需符合我国《民法典》和《婚姻登记条例》的有关规定。

1. 结婚当事人须持的证件和证明材料

中国公民须持的证件和证明材料有:(1) 本人的户口簿、身份证;(2) 本人无配偶以及与对方当事人没有直系血亲和三代以内旁系血亲关系的签字声明。

外国人一方须持的证件和证明材料有:(1) 本人的有效护照或者其他有效的国际旅行证件;(2) 所在国公证机构或者有权机关出具的、经中华人民共和国驻该国使(领)馆认证的或者该国驻华使、领馆认证的本人无配偶的证明,或者所在国驻华使(领)馆出具的本人无配偶的证明。

2. 结婚登记的机关和程序

办理涉外结婚登记的机关,是中国公民常住户口所在地的婚姻登记机关。要求结婚的当事人须到婚姻登记机关提出申请;经审查后,对符合我国法律规定的,应准予登记。

涉外复婚登记适用涉外结婚登记的规定。

(二) 涉外离婚

中国公民同外国人在中国内地自愿离婚的,男女双方应当共同到内地居民常住户口所在地的婚姻登记机关办理离婚登记。

办理离婚登记的内地居民须持的证件和证明材料有:(1) 本人的户口簿、身份证;(2) 本人的结婚证;(3) 双方当事人共同签署的离婚协议书。

外国人须持的证件和证明材料有:(1) 本人的结婚证;(2) 双方当事人共同签署的离婚协议书;(3) 本人的有效护照或者其他有效国际旅行证件。离婚协议书应当载明双方当事人自愿离婚的意思表示以及对子女抚养、财产及债务处理等事项协商一致的意见。

离婚登记的机关同结婚登记机关。办理离婚登记的当事人有下列情形之一的,婚姻登记机关不予受理:(1) 未达成离婚协议的;(2) 属于无民事行为能力人或者限制民事行为能力人的;(3) 其结婚登记不是在中国内地办理的。婚姻登记机关通过对离婚登记当事人出

---

① 本规定中的扶养一词,与我国婚姻家庭法中所说的"扶养"具有不同的含义。这里是在广义上使用的,包括我国婚姻家庭法中的扶养、抚养和赡养。

具的证件、证明材料进行审查并询问相关情况,对当事人确属自愿离婚,并已对子女抚养、财产、债务等问题达成一致处理意见的,应当当场予以登记,发给离婚证。

按照我国的现行规定,涉外离婚中的一方要求离婚应向有管辖权的人民法院提出;当事人必须有一方在中国境内,并在中国有户籍,或者有居所并连续居住满1年以上。如果被告在国外定居,符合上述要求的原告可向其户籍所在地或居所地的中级人民法院起诉离婚。如果原告在国外定居,可向符合上述要求的被告户籍所在地或居所地的中级人民法院起诉离婚。夫妻双方现均系外籍华人,或一方是华侨,另一方是外籍华人的,要求离婚应由居住国有关机关办理。如当事人原在中国境内或中国驻外使、领馆办理结婚登记,居住国有关机关出于某种原因不受理离婚请求时,原在中国境内登记结婚的,可回国向登记地的中级人民法院提出离婚请求;原在中国驻外使、领馆登记结婚的,可回国向出国前最后户籍所在地或居所地的中级人民法院提出离婚请求。

(三)涉外收养

民政部于1999年5月25日发布了《外国人在中华人民共和国收养子女登记办法》,办理外国人在中华人民共和国收养子女的事宜,必须遵循如下法律要求:

1. 收养的登记机关

外国人来华收养子女,应当亲自来华办理登记手续,夫妻共同收养的,应当共同来华办理收养手续;一方因故不能来华的,应当书面委托另一方。委托书应当经所在国公证和认证。

外国人来华收养子女,应当与送养人订立书面收养协议。收养关系当事人应当共同到被收养人常住户口所在地的省、自治区、直辖市人民政府民政部门办理收养登记。

2. 收养登记的具体步骤

(1)申请。外国人在华收养子女,应当通过所在国政府或者政府委托的收养组织(以下简称外国收养组织)向中国政府委托的收养组织(以下简称中国收养组织)转交收养申请并提交收养人的家庭情况报告和证明。

收养人的收养申请、家庭情况报告和证明,是指由其所在国有权机构出具,经其所在国外交机关或者外交机关授权的机构认证,并经中华人民共和国驻该国使馆或者领馆认证的下列文件:跨国收养申请书;出生证明;婚姻状况证明;职业、经济收入和财产状况证明;身体健康检查证明;有无受过刑事处罚的证明;收养人所在国主管机关同意其跨国收养子女的证明;家庭情况报告,包括收养人的身份、收养的合格性和适当性、家庭状况和病史、收养动机以及适合于照顾儿童的特点等。

在华工作或者学习连续居住1年以上的外国人在华收养子女,应当提交上述除身体健康检查证明以外的文件,并应当提交在华所在单位或者有关部门出具的婚姻状况证明,职业、经济收入或者财产状况证明,有无受过刑事处罚的证明以及县级以上医疗机构出具的身体健康检查证明。

送养人应当向省、自治区、直辖市人民政府民政部门提交本人的居民户口簿和居民身份证(社会福利机构作送养人的,应当提交其负责人的身份证件)、被收养人的户籍证明等情况证明,并根据不同情况提交下列有关证明材料:

第一,被收养人的生父母(包括已经离婚的)为送养人的,应当提交生父母有特殊困难无力抚养的证明和生父母双方同意送养的书面意见;其中,被收养人的生父或者生母因丧偶或者一方下落不明,由单方送养的,并应当提交配偶死亡或者下落不明的证明以及死亡的或者下落不明的配偶的父母不行使优先抚养权的书面声明。

第二,被收养人的父母均不具备完全民事行为能力,由被收养人的其他监护人作送养人的,应当提交被收养人的父母不具备完全民事行为能力且对被收养人有严重危害的证明以及监护人有监护权的证明。

第三,被收养人的父母均已死亡,由被收养人的监护人作送养人的,应当提交其生父母的死亡证明、监护人实际承担监护责任的证明,以及其他有抚养义务的人同意送养的书面意见。

第四,由社会福利机构作送养人的,应当提交弃婴、儿童被遗弃和发现的情况证明以及查找其父母或者其他监护人的情况证明;被收养人是孤儿的,应当提交孤儿父母的死亡或者宣告死亡证明,以及有抚养孤儿义务的其他人同意送养的书面意见。

送养残疾儿童的,还应当提交县级以上医疗机构出具的该儿童的残疾证明。

(2)审查和登记。省、自治区、直辖市人民政府民政部门应当对送养人提交的证件和证明材料进行审查,对查找不到生父母的弃婴和儿童公告查找其生父母;认为被收养人、送养人符合收养法规定条件的,将符合收养法规定的被收养人、送养人名单通知中国收养组织,同时转交下列证件和证明材料:送养人的居民户口簿和居民身份证(社会福利机构作送养人的,为其负责人的身份证件)复制件;被收养人是弃婴或者孤儿的证明、户籍证明、成长情况报告和身体健康检查证明的复制件及照片。

省、自治区、直辖市人民政府民政部门查找弃婴或者儿童生父母的公告应当在省级地方报纸上刊登。自公告刊登之日起满60日,弃婴和儿童的生父母或者其他监护人未认领的,视为查找不到生父母的弃婴和儿童。

中国收养组织对外国收养人的收养申请和有关证明进行审查后,应当在省、自治区、直辖市人民政府民政部门报送的符合收养法规定条件的被收养人中,参照外国收养人的意愿,选择适当的被收养人,并将该被收养人及其送养人的有关情况通过外国政府或者外国收养组织送交外国收养人。外国收养人同意收养的,中国收养组织向其发出来华收养子女通知书,同时通知有关省、自治区、直辖市人民政府民政部门向送养人发出被收养人已被同意收养的通知。

收养关系当事人办理收养登记时,应当填写外国人来华收养子女登记申请书并提交收养协议,同时分别提供有关材料。

收养人应当提供下列材料:中国收养组织发出的来华收养子女通知书,收养人的身份证件和照片。

送养人应当提供下列材料:省、自治区、直辖市人民政府民政部门发出的被收养人已被同意收养的通知;送养人的居民户口簿和居民身份证(社会福利机构作送养人的,为其负责人的身份证件)、被收养人的照片。

收养登记机关收到外国人来华收养子女登记申请书和收养人、被收养人及其送养人的有关材料后,应当自次日起7日内进行审查,对符合规定的,为当事人办理收养登记,发给收养登记证书。收养关系自登记之日起成立。

收养登记机关应当将登记结果通知中国收养组织。

(3)自愿办理收养公证。外国人在中华人民共和国收养子女,收养关系当事人各方或者一方要求办理收养公证的,还应当办理收养公证证明手续。为外国人在中华人民共和国收养子女办理收养公证证明的公证机关,必须是经中华人民共和国国务院司法行政部门即司法部认定的具有办理涉外公证资格的公证机关。从公证证明作出之日起,涉外收养关系成立。

我们认为,关于我国境内的涉外收养问题,现行的规定是不够全面的。仅有外国人在中国境内收养中国公民为子女的规定,而无中国公民在我国境内收养外国人为子女的规定。对此,应当采取必要的立法措施,使之更加完善。

三、我国涉外继承的准据法

（一）涉外法定继承的准据法

关于涉外法定继承的准据法,我国法律上和司法解释上都有明确的规定。《民法通则》第 149 条规定:"遗产的法定继承,动产适用被继承人死亡时住所地法律,不动产适用不动产所在地法律。"《继承法》第 36 条规定:"中国公民继承在中华人民共和国境外的遗产或者继承在中华人民共和国境内的外国人的遗产,动产适用被继承人住所地法律,不动产适用不动产所在地法律。外国人继承在中华人民共和国境内的遗产或者继承在中华人民共和国境外的中国公民的遗产,动产适用被继承人住所地法律,不动产适用不动产所在地法律。中华人民共和国与外国订有条约、协定的,按照条约、协定办理。"《继承法解释》第 63 条进一步规定:"涉外继承,遗产为动产的,适用被继承人住所地法律,即适用被继承人生前最后住所地国家的法律。"

2010 年《涉外民事关系法律适用法》第 31 条规定:"法定继承,适用被继承人死亡时经常居所地法律,但不动产法定继承,适用不动产所在地法律"。关于法定继承的法律适用问题,《继承法》第 36 条、《民法通则》第 149 条,与《涉外民事关系法律适用法》的规定并不完全一致。《继承法》第 36 条、《民法通则》第 149 条里不完全一致的内容现已失效。可见,我国涉外法定继承的准据法采取区别制,即动产继承采取属人法,适用被继承人死亡时经常居所地法;不动产适用不动产所在地法律。

（二）涉外遗嘱方式的准据法

《涉外民事关系法律适用法》第 32 条规定:遗嘱方式,符合遗嘱人立遗嘱时或者死亡时经常居所地法律、国籍国法律或者遗嘱行为地法律的,遗嘱均为成立。

（三）涉外遗嘱效力的准据法

《涉外民事关系法律适用法》第 33 条规定:遗嘱效力,适用遗嘱人立遗嘱时或者死亡时经常居所地法律或者国籍国法律。

（四）涉外遗产管理等事项的准据法

《涉外民事关系法律适用法》第 34 条规定:遗产管理等事项,适用遗产所在地法律。

（五）涉外无人继承遗产的归属的准据法

《继承法》第 32 条规定:"无人继承又无人受遗赠的遗产,归国家所有;死者生前是集体所有制组织成员的,归所在集体所有制组织所有。"最高人民法院《关于贯彻执行〈中华人民共和国民法通则〉若干问题的意见（试行）》第 191 条规定:"在我国境内死亡的外国人,遗留在我国境内的财产如果无人继承又无人受遗赠的,依照我国法律处理,两国缔结或者参加的国际条约另有规定的除外。"《涉外民事关系法律适用法》第 35 条规定:无人继承遗产的归属,适用被继承人死亡时遗产所在地法律。《涉外民事关系法律适用法》第 35 条与《继承法》第 32 条、《关于贯彻执行〈中华人民共和国民法通则〉若干问题的意见(试行)》第 191 条的规定一致。

讨论思考题
1. 简述我国涉外婚姻家庭关系的准据法。
2. 简述我国涉外继承和涉外无人承受遗产处理的准据法。

参考文献

1. 黄薇主编:《中华人民共和国民法典释义》(上),法律出版社 2020 年版。
2. 黄薇主编:《中华人民共和国民法典释义》(中),法律出版社 2020 年版。
3. 黄薇主编:《中华人民共和国民法典释义》(下),法律出版社 2020 年版。
4. 最高人民法院民事审判第一庭编著:《最高人民法院民法典婚姻家庭编司法解释(一)理解与适用》,人民法院出版社 2021 年版。
5. 最高人民法院民事审判第一庭编著:《最高人民法院民法典继承编司法解释(一)理解与适用》,人民法院出版社 2022 年版。
6. 杨大文主编:《亲属法》(第 4 版),法律出版社 2004 年版。
7. 郭明瑞、房绍坤编著:《继承法》,法律出版社 1996 年版。
8. 瞿同祖:《中国法律与中国社会》,中华书局 1981 年版。
9. 史尚宽:《亲属法论》,中国政法大学出版社 2000 年版。
10. 史尚宽:《继承法论》,中国政法大学出版社 2000 年版。
11. 张玉敏主编:《中国继承法立法建议稿及立法理由》,人民出版社 2006 年版。
12. 林秀雄:《婚姻家庭法之研究》,中国政法大学出版社 2001 年版。
13. 林秀雄:《夫妻财产制之研究》,中国政法大学出版社 2001 年版。
14. 郭明瑞、房绍坤、关涛:《继承法研究》,中国人民大学出版社 2003 年版。
15. 陈苇主编:《外国继承法比较与中国民法典继承编制定研究》,北京大学出版社 2011 年版。
16. 曹诗权:《未成年人监护制度研究》,中国政法大学出版社 2004 年版。
17. 王丽萍:《亲子法研究》,法律出版社 2004 年版。
18. 陈苇主编:《当代中国民众继承习惯调查实证研究》,群众出版社 2008 年版。
19. 李银河、马忆南主编:《婚姻法修改论争》,光明日报出版社 1999 年版。
20. 蒋月:《20 世纪婚姻家庭法:从传统到现代化》,中国社会科学出版社 2015 年版。
21. 王洪:《婚姻家庭法热点问题研究》,重庆大学出版社 2000 年版。
22. 张伟主编:《婚姻家庭继承法学》,法律出版社 2021 年版。
23. 夏吟兰:《美国现代婚姻家庭制度》,中国政法大学出版社 1999 年版。
24. 张贤钰主编:《外国婚姻家庭法资料选编》,复旦大学出版社 1991 年版。
25. 余延满:《亲属法原论》,法律出版社 2007 年版。
26. 代秋影主编:《婚恋财产纠纷案件裁判规则(一)》,法律出版社 2021 年版。
27. 裴桦:《夫妻共同财产制研究》,法律出版社 2009 年版。
28. 陈苇主编:《中国继承法修改热点难点问题研究》,群众出版社 2013 年版。
29. 夏吟兰、龙翼飞主编:《家事法研究》,社会科学文献出版社各年卷。
30. 〔德〕恩格斯:《家庭、私有制和国家的起源》,载《马克思恩格斯全集》第 1 卷,人民出版社 1965 年版。

31. 〔美〕摩尔根:《古代社会》(上、下册),杨东莼等译,商务印书馆1997年版。
32. 〔日〕利谷信义、江守五夫、稻本洋之助编:《离婚法社会学》,陈明侠、许继华译,谢怀栻校,北京大学出版社1991年版。
33. 〔美〕哈里·D.格劳斯等:《美国家庭法精要》(第5版),陈苇等译,中国政法大学出版社2010年版。
34. 〔德〕迪特尔·施瓦布:《德国家庭法》,王葆莳译,法律出版社2010年版。
35. 〔德〕凯塔琳娜·博埃勒—韦尔基等主编:《欧洲婚姻财产法的未来》,樊丽君等译,法律出版社2017年版。
36. 中国法学会婚姻法学研究会编:《外国婚姻家庭法汇编》,群众出版社2000年版。
37. 〔德〕雷纳·弗兰克、〔德〕托比亚斯·海尔姆斯:《德国继承法》,王葆莳、林佳业译,中国政法大学出版社2015年版。